国家社科基金项目研究成果

# 技术侦查措施研究
## ——以侦查取证法治化为主线

Survey Research on the Technical Investigation:
Take the Rule of Law
for Investigating Evidence as the Mainline

张　中／等著

中国政法大学出版社

2023·北京

**图书在版编目（ＣＩＰ）数据**

技术侦查措施研究：以侦查取证法治化为主线/张中等著. —北京：中国政法大学出版社，2023.12

ISBN 978-7-5764-0746-4

Ⅰ.①技… Ⅱ.①张… Ⅲ.①刑事侦查－证据－研究 Ⅳ.①D918

中国国家版本馆 CIP 数据核字(2023)第 008346 号

--------------------------------------------------------------------------------------------------------------

| | |
|---|---|
| 出　版　者 | 中国政法大学出版社 |
| 地　　　址 | 北京市海淀区西土城路 25 号 |
| 邮寄地址 | 北京 100088 信箱 8034 分箱　邮编 100088 |
| 网　　　址 | http://www.cuplpress.com (网络实名：中国政法大学出版社) |
| 电　　　话 | 010-58908285(总编室) 58908433 （编辑部） 58908334(邮购部) |
| 承　　　印 | 固安华明印业有限公司 |
| 开　　　本 | 720mm×960 mm　1/16 |
| 印　　　张 | 32 |
| 字　　　数 | 520 千字 |
| 版　　　次 | 2023 年 12 月第 1 版 |
| 印　　　次 | 2023 年 12 月第 1 次印刷 |
| 定　　　价 | 145.00 元 |

# 前　言
*Foreworde*

　　本书是国家社会科学基金项目"技术侦查取证规则研究"（批准号 15BFX067）的最终研究成果。本项目获得批准立项后，按照既定研究方案和计划，课题组首先收集了大量的中外文资料，尤其是国内文献资料，包括学界对于技术侦查取证的研究成果，也包括学界和实务部门对于技术侦查取证的实证研究资料。这些资料虽然不是第一手资料，但对我们了解和把握技术侦查取证的实际情况具有重要帮助作用。通过对这些文献和资料的分析研究，基本上了解到了有关技术侦查取证的理论、规则和实践状况及其存在的主要问题。

　　在前期研究的基础上，课题组负责人及部分成员先后赴北京、郑州、银川、威海等部分基层公安、司法机关就技术侦查取证及技侦证据运用情况进行实证调研，收集了大量实证资料；同时，课题组负责人还利用在杭州、长春、郑州等地的警察高级培训班讲课的机会与地方一线警察交流讨论技术侦查取证问题。此外，课题组负责人及部分成员还通过参加中国刑事诉讼法学研究会刑事侦查制度专业委员会年会的机会与从事侦查学理论研究和实务部门的专家进行交流，更全面地了解技术侦查取证情况。

　　在以上调研和学术交流中，重点研究的问题主要有：技术侦查措施的审查机制，具体措施的实施是采取内部的自行审查机制还是外部审查机制；实施技术侦查取证的合理根据，侦查机关或部门启动技术侦查程序要具备什么条件，尤其是证据方面是否足以达到必要性；技术侦查取证的授权性规则和禁止性规则；技术侦查取得材料的用途及其限制，包括对无关材料和他人犯罪材料的处理；技术侦查取证的配套规则，包括侦查人员、线人出庭作证、对秘密侦查方法的质证等；技术侦查获取证据的运用情况，包括技侦证据的法庭质证和庭外核实等。通过实证研究，掌握了技术侦查取证的实际情况，了解到司法实践对技术侦查取证的实际需要。

对于技术侦查取证的研究，本课题立足中国刑事诉讼司法实践，从实际问题出发，运用技术侦查基本原理，结合特殊犯罪类型，探讨技术侦查各项规定的适用情况及其问题，试图找出完善技术侦查措施的正确途径，提出技术侦查取证法治化的解决思路和方法。在研究范式上，实现了综合研究与专题研究相结合，既研究技术侦查取证共同适用的规则，也研究不同技术侦查取证措施的特殊规则；实现了基础研究与应用研究相结合，注重技术侦查取证规则的自治性和可操作性，同时注重技术侦查取证的价值分析和内在法理的研究。此外，本书还尝试了跨学科研究，涉及计算机技术与法学相互交叉的问题，诸如诱惑侦查、卧底侦查等有关法律伦理问题，运用了多种学科理论知识研究技术侦查取证规则。在制度构建和完善方面，强调立足中国国情的同时，主张适当借鉴国外先进立法经验。本书的出版希望能够推动我国技术侦查措施的法治化，提高技术侦查措施的可操作性和取证行为的规范性，保障技术侦查获得证据的有效性。

在本课题研究期间，适逢国家监察体制改革。2018 年 3 月《中华人民共和国监察法》（以下简称《监察法》）和 2018 年 10 月《全国人民代表大会常务委员会关于修改〈中华人民共和国刑事诉讼法〉的决定》先后颁布，我国技术侦查制度发生重大变化。随后，公安部、最高人民检察院、最高人民法院开始着手起草相关司法解释。2019 年 12 月《人民检察院刑事诉讼规则》和 2020 年 7 月《公安机关办理刑事案件程序规定》对技术侦查措施及技侦证据的使用问题均有规定，课题组充分吸收了有关规定，完成最终研究成果。本课题研究成果提交结项并顺利通过验收后，2021 年 1 月《最高人民法院关于适用〈中华人民共和国刑事诉讼法〉的解释》（以下简称《刑诉法解释》）和 2021 年 9 月《中华人民共和国监察法实施条例》（以下简称《监察法实施条例》）相继颁布，本书也及时反映了有关技术侦查的最新立法成果。

就结构和内容而言，本书以技术侦查取证法治化为主线，以合法、有效、文明为价值基础，构建科学的技术侦查取证措施体系。在结构上分为上、中、下三编，共十四章。上编包括第一章至第四章，分别为技术侦查导论、技术侦查制度在我国的确立、技术侦查取证与技侦证据使用和技术侦查的法律伦理，主要是关于技术侦查的基本理论问题，对技术侦查措施进行了规范分析，探讨了技术侦查取证及其证据使用以及技术侦查法律伦理问题。中编共六章，即第五章至第十章，分别为通信监听、网络监控、卧底侦查、诱惑侦查、线人制度和控制下交付，主要是对技术侦查措施进行专题研究，探讨了六种常用技术侦查措施实施情况及其存在的问题，并根据各措施特点，提出规范和完善建议。下编共四章，即第十一章至第十四章，选择四种常用技术侦查的典型犯罪案件，分别为职务犯罪、反恐怖活动犯罪、毒品犯罪和黑社会性质组织犯罪，综合研究技术侦查措施在不同类型犯罪案件中的实施情况及其问题。

本书是项目主持人张中教授与其指导的博士生共同合作撰写完成的研究成果。各章节撰写分工如下（按撰写章节先后为序）：第一、二章（张中），第三、四章（黄亚鸽），第五、六章（刘浩），第七、九章（高鹏志），第八、十章（廖思蕴），第十一、十二章（许昊），第十三、十四章（胡亦龙）。全书由张中教授拟定提纲并通改定稿，参考文献由博士生崔世群帮助整理。

本书的出版得到了证据科学北京高校高精尖学科建设项目经费的资助，并得到了中国政法大学出版社给予的大力支持和帮助。在此致以诚挚的感谢！

作　者

2023 年 12 月

目 录 <small>CONTENTS</small>

上 编

## 中　编

## 下　编

# 上 编

# 第一章 技术侦查导论

技术侦查措施具有发现犯罪、收集证据的强大能力，它可以作为与犯罪作斗争的有力武器，同时它也容易对公民的合法权利尤其是隐私权造成侵犯。我国刑事诉讼法及相关司法解释对于技术侦查措施的规定过于宏观，造成司法实践操作空间过大；同时，有关技术侦查的理论研究呈现空前的繁荣局面，但仍停留在初级阶段，包括一些基本概念的使用都比较混乱。本章拟对技术侦查的概念、性质和功能等进行探讨，厘清技术侦查措施的基本问题。

## 一、技术侦查的概念

### （一）技术侦查的含义

技术侦查的概念是一个比较复杂的问题。学术界对于技术侦查的理解有很大差异，称呼也不统一，有的称为"秘密侦查"，有的叫做"特殊侦查"，从内涵到外延、从内容到形式都有很大差别。这些新型的侦查方法包含着一系列相互关联的概念，很难界定，术语使用尚未达成共识。[1]

在我国法学界，对于技术侦查概念的理解，有广义和狭义之说。广义的技术侦查是指"利用现代科学知识、方法和技术的各种侦查手段的总称"[2]。狭义的技术侦查则是指"侦查机关运用技术装备调查作案人和案件证据的一种秘密侦查措施"[3]。按照这一定义，它包括电话监听（又叫通信监听、电子监听或者窃听），网络监控，秘密拍照、录像，空间位置定位等手段。

2012年《中华人民共和国刑事诉讼法》（以下简称2012年《刑事诉讼

---

〔1〕　Stewart Field and Caroline Pelser（eds）. *Invading the Private：State Accountability and New Investigative Methods in Europe*, Athenaeum Press, 1998, p. 8.

〔2〕　宋英辉：《刑事程序中的技术侦查研究》，载《法学研究》2000年第3期。

〔3〕　谢佑平、万毅：《刑事侦查制度原理》，中国人民公安大学出版社2003年版，第246页。

法》）第二编第二章第八节对"技术侦查措施"作出规定时，只是针对其适用范围、实施程序、证据采用、期限以及个别措施作出规定，并未对其概念作出明确规定。从法律规定的内容来看，技术侦查指的主要是狭义上的概念。按照比较权威的解释，技术侦查是指侦查机关或者部门"根据侦查犯罪的需要，在经过严格的批准手续后，运用技术设备收集证据或查获犯罪分子的一种特殊侦查措施"〔1〕。这一概念指出了技术侦查的本质和主要特点，但是把技术侦查与秘密侦查、控制下交付视为并列关系，并将之作为特殊侦查措施的下位概念，与《中华人民共和国刑事诉讼法》（以下简称《刑事诉讼法》）的规定及其精神不符。根据《刑事诉讼法》的规定，我们认为，所谓技术侦查，是指对于特定严重犯罪案件，根据侦查犯罪的需要，由法定的国家机关或者部门，经严格批准手续，依照法定的职权和程序，采用特定的侦查手段，收集证据或者查获犯罪嫌疑人的侦查措施。

根据上述定义，技术侦查的概念包括以下内容：一是技术侦查的适用范围限于法律明确规定的某些严重犯罪活动；二是技术侦查的目的是收集证据和查明犯罪，且前提是"有必要的"；三是实施技术侦查的主体是法定的国家机关或者部门；四是技术侦查的实施需要依据法定职权和程序；五是技术侦查限于法律规定的一些特定侦查手段，如通信监听、电子监控、控制下交付等。

（二）技术侦查与秘密侦查、特殊侦查

关于技术侦查与秘密侦查之间的关系，在 2012 年《刑事诉讼法》修正前，学界大体存在三种观点：一是同一关系说。该说认为，一些侦查手段的使用，如监听、定位、电子追踪、网络数据排查和比对等，都需要运用一些技术设备，这些技术侦查措施的使用基本上都是秘密进行的，从而将技术侦查视为秘密侦查。〔2〕也就是说，技术侦查通常是秘密进行的，而秘密侦查经常也会使用各类科学技术方法和手段，因此，秘密侦查又往往被称为技术侦查。〔3〕二是交

---

〔1〕 陈光中主编：《刑事诉讼法》，北京大学出版社、高等教育出版社 2012 年版，第 281 页。

〔2〕 参见陈永生：《国外的秘密监听立法》，载《人民检察》2000 年第 7 期；宋英辉、吴宏耀：《刑事审判前程序研究》，中国政法大学出版社 2002 年版，第 239 页。

〔3〕 参见何家弘：《秘密侦查立法之我见》，载《法学杂志》2004 年第 6 期。类似的观点参见资霖：《论贪污贿赂案件中的技术侦查手段》，载《国家检察官学院学报》1999 年第 2 期；杨迎泽、李麒：《电话监听证据研究》，载何家弘主编：《证据学论坛》（第 1 卷），中国检察出版社 2000 年版，第 385 页；吴立德：《论秘密侦查手段的立法规制》，载《内蒙古社会科学（汉文版）》2001 年第 4 期。

叉关系说。该说认为，技术侦查既有公开进行的，也有秘密进行的，技术侦查不应全部归属于秘密侦查，它与秘密侦查并不必然构成上下位概念。就我国现有的技术侦查实践而言，只有一类技术侦查可视为秘密侦查，就是那些侧重借助侦查机关自身力量和设备，能够独立完成的技术侦查措施。据此认为，技术侦查与秘密侦查是一对有交叉的概念。[1]三是包含关系说。该说认为，在外延上，秘密侦查措施的概念要广于技术侦查措施，除了技术侦查措施，秘密侦查措施还包括卧底、特情、诱捕等措施。[2]也就是说，技术侦查应当涵盖在秘密侦查手段之中，二者应为包容关系。[3]从当时的研究情况看，多数学者支持这一观点。

2012 年《刑事诉讼法》使用的是"技术侦查"的概念，并在这一概念下，规定了"隐匿身份侦查""控制下交付"等具体措施。此后，《公安机关办理刑事案件程序规定》使用了《刑事诉讼法》规定的"技术侦查措施"这一称谓，也把技术侦查措施规定成为一种独立而特定的侦查手段，主要是指记录监控、行踪监控、通信监控、场所监控等措施，其本身并不包括隐匿身份侦查和控制下交付。因此，有学者认为，《刑事诉讼法》将隐匿身份侦查和控制下交付作为技术侦查的内容并规定"技术侦查措施"这一节，在逻辑上是错误的。因为"技术侦查"与"隐匿身份侦查"和"控制下交付"属于不同性质的措施。因此，以"技术侦查措施"作为该节的标题并不准确，应当命名为"秘密侦查措施"。[4]这一观点被很多学者接受，认为在上述几个概念中，"秘密侦查"是其他侦查措施概念的上位概念，"技术侦查""控制下交付"等均属于"秘密侦查"的范畴。"技术侦查措施"与"控制下交付"不存在隶属关系，《刑事诉讼法》将"技术侦查措施"作为该节的标题，这种制度设计不太符合逻辑，从而建议《刑事诉讼法》应当用"秘密侦查"或者"秘密侦查措施"取代"技术侦查措施"。[5]

---

〔1〕　艾明：《秘密侦查制度研究》，中国检察出版社 2006 年版，第 29 页。

〔2〕　参见万毅：《西方国家刑事侦查中的技术侦查措施探究》，载《中国人民公安大学学报（自然科学版）》1999 年第 4 期。

〔3〕　参见程雷：《秘密侦查立法宏观问题研究》，载《政法论坛》2011 年第 5 期。

〔4〕　参见张建伟：《特殊侦查权力的授予与限制——新〈刑事诉讼法〉相关规定的得失分析》，载《华东政法大学学报》2012 年第 5 期。

〔5〕　参见贾志强、闵春雷：《评新〈刑事诉讼法〉中的"技术侦查措施"——以秘密侦查理论为基础的反思》，载《山东警察学院学报》2013 年第 5 期。

事实上，2011 年《全国人民代表大会常务委员会关于修改〈中华人民共和国刑事诉讼法〉的决定》第一次送审稿第 150 条曾使用了"秘密侦查"的概念，即"为了查明案情，在必要的时候，经县级以上公安机关负责人决定，可以由特定人员实施秘密侦查。实施秘密侦查，不得诱使他人犯罪，不得采用可能危害公共安全或者发生重大人身危险的方法"[1]。不过，由于担心"秘密侦查"字样可能引起公众对秘密拘留、秘密逮捕等的担忧，最终在正式通过的法律文本中没有采纳，而是使用"由有关人员隐匿其身份实施侦查"取代了之前使用的"秘密侦查"。这一变化反映了立法者的法治意识，其本身就是一种进步，这种立法技巧也得到了很多学者的肯定。

法律改革往往是基于实践的需要，技术侦查措施立法也主要是基于侦查实践的需要。当前，关于秘密侦查措施的称谓，司法实践中基本上约定俗成，侦查机关或者部门也基本上对这种称谓习以为常。不过，有学者指出，这种称谓本身"并不是一个严谨的理论性、学术性概念"[2]。从《刑事诉讼法》对于"技术侦查措施"规定的内容上看，使用秘密侦查的概念似乎更合理。但是，在"没有公开则无所谓正义"的观念下，[3]侦查公开被认为是现代民主法治的应有之义和必然要求，也是现代法治国家刑事诉讼制度发展的必然结果。[4]有学者指出，电话监听、电子监控、秘密录像等技术侦查手段在实践中大量被广泛使用，为了保证侦查行为自身的公正性和合法性，保障侦查对象的合法权益不受不当侵犯，实行侦查公开原则是完全必要的。[5]在这种背景下，强调秘密侦查多少显得有些不合时宜，不符合刑事诉讼和侦查制度发展的趋势。

关于技术侦查与特殊侦查的关系，很多学者认为，特殊侦查措施与技术侦查措施是包含与被包含关系，后者是前者的一种具体形式。国内比较权威

---

[1] 参见贾志强、闵春雷：《评新〈刑事诉讼法〉中的"技术侦查措施"——以秘密侦查理论为基础的反思》，载《山东警察学院学报》2013 年第 5 期。

[2] 刘涛：《秘密侦查措施中基本概念的界定与分类研究》，载《西南民族大学学报（人文社会科学版）》2016 年第 5 期。

[3] ［美］伯尔曼：《法律与宗教》，梁治平译，生活·读书·新知三联书店 1991 年版，第 48 页。

[4] 参见陈永生：《论侦查公开》，载《政治与法律》2000 年第 2 期。

[5] 参见董坤：《论侦查公开制度的具体构建》，载《中国人民公安大学学报（社会科学版）》2010 年第 3 期。

的刑事诉讼法学教材也认为，特殊侦查措施是一系列侦查措施的总称，不同于普通侦查措施，具有高度的秘密性、技术性，只适用于某些特殊类型的案件。技术侦查、秘密侦查和控制下交付这三种措施是并列关系，均属于特殊侦查措施的范畴。[1]也就是说，《刑事诉讼法》第二编第二章第八节的标题"技术侦查措施"并不能涵盖该节所规定的卧底侦查、诱惑侦查、控制下交付等措施，技术侦查只不过是特殊侦查措施的一种而已。因此，有学者认为，以"技术侦查措施"作为该节的标题并不合适，应当改为"特殊侦查措施"更为合理。[2]

也有观点把特殊侦查措施视为秘密侦查措施，认为特殊侦查与秘密侦查并无二致，特殊侦查包括监控侦查、卧底侦查、诱惑侦查等新型侦查措施。这些侦查措施具有共同的特点，即被侦查对象通常没有意识到自己被侦查，对于这些特殊侦查手段毫无察觉，"正是从这个角度上讲，这些侦查手段又可以被称为'秘密侦查'。"[3]这种观点把技术类侦查措施，包括电话监听、电子监控、秘密拍照或录像等，"与诱惑类侦查措施和派遣秘密调查人视为并列的概念，将之作为特殊侦查措施的一种"。[4]

也有观点把特殊侦查等同于技术侦查，认为特殊侦查是侦查机关或者部门及其人员采取的不同于常规侦查措施的技术方法，发现有关犯罪线索或者证据，查获犯罪嫌疑人的措施。"正是由于这些特殊侦查措施通常要使用一些专门的科学技术手段，所以又被称为技术侦查。"[5]也许是因为强调特殊侦查的技术性特征，该观点除了把电话监听、卧底侦查、诱惑侦查等措施视为特殊侦查措施，还把测谎和侦查实验当作特殊侦查。[6]这显然与刑事诉讼法及相关司法解释规定的"技术侦查措施"的立法精神不符。

一般来说，特殊侦查是相对于普通侦查、一般侦查或者常规侦查而言的，它强调不同于普通侦查措施、一般侦查行为或者常规侦查手段的特殊性。但是，即使就普通侦查措施来说，每一种具体的侦查措施也均具有其自身的特

---

〔1〕　陈光中主编：《刑事诉讼法》，北京大学出版社、高等教育出版社2012年版，第281页。

〔2〕　参见韩康：《特殊侦查措施立法刍议》，载《江西警察学院学报》2013年第3期。

〔3〕　陈宝成：《"特殊侦查"将可作为定案根据》，载《南方都市报》2010年6月26日，第A16版。

〔4〕　罗猛：《技术侦查措施要规范适用》，载《检察日报》2012年11月2日，第3版。

〔5〕　蒋石平：《特殊侦查行为研究》，暨南大学出版社2008年版，第8页。

〔6〕　蒋石平：《特殊侦查行为研究》，暨南大学出版社2008年版，第14~18页。

殊性。拿讯问犯罪嫌疑人和询问证人进行比较，两者适用的规则、程序和要求也不一样，前者强调供述的自愿性，甚至用沉默权规则予以保障；后者则注重证人的作证义务，要求如实提供证言。如果拿这种侦查行为与搜查、扣押相比，差别就更大了。因此，用特殊侦查的概念指代《刑事诉讼法》第二编第二章第八节规定的内容也不是最佳选择。

（三）技术侦查与技术侦察

1993 年公布的《中华人民共和国国家安全法》（以下简称《国家安全法》）第 10 条规定："国家安全机关因侦察危害国家安全行为的需要，根据国家有关规定，经过严格的批准手续，可以采取技术侦察措施。" 这通常被认为是在我国法律中首次明确规定了"技术侦察"的措施。其后，1995 年公布的《中华人民共和国人民警察法》（以下简称《人民警察法》）第 16 条也作了类似规定："公安机关因侦查犯罪的需要，根据国家有关规定，经过严格的批准手续，可以采取技术侦察措施。" 按照比较权威的解释，这两部法律所规定的"技术侦察"，是指"国家安全机关和公安机关为了侦查犯罪而采取的特殊侦察措施，包括电子监听、电话监听、电子监控、秘密拍照或录像、秘密获取某些物证、邮件检查等秘密的专门技术手段"[1]。有学者指出，从我国的实际做法来看，把"技术侦察"当作秘密手段是不合适的。因为在司法实践中，技术侦察有秘密进行的，也有公开使用的。此外，从字面意思来看，将"技术侦察"解释为秘密的专门技术手段，与其通用的含义也是不相符的。[2]

关于"技术侦查"与"技术侦察"两个概念含义的争论，源于学界对"侦查"和"侦察"的讨论。有资料显示，早在 20 世纪 80 年代初，就有学者从《辞源》《辞海》《现代汉语词典》等工具书中查考两者的区别。关于"侦察"，《辞源》的解释是"暗中察看"。据考证，"侦察"一词最早出现于《后汉书》。据《后汉书》卷九十《乌桓传》记载，有"为汉侦察匈奴动静"之说。[3] 这里的"侦察"，意指侦视、探察，通常是采用秘密方法进行暗中探听和观察。关于"侦查"，《辞海》早期的解释是"检察机关和公安机关在办

---

〔1〕 郎胜、王尚新主编：《〈中华人民共和国国家安全法〉释义》，法律出版社 1993 年版，第 72 页；郎胜主编：《〈中华人民共和国人民警察法〉实用问题解析》，中国民主法制出版社 1995 年版，第 80 页。

〔2〕 参见宋英辉：《刑事程序中的技术侦查研究》，载《法学研究》2000 年第 3 期。

〔3〕 何九盈、王宁、董琨主编：《辞源（一）》，商务印书馆 2018 年版，第 321 页。

理刑事案件中进行的查明犯罪人、搜集依据、确定犯罪事实等各种活动"[1]。最新版的解释则与 2018 年《刑事诉讼法》修正前对侦查术语的规定大致相同，即"在刑事诉讼中，为收集证据、查明案情而进行的专门调查工作和采取有关的强制措施"[2]。《现代汉语词典》对"侦察"的解释是："为了弄清敌情、地形及其他有关作战的情况而进行活动。"对"侦查"的解释则是："公安机关、国家安全机关和检察机关在刑事案件中，为了确定犯罪事实和证实犯罪嫌疑人、被告人确实有罪而进行调查及采取有关的强制措施。"[3]有学者通过查阅俄文字典，发现侦察与侦查也是使用两个不同的词，意思则有较明显差别。侦察作名词用时，俄文是 разведка，有以下三个意思："①主管国家安全保卫机关的总名称；②和间谍及危害行为作斗争；③部队派遣士兵去探明敌人的情况。"[4]作动词用时，侦察的俄文是 разведывать，也可译为侦探、打听、搜索等。至于侦查，俄文名词是 следствие，则有两个意思："①有关刑事案件的查明；②为了查明犯罪的情况和性质以及对犯罪者所进行的审问。"[5]作动词用时，侦查的俄文是 расследовать，也可译为审讯、庭审、预审等。该论者认为，侦察与侦查这两个术语的含义存在差别，包含着两种性质不同的工作方法。侦察是指以秘密方式去查明敌情，而侦查则是以公开方式了解和把握事情的原委。因此，可以得出这样的结论："侦察是秘密的，侦查是公开的。"[6]这一观点对我国侦查理论影响很大，被大多数学者接受，认为"侦察"不是"侦查"，[7]两者存在一种矛盾关系，甚至很多学者认为，"侦察"是军事术语，"侦查"是司法术语。[8]

有学者对新民主主义革命时期以来有关法律、法规和有关批示使用"侦查"和"侦察"的情况进行了考察，发现在许多革命根据地，新民主主义革命时期制定的办理刑事案件的 16 种法规中，在条款中使用"侦查"这个词的

---

[1] 夏征农主编：《辞海》（上），上海辞书出版社 1979 年版，第 515 页。

[2] 陈至立主编：《辞海（1）》，上海辞书出版社 2019 年版，第 5598 页。

[3] 中国社会科学院语言研究所词典编辑室编：《现代汉语词典》，商务印书馆 2016 年版，第 1662 页。

[4] 林正吾：《对"侦察"与"侦查"含义的探讨》，载《北京政法学院学报》1980 年第 2 期。

[5] 林正吾：《对"侦察"与"侦查"含义的探讨》，载《北京政法学院学报》1980 年第 2 期。

[6] 林正吾：《对"侦察"与"侦查"含义的探讨》，载《北京政法学院学报》1980 年第 2 期。

[7] 参见松磊：《"侦察"不是"侦查"》，载《咬文嚼字》2006 年第 4 期。

[8] 徐长庚：《"侦察""侦查"有别》，载《咬文嚼字》2014 年第 9 期。

有 11 种，使用"侦察"这个词的有 5 种。有学者分析，"这可能是由于当时的法规是在战争环境下制定的，侦破的案件主要是政治案件，又由于诉讼法规是由各个不同的苏区制定的，当时立法者对使用'侦查'与'侦察'缺少准确的、统一的理解。"〔1〕随着 1979 年 7 月 7 日《刑事诉讼法》的公布，"侦查"一词成为法定概念。但是，1979 年以后的十多年，在公安机关制定的文件中，几乎都是使用"侦察"这个词，公安院校编写的教材以及公安机关新闻单位主办的报章杂志也都是使用"侦察"这个词。究其原因，有学者推测，可能是习惯使然，自新中国成立以来，公安部门在行文中一直使用"侦察"一词。但也有学者认为这种理由不能成立，因为《刑事诉讼法》对公安机关办理刑事案件已规定使用"侦查"一词。〔2〕至于"侦察"与"侦查"的关系，该论者认为，"侦察手段（即'特殊调查工作'）应当也可以成为侦查措施中的一部分内容。"〔3〕也就是说，"侦查"包含"侦察"，在侦查中可以使用"侦察手段"。当然，也有观点认为，侦察是属概念，侦查是种概念，侦察包括侦查。〔4〕

在 1979 年《刑事诉讼法》公布前，对"侦察"与"侦查"这两个概念的使用是混乱的，有时使用"侦察"，有时使用"侦查"，具体什么情况下使用哪个词，并没有可循的规律，不过，在公安机关的刑侦业务活动中，使用"侦察"的时候多一些。在一些著作和译著中，有使用"侦察"的，也有使用"侦查"的。1979 年《刑事诉讼法》公布以后，立法明确使用的是"侦查"，而没有使用"侦察"，便又产生了新一轮的很多争论。对此，有学者认为，无论从法律意义上还是实践意义上讲，"侦查"与"侦察"这两个词的含义并没有本质上的区别，指代的内容和对象基本上都是相同的，两个词的内涵和外延也是相同的，都是指"揭露犯罪、证实犯罪的整个业务活动"〔5〕。

对于"技术侦察"与"技术侦查"两个术语的使用问题，直到 2012 年《刑事诉讼法》增加规定"技术侦查措施"前，我国侦查实务、政策文件和法

---

〔1〕 参见周国均：《关于侦查与侦察之研究》，载《政法论坛》1993 年第 5 期。
〔2〕 参见周国均：《关于侦查与侦察之研究》，载《政法论坛》1993 年第 5 期。
〔3〕 参见周国均：《关于侦查与侦察之研究》，载《政法论坛》1993 年第 5 期。
〔4〕 参见郝宏奎：《对侦查和侦察的不同见解及处理意见》，载《法学杂志》1986 年第 2 期。
〔5〕 郝宏奎：《对侦查和侦察的不同见解及处理意见》，载《法学杂志》1986 年第 2 期。

律规定中一直都在使用"技术侦察手段"或者"技术侦察措施"的概念。[1]如前文所述，1993 年公布的《国家安全法》和 1995 年公布的《人民警察法》，使用的都是"技术侦察措施"的概念。随着 2012 年《刑事诉讼法》的修正和颁布，"技术侦查"作为法律概念正式进入我国法制领域。此后，相关立法和司法解释也都随之使用"技术侦察措施"的概念，包括公安部制定的一系列内部规范性文件，也都接受并采用了技术侦查的概念。但是，在 2012 年 10 月 26 日对 1995 年公布的《人民警察法》进行修正时（自 2013 年 1 月 1 日起施行），第 16 条仍然沿用的是原来"技术侦察措施"的表述，而没有按照 2012 年《刑事诉讼法》的规定进行修改。尤其需要注意的是，2014 年 11 月公布的《中华人民共和国反间谍法》（以下简称《反间谍法》），也使用了"技术侦察措施"的概念，该法第 12 条规定："国家安全机关因侦察间谍行为的需要，根据国家有关规定，经过严格的批准手续，可以采取技术侦察措施。"随后，《中华人民共和国反恐怖主义法》（以下简称《反恐怖主义法》）和《中华人民共和国国家情报法》（以下简称《国家情报法》）相继公布施行，这两部法律也都使用了"技术侦察措施"的概念。这让本已平息的关于"技术侦查"与"技术侦察"的概念之争又被重新挑起来了。有学者指出，两个概念并行极易导致认知上的概念混淆，致使法律适用程序出现空白，法律政策规定难以衔接，并给侦查实务带来一系列问题。[2]

我们认为，按照人们对于"侦察"一词的传统理解和习惯用法，用其指代跟踪、窃听、使用耳目等"特殊侦查工作"，是有一定合理性的。但是，既然刑事诉讼法已经使用了"侦查"一词，而且把一些秘密性很强的措施规定在"技术侦查措施"一节中，为避免不必要的混乱和争议，尤其是从维护法制统一的角度，有必要在刑事诉讼法学领域统一使用"侦查"和"技术侦查"的概念。

---

　　[1]　需要说明的是，1998 年 9 月，根据国务院办公厅文件和公安部党委的决定，公安部技术侦察局更名为行动技术局，随后全国省市两级公安机关的技术侦察部门都更名为行动技术部门。2009 年 12 月，根据国务院办公厅新文件精神，公安部行动技术局重新更名为技术侦察局，全国省市两级公安机关的行动技术部门也都相应更名。在这十年里，"行动技术"仅用于部门称谓，手段名称、专用器材以及其他业务用语，依然使用"技术侦察"。参见解芳、程雷：《技术侦查与技术侦察之辨析——基于程序改革的正当化视角》，载《四川大学学报（哲学社会科学版）》2018 年第 2 期。

　　[2]　参见解芳、程雷：《技术侦查与技术侦察之辨析——基于程序改革的正当化视角》，载《四川大学学报（哲学社会科学版）》2018 年第 2 期。

（四）技术侦查与侦查技术

在我国理论界和实务中，侦查技术又称"刑事技术"或者"刑事科学技术"，是指"运用现代科学技术成果同各种犯罪活动进行斗争的一种专门技术"[1]。刑事技术的主要任务是发现和收集证据，并根据需要进行勘验、检查、鉴定或者侦查实验，为此后审查起诉和法庭审判提供依据。随着现代科学技术的发展及其在刑事侦查领域的广泛应用，侦查手段的技术含量不断提升，刑事科学技术越来越被侦查实务所接受和推广，甚至有人提出，"刑事科学技术是第一破案力"[2]。

技术侦查措施往往是由公安机关技术部门运用现代化科学技术方法实施的，如电话监听、电子监控等，即使对于卧底侦查、诱惑侦查和控制下交付等措施，在具体实施时，很多情况下也需要借助一些技术设备和技术手段。[3]因此，有时候，人们很容易将"侦查技术"与"技术侦查"混为一谈，把利用现代科学知识、方法和技术的各种侦查手段统称为技术侦查，认为除公安机关和国家安全机关目前使用的几种技术侦查措施外，其他技术含量较高的常规侦查措施，如刑事照相、痕迹检验、枪弹检验、法医检验、文书检验、测谎技术等，也划归为技术侦查的范畴。[4]

虽然"侦查技术"与"技术侦查"都是运用现代科学知识、方法和技术发现和证实犯罪活动，但从法律依据、适用范围、审批权限、法律效力等方面来看，二者是有本质区别的。[5]不是所有运用技术手段的侦查活动都称之为技术侦查，如运用痕迹检验技术进行现场勘查并不叫技术侦查。在审视技术侦查时，除了要看该措施的科学技术含量，更需要看它的法律性质。这个问题将在下文中专门讨论。

---

〔1〕 参见《法学词典》编辑委员会编：《法学词典》（增订版），上海辞书出版社1984年版，第297页。

〔2〕 牛纪刚：《刑事科学技术是第一破案力》，载《福建公安高等专科学校学报——社会公共安全研究》2002年第2期。

〔3〕 参见钟华：《我国秘密侦查制度的立法研究——基于〈刑事诉讼法〉再修改的思考》，载《云南警官学院学报》2019年第3期。

〔4〕 参见孟强：《秘密侦查的多维解读与功能诠释》，载《湖南公安高等专科学校学报》2008年第6期。

〔5〕 参见谢佑平、邓立：《秘密侦查的解读与诠释》，载《中国刑事法杂志》2005年第6期。

## 二、技术侦查的特征

### （一）技术性

技术性是指技术侦查措施的实施通常会运用现代化科学技术收集犯罪证据。就像有的学者所说，技术侦查措施的功能基础"系现代信息技术的应用，并且这一特征必将伴随着信息科技的发展而不断演变"[1]。技术侦查主要是利用一定的现代科技设备和科技手段进行的侦查行为，如运用电子监控技术对特定犯罪嫌疑人进行跟踪。没有科技手段的运用，就谈不上技术侦查。因此，技术性有时被认为是技术侦查措施区别于其他常规侦查措施最主要的特点。[2]

有学者认为，"秘密侦查与侦查是否需要技术并无多大关系，因为秘密侦查可以使用高科技也可以不用高科技实施侦查。"[3]这种观点是值得商榷的。不可否认，有的技术侦查措施，如外线侦查中的电视监视、秘密拍照等，行动性较强，表面上似乎没什么科技含量，其实不然，都需要科技设备和技术手段。[4]即使像卧底侦查、诱惑侦查这类通常不被当作技术侦查的措施，也是一种技术活，具有很强的技术性。例如，在诱惑侦查措施实施过程中，除了要拿捏好分寸，在不暴露侦查意图和侦查人员身份的同时，尽量避免诱发他人犯意，往往还要使用执法记录仪，进行秘密录音录像，在固定犯罪证据的同时，证明侦查行为的合法性。

### （二）秘密性

技术侦查的秘密性，又称隐蔽性，是指技术侦查的实施通常是秘密进行的，在当事人和公众不知晓的情况下获得犯罪证据。秘密性是技术侦查措施最突出的特征，甚至被认为是技术侦查的天然属性，也是其与其他常规侦查措施的本质区别。也许正是因为技术侦查具有秘密性的特点，因而被很多人称为秘密侦查。

---

〔1〕 程雷：《技术侦查证据使用问题研究》，载《法学研究》2018年第5期。

〔2〕 参见王长水、王晶然：《论刑事诉讼中的技术侦查措施及其重塑》，载《湖南工程学院学报（社会科学版）》2018年第3期。

〔3〕 李明：《秘密侦查概念辨析》，载《广州大学学报（社会科学版）》2010年第9期。

〔4〕 参见朱孝清：《试论技术侦查在职务犯罪侦查中的适用》，载《国家检察官学院学报》2004年第1期。

技术侦查的秘密性通常表现为以下两个方面：一是侦查人员身份的秘密性；二是侦查方式和侦查手段的秘密性。前者强调侦查人员以不暴露身份的形式实施侦查活动，如在卧底侦查、特情侦查中，这种特征非常明显。即使在通信监听、网络监控等侦查措施中，基本上也是在隐蔽条件下进行的，不仅被侦查的人不知晓，很多侦查机关的普通侦查人员也是不知晓的。后者强调技术侦查使用的侦查技术本身的秘密性，如通信截听技术的使用及其所截获的谈话内容、手机定位技术的使用及其实施方式等。对于这种侦查技术手段的实施情况，不仅犯罪嫌疑人及其辩护律师不知道，在很多时候，即使案件到了法庭审判阶段，法官也很难看到技术侦查获取的原始证据材料。

不过，也有学者认为，秘密性特征不是区分技术侦查措施与其他常规侦查措施的主要依据。因为常规侦查措施也具有隐蔽性，有些常规侦查措施往往也是在保密状况下实施的，必须符合侦查的秘密性原则。[1]这种观点把技术侦查的秘密性与侦查保密原则对侦查活动的保密要求混为一谈了。技术侦查措施的保密程度、范围具有很强的排他性，对于犯罪嫌疑人、辩护律师以及社会公众来说，往往并不知道技术侦查措施是否实施以及怎样实施的。而侦查保密原则所要求的保密义务在保密对象、保密范围和保密程度上是相对较低的，[2]它通常是要求已经知道侦查秘密的人未经允许不得泄露相关秘密。这种保密原则是对所有侦查工作的要求，也包括技术侦查。如《公安机关办理刑事案件程序规定》第270条第2款规定："公安机关依法采取技术侦查措施，有关单位和个人应当配合，并对有关情况予以保密。"由此可知，并非所有要求保密的侦查行为都属于秘密侦查，那种把秘密拘留、秘密逮捕视为秘密侦查行为的观点是不成立的。[3]

当然，技术侦查的秘密性是相对的。这种相对性一方面表现在侦查机关和侦查人员的主观判断上，侦查机关和侦查人员往往会认为其技术侦查措施是在犯罪嫌疑人没有发觉的情况下实施的，但客观上，该侦查措施是否已经被犯罪嫌疑人发觉则无所谓。[4]事实上，有的犯罪嫌疑人具有很强的反侦查

---

〔1〕 参见唐磊、赵爱华：《论刑事司法中的秘密侦查措施》，载《社会科学研究》2004年第1期。

〔2〕 参见刘涛：《秘密侦查措施中基本概念的界定与分类研究》，载《西南民族大学学报（人文社会科学版）》2016年第5期。

〔3〕 参见李明：《秘密侦查概念辨析》，载《广州大学学报（社会科学版）》2010年第9期。

〔4〕 参见艾明：《秘密侦查概念辨析》，载《贵州警官职业学院学报》2003年第5期。

能力，或者技术侦查实施方案和计划不够周详，导致被侦查对象事先知悉到对其采取的技术侦查措施。另一方面，不同形式的技术侦查措施其隐蔽程度也是不一样的，即使是同种的技术侦查措施，在不同类型案件中的隐蔽性也可能存在差别。

（三）欺骗性

技术侦查的欺骗性，又称策略性，是指针对正在进行或者将要实施的特定犯罪，侦查人员采用隐匿身份、诱导讯问、虚假承诺等方式，使犯罪嫌疑人容易产生误判，并做出符合侦查目的的行为。对犯罪的侦查是一种极具对抗性的活动，为有效获取证据，查明案情，有时需要采用带有欺骗性要素的侦讯谋略。[1]甚至有学者认为，在侦查中使用带有欺骗性质的讯问策略和方法，符合侦查活动的规律和要求，并将欺骗取证看作一种"断案智慧"。[2]实践中，卧底侦查、诱惑侦查等，都是在隐匿身份的情况下实施的，都是在隐瞒对方基础上的"合理欺骗"。

对于欺骗性取证行为，在我国《刑事诉讼法》的历次修正中，均采取了否定评价，即"严禁刑讯逼供和以威胁、引诱、欺骗以及其他非法方法收集证据"。对此，有学者指出，具有欺骗性的乔装侦查措施，在形式上已经构成了违法侦查，而要使该行为具有合法性和有效性，应当在立法上作出明文授权，可以"以例外条款、排除条款的方式阻却乔装侦查措施的违法性、豁免相关侦查人员的责任并豁免所获证据的证据能力"[3]。

但是，在我国司法实践乃至立法中，在一定程度上是容许欺骗性侦查的。如2008年12月最高人民法院印发的《全国部分法院审理毒品犯罪案件工作座谈会纪要》第6条明确规定："……对特情介入侦破的毒品案件，要区别不同情形予以分别处理……行为人本没有实施毒品犯罪的主观意图，而是在特情诱惑和促成下形成犯意，进而实施毒品犯罪的，属于'犯意引诱'。对因'犯意引诱'实施毒品犯罪的被告人，根据罪刑相适应原则，应当依法从轻处罚，无论涉案毒品数量多大，都不应判处死刑立即执行……"也就是说，即

---

〔1〕 龙宗智：《欺骗与刑事司法行为的道德界限》，载《法学研究》2002年第4期。

〔2〕 参见何家弘：《论"欺骗取证"的正当性及限制适用——我国〈刑事诉讼法〉修改之管见》，载《政治与法律》2012年第1期。

〔3〕 万毅：《解读"技术侦查"与"乔装侦查"——以〈刑事诉讼法修正案〉为中心的规范分析》，载《现代法学》2012年第6期。

使行为人是在侦查机关特情诱惑下形成犯意而实施犯罪，该行为人仍然将被定罪，只是在量刑上从轻。2012年《刑事诉讼法》对此予以否定，在第151条中明确规定了"不得诱使他人犯罪"。按照通常的理解，侦查机关不得使用"犯意引诱型"的诱惑侦查，但并不禁止"机会引诱型"的诱惑侦查。这里只是强调不得诱使他人犯罪，好像并不禁止诱使他人提供犯罪证据。

不可否认，欺骗性的侦查措施存在具有一定的合理性，但任何采用欺骗手段收集证据的行为，均对犯罪嫌疑人的合法权利具有明显威胁，也会损害司法权威和司法公信力，无论从准确打击犯罪还是从有效保障人权的角度看，欺骗性技术侦查都应当受到法律的限制。

（四）特定性

技术侦查的特定性首先强调其对象的特定性。技术侦查是刑事案件立案以后对犯罪嫌疑人采取的侦查活动，侦查对象通常是特定的。实践中，公安机关和国家安全机关会运用科学技术手段对不特定人进行防范式的通信监听或者网络监控，就像美国的"棱镜计划"[1]，从表面上看，虽然这种监听的技术手段和方式与作为技术侦查措施的监听并无二致，但它不属于刑事诉讼法规范的技术侦查措施的范畴。

不过，技术侦查的对象虽然特定，但由于与侦查对象联系的人可能是不特定的，在技术侦查措施实施中，经常会把不特定人员纳入技术侦查的范围。例如，在某犯罪嫌疑人经常打电话的公共电话亭安装监听设备，很多其他到该电话亭打电话的无关人员的通话也会被监听到。即使对某犯罪嫌疑人的个人电话进行监听，他也会跟很多与本案无关的人打电话，从而也会监听到很多其他人的通话内容或者隐私信息。

技术侦查的特定性还表现为侦查手段的特定性。由于技术侦查措施的实

---

　　[1]　棱镜计划（PRISM）是一项由美国国家安全局自2007年起开始实施的绝密电子监听计划，其正式名号为"US-984XN"。这个计划包括两个秘密监视项目：一是监视、监听民众电话的通话记录；二是监视民众的网络活动。根据报道，该计划许可的监听对象包括任何与国外人士通信的美国公民以及任何在美国以外地区使用参与计划公司服务的客户。"棱镜计划"真正让人吃惊的是，美国不仅监控对手国家，而且还监控其盟国；不仅监控军事政治目标，而且大规模监控普通外国民众、外国领导人和外交机构。据斯诺登披露的机密文件，在获得35个外国领导人的电话号码后，美国国家安全局监控了这些外国领导人的通话。在这些受到电话监听的外国领导人中，甚至有许多美国盟国的领导人。参见李云龙：《肆意践踏人权的美国"棱镜计划"》，载《光明日报》2014年3月2日，第8版。

施容易侵犯侦查对象甚至其他人的隐私权、居住安全等宪法性权利，立法对这类措施的具体形式往往有明确的规定。如《公安机关办理刑事案件程序规定》第264条第1款规定："技术侦查措施是指由设区的市一级以上公安机关负责技术侦查的部门实施的记录监控、行踪监控、通信监控、场所监控等措施。"该款以列举的方式规定了这类技术侦查的具体方式，即记录监控、行踪监控、通信监控、场所监控四种。虽然这里还有一个"等"，但应对之作严格解释，将之理解为"等内等"。也就是说，就这类技术侦查而言，除了本款明确列举的这四种措施以外，公安机关无权采取其他形式的技术侦查措施。此外，按照《刑事诉讼法》第152条第1款的规定，公安机关采取技术侦查措施，"必须严格按照批准的措施种类、适用对象和期限执行。"

### 三、技术侦查的性质

#### （一）技术侦查是一种诉讼认识活动

侦查是对已发生案件的逆向探索，本质上是一种认识活动，技术侦查也是一种认识活动。按照辩证唯物主义认识论，刑事案件是已经发生的客观存在的事实，案件发生时会留下各种证据，这些证据与案件事实存在某种联系，这种联系也是客观存在的。证据和案件事实与其他客观事物一样，是可以被人认识的，只要侦查人员借助证据与案件事实之间的客观联系，充分发挥主观能动性，重视调查研究收集证据，案件真相是完全可以发现的。

技术侦查是一种侦查认识形式，是侦查人员发现犯罪事实和证实犯罪事实的活动。这种认识过程不完全是对案件信息的简单搜集与再现，而是在选择的基础上，根据侦查人员的认识图式对信息进行加工过滤、整合重构的过程，也是一项科技的侦查实践运用活动。[1] 在技术侦查过程中，侦查人员就是认识的主体，而进入侦查人员认识视野即侦查认识所指向的各种人、物、时空关系就是认识的客体。但侦查认识活动并不完全等同于哲学上的认识活动，而是一种诉讼认识活动。

诉讼认识本质上是一种历史认识，但它又不同于一般的历史认识。[2] "与

---

〔1〕 参见裴树祥、倪春乐：《技术侦查的认识结构研究——以现场分析为中心的展开》，载《公安学刊（浙江警察学院学报）》2009年第1期。

〔2〕 樊崇义：《刑事诉讼法哲理思维》，中国人民公安大学出版社2010年版，第4~51页。

纯粹科学不同，法律的目的并不在于发现真相，并不在于发现全部真相，并不纯粹在于发现真相。"[1]侦查活动不同于一般的人类认识活动，技术侦查是存在于特殊领域内的认识，具有一定的特殊性。首先，认识手段具有限定性。认定事实必须以证据为根据，而作为诉讼认识手段的证据，就要受法律规范的调整和规制。就技术侦查取证而言，必须严格按照批准的措施种类进行，否则，收集的证据将丧失法律上的证据资格。其次，认识过程具有法定性。诉讼认识除了要遵守一般认识要遵循的经验法则、逻辑规则以外，还要遵守法律的规定。[2]技术侦查认识活动，除了必须在特定的法定期限内完成以外，还要受到程序规则和证据规则的制约。最后，技术侦查的结果具有不确定性。与其他取证手段相比，技术侦查具有强大的取证能力，技术侦查收集的证据也具有较强的可靠性。但侦查活动毕竟是一种"回溯性认识"，案件事实的复杂性和人类认识能力的有限性，决定了侦查人员常常无法获得和案件相关的全部知识和信息，侦查人员所查明的案件事实不可能必然正确。[3]

（二）技术侦查是一种强制性侦查措施

在理论上，侦查措施通常划分为任意性侦查措施和强制性侦查措施。但对于任意侦查与强制侦查的界限问题则存在较大争议，学界与司法界对二者的区分标准也尚未达成共识。一般来说，可以进行任意处分的是任意侦查，可以进行强制处分的是强制侦查。在无需采用强制侦查时，就应使用任意侦查。[4]

对于任意侦查和强制侦查区分的理论源于日本，区分的标准也是众说纷纭，其中影响力比较大的有"形式强制力说""形式权利侵害说""重要权利侵害说""单纯侵权说""单纯同意说"等。[5]该理论引入我国后，更多的学者接受了"单纯同意说"，认为"任意侦查是指以受侦查人同意或承诺为前提

---

〔1〕［美］迈克尔·D. 贝勒斯：《法律的原则——一个规范的分析》，张文显等译，中国大百科全书出版社 1996 年版，第 23 页。

〔2〕陈光中、李玉华、陈学权：《诉讼真实与证明标准改革》，载《政法论坛》2009 年第 2 期。

〔3〕参见吴宏耀：《"证据法的基础理论"笔谈——司法裁判中的事实问题》，载《法学研究》2004 年第 6 期。

〔4〕［日］西原春夫主编：《日本刑事法的重要问题》（第 2 卷），金光旭等译，法律出版社、成文堂 2000 年版，第 148 页。

〔5〕陈卫东、程雷：《任意侦查与强制侦查理论之介评——以同意取证行为为核心的分析》，载何家弘主编：《证据学论坛》（第 7 卷），中国检察出版社 2004 年版，第 19~20 页。

的侦查，而强制侦查是指不受侦查人意思的约束而进行的强制处分"。[1]也有学者在强调侦查对象自愿配合的前提下，引入权利侵害的因素，认为在任意侦查时，侦查对象自愿配合的情况下，不能采用强制手段，不能给侦查对象的合法权益造成不必要的损害；强制侦查是对侦查对象采用强制手段收集犯罪证据，查获犯罪嫌疑人。[2]

对于技术侦查属于任意侦查还是强制侦查的问题，有学者认为，技术侦查是在侦查行为相对人知情的情况下，则难以开展或者无法完成的那些以隐藏或欺骗方式进行的非强制性侦查活动。[3]据此，技术侦查似乎应该归于任意性侦查措施。不过，也有学者认为，既然技术侦查措施是在侦查对象不知情的情况下实施的，根本谈不上自愿配合的问题，并且，技术侦查措施必然会对侦查对象的合法权利特别是隐私权造成侵犯，明显具有一定的强制性。[4]因此，有学者将强制性视为技术侦查的本质特征。[5]更有学者认为，技术侦查的强制程度通常要强于一般的强制性侦查措施。[6]从技术侦查措施的实施情况来看，虽然事先必须经过严格的审批手续，但无论是通信监听还是卧底侦查，都不存在犯罪嫌疑人自愿配合的问题，而且对其隐私权或者其他权利或多或少造成侵犯，它的强制侦查的属性是显而易见的。

（三）技术侦查是一种组合取证手段

技术侦查措施的实施主要是为了收集犯罪证据。实践中，往往不是采用某一种具体的侦查措施，而经常是多种侦查措施并举，有的是技术侦查措施与常规侦查措施混用，有的则是同时使用多种技术侦查手段。例如，在毒品案件中实施技术侦查，通常在采取通信监听、手机定位的同时，也可能会使用线人，甚至派有警察卧底，通过控制下交付，最后人赃俱获。对于重大贿赂犯罪案件，实施控制下交付时，通常要进行监听，也可采用耳目，或同时

---

〔1〕宋英辉、吴宏耀：《刑事审判前程序研究》，中国政法大学出版社2002年版，第31页。

〔2〕参见孙长永：《侦查程序与人权——比较法考察》，中国方正出版社2000年版，第24页。

〔3〕程雷：《秘密侦查比较研究——以美、德、荷、英四国为样本的分析》，中国人民公安大学出版社2008年版，第27页。

〔4〕参见朱孝清：《试论技术侦查在职务犯罪侦查中的适用》，载《国家检察官学院学报》2004年第1期。

〔5〕参见谢佑平、邓立：《秘密侦查的解读与诠释》，载《中国刑事法杂志》2005年第6期。

〔6〕参见刘涛：《秘密侦查措施中基本概念的界定与分类研究》，载《西南民族大学学报（人文社会科学版）》2016年第5期。

采用陷阱侦查。技术侦查手段会根据案件的具体情况和侦查的实际需要灵活多变，体现了技术侦查措施多样性和组合性的特点。[1]

就收集的证据形式来说，技术侦查不会局限于某种单一的取证手段，所收集的证据必然也不会局限于某一类证据形式，而经常是包括物证、证言、口供、视听资料、电子数据等多种证据的证据集。以卧底侦查为例，卧底人员在收集证据时，经常会秘密录音、拍照，也会收集部分实物证据，有时也会套取犯罪嫌疑人的口供，其自身也是一名关键证人。

（四）技术侦查是一种诉讼行为

在刑事诉讼中，诉讼行为是指诉讼主体或其他主体实施的、构成诉讼程序内容的、可以产生诉讼上的特定效果的行为。[2]德国学者克劳思·罗科信（Claus Roxin）教授将诉讼行为表述为："在诉讼程序中能够按照意愿达到所期望之法律效果，并促使诉讼程序继续进行之意思表示。"[3]按照诉讼行为理论，诉讼行为就是能够在诉讼法上引起一定法律效果的行为，[4]具有诉讼价值承载和实现功能。[5]从维护程序有效运作的角度出发，不论是合法行为还是非法行为，只要具备基本的法律形式，都将引起一定的诉讼后果。[6]只不过合法的行为产生的是正面效果，而非法的行为引起的是负面效果。

技术侦查与其他侦查行为一样，具有强烈的行政化色彩。在程序启动上，技术侦查均是由侦查机关主动采取的；在措施适用上，技术侦查实施时根本不会征求犯罪嫌疑人的意见，也无需由法院进行司法审查；在行为方式上，技术侦查活动是单方面的，不需要犯罪嫌疑人及其辩护律师或者第三方的参与；在价值追求上，与司法行为追究公正不同，技术侦查主要追求的是效率。尽管如此，这并不能否定技术侦查的诉讼行为性质。

按照诉讼行为理论，判断技术侦查是否为刑事诉讼行为，关键取决于其能否引起刑事诉讼法上的效力，即刑事诉讼行为对于刑事诉讼程序的构成、

---

〔1〕 杨宇冠、吴高庆主编：《〈联合国反腐败公约〉解读》，中国人民公安大学出版社2004年版，第417~418页。

〔2〕 徐静村主编：《刑事诉讼法学》（上），法律出版社2004年版，第100页。

〔3〕 ［德］克劳思·罗科信：《刑事诉讼法》，吴丽琪译，法律出版社2003年版，第195页。

〔4〕 ［日］谷口安平：《程序的正义与诉讼》，王亚新、刘荣军译，中国政法大学出版社1996年版，第135页。

〔5〕 邓云：《刑事诉讼行为基础理论研究》，中国人民公安大学出版社2004年版，第60~66页。

〔6〕 陈永生：《侦查程序原理论》，中国人民公安大学出版社2003年版，第457页。

推动、发展和对刑事诉讼法律关系的发生、发展以及对诉讼实体形成的作用。[1]从程序上看，技术侦查措施的实施，在侦查机关与犯罪嫌疑人之间形成了一种特定的法律关系，即侦查和被侦查的关系，双方均享有一定的诉讼权利，并履行相应的法律义务。例如，在诱惑侦查中，侦查机关经过批准程序后，有权对犯罪嫌疑人进行诱惑侦查，同时要履行不得诱使他人犯罪的义务；而犯罪嫌疑人对于合法的诱惑侦查，有义务容忍和接受，但对于侦查机关实施的"犯意诱发型"的侦查行为，有权利要求免责。从实体上看，技术侦查措施的实施，通常能够收集到犯罪证据，抓获犯罪嫌疑人，即能够实现侦查机关所期望的结果。当然，有的结果可能出乎意料，甚至是侦查机关不愿看到的，如卧底侦查中，有的卧底人员为赢得信任而实施违法犯罪行为，有的卧底人员因暴露身份而被杀害。

### 四、技术侦查的功能

#### （一）有效降低侦查成本

侦查成本是指侦查部门为了侦控刑事犯罪案件所需投入的全部费用，包括固定成本和可变成本。从其表现形态划分，它既有有形的财物形态，又有无形的警力形态、社会印象形态等。[2]也有学者把侦查成本分为经济成本和社会责任成本两部分，侦查的经济成本是指侦查活动正常消耗的各种费用，包括购置侦查技术装备费用、支付侦查人员的薪金以及侦查机关或者部门日常办公费用等；侦查的社会责任成本则是指侦查机关或者部门进行侦查活动而消耗的社会资源或者给社会带来的损失，这种成本一般并不计入侦查成本费用。[3]

经济资源的稀缺是个不争的事实，也是个不需要论证的命题。[4]对于某些重大复杂刑事案件，如何提高侦查资源的利用率，以期追求最佳的侦查效益？一方面，要合理地利用有限的侦查成本；另一方面，还要想办法控制和

---

〔1〕　邓云：《刑事诉讼行为基础理论研究》，中国人民公安大学出版社 2004 年版，第 227～229 页。

〔2〕　参见瞿丰：《侦查成本论》，载《公安大学学报》2001 年第 3 期。

〔3〕　参见任惠华：《论侦查效益的经济学评判》，载《求索》2007 年第 11 期。

〔4〕　刘方权：《论侦查成本、收益及其二重属性》，载《江西公安专科学校学报》2004 年第 1 期。

降低侦查成本。对于如何有效控制和降低侦查成本问题，有学者提出，应当建立科学合理的教育培训体制，提高侦查主体的办案素质和能力，理顺各执法机构顺畅的协调机制，完善网络信息系统，实现信息资源的共享等。[1]

社会经济飞速发展，而犯罪数量居高不下。根据国家统计局数据，2018年全国公安机关立案的刑事案件达 5 069 242 件，而国家用于公共安全财政支出达 13 781.48 亿元，比当年国防财政支出还多了 2501 亿余元。由于公安机关的侦查经费具有保密性，我们无法知道用于侦查办案经费支出的具体数字。但是，降低侦查成本、提高办案效率已然成为我国当前刑事侦查工作的重要任务之一。

对于很多有组织犯罪、重大疑难案件的侦查来说，使用常规侦查手段往往难以收集到犯罪证据，尤其是对于那些无被害人的案件，以及缺乏刑事案件现场或者刑事案件现场质量差的案件，常规侦查手段有时很难取得突破，并且这类案件侦查周期较长，资源耗费巨大。技术侦查的魅力在于，通过秘密监控或欺骗手段，侦查机关可以获得使用其他普通侦查手段所难以收集到的证据。在这种情况下，若采取技术侦查措施，则可能会收到意想不到的效果。[2]

（二）增强侦查破案能力

随着资讯科技以及互联网等现代科技迅速发展与普及，犯罪手段更显多样化、专业化、智能化，给侦查工作带来了极大的困难，传统的侦查方式已远远不能满足当前侦查活动的要求。即使像贪污贿赂这类传统犯罪，犯罪嫌疑人也往往身居要职，有着一定的社会地位、较好的心理素质和较强的反侦查能力，犯罪留下的证据少，加之没有直接的被害人，没有主动报案，无人作证，案发的可能性较小，致使侦查取证难的问题较为突出。

技术侦查是向科学技术要战斗力。侦查实践表明，技术侦查措施具有常规侦查措施无法替代的作用，它不仅是获取犯罪证据的捷径，也是掌握各种犯罪动态和形势、进一步扩大查获犯罪线索的重要手段。同时，技术侦查通常是在"背对背"的情况下进行的，能够有效削减犯罪嫌疑人的反侦查能力。

---

〔1〕 参见刘恋一：《我国刑事侦查成本及其控制》，载《犯罪研究》2016 年第 4 期。

〔2〕 参见翟金鹏、赵辉：《我国运用秘密力量侦查法律程序之构想》，载《江西警察学院学报》2011 年第 3 期。

通过技术侦查，可以围绕犯罪嫌疑人，查找并确定与犯罪嫌疑人存在密切联系的人，及时获取参与犯罪的所有相关人员的行踪和犯罪信息，弄清他们的犯罪意图，获取更多与被查案件有关的犯罪线索和信息，以便明确侦查方向，确定侦查范围和侦查对象，提高破案效率。[1]使用技术侦查措施，还有利于突破犯罪嫌疑人心理防线，提高审讯效果，加强对破案过程的控制，增强获取再生证据能力。此外，技术侦查措施还是进行风险决策的保障，符合侦查过程中必须不断地根据信息反馈调整侦查对策的规律。[2]因此，技术侦查措施被视为同严重犯罪作斗争的最佳利器。

（三）保障准确认定犯罪事实

从证据形式上看，采用技术侦查措施收集的证据有视听资料、电子数据、物证、书证等实物，也有证人证言、犯罪嫌疑人供述等言词证据。在很多情况下，这些证据都是与犯罪行为和侦查措施相伴而生的，而技术侦查的技术性决定了所获证据的真实性和可靠性以及强大的证明力。例如，对公共场所进行监控形成的视频证据，监控视频生成后，在视频文件的提取、压缩、格式转换、编辑过程中，虽然都存在监控视频失真的可能性，但只要按照《视频安防监控系统技术要求》和建设部发布的《视频安防监控系统工程设计规范》，使用合格的录制设备，并保证录制设备能够正常运行，视频保管链条完好，监控视频就能够发挥强大的证明作用。事实上，司法实践中，在提取监控视频后，为了防止在流转环节被恶意篡改、删除，往往会使用数据加密、数字签名等技术，这些数据安全保护技术可以给监控视频中的数据信息加上一个"安全阀"，足以保障监控视频的可靠性。[3]

即使是言词证据，由于技术侦查措施具有很强的隐蔽性，被侦查对象并不知情，其在毫无防备状态下的言行客观性更强，所获取的证据通常比较可靠。[4]在没有外在干扰的状况下，这些证据能够比较客观地、真实地、动态地反映犯罪嫌疑人动机、目的以及犯罪过程，成为证明犯罪事实的有力证

---

〔1〕　参见甄贞、张慧明：《技术侦查立法与职务犯罪侦查模式转变》，载《人民检察》2013年第9期。

〔2〕　参见浙江省湖州市人民检察院课题组：《特殊侦查措施适用研究》，载《国家检察官学院学报》2008年第4期。

〔3〕　参见纵博：《公共场所监控视频的刑事证据能力问题》，载《环球法律评论》2016年第6期。

〔4〕　陈光中主编：《刑事诉讼法实施问题研究》，中国法制出版社2000年版，第109页。

据。[1]

### （四）提高控制犯罪威力

美国社会学家格雷·马克斯（Gary Marx）在评价技术侦查时曾说："技术的改进增强了社会控制的威力。"[2]为了有效控制犯罪，维护社会稳定，"要捆住警察的右手，就必须放开其左手。"[3]作为一种有效的侦查手段，对于一些重大案件，如黑社会性质组织犯罪、毒品犯罪、公职人员的重大贿赂犯罪等隐蔽型、智能型犯罪案件，采用技术侦查措施更能够发挥更大的威力。

技术侦查能够增加犯罪风险，提高犯罪成本。从犯罪经济学的角度看，犯罪实际上是一种"经济活动"，犯罪分子作为"经济人"，有着自己对"犯罪成本"和"犯罪收益"的核算。[4]按照犯罪情境预防理论，"针对某些特定的犯罪，以一种较为系统和常设的方法对犯罪可能利用的环境加以规划和管理，以增加犯罪的难度和风险，减少可能的犯罪回报，能够达到预防犯罪的效果。"[5]简单地说，就是通过增加实施犯罪的难度和风险，使犯罪人感到犯罪收益的降低，从而减少犯罪。[6]对犯罪可能发生的具体情境进行改造是综合性的，技术侦查措施是其中之一。[7]通过这种特殊的侦查手段，可以增加潜在犯罪人对犯罪难度和风险的感知，客观上起到逼其放弃犯罪意图的作用，从而减少犯罪的发生。近年来，在很多城市，公安机关开始加强街面执法力量，采用电子监控技术和空间定位技术，对城市街道进行监控，让犯罪活动暴露在公安机关眼皮底下，让犯罪活动能够"看得见"，不仅大大提升了

---

〔1〕 参见刘滨：《浅论技术侦查证据的法律实务问题》，载《法学杂志》2019年第6期。

〔2〕 〔美〕格雷·T. 马克斯：《高技术时代与社会秘密实践——美国国内密探工作研究》，古月生等译，陈云奎校，中共党史出版社1993年版，第60页。

〔3〕 参见陈卫东：《理性审视技术侦查立法》，载《法制日报》2011年9月21日，第9版。

〔4〕 参见郑志丹、朱芳琴：《故意犯罪行为的生成机理探析》，载《知识经济》2011年第4期。

〔5〕 单民、蔡雅奇：《试论犯罪情景预防及其在杀人犯罪预防中的应用》，载《山东警察学院学报》2014年第2期。

〔6〕 Ronald V. Clarke, *Situational Crime Prevention: Successful Case Studies*, 2nd ed., NY: Harrow and Heston, 1997, p. 4.

〔7〕 犯罪情境预防理论提出了五大类预防犯罪的措施：①通过控制目标或者犯罪工具，增加犯罪难度；②通过加强正式或者非正式的监控增大犯罪风险；③通过财物识别以加大损失补偿的可能以减少犯罪的收益；④通过减少同侪压力或减少冲突降低面对犯罪挑衅的可能性；⑤通过设立规则来削弱犯罪借口。参见刘涛：《表现型犯罪的情境预防——一个西方犯罪学视角的观察》，载《犯罪研究》2012年第2期。

刑事案件的破案率，也有效地降低了犯罪率。因此，对待高科技、高智能犯罪，重点是"要对整个导致犯罪风险实现的技术过程通过进行立法来达到流程图式的处理"。[1]

技术侦查还具有威慑犯罪的功能。对于犯罪嫌疑人而言，破案率越高、破案的速度越快、破案质量越高，对其心理强制作用就越明显，越能有效打消其侥幸心理，也就越能威慑潜在的犯罪人。[2]例如，1997年5月，英国新堡的足球迷闹事，在当地街道进行大肆破坏活动，警察从监视系统中找出了152张面孔，并在当地报纸上刊登了80张照片。数日之内，参与破坏活动的人均被指认出来。[3]有学者研究发现，无论是惩罚的确定性还是严厉性，对财产犯罪和暴力犯罪以及总犯罪率均具有显著的威慑作用，其中破案率的威慑力最强。[4]与普通侦查手段相比，技术侦查可以在犯罪预备阶段或实施过程中主动采取。一旦掌握确凿证据，侦查机关就可以果断出击，将犯罪行为扼杀在预备或实施阶段。不仅能够提高破案率，在一定程度上还能起到社会防卫的作用。

当然，需要指出的是，不能过于夸大甚至迷信技术侦查的作用。采取技术侦查措施并不必然意味着一定能够收集到关键的犯罪证据。在司法实践中，要善于使用技术侦查措施，但也不能忽视传统侦查手段的作用；应当重视技术侦查证据，但不能过于依赖技术侦查证据。

### 五、技术侦查行为的无效问题

#### （一）诉讼行为无效理论

所谓诉讼行为无效，是指诉讼行为严重违反法定的程序和规则，法律规定其不得产生预期的法律效力。[5]按照人们朴素的法律观念，"法律不允许违

---

〔1〕　师索：《犯罪与风险研究论纲——风险社会视野下的犯罪治理》，载《中南大学学报（社会科学版）》2011年第6期。

〔2〕　参见蒋勇：《社会转型视域下侦查权的功能论纲——兼论我国侦查改革的方向》，载《中国人民公安大学学报（社会科学版）》2016年第1期。

〔3〕　David Brin：《透明社会：个人隐私vs.资讯自由》，萧美惠译，台北先觉出版股份有限公司1999年版，第16页。

〔4〕　参见陈屹立、张卫国：《惩罚对犯罪的威慑效应：基于中国数据的实证研究》，载《南方经济》2010年第8期。

〔5〕　陈永生：《侦查程序原理论》，中国人民公安大学出版社2003年版，第480页。

法者从其违法行为中获得利益"。[1]因此，对于任何违反法律的行为，都应当对违法者进行适当的法律制裁，剥夺其因违法行为而获得的不当利益。[2]不仅仅对公民如此，对于行使公权力的机关及其工作人员也是同样适用的。甚至，有学者认为，作为一种程序性制裁，"诉讼行为无效之宣告所针对的不是当事人和其他诉讼参与人的诉讼行为，而只是警察、检察官或法官的诉讼行为。"[3]

1988年，意大利修订的《意大利刑事诉讼法典》，将诉讼行为作为独立的一篇予以规定，其中第七章专门规定了诉讼行为无效的情况及其补救问题，在第124条中还规定有公职人员诉讼行为无效和诉讼制裁，即"司法官员、法官的书记官和其他助手、司法执达吏、司法警察机关的警官和警员必须遵守本法典的各项规定"，否则，将可能导致行为无效或者诉讼制裁。[4]1993年，《法国刑事诉讼法典》第一卷第二编第一章第十节进行修改，增加了"侦查之无效"一节，对预审行为无效的原则、提起程序及后果作出了全面规定，在传统法定无效的基础上增加了实质无效制度，其中第171条规定："违反本法典或其他刑事诉讼条款所规定的实质性手续，已经危害与诉讼有关的当事人的利益时，即产生无效。"[5]从《法国刑事诉讼法典》所规定的无效的具体情形来看，那些可以被宣告无效的行为主要是警察违反法定程序进行的搜查、扣押、检查、讯问、窃听等侦查行为。

《意大利刑事诉讼法典》规定了四种类型的诉讼行为无效，包括不予受理、逾期无效、程序无效和不可用，其中最具典型意义的是程序无效。[6]所谓程序无效，是指"某一诉讼行为未遵守刑事诉讼法典相关法律条款的规定，且该条款明确规定将按'无效'处理"。[7]《意大利刑事诉讼法典》第177条规定："只有在法律规定的情况下，未遵守有关诉讼行为的规定才构成无效的

---

〔1〕 陈瑞华：《大陆法中的诉讼行为无效制度——三个法律文本的考察》，载《政法论坛》2003年第5期。

〔2〕 参见陈瑞华：《大陆法中的诉讼行为无效制度——三个法律文本的考察》，载《政法论坛》2003年第5期。

〔3〕 陈瑞华：《大陆法中的诉讼行为无效制度——三个法律文本的考察》，载《政法论坛》2003年第5期。

〔4〕 《意大利刑事诉讼法典》，黄风译，中国政法大学出版社1994年版，第46页。

〔5〕 《法国刑事诉讼法典》，余叔通、谢朝华译，中国政法大学出版社1997年版，第83页。

〔6〕 参见施鹏鹏：《刑事诉讼中的诉讼行为理论研究》，载《比较法研究》2019年第4期。

〔7〕 参见施鹏鹏：《刑事诉讼中的诉讼行为理论研究》，载《比较法研究》2019年第4期。

原因。"[1]程序无效可分为特别的程序无效和一般的程序无效。前者是指在具体案件中诉讼行为未遵循特定的程序规则而导致的无效事由；后者是指在具体案件中诉讼行为未遵循一般性的程序规则而导致的无效事由。[2]此外，按违法严重程度的高低，"程序无效可分为三种：绝对程序无效、中间程序无效和相对程序无效。"[3]在法国，诉讼行为无效制度主要是针对预审程序中的违法行为而建立的，包括法定无效与实质无效两种基本形式：法定无效是指由刑事诉讼法典所明文规定的诉讼行为无效。对于那些不属于法定无效情形的程序性违法行为，不会产生宣告无效的后果。例如，根据《法国刑事诉讼法典》第 100 条 2 的规定，预审法官决定截留电讯信息的，作出"此项决定规定的截留期限最长期限为 4 个月。继续截留必须按照同样的条件、方式和期限重新作出决定"。[4]实质无效是指警察、检察官或者预审法官的行为违反了法定程序，侵犯了当事人的权利或者损害了当事人的利益，尽管刑事诉讼法并没有规定该行为应当产生无效后果，上诉法院预审庭也可以宣告其无效。[5]诉讼行为无效的原因很复杂，有学者根据无效原因将无效的诉讼行为分为原始的无效和后发的无效。前者是指诉讼行为从一开始时就无效的场合，包括当然无效和需要裁判的无效；后者是指有效的诉讼行为后来变成无效的场合，除了当然无效、需要裁判的无效外，还有撤回的无效。[6]

诉讼行为无效的法律后果通常是宣告该诉讼行为无效，并使依赖于该行为的后续行为丧失法律效力。宣告诉讼行为无效意味着使诉讼程序退回到实施无效行为之前的阶段，"对于有必要并且可能重新实施该诉讼行为的，根据需要可以重新实施该行为，但通常要求因其故意或严重过失而导致无效行为的当事人为此承担费用。"[7]如果因警察违反法律规定而导致侦查行为无效

---

[1] 《意大利刑事诉讼法典》，黄风译，中国政法大学出版社 1994 年版，第 63 页。

[2] 施鹏鹏：《刑事诉讼中的诉讼行为理论研究》，载《比较法研究》2019 年第 4 期。

[3] 施鹏鹏：《刑事诉讼中的诉讼行为理论研究》，载《比较法研究》2019 年第 4 期。

[4] 《法国刑事诉讼法典》，余叔通、谢朝华译，中国政法大学出版社 1997 年版，第 51 页。

[5] 参见陈瑞华：《大陆法中的诉讼行为无效制度——三个法律文本的考察》，载《政法论坛》2003 年第 5 期。

[6] [日] 田口守一：《刑事诉讼法》，张凌、于秀峰译，中国政法大学出版社 2010 年版，第 154 页。

[7] 参见陈永生：《大陆法系的刑事诉讼行为理论——兼论对我国的借鉴价值》，载《比较法研究》2001 年第 4 期。

的，则该侦查行为所获得的证据被排除。

（二）技术侦查行为无效的标准

1. 不成立则无效

判断诉讼行为是否无效通常以诉讼行为成立为前提。"如事实上尚不能认有行为成立，固无效力如何之问题。"[1]所谓诉讼行为成立，是指诉讼行为满足法律规定的实施该行为的基本构成要件，在形式上符合该诉讼行为的表面特征。如前文所述，技术侦查是一种诉讼行为，其成立的要件与普通诉讼行为相同，主要包括以下三个要件：[2]一是实施主体合法，即决定采取和执行技术侦查措施的主体必须是法律明确授权的国家机关或者部门。否则，不仅不能产生该行为预期的法律后果，还可能构成非法行为。二是真实意思表示。无意识的行为不是诉讼行为，受欺诈、胁迫的行为也不是诉讼行为。技术侦查措施的实施必须具有明确的侦查取证目的。三是行为方式合法，即技术侦查措施的实施必须严格按照批准的种类、适用对象和期限进行。

在诉讼行为理论中，行为有效与行为成立是两个不同的概念，诉讼行为无效，并不必然意味着诉讼行为不成立。例如，不具有诉讼能力的人实施的诉讼行为，通常只影响该行为的效力，而不影响该行为的成立。并且，"诉讼能力的欠缺通常只影响程序形成行为的效力，而不影响实体形成行为的效力。"[3]反过来则不然，如果诉讼行为不成立，则直接导致诉讼行为无效。如私人侦探所，虽然存在私人侦探介入刑事诉讼的必要性，[4]但由于我国明确禁止开设"私人侦探所"性质的民间机构，[5]其所实施的监听、秘密拍摄等技术措施不被法律承认。2019年3月，北京一女士为调查丈夫行踪，花6.4万元雇私家侦探搜集丈夫的住宿记录等个人信息。王某接单后便通过跟踪拍

---

〔1〕 陈瑾昆：《刑事诉讼法通义》，北平朝阳大学1930年版，第94页。

〔2〕 陈永生教授对于刑事诉讼行为要件的研究，虽然认识到成立要件与生效要件对诉讼行为评价的角度完全不同，但在论述刑事诉讼行为要件时并没有作区分，认为刑事诉讼行为包括以下四个要件：主体合格、意思表示合格、行为形式合格、行为内容合格。参见陈永生：《大陆法系的刑事诉讼行为理论——兼论对我国的借鉴价值》，载《比较法研究》2001年第4期。

〔3〕 曹鸿兰：《刑事诉讼行为之基础理论（2）——判决以外诉讼行为的效力》，载《法商学报》1972年第8期。

〔4〕 参见张泽涛：《私人侦探在刑事诉讼中的运用及其规范》，载《法学家》2007年第6期。

〔5〕 1993年9月7日，公安部发布《关于禁止开设"私人侦探所"性质的民间机构的通知》，明确严禁任何单位和个人开办各种形式的"民事事务调查所""安全事务调查所"等私人侦探所性质的民间机构。

照、定位手机等方式，在 5 个月时间里，获取到该女士丈夫的行踪轨迹、住宿信息等个人信息。后来，王某被警方抓获，并被法院判处有期徒刑 2 年 6 个月。[1]

2. 无依据则无效

对无效的刑事诉讼行为通常实行法律明示原则，即认定和宣告诉讼行为无效，必须由法律明确规定为无效，凡是法律没有明确规定为无效的诉讼行为，不得认定为无效。[2]技术侦查的强制属性决定了它的实施容易给相对人的生活权益造成损害，这也决定了技术侦查措施的实施要有法律的明确规定，同时要经过严格的审批手续给予明确的授权。刑事诉讼法没有明确规定的职权，公安司法机关不得行使，更不能违背刑事诉讼法所明确规定的诉讼程序而任意决定诉讼的进程，违反法定程序进行的诉讼行为应当受到相应的程序性制裁。[3]例如，按照《意大利刑事诉讼法典》第 271 条的规定，在法律授权的情况外所实施的监听不可用。根据《法国刑事诉讼法典》第 100 条的规定，预审法官必须事先通知国民议会主席，才能在通向他们的电讯线路上截留。预审法官必须事先通知律师公会会长，才能在通向律师办公室或其家宅的电讯线路上截留。违反本条规定的程序，截留的信息视为无效。[4]

3. 不合法则无效

诉讼行为无效的主要原因是诉讼行为违反法律规定。按照程序法定原则，刑事诉讼活动应当依据国家法律规定的刑事诉讼程序来进行。[5]诉讼行为违反法定程序有程度上的差异，虽然所有的违法行为都具有一定的危害性，但并不意味着对所有的违法行为都进行制裁，通常只有那些具有严重危害性的违法诉讼行为才被认定为无效。例如，按照《法国刑事诉讼法典》确立的"实质性无效"标准，除法定无效范围以外的其他刑事诉讼行为，如果被认定为侵犯了刑事诉讼法的实质性条款，也可认定为无效。[6]法国最高法院判例

---

〔1〕 参见《"私家侦探"被抓判了两年半》，载《北京晚报》2020 年 6 月 18 日，第 13 版。

〔2〕 邓云：《刑事诉讼行为基础理论研究》，中国人民公安大学出版社 2004 年版，第 369 页。

〔3〕 樊崇义主编：《刑事证据规则研究》，中国人民公安大学出版社 2014 年版，第 130 页。

〔4〕 参见武晓艺：《非法技术侦查证据排除制度的立法完善——兼论监察委员会技术侦查权的界定与运行》，载《政法学刊》2019 年第 5 期。

〔5〕 宋英辉主编：《刑事诉讼原理》，法律出版社 2003 年版，第 71 页。

〔6〕 参见陈永生：《大陆法系的刑事诉讼行为理论——兼论对我国的借鉴价值》，载《比较法研究》2001 年第 4 期。

认为："某些手续应当视为'实质性手续'，如不遵守这些手续将引起行为无效"。[1]正是根据这一规则，法国最高法院还规定，"在法院疏于审理'旨在适用法律给予的某项权利'的请求时，允许撤销该法院所作裁判决定，即使法律条文中并未明文规定'如果要求或应当履行的某一手续未得到履行即引起无效'，亦允许撤销所作的裁判决定。"[2]与其他侦查措施相比，技术侦查更具强制性，若被滥用或者违法使用，必然会给公民的合法权利造成严重的危害。因此，如果违反法定程序采取技术侦查措施，通常属于严重的违法行为，应当被认定为无效。

4. 无利益则无效

宣告诉讼行为无效通常以该行为侵犯当事人的合法利益为依据。《法国刑事诉讼法典》第802条规定："在法律规定某些形式如未遵守即以无效论处时，未遵守这些形式或未遵守基本手续（实质性手续）的情况下，受理有关撤销申请或依职权指出此种不符合规定之情形的法院，其中包括最高法院，仅在此种无效损害当事人的利益时，始予宣告之。"[3]"无利益则无效"的原则是法国在1975年的法律中开始确立的，并体现在《法国刑事诉讼法典》第802条的规定之中。"这一条款历经1993年1月和同年8月的立法反复而最终被保留了下来，并成为刑事诉讼法典第171条的直接立法依据。"[4]根据这一原则，如果警察的行为违反了法国刑事诉讼法典所规定的程序，只要该行为侵犯了当事人的权利或者损害了当事人的利益，也可以宣告该行为无效。[5]技术侦查措施的实施几乎不可避免地会侵害侦查对象的隐私权，这是否意味着技术侦查措施都应当被认定为无效呢？答案当然是否定的。在法律上，公民的犯罪信息虽然属于隐私，但除了特定的未成年人犯罪信息外，不受法律

---

〔1〕〔法〕卡斯东·斯特法尼、乔治·勒瓦索、贝尔纳·布洛克：《法国刑事诉讼法精义》（下），罗结珍译，中国政法大学出版社1999年版，第662页。

〔2〕〔法〕卡斯东·斯特法尼、乔治·勒瓦索、贝尔纳·布洛克：《法国刑事诉讼法精义》（下），罗结珍译，中国政法大学出版社1999年版，第662页。

〔3〕〔法〕卡斯东·斯特法尼、乔治·勒瓦索、贝尔纳·布洛克：《法国刑事诉讼法精义》（下），罗结珍译，中国政法大学出版社1999年版，第669页。

〔4〕陈瑞华：《大陆法中的诉讼行为无效制度——三个法律文本的考察》，载《政法论坛》2003年第5期。

〔5〕参见陈瑞华：《大陆法中的诉讼行为无效制度——三个法律文本的考察》，载《政法论坛》2003年第5期。

保护。采取技术侦查措施不是为了窥探公民的合法隐私,而是为了收集犯罪信息或者抓获犯罪嫌疑人。如果在采取技术侦查措施过程中,获取了个人隐私,刑事诉讼法明确规定应当保密;如果获取的是与犯罪无关的材料,则必须及时销毁。

(三)技术侦查行为无效的法律后果

按照诉讼行为无效理论,诉讼行为一旦被认定为无效,将不能发生预期的法律效果,亦即不产生该诉讼行为本来的法律效力。在通常情况下,如果诉讼行为无效,诉讼程序将返回到该行为未实施时的状态,行为人可以重新实施该行为。在我国,违反程序规范也会导致诉讼程序恢复原状,如根据《刑事诉讼法》第 238 条的规定,第二审人民法院发现第一审人民法院的审理违反本法有关公开审判的规定的;违反回避制度的;剥夺或者限制了当事人的法定诉讼权利等情形的,就应当裁定撤销原判,发回原审人民法院重新审判。但为了防止刑事诉讼的不必要拖延,有些国家或者地区对诉讼时限进行了限制,即"对诉讼行为的补充实施必须在法律规定的诉讼时限内进行,超过法定期间,除非存在法律规定的除外事由,有关机关和当事人就丧失了重新实施该行为的机会"[1]。

诉讼行为无效更直接的后果则是排除该行为获得的证据。如《意大利刑事诉讼法典》第 191 条第 1 款规定:"在违反法律禁令的情况下获取的证据不可用。"在德国,法官根据证据禁止原则判断证据能力问题。例如,在 1960 年的"秘密录音案"中,联邦最高法院以秘密录音侵害他人隐私权,违反宪法原则,认定监听资料不得作为证据使用。[2]美国对非法技侦证据的排除采取更为严格的态度。在 1939 年的"纳多恩诉合众国案"(Nardone v. United States)中,检察官指控被告人纳多恩犯有骗税罪,其提供的主要证据是执法人员非法使用电话窃听记录下的被告人与他人谈话的录音。初审法院判决纳多恩有罪,但联邦最高法院认为,该电话窃听录音不应当作为证据采纳,并推翻了原判。之后,检察官换了个罪名重新起诉,但依据的主要证据仍是该谈话录音。初审法院再次判决纳多恩有罪,但联邦最高法院又再一次推翻了

---

〔1〕 陈永生:《侦查程序原理论》,中国人民公安大学出版社 2003 年版,第 490~491 页。

〔2〕 张红梅:《腐败犯罪特殊侦查措施研究》,中国检察出版社 2010 年版,第 149 页。

原判决。[1]在我国，刑事诉讼法确立了非法证据排除规则，但对于技术侦查违反法定程序获取的证据如何处理缺少明确的规定。考虑到技术侦查获取证据的难度以及技侦证据本身强大的证明力，采取强制排除的可能性不大，可以由法官根据情况裁量排除。

---

## 第二章 CHEPTER 2 技术侦查制度在我国的确立

　　技术侦查作为取证手段古已有之。据资料记载，在罗马帝国时期就建立了秘密警察机构，专门调查政治阴谋和防范臣民起义。[1]秘密警察手下有许多"耳目"，并鼓励民众告奸。[2]我国古代最早有文字记载的使用技术侦查的案件是夏朝禹的第四代孙少康时期的"女艾杀浇"，先秦时期有"樗里疾窃听"，至秦汉时期，"猾民佐吏为治"，使用有劣迹的人给官府当"耳目"协助破案已成为常用手段。[3]可以说，欺骗、引诱与线人手段是各种社会形态中社会控制与管理不可或缺的手段。[4]本书在这里仅就新中国成立后尤其是刑事诉讼法颁布后这一新型侦查手段做一简要梳理。

### 一、我国关于技术侦查的立法探索

#### （一）对于"技术侦察手段"的规范

　　新中国成立初期，中央于 1955 年批准公安部成立技术侦察局，其后在很长一段时间内，中央和公安部通过制定下发内部政策文件的方式，来指导、管理技术侦察工作，并规范技术侦察手段的使用。这些有关技术侦察工作的内部政策文件，绝大多数定密为绝密文件，其详细内容为外界所不知，甚至连文件名称也无从知晓。[5]

　　这段时期有关技术侦查的规范性文件主要有《关于侦查工作的若干制度

---

〔1〕　何家弘编著：《外国犯罪侦查制度》，中国人民大学出版社 1995 年版，第 14 页。

〔2〕　蔡艺生：《权利保障视野下的秘密侦查竞技化析评》，载《政法学刊》2011 年第 3 期。

〔3〕　参见刘光明：《我国古代秘密侦查技术源流探析》，载《湖北警官学院学报》2003 年第 3 期。

〔4〕　Gary T. Marx, *Undercover: Police Surveillance in America*, University of California Press, 1988, p. 34.

〔5〕　参见解芳、程雷：《技术侦查与技术侦察之辨析——基于程序改革的正当化视角》，载《四川大学学报（哲学社会科学版）》2018 年第 2 期。

的规定——技术侦察工作部分》《关于严格控制使用技术侦查手段的通知》等。1978 年，公安部制定了《刑事侦察工作细则》，其中第 3 条规定了特情侦查措施，即"……使用耳目等侦查手段，只能用于刑事犯罪分子和犯罪嫌疑分子"。1979 年又制定了《关于刑事侦察部门分管的刑事案件及其立案标准和管理制度的规定》，也对技术侦查措施的使用作出了规定。不过，当时在制定我国第一部《刑事诉讼法》时并没有将技术侦查纳入立法视野。

1984 年，公安部制定了《刑事特情侦查工作细则》，这是有关特情侦查的第一个正式规范性文件，但同样对外保密，仅在公安机关内部较小的范围内使用。1985 年，公安部《关于侦察手段的使用原则和管理办法的暂行规定》首次将对于不同案件、不同侦查对象使用技术侦察措施的审批机关和审批办法进行了细化，增强了技术侦察手段的操作性。

1993 年 2 月，第七届全国人民代表大会常务委员会第三十次会议通过了《国家安全法》，正式提出"技术侦察"的概念，其中第 10 条规定："国家安全机关因侦察危害国家安全行为的需要，根据国家有关规定，经过严格的批准手续，可以采取技术侦察措施。"随后，为贯彻实施《国家安全法》，公安部向全国各级公安机关下发《关于贯彻实施〈国家安全法〉的通知》，要求"各级公安机关要充分、有效地运用和行使这些权力（包括行使技术侦察和监控手段等权力），预防、揭露和制裁危害国家安全的违法犯罪行为"，同时规定公安机关"使用技术侦察手段，必须严格按照党中央、国务院的有关规定，履行审批手续"。

1995 年施行的《人民警察法》第 16 条也对"技术侦察"问题作出了类似规定，即"公安机关因侦查犯罪的需要，根据国家有关规定，经过严格的批准手续，可以采取技术侦察措施"。这两部法律仅使用一个非常简单的法律条文对"技术侦察"作出原则性规定，实际上只是明确地赋予了国家安全机关、公安机关实施技术侦查的权力，具体怎么使用则缺乏具有可操作性的规则。

（二）"技术侦查"概念的提出

为严厉打击职务犯罪，最高人民检察院、公安部于 1989 年联合颁布了《关于公安机关协助人民检察院对重大经济案件使用技侦手段有关问题的通知》，首次提出"技术侦查"的概念，规定："对经济犯罪案件，一般地不要使用技术侦查手段。对于极少数重大经济犯罪案件主要是贪污贿赂案件和重大的经济犯罪嫌疑分子必须使用技术侦查手段的，要十分慎重地经过严格批准手续后，由公安机关协助使用。"

1996 年 3 月，第八届全国人民代表大会第四次会议对我国《刑事诉讼法》进行第一次大修时仍然没有规定技术侦查问题。但是，在 1998 年公安部发布的《公安机关办理刑事案件程序规定》中，有两个条文提到了"技术侦查"，主要内容是对技术侦查措施的保密问题和技术侦查获取材料的处理问题。

2000 年，公安部在第六次全国公安技术侦查工作会议上通过了《关于技术侦查工作的规定》，共 8 章 50 条，对技术侦查手段的适用范围、适用对象、审批程序、法律责任等方面作了比较全面的规定，被认为是技术侦查工作朝着法制化方向迈进的重要一步。[1]但是，该规定仍然只是公安机关内部实行的办案规则，具体内容以及如何实施，包括如何履行批准手续在内，外界依然无法知晓。

2000 年 4 月，最高人民法院印发了《全国法院审理毒品犯罪案件工作座谈会纪要》，其中对"毒品案件中特情引诱犯罪问题"作出了规定。在强调运用特情侦破案件是有效打击毒品犯罪的手段的同时，又指出在审判实践中存在被使用的特情未严格遵守有关规定的情形。在该文件中，首次提出了"犯意引诱"和"数量引诱"的概念及其含义，并试图明确两者的认定标准。此外，还对特情提供的材料作为证据的条件作了明确规定，即"必须经过查证属实，符合刑事诉讼法和司法解释规定的证据条件的，才能作为证据使用"。2001 年，公安部在原来的《刑事特情侦查工作细则》基础上，制定了《刑事特情工作规定》，对刑事特情的使用等作出了规定，成为我国进入新世纪用于指导特情侦查工作的重要规范性文件。同年，公安部禁毒局制定了《缉毒特情管理办法（试行）》，规定了缉毒特情的使用、保护和管理等。2008 年 12 月，最高人民法院印发了《全国部分法院审理毒品犯罪案件工作座谈会纪要》，其中对"特情介入案件的处理问题"作了修改完善，对"犯意引诱"和"双套引诱"的处理原则作出了明确规定，成为司法实践中毒品犯罪案件处理诱惑侦查的重要法律依据。

---

〔1〕 参见薛毅：《论我国秘密侦查制度的完善——兼议〈刑事诉讼法〉第二编第八节》，载《学理论》2014 年第 9 期。

（三）技侦证据合法地位的确立

2010 年，最高人民法院、最高人民检察院、公安部、国家安全部、司法部联合印发的《关于办理死刑案件审查判断证据若干问题的规定》，在第 35 条确认了侦查机关通过技术侦查措施所收集证据的合法性，即"侦查机关依照有关规定采用特殊侦查措施所收集的物证、书证及其他证据材料，经法庭查证属实，可以作为定案的根据"。同时强调，"法庭依法不公开特殊侦查措施的过程及方法"。

值得一提的是，2000 年 12 月，我国签署的《联合国打击跨国有组织犯罪公约》，2003 年 8 月全国人大常委会批准通过。2003 年 12 月我国又签署了《联合国反腐败公约》。《联合国打击跨国有组织犯罪公约》第 20 条和《联合国反腐败公约》第 50 条都规定了控制下交付、电子监控和特工行动等技术侦查手段。按照条约必须遵守的原则，这些规定也成为我国有关机关和部门实施技术侦查措施的法律依据。

（四）技术侦查初创时期存在的问题

通过上述有关技术侦查的规范性文件，不难发现这一时期我国技术侦查相关立法存在以下四个主要问题：

一是法律位阶低。技术侦查措施的实施对公民基本权利有直接影响，基本上是由公安部门或者司法机关制定的文件进行规定的。从国外的情况看，技术侦查措施基本上都是由立法机关制定的，规定在刑事诉讼法典或专门法律中。在我国，除了《国家安全法》和《人民警察法》是由国家立法机关制定的，其他有关技术侦查措施的规范性文件，基本上都是行政机关制定的部门规章，有些甚至是行政机关的内部文件，连部门规章都算不上。事实上，按照《中华人民共和国立法法》的规定精神，这些规范性文件是不能对公民的基本权利进行限制和剥夺的。

二是技术侦查立法存在隐形问题。自春秋时期郑人子产"铸刑书于鼎，以为国之常法"以后，法律公布已成为成文法生效的先决条件。可是公安部制定的大部分有关技术侦查的规范性文件都没有对外公布，而是通过层层下发的方式作为公安机关内部使用的办案规则。技术侦查成了我国刑事司法领域的"灰色地带"，有学者甚至将其比喻成一块看不见、摸不着的"黑幕"。[1]对于这种

---

[1] 参见熊秋红：《秘密侦查之法治化》，载《中外法学》2007 年第 2 期。

隐形的规范性文件，犯罪嫌疑人及其辩护律师不知其内容，就无法对技术侦查行为的合法性作出判断，也就无法保护犯罪嫌疑人的合法权益。

三是有关技术侦查措施的规定过于粗疏，不具有可操作性。《国家安全法》《人民警察法》中都规定了"技术侦察措施"，但该措施包含哪些手段？对哪些案件可以适用技术侦查？对其适用应经过"严格的批准手续"，具体是指什么手续？技术侦查措施如何实施？技术侦查获取的证据材料怎么使用？对于违法实施的技术侦查获取的证据材料如何处理？均没有得到具体规定。这样笼统、简单的规定，很难保障技术侦查行为的规范性，为侦查机关及其有关人员滥用技术侦查手段埋下很大隐患。

四是技术侦查证据的法律地位未能明确。技术侦查的最主要目的是收集犯罪证据，但由于技术侦查在当时没有纳入刑事诉讼法，在司法实践中，往往会遇到一些问题，其中最直接的问题就是，通过技术侦查措施所获取的资料不能直接作为证据使用，而只能在分析案情时参考。如果将之作为指控犯罪的证据在法庭上出示，"则需要在此前一定时间内告知有关案件各方秘密取证之信息，将其公开化后方能作为合法的证据使用。"[1]也就是说，由于技术侦查措施在技术、方法乃至设备等方面具有高度保密的要求，技术侦查获取的材料需要一定的方式进行转化后才能作为证据使用。对此，有学者提出，"证据转化将为特殊侦查中的非法取证继续提供庇护，侦查相对人的合法权益仍有随时被侵犯的危险，这不仅是对立法宗旨的背离，更是对人权保障宪法性权利的漠视。"[2]

## 二、刑事诉讼法的修改与技术侦查制度的确立

### (一) 技术侦查从幕后走向台前

2012 年 3 月 14 日，第十一届全国人民代表大会第五次会议通过了《全国人民代表大会关于修改〈中华人民共和国刑事诉讼法〉的决定》，在刑事诉讼法第二编第二章第八节专门规定了"技术侦查措施"，内容包括技术侦查措施的实施原则、期限规定、实施要求以及所取得证据的适用原则，等等。自此，

---

〔1〕　何家弘主编：《证据调查》，法律出版社 1997 年版，第 306 页。

〔2〕　董坤：《实践的隐忧——论特殊侦查中的证据转化》，载《中国人民公安大学学报（社会科学版）》2013 年第 3 期。

技术侦查的"神秘面纱"被揭开，也意味着技术侦查从"幕后"正式走向"台前"。[1]虽然有的规定仍然比较粗疏，但并不能掩盖其法治进步意义。此后，公安部、最高人民检察院、最高人民法院和全国人大常委会法工委分别制定了贯彻执行刑事诉讼法的司法解释，对刑事诉讼法关于技术侦查措施的规定进行了细化和补充，这意味着我国技术侦查走上了法治化的道路。

2012年11月22日，最高人民检察院公布了《人民检察院刑事诉讼规则（试行）》，在第九章第十节设专节对"技术侦查措施"作出规定，内容包括技术侦查措施适用的案件范围、适用对象、适用期限，证据的使用、保密和有关人员的人身保护等。2012年12月13日，公安部发布了《公安机关办理刑事案件程序规定》，在第八章第十节设专节对"技术侦查措施"作出更详细的规定，内容包括技术侦查措施适用的案件范围、适用对象、批准级别和审批程序，具体措施的实施及其禁止性规定，适用期限以及期限延长和变更手续，证据的保管、保密及使用，有关人员的人身保护等。2012年12月20日，最高人民法院公布了《关于适用〈中华人民共和国刑事诉讼法〉的解释》（以下简称《2012年刑诉法解释》），对采用技术侦查措施获取的证据的审查与核实作出了规定。2012年12月26日，最高人民法院、最高人民检察院、公安部、国家安全部、司法部、全国人大常委会法制工作委员会联合公布了《关于实施刑事诉讼法若干问题的规定》，在第20条中对于2012年《刑事诉讼法》第149条的规定作出解释，要求"采取技术侦查措施收集的材料作为证据使用的，批准采取技术侦查措施的法律文书应当附卷，辩护律师可以依法查阅、摘抄、复制，在审判过程中可以向法庭出示"。

与此同时，部分地方公安司法机关也出台了有关技术侦查的规定。如北京市公安局、北京市高级人民法院、北京市人民检察院于2012年12月6日联合发布了《关于印发〈刑事诉讼中适用技术侦查措施有关问题解答〉的通知》（京公法字〔2012〕1588号），规定了什么是技术侦查措施，技术侦查措施的种类、适用对象是什么，侦查机关在什么情况下可以采取技术侦查措施，侦查机关采取技术侦查措施的批准决定程序是什么，侦查机关调取技侦证据应当注意哪些问题，侦查机关如何调取技侦证据，技侦部门如何向侦查机关办案部门提供技侦证据，法庭如何对技侦证据进行调查核实，如何把握技侦

---

[1] 张洋：《技术侦查：从幕后走向台前》，载《人民日报》2011年10月12日，第18版。

证据是否会暴露侦查人员身份、技术侦查措施实施过程及方法，侦查机关对采取技术侦查措施的有效期限如何把握，侦查机关在采取技术侦查措施过程中应当依法履行哪些保密义务，为什么确定由技术侦查部门法制机构负责提供技侦证据等对外的协调工作，如何协调解决调取、使用、调查核实技侦证据工作中存在的问题，等等。内容比较全面，可操作性也比较强。

在短短一年之内，从基本法律到司法解释和部门规章，对有关技术侦查的问题作了比较全面的规定，为我国技术侦查走向法治化奠定了重要基础。首先，技术侦查进入刑事诉讼法，解决了以前技术侦查立法位阶低的问题；其次，打破了长久以来技术侦查立法"刑不可知、威不可测"的状态，一定程度上限制了侦查权的滥用；最后，解决了技术侦查获得证据材料的刑事证据能力问题，从今以后，依法采取技术侦查措施收集的材料在刑事诉讼中无需经过转化，可以直接作为证据使用。

（二）技术侦查制度的进一步发展

在 2012 年《刑事诉讼法》生效实施后，公安部单独或者联合其他国家机关或部门又发布了一些有关技术侦查的规定。2013 年 9 月，公安部印发了《公安机关办理刑事案件采取技术侦查措施工作规则》；2014 年 9 月，解放军总政治部、公安部联合印发了《军队保卫部门办理刑事案件委托公安机关采取技术侦查措施程序规定》；2014 年 11 月，最高人民检察院、公安部共同制定了《人民检察院委托公安机关采取技术侦查措施程序规定》。这些规范性文件对于技术侦查制度作了进一步完善。

2014 年 11 月，《反间谍法》公布施行，取代了 1993 年的《国家安全法》，第 12 条保留了原来关于"技术侦察"的规定，只是把技术侦察措施适用的案件范围由过去的危害国家安全行为限缩为间谍行为，即"国家安全机关因侦察间谍行为的需要，根据国家有关规定，经过严格的批准手续，可以采取技术侦察措施"。2015 年《反恐怖主义法》和 2017 年《国家情报法》相继公布，这两部法律也都规定了技术侦察措施条款。2015 年《反恐怖主义法》第 45 条第 1 款规定："公安机关、国家安全机关、军事机关在其职责范围内，因反恐怖主义情报信息工作的需要，根据国家有关规定，经过严格的批准手续，可以采取技术侦察措施。"2017 年《国家情报法》第 15 条规定："国家情报工作机构根据工作需要，按照国家有关规定，经过严格的批准手续，可以采取技术侦察措施和身份保护措施。"从内容和风格上看，这三部单行法律关于技术侦察的规定都很简单，都属于授权性条款。

2018 年 3 月 20 日，第十三届全国人民代表大会第一次会议通过了《监察法》，第 28 条对于"技术调查措施"作了规定，[1]即"监察机关调查涉嫌重大贪污贿赂等职务犯罪，根据需要，经过严格的批准手续，可以采取技术调查措施，按照规定交有关机关执行。批准决定应当明确采取技术调查措施的种类和适用对象，自签发之日起 3 个月以内有效；对于复杂、疑难案件，期限届满仍有必要继续采取技术调查措施的，经过批准，有效期可以延长，每次不得超过 3 个月。对于不需要继续采取技术调查措施的，应当及时解除"。本条赋予了监察机关采取技术调查措施调查涉嫌重大贪污贿赂等职务犯罪的权力，并规定了技术调查措施的审批程序和适用期限。按照比较权威的解释，技术调查措施是指监察机关为调查职务犯罪需要，根据国家有关规定，主要通过通信技术手段对被调查人职务违法犯罪行为进行调查。[2]从权力属性上看，虽然监察机关行使的是调查权，不同于侦查权，[3]但从《监察法》对于调查措施的规定来看，除留置作为剥夺公民人身自由的调查措施，其他各项调查措施的内容和实施方式，与刑事诉讼法对侦查措施的规定并无实质区别，实际上基本采用了刑事诉讼法的相关概念，参照了刑事诉讼法规定的内容。[4]也就是说，监察机关的调查权与刑事侦查权在本质上是相同的，就是不冠名的刑事侦查权。[5]从这一意义上说，虽然在字面上"技术调查"不同于"技术

---

[1]　在《监察法》制定与颁布之前，人民检察院承担职务犯罪侦查工作，根据《刑事诉讼法》的规定，可以采取"技术侦查措施"。2016 年 12 月 25 日，全国人民代表大会常务委员会发布了《关于在北京市、山西省、浙江省开展国家监察体制改革试点工作的决定》，在北京市、山西省、浙江省开展国家监察体制改革试点工作，将原来人民检察院负责侦查的贪污贿赂等职务犯罪转隶至监察委员会。为保障其正确履行职权，规定监察委员会可以采取谈话、讯问、询问、查询、冻结、调取、查封、扣押、搜查、勘验检查、鉴定、留置等措施，并没有将原来人民检察院的技术侦查权转隶至监察委员会。2017 年 1 月 8 日中国共产党第十八届中央纪律检查委员会第七次全体会议通过的重要党内法规《中国共产党纪律检查机关监督执纪工作规则（试行）》第 23 条第 2 款规定："需要采取技术调查或者限制出境等措施的，纪检机关应当严格履行审批手续，交有关机关执行。"这是在我国法律法规和政策文件中首次出现"技术调查"一词。

[2]　中共中央纪律检查委员会、中华人民共和国国家监察委员会法规室编写：《〈中华人民共和国监察法〉释义》，中国方正出版社 2018 年版，第 153 页。

[3]　中共中央纪律检查委员会、中华人民共和国国家监察委员会法规室编写：《〈中华人民共和国监察法〉释义》，中国方正出版社 2018 年版，第 63 页。

[4]　参见龙宗智：《监察与司法协调衔接的法规范分析》，载《政治与法律》2018 年第 1 期。

[5]　参见张建伟：《法律正当程序视野下的新监察制度》，载《环球法律评论》2017 年第 2 期。

侦查"，但两者在性质和具体手段上是一样的。

为配合《监察法》的实施，2018年10月26日，第十三届全国人民代表大会常务委员会第六次会议通过了《关于修改〈中华人民共和国刑事诉讼法〉的决定》，对《刑事诉讼法》进行了第三次大修，其中在技术侦查问题上，保留了刑事诉讼法原有的绝大部分内容，只是对人民检察院可以进行技术侦查的刑事案件范围作了调整，即删除了"重大的贪污、贿赂犯罪案件"，将之限定为"利用职权实施的严重侵犯公民人身权利的重大犯罪案件"。

2019年12月30日，最高人民检察院公布了《人民检察院刑事诉讼规则》，根据刑事诉讼法的修改，调整了技术侦查措施使用的范围，同时规定，人民检察院办理直接受理侦查的案件，需要追捕被通缉或者决定逮捕的在逃犯罪嫌疑人、被告人的，经过批准，可以采取追捕所必需的技术侦查措施，不受上述规定的案件范围的限制。此外，对技术侦查措施的审批、期限以及技侦证据的使用等作出了规定。

2020年7月20日，公安部公布了《关于修改〈公安机关办理刑事案件程序规定〉的决定》，其中对技术侦查作了较为全面的规定，包括技术侦查措施适用的案件范围，技术侦查的具体措施、适用对象、审批权限、有效期限及其延长，技术侦查措施的执行，技侦证据材料的证据能力及其使用、保管和销毁，侦查人员安全保护，有关单位和个人的协助义务，等等。

2021年1月26日，最高人民法院公布了《刑诉法解释》，在第四章增加第八节"技术调查、侦查证据的审查与认定"，对《2012年刑诉法解释》第107条的规定予以扩展并独立成节，对技侦证据材料的审查判断作出专门规定，在重申技侦证据材料的刑事证据能力的同时，明确技侦证据材料的随案移送及其具体要求，细化了在使用技侦证据时对技侦人员的安全保护措施，规范了对技侦证据材料重点审查的具体内容，并强调技侦证据材料必须经过当庭出示、辨认、质证等法庭调查程序查证。

2021年9月20日，国家监察委员会公布了《监察法实施条例》，在第四章第十三节设专节规定了技术调查，明确了技术调查适用的案件范围和具体情形，规定了采取技术调查措施的程序和具体要求，以及对采取技术调查措施所获取证据的处理等。

### 三、技术侦查措施的类型

技术侦查内容复杂，加之技术侦查、秘密侦查和特殊侦查在概念使用上存在争议，对于技术侦查的类型，学界没有统一的划分标准，导致产生很多不同的划分方法。例如，根据监控对象的不同，可分为记录监控、行踪监控、通信监控和场所监控。根据监控形式的不同，可分为电子侦听、电话监听、电子监控、秘拍秘录、秘搜秘取、邮件检查等技术性较强的侦查形式和外线侦查中现场谈话窃听、跟踪监视和守候监视等主要靠人体感官的技术含量较少的侦查形式。[1]例如，有学者将秘密侦查措施分为三类：技术类侦查措施（电子侦听、电话监听、电子监控、秘密拍照或录像、邮件检查等），诱惑类侦查措施（机会提供型引诱、虚示购买、控制下交付等），派遣秘密调查人员类侦查措施（线人、特情、卧底侦查员等）。[2]对技术侦查类型的划分，可谓种类繁多，不胜枚举。由于划分标准不统一，划分出来的各子项的外延就会出现界限不清的情况，进而导致"多标准划分"的逻辑错误，[3]不可避免会造成子项交叉重合甚至是自相矛盾等突出问题。[4]

2012 年《刑事诉讼法》第二编第二章第八节设专节对"技术侦查措施"作出规定，按照比较权威的解释，本节规定了三类措施，即技术侦查（第148条）、秘密侦查和控制下交付（第 151 条）。[5]在同年公安部发布的《公安机关办理刑事案件程序规定》中，第八章第十节设专节对"技术侦查"作出规定，就技术侦查措施的类型来说，跟 2012 年《刑事诉讼法》关于"技术侦查措施"的规定基本一样，也是分为三类，即技术侦查（第 254 条）、秘密侦查（第 262 条）和控制下交付（第 263 条），尤其是在第 255 条中，对技术侦查（狭义）的具体种类作了列举式规定，即记录监控、行踪监控、通信监控、场所监控等措施。正如前文所述，刑事诉讼法及相关司法解释把"隐匿身份侦

---

〔1〕 参见王东：《技术侦查的法律规制》，载《中国法学》2014 年第 5 期。

〔2〕 参见唐磊、赵爱华：《论刑事司法中的秘密侦查措施》，载《社会科学研究》2004 年第 1 期。

〔3〕 邓立军：《全球视野与本土架构——秘密侦查法治化与刑事诉讼法的再修改》，中国社会科学出版社 2012 年版，第 15 页。

〔4〕 参见刘涛：《秘密侦查措施中基本概念的界定与分类研究》，载《西南民族大学学报（人文社会科学版）》2016 年第 5 期。

〔5〕 陈光中主编：《〈中华人民共和国刑事诉讼法〉修改条文释义与点评》，人民法院出版社 2012 年版，第 212~226 页。

查"和"控制下交付"涵盖于"技术侦查措施"标题之下，存在逻辑上的错误。2018 年《刑事诉讼法》的修改和 2020 年公安部颁布的《公安机关办理刑事案件程序规定》关于技术侦查措施种类的规定，与上述规定的情况基本上是一致的。

技术侦查类型化研究主要是为了深入把握不同侦查措施的特点，进而在制定相应的规则时能够更科学，更合理，保障各种侦查措施的规范化运行。鉴于技术侦查手段的综合性，以及不同侦查措施使用的相互交叉性，严格按照形式逻辑进行理论划分存在一定的困难，参考我国现行立法，同时考虑实际操作情况，我们认为，技术侦查措施大体可以分为信息追踪类、内线情报类和外控取证类三种类型。

（一）信息追踪类侦查措施

按照《公安机关办理刑事案件程序规定》第 264 条第 1 款的规定，常用的技术侦查手段主要有记录监控、行踪监控、通信监控、场所监控等措施。这些措施有一个共同的特点，就是运用一定的技术手段对特定的犯罪嫌疑人及其行为以及犯罪嫌疑人可能出入的特定场所进行跟踪和记录以获取与犯罪有关的信息。因此，我们把这种狭义的技术侦查措施称为信息追踪类侦查措施。

1. 通信监听

通信监听，又称通讯监听、电话监听、通信监控、通讯检查等，是指"以感官、录音机、录影机、电子器械或其他设计物，截取他人之秘密通讯之行为"[1]。从技术上看，通信监听包括对有线通信的截取、对电子通信的截取和对口头会话的截取等。从法律上讲，通信监听则可以分为未经通话双方当事人同意的第三者监听和经通话其中一方当事人同意的同意监听。[2]通信监听可以同步、动态地锁定犯罪事实，通过其所获取的证据可以有效发现案件真相。[3]

作为一种秘密获取证据的侦查手段，西方一些法制发达国家对之均作了立法规制。如美国，早在 1934 年国会就通过了《联邦通讯法》，对监听证据

---

[1] 林富郎：《通讯监察法制化之研究》，载《司法研究年报》2001 年，第 57 页。

[2] ［日］田口守一：《刑事诉讼法》，张凌、于秀峰译，中国政法大学出版社 2010 年版，第 82 页。

[3] 参见尚华、朱安琪：《通讯监听证据若干问题研究》，载《政法学刊》2018 年第 5 期。

的可采性进行限制。1968 年，美国国会颁布了《综合犯罪控制和街道安全条例》，禁止任何人在没有法院授权的情况下以电子的、机械的或者其他类型的设计装置来达到窃听或者企图窃听谈话或电话线传输的目的。[1]英国对通信监控进行规制的第一部法律是《1985 年通话拦截法》，对于公共电话监听作了比较全面的规定。随着《2000 年侦查权限制法》的颁布，对私人电话、移动电话和寻呼机的监听问题均纳入法律规制范围。[2]日本在 1999 年颁布了《关于犯罪侦查中监听通讯的法律》，这是对通信监听进行法律调整的专门法律，列属现行《日本刑事诉讼法典》附则部分，对通信监听作了可谓周详至极的立法规定。[3]我国《刑事诉讼法》只是对技术侦查措施作了笼统规定，并没有明确规定通信监听问题，而《公安机关办理刑事案件程序规定》在列举技术侦查措施时规定了"通信监控"这种技侦手段。

2. 网络监控

网络监控，又称网络监听、网络嗅探（Sniff），是监听在互联网时代的一种特殊形式，即利用计算机网络技术，将网络上传输的数据捕获并进行分析的行为。[4]作为一种获取网络信息的技术手段，它主要是利用网络协议的开放性及通信媒体的广播特性，通过网络接口获取网络中传输给第三方计算机的数据报文。[5]

按照监控对象的确定性不同，网络监控大体有两种情况：一是针对不特定网络服务商或用户所实施的对网络数据传输实时监测、对网上言论的过滤、对网站的屏蔽或封锁、对电子邮件的监控、对网络即时通信的监控等。[6]二是针对特定犯罪嫌疑人的网络传输数据及其电脑中存储资料进行的监控。作为《刑事诉讼法》规定的技术侦查措施则主要是指第二种情况。

---

〔1〕 ［美］乔恩·R. 华尔兹：《刑事证据大全》，何家弘等译，中国人民公安大学出版社 1993 年版，第 244~249 页。

〔2〕 ［英］麦高伟、杰弗里·威尔逊主编：《英国刑事司法程序》，姚永吉等译，何家弘校，法律出版社 2003 年版，第 58~61 页。

〔3〕 参见章礼明：《我国通讯监听诉讼规则之建构》，载《河北法学》2004 年第 1 期。

〔4〕 Mark Taber, *Maximum Security: A Hacker's Guide to Protecting Your Internet Site and Network*, Macmillan Computer Publishing, 1997, p. 213.

〔5〕 参见魏文清、王长征：《Linux 下的 TCP/IP 架构与网络监听技术》，载《计算机与现代化》2005 年第 12 期。

〔6〕 刘品新主编：《电子取证的法律规制》，中国法制出版社 2010 年版，第 144 页。

在技术上，网络监控主要是运用 ARP（Address Resolution Protocol，地址解析协议）欺骗原理，利用中间人进行攻击，使进行监听的主机插入到被监听主机与其他网络主机之间，使进行监听的主机成为被监听主机与其他网络主机通信的中继。在这种情况下，其他网络主机发往被监听主机的信息和被监听主机发往其他网络主机的信息都必须经过进行网络监听的主机。这样，进行网络监听的主机就很容易对被监听主机进行网络监听了。[1]

### 3. 场所监控

场所监控主要是指对特定公共场所的视频监控。公共场所安装监视器是一柄双刃剑，其既具有监管、预防、震慑违法犯罪和收集证据等保障安全的功用，也对公众的隐私权、资讯自决权和行为自由等构成严重威胁。[2]目前世界各国都在普遍使用，一方面将之作为发现犯罪、追踪特定犯罪嫌疑人的侦查手段；另一方面，通过法律规则对其进行限制，防止滥用。

在公共场所进行视频监控的主要问题是对公众隐私权的侵犯。以美国为例，长期以来，"开放场所的例外"一直被作为"合理隐私期待"的例外规则，即人们对于公共领域的活动不享有合法的隐私期待。[3]比如在"吉尔案"（Gill v. Hearst Publishing Co.）中，法院认为，公共场所的行为本来就可能被不特定多数人看到，原告在公共场所自愿将这样的行为暴露在公众的视线内，没有隐私可言。[4]在 2012 年之前，没有任何一个法官判决公共场所视频监控侵害公民隐私权并构成宪法第四修正案的搜查。直到 2012 年的"琼斯案"（United States v. Jones），美国联邦最高法院才改变以往个人在公共场所无合理隐私期待的观点，认为过于密集和长久的公共场所监控，应受宪法第四修正案的规制。[5]

在我国，对于公共场所视频监控，有学者认为，如果利用公共场所视频

---

〔1〕　参见向昕、李志蜀：《基于 ARP 欺骗的网络监听原理及实现》，载《四川大学学报（自然科学版）》2005 年第 4 期。

〔2〕　参见张友好：《公共场所安装监视器行为的法学思考》，载《法商研究》2007 年第 1 期。

〔3〕　[美] 约书亚·德雷斯勒、艾伦·C. 迈克尔斯：《美国刑事诉讼法精解》（第 1 卷·刑事侦查），吴宏耀译，北京大学出版社 2009 年版，第 69~89 页。

〔4〕　[美] 丹尼尔·沙勒夫：《隐私不保的年代》，林铮顗译，江苏人民出版社 2011 年版，第 174 页。

〔5〕　Marc Jonathan Blitz, "The Fourth Amendment Future of Public Surveillance: Remote Recording and Other Searches in Public Space", *American University Law Review*, Vol. 63, No. 1., 2013, pp. 26-27.

监控系统对特定个人进行行踪或行为监控，均属于应受《刑事诉讼法》规制的技术侦查措施。但针对不特定对象的、一般性的公共场所视频监控，而且也未利用录音、放大等高级功能，在法律上通常难以构成对公民隐私权的侵害。因为侦查机关通过调取这种公共性监控视频以收集证据或查获犯罪嫌疑人，是对监控资料的事后使用，也不属于侵害公民隐私权，不构成强制侦查措施。[1]这种观点显然是不成立的，公共场所视频监控是否侵害公民隐私权不能以它的法律属性及其实际用途为标准。事实上，公共场所视频监控对公民隐私的侵犯是客观存在的。监控系统与一般目视不同，在监视器的注意下，人类本体深藏、存在的基本条件，如不受干扰、不受强制的自我表现、隐藏弱点，在公共场所相对不曝光，甚至保存颜面的行为，已受到严重挑战。[2]任何能储存图像的监视器，都有侵犯隐私的可能。如果监控系统所记录的个人信息被披露于更为广泛的人群，或用于监控外的其他目的，就会侵害隐私权。[3]

（二）内线情报类侦查措施

《刑事诉讼法》第153条第1款规定："为了查明案情，在必要的时候，经公安机关负责人决定，可以由有关人员隐匿其身份实施侦查。但是，不得诱使他人犯罪，不得采用可能危害公共安全或者发生重大人身危险的方法。"《公安机关办理刑事案件程序规定》第271条将该侦查手段概括为"隐匿身份实施侦查"，即对于某些特定案件，需要侦查人员或者侦查机关选定的人员隐匿真实身份，接近犯罪组织或者潜伏于犯罪组织内部，侦查整个犯罪过程，获取犯罪证据。[4]实践中，常见的隐匿身份侦查主要有卧底侦查和线人制度。

1. 卧底侦查

卧底侦查又称乔装侦查[5]，或者化装侦查[6]，即经特别挑选的侦查人

---

〔1〕 参见纵博：《侦查中运用大规模监控的法律规制》，载《比较法研究》2018年第5期。

〔2〕 萧文生：《从基本权保障观点论街头监视录影设备装设之问题》，载《法治与现代行政法学——法治斌教授纪念论文集》，元照出版公司2004年版，第243页。

〔3〕 关帅：《电子监控下的隐私权保护》，载《郑州大学学报（哲学社会科学版）》2013年第3期。

〔4〕 王尚新、李寿伟主编：《〈关于修改刑事诉讼法的决定〉释解与适用》，人民法院出版社2012年版，第161页。

〔5〕 程雷：《秘密侦查比较研究——以美、德、荷、英四国为样本的分析》，中国人民公安大学出版社2008年版，第41页。

〔6〕 参见王彬、刘凤珠：《化装侦查分析：以德国为视角》，载《河南警察学院学报》2017年第4期。

员隐藏其原有身份，潜伏于所调查的犯罪组织或环境，在法律规定的范围内暗中收集犯罪的证据或情报的一种侦查方法。[1]卧底侦查的通常做法是，由专门的侦查人员，以改变、隐瞒身份的方式，以欺骗手段获得犯罪分子的信任，而在一定期限内潜伏于犯罪组织内部，收集犯罪组织的内幕资讯，或者从内部瓦解犯罪组织。[2]

在我国司法实践中，卧底侦查总体上有两种形式，即"拉出来"和"打进去"。前者就是对犯罪组织内部成员进行说服教育，使其为我所用；后者就是选派侦查人员或者其他人员打进犯罪组织。[3]一般来说，卧底侦查主要是指后一种情形，这种情形又包括两种形式：一种是侦查机关派遣经过特殊训练的侦查人员进行卧底侦查，另一种是侦查机关派遣普通的非侦查人员进行卧底侦查。[4]

2. 线人制度

在不同的国家和地区，线人有不同的称谓。例如，英国称为"平民耳目"，荷兰称为"公民协助侦查"或"犯罪情报提供者"，也有一些国家称为"秘密情报员"，在我国台湾地区则被称为"情报提供者""线民""第三人"，在我国大陆地区则被称为"刑事特情""耳目"。[5]因而，线人制度又被称为刑事特情，或者特情侦查。

线人有广义与狭义之分。广义的线人是指因怀疑他人有刑事违法行为而提供信息或者提出指控的人；狭义的线人是指那些了解犯罪信息与情报，具有向警方提供这些犯罪信息与情报的动机，并在警方的控制下秘密地向警方提供有关犯罪信息与情报的普通公民。[6]对于线人的使用，美国联邦调查局前局长胡佛曾经表示，那些愿意与警方合作的人所提供的必要事实是案件信息的主要来源。线人的工作有助于实现正义，证明有罪并且排除无辜。线人

〔1〕　参见杨明：《论卧底侦查》，载《现代法学》2005 年第 5 期。
〔2〕　参见林汉强：《卧底警察取得供述之效力》，载《法令月刊》2004 年第 12 期。
〔3〕　许志、田欣楠：《"卧底侦查"概念的厘清——以比较法考察为中心》，载《现代法治研究》2018 年第 4 期。
〔4〕　参见陈立：《卧底侦查司法实践的比较法分析——兼论卧底侦查行为的正当化根据》，载《河北法学》2010 年第 11 期。
〔5〕　参见王彬：《比较法视野下的线人制度研究》，载《河南财经政法大学学报》2014 年第 1 期。
〔6〕　程雷：《秘密侦查比较研究——以美、德、荷、英四国为样本的分析》，中国人民公安大学出版社 2008 年版，第 234~235 页。

不仅能够帮助警方侦破犯罪，而且能够向警方提供关键的情报信息，从而预防违反法律和危害国家安全的严重犯罪行为发生。[1]

在理论和实践中，线人制度与卧底侦查均有一定程度的交叉。如前文所述，侦查机关派遣非侦查人员进行卧底侦查时，可以选派线人进行卧底。卧底线人也有"打入"和"拉出"两种形式。前者主要是指有犯罪前科的线人，根据侦查机关的指示贴近犯罪组织收集情报；后者是把被调查的犯罪组织成员发展成线人，使其向侦查机关秘密提供线报。[2]

### （三）外控取证类侦查措施

#### 1. 诱惑侦查

诱惑侦查，又称诱饵侦查、警察圈套、侦查陷阱等，[3]是指刑事侦查人员以实施某种行为有利可图为诱饵，暗示或诱使侦查对象暴露其犯罪意图并实施犯罪行为，待犯罪行为实施时或结果发生后，拘捕被诱惑者的一种侦查方法。[4]

在理论上，一般将诱惑侦查划分为机会提供型和犯意诱发型两种类型：前者是指被诱惑人已经产生并具有了实施具体明确的犯罪意图，或者正在准备进行犯罪、继续实施连续性犯罪行为时，在侦查机关及辅助人员的诱惑下继续进行犯罪行为或者实施其尚未完成的犯罪行为，或者是侦查机关用于拘捕被诱惑对象的策略；后者是指被诱惑对象实际上并无犯罪意图或者尚未形成犯意，而是在侦查机关或者其辅助人员主动、积极地实施的诱惑侦查行为的强烈刺激下，为了达到一定的目的而产生犯意，并进而实施了犯罪行为。[5]一般认为，"犯意诱发型"诱惑侦查实质上是国家在"制造"犯罪，在程序上构成违法侦查行为，从而丧失了刑法处罚的正当性根据。

在我国，2000 年最高人民法院印发的《全国法院审理毒品犯罪案件工作座谈会纪要》规定了"犯意引诱"和"数量引诱"，其中"犯意引诱"是指

---

〔1〕 刘静坤、丁丽玮：《论美国侦查领域的线人制度》，载《铁道警官高等专科学校学报》2008年第2期。

〔2〕 参见王淑欣、张黎：《比较研究视野下的线人侦查制度构建》，载《广西警察学院学报》2018年第3期。

〔3〕 金星：《诱惑侦查论》，法律出版社2009年版，第25~26页。

〔4〕 参见龙宗智：《诱惑侦查合法性问题探析》，载《人民司法》2000年第5期。

〔5〕 参见许志：《关于诱惑侦查的法律思考》，载《法律科学（西北政法大学学报）》2006年第1期。

"行为人本没有实施毒品犯罪的主观意图，而是在特情诱惑和促成下形成犯意，进而实施毒品犯罪"；并明确规定，"对具有这种情况的被告人，应当从轻处罚，无论毒品犯罪数量多大，都不应判处死刑立即执行。"2008年最高人民法院印发的《全国部分法院审理毒品犯罪案件工作座谈会纪要》又对"犯意引诱"和"双套引诱"作出了规定，仍然坚持了原来的从轻处罚和不适用死刑立即执行的原则。这在一定程度上承认了"犯意引诱"侦查的合法性。2012年《刑事诉讼法》第151条规定了"不得诱使他人犯罪"，应当解释为"不得引诱本无犯意之人产生犯意进而实施犯罪"，即禁止"犯意诱发型"诱惑侦查，相应地，该条实际上是肯定了"机会提供型"诱惑侦查的合法性。[1]

在诱惑侦查时使用线人是很多国家通行的做法。例如，根据美国司法部1992年修正的《联邦调查局关于秘密侦查的基准》，在有侦查人员参加的情况下，可以使用秘密情报人员、与警方合作的证人以及其他合作者进行侦查活动。[2]在我国，从《全国法院审理毒品犯罪案件工作座谈会纪要》"关于毒品案件中特情引诱犯罪问题"的规定中可以看出，诱惑侦查使用特情是普遍存在的，被告人不仅可能受到特情的直接引诱，还可能受到特情的间接引诱。正是由于诱惑侦查中经常使用线人，似乎应当把诱惑侦查也视为内线情报类侦查措施。但事实上，诱惑侦查中使用线人的目的不是让线人接近犯罪组织及其成员去收集犯罪情报，而是为了更方便为犯罪提供机会。线人在诱惑犯罪嫌疑人实施犯罪时，是在警方的布控下进行的，在侦查类型上，仍属于外控取证类侦查措施。

2. 控制下交付

控制下交付，又称监控下移动、监视下移动或者监视下运送转移。[3]《联合国反腐败公约》第2条第9款对控制下交付的概念作出了明确规定，即"'控制下交付'系指在主管机关知情并由其监控的情况下允许非法或可疑货物运出、通过或者运入一国或多国领域的做法，其目的在于侦查某项犯罪并查明参与该项犯罪的人员。"2012年《刑事诉讼法》第151条第2款也对控制下交付作出了明确规定，即"对涉及给付毒品等违禁品或者财物的犯罪活

---

〔1〕 参见万毅：《论诱惑侦查的合法化及其底限——修正后的〈刑事诉讼法〉第151条释评》，载《甘肃社会科学》2012年第4期。

〔2〕 参见许志：《关于诱惑侦查的法律思考》，载《法律科学》2006年第1期。

〔3〕 王国民：《控制下交付研究》，中国检察出版社2011年版，第1页。

动，公安机关根据侦查犯罪的需要，可以依照规定实施控制下交付"。按照比较权威的解释，控制下交付是指侦查机关在发现非法或者可疑交易的物品后，在对物品进行秘密监控的情况下，允许非法或者可疑物品继续流转，从而查明参与该项犯罪的人员并彻底查明案件的一种侦查措施。[1]

根据国际法律文件和学者们对于控制下交付的解释，它与诱惑侦查有很多相似之处，如两者经常适用于毒品案件或者其他给付物品的案件，均具有欺骗性，派遣侦查人员或者线人付诸实施，且都是在侦查机关监控下完成的。因此，有的观点认为，控制下交付与诱惑侦查实际上是一回事，[2]或者把控制下交付视为诱惑侦查的一种典型形式。[3]尽管在司法实践中可能出现控制下交付与诱惑侦查两种手段交叉混用的情况，但它们属于两种不同的侦查手段。诱惑侦查是侦查机关给犯罪嫌疑人提供实施犯罪的机会，在犯罪嫌疑人实施犯罪时当场人赃俱获；而控制下交付是侦查机关在发现非法或可疑物品、资金后，并不立即搜查、扣押，而是在有效监控下允许其继续流通。[4]

与其他技术侦查手段相比，控制下交付具有较强的综合性特征。在控制下交付实施过程中，通常不是采取单一手段，而是同时运用一系列侦查措施。以毒品案件为例，要对毒品的流转过程和相关运送人员等进行暗中监控，往往使用跟踪监视、卧底侦查、特情侦查，乃至电子监控、通信监听等多种技术侦查手段。在这一过程中，有时还要采用一些传统的常规侦查手段，包括盯梢、守候、辨认、搜查等。因此，控制下交付是一种集多种侦查手段为一体的综合性侦查手段。[5]

## 四、技术侦查措施的适用条件

### （一）技术侦查措施适用的前提
1. 技术侦查措施的实施应当在立案以后
据《纽约时报》披露，美国前总统布什曾于2002年秘密下令，授权美国

〔1〕 陈卫东主编：《刑事诉讼法学》，高等教育出版社2019年版，第260页。
〔2〕 参见杭正亚：《诱惑侦查行为的性质及法律责任初探》，载《杭州商学院学报》2002年第1期。
〔3〕 参见邓立军、吴良培：《控制下交付论纲》，载《福建公安高等专科学校学报》2004年第4期。
〔4〕 参见陈学权：《程序法视野中的控制下交付》，载《西北大学学报（哲学社会科学版）》2012年第2期。
〔5〕 王国民：《控制下交付研究》，中国检察出版社2011年版，第97页。

国家安全局对境内居民的国际通信，其中包括长途电话和电子邮件实施窃听和监视，以寻找恐怖活动的证据。该消息一经公布，随即在美国引发了轩然大波。[1]但造成更大影响和备受非议的则是 2013 年 6 月英国《卫报》和美国《华盛顿邮报》报道的美国国家安全局（NSA）和联邦调查局（FBI）于 2007 年启动的秘密监控项目"棱镜计划"（PRISM）。[2]事实上，除了美国政府外，很多国家出于国家安全考虑，以及打击恐怖组织活动甚至普通刑事犯罪的需要，国家安全部门和公安部门都会采取类似电话监听、网络监控和公共场所视频监控等措施。例如，在"棱镜门"事件之前，有资料显示，印度全年有超过 100 万部手机被政府机构监控，官方也公开承认在新德里监听超过 6000 部电话。监听名单包括"涉嫌腐败的政府官员、军官、社团首脑、高级记者、军火商、非政府组织、皮条客、贩毒者和放贷者。此外还有好战分子及其支持者和同情者，以及臭名昭著的罪犯"。[3]同一时期，我国 676 个城市中有 660 个已配备监控设施，而且各地所安装的摄像头以爆炸式速度增加。如北京，2010 年，全城已遍布 40 多万个电子眼，将要建成一个由监控摄像头组成的、覆盖 80%以上街道的"图像信息网"；上海在世博会开幕前，在公共场所安装 20 多万个摄像头，全面建立起了"社会防控体系"。[4]

从技术层面讲，上述这些监控措施与刑事诉讼法规定的技术侦查没有什么区别，但它们并没有进入刑事诉讼领域，不是刑事诉讼法调整的对象，不是我们这里所讨论的技术侦查措施。刑事诉讼法规定的技术侦查措施必须是刑事案件立案以后才能实施。这里的"立案"，指的是根据《刑事诉讼法》第二编第一章的规定，发现犯罪事实或者犯罪嫌疑人，符合立案的条件和标准，按照管辖范围和相关的法定程序进行的立案。按照《公安机关办理刑事

---

〔1〕　参见林颖：《美国国会将调查"窃听门"事件》，载《法制日报》2006 年 1 月 17 日，第 4 版。

〔2〕　棱镜计划监控的信息包括电邮、即时消息、视频、照片、存储数据、语音聊天、文件传输、视频会议、登录时间和社交网络资料的细节等 10 类主要信息。参见《揭秘：棱镜计划》，载中国日报网，http://www.chinadaily.com.cn/hqzx/2013-06/19/content_ 16637738.htm，最后访问日期：2022 年 3 月 16 日。

〔3〕　Ashish Khetan，Bhavna Vij-Aurora，Sandeep Unnithan：《电话监听的秘密世界》，陈禹、张敏钰编译，载《保密科学技术》2011 年第 7 期。

〔4〕　参见关帅：《电子监控下的隐私权保护》，载《郑州大学学报（哲学社会科学版）》2013 年第 3 期。

案件程序规定》第 174 条的规定，在立案前的初查过程中，可以采取询问、查询、勘验、鉴定和调取证据材料等不限制被调查对象人身、财产权利的措施，但不得采取技术侦查措施。《人民检察院刑事诉讼规则》第 169 条也作了类似规定。

2. 技术侦查措施的实施必须是根据侦查犯罪的需要

我国 2012 年《刑事诉讼法》和《公安机关办理刑事案件程序规定》均规定采取技术侦查措施要"根据侦查犯罪的需要"。但这一用语含义过于宽泛，一方面可以理解为，只要根据侦查犯罪的需要，即可采取技术侦查措施；另一方面，也可以理解为，只有在侦查犯罪有必要采取技术侦查措施的情况下，才可以采取技术侦查措施。对此，全国人大常委会法制工作委员会刑法室编著的《〈关于修改刑事诉讼法的决定〉释解与适用》对于《刑事诉讼法》规定的"根据侦查犯罪的需要"作出如下解释：公安机关对于有关案件是否采取技术侦查措施要"根据侦查犯罪的需要"。也就是说，虽然刑事诉讼法规定了公安机关对于有关犯罪案件可以采取技术侦查措施，但并不意味着公安机关只要办理该类案件都采取技术侦查措施，而是要根据侦查的需要。技术侦查措施一定是在使用常规的侦查手段无法达到侦查目的时所采取的手段。[1]按照这一解释，技术侦查措施使用的前提条件之一是使用常规的侦查手段无法达到侦查目的。

（二）技术侦查措施适用的案件范围

技术侦查措施与常规侦查手段相比，更容易侵犯侦查对象的合法权益，各国在适用技术侦查措施时通常比较谨慎。根据干预隐私权的不同程度，各国将不同种类的技术侦查措施区分适用于不同严重程度的犯罪。一般来说，对通信自由权、住宅权等隐私权干预程度较大的通信监控、侵入监控、干预财产监控、窃听等适用于较为严重的犯罪；对隐私权干预程度较小的有形监控、业务记录监控、直接监控、电子监视等适用于一般犯罪或没有明确限制。[2]例如，根据《德国刑事诉讼法典》第 100a 条的规定，只有在对特定严重的犯罪的侦查中才允许进行电话监听。这些犯罪包括叛国罪、侵害国家利

---

〔1〕 王尚新、李寿伟主编：《〈关于修改刑事诉讼法的决定〉释解与适用》，人民法院出版社 2012 年版，第 157 页。

〔2〕 王东：《技术侦查的法律规制》，载《中国法学》2014 年第 5 期。

益罪、刑事和各种恐怖组织罪、杀人、绑架、抢劫、敲诈、纵火、严重盗窃和收受盗赃、严重毒品犯罪以及违反保护外贸特定条款的犯罪。[1]根据《日本关于犯罪侦查中监听通信的法律》附则之附表的规定，监听只适用于毒品犯罪、枪械犯罪、集团非法越境罪和有组织杀人罪等四种犯罪。[2]

关于技术侦查适用罪名范围的规定，一般有三种模式，即列举具体类型犯罪的模式、规定一定期限以上刑罚犯罪的模式、列举类型犯罪+规定刑期以上犯罪相结合的模式。[3]我国《刑事诉讼法》第150条和《监察法》第28条均采用了列举具体类型犯罪的模式，《公安机关办理刑事案件程序规定》第263条则采用了列举类型犯罪+规定刑期以上犯罪相结合的模式。根据案件的性质，技术侦查适用的案件范围大体可以分为以下三类：

1. 公安机关技术侦查的案件范围

《刑事诉讼法》第150条第1款规定："公安机关在立案后，对于危害国家安全犯罪、恐怖活动犯罪、黑社会性质的组织犯罪、重大毒品犯罪或者其他严重危害社会的犯罪案件，根据侦查犯罪的需要，经过严格的批准手续，可以采取技术侦查措施。"据此，公安机关技术侦查的案件范围包括危害国家安全犯罪、恐怖活动犯罪、黑社会性质的组织犯罪、重大毒品犯罪或者其他严重危害社会的犯罪案件等5类案件，其中"其他严重危害社会的犯罪案件"的兜底条款，从立法技术上看，可以查缺补漏，但由于"严重"很模糊，实践中不好把握，因而有学者担心容易被侦查机关滥用，侵犯公民的合法权益。[4]

《公安机关办理刑事案件程序规定》第263条第1款进一步明确了公安机关技术侦查的五类犯罪案件：

（1）危害国家安全犯罪、恐怖活动犯罪、黑社会性质的组织犯罪、重大毒品犯罪案件；

（2）故意杀人、故意伤害致人重伤或者死亡、强奸、抢劫、绑架、放火、爆炸、投放危险物质等严重暴力犯罪案件；

---

〔1〕　［德］托马斯·魏根特：《德国刑事诉讼程序》，岳礼玲、温小洁译，中国政法大学出版社2004年版，第122~123页。

〔2〕　邓立军：《外国秘密侦查制度》，法律出版社2013年版，第170~175页。

〔3〕　参见王东：《技术侦查的法律规制》，载《中国法学》2014年第5期。

〔4〕　参见孙艳文：《对〈刑事诉讼法〉中秘密侦查措施若干问题的探讨》，载《河北公安警察职业学院学报》2014年第1期。

（3）集团性、系列性、跨区域性重大犯罪案件；

（4）利用电信、计算机网络、寄递渠道等实施的重大犯罪案件，以及针对计算机网络实施的重大犯罪案件；

（5）其他严重危害社会的犯罪案件，依法可能判处7年以上有期徒刑的。

除了第一类规定的四种犯罪案件外，其他四类案件实际上是对《刑事诉讼法》第150条第1款规定的"其他严重危害社会的犯罪案件"的具体化。虽然在规定第五类犯罪案件时也有"其他严重危害社会的犯罪案件"的模糊性规定，但通过"依法可能判处7年以上有期徒刑"进行了限制，增强了可操作性。不过，关于第三类犯罪案件的规定，即"集团性、系列性、跨区域性重大犯罪案件"，仍然存在很大的弹性，容易造成公安机关技术侦查措施的滥用。在具体把握时，我们建议，应当把握两个标准：一是在定罪上，这些集团性、系列性、跨区域性的涉嫌罪名应当限于与本款其他犯罪性质及其危害程度相当；二是在量刑上，应当是依法可能判处7年以上有期徒刑、无期徒刑或者死刑的案件。

2. 人民检察院技术侦查的案件范围

按照2012年《刑事诉讼法》第148条第2款的规定，人民检察院技术侦查的案件包括两类：一是重大的贪污、贿赂犯罪案件，二是利用职权实施的严重侵犯公民人身权利的重大犯罪案件。2012年《人民检察院刑事诉讼规则（试行）》第263条第2款和第3款分别就这两类案件作出进一步规定："本条规定的贪污、贿赂犯罪包括刑法分则第八章规定的贪污罪、受贿罪、单位受贿罪、行贿罪、对单位行贿罪、介绍贿赂罪、单位行贿罪、利用影响力受贿罪。""本条规定的利用职权实施的严重侵犯公民人身权利的重大犯罪案件包括有重大社会影响的、造成严重后果的或者情节特别严重的非法拘禁、非法搜查、刑讯逼供、暴力取证、虐待被监管人、报复陷害等案件。"

随着2018年《监察法》的颁布实施，2018年《刑事诉讼法》对人民检察院侦查职权作出调整，删去人民检察院对贪污贿赂等案件行使侦查权的规定，保留人民检察院在诉讼活动法律监督中发现司法工作人员利用职权实施的非法拘禁、刑讯逼供、非法搜查等侵犯公民权利、损害司法公正的犯罪的侦查权。同时，在第150条第2款规定，"人民检察院在立案后，对于利用职权实施的严重侵犯公民人身权利的重大犯罪案件，根据侦查犯罪的需要，经过严格的批准手续，可以采取技术侦查措施，按照规定交有关机关执行。"根据这一规定，2019 年《人民检察院刑事诉讼规则》第 227 条明确人民检察院采取技术侦查的案件范围限定在"利用职权实施的严重侵犯公民人身权利的重大犯罪案件"。结合人民检察院的侦查权，这里的"利用职权实施的严重侵犯公民人身权利的重大犯罪案件"，则是指司法工作人员利用职权实施的非法拘禁、刑讯逼供、非法搜查等侵犯公民权利、损害司法公正的重大犯罪。不过，最高人民检察院于 2018 年 11 月 24 日印发的《关于人民检察院立案侦查司法工作人员相关职务犯罪案件若干问题的规定》，将人民检察院侦查的案件范围由刑事诉讼法规定的 3 种罪名增加到 14 种罪名，即非法拘禁罪，非法搜查罪，刑讯逼供罪，暴力取证罪，虐待被监管人罪，滥用职权罪，玩忽职守罪，徇私枉法罪，民事、行政枉法裁判罪，执行判决、裁定失职罪，执行判决、裁定滥用职权罪，私放在押人员罪，失职致使在押人员脱逃罪，徇私舞弊减刑、假释、暂予监外执行罪。这是不是意味着涉嫌这 14 种罪名的案件人民检察院都可以采取技术侦查措施呢？答案显然是否定的。如前所述，技术侦查通常适用于比较严重的犯罪案件。这 14 个罪名中，有很多是过失犯罪，有的即使是故意犯罪，社会危险性也不是很严重，没有必要采取技术侦查措施。人民检察院可以采取技术侦查措施的案件，应当限制在非法拘禁、非法搜查、刑讯逼供、暴力取证、虐待被监管人等重大犯罪案件的范围之内。关于"重大"的判断标准，仍可以参照 2012 年《人民检察院刑事诉讼规则（试行）》第 263 条第 3 款的规定，即案件有重大社会影响、造成严重后果或者情节特别严重。

3. 监察机关技术调查的案件范围

《监察法》第 28 条第 1 款规定："监察机关调查涉嫌重大贪污贿赂等职务犯罪，根据需要，经过严格的批准手续，可以采取技术调查措施，按照规定交有关机关执行。"本款赋予了监察机关技术调查的职权，其可以采取技术调查措施的案件范围是涉嫌重大贪污贿赂等职务犯罪案件。

按照通常理解，《监察法》规定的"涉嫌重大贪污贿赂等职务犯罪"与职务犯罪侦查转隶之前 2012 年《刑事诉讼法》第 148 条第 2 款规定的"重大的贪污、贿赂犯罪案件"含义应该是相同的。[1]在具体罪名上，参照 2012 年《人民检察院刑事诉讼规则（试行）》第 263 条第 2 款的规定，贪污、贿赂犯

---

〔1〕  马怀德主编：《中华人民共和国监察法理解与适用》，中国法制出版社 2018 年版，第 110 页。

罪限于《中华人民共和国刑法》（以下简称《刑法》）分则第八章规定的贪污罪、受贿罪、单位受贿罪、行贿罪、对单位行贿罪、介绍贿赂罪、单位行贿罪、利用影响力受贿罪。

关于贪污贿赂犯罪的"重大"标准，一般是指犯罪数额巨大，造成重大损失，社会影响恶劣等。[1]其中关于"数额巨大"的认定，2012年《人民检察院刑事诉讼规则（试行）》第263条第1款的规定是，涉案数额在10万元以上。不过，2016年4月18日最高人民法院、最高人民检察院联合发布实施的《关于办理贪污贿赂刑事案件适用法律若干问题的解释》第2条第1款对"数额巨大"作出了新规定，即贪污或者受贿数额在20万元以上不满300万元的，应当认定为《刑法》第383条第1款规定的"数额巨大"。对于"严重损失"的认定，该解释第8条第2款规定，为谋取不正当利益，向国家工作人员行贿，造成经济损失数额在100万元以上不满500万元的，应当认定为《刑法》第390条第1款规定的"使国家利益遭受重大损失"。虽然人民检察院不再侦查贪污贿赂犯罪，但上述解释仍具有参考意义。据此，贪污或者受贿"数额巨大"可以从20万元起算，"重大损失"可以从100万元起算。此外，《中华人民共和国刑法修正案（九）》（以下简称《刑法修正案（九）》）对贪污受贿犯罪除规定了数额标准外，还规定了情节标准，包括"较重情节""严重情节""特别严重情节"。因此，在判断贪污贿赂犯罪是否"重大"问题上，应当采用"数额标准+情节标准"模式。

4. 技术侦查措施适用的特殊情形

《刑事诉讼法》第150条第3款规定："追捕被通缉或者批准、决定逮捕的在逃的犯罪嫌疑人、被告人，经过批准，可以采取追捕所必需的技术侦查措施。"《人民检察院刑事诉讼规则》第228条也作了类似规定。这类案件不同于上述依据罪名进行划分的案件分类标准，而是以追捕对象作为案件范围划定的依据。[2]根据该规定，此种情况下可以对其采取技术侦查措施的主要包括两类人：一是已经发布通缉令，正在被通缉的犯罪嫌疑人；二是已经批准、决定逮捕而在逃的犯罪嫌疑人、被告人。从适用条件上看，这两类人均

---

〔1〕 中共中央纪律检查委员会、中华人民共和国国家监察委员会法规室编写：《〈中华人民共和国监察法〉释义》，中国方正出版社2018年版，第153页。

〔2〕 陈光中主编：《〈中华人民共和国刑事诉讼法〉修改条文释义与点评》，人民法院出版社2012年版，第215页。

符合逮捕条件，意味着其所涉嫌犯罪的性质也都比较严重。当然，对于这两类人，不论原来其所涉嫌犯罪的具体罪名及其可能被判处的刑罚情况如何，有关机关经过依法批准，均可以采取追捕所必需的技术侦查措施。

（三）技术侦查措施的权力主体

技术侦查措施是侦查措施的一种形式，技术侦查是在侦查程序中的侦查行为，有权采取技术侦查措施的只能是有权行使侦查权的机关或者部门。根据刑事诉讼法及相关法律和司法解释的规定，技术侦查措施的权力主体包括技术侦查措施的决定主体和执行主体。

1. 技术侦查措施的决定主体

有权决定采取技术侦查措施的机关和部门包括以下三类：

（1）公安机关、国家安全机关、军队保卫部门、中国海警局、监狱

按照通常理解，《刑事诉讼法》第 150 条第 1 款规定的公安机关是广义上的，泛指对法定职责管辖范围内的刑事案件依法行使侦查权的国家机关和部门，包括公安机关、国家安全机关、军队保卫部门、中国海警局和监狱等。

公安机关是我国的专门侦查机关，负责绝大多数刑事案件的侦查工作。《刑事诉讼法》第 19 条第 1 款规定："刑事案件的侦查由公安机关进行，法律另有规定的除外。"公安机关是行使侦查权的代表性机关，也是有权决定采取技术侦查措施的主要国家机关。如上文所述，根据《刑事诉讼法》第 150 条第 1 款和《公安机关办理刑事案件程序规定》第 263 条第 1 款的规定，公安机关在立案后，对于法律规定的特定案件，"根据侦查犯罪的需要，经过严格的批准手续，可以采取技术侦查措施。"所谓"可以采取"技术侦查措施，就是指有权"决定"采取技术侦查措施。[1]

国家安全机关与公安机关的性质相同，在刑事诉讼中的职权亦同，[2]是办理涉及国家安全犯罪案件的专门侦查机关。1993 年《国家安全法》第 10 条赋予了国家安全机关技术侦查职权。2014 年《反间谍法》第 12 条重申："国家安全机关因侦察间谍行为的需要，根据国家有关规定，经过严格的批准手续，可以采取技术侦察措施。"2015 年《国家安全法》第 42 条第 1 款规

---

〔1〕　参见张建伟：《特殊侦查权力的授予与限制——新〈刑事诉讼法〉相关规定的得失分析》，载《华东政法大学学报》2012 年第 5 期。

〔2〕　陈卫东主编：《刑事诉讼法学》，高等教育出版社 2019 年版，第 60 页。

定："国家安全机关、公安机关依法搜集涉及国家安全的情报信息，在国家安全工作中依法行使侦查、拘留、预审和执行逮捕以及法律规定的其他职权。"第 53 条规定："开展情报信息工作，应当充分运用现代科学技术手段，加强对情报信息的鉴别、筛选、综合和研判分析。"第 75 条规定："国家安全机关、公安机关、有关军事机关开展国家安全专门工作，可以依法采取必要手段和方式，有关部门和地方应当在职责范围内提供支持和配合。"这里的"现代科学技术手段""必要手段和方式"应当包括技术侦查措施。可见，国家安全机关在侦查危害国家安全犯罪案件的过程中，可以甚至鼓励采取技术侦查措施。

军队保卫部门负责军队内部发生的刑事案件的侦查工作。《刑事诉讼法》第 308 条第 1 款规定："军队保卫部门对军队内部发生的刑事案件行使侦查权。"根据上文《国家安全法》第 75 条的规定，涉及军事秘密的案件，应由军队保卫部门负责侦办，在特殊情况下，根据侦查需要，可以采取技术侦查措施。

中国海警局是统一履行我国海上维权执法职责的部门，负责海上发生的刑事案件的侦查工作。《刑事诉讼法》第 308 条第 2 款规定："中国海警局履行海上维权执法职责，对海上发生的刑事案件行使侦查权。"2018 年 6 月 22 日，第十三届全国人民代表大会常务委员会第三次会议通过了《关于中国海警局行使海上维权执法职权的决定》，决定按照党中央批准的《深化党和国家机构改革方案》和《武警部队改革实施方案》决策部署，海警队伍整体划归中国人民武装警察部队领导指挥，调整组建中国人民武装警察部队海警总队，称中国海警局，中国海警局统一履行海上维权执法职责。2020 年 2 月，最高人民法院、最高人民检察院和中国海警局联合印发《关于海上刑事案件管辖等有关问题的通知》，对于中国海警局管辖的刑事案件范围作出原则性规定。根据 2014 年中国海警局编写的《中国海警海上综合执法指南》，中国海警局侦办的刑事案件主要是海上走私、偷渡、贩毒等犯罪活动。[1] 根据《刑事诉讼法》第 150 条第 1 款的规定，对于其中法律明确规定的犯罪案件，如重大毒品犯罪案件，中国海警局可以依法采取技术侦查措施。

监狱对罪犯在监狱内犯罪的案件进行侦查。《刑事诉讼法》和《中华人民

---

〔1〕　参见李佑标：《中国海警海上刑事侦查管辖依据研究》，载《武警学院学报》2017 年第 9 期。

共和国监狱法》均赋予了监狱对监狱内犯罪的侦查权，但对于监狱如何具体适用侦查措施，却没有具体规定，实践中导致监狱"必须在罪犯中建立耳目、必须在罪犯中进行侦查调查"。[1]我国特情侦查制度源于 1927 年至 1937 年土地革命战争时期的锄奸行动；监狱首次提出建立"狱侦特情"，出自 1950 年 12 月公安部转发的西北公安部《关于加强管理犯人的指示》电文；1953 年全国"二劳"工作会议又将"狱侦特情"改为"临时耳目"。[2]1997 年司法部《狱内侦查工作规定》对具有特情侦查属性的耳目制度作了单独规定，形成了相对完善的监狱耳目制度。

（2）人民检察院

2012 年《刑事诉讼法》修订前，公安机关和国家安全机关根据《人民警察法》和《国家安全法》的规定被授权采取技术侦查措施。虽然在司法实践中，检察机关职务犯罪侦查工作已经开始尝试使用监听等技术侦查手段，积累了一定的经验，[3]但检察机关一直未获得法律的明确授权。职务犯罪是高智能型、高隐秘型犯罪，犯罪行为有职务作掩护，通常没有直接的被害人，加上痕迹物证少，因而侦查中发现难、取证难、固定证据难的问题十分突出，运用通常的侦查措施往往难以奏效，这决定了对职务犯罪使用技术侦查比对普通犯罪更具必要性。[4]

如前所述，2012 年《刑事诉讼法》修订时，赋予了人民检察院技术侦查权，即对于重大的贪污、贿赂犯罪案件以及利用职权实施的严重侵犯公民人身权利的重大犯罪案件，可以依法采取技术侦查措施。即使在贪污贿赂案件侦查权转隶之后，2018 年《刑事诉讼法》修订时，仍保留了人民检察院对部分职务犯罪案件的技术侦查权，即人民检察院对司法人员利用职权实施的严重侵犯公民人身权利的重大犯罪案件可以依法采取技术侦查措施。

（3）监察机关

监察机关是行使国家监察职能的专责机关，其重要职能之一就是对职务

---

[1] 参见徐克林：《狱侦特情：监狱秘密侦查制度的理性回归》，载《河南司法警官职业学院学报》2012 年第 3 期。

[2] 《狱内侦查学》编写组：《狱内侦查学》，法律出版社 1989 年版，第 25 页。

[3] 参见甄贞、张慧明：《技术侦查立法与职务犯罪侦查模式转变》，载《人民检察》2013 年第 9 期。

[4] 参见朱孝清：《试论技术侦查在职务犯罪侦查中的适用》，载《国家检察官学院学报》2004 年第 1 期。

犯罪进行调查。《监察法》第 28 条第 1 款赋予了监察机关对特定职务犯罪案件的技术调查权，即对于涉嫌重大贪污贿赂等职务犯罪案件，监察机关可以采取技术调查措施。从权力演进过程来看，监察机关的职务犯罪技术调查权系从检察机关的职务犯罪技术侦查权演化而来，在获取证据、查明事实、缉捕被调查对象的功能上，技术调查权与技术侦查权的权力运作功能具有质的一致性。[1]就监察机关可以采取的具体技术调查措施而言，结合贪污贿赂等职务犯罪案件的特点，参照《公安机关办理刑事案件程序规定》有关技术侦查的规定，应当包括记录监控、行踪监控、通信监控、场所监控、诱惑调查和控制下交付等措施。

2. 技术侦查措施的执行主体

技术侦查的决定权与执行权分属不同性质的权力，国际通行做法是将技术侦查的决定权与执行权相分离。[2]我国在这个问题上的做法相对比较灵活，有些案件采取决定权与执行权相统一，有些案件则采取决定权与执行权相分离。

就上文所述的有权决定采取技术侦查措施的机关和部门来说，公安机关、国家安全机关、军队保卫部门、中国海警局、监狱等采取技术侦查决定权与执行权相统一的做法，由作出适用技术侦查措施决定的机关或者部门自行执行技术侦查措施。例如，国家安全机关在涉及国家安全案件的侦办中采取技术侦查措施时，由于案件涉及国家安全或者国家秘密，不适合交给公安机关执行；并且，国家安全机关具备执行技术侦查措施需要的力量和能力，也无需交给公安机关执行。同样的情况还有军队保卫部门，其所决定的技术侦查措施也不必交给公安机关执行。

人民检察院和监察委员会决定采取技术侦查措施和技术调查措施的案件，通常采取决定权与执行权相分离的做法。2012 年《刑事诉讼法》第 148 条第 2 款规定："人民检察院……可以采取技术侦查措施，按照规定交有关机关执行"。全国人大常委会法制工作委员会刑法室编著的《〈关于修改刑事诉讼法的决定〉释解与适用》对此的解释是："本款规定的案件采取技术侦查措施，

---

〔1〕 参见倪铁：《监察技术调查权运作困境及其破局》，载《东方法学》2019 年第 6 期。
〔2〕 参见詹建红：《理论共识与规则细化：技术侦查措施的司法适用》，载《法商研究》2013 年第 3 期。

要按照规定交有关机关执行，检察机关不能自行执行。"〔1〕《人民检察院刑事诉讼规则》第227条也明确表示，人民检察院"可以采取技术侦查措施，交有关机关执行"。这里的"有关机关"一般理解为公安机关。《公安机关办理刑事案件程序规定》第265条第2款也作出回应："人民检察院等部门决定采取技术侦查措施，交公安机关执行的，由设区的市一级以上公安机关按照规定办理相关手续后，交负责技术侦查的部门执行，并将执行情况通知人民检察院等部门。"按照某些学者的说法，这一规定考虑到有些技术侦查手段只有公安机关才具备实施的条件。另外，也考虑到这些技术手段应当集中管理，避免多个机关都具有实施的能力和条件，造成技术侦查手段的滥用。〔2〕事实上，在2011年8月公布的《刑事诉讼法修正案（草案）》中就明确规定"技术侦查措施由公安机关执行"。但有意见认为，人民检察院决定采取技术侦查措施的案件不一定都要交给公安机关执行。从机构设置和人员配置来看，虽然检察机关总体上不具备公安机关技术侦查部门那样专业的队伍，但不意味着所有的检察机关都不具备技术侦查条件和能力。对于具备技术侦查条件的检察机关，应当允许其自行实施技术侦查措施；不具备技术侦查条件的检察机关，可以委托公安机关实施技术侦查措施。当然，有人担心检察机关自己执行技术侦查，会导致监听等措施的滥用。对此，有学者认为，将职务犯罪中的技术侦查措施的执行交予公安机关同样会有问题，如相关信息容易泄露而导致侦查的失败，且很容易因为公安机关的技术侦查人员不完全了解检察机关的侦查意图等原因导致侦查效率降低。〔3〕再换个角度看，如果检察机关自己执行技术侦查会导致权力滥用的话，公安机关、国家安全机关等实行技术侦查决定权与执行权相统一的机关和部门同样也会产生这一问题。从刑事诉讼法的规定来看，人民检察院决定采取技术侦查措施的，应当"按照规定交有关机关执行"。这就意味着，并不必然一律交由公安机关执行。

对于监察机关决定采取技术调查措施的案件，《监察法》第28条第1款

〔1〕 王尚新、李寿伟主编：《〈关于修改刑事诉讼法的决定〉释解与适用》，人民法院出版社2012年版，第158页。

〔2〕 陈光中主编：《〈中华人民共和国刑事诉讼法〉修改条文释义与点评》，人民法院出版社2012年版，第216页。

〔3〕 参见胡铭：《技术侦查：模糊授权抑或严格规制——以〈人民检察院刑事诉讼规则〉第263条为中心》，载《清华法学》2013年第6期。

借鉴了与刑事诉讼法相同的立法技术，也规定："按照规定交有关机关执行"。对此，中共中央纪律检查委员会、中华人民共和国国家监察委员会法规室编写的《〈中华人民共和国监察法〉释义》所作的解释是："本款规定的案件采取技术调查措施，要按照规定交公安机关执行，监察机关不能自己执行。"[1]该解释非常明确地将监察机关决定采取的技术调查措施的执行权交给了公安机关，没有任何余地。按照有些学者的说法，监察机关不具备开展特殊调查的便利条件，而公安机关作为特殊调查手段行使主体的排他性地位，决定了协助配合监察机关进行特殊调查的主体只能是公安机关。[2]笔者认为，这应当是监察委员会成立之初的权宜之计。从《监察法》第 28 条第 1 款的规定来看，似乎并没有完全否定监察机关自行执行技术调查措施的可能性。在监察体制改革试点之前，纪检监察部门就有运用技术手段反腐的成功经验。[3]不过，按照比较权威的解释，"本款规定的案件采取技术调查措施，要按照规定交公安机关执行，监察机关不能自己执行"[4]。

3. 单位和个人的技术侦查协助义务

技术侦查的性质决定了有权采取技术侦查措施的只能是行使侦查权的国家机关，其他单位和个人不能行使技术侦查的权力。不仅如此，《刑事诉讼法》第 152 条第 4 款还规定了有关单位和个人对技术侦查的协助义务，即"公安机关依法采取技术侦查措施，有关单位和个人应当配合，并对有关情况予以保密"。《公安机关办理刑事案件程序规定》第 270 条第 2 款也作了这样的规定。这里的"配合"有两种情况：一是积极配合，即在公安机关的要求和指挥下，独立完成或者协助完成全部或者部分技术侦查工作；二是消极配合，即在公安机关实施技术侦查措施时，被动接受或者忍受，不给技术侦查工作设置障碍或者制造麻烦。

在绝大多数情况下，公安机关有能力独立完成技术侦查工作，但有时也需要有关单位或者个人配合甚至协助才能得以顺利完成。例如，进行电信监

---

〔1〕 中共中央纪律检查委员会、中华人民共和国国家监察委员会法规室编写：《〈中华人民共和国监察法〉释义》，中国方正出版社 2018 年版，第 153 页。

〔2〕 参见江国华、张硕：《监察过程中的公安协助配合机制》，载《法学研究》2019 年第 2 期。

〔3〕 郑曦：《监察委员会技术侦查权研究》，载《学习与探索》2018 年第 1 期。

〔4〕 中共中央纪律检查委员会、中华人民共和国国家监察委员会法规室编写：《〈中华人民共和国监察法〉释义》，中国方正出版社 2018 年版，第 154 页。

控，就需要借助电信企业的设备或者必要的帮助和支持；对于毒品犯罪的视频监控，可能需要临时征用公民的住宅来安装监控设备以及安排侦查人员守候监控；在网络犯罪案件中的网络监控，单纯依靠侦查人员的能力往往不现实，[1]网络服务提供者的协助对于侦查工作的顺利完成起着不可替代的作用。[2]作为公法上的义务，即使因侦查措施给自己造成某种程度的损害，任何单位和个人也没有拒绝的权利，但事后可以依法申请必要的补偿。不过，需要说明的是，单位和个人的协助义务应当以技术侦查的合法性为前提。对于违法技术侦查，并无此项义务。[3]

（四）技术侦查措施的适用对象

技术侦查作为侦查措施的一种，其适用的对象通常限于犯罪嫌疑人。在有些国家，技术侦查也可能指向犯罪嫌疑人以外的第三人。如《俄罗斯联邦刑事诉讼法典》第 186 条第 1 款规定："如果有足够的理由认为，犯罪嫌疑人、刑事被告以及其他人的电话和谈话可能含有对刑事案件有意义的信息材料，则在严重犯罪和特别严重犯罪案件中允许监听和录音。"[4]这一规定将"其他人"的电话纳入了监听范围。在德国，监听主要适用于犯罪嫌疑人。但有时候，犯罪嫌疑人怀疑自己的电话已被监听，就会用亲属或者朋友的电话发送和接收信息。对此，法官可以扩大监听范围，使其包括所有可能成为犯罪嫌疑人接收和传递信息的个人的电话或者犯罪嫌疑人在电话所有人不知晓的情况下可能使用的电话。鉴于监听令广泛的适用范围，犯罪嫌疑人的配偶、亲属或律师的电话都可以被监控，即使这些人有权拒绝作证。[5]在监听过程中，侦查人员通常只能监听犯罪嫌疑人使用的电话线路，但是犯罪嫌疑人使用其他人的电话或是雇用其他人接收、发出信息时，也允许监听与嫌疑人相关的其他人的电话线路。如果在此类监听中发现法律不允许使用监听的犯罪

---

　　〔1〕　参见陈永生：《计算机网络犯罪对刑事诉讼的挑战与制度应对》，载《法律科学（西北政法大学学报）》2014 年第 3 期。

　　〔2〕　参见王志刚、杨敏：《论网络服务提供者的侦查协助义务》，载《重庆邮电大学学报（社会科学版）》2019 年第 4 期。

　　〔3〕　陈光中主编：《〈中华人民共和国刑事诉讼法〉修改条文释义与点评》，人民法院出版社2012 年版，第 221 页。

　　〔4〕　《俄罗斯联邦刑事诉讼法典》，黄道秀译，中国人民公安大学出版社 2006 年版，第 170 页。

　　〔5〕　［德］托马斯·魏根特：《德国刑事诉讼程序》，岳礼玲、温小洁译，中国政法大学出版社2004 年版，第 124 页。

或是由嫌疑人以外的人实施的犯罪，只要其与德国刑事诉讼法典规定的犯罪存在联系，那么在监听中所形成的录音带仍可成为直接的指控证据。[1]

在我国，根据《刑事诉讼法》的规定，技术侦查主要适用于犯罪嫌疑人。只有追捕被决定逮捕的在逃人员时，才可以适用于被告人。对于犯罪嫌疑人、被告人以外的人能否适用技术侦查措施问题，《刑事诉讼法》没有明确规定，但《公安机关办理刑事案件程序规定》第 264 条第 2 款将技术侦查对象从犯罪嫌疑人、被告人扩大到了"与犯罪活动直接关联的人员"。何谓"与犯罪活动直接关联的人员"？该规定没有作进一步解释。有学者认为，该人员应当有迹象显示与犯罪活动在客观或主观上直接相关，突出强调"有迹象显示"和"与犯罪活动直接相关"，范围可包括共同犯罪人、对向犯、上下游犯罪或关联犯罪的犯罪人、被害人等，而不能仅仅因"关系密切"，笼统地包括配偶、近亲属、朋友、同事等。[2]被害人作为犯罪活动侵害的对象，虽然与犯罪活动有直接关联，但如果也将之列为技术侦查适用的对象，显然有失公允。至于犯罪嫌疑人、被告人的配偶、近亲属、朋友等能否适用技术侦查问题，法律并未规定不可以，可根据侦查需要对犯罪嫌疑人、被告人以外的人采取。[3]实践中，电话查询、监听大量适用于与犯罪嫌疑人有密切联系的人，包括其配偶、父母、子女等直系亲属，旁系亲属，朋友，邻居等。例如，2005 年某办案部门在侦查一起杀人碎尸案时，由于犯罪嫌疑人未使用手机，家中未安装固定电话，为了将其抓捕，对其家属、亲戚及邻居的固定电话监听达半年之久。[4]

（五）技术侦查适用的证据标准

技术侦查措施的实施意味着对公民的住宅、通信、行为等隐私的强制处分，与搜查、扣押等侦查措施相比，更具秘密性和强制性。为防止这类措施

---

〔1〕 在加拿大"麦克"（Mack）案中，法官要求警察在新法律框架内构建和证明秘密侦查，但这并不是对警察主动型侦查方法的禁止。通过澄清诱惑侦查的界限，该判决可能鼓励而不是制约秘密侦查的扩张，使得颇有争议的随意道德检测方法合法化。转引自俞波涛：《秘密侦查问题研究》，中国检察出版社 2008 年版，第 28 页。

〔2〕 参见王东：《技术侦查的法律规制》，载《中国法学》2014 年第 5 期。

〔3〕 参见郭淑悦：《浅析 2012 年刑事诉讼法对技术侦查措施之规定》，载《湖南警察学院学报》2012 年第 3 期。

〔4〕 参见周雄哲：《秘密侦查应用现状的调查与思考——以湘中某基层公安机关为例》，载《湖南行政学院学报》2008 年第 3 期。

的不当使用，保障技术侦查实施的准确性，西方法治国家通常都设置一定的证据门槛。如日本，在《监听通讯法》制定之前，判例认为，进行电话监听要有"充足的理由"怀疑嫌疑人实施了犯罪。《监听通讯法》实施后，要求监听令状必须满足"盖然性的要件"，即"必须有足以认为该通讯是与上述犯罪有关的嫌疑"。[1]与《日本刑事诉讼法》第 60 条第 1 款规定的逮捕的证据标准即"有相当的理由"相比较，无论是判例中确立的"充足的理由"还是《监听通讯法》规定的"盖然性的要件"，监听的证据标准均不低于逮捕，甚至更高。

美国对于窃听和电子监控的证据条件一直坚持的是联邦宪法第四修正案确立的"合理根据"。但是对于监听的"合理根据"与通常获得搜查令所需要的"合理根据"相比，其要求是否应该更高，实践中存在很大争议。在"伯格诉纽约"（Berger v. New York）一案中，斯图尔特（Potter Stewart）大法官就这个问题发表如下意见："申请此类案件涉及的电子窃听的司法令状时，合理根据必须包含具体特殊性和可信性证据的要求应尤为严格。……只有符合合理根据的最精确、最严格的标准，才能证明这种侵入是正当的。"由此得出结论，虽然这一案件中的证据"或许足以符合宪法第四修正案关于宪法性搜查或逮捕的标准"，但"根据宪法，这不足以构成证明这个案子中侵入的范围和期限为合法的合理根据"。[2]按照斯图尔特大法官的意见，虽然法官签发监听令状的证据标准仍然是《美国联邦宪法》第四修正案规定的"合理根据"，但在具体把握上要高于搜查或逮捕的证据标准。

我国《刑事诉讼法》对于适用技术侦查的标准没有明确规定。有学者根据刑事诉讼法关于技术侦查需在"立案"之后的规定，认为证据须满足立案标准后才能启用技术侦查，而刑事诉讼法规定的立案标准为"发现犯罪事实或者犯罪嫌疑人"，从而将立案标准当作启动技术侦查的证据标准，并认为这种启动标准既可以防止技术侦查的恣意使用，也符合技术侦查的用途特征。技术侦查就是应当在侦查早期证据不多的情况下使用，以获得更多的线索或

---

[1]　[日] 田口守一:《刑事诉讼法》，张凌、于秀峰译，中国政法大学出版社 2010 年版，第 83~84 页。

[2]　[美] 伟恩·R. 拉费弗、杰罗德·H. 伊斯雷尔、南西·J. 金:《刑事诉讼法》（上册），卞建林等译，中国政法大学出版社 2003 年版，第 292~293 页。

证据，如果启用标准过高，技术侦查的使用价值将大打折扣。[1]这种观点主要是站在打击犯罪的立场上考虑的，忽略了技术侦查易侵犯人权的特征。刑事诉讼法关于技术侦查需要"经过严格的批准手续"的规定表明，其适用的证据标准要高于其他侦查措施。

对于什么是"严格的批准手续"，刑事诉讼法和相关司法解释均没有规定，按照比较权威的解释，它包括两层意思：一是对制定审批程序的要求，即有关部门依法制定采取技术侦查措施的审批程序，必须体现"严格"的要求；二是对批准采取技术侦查措施的要求，即采取技术侦查措施必须依照规定履行"严格"的批准手续。[2]在2012年修订的《刑事诉讼法》实施之初，为了体现技术侦查批准手续的"严格"，有的地方实行"两长审批制"，即经本级公安机关负责人、本级人民检察院检察长共同批准后才能实施技术侦查；有的地方则借鉴"职务犯罪批捕权上提一级"的经验，将技术侦查提交给上一级公安机关或者人民检察院审查批准。《公安机关办理刑事案件程序规定》规定的"报设区的市一级以上公安机关负责人批准"，也是基于这一考虑。这些做法在形式上确实能够显现出技术侦查的适用比其他侦查措施严格，但更多的是程序意义上的，而不具有实质性。

为保障技术侦查的正确适用，应当加强对这种措施的实质审查，明确采取技术侦查的证据标准。借鉴日美等国的经验，将逮捕的证据标准作为参照。具体来说，包括以下几项内容：一是有证据证明犯罪嫌疑人实施了依法可以采取技术侦查措施的严重犯罪，即现有证据足以证明犯罪嫌疑人实施了犯罪，且其所实施的犯罪属于刑事诉讼法及相关司法解释规定可以采取技术侦查措施的案件范围。二是有证据证明采取技术侦查措施是必要的，即现有证据足以证明采取其他侦查措施难以有效收集犯罪证据或者成本过大。三是有证据证明采取具体技术侦查措施的种类、对象和期限是合法的、合理的，即现有证据足以证明应当采取哪种具体的技术侦查措施，针对什么人、什么场所等采取技术侦查措施，需要多长时间等。

---

〔1〕 王东：《技术侦查的法律规制》，载《中国法学》2014年第5期。

〔2〕 王尚新、李寿伟主编：《〈关于修改刑事诉讼法的决定〉释解与适用》，人民法院出版社2012年版，第157页。

# 第三章 CHEPTER 3
# 技术侦查取证与技侦证据使用

　　刑事诉讼法明确规定，采取技术调查、侦查措施收集的材料可以作为证据使用，消除了技侦证据需经过转换才能使用的障碍，使技侦证据从幕后走向台前。[1]但是，由于立法以及相关司法解释在技侦证据的使用问题上未作出详细的实施规定，留白处理较多，[2]因此，实务中技侦证据的使用仍有很多问题尚待解决：其一，技侦证据出示的形式或载体不明，导致对技侦证据的证据能力审查存在困难；[3]其二，对违反实体法以及程序法的技侦证据是否适用非法证据排除规则，理论界与实务界看法不统一；其三，技侦证据的质证仍存在障碍，庭外核实证据的程序排除了辩护方的参与；其四，在诉讼终结后，技侦证据的归档保存与销毁是证据使用的最后一个环节，立法对此缺乏明确回应；其五，职务犯罪案件中使用技术侦查措施收集的证据，法官如何审查使用也同样棘手。

　　针对以上问题，本章将从五个方面探讨技术侦查取证以及技侦证据的使用问题。由于法庭对技侦材料的证据能力审查聚焦在真实性、相关性和合法性上，完善技侦证据收集、保管与移送制度是确保技侦材料享有证据能力的前提。通过非法手段取得的技侦证据同样适用非法证据排除规则，不因证据取得方式的特殊性而例外。在排除方式上，可以探索技侦证据的强制排除与裁量排除相结合的模式。在技侦证据的质证问题上，庭外核实程序是法官审查认定证据最为主要的途径，应在保障辩护方的质证权利与保护技侦证据的秘密性的冲突之间寻求平衡。诉讼完结后，建立完善的技侦证据

---

　　〔1〕　参见刘滨：《浅论技术侦查证据的法律实务问题》，载《法学杂志》2019 年第 6 期。
　　〔2〕　参见程雷：《技术侦查证据使用问题研究》，载《法学研究》2018 年第 5 期。
　　〔3〕　参见程雷：《技术侦查证据使用问题研究》，载《法学研究》2018 年第 5 期。

归档保存以及销毁程序有助于侦查经验总结、侦查监察、审判监督等目的的实现。

## 一、技侦证据的收集、保管与移送

技侦证据的收集、保管与移送影响法官对证据能力的判断。技侦证据收集程序是否规范影响法官对证据合法性的审查，保管制度关系到控诉方能否对证据的形式真实性进行证明，而证据移送的形式与载体则事关证据的采纳与否。基于各种因素考量，2021 年《刑诉法解释》对技侦证据的收集作了概括性规定，但并未对收集的细节以及保管程序作出详细规定，而普通保管程序又无法解决技侦证据的适应性问题。新增加的移送条款则要求控诉方在移送技侦证据的同时，移送实施技侦措施的过程性证据，并对移送视听资料、电子数据形式的技侦证据提出了新的要求。如何规范技侦证据的收集、保管与移送制度对立法提出了新的挑战，也对实务操作提出了新的要求。

（一）技侦证据收集、保管与移送的比较法考察

通过立法以及相关司法判例，技术侦查制度在相关国家和地区逐步完善。从总体上看，技侦证据的收集规范，侧重对技侦人员取证规范的程序制约以及监督机制的构建，而保管则注重对原始技侦材料的密封保存，注重保密性，排除他人接触、更改的可能性，技侦机关在审查起诉时需要将原始技侦材料与实施技侦措施的审批文书一起随案移送。

1. 相关国家和地区技侦证据的收集

在证据收集方面，相关国家和地区的取证程序与规范性要求体现在以下三个方面：

（1）通过设立严格的技术侦查审批和授权程序，明确技侦证据的收集对象、取证时限、取证人员、取证手段等，对技侦证据的收集程序进行规制。一般情况下，在单独对监听监控类的技术侦查立法的国家和地区，立法规定了实施细则。以我国台湾地区颁布的"通讯保障及监察法"为例，规定通讯监听的执行需严格按照通讯监察书记载的内容。根据第 11 条的规定，通讯监察书应记载案由及涉嫌触犯之法条、监察对象、监察通讯种类、受监察处所、监察理由、监察期间及方法等，在收集证据的过程中执行人员要严格遵守审

批程序确定的各项规定。[1]然而，在卧底侦查、线人侦查、诱惑侦查等技术侦查手段经由内部行政授权的国家和地区，虽然审批和授权程序依旧发挥着规制技侦证据收集的作用，但由于部门内部规定并未创设任何法律上的实体和程序性权利，因此，对技侦取证的规范作用有限。在美国，《美国司法部部长关于联邦调查局乔装侦查行动的准则》（以下简称《乔装侦查行动的准则》）是采取乔装侦查的主要依据，虽然该准则重点说明了实施乔装侦查的审批和授权以及监督控制两个方面，[2]但由于该准则属于内部规范，违反该准则并不必然导致证据的排除。因此，审批和授权程序对侦查人员收集证据的约束有限。在英国，实施技术侦查措施由警察局内部审批，但 RIPA（调查权法案）对技侦证据的收集程序规定模糊，案例法也模棱两可，尤其体现在使用线人侦查方面，规定相对宽泛，较少对线人收集证据的程序和内容作出明确规定。[3]

（2）司法或行政部门通过强制要求施行机关制作技术侦查笔录、定期报告或网上公开技侦措施的实施情况，实现对技侦证据收集过程的监督和控制。《法国刑事诉讼法典》第100-4 条规定，预审法官或其委派的司法警察警官，应制作每一项截收与录制活动的笔录。笔录应写明该项截收活动开始及结束的日期与钟点，录制品应密封包装，复印件存入档案。[4]许多国家和地区都规定了实施技术侦查的年度报告制度，以美国为例，美国对秘密监听方面的报告制度分为三个部分，包括向联邦法院行政局提交"个案报告"和"年度报告"以及向国会提交报告。[5]美国在《乔装侦查行动的准则》中也规定了年度报告制度，要求乔装侦查行动审查委员会"向联邦调查局局长、司法部部长、副总检察长、刑事业务助理检察长提交一份书面报告，将过去一年中

---

〔1〕 参见"通讯保障及监察法"第 11 条："通讯监察书应记载下列事项：一、案由及涉嫌触犯之法条。二、监察对象。三、监察通讯种类及号码等足资识别之特征。四、受监察处所。五、监察理由。六、监察期间及方法。七、声请机关。八、执行机关。九、建置机关。前项第八款之执行机关，指搜集通讯内容之机关。第九款之建置机关，指单纯提供通讯监察软硬体设备而未接触通讯内容之机关。"

〔2〕 参见程雷：《秘密侦查比较研究——以美、德、荷、英四国为样本的分析》，中国人民公安大学出版社 2008 年版，第 183 页。

〔3〕 参见程雷：《秘密侦查比较研究——以美、德、荷、英四国为样本的分析》，中国人民公安大学出版社 2008 年版，第 183 页。

〔4〕《法国刑事诉讼法典》，罗结珍译，中国法制出版社 2006 年版，第 104 页。

〔5〕 参见邓立军：《外国秘密侦查制度》，法律出版社 2013 年版，第 69 页。

进行的乔装侦查行动批准与否决情况、面临的主要问题、解决的方式等重要内容，上报给上述有关人员"〔1〕。我国台湾地区"通讯保障及监察法"更是要求通讯监察执行机关、监督机关制作年度统计资料报告，定期在网上公告并且要报送"立法院"备查。〔2〕

（3）强调在技术侦查结束后向被实施人的披露制度；通过给予被实施人寻求救济的途径来约束技侦人员不得使用非法手段收集证据。《加拿大刑事法典》规定，在司法窃听结束后的一定期限内，省检察长或加拿大内政部长应书面通知被授权窃听的对象，〔3〕通过履行告知程序来监督技侦取证行为。

2. 相关国家和地区技侦证据的保管

在技侦证据保管的问题上，域外立法和实践都较关注技侦证据保管过程的保密性和安全性，限制可以接触技侦证据的人员，对保管主体、保管对象、保管期限、保管方法等相关问题作出了详细规定。在讨论保管问题前需要明确，对技侦证据保存的前提条件是技侦证据是依法采取技术侦查取得，违法取得、不得使用者、与案件无关的都应及时销毁，不应保存，自然不会有保存的需要。〔4〕另外，除监听监控外，立法在保管问题上较少对其他技术侦查措施作出明确规定，因此，下列论述主要以监听监控为例：

首先，原始技侦证据通常由负责执行的机构或者作出技术侦查决定的机关保管。根据《意大利刑事诉讼法典》的规定，对于监听笔录和录音应完整地保存在作出窃听决定的公诉人那里。〔5〕而英国则规定有关秘密侦查的记录由负责侦查的机构保存。〔6〕

---

〔1〕 程雷：《秘密侦查比较研究——以美、德、荷、英四国为样本的分析》，中国人民公安大学出版社 2008 年版，第 197 页。
〔2〕 参见"通讯保障及监察法"第 16-1 条："通讯监察执行机关、监督机关每年应制作该年度通讯监察之相关统计资料年报，定期上网公告并送'立法院'备查。前项定期上网公告，于第七条规定之通讯监察，不适用之。第一项统计资料年报应包含下列事项：一、依第五条、第六条、第七条及第十二条第一项声请及核准通讯监察之案由、监察对象数、案件数、线路数及线路种类。依第十一条之一之调取案件，亦同。二、依第十二条第二项、第三项之停止监察案件，其停止情形。三、依第十五条之通知或不通知、不通知之原因种类及原因消灭或不消灭之情形。四、法院依前条规定监督执行机关执行之情形。五、依第十七条资料销毁之执行情形。六、截听纪录之种类及数量。"
〔3〕 参见邓立军：《外国秘密侦查制度》，法律出版社 2013 年版，第 137 页。
〔4〕 参见李荣耕：《通讯保障及监察法》，新学林出版股份有限公司 2018 年版，第 101 页。
〔5〕 《意大利刑事诉讼法典》，黄风译，中国政法大学出版社 1994 年版，第 91 页。
〔6〕 参见邓立军：《外国秘密侦查制度》，法律出版社 2013 年版，第 33 页。

其次，保管对象包括技术侦查的审批文件以及文书、与案件相关的证据材料以及与案件无关的其他信息。《德国刑事诉讼法典》第 101 条第 2 款规定，采取通信监听强制侦查措施的决定及其他文书应当由检察院保管，在符合通知相关人的条件时，这些文件才应当纳入案卷。[1]当涉及个人资料时，第 101 条第 8 款和 101a 条第 3 款规定，应当标记通过监听获得的个人的数据是否是应当存储的数据，并且毫不延迟地予以处理，当个人资料不再被需要时应当不延迟地删除，并且应该将删除记录在案。[2]

再次，依据案件的性质，对技侦证据的保管期限不同。我国台湾地区对通讯监察所获得的资料进行了区分，如作为案件证据附卷或者为监察目的留存，则保管期限没有任何的限制，如不是，则在通讯监察结束后，保存 5 年，逾期予以销毁。[3]《俄罗斯联邦刑事诉讼法典》第 82 条第 1 款规定，刑事案件中的物证应当保管直至刑事判决生效或直至终止刑事案件的裁定或裁决的申诉期届满，并与刑事案卷一并移交。[4]

最后，在保管方法上，对技侦证据一般密封保存，排除无关人员接触的可能性，确保技侦证据的保密性。如俄罗斯要求，通过技术侦查手段获取的全部录音应根据侦查员的决定作为物证加封归入刑事案件材料，保管的条件应排除他人放听和复制的可能性，保证其完好和技术上适用于重复播放，包括在法庭上重复播放。[5]美国法典规定，通过监听获得的信息资料应连同监听记录，在监听期间或延长期届满时，递交签发令状之法官，并根据其指示做密封处理。[6]我国台湾地区还规定就通讯监察书之声请、核发、执行以及通讯监察所得资料之保管、使用、销毁，应就其经办、调阅及接触者，建立连续流程履历记录，确保所有接触监察所得资料者都可以留下记录，同时应

---

〔1〕《世界各国刑事诉讼法》编辑委员会编译：《世界各国刑事诉讼法——欧洲卷》（上），中国检察出版社 2016 年版，第 268 页。

〔2〕《世界各国刑事诉讼法》编辑委员会编译：《世界各国刑事诉讼法——欧洲卷》（上），中国检察出版社 2016 年版，第 269 页。

〔3〕参见李荣耕：《通讯保障及监察法》，新学林出版股份有限公司 2018 年版，第 101~102 页。

〔4〕《俄罗斯联邦刑事诉讼法典》，黄道秀译，中国人民公安大学出版社 2006 年版，第 78~79 页。

〔5〕《俄罗斯联邦刑事诉讼法典》，黄道秀译，中国人民公安大学出版社 2006 年版，第 171~172 页。

〔6〕18 U. S. C. S. § 2518.

与台湾"高等法院"通讯监察管理系统连线，方便"高等法院"对监察资料的使用情况进行监督。[1]

3. 相关国家和地区技侦证据的移送

对技侦证据的移送强调技侦证据保存机关的移送义务，移送的内容既包括与案件相关的技侦证据，也包括技术侦查的审批资料。《法国刑事诉讼法典》第706-83条第4款规定，在卧底行动结束之后，审批文书应归入诉讼案卷。[2]《荷兰刑事诉讼法典》规定，在特殊侦查中，检察官应当移送与案件调查有关的笔录和其他的物品，增补入诉讼材料，涉及享有拒绝作证权的人员的应予以销毁，没有增补的应当在诉讼材料中注明，犯罪嫌疑人或者被告人也可以申请将指定的笔录或者其他物品增补入诉讼材料。[3]根据德国"G10法案"（《信件、邮件和通信秘密限制法》）第3条之规定，[4]在特定情况下，如果各种间谍情报机构在对国际通信网络实施监控的过程中获得了能够证明犯罪已被实施的信息，他们有义务将信息移交给检察官或警察，随后用于侦查犯罪。[5]

（二）我国关于技侦证据收集、保管与移送的法律规定以及存在的问题

现阶段《刑事诉讼法》、相关司法解释以及部门规章都有涉及技侦证据的收集、保管以及移送的规定，但大多属于原则性规定，用语较为模糊，并未对实施细节进行详细规定，整体上缺乏可操作的系统性。技侦证据的特殊性决定了常规的证据收集、保管与移送制度并不完全适用于技侦证据，立法上未作明确区分，可能会造成实践中操作的混乱。

从技侦证据的收集来看，立法明确了采取技术侦查措施应遵循的审批程序，通过强化审批程序来规范对技侦证据的收集过程。《公安机关办理刑事案

---

〔1〕 "法院通讯监察管理系统连线"是指连续流程履历记录应输入于"高等法院"通讯监察管理系统，使"高等法院"得以掌握监督记录的建立及其内容的完整性。参见李荣耕：《通讯保障及监察法》，新学林出版股份有限公司2018年版，第102~103页。

〔2〕《法国刑事诉讼法典》，罗结珍译，中国法制出版社2006年版，第517页。

〔3〕《世界各国刑事诉讼法》编辑委员会编译：《世界各国刑事诉讼法——欧洲卷》（中），中国检察出版社2016年版，第863页。

〔4〕 "G10"的全称是"Gesetz zur Beschränkung des Brief-, Post- und Fernmeldegeheimnisses"（Artikel 10-Gesetz – G 10），参见 https://www.gesetze-im-internet.de/g10_2001/BJNR125410001.html，最后访问日期：2022年4月5日。

〔5〕 谢佑平、邓立军：《德国的秘密侦查制度》，载《甘肃政法学院学报》2011年第6期。

件程序规定》第 267 条第 1 款规定，采取技术侦查措施，必须严格按照批准的措施种类、适用对象和期限执行。虽然该条明确了侦查机关在采用技侦措施取证时应遵循的要求，但过于原则，对采取不同技术侦查措施收集证据的过程未作出详细、系统的规定，如果在收集证据的过程中遇到除技侦措施种类、对象和期限之外的特殊情况，则无可参照的法律根据。首先，立法虽然从原则上规定了实施技术侦查措施的案件、期限、对象、执行机关等，但不同技术侦查措施具体应该参照何种程序进行取证并未进行详细说明，如隐匿身份侦查和控制下交付的技术侦查措施，审批手续规定较为笼统，对收集证据的规定不明确。其次，由于采取技术侦查措施的案件情况复杂，实践中技术侦查人员取证时难以完全遵从统一的取证规范，立法并未对可能存在的取证两难抉择做出回应。例如，采用线人侦查时，线人是否可以参与犯罪，如果可以，在何种程度上可以参与犯罪，线人取证的过程需要遵守何种条件等都是实践中可能遇到，但立法留白之处。

立法上未明确技侦证据应按照何种规定存放，具体操作不明。《公安机关办理刑事案件程序规定》第 269 条第 1 款涉及技侦证据的保管规定，"采取技术侦查措施收集的材料，应当严格依照有关规定存放，只能用于对犯罪的侦查、起诉和审判，不得用于其他用途。"但由于公安机关的有关规定在性质上属于非公开的内部规定，技侦证据具体应按照何种规定存放并不清楚，有关规定是否针对技侦证据保存的安全性、秘密性等作出特殊规定也不得而知，这种内部规定可能由于缺乏透明性而导致实践操作中的混乱。[1]有学者指出，实践中技术侦查材料往往存储在专用的保密设备之中，但从时间上说这类设备无法永久保存某一具体案件的技术侦查材料，从安全性上说存在着保密设备故障、数据丢失等现实问题。[2]如何规范技侦证据的保存仍需要讨论。另外，不明确的保管规定，可能导致控诉方难以在法庭上对技侦证据的真实性进行证明。

立法规定侦查机关在移送技侦证据时，除移送技侦证据外，还需要移送相关的审批文书以及相关说明材料。根据《刑事诉讼法》第 162 条第 1 款的

---

〔1〕　参见方海明、周寅行：《技术侦查材料的证据使用问题》，载《中国检察官》2016 年第 19 期。

〔2〕　参见宋志军、杨奇山：《论毒品犯罪案件技术侦查的证据转化》，载《辽宁师范大学学报（社会科学版）》2019 年第 1 期。

规定，公安机关对侦查终结的案件应将起诉意见书连同案卷材料、证据一并移送同级人民检察院。《公安机关办理刑事案件程序规定》第 268 条第 2 款规定，采取技术侦查措施收集的材料作为证据使用的，采取技术侦查措施决定书应当附卷。《刑诉法解释》第 118 条不仅扩大了需移送的技侦证据范围，也明确了涉及电子技侦证据的移送规范。除采取技术侦查措施决定书外，技侦证据材料清单和有关说明材料也应一并移送。技侦证据为视听资料、电子数据时，应移送新制作的存储介质，并在说明中阐明原始技侦证据材料、原始存储介质的存放地点等信息。这些规定强调移送与技侦证据相关的辅助材料的必要性，方便法院审查技侦证据的证据能力。另外，在职务犯罪中适用技术侦查措施的，根据《人民检察院委托公安机关采取技侦措施程序规定》要求，只有在案件侦查终结时，公安机关技术侦查部门才可根据人民检察院的要求，整理收集的信息和材料，制作移送技侦证据材料报告书等材料，报公安机关负责人批准后，交人民检察院。[1]

　　立法对技侦证据的移送规定，相比收集和保管较为详尽，但实务操作与立法规定还有差距。实践中，出于技术侦查措施保密性以及技术侦查人员的人身安全考量，技术侦查部门倾向于在向检察院移交案件卷宗时，技侦材料一般都不随案件的其他证据一起移送审查起诉。[2]究其原因是案件侦破部门与技术侦查部门分属于公安机关的不同部门，办案机关移送原始技术侦查材料的意愿较高，而实际担任技术侦查的技侦部门出于保护技侦人员以及技侦手段秘密性的考量，移送技侦材料的意愿不高。目前实务中有关技侦材料的移送主要采取"留存待查"的方式，即技术侦查材料统一由技术侦查机关保管，不随案移送，办案机关需要通过一定的审批手续，才可前往查阅，但绝大多数情况下，即使是办案机关，技术侦查机关仍然会对查阅材料提出诸多限制，复制、摘抄往往不被允许，查阅范围也受到具体限定。[3]立法中要求移送技侦证据、相关的审批文件、证据清单以及说明材料等，在实践中难以

〔1〕　参见朱冲：《职务犯罪案件中技术侦查适用相关问题研究》，载《武汉公安干部学院学报》2018 年第 3 期。

〔2〕　参见刘晨琦：《我国技术侦查证据审查规则立法研究——以现行〈刑事诉讼法〉第一百五十二条为研究对象》，载《政法学刊》2018 年第 5 期。参见陈亮、丁寒：《技术侦查证据材料转换若干问题思考》，载《辽宁警察学院学报》2018 年第 3 期。

〔3〕　参见方海明、周寅行：《技术侦查材料的证据使用问题》，载《中国检察官》2016 年第 19 期。

实施。

另外，2021 年《刑诉法解释》要求在移送技侦证据时，附随移送相应的法律文书、证据清单以及说明文书，目的是完善技侦证据的移送制度，但可能反而为技术侦查机关不移送原始技侦材料提供了依据。实践中，移送转化证据，如"情况说明""翻音材料"等现象盛行。例如，在侦查机关采用秘密侦查措施如诱惑侦查、使用耳目（线民）、技侦等手段破获的犯罪案件中，侦查机关出于保护秘侦手段不外泄、保护线民或卧底警察的身份不外泄等保密工作的需要，在向检察机关移送案卷材料时，均隐藏了线民和卧底警察等的真实身份，而转化为同案犯，并以"在逃""另案处理"为由，不移送相关证据材料。[1]《刑诉法解释》第 117 条的规定也为这种做法"背书"："使用采取技术调查、侦查措施收集的证据材料可能危及有关人员的人身安全，或者可能产生其他严重后果的，可以采取下列保护措施：①使用化名等代替调查、侦查人员及有关人员的个人信息；②不具体写明技术调查、侦查措施使用的技术设备和技术方法；③其他必要的保护措施。"在保护侦查人员的安全以及线人的重复利用上，保护措施有实施的必要性，但也在一定程度上为技侦证据"转换"提供了便利，实践中侦查机关有可能扩大保护措施的适用范围，将保护措施适用在不需要采取保护措施的案件中。

技侦机关的内部规定也限制了技侦证据的移送。从毒品案件中的技侦证据移送情况看，有学者披露，根据公安机关侦查局内部文件规定，在毒品案件中毒品的数量超过 1 千克的情形下，技术侦查部门才能够提供技侦资料，1千克以下的案件不提供。[2]这就与立法明确规定的移送制度相违背，但在具体执行上这种内部规定比刑事诉讼法更具有优先性。学者的调研显示，从公安部高层的意见来看，对于技侦证据的移送和质证工作也是持支持意见，并且还曾为此协调过相关案件，这为加强技侦证据的移送使用工作提供了新的契机与方向。[3]但具体如何协调各方的不同意见，仍需探讨。

---

〔1〕　参见万毅：《证据"转化"规则批判》，载《政治与法律》2011 年第 1 期。

〔2〕　参见王锐园：《毒品犯罪案件技术侦查措施运用研究》，载《中国刑警学院学报》2019 年第 4 期。

〔3〕　参见王锐园：《毒品犯罪案件技术侦查措施运用研究》，载《中国刑警学院学报》2019 年第 4 期。

（三）完善技侦证据的收集、保管与移送程序

完善技侦证据的收集程序能够从制度上规范技侦人员的取证行为，防止非法取证行为的发生。同时，规范技侦证据的保管规定，确保证据的安全性与保密性，在辩护方对技侦证据的证据能力提出异议时，控诉方能够提供技侦证据的保管链应对。明确侦查机关应该移送的技侦材料、形式和方式等，便利法官对技侦证据进行审查，确保在发现案件真实的同时实现程序正义。

首先，立法应系统化关于技侦证据收集的规定。由于不同的技术侦查措施具备不同的特点，应参考域外国家和地区的做法，针对不同种类的技术侦查措施单独立法，明确每一种技术侦查措施的审批手续、实施程序以及证据收集规范，重点强调禁止技术侦查人员从事的行为。公安机关内部设立专门的人员对技术侦查的实施过程进行监督和审查，督促和纠正违反规定的取证行为，及时制止不合法的取证行为。香港《截取通讯及监察条例》第4部分设置专员就通讯截取的情况进行监督和审查，并且需定期向行政长官报告技术侦查的执行情况。另外，明确未按照审批文件执行的技术侦查措施所获取证据的证据能力问题，排除非法获取的技侦证据，利用末端的惩罚机制来约束侦查人员的取证行为。

其次，构建技侦证据的保管链制度。有学者提出应从三个方面建设证据的保管链制度，分别为设置专门场所和人员、建立书面记录体系、构建责任机制。[1]由于当前刑事案件证据呈现多元化态势，唯有具备专门知识的证据保管人员才能把握好正确的证据保管方式、方法。[2]尤其是对保密性和安全性要求高的技侦证据，由专业人员保管具有必要性。由于技侦证据是由公安机关收集，将技侦证据统一存放在侦查部门具备便利性，作为证据使用的技侦材料应移送检察机关，但对于未作为证据使用的技术侦查资料，仍可以统一存放在侦查机关，供办案机关查阅参考，用于核实案件线索和证据来源，增强内心确信，防范案件冤错。[3]如果技侦证据需要经过转化后使用，应当将保密设备中的内容制成光盘放置在该案件的侦查内部卷宗当中，妥善保管，

〔1〕参见肖茜：《证据保管链制度研究——以侦查工作为视角》，载《辽宁公安司法管理干部学院学报》2020年第1期。

〔2〕参见肖茜：《证据保管链制度研究——以侦查工作为视角》，载《辽宁公安司法管理干部学院学报》2020年第1期。

〔3〕参见方海明、周寅行：《技术侦查材料的证据使用问题》，载《中国检察官》2016年第19期。

以减少数据丢失损坏的风险。[1]通过完善技侦证据的包装与标识，建立证据保管日志，记录证据的存放地点、条件、变化情况和有关人员接触证据的情况等，确保证据的整个保管过程有据可查。在硬件设施具备的情况下，应统筹构建互联网记录系统，使管理现代化。同时，应加强相关人员的保管责任意识，构建责任机制，将相关证据的保管安全与保管人挂钩，对违反保管机制的行为规定相应的惩罚措施。

最后，缩小技侦证据立法规定与实践操作之间的差距，明确技侦证据的移送方式、形式。针对技侦证据因保密性而产生的移送问题，有学者提出"移送审查"的设想，移送审查倡导在案卷移送前完成对材料的去"涉密化"处理，使技侦证据不再具有涉密内容，或者依照规定制作保密卷，在后续程序中严格执行相关的管理制度，辅之以后续程序中的保护措施，移送审查技侦证据的同时也能够确保其保密性。[2]《刑诉法解释》第 117 条也明确了去涉密化的条件以及方式，包括隐去侦查人员的个人信息、技术设备和技术方法等，具有可操作性。遵照"移送审查"的设想，移送审查起诉环节，公安机关对那些无法通过侦查手段转化和线索转化获取的，并且对达到法定证明标准必不可少的技侦证据，必须全部移送检察机关。[3]但是，如何防止取证机关将去涉密化处理适用普遍化，仍需立法和实践做出回应。公安机关拒绝移送的，该证据又属定罪量刑所必需，检察机关应当按照《刑事诉讼法》和《人民检察院刑事诉讼规则》要求通知公安机关提供。[4]根据《刑诉法解释》第 122 条的规定，检察机关未在指定时间内移送法院认为应当移送的技术调查、侦查证据材料的，法院应根据在案证据对案件事实作出认定。该条针对实务中控诉方不移送技侦证据的情形作出惩罚性规定，在控诉方不移送技侦证据的情况下，排除了技侦证据作为定案依据的可能性，以此督促检察机关要求侦查机关及时移送技侦证据。

---

〔1〕 参见宋志军、杨奇山：《论毒品犯罪案件技术侦查的证据转化》，载《辽宁师范大学学报（社会科学版）》2019 年第 1 期。

〔2〕 参见方海明、周寅行：《技术侦查材料的证据使用问题》，载《中国检察官》2016 年第 19 期。

〔3〕 参见郭枭：《技侦证据审查相关问题的思索求解》，载《理论探索》2019 年第 3 期。

〔4〕 参见郭枭：《技侦证据审查相关问题的思索求解》，载《理论探索》2019 年第 3 期。

## 二、技侦材料的证据能力问题

证据能力是指证据法律效力的有无，由一国的证据法律制度加以规定，解决的是证据的容许性问题。[1]证据能力通常由证据立法从反面进行规定，目的在于通过证据排除规则确定适格证据的范围，证据能力的否定针对的是证据立法的禁止性规定，同时，对证据能力的否定需要通过法定程序来完成。[2]对证据能力的判断集中在三个方面：真实性、相关性、合法性，对技侦材料证据能力的审查也应集中在这三个方面。控诉方需要对提出的实物证据真实性进行证明，根据美国《联邦证据规则》第901条（a）的规定，真实性是证据提出者提出足以支持该证据系证据提出者所主张的证据之认定证据的证明，即证据的初像证明。[3]相关性是证据对待证事实所具有任何趋向性的证明作用，事实认定者应排除不相关以及逻辑上不具有证明力的证据。合法性则是审查技侦证据的取得程序是否符合法律的规定，违法取得的技侦证据要根据法律规定排除。

（一）技侦材料的真实性审查

控诉方应对技侦证据的真实性进行证明，这里的真实性是一种表面的真实性，即控诉方必须举证证明该证据是其所主张的证据，而非主张 A 证据而提出 B 证据，无法证明真实性的技侦证据不具有证据能力。传统上，对证据真实性的证明主要有两种途径：证据的独特性特征（Unique Characteristic）以及证据的保管链条（Chain of Custody）。有独特性特征的技侦证据，知情证人就可以完成真实性证明。技侦证据缺乏独特性，如毒品，则需要控诉方提供证据的保管链条，控诉方有义务出示从证据获得时起到证据提交法庭或进行实验室分析时的所有控制、保管、运输、保存等的记录以及相应的保管人，[4]证明技侦证据的状态与取得时保持一致，不曾改变。值得注意的是，

---

〔1〕 参见张斌：《论我国刑事证据属性理论的重构——刑事证据"四性说"的提出与意义》，载《四川大学学报（哲学社会科学版）》2015 年第 1 期。

〔2〕 闵春雷：《非法证据排除规则适用范围探析》，载《法律适用》2015 年第 3 期。

〔3〕 王进喜：《美国〈联邦证据规则〉（2011 年重塑版）条解》，中国法制出版社 2012 年版，第 309~310 页。

〔4〕 证据保管链条的起始点是技术侦查机关收集到证据，终点应区分情况而定，不需要实验室分析的证据为法庭审理阶段，需要实验室分析的则应为实验室分析时。参见陈永生：《证据保管链制度研究》，载《法学研究》2014 年第 5 期。

基于视听资料、电子数据形式的技侦证据容易被人为篡改，而通过外观检查又无法得知，因此，控诉方也需要证明技侦证据材料没有被人删除、增加、编辑等。

实践中，检察机关往往不对技侦证据的形式真实性进行证明。首先，在案件符合公安机关内部有关出示技侦材料原件的规定时，控诉方鲜少从证据的收集、保存与移送等方面就技侦证据的形式真实性进行证明。根据技术侦查部门的内部规定，案件指标符合规定的情况才有可能出示技术侦查所查获的原始证据材料，在不满足规定条件的情况下，检察机关无法接触原始材料，其在法庭上出示的技侦证据到底是否就是采用技术侦查手段获得的证据无法证明，更无法排除第三人对该证据进行删减、增加、更改等的可能性。其次，在技侦机关不提供原始技侦材料的情况下，控诉机关在法庭上提供的技侦证据载体大多为情况说明、翻音材料等"二手材料"，技侦证据的真实性更难以证明。情况说明属于过程性证据，是侦查人员对特定侦查活动的说明。证明情况说明的真实性，可以通过对技侦证据的来源、收集、提取、保全、出示等证据保管链条的完整性进行说明，证明该实物证据与侦查人员所提取的那份证据是同一个证据，排除被伪造或者变造的可能。[1]但是，技术侦查实施的过程具有保密性，情况说明"只会阐述情报收集的内容，不对情报收集过程进行阐述"[2]。因此，难以通过保管链条对技侦证据的真实性进行证明。在技侦证据需要适用保护措施的情形下，由于技术设备、技术方法等被隐去，更无法从有关说明材料知晓技侦证据收集的全过程。最后，检察机关难以对转换载体的技侦证据与原始技侦证据的内容一致性进行证明。以监听为例，要证明翻音材料与原始监听录音的一致性，检察机关一般通过当庭播放监听语音、传唤技术侦查人员出庭接受交叉询问、出示技侦证据的保管链条等方式进行。[3]但实践中检察机关通常不提供原始技侦材料，或由于保密性而无法提供。

（二）技侦材料的相关性审查

控诉方需提供证据证明技侦证据与待证事实之间具有相关性。技侦证据

---

〔1〕 参见陈瑞华：《论刑事诉讼中的过程证据》，载《法商研究》2015年第1期。

〔2〕 参见陈亮、丁寒：《技术侦查证据材料转换若干问题思考》，载《辽宁警察学院学报》2018年第3期。

〔3〕 程雷：《技术侦查证据使用问题研究》，载《法学研究》2018年第5期。

具有可采性的前提是该证据与案件的待证事实具有逻辑上的关联性。[1]根据美国《联邦证据规则》第 401 条的规定，"该证据具有与没有该证据相比，使得某事实更可能存在或者更不可能存在的任何趋向；并且该事实对于确定诉讼具有重要意义。"[2]根据我国《刑诉法解释》第 139 条的规定，应当从证据与案件事实的关联程度、证据之间的联系等方面审查判断证据是否具有证明力，也强调相关性在证据审查中的重要性。法庭上，法官应从三个方面来审查技侦证据的相关性：技侦证据与被告人之间的关联性、技侦证据与案件待证事实之间的关联性、技侦证据与案件其他证据之间的关联性。[3]不相关的技侦证据没有证据能力。

1. 技侦证据与被告人之间的关联性

法官应注重审查技侦证据与被告人之间的实质关联性。控诉方在出示此类证据时需要证明技侦证据所涉及的当事人就是案件的被告人，也就是进行同一性认定。实践中，即使是在存有技侦证据的情况下，被告人归案后仍拒不认罪，且常以公安机关采取技侦措施所获取的相关证据并非来源于自己为由否认参与犯罪，虽然目前尚无法确认被告人否认技侦证据与自身行为的关联性是基于何种考虑，但不可否认这已经成为技侦证据法庭审查认定中一个经常会遇到的难题。[4]典型的例子是电话监听，囿于监听时长、保密性等原因，控诉方无法当庭播放全部原始监听录音。如果被告人否认自己就是录音中的当事人，检察机关往往需要对录音材料中的声纹与被告人的声纹做同一性鉴定，通过提供同一性鉴定报告证明录音中的声音来自被告人。否则技侦证据与被告人之间的关联性无法得到证实，证据能力也就无法被法庭认可。

2. 技侦证据与案件待证事实之间的关联性

技侦证据只有与待证事实具备实质关联性才具备证据能力。陈瑞华教授认为，证据具有实质性意味着证据所要证明的某一事实与实体法之间具有直

---

〔1〕 参见［美］罗纳德·J. 艾伦、理查德·B. 库恩斯、埃莉诺·斯威夫特：《证据法：文本、问题和案例》，张保生、王进喜、赵滢译，满运龙校，高等教育出版社 2011 年版，第 149 页。

〔2〕 王进喜：《美国〈联邦证据规则〉（2011 年重塑版）条解》，中国法制出版社 2012 年版，第 56 页。

〔3〕 参见龙立、张旭城：《技侦证据在庭审中的直接运用与审查标准》，载《法律适用》2019 年第 14 期。

〔4〕 参见龙立、张旭城：《技侦证据在庭审中的直接运用与审查标准》，载《法律适用》2019 年第 14 期。

接的联系。[1]技侦证据与待证事实的实质关联性是指，技侦证据对实体法规定的犯罪构成要件具有证明作用。在毒品案件中，出于反侦查目的的考虑，被告人进行毒品买卖时一般不使用白话而采用"行话""黑话"等特殊语言，有些被告人之间还可能自创交易暗语。如果检察机关不向法官说明这些暗语与买卖毒品犯罪之间的关联性，被告人的行为与买卖毒品犯罪的构成要件就无法真正联系起来。为解决这一相关性问题，《刑诉法解释》第115条要求控诉方在提供视听资料、电子数据时，附随移送文字抄清材料以及对绰号、暗语、俗语、方言等不易理解内容的说明。

3. 技侦证据与案件其他证据之间的关联性

法官也应审查技侦证据与案件中的其他证据是否具有关联性，即技侦证据所呈现的信息与在案的其他证据所反映的信息是否相互印证。控诉方对技侦证据与其他证据之间的关联性证明，是通过验证其他证据所包含的信息与技侦证据包含的内容具有关联性，从而佐证技侦证据的证据能力。例如，检察方提供一份通过技侦手段获取的监控录音作为证据，内容是被告人通过个人手机向同案犯购买毒品。为了证明该录音与案件的相关性，检察机关一般还需要提供实施监听的情况说明，录音中所包含行话、暗语等信息的"翻译"，被告人和同案犯的手机通话记录等证据，[2]证明技侦证据与被告人或案件待证事实具有相关性，同时也印证监控内容的真实性。另外，由于技侦证据仅能证明被告人实施犯罪的一个小片段，如无其他证据共同构成证据链条，仅凭技侦证据难以达到刑事案件的证明标准，也违反了我国"孤证不能定案"的原则。因此，证明技侦证据与其他在案证据之间的关联性至关重要。

（三）技侦材料的合法性审查

只有严格按照技术侦查措施决定书的内容收集的技侦证据才具有合法性，违背审批规定的事项收集的技侦证据不具有证据能力。有学者指出，对技侦证据的合法性审查应包含实体合法性审查和程序合法性审查。[3]实体合法性审查的内容包括：技术侦查措施是否由有权主体依法批准或决定，技术侦查

---

〔1〕　参见陈瑞华：《关于证据法基本概念的一些思考》，载《中国刑事法杂志》2013年第3期。

〔2〕　参见张素莲：《技侦证据在刑事审判中的适用及完善建议》，载《法律适用》2017年第11期。

〔3〕　参见龙立、张旭城：《技侦证据在庭审中的直接运用与审查标准》，载《法律适用》2019年第14期。

措施是否由适格的主体依法实施，技术侦查措施是否严格按照批准的对象、范围和期限进行，[1]即技术侦查措施的实施是否于法有据。程序合法性审查主要是审查技术侦查机关在使用技术侦查措施的过程中是否存在违反技术侦查审批的事项，即审查技侦证据的获取过程是否遵循程序法的规定。《刑诉法解释》第119条也强调了对技侦证据的实体合法性审查和程序合法性审查。[2]下文将从六个方面讨论技侦证据是否具有实体合法性和程序合法性。其中，涉及非法技侦证据排除的问题将在第三部分讨论。

1. 是否超出授权案件范围

《公安机关办理刑事案件程序规定》第263条第1款将可以采取技术侦查措施的案件限定为严重危害社会的犯罪案件，第5项采取"兜底式"立法，规定了依法可能判处7年以上有期徒刑的其他严重危害社会的犯罪案件也可以适用。但何为符合规定的"其他严重危害社会的犯罪案件"，立法并未明确给出解释，实践中技术侦查机关可能会扩大化适用，导致技术侦查措施适用的普遍化。[3]另外，立法用语的模糊性，同样也给法官审查技术侦查审批手续是否合法造成了困难，对"其他严重危害社会的犯罪案件"的不同理解将成为审查技术侦查措施是否合法的关键。

超出立法授权范围，即将技术侦查措施适用于非列举的重罪案件类型，技侦证据不具有证据能力。从表面上看，将技术侦查措施适用于法律规定外的案件，违反了立法的强制性规定，实际上也违反了适用技术侦查措施的重罪原则。从相关国家和地区经验看，普遍将重罪原则视为实施技术侦查措施的重要原则，如我国香港地区将采取通讯截取的范围限定在严重罪行。我国内地也将可采取技术侦查措施的案件类型限定为严重危害社会的犯罪案件，

---

〔1〕 参见龙立、张旭城：《技侦证据在庭审中的直接运用与审查标准》，载《法律适用》2019年第14期。

〔2〕《刑诉法解释》第119条规定："对采取技术调查、侦查措施收集的证据材料，除根据相关证据材料所属的证据种类，依照本章第二节至第七节的相应规定进行审查外，还应当着重审查以下内容：①技术调查、侦查措施所针对的案件是否符合法律规定；②技术调查措施是否经过严格的批准手续，按照规定交有关机关执行；技术侦查措施是否在刑事立案后，经过严格的批准手续；③采取技术调查、侦查措施的种类、适用对象和期限是否按照批准决定载明的内容执行；④采取技术调查、侦查措施收集的证据材料与其他证据是否矛盾；存在矛盾的，能否得到合理解释。"

〔3〕 参见李明：《进步与不足：新刑事诉讼法技术侦查措施规定之反思》，载《时代法学》2013年第1期。

但实务中却没有完全遵循这一规定。根据判决书披露的情况，普通的毒品案件、盗窃案件中经常使用技术侦查措施，而在一些重大的犯罪案件中却未曾使用。[1]根据学者的统计，在采用技术侦查措施的案件中，有35%的案件判处的刑罚在3年有期徒刑以下，另有3.8%的案件适用了缓刑。[2]由此可见，即使在非重罪案件中采用技术侦查措施，法官对获取的技侦证据也基本上都"照单全收"。

2. 有无经过严格审批手续，交有关机关执行

根据《公安机关办理刑事案件程序规定》第265条的规定，申请实施技术侦查措施的，需要制作呈请采取技术侦查措施报告书，报设区的市一级以上公安机关负责人批准。实施技术侦查措施前需要提出申请、履行审批手续，否则获取的技侦证据因未履行审批手续而违法。同时，无论是公安机关办案部门还是检察院申请采取技术侦查措施，经过批准后都需要交公安机关内部的技侦部门或国家安全机关统一执行，其他机关无权实施。因此，技侦材料由不具有执行资格的机关获得的情况，因取证机关违反法律的规定而不具有证据能力。

3. 是否为立案后实施的技术侦查措施

立法明确了实施技术侦查措施的时间为立案后。《刑事诉讼法》第150条明确将立案后作为实施技术侦查措施的时间节点，《公安机关办理刑事案件程序规定》第174条也明确禁止在受案阶段对案件进行调查核实时采取技术侦查措施。《刑诉法解释》第119条重申了在审查技侦证据时应着重审查技侦措施是否在立案后实施。从合法性上看，未立案而采取技术侦查措施所获得的证据不具有证据资格。因此，在初查阶段采取技术侦查措施违反了法律的强制性规定，获取的技侦证据不具有合法性。但是，实践中侦查机关在面对一些特殊类型的犯罪时，通过一般侦查手段难以获得足以立案的证据，确有需要先通过技术侦查措施对案件进行初查，获得证据得以立案，而立案后有些证据又难以再次取得，为实现打击犯罪不得已而为之的情况。对于这种情况，由于获得的技侦材料不具有合法性，侦查机关不能直接将技侦材料作为证据

---

〔1〕 参见谭泽林：《技术侦查证据使用与审查的现实困境及完善路径》，载《湖南社会科学》2018年第3期。

〔2〕 参见刘梅湘：《监控类技术侦查措施实证研究》，载《华东政法大学学报》2019年第4期。

使用，但可以对初查阶段获得的技侦材料进行"合法性"转化，仅将其作为线索使用。

4. 是否超出授权的技侦措施种类

实施技术侦查措施需要按照审批手续载明的措施种类，超出授权的技术侦查措施种类所获得的技侦材料不具有证据能力。《公安机关办理刑事案件程序规定》提到了三大类技术侦查措施：监听监控类、控制下交付、卧底侦查，申请机关应在呈请采取技术侦查措施报告书中载明需要适用的技术侦查措施种类。但实务中，有些案件往往需要多种技侦措施并用，除某一主要的技侦措施外，仍需要其他技侦措施的辅助。典型的例子为卧底侦查，一般需要同时采用监听监控或者控制下交付。考虑到实施技侦措施的特殊性，对犯罪嫌疑人、被告人权利侵犯的严重性，侦查机关应严格遵守审批规则，按照审批文书授权的技侦措施种类执行，如需要其他技侦措施辅助的，应单独申请。执行机关不能因为具有某一技术侦查措施的授权从而采用多种技侦措施混用的方法。

5. 是否超出适用对象范围

《公安机关办理刑事案件程序规定》第 264 条第 2 款规定，技术侦查措施的适用对象是犯罪嫌疑人、被告人以及与犯罪活动直接关联的人员。其中，犯罪嫌疑人和被告人比较明确，"与犯罪活动直接关联的人员"则缺乏明确性解释，实务中执行机关常常以案件和犯罪嫌疑人为双重目标，涉及人员范围广泛。发生这种现象的原因在于，办案机关在决定使用技术侦查措施时，很多案件仍旧处于立案阶段，犯罪嫌疑人尚不能确定，如果立法将相对人限定为具体的人，适用技术侦查措施将会困难重重，但以案件为适用对象无疑会引起"关联性侦查"扩张的发生。[1]这也导致法官在审查技术侦查措施实施的相对人是否适格时，面临困难。由于确定犯罪嫌疑人、被告人比较容易，判断适用对象是否正确的关键在于理解"与犯罪活动直接关联的人员"，即"犯罪活动"和"直接"。基于技侦证据适用的重罪原则，"犯罪活动"应限定在可采用技术侦查措施的案件范围内。而"直接"应理解为直接参与犯罪，即构成共犯。"与犯罪活动直接关联的人员"应理解为直接参与了可采取技侦措施的犯罪活动的人员。

---

〔1〕 参见王晨辰、周轶：《技术侦查制度之检讨》，载《法律适用》2014 年第 2 期。

6. 是否超出授权时限

超出授权时限所查获的技侦材料因为违反了时限的规定而不具有证据能力。《刑事诉讼法》第 151 条明确了一般情况下，实施技术侦查措施的期限最长为 3 个月，对于复杂、疑难的案件，期限届满仍有必要继续采取技术侦查措施的，经过批准，可以延长，每次不得超过 3 个月。超出审批期限但并未申请延长的，仍旧缺乏合法的审批手续，实际上等于未经批准而实施的技术侦查措施，属于违法取证行为，所获得的材料也因违反了立法规定而不具有证据能力。

### 三、非法技侦证据排除问题

从保障犯罪嫌疑人、被告人诉讼权利的角度，正当程序原则要求排除侦查人员通过非法手段获取的证据，确保诉讼程序正义。2012 年技侦证据入法以前，技侦证据是否适用非法证据排除规则曾引发争论。由于当时刑事诉讼法未规定技术侦查措施，技侦证据适用非法证据排除规则缺乏立法依据。但是，采取普通侦查手段获取的证据尚且需要适用排除规则，而对相对人的基本权利以及私生活造成极大侵犯的技术侦查措施，仅因立法未规定就否定技侦证据适用非法证据排除规则缺乏合理性。同时，有学者认为，司法审判中不加甄别地采信技侦证据是侦查机关滥用技术侦查措施的根源，只有将证据排除规则同样适用于技侦证据才能对侦查机关形成约束力，把对相对人私权的影响降至最低。[1]

2012 年技术侦查措施入法后，明确违反立法有关技术侦查措施适用的条件、审批程序等的技侦证据，因违反实体法的强制性规定而不具有合法性，在辩护方质疑之后，经法官查证属实，大都被排除在外。但对于立法尚未规定的情况，如他案证据、偶然发现、衍生证据等，各地法院在实践中做法不一。目前学者们普遍认为，既然技侦证据在制度层面可以作为证据使用，也应同其他证据一样适用非法证据排除规则，但对具体适用何种排除模式、排除范围如何、排除程序等问题存在不同看法。从理论视角看，采取技术侦查取证的行为一旦违反法律的强制性规定，证据就不具有证据能力。但在司法

---

〔1〕 参见田毅平：《刑事审判中技术侦查证据规范运用研究》，载《西南政法大学学报》2016 年第 2 期。

实践中，法官并没有采取绝对排除的态度。基于可采用技术侦查措施案件的复杂性以及犯罪具有的严重社会危害性，法官往往仅在取证行为严重侵害公民权益或损害司法廉洁时，才选择排除此类证据，否则通常采取非法证据排除规则以外的其他方式实现救济。[1]

本部分通过对域外的几种技侦证据排除模式进行考察，认为现阶段法官对技侦证据进行审查和使用应采取强制排除与裁量排除相结合的模式。具体来说，通过对技术侦查实施过程违法、偶然发现、关涉他案、衍生证据的情况进行分析，希望为非法技侦证据的排除问题提供新的思路。

（一）探索非法技侦证据排除模式

1. 非法技侦证据适用非法证据排除规则

需要明确的是，技侦证据适用非法证据排除规则于法有据。根据《刑事诉讼法》第 56 条的规定，非法证据的排除范围不仅限于非法言词证据，还包括实物证据。虽然技侦材料可能存在多种载体以及形式，但根据现有的证据制度，技侦材料仍需归类到八种证据种类中。例如，通过技术侦查手段获取的作案工具、图片等可以作为物证、书证使用，通过监听、监控手段获取的原始录音材料、视频录像材料等可以作为视听资料使用，通过电子监控获取的网络证据可以作为电子数据使用。[2]因此，技侦证据同样也被包含在非法证据排除的范围内。另外，根据《关于办理刑事案件严格排除非法证据若干问题的规定》第 34 条的规定，经法庭审理，确认存在以非法方法收集证据情形的，对有关证据应当予以排除。这再次明确了通过非法方法收集的技侦证据也应被排除。因此，技侦证据虽然具有特殊性，但仍然适用非法证据排除规则。

2. 非法技侦证据排除存在的问题：真实不排除

实务中，非法技侦证据排除障碍重重，最为显著的是，如果非法技侦证据所包含的内容真实，则往往不被法官排除。首先，现有技侦证据的保管、移送制度阻碍了非法证据排除规则的适用。由于技侦证据的保密性，辩护方无法像其他证据一样对其进行复制、摘抄、查阅等，因而无法提供申请适用非法证据排除规则的初步证据。其次，技侦证据不提交法庭的情况下，非法

---

〔1〕 陈龙环：《秘密侦查中的取证问题研究》，西南政法大学 2007 年博士学位论文。

〔2〕 参见李章仙：《技侦证据使用问题研究》，载《山东警察学院学报》2016 年第 2 期。

证据排除规则无法适用。在目前技侦证据本身都难以提交到法庭上进行举证质证的情形下，非法证据排除无从谈起。[1]再次，法官往往根据技侦证据是否与其他证据相互印证来审查其证明力，以真实性以及证明力来反证其证据能力。[2]根据学者对裁判文书中排除技侦证据的情况统计，技侦证据的排除率不足1%，在技侦证据存在瑕疵的情况下，承办法官倾向于酌情减少基本刑的30%~50%，以此"弥补"技侦机关的轻微"违法"行为。[3]虽然追求实质真实发现主义的诉讼观念与非法证据排除规则设立的初衷看似相违背，但是违反程序获取的证据因存在虚假的可能性，反而不利于发现案件真实。最后，技侦证据的庭外核实程序排除辩护人的参与，实则关闭了公开审查证据合法性的大门，辩护方无法获悉技术侦查措施的实施程序以及技侦证据获取过程，无法对收集程序的合法性提出有效质证意见，实际上架空了非法证据排除规则。此外，技术侦查措施的秘密性特征，导致侦查人员极易伪造证据，缺失辩护方参与的非法证据排除程序，有违查明案件事实的诉讼理念。

3. 相关国家和地区有关非法技侦证据排除的三种模式

目前相关国家和地区针对非法技侦证据的排除模式有三种：

第一种模式为强制排除模式，对违反法律强制性规定的侦查取证行为所获取的证据强制排除，代表国家是日本和美国。在日本，违反刑事诉讼法的强制性规定就是重大违法，收集的证据应予以排除。[4]美国对非法获取的技侦证据采取绝对排除的模式，如对于违反令状进行的违法监听，一律排除，对于非法获取的实物证据也采取绝对排除的做法。但对非法技侦证据的衍生证据，即"毒树之果"的态度则采取强制排除加例外的原则。[5]

第二种模式为裁量排除模式，代表国家是英国和德国。由于英国存在重

---

〔1〕 参见刘晨琦：《我国技术侦查证据审查规则立法研究——以现行〈刑事诉讼法〉第一百五十二条为研究对象》，载《政法学刊》2018年第5期。

〔2〕 参见马康：《技术侦查证据认定研究——以证据能力为切入的分析》，载《时代法学》2017年第1期。

〔3〕 参见谭泽林：《技术侦查证据使用与审查的现实困境及完善路径》，载《湖南社会科学》2018年第3期。

〔4〕 彭勃：《日本刑事诉讼法通论》，中国政法大学出版社2002年版，第327页。

〔5〕 参见梁立峥：《非法技术侦查证据排除制度比较研究——以英、美、法、德四国为样本的分析》，载《江南社会学院学报》2017年第1期。

实体正义的传统，规定了非法技侦证据的裁量排除原则，对于非法监听所获得的言词证据无条件地绝对排除，非法技术侦查所查获的实物证据则依赖于法官的自由裁量。[1]根据德国的证据禁止理论，违法获取的证据将被禁止作为证据使用，但《德国刑事诉讼法典》第136a条仅明确了非法获得的言词证据需要排除，而对非法获取的实物证据并无规定。对于采用非法技术侦查措施获取的实物证据如何处理，理论界和实务界大都持个案处理的态度，由法官根据利益衡量原则加以裁量决定。[2]

第三种模式为强制排除与裁量排除相结合的模式。在我国台湾地区，对于违反通讯监听规定获取的证据，立法者的态度从裁量排除转变为强制排除辅以裁量排除，规定违反授权范围进行监听所获得的证据材料或所衍生的证据，不得在司法侦查、审判或者其他程序中作为证据使用。如果形式上仅有通讯监察书，但是实际上欠缺相当理由与欠缺最后手段的情况，则需要法官根据经验与逻辑进行个案裁量。[3]

4. 我国非法技侦证据排除模式选择

基于现行立法以及实务需要，我国宜选择强制排除与裁量排除相结合的模式，原因在于三个方面：首先，注重真实发现主义的诉讼理念尚未改变，决定了强制排除模式适用的困难性，尤其是针对实务中虚假可能性较小的实物技侦证据。当技侦证据与其他证据相互印证时，较难说服法官排除该证据，即使排除不作为定案依据，技侦证据仍可能影响着法官心证的形成。其次，立法对技术侦查措施的适用规定用语概括，缺乏详细性，导致法官在排除非法技侦证据时自由裁量权较大，在排除与不排除之间往往选择不排除。例如，虽然《刑事诉讼法》第150条在适用技术侦查的对象上对具体的适用案件进行了列举，但也存在兜底性条款："其他严重危害社会的犯罪案件"的模糊性表述。这为公安机关技术侦查的实际应用留存了操作空间，同时也为法官审查技侦证据的合法性设置了障碍。[4]最后，存在打击严重犯罪和维护社会稳

---

〔1〕 武晓艺：《非法技术侦查证据排除制度的立法完善——兼论监察委员会技术侦查权的界定与运行》，载《政法学刊》2019年第5期。

〔2〕 参见梁立峥：《非法技术侦查证据排除制度比较研究——以英、美、法、德四国为样本的分析》，载《江南社会学院学报》2017年第1期。

〔3〕 李荣耕：《通讯保障及监察法》，新学林出版股份有限公司2018年版，第134~142页。

〔4〕 参见李瑛：《论公安机关秘密侦查的法律规制》，载《中国人民公安大学学报（社会科学版）》2015年第4期。

定的现实需要。伴随着我国经济的快速发展，社会犯罪率水平也在不断上升，[1]犯罪活动也呈现出复杂化、智能化等特点，传统侦查手段在面对严重的犯罪活动时具有一定的局限性。打击犯罪以维护社会稳定的现实需要决定了我国不适合选择绝对排除非法技侦证据的模式。

（二）技术侦查实施过程违法获取证据的排除

有时，技术侦查措施具备合法的审批手续，但具体的取证方式存在一定的违法行为。这种情况主要发生在秘密侦查活动中，一般由法官根据个案进行自由裁量。除隐匿身份侦查外，立法未规定其他技术侦查取证具体可以采用的方式和方法。《刑诉法解释》第 126 条规定了收集物证、书证不符合法定程序的补正程序，法官可以要求对"可能严重影响司法公正"的违法取证行为予以补正或者作出合理解释。具体来说，如果技侦人员在取证过程中存在一定的违法行为，举证方可以提供额外的证据补正或证明其行为的合理性。法官可以从是否存在主观故意、对被告人权利侵犯的严重程度、后果的严重性等方面考察违法行为是否超出了一定的限度，根据个案情况自由裁量。超过限度的违法行为取得的技侦证据应适用非法证据排除规则。

诱惑侦查的取证过程是否违法情况较为复杂。根据《刑事诉讼法》第153 条的规定，在隐匿身份实施侦查的过程中，不得诱使他人犯罪，不得采用可能危害公共安全或者发生重大人身危险的方法。明确了在诱惑侦查中禁止采用犯意诱发型侦查手段，实施技术侦查措施的人员不应采用危害公共安全或者发生重大人身危险的方法获取证据，该规定是法官衡量隐匿身份侦查所获证据是否违法的依据。诱惑侦查包括犯意诱发型诱惑侦查和机会提供型诱惑侦查。"犯意诱发型诱惑侦查是侦查主体通过引诱、欺骗的方式，诱使原本没有犯意之人产生犯罪意图并实施犯罪，犯罪的发生与侦查主体的诱惑之间存在因果关系。"[2]由于"侦查主体实质上是在制造犯罪，诱使无犯罪意图的人陷入犯罪的泥淖中，在程序上构成违法的侦查"[3]，因此，采用犯意诱

---

〔1〕　参见吴士炜：《城乡收入差距、经济增长与犯罪率》，载《贵州财经大学学报》2015 年第 4 期。

〔2〕　苏漫那：《我国诱惑侦查所获证据的证据能力研究》，载《湖北警官学院学报》2014 年第 9 期。

〔3〕　苏漫那：《我国诱惑侦查所获证据的证据能力研究》，载《湖北警官学院学报》2014 年第 9 期。

发型侦查获得的技侦证据应当适用非法证据排除规则予以排除。机会提供型诱惑侦查是指经过法律授权，通过向已经有犯罪意图的人提供机会、创造条件，强化其已有的犯罪意图，促使其实施犯罪。[1]有学者认为，"机会提供型诱惑侦查虽被赋予合法的法律地位，但在实施的过程中也会出现一些违法的情形，因此不能一概地认为其所获证据当然地具备证据能力。"[2]具体案件中，法官可以参考被告人在实施技术侦查措施以前是否存在犯意、诱惑的大小、犯罪环境等因素决定是否排除。至于诱惑侦查手段的合法性证明责任，应该由检察机关承担，原因在于，侦查机关作为实施技术侦查措施的主体，对诱惑侦查是否合法能够进行充分的证明。[3]另外，由于可获取资源的不对等性，要求辩护方承担证明责任也不具有可行性。[4]

（三）偶然发现的技侦证据的处理

偶然发现是指在合法实施技侦措施的过程中，无意间发现他案或者他人的犯罪活动，常发生在监听监控型侦查活动中，也可能存在于卧底侦查活动中。"侦查机关即使依法实施监听，但也可能在附带的情形下，有机会收集到超出监听许可证所记载的犯罪事实，或者发现被监听对象以外的其他人的犯罪事实，这就是所谓的'附带监听'，又称偶然监听或者意外知情。"[5]"另案监听所获证据的许容性已经成为司法实务部门需要直面回应的新问题，对此问题，我国法官显得手足无措，往往顾左右而言他。"[6]偶然发现的信息在多大程度上可以被用作证据，德国通过修正案明确规定，在对刑事诉讼法第100a条所列举的犯罪审判中，可以将偶然发现的信息用作证据。[7]

根据附带监听所发现的是否为同一被监听对象以及附带监听所获悉的犯罪是否属于法定可监听罪名的范围，附带监听可以分为四种情况：同一对象

---

〔1〕 参见程雷：《诱惑侦查的程序控制》，载《法学研究》2015 年第 1 期。

〔2〕 苏漫那：《我国诱惑侦查所获证据的证据能力研究》，载《湖北警官学院学报》2014 年第 9 期。

〔3〕 参见万毅：《违法诱惑侦查所获证据之证据能力研究》，载《法律科学（西北政法大学学报）》2010 年第 4 期。

〔4〕 参见万毅：《违法诱惑侦查所获证据之证据能力研究》，载《法律科学》2010 年第 4 期。

〔5〕 邓立军：《非法监听所获材料之证据能力的比较法考察》，载《中国人民公安大学学报（社会科学版）》2008 年第 4 期。

〔6〕 艾明：《技术侦查证据使用问题研究》，载《证据科学》2018 年第 5 期。

〔7〕 ［德］托马斯·魏根特：《德国刑事诉讼程序》，岳礼玲、温小洁译，中国政法大学出版社2004 年版，第 120~126 页。

的可监听罪名的附带监听、同一对象的不可监听罪名的附带监听、不同对象的可监听罪名的附带监听、不同对象的不可监听罪名的附带监听。[1]虽然同一对象的可监听罪名的附带监听、同一对象的不可监听罪名的附带监听都在程序上存在瑕疵，但是技侦机关并不存在违法的故意，排除此类证据并不能阻止技侦机关违法，同时也不利于打击严重犯罪活动。因此，"在监听程序合法的情况下，对同一对象，无论是可监听罪名的附带监听还是不可监听罪名的附带监听，所得证据均具有可采性；而对于不同对象可监听罪名的附带监听，适宜作为证据线索，而不宜直接作为定案根据。"[2]而不同对象的可监听罪名的附带监听、不同对象的不可监听罪名的附带监听违反了适用对象、适用案件，属于违反审批程序的行为，应强制排除。[3]卧底侦查时的偶然发现，也应参考偶然监听所获得证据的审查原则，以是否是可实施技侦措施的案件以及技侦对象是否适格作为主要判断依据。

（四）关涉他案的技侦证据

关涉他案的技侦证据与偶然发现的主要区别为侦查机关是否具有主观故意，主要发生在监听监控活动中。以他案监听为例，"他案监听是指侦查机关为了收集其他案件（往往属于不可监听范围的案件）的证据，而以可监听罪名申请监听，从而获得证据或线索，达到侦破目的。"[4]由于借鉴和吸收德国的"目的拘束原则"，意大利刑事诉讼法典中规定，对于本案的窃听材料应严格限制在他案中使用。理由在于，实施窃听的目的是侦破本案而非他案，否则将会被怀疑存在"他案监听"的目的，这是典型的规避法律的行为，一旦查实后将会面临程序性制裁。[5]

由于监听措施对公民的隐私权侵犯较大，为了防止技侦机关实行"迂回"

---

〔1〕 参见邓立军：《非法监听所获材料之证据能力的比较法考察》，载《中国人民公安大学学报（社会科学版）》2008年第4期。

〔2〕 王安培：《技术侦查所得证据的可采性新探——以秘密监听为视角的分析》，载《甘肃广播电视大学学报》2013年第1期。

〔3〕 参考王安培：《技术侦查所得证据的可采性新探——以秘密监听为视角的分析》，载《甘肃广播电视大学学报》2013年第1期。

〔4〕 王安培：《技术侦查所得证据的可采性新探——以秘密监听为视角的分析》，载《甘肃广播电视大学学报》2013年第1期。

〔5〕 参见徐艳宏：《对司法监听所获材料之证据能力的探讨——以合法监听为分析对象》，载《山东警察学院学报》2012年第4期。

策略，对另案监听的证据，法官审查的重点在于侦查机关是否存在主观故意，以区别于偶然发现的处理。原因在于，经批准的技术侦查措施在 3 个月内有效，并且可以根据侦查需要申请延长。在此期间，相对人生活的一举一动都在监控之下，侦查机关很可能在合法的监听范围内获取他案证据。另案监听多数情况下不是侦查机关肆意的举动，而是合法监听的意外收获。因此，侦查机关应对另案监听的合法性提供证明。如果不存在主观故意，则应按照偶然发现处理；如果侦查机关主观上具有故意性，明知他案不具备监听条件而利用符合条件的案件申请获得授权，实则实施违法监听行为，所查获的技侦证据应该一律排除。

（五）技侦证据衍生的证据问题

对于通过非法技术侦查获取的线索，再通过该线索查获的证据是否需要排除，"从美国和德国等国的通说和判例来看，均承认对于'毒树之果'原则上仍应当适用违法证据排除规则予以排除。"[1]由于技术侦查的主要功能不是直接产生证据，而是发现案件线索进而衍生其他证据，通过技术侦查手段发现的线索可以引导取证机关获取相关的新证据。[2]因此，仅排除"毒树"的做法并不能有效遏制非法证据的使用，"因此欲真正、有效从证据角度对技侦手段的适用进行控制，需要从源头上对技侦手段的衍生环节设立类似'毒树之果'规则的证据可采性规则。"[3]然而，从我国立法与实践情况看，对衍生证据的排除缺乏制度基础。学者普遍认为，我国的非法证据排除规则不包括"毒树之果"规则，所以，依据非法技术侦查手段获取的线索查获其他真实合法的证据材料，能够作为定案的根据。[4]现有规定仅针对非法言词证据的"衍生"言词证据作出规定，并未涉及衍生的实物证据。从实务中看，对非法技侦证据仍然存在着认定和排除困难，要排除其衍生证据，几乎是不现实的。

## 四、技侦证据的质证与庭外核实

技侦证据的质证问题体现在庭外核实的规定上。基于技侦证据特征，立法规定了法官可以进行庭外核实，但实践中存在诸多问题。法官庭外核实技

---

〔1〕 参见万毅：《违法诱惑侦查所获证据之证据能力研究》，载《法律科学》2010 年第 4 期。

〔2〕 参见程雷：《论技侦手段所获材料的证据使用》，载《证据科学》2012 年第 5 期。

〔3〕 参见程雷：《论技侦手段所获材料的证据使用》，载《证据科学》2012 年第 5 期。

〔4〕 参见王贞会：《技术侦查证据庭外核实程序之完善》，载《河南社会科学》2018 年第 2 期。

侦证据，导致技侦人员不出庭作证，质证规则形同虚设，辩护方被排除在庭外核实程序之外。阻碍技侦证据质证的因素除了技侦证据保管、移送制度的约制外，还包括技侦证据不在法庭出示以及证据"转化"使用泛滥。本部分建议通过几个方面完善对技侦证据的质证，包括不宜过分强调技侦人员出庭，严格限制庭外核实程序的启动，探索律师参与庭外核实的合理机制。

（一）我国关于技侦证据质证与庭外核实的立法缺陷

立法规定，技侦证据同样需要进行法庭调查查证，但同时也允许在条件具备时采取保护措施，由审判人员进行庭外核实。《刑诉法解释》第 120 条第 1 款规定："采取技术调查、侦查措施收集的证据材料，应当经过当庭出示、辨认、质证等法庭调查程序查证。"[1]明确了技侦证据与其他证据一样，需要经过出示、辨认、质证等法庭调查程序。与此同时，该条第 2 款明确了庭外核实技侦证据的条件为，当庭调查技侦材料"可能危及有关人员的人身安全，或者可能产生其他严重后果的"，法庭应"采取不暴露有关人员身份和技术调查、侦查措施使用的技术设备、技术方法等保护措施"，还规定了"必要时，审判人员可以在庭外对证据进行核实"。该条规定明确了对技侦证据的审查判断原则，即原则上此类证据应参照一般证据的审查方式，在可能产生危及有关人员安全或其他严重后果时，应当采取相应的保护措施，当两种方式都不可取时，审判人员可以在庭外对技侦证据进行核实。另外，参与庭外核实证据的人只有审判人员，不包括辩护人。《人民法院办理刑事案件第一审普通程序法庭调查规程（试行）》（以下简称《人民法院办理刑事案件规程》）第 36 条第 2 款规定："法庭决定在庭外对技术侦查证据进行核实的，可以召集公诉人和辩护律师到场，在场人员应当在保密承诺书上签名，并履行保密义务。"该条似乎赋予了律师参与庭外核实技侦证据的权利，但是立法用词选择"可以"而非"应当"，意味着法庭有权决定是否召集辩护律师参与庭外核实，辩护律师并不享有选择参加庭外核实的权力。

关于技侦证据质证与庭外核实的现行立法存在以下几个方面的问题：首先，未明确实施保护措施的具体方式和方法，无法应对技术侦查人员出庭作证可能面临的各种问题。其次，实施庭外核实的条件并不明确，律师是否能

---

[1]　《刑诉法解释》第 71 条规定，"证据未经当庭出示、辨认、质证等法庭调查程序查证属实，不得作为定案的根据。"

够到场参与庭外核实，如无法到场，被告人的权利如何救济等都无法从规范文件中得知。对于看似严格的庭外核实条件——"必要时"，法律也并没有给出明确的说明。再次，庭外核实程序如何进行尚不明确。最后，辩护方质证权利的保障缺位，救济程序空缺。

（二）技侦证据质证与庭外核实存在的问题

技侦证据的质证与庭外核实程序存在诸多问题。法官往往将庭外核实程序作为审查技侦证据的主要方式而非最后选择，庭外核实程序多演变为法官和检察官为主体的庭外核实"小组"，排除了辩护方对技侦证据核实的参与权。因无法参与，辩护方无法对庭外核实证据提出有效的质证意见，事后也无法得到任何救济。

1. 质证规则形同虚设

我国虽然确立了以审判为中心的诉讼制度改革，但以侦查为中心的诉讼模式并未完全退出历史舞台，尤其反映在对技侦证据的审查认定上，庭审虚化严重。由于侦查机关不提供技侦证据的原始材料，控诉方仅能出示转化证据，法官不公开进行质证，基于案卷笔录中心主义的审查机制，[1]对技侦证据的审查认定过程体现为法官对侦查机关案卷材料的审查和确认过程，从而失去了对案件事实进行实质审查的能力。[2]基于技侦证据的保密性需求，辩护人被排除在庭外核实程序之外，法庭质证无法实现，庭外核实证据的模式也是法官无奈的选择。"技侦证据庭外核实制度的调查核实与质证几乎是平行展开的，而且着重落脚于质证部分，因为所谓庭外核实更多显现的是形式意义，实质上是把技侦证据的质证环节转移到相对隔离隐蔽的环境中进行。"[3]一方面，庭外核实技侦证据的做法与"证据未经质证不得作为定案根据"的国家司法基本准则相冲突；另一方面，由于诉讼参与人的缺席，对法官缺乏监督，可能出现法官独裁专断的现象，从而造成冤错案件。[4]

---

〔1〕 参见陈瑞华：《案卷笔录中心主义——对中国刑事审判方式的重新考察》，载《法学研究》2006年第4期。

〔2〕 参见陈瑞华：《论侦查中心主义》，载《政法论坛》2017年第2期。

〔3〕 黄伯青、张杰：《技侦证据庭外核实之程序》，载《人民司法》2014年第9期。

〔4〕 参见邓立军：《新刑事诉讼法视角下技术侦查的法律监督》，载《暨南学报（哲学社会科学版）》2014年第10期。

## 2. 技术侦查人员不出庭

法庭未贯彻直接言词原则，技术侦查人员不出庭接受交叉询问。在被告人不认罪的案件中，技侦证据往往是影响案件事实认定的重要证据。《刑诉法解释》第136条第1款规定，控辩双方申请法庭通知调查人员、侦查人员或者其他人员出庭说明情况，法庭认为有必要的，应当通知有关人员出庭。对于证据合法性的审查，在控辩双方对证据的合法性存在疑问并且法官认为有必要进行审查时，可以通知侦查人员出庭说明情况，但对于实施技术侦查的人员，考虑到其作证的人身安全性以及技术侦查手段的保密性，实务中法官并不认为技术侦查人员有出庭的必要性，同时技术侦查人员基于自身安全考量也不愿意出庭作证，取而代之的是法官通过阅卷对技侦证据的客观性进行审查。技术侦查人员不出庭的情况下，被告人就无法实现与指控自己有罪的人对质的权利，实质上侵害了辩护方的诉讼权利。

## 3. 辩护方被排除在庭外核实程序之外

辩护人缺席庭外核实证据程序，妨碍案件事实认定。庭外核实证据的做法，使得证据不在法庭上出示，律师对技侦证据的内容毫不知情，对技侦证据几乎失去话语权，导致辩护方在使用技侦证据的案件中处于绝对的劣势，辩护权被弱化，庭审失去了对抗性，律师也无法在案件中起到监督作用。[1]另外，法官需要独立地承担裁判责任，但是又无法彻底、全面地审查所有技侦证据，权力和义务之间缺乏对等性，使法官无法建立裁判自信，可能在采纳与不采纳技侦证据所揭示的事实上犹豫不决。[2]

将辩护方排除在庭外核实程序之外，也不利于实现程序正义。程序除了具有保障实体法实施的功能，还具有其独立的价值：保障被告方的参与性，提高其对裁判结果的认可度。[3]多数情况下，技术侦查部门担忧律师参与可能造成泄密，因此不允许律师参与庭外核查。"现有庭外核实主要是法院的单方职权行为，行政色彩浓厚，缺少诉讼化程序构造，控辩对抗和有效质证无

---

〔1〕 参见孔培：《技术侦查证据三类审查方式的运用》，载《2018年贵州省安顺市检察理论研究年会论文集》，2018年，第8页。

〔2〕 参见孔培：《技术侦查证据三类审查方式的运用》，载《2018年贵州省安顺市检察理论研究年会论文集》，2018年，第8页。

〔3〕 参见陈瑞华：《程序正义论——从刑事审判角度的分析》，载《中外法学》1997年第2期。

法落实，程序公开性和正当性难以切实保障。"[1]辩护方被排除在技侦证据的"质证程序"之外，容易造成被告方由程序不正义而引发对实体正义性的质疑，"因为'庭外范式'在技侦证据核实时排除甚至禁止被告人一方参与，这极易引起技侦保密性与辩护方质证参与权之间的正面冲突。"[2]庭外核实的做法实际上剥夺了辩护方对技侦证据的质证权，加之裁判文书对采信技侦证据的说理不足，无法回应辩护方的权利诉求。这可能引发对技侦证据真实性的质疑而导致上诉率的上升，出现更多"判而不服"的现象，浪费有限的司法资源。另外，立法未给予辩护方权利救济的途径，反映出对犯罪嫌疑人权利保障的不足。

4. 存在法官滥用庭外调查权问题

庭外核实技侦证据并未作为最后手段适用，法官存在滥用庭外调查方式之嫌。《刑事诉讼法》第154条根据技侦证据的特点，规定了三种质证模式：一般证据质证模式、采取保护措施的质证模式、庭外核实的模式。[3]"这三种方式的适用存在一定的位阶顺序，即常规方式是原则，特殊情况下可以采取保护性措施，仅在'必要的时候'才可以使用庭外核实的方式。"[4]即这三种模式呈递进次序，法官在适用时并非可以任意选择，庭外核实应作为保留模式使用。

《刑诉法解释》第120条仅将《刑事诉讼法》规定的"必要的时候"更改为"必要时"，词意并无实际改变，也没有释明具体适用条件。"立法对'必要的时候'的范围无明确解释，加之公权力具有的惰性，质证的例外性规定很可能消解质证原则的必然性。"[5]有学者认为"必要的时候"是指两种情况："一是采取不暴露有关人员身份、技术方法不足以使法官相信这些证据材料的真实性、可靠性，无法作出判决；二是采取不暴露有关人员身份、技术方法等保护性措施，还是无法防止严重后果发生。"[6]也就是说，"庭外核

---

[1] 王贞会：《技术侦查证据庭外核实程序之完善》，载《河南社会科学》2018年第2期。

[2] 参见龙立、张旭城：《技侦证据在庭审中的直接运用与审查标准》，载《法律适用》2019年第14期。

[3] 参见戴雪莹：《技术侦查证据的质证——以〈刑事诉讼法〉第152条为视角》，载《韶关学院学报》2018年第10期。

[4] 程雷：《技术侦查证据使用问题研究》，载《法学研究》2018年第5期。

[5] 参见刘晨琦：《我国技术侦查证据审查规则立法研究——以现行〈刑事诉讼法〉第一百五十二条为研究对象》，载《政法学刊》2018年第5期。

[6] 郎胜主编：《中华人民共和国刑事诉讼法修改与适用》，新华出版社2012年版，第284页。

实应当以穷尽各种保护措施仍然无法保证有关人员的人身安全或者防止可能产生其他严重后果为前提。"[1]所以，庭外核实证据的模式相对于保护模式而言，实际上提高了适用的标准，但在事实上违背了证据裁判原则、直接言词原则的要求。[2]然而，实践中对辩护方存在质疑的技侦证据，法官倾向于选择庭外核实这种牺牲被告人质证权的方式，并且不阐明选择庭外核实的正当理由。

5. 存在证明力反制证据能力的倾向

我国对证据的评价实行"整体模式"，并不严格区分证据能力与证明力的审查顺序，法官往往侧重对证明力的审查而忽视对证据能力的判断，存在证明力反制证据能力的倾向。基于这种证据审查模式，实践中法官并不严格遵循证据能力、证明力、定案根据的逻辑审查顺序，而是综合决定某一证据是否可以作为定案根据。[3]由于实质真实发现主义的思维在刑事诉讼法中盛行，因此，证明力的有无成为审查的重点，即使辩护方已经提出对证据能力的质疑，法官也倾向于先针对证据的真实性、可靠性进行审查，然后才去考虑证据能力的有无。[4]

印证理论也直接影响了法官心证的形成。在印证理论的影响下，当技侦证据与案件其他证据能够相互印证时，除了证实证据本身的真实性，也能够证明案件所有证据统一指向的待证事实的真实性，即被告人是实施犯罪的人，证据收集的程序违法或者瑕疵往往被忽略。例如，在涉及重大毒品犯罪的案件中，技术侦查机关不情愿或技侦材料本身存在瑕疵无法使用时，法官可能会根据印证理论，依旧考虑技侦材料对案件事实的印证、佐证作用，虽然不将技侦证据作为定案依据，但仍旧作为裁判的参考。[5]也因此，法官在审查技侦材料时，往往只关注关联性与客观性，而忽视其合法性，在技侦材料作为证据使用时，针对辩护方提出的有关证据能力的质疑，法官也多以真实与否作为主要的甚至唯一的标准。[6]"所以在审查技术侦查证据过程中形成了一

---

〔1〕　王贞会：《技术侦查证据庭外核实程序之完善》，载《河南社会科学》2018 年第 2 期。

〔2〕　参见黄伯青、张杰：《技侦证据庭外核实之程序》，载《人民司法》2014 年第 9 期。

〔3〕　参见纵博：《证明力反制证据能力论》，载《中国刑事法杂志》2014 年第 4 期。

〔4〕　参见纵博：《证明力反制证据能力论》，载《中国刑事法杂志》2014 年第 4 期。

〔5〕　参见薛振、李志恒：《技侦材料在毒品案件审理中的使用》，载《人民司法（应用）》2018 年第 28 期。

〔6〕　参见薛振、李志恒：《技侦材料在毒品案件审理中的使用》，载《人民司法（应用）》2018 年第 28 期。

种证据的证明力反制证据能力的思维逻辑，即证据的真实性制约了证据的合法性认定。"〔1〕庭外核实程序排除辩护方参与质证，增加了法官基于对其证明力的认同而忽视证据能力的倾向。司法责任制改革并没有改善这种状况，在法官无法查证或者不被允许查证技侦证据的证明力时，为了谨慎起见，法官会赋予该类证据较小的证明力。

（三）阻碍技侦证据质证与庭外核实的因素

立法对庭外核实的规定是基于现实因素的考量，是一种妥协的产物。现行技侦证据的保管以及移送制度，导致许多原始技侦材料不移送法院，或者移送法院的技侦材料为转化后的二手材料，技侦证据不在法庭出示，法官无法在法庭上对证据进行审查。出于对技侦证据保密性以及技侦人员安全性的考虑，庭外核实是一种无奈的选择。

1. 技侦证据保管、移送制度的约制

首先，技侦证据保存在公安机关，技侦部门出于保密的考量，多数情况下不同意移送原始技侦材料。一方面，办案机关、检察机关以及法院根据庭外核实证据的规定要求技术侦查部门配合调取技侦证据；另一方面，基于公安机关内部规定，技术侦查部门对未满足条件的案件，提供原始技侦证据的意愿不高。〔2〕一些司法案例显示，掌握技侦证据的控诉方不愿意将技侦证据移送法院进行审查，〔3〕仅通过出示采取技术侦查措施决定书来证明实施技术侦查措施的程序合法性。《刑诉法解释》要求附随移送实施技侦措施法律文书、材料清单、有关说明材料，并规定提交的取证过程合法的说明材料不能单独作为证明取证过程合法的根据，〔4〕但《刑诉法解释》实施后这一现象是否有所改变还需要经司法实务检验。

其次，在不出示原始技侦材料的情况下，控诉方表面上对技侦证据几乎都进行了出示，但出示的大多为翻音材料、情况说明等"二手资料"，实际上

〔1〕 谭泽林：《技术侦查证据使用与审查的现实困境与完善路径》，载《湖南社会科学》2018年第3期。

〔2〕 参见刘鹏：《技术侦查疑难问题研究》，载《法学杂志》2017年第7期。

〔3〕 参见黄常明、李毅磊、赵锐：《毒品案件的证据收集与证据规则完善——基于重庆市S分院辖区若干毒品犯罪疑难案件的分析》，载《中国检察官》2017年第12期。

〔4〕 参见《刑诉法解释》第135条第3款："公诉人提交的取证过程合法的说明材料，应当经有关调查人员、侦查人员签名，并加盖单位印章。未经签名或者盖章的，不得作为证据使用。上述说明材料不能单独作为证明取证过程合法的根据。"

并未完成证据出示。[1]法官为了求证技侦证据的取证过程是否合法，技侦证据是否具有相关性、真实性、合法性，就需要去原始技侦证据的保存地对原始技侦材料进行核实。

2. 技侦证据"转化"使用泛滥

技侦证据往往以"转化"的方式呈现，影响了法官对证据能力以及证明力的审查认定。虽然立法已经化解了技侦材料需要转化才能作为证据使用的必要性，但实践中侦查机关基于种种原因仍持续这一做法。使用转化证据频率较高的为监控类证据，"适用监控类技术侦查所获材料的载体在判决文书中体现形式多样复杂，主要包括情况说明、案件来源、工作纪要、办案说明、抓获经过、技术侦查报告书、录音文字转化记录、监听录音、证人证言、视听资料、侦控记录表等形式。"[2]从总体上看，进入法庭的技侦证据的形式主要为三种：翻音材料、情况说明、语音材料，使用频率最高的是翻音材料和情况说明，分别为29件和25件，语音材料的使用频率则不到情况说明的1/3。[3]

立法用语模糊是其中一个原因。有学者提出，"缺乏法律依据从而导致技侦部门自己对技侦手段的合法性存在疑虑，担心使用这些合法性模糊的技侦手段获得的材料，将来在法庭上会受到法官、辩方甚至整个社会的质疑"[4]。另外，使用转化材料是出于保护技侦人员的考量，这种情况在卧底侦查、线人侦查中出现较多，主要是一旦将原始证据出示、质证，难免会将技术侦查人员暴露在被告人面前，增加了其人身危险性。

在法庭出示、质证转化材料，使法官对证据的审查认定困难，妨碍庭审的顺利进行。技侦证据"转化"便利了侦查机关、控诉机关，看似便利了法院，实际上增加了法官的工作量，更侵害了辩护方的质证权。法官对技侦证据的调查核实中，往往注重对取证手段、过程等细节的审查，因为这些细节影响对证据真实性的判断，是证据审查判断的重点，而这一重点却是侦查机关讳莫如深的内容。[5]另外，当翻音材料中涉及方言、少数民族语言需要

---

〔1〕 参见程雷：《技术侦查证据使用问题研究》，载《法学研究》2018年第5期。

〔2〕 刘梅湘：《监控类技术侦查措施实证研究》，载《华东政法大学学报》2019年第4期。

〔3〕 参见程雷：《技术侦查证据使用问题研究》，载《法学研究》2018年第5期。

〔4〕 参见程雷：《技术侦查证据使用问题研究》，载《法学研究》2018年第5期。

〔5〕 参见董坤：《论技术侦查证据的使用》，载《四川大学学报（哲学社会科学版）》2013年第3期。

翻译时，情况更为复杂。法官不仅要核对翻音材料是否与原始技侦材料相一致，还要核对翻音材料中的翻译记录是否准确。法官对翻音材料进行庭外核实时，可能"出现法院带去协助核实的翻译记录的内容，与技侦部门的翻译记录不一致的情况"〔1〕。翻音材料的准确性和完整性尤为关键。以转化证据代替原始证据的做法，导致法官无法对收集过程的合法性以及内容的真实性进行审查，仍需要以庭外核实的方式再次核对，浪费了大量的司法资源。

（四）完善技侦证据质证与庭外核实程序

完善技侦证据的质证以及庭外核实程序有助于实现庭审实质化改革，贯彻证据裁判原则、直接言词原则等，保障辩护方的诉讼权利，确保实质正义和程序正义。基于技侦证据的特殊性，不宜过分强调技侦人员出庭接受交叉询问，但应严格限制庭外核实程序的启动，有限度地允许律师参与庭外核实程序，并且通过多种程序以及方式保障辩护方的诉讼权利。

1. 不宜过分强调技侦人员出庭

应当肯定的是，一味强调所有技侦人员出庭不仅阻碍重重，且对查明事实真相的帮助有限，无法从根本上解决质证问题。首先，技侦人员是实施技术侦查的人，而非办案人员，对案件情况了解有限，出庭仅能对取证过程进行说明，并不能阐明技侦证据与案件的实质关联性。尤其在监听监控活动中，"由于技术侦查人员并非了解案件具体情况的民警，其出庭作证的内容或许只剩下技术设备和侦查方法，如此，这样的出庭作证效果或者作用或许并不能如我们所愿，所以在技术侦查人员出庭作证上，似乎应当抱有审慎和冷静的态度。"〔2〕其次，强调侦查人员出庭不利于保障技侦人员的人身安全，尤其是采用线人侦查的情况，不利于线人制度的长久发展。虽然当前我国警察的整体素质有了大幅度提升，但是警察队伍的素质仍旧参差不齐，培养一名优秀的警察耗时耗力。在这一背景下，忽视对其的保护而过分强调卧底侦查员出庭作证，将会导致卧底人员成为一次性消耗品，难以实现可持续的长远发展，因为卧底人员一旦出庭作证身份就会暴露，不仅无法继续潜伏搜集信息，还可

〔1〕 参见张素莲：《技侦证据在刑事审判中的适用及完善建议》，载《法律适用》2017年第11期。
〔2〕 参见王锐园：《价值考量与立场选择：我国技术侦查的分歧与衡平路径实证研究》，载《西南政法大学学报》2018年第2期。

能危及自身安全。[1]实践证明，"卧底和线人常常需要反复使用、长期经营。一旦身份外泄，案件的侦破前功尽弃，侦查僵局由此产生，其今后在侦查办案中的持续性利用也就此终结。所以，侦查机关也更愿意让卧底线人成为'隐形人'，不为法庭所知。"[2]虽然《刑事诉讼法》以及相关司法解释明确了"采取保护措施"的方式，但如何平衡保障出庭作证的侦查人员的人身安全与保障被告人质证权，仍需要司法实践不断探索。

2. 严格限制庭外核实程序的启动

庭外核实程序具有最后手段性，法官不应将其作为常规的证据审查模式适用，需要适用的情况应严格限制启动程序。有学者提出，法官启动庭外核实程序需要满足几个条件：一是需要经过庭外核实的技侦证据确为裁判案件的关键性甚或唯一性的证据，直接关系到对被告人无罪或有罪、罪轻或罪重的认定；二是当庭公开出示、辨认、质证技侦证据，将有危及有关人员的人身安全或者产生其他严重后果的可能；三是庭审核实技侦证据即使采取不暴露有关人员身份、技术方法等保护措施，仍旧无法消解附随的潜在危险或困境。[3]此外，法官还应就选择适用庭外核实程序对控辩双方说明适用理由，并且应听取辩护人对适用程序的意见。

3. 探索律师参与庭外核实的合理机制

律师参与庭外核实的意义在于维持控辩审三方参与的诉讼结构，防止秘密审判的发生。"庭外核实不是抛弃刑事诉讼的基本构造，不是审判一方自行其是，不是排除控辩双方特别是辩护方的程序参与。"[4]虽然实践中排除辩护律师参与的做法是出于技侦材料的保密性考量，但不应以排除被告人质证权为代价。有学者认为，"律师作为法治建设的重要力量，应当被给予充分的信任。为此，建议通过签订保密协议、终生追责制度构建等方面加强对律师的制约，提高律师保密意识。"[5]该观点认为在保密制度的约束下应同意律师参与庭外核实，但忽略了在一些特殊犯罪，如危害国家安全犯罪、恐怖活动犯

---

〔1〕　参见邓立军：《突破与局限：特殊侦查措施所获证据材料适用研究——以〈关于办理死刑案件审查判断证据若干问题的规定〉第 35 条为中心》，载《证据科学》2011 年第 6 期。

〔2〕　董坤：《论技术侦查证据的使用》，载《四川大学学报（哲学社会科学版）》2013 年第 3 期。

〔3〕　参见黄伯青、张杰：《技侦证据庭外核实之程序》，载《人民司法》2014 年第 9 期。

〔4〕　王贞会：《技术侦查证据庭外核实程序之完善》，载《河南社会科学》2018 年第 2 期。

〔5〕　王锐园：《毒品犯罪案件技术侦查措施运用研究》，载《中国刑警学院学报》2019 年第 4 期。

罪中，泄露技侦秘密可能带来的危害性。实务部门的学者提出一种更为可取的方式，即法院可以将技侦证据单独成卷，标明密级，由法官根据案件的具体情况以及侦查措施的实施情况决定是否同意律师参与庭外核实，同意律师参与的，律师应签署保密协议书，不同意的，应保障律师对技侦证据的形式和内容提出异议的权利，并要求合议庭作出合理解释，同时，裁判文书应体现控辩双方对该证据的意见。[1]该观点从保障技侦证据的保密性、律师参与的形式、辩护方权利救济等方面做出了更合理的设想，更具有可行性。

### 五、技侦证据的归档保存与销毁

在审判后，技侦证据应及时归档保存，与案件无关的证据需要及时销毁。一方面，技侦材料的内容不仅包含被告人的犯罪信息，还涉及参与技侦人员的个人信息，更可能包含无关第三人的隐私，技侦证据的归档保存十分重要；另一方面，设置系统化的归档保存以及销毁制度，也有助于审判监督机关对可能存在的冤假错案行使刑事监督权，启动刑事再审程序。

目前《刑事诉讼法》以及相关司法解释并未对审判终结后，技侦证据的归档保存与销毁作出明确规定，实践中则参照公安机关、人民检察院、人民法院各自的诉讼档案管理办法，适用标准不统一。本部分通过介绍相关国家和地区有关技侦证据的归档保存与销毁规定，指出我国现有有关技侦证据的归档保存以及销毁规定存在的问题，以期对今后完善技侦证据的归档保存以及销毁立法有所裨益。

（一）技侦证据归档保存与销毁的比较法研究

相关国家和地区有关技侦证据归档保存的规定较为系统，通过明确归档保存的责任机关、归档保存的期限、归档保存的程序等，在案件审结后规范技侦证据的处理。我国台湾地区规定，除已供案件证据之用留存于该案卷或为监察目的有必要长期留存者外，由执行机关于监察通讯结束后，保存 5 年。[2]在我国香港地区，根据《截取通讯及监察条例》第 60 条的规定，在不损害截取信息安全的情况下，每一部门均须备存一份记录，该记录须在授权失效当

---

〔1〕 参见李晓林、赵丹：《毒品犯罪案件中技术侦查证据的审查和运用》，载《人民司法（案例）》2016 年第 17 期。

〔2〕 李荣耕：《通讯保障及监察法》，新学林出版股份有限公司 2018 年版，第 105~107 页。

日之后至少 2 年内予以保留，即使是无关的范围内也需要保留最少 2 年。当可能存在任何待决的有关民事或刑事法律程序，在该待决的法律程序、检讨或申请获最终裁断或获最终处理之后最少 1 年期间内，予以保留。我国香港地区区分技侦证据的用途，对不同情况作出不同期限的保存规定。在意大利，有关窃听的录音保存到判决不再可能受到上诉之时，[1]也即终审结束，有关部门不应再保存技侦证据。

　　有关诉讼终结后技侦证据的销毁规定，主要涉及技侦证据在何种情形下应被销毁、由谁负责销毁、销毁的具体程序以及销毁记录的制作等。当涉及案外第三人的资料、不作为证据使用的以及超过保存期限的技侦证据等，可以经权利人申请或保存机关申请进行销毁，并且制作销毁笔录。我国台湾地区规定，通讯监听销毁的事由主要包括通讯内容系违法取得、与监察目的或他案无关、逾保存期限等。[2]负责销毁的义务机关应是技术侦查执行机关。销毁资料时，执行机关应记录通讯监察的事实，并报请检察官或依职权核发通讯监察书的法官派员在场。[3]在法国，根据《法国刑事诉讼法典》第 100-6 条的规定，公诉时效期间届满，有关监听的录制件应销毁。由共和国检察官或检察长负责销毁。销毁事由应做成笔录。但对于技侦证据的原件如何处理并未规定。在意大利，当诉讼不需要有关材料时，关系人可以为维护其隐私权要求曾经批准或者认可窃听工作的法官将其销毁，法官在合议室作出决定，销毁工作由公诉人实施，但由法官监督销毁，还应将销毁工作的情况记入笔录。[4]法官也可以在诉讼的任何阶段和审级中决定将不作为物证的窃听材料销毁。[5]根据《德国刑事诉讼法典》第 100b 条第 6 款的规定，在秘密监听中获得的案外人的资料，或在诉讼程序中才发现不适格作为证据之物，以及对刑事追诉不再具有必要时，应当在检察院监督下不迟延地将其销毁，对销毁情况要制作笔录。[6]

---

〔1〕《意大利刑事诉讼法典》，黄风译，中国政法大学出版社 1994 年版，第 91 页。

〔2〕李荣耕：《通讯保障及监察法》，新学林出版股份有限公司 2018 年版，第 105～107 页。

〔3〕李荣耕：《通讯保障及监察法》，新学林出版股份有限公司 2018 年版，第 107 页。

〔4〕参见《意大利刑事诉讼法典》，黄风译，中国政法大学出版社 1994 年版，第 91 页。

〔5〕《意大利刑事诉讼法典》，黄风译，中国政法大学出版社 1994 年版，第 92 页。

〔6〕参见谢佑平、邓立军：《德国的秘密侦查制度》，载《甘肃政法学院学报》2011 年第 6 期。

（二）我国关于技侦证据归档保存与销毁的现行规定及其问题

1. 我国关于技侦证据归档保存与销毁的现行规定

刑事诉讼法并未对技侦证据的归档作出规定，仅对销毁进行了概括性规定。《刑事诉讼法》第 152 条第 2 款规定，对采取技术侦查措施获取的与案件无关的材料，必须及时销毁。《公安机关办理刑事案件程序规定》第 269 条第 2 款在此基础上要求制作销毁记录。另外，要求对收集的技侦材料，严格依照有关规定存放。由于公安机关内部的规定无从得知，证据保存归档的主要依据是人民检察院诉讼档案管理办法、人民法院诉讼档案管理办法以及相关的实施细则。

根据《人民检察院诉讼档案管理办法》的规定，人民检察院档案部门负责案件证据归档，在案件办理完毕后，应及时整理归档。设立专门库房保管诉讼档案，明确库房管理与建设要求，通过定期清点，确保诉讼档案安全，并规范诉讼档案利用的程序。诉讼档案保管期限分为永久和定期，定期分别为 60 年和 30 年。有关证据销毁的内容规定在第 33 条第 2、3 款，"经鉴定确无继续保存价值的诉讼档案，应当清点核对，登记造册，经分管检察长批准后送指定销毁机构，由两名以上工作人员全程监销。监销人员应当在销毁清册上签字。销毁报告和销毁清册应当存档，永久保存。销毁前，应当将其中由人民检察院制作、能说明全案基本情况的结论性法律文书取出一份整理装订后，列入原案卷归档年度永久保存。"总体上，该办法明确了检察院证据归档的原则、保管规定以及期限，在销毁方面，对证据销毁的条件、销毁程序、销毁记录的保存期限等作了详细规定。

根据《人民法院诉讼档案管理办法》的规定，在案件办理完毕后 3 个月内，审判业务部门应当将全案诉讼文书材料、电子文件、庭审录音录像等移交归档，并编写归档清册。因特殊情况需要延期归档的，最迟不得超过 6 个月。诉讼档案的保管期限分为永久和定期两种，定期分为 60 年和 20 年。经鉴定确定销毁的诉讼档案，应当对案卷进行数字化扫描备份，同时将判决书、裁定书、调解书或者其他结论性材料取出，按照年度、类别、案号的顺序整理立卷，永久保存。对经鉴定确定销毁的刑事诉讼档案中的公安、检察卷，在销毁前应当书面通知公安、检察机关，由其确定存毁。如要求保存则移交其自行处理，如同意销毁则一并销毁。《人民法院诉讼文书材料立卷规范》第 6 条规定，诉讼文书按照保密、方便利用的原则分立正卷和副卷。无不宜对外公开材料的，可以不立副卷。总体来看，明确了证据归档保存的原则、对象、数字保存的方式以及期限。在证据销毁方面，对证据销毁的条件、销毁主体、销毁程序、销毁记录的保存期限作出了规定。

2. 我国技侦证据归档保存与销毁存在的问题

虽然《人民检察院诉讼档案管理办法》以及《人民法院诉讼档案管理办法》都详细规定了诉讼证据的归档和销毁的程序、条件、期限等，但并未对技侦证据作出特殊规定，所有证据都需适用统一的档案管理规定。对涉密的诉讼档案，也仅涉及国家秘密，商业秘密，个人隐私和可能造成不良社会影响、后果的诉讼档案，但如何区分、利用、保存等仍不明确。

我国诉讼档案的保存期限相较于域外而言较长，仅定期就长达 20 年到 60 年，依据案件类型还可能需要永久保存。虽然诉讼档案保存期限长有利于归纳总结审判经验、纠正冤假错案，但对于适用技术侦查措施的案件，永久保存技侦证据可能会在保存期间暴露技侦人员的个人信息，危及技侦人员的人身安全。例如，在重大毒品犯罪案件、集团犯罪案件中，被告人具有极强的报复心理，长久保存技侦证据可能存在泄密的危险。适用技术侦查措施的案件大多是在侦查机关获得相对人有关犯罪信息的前提下才展开技术侦查，存在冤假错案的可能性较其他案件低，因此技侦证据是否需要保存如此长的期限，仍值得探讨。再者，根据《机关档案管理规定》的规定，国家机关的档案管理工作应积极响应信息化建设，构建电子档案管理系统，然而信息化建设如不考虑技侦证据归档的特殊性，统一将技侦证据上传网络，即使采取了保密措施，信息化的过程本身也可能存在着泄露技侦资料的风险，不利于保护技侦证据的安全性与保密性。

（三）完善技侦证据的归档保存与销毁制度

法庭审理结束后，技侦证据的归档责任和销毁义务由侦查部门、人民法院、检察部门共同负责。正如有学者所言，"诉讼终结后证据保存方法主要关涉的是，诉讼终结后应由何种主体以何种方式在何种环境条件下对有关证据进行保存的问题。"〔1〕下文将从两个方面构建诉讼终结后技侦证据的归档保存与销毁制度。

---

〔1〕　李雅健、郑飞：《乱象与规制：中国刑事证据保管制度研究》，载《证据科学》2019 年第 1 期。

1. 诉讼终结后技侦证据的归档保存

首先，应明确经手技术侦查资料的机关都具有保存归档义务。虽然留存技术侦查资料的部门主要是公安机关办案部门和技术侦查部门、检察机关、人民法院，还可能涉及鉴定机关以及协助侦查的企业或者个人等，但应明确相关企业和个人仅负有保密义务而非保存义务。公检法三机关应根据内部规定或者各自的保管归档要求负责技术侦查资料的归档保存。值得注意的是，由于三机关之间归档保存的目的不同，因此，在保存方式、期限、程序等方面可能存在差别。例如，技术侦查部门保存证据主要是为了便利将来案件的侦查，而检察院则是方便审查监督，因此技侦证据的保存期限可能存在差别。

其次，明确应归档的技侦证据范围。通过技术侦查获得的材料都保存在技术侦查部门，在案件终结后，技术侦查部门应清查技侦材料是否作为证据使用，将与案件无关的证据以及并未作为证据使用的材料销毁，仅将作为证据使用的材料归档保存以供审查之用。法院和检察院归档保存的目的是作为审判证据或防范冤假错案。因此，作为定案根据的技侦证据都应进行统一归档保存。

再次，明确技侦证据的保存条件。使用技侦证据的刑事案件需要作为保密材料单独保存，除再审或者审判监督的原因需要重新对案件证据进行审查外，应严格限制其他人员对案件证据的调阅、复印、摘抄等，对确有需要查看技侦证据的人员应进行登记造册，同时明确责任人。同时，也应对不同材质的证据进行分区保存，如电子证据、物证，应参考各自的属性，确定适宜的保存温度、湿度等。

最后，对技侦证据保存期限实行差异化管理。现行立法规定的保存期限过长，应参考我国台湾地区对通信监听记录的保存期限，例如，除对案件具有重要参考价值外，适当缩短技侦证据的保存期限，普通案件应以 5 年到 10 年为宜，重大案件可以延长到 20 年。

2. 诉讼终结后技侦证据的销毁

对于技术侦查过程中获得的与指控犯罪无关的材料，在查明后必须立即销毁。在侦查机关决定撤销案件、检察机关决定不起诉、法院作出无罪判决的情况下，技术侦查所获得的材料应当立即销毁。[1]

---

〔1〕 参见张宗亮：《秘密侦查制度之比较研究》，载《山东警察学院学报》2006 年第 4 期。

首先，不仅公安机关有销毁责任，检察院和法院也同样承担销毁的责任。责任主体应该将使用后的技侦证据和与本案无关的技侦材料分类，根据需要设定不同的销毁期限，由保管机关负责销毁，[1]涉及其他机关的，应在销毁前通知其他机关，并且制作销毁笔录，由销毁人员签名。

其次，确立技侦证据销毁的条件。责任机关应定期审查技侦证据是否具有保存的必要性，对不需要保存的以及超过保存期限的证据，应当立即销毁。同时，应赋予相关第三人申请销毁与案件无关的技侦证据的权利，由保存机关审查技侦证据的保存是否可能对第三人产生严重影响，产生严重影响的，应根据申请销毁技侦材料，并且制作书面记录存档。

最后，加强对技侦证据销毁的监督。关于监督问题，由于我国在技术侦查的实施上并未施行司法令状主义，由法院监督侦查机关的做法可操作性不强，而侦查机关内部的自我监督虽更容易实现，但缺乏动力。检察机关作为法律监督机关，由检察机关督促和监督侦查机关对技侦证据的销毁更具有可操作性，在要求技侦机关制定销毁笔录的同时，监督人员应对销毁情况进行确认、签名，以留存待查。

---

〔1〕　参见倪铁：《监察技术调查权运作困境及其破局》，载《东方法学》2019 年第 6 期。

# 第四章 CHEPTER 4 技术侦查的法律伦理

    法律集中体现了人类权利和制度道德，使社会整体意愿具体化为可操作的规则，维持社会的发展秩序。在刑事司法领域，警察作为刑事法律的维护者和执行者，更要保护社会认同的伦理价值。技术侦查的实施体现了国家打击犯罪和保障公民权利的矛盾和冲突，警察权力的扩张不仅会压缩个人可支配的权利空间，特定的侦查手段也可能引发伦理冲突。警察一旦在实施技术侦查的过程中突破法律伦理的底线，就可能引发有关技术侦查法律伦理的争议，导致人们对技术侦查措施的质疑。本章主要讨论技术侦查引发法律伦理问题的原因以及可行的解决方案。

    技术侦查可能引发诸多法律伦理问题，如易侵犯公民隐私权、造成程序不正义、引发信任危机等。造成这种现象的原因是警察权力授权与限权、公共利益与个人利益以及警察职责与公众期待之间的冲突。重构技术侦查法律伦理可以通过确立警察在侦查活动中应遵循的底线伦理，从构建技术侦查的规范伦理和德性伦理两个方面，明确警察在实施技术侦查措施的过程中应遵循的法律伦理规范。

## 一、法律伦理与刑事侦查

    从历史的角度，伦理和道德两个概念相伴而生，在习惯上，伦理和道德经常被人们混用，但是，本质上伦理和道德仍存在明显的区别。伦理是一种他律的规范，主要研究道德价值，而道德是一种自律。就法律与这两者的关系而言，法律承认的是最低限度的道德，伦理构成了法律形成的基础。基于法律与伦理之间的关系，在刑事侦查活动中，警察作为司法主体，不仅应遵守立法的各项规定，还要受司法伦理的约束，遵守相应的法律伦理。

（一）道德、伦理与法律

伦理和道德相伴而生、相辅相成。在中国，"伦"和"理"连用，首出《礼记·乐记》："乐者，通伦理者也。"〔1〕其中"伦"是指常理，条理、顺序、辈、类等，"理"是指事物的规律、意旨，顺序、层次等，伦理两个字合在一起是指人伦道德的常理。在古代，伦理是宗法等级关系的实体存在，而道德是这个"伦理实体"中角色个体的内在德性，是以伦理的存在为前提和基础的；有伦理才有道德可言。伦理正则道德兴，伦理乱则道德衰。〔2〕在西方，伦理一词起源于希腊语，原意是指品行、习惯。古罗马思想家西塞罗（Cicero）将希腊文 *ethos* 翻译为拉丁文 *mos*（原意为：习惯、习俗），又用 *mos* 的复数第一格 *mores* 来翻译"德性伦理"（Virtue Ethics），又"因为古典拉丁文的名词有五种变格法，近代西方语言深受希腊文和拉丁文的影响，所以出现了 ethics 与 morality 两个混用的英语词汇"〔3〕。"伦理"与"道德"的混同使用，导致伦理和道德之间的关系成为一个学术问题。

西方哲学家通过论证伦理与道德的关系，为伦理道德理论提供了新思路。在黑格尔（Hegel）的论证中，伦理与道德统一于绝对理性。〔4〕黑格尔指出，道德和伦理在习惯上几乎是当作同义词来用，但本质上具有不同的意义。伦理是在它概念中的意志和单个人的意志即主观意志的统一，而道德是被规定为与普通物对立的主观单一性，自为地存在的自由，他人不能过问。〔5〕即，伦理的范畴着重对人伦关系以及维持人伦关系所需要遵循的规则的研究，而道德的范畴着重对道德活动或道德活动主体自身应当如何行为的反映。更具体地说，伦理义务对人们的要求具有双向性特征，道德的要求则是单向性的自我要求；伦理是客观法因而是他律的，道德是主观法因而是自律的；伦理侧重解释人们作出某种行为的理由，而道德侧重对人们行为应当境界的表达。〔6〕同样作为一种规范，

---

〔1〕　陈戍国撰：《礼记校注》，岳麓书社 2004 年版，第 273 页。

〔2〕　参见朱贻庭：《"伦理"与"道德"之辨——关于"再写中国伦理学"的一点思考》，载《华东师范大学学报（哲学社会科学版）》2018 年第 1 期。

〔3〕　朱贻庭：《"伦理"与"道德"之辨——关于"再写中国伦理学"的一点思考》，载《华东师范大学学报（哲学社会科学版）》2018 年第 1 期。

〔4〕　参见刘丽：《西方传统伦理—道德关系的演进逻辑与马克思的变革方式》，辽宁大学 2013 年博士学位论文。

〔5〕　参见 ［德］黑格尔：《法哲学原理》，范扬、张企泰译，商务印书馆 1979 年版，第 41~43、111 页。

〔6〕　参见邹渝：《厘清伦理与道德的关系》，载《道德与文明》2004 年第 5 期。

在规范的性质、行为要求、行为原因等方面，伦理和道德存在差异。

就道德与法律的关系而言，自然法学家认为法律根源于人性，而人的社会性和理性又构成了人的道德性。法律所认可的只是所在社会公认的作为人的起码的道德，从法律的制定和实施看——实际上是道德法律化的过程。[1]虽然道德或正义是法律所追求的最主要的价值目标，但这并不意味着法律放弃了对社会其他价值的追求。因此，法律是包含道德性的规范成文法，但这并不意味着所有的法律都是道德性的，法律中也可能包含其他因素。另外，道德与法律存在着自律与他律上的区别。[2]从行为自由来看，"道德和法律都和自由相连，但道德下的自由是内在的，是自在的，是能够自主决定的，只能出自善良意志；而法律下的自由是外在的、他在的，是不能够自主决定的。"[3]这就决定了道德的自由是自律的，不依赖于外部的强制力，所以是纯粹的；而法律的自由由于是调整人与人之间的关系，必须依赖于外部的强制力，因而只能是他律的，所以并不纯粹。[4]

就伦理与法律的关系而言，伦理构成法律形成的基础，而法律中则渗透着伦理规范。伦理表现为原生关系，而法律则体现为次生关系。[5]"即便是主张法律与道德严格分离的实证主义法学派，其实也是承认伦理之于法律的先在性或基础性的。"[6]剥离了伦理的法律，也就脱离了以伦理为基础的支撑，对法律的认识就会陷入绝对谬误。[7]另外，伦理内部在绝大多数情况下是自洽的，无需法律调节，仅当伦理中出现激烈的矛盾无法维持这种平和的状态，甚至危及其他成员时，才需要诉诸法律的强制力，才产生法律关系。[8]康德认为伦理的立法和法律的立法是不同的，区别在于，"伦理的立法出自义务本身，

---

〔1〕 参见严存生：《道德性：法律的人性之维——兼论法与道德的关系》，载《法律科学（西北政法大学学报）》2007年第1期。

〔2〕 参见徐立：《法律自律论》，载《中国法学》2014年第6期。

〔3〕 徐立：《法律自律论》，载《中国法学》2014年第6期。

〔4〕 参见徐立：《法律自律论》，载《中国法学》2014年第6期。

〔5〕 参见张国钧：《伦理豁免中的智慧——基于中华伦理法对伦理和法律关系两难的解决》，载《浙江大学学报（人文社会科学版）》2014年第1期。

〔6〕 易军：《法律行为制度的伦理基础》，载《中国社会科学》2004年第6期。

〔7〕 参见张国钧：《伦理豁免中的智慧——基于中华伦理法对伦理和法律关系两难的解决》，载《浙江大学学报（人文社会科学版）》2014年第1期。

〔8〕 参见张国钧：《伦理豁免中的智慧——基于中华伦理法对伦理和法律关系两难的解决》，载《浙江大学学报（人文社会科学版）》2014年第1期。

义务和动机是同一的；法律的立法不是出自义务本身，动机又在义务之外。"〔1〕

总体而言，"'伦理'规定了道德；而自由意志的'道德反思精神'又激发了'伦理'的内在否定性，从而冲破旧的'伦理实体'，通过变革实践的批判与继承，建构起新的'伦理'关系和新的道德。"〔2〕而法律则以伦理规范为根基，处处无不展现着伦理的规范。

（二）刑事诉讼与司法伦理

在社会上层建筑中的政治法律制度中，伦理则具体化为司法伦理。"司法伦理意指与司法职业活动紧密联系，并具有自身职业特征的道德准则和规范；是建立在对于司法官的职业特色清楚的意识基础上的一套行为准则。"〔3〕司法伦理中蕴含多种伦理关系，是一门交叉学科，涉及司法行为与伦理道德的关系，是法律伦理的一个分支。司法伦理以伦理和价值为导向审视社会上出现的法律现象〔4〕，是基于一定的伦理价值对司法职业活动进行约束和规范的行为准则。

司法伦理是由社会阶级结构决定的社会意识形态，具体内容随着社会的变迁而变迁，既是一定时代、一定阶级社会的产物，反映统治阶级的意志，同时还具有一定的历史继承性。〔5〕古代的司法伦理思想主要发源于先秦诸子百家中的儒家，同时融合了道家、法家、墨家等思想，逐步演变而来。如《唐律疏议·断狱律》中，对刑讯的条件、过程、手段等作了严格的限制，重视侦查过程，体现了对程序正义的探求，另外，还通过对社会弱势群体的特殊照顾鲜明地展现了司法的人道主义，体现司法者对人的关怀。〔6〕

近代司法伦理吸收了西方学者的经典论述，同时传承了中国古代司法伦理中的合理部分，形成了中国特色的司法伦理体系。首先，司法伦理的首要

---

〔1〕 徐立：《法律自律论》，载《中国法学》2014 年第 6 期。

〔2〕 朱贻庭：《"伦理"与"道德"之辨——关于"再写中国伦理学"的一点思考》，载《华东师范大学学报（哲学社会科学版）》2018 年第 1 期。

〔3〕 李军、陈淑萍：《浅析司法伦理与司法公正》，载《湖南公安高等专科学校学报》2008 年第 2 期。

〔4〕 参见李军、陈淑萍：《浅析司法伦理与司法公正》，载《湖南公安高等专科学校学报》2008 年第 2 期。

〔5〕 参见贺志明：《建设司法伦理 构建和谐社会》，载《经济与社会发展》2007 年第 1 期。

〔6〕 参见李忠建、朱学英：《〈唐律疏议〉司法伦理思想探究》，载《重庆工商大学学报（社会科学版）》2009 年第 2 期。

价值目标是公正，惩恶扬善、扶持正义是司法伦理的基本原则。[1]查明案件事实是侦破案件的主要目标，追求实质正义成为庭审的首要任务，但可能会忽视被追诉人的诉讼权利。西方学者提倡司法伦理应保障被追诉人的权利，强调从规范意义上完善对基本人权的保障，例如，联合国人权条约体系中规定的沉默权、禁止酷刑等条款，都旨在保障被追诉人的基本权利。与此同时，随着一系列冤假错案的平反，我国刑事诉讼法也将人权保护的条款写进法律，明确禁止侦查人员采用酷刑收集证据，诉讼程序注重保障被追诉人的诉讼权利。另外，与我国司法重视实质公正的观念不同，西方国家更强调司法过程中实现正当程序的重要性，将正当程序作为一项评价司法活动是否正义的标准，丰富了正义的内涵和外延。我国司法伦理吸收了这一观念，将程序正义写入立法，如确立了非法证据排除规则，但程序正义的价值仍旧不能与实体公正相提并论。其次，由于司法伦理追求的最终价值目标是个体的自由，因此，个体对司法的评价构成了司法伦理广泛的社会基础。司法的运行过程，就是通过惩罚违反法律规定的个人，恢复被破坏的社会秩序，使法律允许范围内的行为自由得到充分的尊重，个人对司法是否满意构成了司法伦理的一部分。总之，司法伦理包含了公众对司法行为的评价。

司法伦理的主体包括法官、检察官、警察、律师。在司法活动中，因不同主体的职责不同，规范主体行为的司法伦理规范也存在差异。现行立法对司法伦理的讨论多局限在司法职业伦理的范畴内，例如，2019年修订的《中华人民共和国法官法》中，第3~7条对法官应遵循的行为规范作出了原则性规定。以往学者在论及与司法伦理有关的问题时，讨论较多的是法官、检察官、律师的司法伦理，较少涉及警察的司法伦理，对警察司法伦理的探讨也多局限在授权与限权的论述中。在中国知网上搜索"警察""司法伦理"等关键词，结果显示公开发表的相关文章数量少之又少，印证了较少学者对这一研究课题有兴趣或注意到这一课题。与理论界对警察司法伦理的忽视不同，实务中警察伦理往往潜移默化地约束着警察的行为，缺失司法伦理的行为往往会引发严重的后果，尤其是在刑事侦查领域。例如，前复旦大学教授陆德明"嫖娼"事件，因警察失信将其个人信息泄露导致其不得已而辞职，引发

---

〔1〕 参见李军、陈淑萍：《浅析司法伦理与司法公正》，载《湖南公安高等专科学校学报》2008年第2期。

争议。[1]这表明警察的欺骗与失信行为可能导致司法信任的危机。

与学者们最常讨论的法官伦理相比，警察伦理具有特殊性。首先，警察伦理对中立性的要求明显不同于法官伦理。"中立超然是国际上公认的法官基本道德准则。"[2]法官的中立性体现在居中裁判，不偏不倚。然而，侦查阶段，尚不存在控辩审这种三方关系，仅存在警察和犯罪嫌疑人之间的两方关系，因此，对法官中立性的要求不适用于警察和犯罪嫌疑人之间的对立关系。其次，对履职过程中的保密性要求也存在差异。在审判工作中，法官不可避免地会接触到一些关涉案件当事人或者案外第三人的秘密或者不为人知的隐私，除审判需要，法官要严格遵守保密规则。而警察在侦破案件的过程中可能不得不"打探"相对人的隐私，并且往往因为侦破案件的需要而无法完全保密，要求其保守秘密可能会放纵犯罪。再次，法官伦理与警察伦理在人权理念方面有所不同。法官负有人权保护的职责，"每一个法官都应该具有这样的基本人权意识，即，在道德领域中，存在着好人和坏人之分，但在人权理论中不存在好人和坏人享有不同的基本人权，即宪法人权。"[3]因此，法官需要遵循无罪推定的原则，无论被告人是否真的实施了犯罪活动，在审判过程中都应平等保障被告人的人权。然而，刑事侦查的主要目的是侦破犯罪而非践行人权保护，即使立法规定在侦查的过程中警察也要保障人权，但保障人权仍旧居于次要地位。要求警察以保障普通公民人权的标准去保护犯罪嫌疑人的想法不切实际，并且会阻碍警察追查犯罪活动。最后，对法官独立性的要求，并未体现在警察伦理中。根据司法权独立行使的规定法官应独立地审理案件，司法审判权不受行政机关、社会团体和个人的干涉。而警察在遇到跨行政区域、重大复杂的案件时，往往需要请示上级协调或需与其他行政机关配合，无法在刑事侦查活动中完全独立。

（三）刑事侦查与警察法律伦理

刑事侦查活动不仅要遵循法律的规定，还需要遵守法律伦理，回应公众

---

〔1〕　2004年，前复旦大学经济学院院长陆德明因为与"茶室"女子发生关系，后被警方上门要求录供录证，在警方承诺将隐去单位和姓名的前提下，陆德明积极配合并在谈话笔录上签了名，事后受到了治安警告和罚款。然而其个人信息仍旧被散布出去。后本人回复是因错信了警察的承诺，导致其受到开除党籍，留校察看的处分。

〔2〕　岳悍惟：《法官的司法伦理基础探析》，载《法学论坛》2002年第6期。

〔3〕　岳悍惟：《法官的司法伦理基础探析》，载《法学论坛》2002年第6期。

对警察应具备的伦理期许。根据实体法和程序法的规定，警察查获犯罪，依法搜集证据，将以伦理为基础的法律融入日常的侦查活动中，是遵循法律伦理的基础。严格遵守法律规定进行侦查活动是一种应然选择，也是理想状态，然而，实然结果可能并非如此，因此他者的看法对评价警察法律伦理至关重要。法律伦理不仅存在于自我选择之中，也体现在他者的评价中，他人的评价也构成法律伦理的一部分。以警察肩负的侦查职责与保障人权为例，虽然社会公众寄希望于这两种价值趋向于统一，然而，本质上这两项职责是存在一定冲突的。"有罪推定"的思维需要假定犯罪嫌疑人就是实施犯罪的人，通过收集证据进行证伪，最终最大限度还原过去发生了的犯罪事实，在这一过程中如果过分强调保障犯罪嫌疑人的权利，将会不可避免地阻碍案件侦破工作。警察是否能够平衡这两种职责也成为公众评价其行为是否符合法律伦理的关键。公平、正义、廉洁、诚实守信、人性关怀一直是警察法律伦理的重要内容，下文将详细论述这五个方面的重要性。

1. 公平

公平是司法伦理的应有之义，而法律的公平是司法的主要目标之一。公平原指给予其应得的，是社会通过立法合理分配权利与义务。司法一直以来崇尚社会的公平与正义，而司法伦理的核心是实现法律的目标价值，也就是法律公正。[1]法律公正的基础是契约国家的形成，"法律成了社会控制的主要手段"。[2]国家这一种组织形式，要求个人摒弃为执行私人判决而处罚违背自然法行为的权力，由国家对社会成员之间所犯的不同罪行规定其应得的惩罚，即制定法律，设立统一的机构并且授予权力从事这一工作，对成员之间的利益纠纷作出裁决。警察享有的侦查权就是通过打击刑事犯罪，恢复被犯罪活动破坏了的权利与义务关系。警察公平的执法包含两个方面：一是警察在法律授权的框架内从事侦查活动，不肆意滥用权力，并且遵从程序法的规定，合法行使权力；二是执法相对人感受到被公平对待。

在刑事司法领域，公平的核心则是警察依法对待所有侦查相对人，不因其他因素而区别对待相对人，如性别、种族、宗教信仰、受教育程度。警察

---

〔1〕 参见王淑荣、孟鹏涛、许力双：《司法伦理在法治国家建设中的价值论析》，载《社会科学战线》2014年第12期。

〔2〕 ［美］罗斯科·庞德：《通过法律的社会控制》，沈宗灵译，商务印书馆2010年版，第12页。

在刑事侦查活动中享有广泛但外部制约较少的权力，与其享有的行政权力不同，更容易滥用，制定侦查程序就是规范警察依法行使侦查权。"程序上的步骤与方式的设计是出于对实体正义结果预望值的确保，它排斥了利益当事人的非理性和私欲的干扰，每个当事人只要严格遵循预设的程序，就能在制度下达到合理公正的结果。"[1]因此，对程序公正的追求构成了公平的一部分，确保在相同或相似的情况下不同的个体不被警察区别对待，因为当警察区别对待侦查相对人时，极易引发严重的社会冲突。例如，2020 年 5 月 25 日，美国明尼苏达州最大的城市明尼阿波利斯发生了一起警察用膝盖压制一位名叫乔治·弗洛伊德（George Floyd）的非裔美国人颈部并导致其窒息身亡的事件。起因是弗洛伊德涉嫌使用了一张 20 美元的假钞，在警察执法的视频流传到网上后，从 5 月 26 日开始，全美上下的抗议游行逐渐发酵，最终在 5 月 29 日演变为以 "Black Lives Matter" 为口号的全国性暴力示威活动，多个城市的人们走上街头，抗议警察在执法过程中存在的种族歧视行为。后该抗议活动蔓延到美国外的加拿大、英国、澳大利亚等国家，成为世界性活动。由此可见，警察区别对待的执法行为将会引发人们对司法活动公平性的质疑。

公平也体现在个体对警察行为的评价中，即相对人是否感到被公平对待。公平是个体的理性感受，体现在正当权利实现时的评价，属于主观范畴，[2]同时，个体对公平的需求不同，很难从众多个体评价中得出统一的标准。由于司法程序蕴含了司法公正的伦理价值，程序法充分体现了制度规范和程序规范，并且"程序的考虑是建立在最坏情况的设计上，而不依赖于人的道德品质"[3]，因此相对人可以参考程序法的规定，对警察是否遵循程序法的规定进行评价，反馈是否被公正对待。根据刑事诉讼法的规定，警察在侦查期间应保障犯罪嫌疑人的各项权利，不应对同类案件的犯罪嫌疑人进行区别对待。例如，对符合变更强制措施条件的犯罪嫌疑人拒绝变更强制措施，就容易导致犯罪嫌疑人感受到不公平。相对人以及社会普通公众对侦查程序是否公正的评价过程正是司法公正的组成部分。[4]

不得不承认，公平难以内化为不同人对某一具体事物的相同认同感，因

---

〔1〕 范进学：《宪法解释主体论》，载《中国法学》2004 年第 6 期。

〔2〕 参见徐显明：《何谓司法公正》，载《文史哲》1999 年第 6 期。

〔3〕 徐显明：《何谓司法公正》，载《文史哲》1999 年第 6 期。

〔4〕 参见姚莉：《司法公正要素分析》，载《法学研究》2003 年第 5 期。

此，应允许在客观条件下不公平的存在，当不公平为了公平而存在时，这种不公平就具有合理性。例如，为了实现对特殊群体的倾斜保护，实现分配的司法公平，刑事诉讼法中对一部分犯罪嫌疑人设置了专门的保护措施，如讯问未成年犯罪嫌疑人应通知其法定代理人到场，对可能被判处无期徒刑、死刑且没有委托辩护人的犯罪嫌疑人、被告人，应指派法律援助机构的律师为其辩护。对特殊群体赋予更多权利的做法并未背离司法公正的价值，通过保障其权利，警察更能让个体感受到司法公平。

2. 正义

罗尔斯（Rawls）在《正义论》中指出，"正义是社会体制的第一美德"，"正义原则涉及所有具有合理生活计划（不管其内容是什么）的人，这些原则代表着对自由的恰当限制。"[1]警察通过有组织地打击犯罪，实现维护治安、保护公民的人身以及财产安全，被视为维护社会正义的力量。警察肩负的社会职能使人们对其行为的实体正义性和程序正义性具有合理的期待。"法律被认为具有内在正义性，即善良和正义的核心价值……这一性质使得法律由公众所设，且为公众而设，值得公民加以遵守……公共利益理论给工具主义法律观提供了一个关键的基础：法律是为公共利益服务的工具。"[2]为公共利益服务的这一特征使得法律获得被普遍遵守的内在正义性。因此，警察为维护社会稳定而开展的刑事侦查活动就具备了正义性的基础。

正义往往指代某种群体的正义，即多数人的正义，但少数人的正义也不应被忽视。在侦查活动中，侦查相对人的利益同样也是公共利益不可分割的一部分，也应被保护。由于每个人都可能成为下一个犯罪嫌疑人，因此保护犯罪嫌疑人的基本权利就是保护个体的权益在将来免受公权力的肆意侵犯。刑事诉讼法赋予了警察强大的侦查权力，同时剥夺了侦查相对人诸如自由、财产、通信等权利。在犯罪嫌疑人失去人身自由以及与外界联系的这种状态下，犯罪嫌疑人权利遭受侵犯的可能性更大，以侵犯犯罪嫌疑人合法权利为代价的侦查活动将失去正义性。公开披露的首起因刑讯逼供造成冤假错案而

〔1〕〔美〕约翰·罗尔斯：《正义论》，何怀宏、何包钢、廖申白译，中国社会科学出版社1988年版，第245页。

〔2〕〔美〕布赖恩·Z.塔玛纳哈：《法律工具主义：对法治的危害》，陈虎、杨洁译，北京大学出版社2016年版，第303页。

启动刑事追责的唐山廖海军案，[1]正是由于警察为追求破案效率对当时的"犯罪嫌疑人"进行刑讯逼供，非法获取口供，造成了恶劣的影响。可见，对犯罪嫌疑人权利的保护，同样也是司法正义的要求。法律伦理中的正义性，要求警察对犯罪嫌疑人的合法权益同样进行保护。

在侦查活动中，确保犯罪嫌疑人在程序中的参与性同样也是程序正义的应有之义。获得立法授权的警察权力，并非意味着可以以任意的方式行使，侦查权力的行使需要严格遵循程序法的规定，符合程序正义的要求。刑事诉讼程序不但保障实体正义的实现，发挥着工具主义的价值，而且其本身也具有相对独立的价值。陈瑞华教授指出，程序正义包括程序的参与性、中立性、对等性、合理性、自治性以及及时终结性。[2]犯罪嫌疑人、被告人作为诉讼活动的主体，应被允许富有意义地参与刑事诉讼程序的全过程。无论是否有助于实现公正的裁判结果，公正的审判程序都具有独立的意义，即被告人能够与追诉犯罪的控诉机关一样，享有平等的诉讼主体地位，通过辩论、说服和交涉积极地对居中裁判的法官进行影响和作用，而非被动地等待审判，消极地接受裁判结果，由此实现了其作为人的尊严。[3]因此，警察根据实体法和程序法的要求，保障犯罪嫌疑人在侦查活动中的参与权，是程序正义的应有之义。同时，警察遵循诉讼程序的要求，以一种看得见的方式实现司法正义，符合程序正义。违反程序法的侦查活动，不仅是非法的，会造成司法不正义，也会对警察在人们心目中的正义形象造成负面影响。

3. 廉洁

为了让人民群众在每一个司法案件中感受到公平正义，警察不仅要在执法的过程中保持公正，更要做到廉洁。廉洁是制度伦理和德性伦理的共同要

---

〔1〕　1999 年，河北省唐山市迁西县新集村失踪的两名 9 岁女孩的尸体在枯井中被发现，警察在未对当时的犯罪嫌疑人廖海军家的血迹进行 DNA 检测时，就靠刑讯逼供获取廖家人承认杀人和抛尸罪行的笔录。2003 年 7 月 9 日法院作出一审判决，认定廖海军犯有故意杀人罪，判处无期徒刑；其父母犯有包庇罪，分别判处有期徒刑 5 年。2018 年 8 月 9 日，唐山市中级人民法院对原审被告人廖海军故意杀人，廖友、黄玉秀包庇再审发回重审一案进行了公开审理，并当庭宣判廖海军无罪，廖友、黄玉秀无罪。参见 http://www.xinhuanet.com/legal/2019-08/31/c_ 1124944018.htm，最后访问日期：2020 年 5 月 30 日。

〔2〕　参见陈瑞华：《程序正义论——从刑事审判角度的分析》，载《中外法学》1997 年第 2 期。

〔3〕　参见陈瑞华：《程序正义论——从刑事审判角度的分析》，载《中外法学》1997 年第 2 期。

求，其中，制度伦理是基于底线的外部约束，是一种规范性的要求。[1]如《警察法》第 4 条规定："人民警察必须以宪法和法律为活动准则，忠于职守，清正廉洁，纪律严明，服从命令，严格执法。"要求警察清正廉洁是警察职业规范的重要内容，是一种规范性要求。而德性伦理属于更高层次的伦理，是警察主动对自我行为的约束，这种自觉的约束往往更能指导警察的行为规范。[2]基于自身肩负的荣誉感、使命感、责任感，警察会对职业行为具有认同感，奉行公正廉洁的理念，自觉抵制腐败行为。

廉洁作为司法伦理的一部分，关系到司法权威以及司法公信力。"公正廉洁是司法的核心价值和永恒追求，是司法公信力的基本保障，是党和人民对司法的基本要求，是司法价值和功能得以实现的基本依托，也是司法必须坚守的底线。"[3]司法作为维护社会秩序的一种最后的手段，人们往往将寻求公平正义的希望都寄托于司法的权威。"无论是公权还是私权，也无论滥权者是强势还是弱势，一切其他领域的腐败和不法行径最终都可以通过司法来矫治，它既是恢复公共秩序的按钮，也是启动权益保护的开关。而司法一旦丧失廉洁，不仅不能制约各种权力滥用，反而会促生更大面积的腐败。"[4]例如，以 2013 年广东省"雷霆扫毒"12·29 专项行动为原型改编的电视剧《破冰行动》中，东山市公安局副局长马云波因妻子吸毒，进而接受贩毒集团的毒品贿赂，充当犯罪集团的保护伞为犯罪分子通风报信，丢弃了警察的使命感和荣誉感，陷入贪腐的泥潭无法脱身。少数警察的贪腐行为，可能导致整个警察群体逐步丧失公信力。

不廉洁的警察会导致人们对司法的不信任，转而依靠其他力量来寻求公平，还会造成人们对司法权威的藐视，进而不遵守法律，造成社会秩序的混乱。司法一旦丧失廉洁，社会成员将不再信任司法乃至法律，就不能做到"宪法和法律至上"，法律就得不到正确执行，而且会使社会成员对执政者的品行和执政能力产生怀疑，进而挑战政权的合法性，从而由司法信仰的丧失走向国家信仰的丧失。[5]当人们对司法的不信任达到一定程度，就可能会寻

---

〔1〕 参见宋远升：《司法论》，法律出版社 2016 年版，第 78 页。

〔2〕 参见宋远升：《司法论》，法律出版社 2016 年版，第 79~80 页。

〔3〕 江必新：《公正廉洁司法与制度创新》，载《人民司法》2010 年第 23 期。

〔4〕 李玉成：《关于"司法廉洁"的几点思考》，载《中国监察》2008 年第 21 期。

〔5〕 参见李玉成：《关于"司法廉洁"的几点思考》，载《中国监察》2008 年第 21 期。

求私力救济的方式解决纠纷，无序的纠纷解决机制无疑会增加社会的不稳定因素。因此，司法伦理要求警察刚正不阿，不贪不贿，维护司法的权威和司法的公信力，为社会的发展保驾护航。

#### 4. 诚实守信

诚实守信是中华传统文化的核心理念之一，也是法律伦理的重要组成部分，主要体现为司法诚信。司法诚信"是指承担司法或准司法功能的机关和其他参与主体在司法活动过程中应恪守诚信理念，诚实、守信地实施一切行为"[1]。司法诚信体现为对法律的诚信，根据法律裁判并维护法律所保护的社会关系，作为诚信的法律理念要求司法主体尊重法律，约束个人意志对司法的影响，不随意司法。[2]在内容方面，司法诚信强调两个方面：一是强调司法主体的诚信状态；二是强调公众相信司法的结果。[3]虽然司法活动会受到内外部因素的影响，导致诚信的标准也会随之变化，[4]但就警察而言，最为重要的是在侦查活动中，对待犯罪嫌疑人要诚实，不做虚假承诺，信守对犯罪嫌疑人的承诺，做到有诺必践，否则人们就可能不再信任警察。例如，广为人们诟病的侦查讯问政策"坦白从宽，抗拒从严"，作为一种激励政策，鼓励犯罪嫌疑人尽快坦白作案经过，争取较轻的刑罚。然而，事实可能并非完全如此，这一政策可能出现"坦白从宽，牢底坐穿；抗拒从严，回家过年"的情况。[5]原因在于，犯罪嫌疑人基于对警察承诺的信任，认为坦白得越彻底就越能得到宽大的处理，但如果其涉嫌多种犯罪，基于对警察的信任坦白尚未被查获的犯罪，仍需要承担数罪并罚的判决结果，实际上并非坦白越多，从宽处理的幅度越大。另外，即使 2018 年始认罪认罚从宽制度入法，仍旧未能解决这一问题。犯罪嫌疑人在侦查阶段认罪认罚并不一定能够在审判阶段

---

〔1〕　廖永安、李林启：《司法诚信建设论纲》，载《烟台大学学报（哲学社会科学版）》2014 年第 4 期。

〔2〕　参见黄辉、宋广奇：《司法公正视野下的司法诚信研究》，载《西南民族大学学报（人文社会科学版）》2013 年第 9 期。

〔3〕　参见刘昂：《司法诚信的制约因素及实现路径——以刑事司法为视角》，载《北方法学》2017 年第 3 期。

〔4〕　参见刘昂：《司法诚信的制约因素及实现路径——以刑事司法为视角》，载《北方法学》2017 年第 3 期。

〔5〕　参见毕惜茜：《论侦查讯问中的司法诚信——从"坦白从宽，抗拒从严"的司法承诺谈起》，载《武汉公安干部学院学报》2008 年第 1 期。

获得确定的量刑优惠，与美国的辩诉交易制度不同，我国警察在侦查阶段并没有实际上的处置权，这导致警察对犯罪嫌疑人坦白的承诺仍旧是一张"空头支票"。实践中，一些被告人因为对"从宽"的结果不满意，当庭翻供。警察如果不能恪守诚信，以功利主义的态度对待犯罪嫌疑人，通过无法实现的许诺换取犯罪嫌疑人供述，事后无法兑现承诺，会导致人们对警察行为的不信任，增加侦查的难度。

5. 人性关怀

司法向来重视教化作用，强调司法者对参与者的道德关怀义务。"中国传统司法高度重视道德的作用，历代法典均以伦理原则作为最高指导原则"[1]，司法官员也注重对触犯法律的人的教化，情理法正是古代司法文明的表现。[2]与传统社会不同，现代社会要求充分地尊重每一个人的人格尊严和公民权利，[3]构建社会主义和谐社会更要求司法以人为本，强调司法主体对相对人的人性关怀，反映了保护人权的伦理取向。

在侦查的过程中，警察应将侦查相对人视为主体而非侦查的客体，保障法律赋予侦查相对人的各项诉讼权利。视侦查相对人为诉讼主体的观念伴随着程序正义的概念而产生，在此之前，侦查相对人往往被看作侦查活动的客体。作为客体的侦查相对人，不仅人格尊严无法得到应有的保护，而且法律规定的诉讼权利也得不到保障，是侦查活动中的弱势方。伴随着侦查理论的转变，警察执法的理念也随之变化。立法要求刑事侦查体现人性关怀，转变冷冰冰的侦查方式，警察要保障侦查相对人的基本权利，在实务中尊重侦查相对人。如在口供的获取方式上，以刑讯逼供为代表的残忍方式逐渐被禁止，取而代之的是警察通过给予犯罪嫌疑人亲情、友情等关怀，从其自身利益出发再辅之坦白政策，鼓励其自愿供述、积极揭发他人犯罪，争取宽大处理的结果。另外，在不违反法律规定的前提下，从人性化的角度对待犯罪嫌疑人，将提高犯罪嫌疑人对司法的接受度，以此增强司法的公信力。2015年美国警察将一名怀孕8个月的孕妇按在铁丝网上铐住，后又将其头朝下按倒在地，引发了民众对警察执法方式的探讨。警察在法律许可的范围内本可以采取更

---

〔1〕 周幔：《中国传统司法的伦理特质及其现代价值》，载《河北学刊》2011年第1期。

〔2〕 参见张晋藩：《古代司法文明的人文关怀：法、理、情的联通》，载《人民法治》2016年第7期。

〔3〕 参见高新华：《司法现代化进程中的法律职业伦理》，载《法学论坛》2005年第2期。

为温和的方式对待手无寸铁的孕妇，体现人性关怀而非机械执法。

## 二、技术侦查引发的法律伦理问题

与普通侦查手段不同，技术侦查具有技术性、秘密性、强制性和易侵权性的特点，[1]在实施的过程中也更容易引发法律伦理问题。技术侦查扩张了警察侦查权力的范围，不仅能够对无被害人的疑难案件进行侦破，威慑潜在的不法分子，而且能够从预防犯罪的角度对可能发生的严重犯罪活动进行实时监控，防患于未然。现行立法规定的技术侦查措施主要包括三种类型：①原属于"秘密侦查"的监控类，包括秘拍、秘录、监听监控等；②隐匿身份侦查；③控制下交付。然而，监控类技术侦查将秘密地侵入公民的私生活领域，隐私权岌岌可危，而侦查的不公开性又导致监督困难，程序正义难以以看得见的方式实现。隐匿身份侦查需采取欺骗性手段，可能引发警察的信任危机，而线人的启动则意味着公权力可能"故意"制造犯罪。控制下交付则展现了公权力对人性的考验，高科技手段的使用也增加了技侦人员与侦查相对人之间的距离感，这些都在不断挑战法律伦理的底线。

（一）秘密侦查易侵犯公民隐私权

1890 年，塞缪尔·D. 沃伦（Samuel D. Warren）和路易斯·D. 布兰代斯（Louis D. Brandeis）两位教授率先提出了隐私权的概念，认为"不受他人干扰的权利是所有自由的开始"，因此"隐私权具有重要的道德价值"。[2]公民隐私权益是公民在自由与尊严方面最起码的权益，[3]警察应保障公民有尊严地生活，维护公民按照个人意志自由决定个人事务的权利。然而，隐私权不是一项绝对的权利，在特定情形下对隐私权的保护将让位于其他更为珍视的利益，如法律允许警察在不得已的情况下通过"探听"个人隐私获取证据。但

---

〔1〕　参见张慧明：《技术侦查相关概念辨析》，载《中国刑警学院学报》2012 年第 4 期。

〔2〕　塞缪尔·D. 沃伦和路易斯·D. 布兰代斯于 1890 年在《哈佛法学评论》上发表了一篇题为《隐私权》（Right to Privacy）的文章，提出了"隐私权"是"不受他人干扰的权利"（Right to be alone）。1965 年美国最高法院在格里斯沃尔德诉康涅狄格州（Griswold v. Connecticut）案中，通过晕影理论（Penumbra）推定宪法上隐私权的成立，隐私权逐渐从私法发展到公法领域。See Samuel D. Warren & Louis D. Brandeis, "Right to Privacy", 4 *Harvard Law Review* 1890–1891, p. 193.

〔3〕　参见吕耀怀、熊节春：《我国隐私权保护问题的伦理辩护》，载《江西社会科学》2012 年第 3 期。

是，监听监控型技术侦查措施本身就是通过窥伺犯罪嫌疑人的隐私来获得证据，[1]公权力对隐私的故意窥探破坏了公民保有有尊严生活的基础，违背了警察应保障公民有尊严生活的伦理道德观念。

首先，技术侦查的秘密性决定了其侵入私生活领域的无形性。技术侦查越来越多借助科技的手段，"先进的科学技术为本来就强大的公权力提供支撑，这就意味着公权力以一种几乎不受限制的方式闯入公民的私生活领域，随意猎取公民私密信息。"[2]尤其是随着天网系统、大数据挖掘、互联网追踪等技术的运用，技术侦查措施可以实现"非物理性"接触，无需在侦查相对人处安放一定的设备就能够悄无声息地获得信息，人们生活的方方面面都存在着被监控的可能，而这种监控是无形的。

其次，技术侦查的单方参与性，加剧了警察与公民对合理隐私权期待之间的紧张关系。与普通侦查相比，技术侦查并未对相对人的生活自主权利产生直接的影响，因为相对人并不知晓其已经被作为侦查的对象。因不知道技术侦查的存在，怀着对隐私的合理期待，按照自己的意愿保有惯常的生活习惯，将生活、工作、学习等最为自然的状态展露无遗，也包括违法犯罪的事实。"这种技术性侦查行为已经侵害到个人私生活和隐私信息不受干扰的状态，而这恰恰是隐私权最为核心和本质的内容。侵害个人隐私使人遭受的精神痛苦与困扰，较之于纯粹的身体或者财产伤害，有过之而无不及。"[3]问题在于，相对人如果明确知道个人的私密信息将会被侦查机关获取，会有一定的心理预期，对不希望被第三人知晓的隐秘信息将采取相应的保护措施以保持个人私生活的秘密性，如在公众场所注重言行举止，不讨论个人的私生活信息。但是由于技术侦查有时是看不见以及未知的，如监听监控，因此被监视的人实际上并不能反抗这种秘密侵入。[4]

最后，对技术侦查所获材料的筛查过程，不仅"二次"侵犯了相对人的隐私权，还可能侵犯无关第三人的隐私权。由于监听监控活动具有预防性特

---

[1] 参见欧阳爱辉：《论网络通讯监听法制化的理论基础》，载《南阳理工学院学报》2014 年第 1 期。

[2] 廖斌、张中等：《技术侦查规范化研究》，法律出版社 2015 年版，第 4 页。

[3] 谢登科：《论技术侦查中的隐私权保护》，载《法学论坛》2016 年第 3 期。

[4] See Gary L. Davis, "Electronic Surveillance and the Right of Privacy", 27 *Montana Law Review* 1966, p. 173.

征，监听时间长，信息收集工作的范围也较为宽泛，技术设备本身并不能对涉及犯罪活动的证据进行智能筛查，因此，只有通过人工对所获信息进行筛查后，才能确定哪些信息涉及犯罪活动。然而，"公民私生活领域的信息并非全部涉及犯罪活动，很大程度上是关于私人交往过程中不想公开的信息，但技术侦查不会自动筛选信息，以监听为例，侦查机关获得的信息并非全部与犯罪有关，很大一部分是与犯罪活动无关但又不想让外人知道的个人私密信息。"[1]一方面，获取材料本身就已经对相对人隐私权的秘密性状态造成了侵害，而筛查技侦材料的过程又需要对信息内容进行甄别，形成了对隐私权的"二次"侵害。另一方面，监听监视中获取的与案件无关的第三人信息，因其并非严重刑事犯罪案件的犯罪嫌疑人，与侦查相对人相比，警察侵犯隐私的行为并无正当性依据，因而性质更为严重：其一，立法并未规定侦查机关负有事后披露义务，因此这种对隐私权的侵害并不会因刑事审判程序的推进而被知晓。这与被告人不同，由于控告方将在法庭上使用技侦证据指控被告人有罪，被告人会自然而然地知晓，而无关第三人因不涉嫌犯罪而自始至终无法知晓。其二，即使法律规定，与相对人和案件无关的信息、材料等要及时销毁，且不论有关机关在实务中是否及时销毁，但对涉及隐私信息的事后处置行为并不影响对此前侵犯隐私行为的判定。

**（二）侦查不公开易造成程序不正义**

司法正义体现在实体正义和程序正义两个方面，而技术侦查的不公开性容易造成程序不正义。司法正义的实现需要法律从业者在执业过程中，将司法正义看成是行为的动机以及信念，并且以高度的司法责任感努力践行对司法正义的追求，在法律实践活动中实现司法正义，通过司法正义造就司法权威，从而最终实现社会正义。[2]警察作为司法正义的维护者，要遵循程序法的规定，依法追查犯罪活动，搜集犯罪嫌疑人涉嫌犯罪的证据，为法庭审判实现实体正义奠定基础。然而，程序的价值还在于保障实体正义的实现，确保不因外力因素影响法律的实施效果。"正义的基础在于严格规则，只有严格规则，才能避免司法人员不受任何限制地随心所欲，才能避免公民的人权、人类社会的安全和正义成为司法人员情绪、直觉的预感、偏见、脾气以及其

---

〔1〕　廖斌、张中等：《技术侦查规范化研究》，法律出版社 2015 年版，第 4 页。
〔2〕　参见高新华：《司法现代化进程中的法律职业伦理》，载《法学论坛》2005 年第 2 期。

他非理性因素的牺牲品。"[1]虽然技术侦查的相对人可能并非完全"无辜"之人，都是有线索表明可能实施严重犯罪的人，但是针对此类犯罪嫌疑人，警察也应该依照程序法的规定追究相对人的法律责任，遵守程序正义。然而，技术侦查的启动、实施过程以及技侦证据的庭外核实程序都不公开，可能造成司法程序的不正义。

技术侦查措施实行内部审批制度，不对外公开，容易造成程序不公正。一方面，立法在技术侦查措施的启动条件上用词模糊，为警察肆意启动提供了便利，违反规定启动技术侦查的现象时有发生。虽然立法对适用技术侦查措施的案件作了严苛的限制，但未明确技术侦查的具体种类，对适用的对象系案件或具体的人语焉不详，应使用的案件类型还可能存在解释泛化[2]，容易造成"外紧内松"的现象，警察可能为了节约侦查资源，将技术侦查措施适用于不符合启动条件的案件。实践中出现较多的是在普通刑事案件中适用技术侦查措施，例如，对一般盗窃案件的犯罪嫌疑人手机进行定位。另一方面，技术侦查措施的审批程序过分行政化，[3]司法机关内部在追查犯罪的目的上具有一致性，因而内部监督无法发挥预期的作用，容易造成程序不正义。行政化的审批程序虽然高效，但是审批过程不对其他部门公开，容易导致权力滥用。这种不公开的内部审批制度，可能造成警察将技术侦查措施适用于不符合条件的案件，与立法规定的审批制度相违背，存在滥用权力的倾向，导致程序缺乏正义性。

技术侦查的实施过程具有秘密性，外部监督不足，警察可能存在违法取证的行为。技术侦查的秘密性在于其实施的过程仅有侦查机关单方参与，侦查相对人对侦查情况并不知情，这种不透明性可能导致警察滥用技术侦查权力，社会公众的知情权被限制。[4]在侦查的过程中，即使警察违法侦查侵犯了相对人的合法权利，相对人也无法知晓，无法对技术侦查的实施状况进行监督，以寻求有效救济。实践中最为常见的是经过合法审批的技术侦查措施，在实施的过程中侦查人员可能采取非法的取证手段，如在诱惑侦查中，警察

---

[1] 参见赵秉志、田宏杰：《刑事司法正义论》，载《中国刑事法杂志》2000年第6期。

[2] 参见王晨辰、周轶：《技术侦查制度之检讨》，载《法律适用》2014年第2期。

[3] 参见王晨辰、周轶：《技术侦查制度之检讨》，载《法律适用》2014年第2期。

[4] 参见毕亮杰、周长军：《论作为司法伦理的侦查不公开》，载《广西社会科学》2015年第4期。

可能诱使没有犯罪意图的人犯罪，但由于取证过程的保密性，警察的取证行为缺乏有效监督，无法避免取证过程违法，违反了司法正义的内在要求。

另外，庭外核实技术侦查证据的方式，导致程序正义遭受质疑。立法规定必要时可以由审判人员在庭外对技侦证据进行核实，也是基于技侦证据的保密性，一般由审判人员去公安机关审查核实证据，但这一过程排除了被告方的参与，被告人无法与指证其有罪的证人、证据进行对质或质证，侵犯了被告人的质证权。即使此种规定更多是考虑技侦人员的安全性或者技侦措施的保密性，一旦法官将庭外核实后的技侦证据作为定案依据使用，则意味着法庭允许未经法庭出示、质证等环节的证据作为判定被告人有罪的根据。剥夺被告人质证权的做法，不符合程序正义的要求。

（三）欺骗性手段可能引发信任危机

警察群体一直以正直的形象出现在公众视野中，欺骗性技术侦查措施违背了警察的正直性，容易引发信任危机。惩恶扬善、扶持正义是警察的本职工作，侦破严重刑事案件的紧迫性使得警察采取欺骗性的侦查手段具有正当性基础，但这与警察持身守正的形象相背离，人们将会怀疑警察行为的正直性。目的的正当性并无法掩盖欺骗手段的"肮脏性"，这种不正直的行为可能颠覆警察形象。

采用欺骗性手段破坏了人与人之间的信任基础。在技术侦查措施中，卧底侦查、诱惑侦查、控制下交付等最常采用欺骗性手段。在卧底侦查中，为迅速打入犯罪分子内部或骗取侦查相对人的信任，侦查人员不得不进行虚构身份、伪造犯罪履历、编造谎言等伪装。"卧底侦查是建立在向犯罪组织内部派遣秘密侦查员并以某种身份为掩护的前提之上的，就其以假面目示人而言，显然也具有明显的欺骗因素。"[1]侦查相对人就是基于对虚假信息的信任而"自愿"向卧底警员披露其犯罪信息。因此，"使用隐匿身份侦查措施对侦查对象进行的侦查行为，是对侦查对象的一种欺骗，从一定程度上来说的确有悖伦理道德。"[2]虽然不具有强迫性，但采取欺骗的手段无疑触及了道德底线，因为人与人之间相互信任是社会发展的基础，警察的这种行为无疑打破

---

〔1〕　刘昂：《刑事诉讼视角下的司法诚信与欺骗性侦查手段的运用》，载《中国人民公安大学学报（社会科学版）》2016年第3期。

〔2〕　刘黎明、邓瑶：《隐匿身份侦查的道德原则》，载《中国人民公安大学学报（社会科学版）》2014年第6期。

了这种信任的状态。

采用欺骗性手段对人性的探查方式违背了基本的伦理观念。诱惑侦查的本质是警察利用人的某种欲望，通过故意创造条件、制造机会等方式进行"钓鱼执法"，虽然各国都禁止"犯意诱发型"侦查，但对"机会提供型"侦查持肯定态度。然而，正如学者所言，诱惑能够形成潜意识里的需要，动机的形成则依赖于诱惑的大小程度，动机的形成也意味着犯意的形成，提供机会或诱发犯意仅在诱惑程度上不同，但并无绝对的边界。[1]尤其在"既得利益明显大于犯罪成本时，任何人都不能确保在巨大利益的诱惑下之前全无的犯意是否会屈服于人性弱点"[2]。人性本来就是复杂的，"客观测试就等同于政府参与到对公民的正直性的随机测试，这是不可接受的，即使这是应该抵抗的诱因，政府没有权力仅因为公民没有抵抗诱惑而犯罪就对其进行定罪。"[3]

采用欺骗性手段背离了公众对警察的期待，会逐渐导致公众对公权力的信任度减损。现代国家依据信赖保护原则建立，国家与公民之间的信赖关系是维护稳定的社会秩序以及可预测的社会生活的前提条件。在司法领域，公众对司法的信任是维护司法权威的基础，"这种信任既是一种执法伦理要求，也是一种司法伦理要求，在刑事司法行为中，基于司法公信力的期待，这种信任应更值得维护，欺骗型秘密侦查正是破坏了这种信任关系。"[4]现代公民社会中，法治已然成为主导，公权力更需要采用正直的方式履行职责，为社会公众树立正确的基本道德标准和行为规范标准，刑事侦查活动更应该如此。[5]但当警察发现采取欺骗性的手段就能轻易地查获犯罪证据时，会倾向于提高这种手段的使用频率，久而久之，可能从刑事领域中欺骗犯罪嫌疑人发展到行政领域中欺骗公众。人们一旦得知警察为达目的而不惜采取不道德的方式，对警察的认知会发生改变，进而也会对公权力丧失信赖，对法律的信仰也会随之消失。"为了短期的侦查利益，通过欺骗来降低信任的政策，如

---

〔1〕 参见师索：《诱惑侦查的人性分析》，载《江西公安专科学校学报》2010 年第 1 期。

〔2〕 师索：《诱惑侦查的人性分析》，载《江西公安专科学校学报》2010 年第 1 期。

〔3〕 Seumas Miller & Ian A. Gordon, *Investigative Ethics: Ethics for Police Detectives and Criminal Investigators*, New Jersey: John Wiley & Sons, 2014, p. 274.

〔4〕 李明、左勇：《论秘密侦查的伦理底限》，载《山东警察学院学报》2013 年第 5 期。

〔5〕 黄晓权：《刑事证据制度的伦理审视》，中南大学 2012 年博士学位论文。

设置陷阱或者圈套的行为，给民主社会和警务带来的危险可能远大于欺骗政策所针对的犯罪行为。"〔1〕政府应为社会公众树立正面的榜样，避免使用欺骗性的侦查行为。

（四）可能存在警察故意制造犯罪

警察承担维护社会稳定的职责，追查违法犯罪活动是警察的首要任务，积极制止可能存在的犯罪以及查明已经发生的犯罪，是侦查活动的主要目标。在技术侦查活动中，警察为了获取罪证，可能派遣各种特情人员打入侦查相对人的内部，伺机获取犯罪嫌疑人的罪证。除了需要采用欺骗手段掩护身份之外，特情人员还需要比其他人员更为"卖力"地参与到犯罪活动中，以取得犯罪集团头目的信任。为了侦查犯罪，警察安排特情人员"故意"制造犯罪与阻止、打击犯罪的职责相背离。

技侦部门允许特情人员以参与犯罪为代价查获犯罪活动，实际上人为地制造了犯罪活动。特情人员在必要时需要主动或被动参与到相关犯罪活动中，这种以参与违法犯罪的方式获取证据的行为，存在"以暴制暴"的嫌疑。为打入犯罪集团内部，特情人员不得不递交"投名状"，一般需要参与或者制造犯罪，留存下犯罪证据使犯罪集团相信特情人员是"自己人"，获取犯罪嫌疑人的信任，在随后的侦查过程中，还会面临多次"忠诚"考验，都可能被迫不同程度地参与犯罪活动。特情人员从事卧底活动的主要目的是收集犯罪证据，查获犯罪事实，而非故意制造犯罪，然而卧底侦查就意味着要主动"制造"犯罪活动。"无论是参与犯罪还是引诱犯罪都与司法机关以打击犯罪为基本职责的规定是完全冲突的，显然有违司法机关的职业伦理。"〔2〕另外，在使用线人等社会"灰色"力量参与侦查的情况下，线人基于自身利益考量，往往难以对自己参与的犯罪活动提供有效的证据，导致警察无法追究其犯罪行为。警察纵容线人从事犯罪活动，与制止犯罪的职责相违背。

（五）存在物化相对人人格的倾向

伦理学上的道义论认为，只要行为动机是善的，即行为动机是遵循一定的行为规定，无论结果是否是好的，都是符合伦理要求的。实施技术侦查措

---

〔1〕　Seumas Miller & Ian A. Gordon, *Investigative Ethics*: *Ethics for Police Detectives and Criminal Investigators*, New Jersey: John Wiley & Sons, 2014, p. 264.

〔2〕　李明、左勇：《论秘密侦查的伦理底限》，载《山东警察学院学报》2013 年第 5 期。

施的目的是打击严重犯罪，符合道义论中对行为动机的要求，然而，在此过程中并不能忽略对人自身价值、自由的尊重和承认，因为"在司法活动中，人性价值是司法的最高伦理体现"[1]。

技术侦查的实施过程中频繁采用科技手段，造成侦查人员与相对人之间的距离感，从而存在物化相对人人格的倾向。首先，技术侦查措施的单方参与性，使侦查主体容易忽略侦查相对人的感受。技术侦查措施的秘密性决定了活动的相对单方面性，相对人对技术侦查的实施并不知晓，因此，侦查人员无法与犯罪嫌疑人进行"良性"互动，而相对人也无法对侦查活动进行反馈。这就导致掌握技术侦查主动权的侦查人员，容易只重视结果而在过程中忽略作为主体的侦查目标的感受，无法对相对人的需求进行回应。其次，技术侦查措施中频繁地运用高科技手段，改变了普通侦查模式中侦查人员与相对人之间的互动模式。在互联网时代，科技的高速发展促使技术侦查"借助象征标志和专家系统，侦查活动再也不像传统那样局限于亲身互动的具体情境中，而是从中抽离了亲身活动的具体情境，侦查对象成为侦查主体监控仪器下的一个小黑点，成为侦查主体 GPS 上的一个小坐标，成为侦查主体操纵下的数据库中的无数个 0 和 1"[2]。采用科技手段进行技术侦查的情况下，侦查人员面对的不再是相对人，而是冷冰冰的数据下代表的相对人，这种虚拟化趋势，带来的问题是技术侦查实施人员与相对人之间的疏离感，这种疏离感容易导致侦查人员将相对人作为手段而非目的。[3]"司法伦理建设应坚持以人为本。司法的终极目的指向人权，保护人权、尊重人的尊严，这也是法治的最终目的。"[4]然而，技术侦查措施可能会将人作为手段而非目的。最后，科技手段产生的空间距离感可能异化警察伦理。先进监控技术的适用使技术侦查摆脱了需与相对人近身接触的传统方式，然而，技术侦查实施人员与侦查对象之间产生的空间距离感影响了警察的执法伦理，存在对警察伦理异化的负面影响。[5]技术侦查人员不仅利用科技手段，而且受科技手段的支

---

[1] 许富仁：《论司法与伦理结合的内在基础》，载《江西社会科学》2003 年第 4 期。

[2] 艾明：《侦查权司法审查的伦理意蕴——基于现代性的省思》，载《铁道警官高等专科学校学报》2009 年第 1 期。

[3] 参见典范：《论技术侦查的危险性》，载《法制与社会》2013 年第 1 期。

[4] 刘正浩、胡克培主编：《法律伦理学》，北京大学出版社 2010 年版，第 117 页。

[5] 参见艾明：《秘密侦查制度研究》，中国检察出版社 2006 年版，第 139 页。

配，可能丧失对相对人的判断力。[1]科技手段视相对人为客体，无法在保障相对人人格的前提下作出判断。总之，技术侦查物化相对人人格的倾向与司法伦理要求的尊重和保障人的价值、自由相违背。

### 三、技术侦查伦理问题原因分析

要求警察在刑事侦查活动中遵循基本的法律伦理，是基于三个方面的考量：首先，刑事侦查活动带有公共服务的性质，遵循法律伦理有助于维护司法公信力。其次，警察在侦查活动中具有广泛的权力，是实施法律控制的基础，而伦理是法律的内在基础，受伦理约束的警察权力才具备合理性基础。最后，警察权具有很大的自由裁量权，需要参考法律伦理作出合理判断。实践中，技术侦查引发伦理问题的原因在于三对关系的不自洽：警察权力中授权与限权的失衡、公共利益与个人利益的失衡、警察依法打击犯罪的职责与公众期待的失衡。

（一）刑事侦查应遵循基本的法律伦理

因刑事侦查具有公共服务的属性，法律赋予了警察极大的侦查权力，并且警察在权力的范围内拥有广泛的自由裁量权，因此，要求警察遵守基本的法律伦理尤为关键。

首先，警察权具有公共服务的性质，为维护司法公信力，需要遵循法律伦理规范。警察是公权力的代表，维护着社会的安全与稳定，含有公共服务的属性，因此，警察不仅应该在法律授权的范围内进行侦查活动，更应该以高于普通人的伦理标准约束自身行为，防止在侦查过程中滥用权力，维护社会公众对警察的信任。如果警察以低于法律伦理的标准来约束自身的行为，那么社会公众对警察的信任就会下降，司法公信力也将会消减。

其次，警察权力是实施法律控制的关键，警察行为自然要受法律伦理的约束。"由于那些一时和在短期内制定的法律，具有经常持续的效力，并且需要经常加以执行和注意，因此就需要有一个经常存在的权力，负责执行被制定和继续有效的法律。"[2]警察权就是这样一种权力，负责执行和维护现有的

---

〔1〕　参见艾明：《秘密侦查制度研究》，中国检察出版社 2006 年版，第 142 页。

〔2〕　[英]约翰·洛克：《政府论》（下篇），叶启芳、瞿菊农译，商务印书馆 1964 年版，第 90 页。

法律规定，遵守法律伦理是警察行为具有正当性的基础。与其他权力不同，"警察权具有直接行使合法暴力的权力与能力"，[1]根据侦查犯罪的需要可以决定对犯罪嫌疑人实施拘留、搜查、扣押、讯问、逮捕等强制措施，实施强制措施的过程虽然是警察践行法律的过程，但此过程也需要法律伦理的约束，警察权力若不受法律伦理的约束，即使行为合法，行为的合理性也可能会遭到质疑，法律控制就无法实现。例如，在2002年的"黄碟案"中，警察闯入民宅查获淫秽录像，当事人被刑拘，后以检察院决定不批捕结束。夫妻在家看黄碟的个人行为是否涉嫌犯罪、警察可否介入等问题，虽然涉及法律问题，但更多应归入法律伦理所讨论的范畴。

最后，刑事侦查中警察享有广泛的自由裁量权，法律伦理可以弥补法律空缺，辅助警察作出合理的决定。侦查的过程充斥着两种对立的行为：警察试图发现犯罪证据而犯罪分子试图隐藏犯罪证据，各种突发情况时有发生。为了便利侦查，法律赋予了警察在法律允许范围内的自由裁量权，如警察可以决定针对不同的案件采取不同的侦查措施。自由裁量权的属性导致警察在面对疑难问题时需要从法律伦理中获取指导，帮助其判断应如何作出行为，防止因自由裁量权过大而导致警察权力行使不当。

（二）技术侦查引发伦理问题的原因

技术侦查的司法伦理困境，起因于公权力与私权利、国家刑罚权与个人基本权利保护、实体正义与程序正义关系之间的冲突与对抗，任何一对关系中的失衡都会引发伦理困境。具体来说，警察权公共利益的属性扩张了公权力的范围，打破了公权力和私权利的平衡状态，将不可避免地侵犯更多的私权利，这导致了授权的合理性与限权的必要性共存。作为控制犯罪与保障人权相衡量的结果，立法者将这些秘密侦查措施认可为一种对个人隐私权的"合法侵害"，尽管立法者为其披上了"合法的外衣"，但这件"外衣"却是那么的飘渺和脆弱。[2]从功利主义学者的观点看，应根据可能的结果，牺牲一部分人的自由和权利，实现利益最大化。由于社会总体利益大于个人利益，所以，对个体的伤害如果是为了社会整体的福祉，则具备可容忍性。[3]可是，

---

〔1〕 刘茂林：《警察权的合宪性控制》，载《法学》2017年第3期。

〔2〕 贾志强、闵春雷：《评新〈刑事诉讼法〉中的"技术侦查措施"——以秘密侦查理论为基础的反思》，载《山东警察学院学报》2013年第5期。

〔3〕 王国龙：《司法技术与公正司法》，载《法律方法》2014年第1期。

当实施技术侦查措施的结果不是保护个人基本权利而更多的是剥夺个人权利，就与立法的初衷相背离，因为技术侦查相对人的个人基本权利也是公共利益的一部分。安全稳定的生活环境作为社会整体的利益，对于全体成员来说，无疑是一种最高的利益，此种利益人数众多，因而从总量上看价值最高。而对于每个人而言，与社会整体利益相比，则更为关注自身利益，在社会机制仍旧能够发挥作用的情况下，保全自身利益是个人有尊严的发展最为重要的内容。当评价机制变成把社会中的每一个人作为相同的个体，忽略每个人的不同背景、感受、需求等，再辅之以数量的多寡作为衡量结果的正当性，就会陷入康德所反对的以人为手段而非目的的功利论。伦理学中的经典论题"电车难题"，完美阐释了这一问题，即使是理性的人也不能把生命通过数学简单相比较，得出5大于1的结论，不仅因为生命的价值无法进行估算，更因为对处在被选择中的6个人来说，生命都同样宝贵。此外，技术侦查的实施方式还关系到程序正义是否实现。虽然警察享有实施技术侦查的权力，但是实施的方式不仅关乎程序是否合法，也关乎警察行为是否与其职责本身附着的公众的期待相符合。以下将从三个方面来论述技术侦查引发法律伦理问题的原因。

1. 授权与限权的冲突

警察的职责是维护社会和平与稳定，对技术侦查的授权正是符合这一目的，然而警察权力的扩张，导致公民个人权利被压缩，限制侦查权的行使具有必然性。现代犯罪的类型化、智能化等特点，为实施技术侦查措施提供了依据，在传统侦查措施无法侦破犯罪的情况下，立法有必要授权警察实施技术侦查措施查获严重犯罪活动。警察在对抗严重危害社会的犯罪时，如危害国家安全犯罪、恐怖活动犯罪、黑社会性质组织犯罪、重大毒品犯罪，可以采取技术侦查措施，将获得的技术侦查材料作为证据使用，打击犯罪，保障社会整体的安全和稳定。

但是，伴随警察权力扩张的是公众的担忧。麦迪逊（Madison）在《联邦党人文集》中指出，"必须首先使政府掌握控制社会的权力，然后迫使其自我限权。"[1]根据契约建立的国家，其权力来源具有正当性，然而这种正当性的

---

〔1〕　James Madison, "The Federalist No. 51", *The Federalist Papers*, Oxford：Oxford University Press, 2008, p. 256.

基础是满足治理社会的最低需要，一旦超过了这种需要，限权就具有必要性。因为从人性上看，除了出让必要的个人权利求得人身、财产等受到国家应有的保护外，任何个人无意出让更多的权利，尤其是关乎个人生活的各项隐私权，保有更多权利成为公民的普遍诉求。因此，授权与限权的矛盾在技术侦查方面体现得尤其明显。

然而，技术侦查自身的性质使限权难以实现。首先，授权实施技术侦查的立法用语模糊，留给警察较大的自由裁量空间。刑事诉讼法详细规定了警察可以采取的技术侦查措施、实施的具体程序、犯罪嫌疑人的权利救济等，严格限制警察权力的行使。然而，基于前述多方面考虑，立法仅规定了实施技术侦查措施的条件，具体的实施细则要遵循公安机关的内部规定，不对外公开，因而无法从法律层面对侦查权进行限制。

其次，技术侦查的实施是秘密进行的，过程保密，相对人并不知情。"从目前公认的几种技术侦查手段，电子侦听、电话监听、电子监控、秘密拍照或录像来看，均是秘密实施，均在当事人不知情的情况下。"[1]技术侦查措施的实施过程对外保密，并且不需要相对人的配合，造成警察权力不受限制。对比其他侦查措施的实施过程，无论是否需要相对人自愿配合，犯罪嫌疑人都是与警察产生直接关系的主体，立法要求警察通过书面或口头形式告知犯罪嫌疑人其所享有的权利和义务，侦查的过程与结果会通过书面形式固定下来，犯罪嫌疑人还需要对侦查的过程和内容进行确认。这种相对公开的侦查环境以及犯罪嫌疑人对侦查活动的参与性，都使监督警察是否依法行使权力成为可能。

最后，采取欺骗型技术侦查措施的，警察不仅不会告知侦查活动正在进行，反而还会采取说谎的方式隐瞒侦查行为。以诱惑侦查为例，较常用在毒品犯罪、集团犯罪等案件中，警察利用线人、卧底探员等抛出诱饵，不仅不会告知实情，反而会采取隐瞒真相、虚构事实等手段，通过长期的伪装获得犯罪分子的信任，吸引目标人员参与到犯罪交易中，目的是在交易时人赃并获。技术侦查的单方参与性，造成相对人与侦查人员存在严重的信息不对称，因此，在整个过程中相对人也不会对权利被侵犯的程度有所察觉。当相对人不知道自己的权利正在被侵犯时，权利被侵犯的概率就会增加，公权力也会变得不受约束，限制公权力就变得尤其困难。总之，技术侦查的单方面性、

---

〔1〕 孙晓敏：《厘清"侦查技术"与"技术侦查"》，载《检察日报》2013年5月27日，第3版。

秘密性、不公开性等特点使得限制警察权力的措施难以实施。

2. 公共利益与个人利益的冲突

实施技术侦查是为了抑制严重犯罪，符合最大多数人的利益，即公共利益，与以侦查相对人为代表的少数人的个人利益相冲突。传统上，主流的行为价值规范崇尚公共利益至上，个体利益仅在与作为整体的公共利益相一致时才会受到尊重和承认，并得以受到保护；当个体利益与整体利益相冲突时，社会价值体系倡导个人牺牲自身利益，服从公共利益。正常的社会秩序对每个人的生活与发展至关重要，而在混乱的社会秩序下，个人权利将无法保障，实施技术侦查正是为了维护这种秩序，符合社会公共利益。对于个人而言，个人的基本权利是保有尊严生活的前提条件，然而，技术侦查活动会损害相对人有尊严生活的各种权利，侵犯个人利益。以隐私权为例，允许技术侦查肆无忌惮地侵犯隐私权，将会导致社会处于人人自危的状态，社会的稳定性与和谐性将不复存在，每个人都将担心自己成为技术侦查的相对人，家庭、生活、工作的平和状态将被打破。英国作家乔治·奥威尔（George Orwell）在其著作《1984》中，虚构了一个人人处在公权力监视下的强暴政治体制，描述了人们失去自由、丧失基本权利、思想受到压迫的社会形态，揭示了公权力的无限扩张会导致个人权利的无限缩小的事实。

在技术侦查活动中，公共利益与个人利益之间失去平衡。公共利益不等同于个体利益，"尽管公共利益来源于个体利益，并可以还原为个体利益，但公共利益又不同于个体利益。公共利益不是个体利益的综合，而是个体利益让渡出来的部分普遍利益的利益结晶。"[1]警察的职责是打击犯罪活动，在技术侦查活动中会优先考虑公共利益。"优先考虑公共利益的原则假定，警务人员在履行职责时将警察活动以及有利于社区的警察任务放在首位，这体现在以下事实上：为了履行职责，即使这样做会损害或延迟追求个人利益，警察仍会优先完成任务以造福社区。"[2]这种价值观念其实是功利主义价值论的体

---

〔1〕 张斌：《利益衡量论——以个体主义方法论为视角的现代立法研究》，海天出版社 2015 年版，第 84 页。

〔2〕 Grigore Stolojescu & Ştefan Radu, "Principiile Etice şi Juridice Care Stau la Baza Exercithrii Profesiei de Politist〔Legal and Ethical Principles Underlying the Police Duty〕", *Studii de Secuitatejunddicd*（*Studies of Legal Safety*）Vol. 2, No. 4., 2013, pp. 178–189. See Camelia Ignatescu & Antonio Sandu, "From Virtues Ethics to Operational Ethical Values in Police Activity", *Jurnalul de Studii Juridice*, No. 14, 2019, p. 62.

现，以利益最大化来衡量手段的正义与否，最大限度地实现大多数人利益的最大化，舍弃小部分人的较小利益似乎具有正当性的依据。然而，刑事法律之所以要保护犯罪嫌疑人的权利，并非为了保护某个单一的犯罪嫌疑人的权利，而是保护作为整体的犯罪嫌疑人的权利，因为人人都有可能是下一个犯罪嫌疑人，保护犯罪嫌疑人的权利也是保护社会中每一个人的权利。优先公共利益打击犯罪或者保护犯罪嫌疑人的利益，需要警察在实施技术侦查措施时作出选择，过分失衡的状态会引发有关伦理争议。

3. 警察职责与公众期待的冲突

以预防为目的而实施的技术侦查措施，也是为了履行警察维护社会稳定的职责。通常，犯罪侦查活动是发生在犯罪案件发生之后，警察采取逆向性思维追溯犯罪，因为犯罪活动已经发生，通过查获犯罪线索、锁定犯罪嫌疑人，侦查的主要目的是辅助实现刑法的报应功能，而非进行社会防卫。然而，在实施技术侦查措施的案件中，犯罪嫌疑人是可能实施犯罪的人，而非已经实施犯罪的人，而且根据已经掌握的信息，犯罪嫌疑人在很大程度上会实施犯罪，即侦查对象并非完全无辜之人。对已经确定目标的犯罪嫌疑人，通过实施技术侦查措施，警察能以人赃并获的方式查获犯罪活动。根据司法经济原则，选择用最小的投入获取犯罪证据的行为无疑符合一般伦理要求，因此，警察可能采用低于伦理规范的行为，以忽略犯罪嫌疑人权利为代价实现打击犯罪的目的。

然而，警察以低于伦理规范的标准进行技术侦查活动，与公众对警察的期待相冲突。首先，实施技术侦查的过程中，警察通过侵犯隐私、设置圈套引诱他人犯罪背离了公众对警察履职方式的期待。技术侦查措施将侦查权扩张到对公民个人隐私的探查，涉及相对人生活的方方面面，也可能延伸到其他权利。不仅如此，通过破坏隐私权而获取的证据，如通过电话录音寻找到的相关物证、人证等，通过监控查获的交易物品等，都将出现在法庭上作为指控犯罪嫌疑人有罪的证据。通过探查相对人的隐私而获取指证其犯罪的证据，以牺牲个人隐私换取全社会的稳定，与公众对警察执法方式的期待不相符。

其次，警察使用侦查圈套侦破犯罪，虽然履行了职责，但与公众期待警察通过正当手段获取证据相背离。在一般案件中，侦查机关依靠犯罪嫌疑人配合而获取口供继而实现由供到证的侦查模式在适用技术侦查的案件中难以实现，在此种情形下，立法允许警察采用一定限度的欺骗，通过骗取犯罪嫌疑人的信任来查获犯罪证据。如在控制下交付中，法律允许"线人"通过伪造社会背景资料骗取犯罪嫌疑人的信任，为犯罪嫌疑人实施犯罪提供一定的便利条件，以求交易时人赃并获。然而，引诱他人犯罪与警察打击犯罪的职责相违背。"秘密侦查人员被要求为他们的调查对象提供犯罪机会和诱惑，而德国禁止诱惑侦查，并认为所有的秘密侦查都或多或少地有诱惑侦查的成分。"[1]技术侦查有引诱他人犯罪的嫌疑，通过诱使他人犯罪故意"制造"犯罪，而后打击犯罪的行为与警察抑制犯罪的职责相违背。基于侦破案件的特殊性，对警察在技术侦查案件中的行为容许性更高，然而通过引发犯罪继而查获犯罪，不符合公众期待。

## 四、重构技术侦查法律伦理

技术侦查措施引发的伦理问题，显示出重构我国技术侦查法律伦理的重要性。公权力与私权利之间的冲突是法律伦理产生的根源，而底线伦理理论（Minimalist Ethics）为技术侦查伦理的构建提供了基本思路。底线伦理要求警察在执行技术侦查措施的过程中遵守最基本的社会道德，不因侦查相对人的犯罪行为而降低对自身伦理准则的要求。构建技术侦查法律伦理要结合规范法律伦理与德性法律伦理两个方面，不可偏废其一。亚里士多德指出，"人的每种实践与选择，都是以某种善为目的。"[2]技术侦查的这种善由内在的善和外在的善构成。作为内在的善，是指技术侦查行为要符合警察内心良好的德性要求，满足对自我职业价值的追求；作为外在的善，是指警察在实施技术侦查的过程中，不仅要遵循实体法以及程序法的规定，同时也要符合社会公众对警察行为的合理期待。

法律伦理要求警察在法律授权的范围内行事，遵守程序法的相关规定以及警察职业伦理规范，更为重要的是注重提高个人内在美德伦理。以底线伦理为基础重构规范法律伦理，要求警察在实施技术侦查措施时，采取正当方式取证，在过程中尊重人的基本权利，信守承诺，保守侦查秘密。同时，除了在招录警察时注重对个人的伦理道德进行考察，也要构建和完善对技侦警

---

〔1〕 俞波涛：《德国和美国秘密侦查制度比较》，载《人民检察》2008 年第 21 期。
〔2〕 ［古希腊］亚里士多德：《尼各马可伦理学》，廖申白译，商务印书馆 2003 年版，第 3 页。

察的管理机制、监督机制、救济机制，为规范伦理的形成奠定良好的辅助机制。德性伦理的构建主要依靠教育的作用，注重警察职业伦理教育，培养警察自觉提升自身伦理德性的意识，注重行为与思想的内在统一，面对法律缺失的情况，要依靠内心的德性伦理，根据不同的情况作出符合伦理的行为选择。

（一）确立技术侦查的底线伦理

法律伦理具有抽象性，尽管学者们都曾尝试对法律伦理的概念、内涵、价值等进行界定，但由于个案情况不同，无法用同一标准去衡量不同的案件是否符合法律伦理的要求，因此，从正面对法律伦理的评判标准进行分解难以实现。由于实施技术侦查的过程中，警察不仅应遵守法律的强制性要求，还应遵守社会的基本伦理规范、职业伦理道德等，底线伦理的提出为法律伦理理论提供了新的思路。尽管人们对何为符合伦理的行为标准看法不一，但对违反法律伦理的行为的评判则趋向统一。底线伦理是与目的论或者结果论形成对照的一种义务论，主张行为或行为准则的"正当性"并不依赖于行为目的或者结果的"善"，虽然并未全然摒弃对行为的后果的考虑，但强调对行为正当性进行考量时，应主要根据行为或行为准则的性质去判断，而非唯结果论。[1]即，即使某一行为造成的结果是坏的，但该行为或做出该行为依据的行为准则是正当的，仍然应认为该行为具有正当性。

底线伦理起源于西方伦理学家的经典论断，后由国内学者继承和发展。约翰·斯图尔特·密尔（John Stuart Mill）传承了边沁（Jeremy Bentham）的功利主义学说但进行了修正，在其著作《论自由》中提出了两条格言："第一，个人的行动只要不涉及自身以外什么人的利害，个人就不必向社会负责交代。他人若为着自己的好处而认为有必要时，可以对他忠告、指教、劝说以至远而避之，这些就是社会要对他的行为表示不喜或非难时所仅能采取的正当步骤。第二，关于对他人利益有害的行动，个人则应当负责交代，并且还应当承受或是社会的或是法律的惩罚，假如社会的意见认为需要用这种或那种惩罚来保护它自己的话。"[2]即只要个人行为不干涉到他人的利益，个人就拥有自由行为的权利，但密尔也指出，个人可能因为自身行为而间接地损

---

〔1〕 参见何怀宏：《底线伦理的概念、含义与方法》，载《道德与文明》2010年第1期。

〔2〕 ［英］约翰·密尔：《论自由》，许宝骙译，商务印书馆1959年版，第102页。

害到与其有利害关系的人的利益，从而较小地影响社会，因而强调"群己权界"，而这种行为产生出来的对社会的损害也只是非必然的或者可以说是推定的性质，因此，为了人类自由的更大利益，社会应该承受此种损害。[1]也就是说，如果个人的行为没有在法律意义上影响到他人，个人就可以按照自己的意愿安排自己的生活，而社会要承担此种行为所带来的轻微后果。

美国学者卡拉汉（Daniel Callahan）教授在对密尔的观点进行继承与批判的基础上，于1981年提出了底线伦理的命题，认为一个人可以选择任何他认为道德的方式行事，只要这种行为不损害别人。[2]但他同时提出，底线伦理的概念是很难绝对划清个人与公共的界限的，只有彻底愚钝的人或者绝对自私的人才会假想私人行为将不产生公共结果，同时这种绝对区分的努力也将会损害人们普遍的道德生活。[3]卡拉汉教授强调个人行为会产生公共影响，这种影响在他看来是不可避免的。

中国学者何怀宏将底线伦理理论进一步发展，试图利用中国传统的理念和思想资源来构建规范伦理学体系。在其论文中明确了底线伦理的概念以及内涵，指出底线伦理是一种普遍性义务要求，要求使用对象具有普适性，然而并非意味着底线伦理降低了道德的标准。"底线伦理的确是大多数人在大多数情况下不难做到的，但在有些特殊处境中却还是难以做到甚至很难做到的，在这种情况下仍然坚持履行基本义务就体现出一种崇高，而且是一种最值得推荐和赞美的崇高。"[4]与卡拉汉教授观点不同的是，他更关注道德践履层面，倾向于从道德义务及其根据探讨底线伦理问题，认为作为基本的伦理是维护社会稳定发展的基础。

底线伦理概念的提出为摆脱技术侦查导致的法律伦理困境提供了新的思路。技术侦查的适用就是因为采取一般侦查措施无法有效地获取证据，侦查相对人所犯罪行严重，侦查人员取证面临重重困难，并且随时都有可能面临人身安全的威胁，这种特殊性预示了技侦人员为了查获证据从而突破伦理底

---

〔1〕　[英] 约翰·密尔：《论自由》，许宝骙译，商务印书馆1959年版，第56页。

〔2〕　Daniel Callahan, "Minimalist Ethics", *Ethics in Hard Times*, Vol. 11, No. 5., 1981, pp. 19 - 25.

〔3〕　Daniel Callahan, "Minimalist Ethics", *Ethics in Hard Times*, Vol. 11, No. 5., 1981, pp. 19 - 25.

〔4〕　何怀宏：《底线伦理的概念、含义与方法》，载《道德与文明》2010年第1期。

线的可能性。底线伦理要求技侦人员遵守基本的道德义务，不违反基本的伦理规范，设置了相比普通侦查人员较低，而对技术侦查人员来说较高的门槛，实际上是考虑到技术侦查人员所面临的两难困境所做的妥协。反观将技术侦查人员视为法律伦理一般对象的思路，忽略了技术侦查的特殊性，而且较高的伦理标准与设立技术侦查的初衷冲突，造成的法律伦理困境也会阻碍技侦人员的侦查行为，使技术侦查失去原有的价值。

（二）建立技术侦查的规范伦理

技术侦查伦理的构建依赖于规范性伦理指引方向。规范伦理是一种着眼于人的行为、以对人的行为的规范为指向和中心的道德建构，把关于行为的原则、准则或规范作为关注的中心和全部。[1]具体来说，规范伦理是以追求利益为基础对行为界限进行界定的理论，体现为权利、义务、责任等多元的伦理信念共存，指导行为人在有限的自由内如何通过行动实现自身价值。

中国古代的统治阶级及学者已经开始关注司法伦理问题。"刑事司法制度具有一种道德功能，承担刑事司法职权的机关和人员相应地必须在一种道德价值和伦理准则的环境中加以运作。"[2]儒家有关司法伦理的理论最初产生于西周时期，在春秋战国时期建立了完整的理论体系，后在汉代确立了其在封建社会中的主流地位，唐代到达鼎盛，宋代之后逐渐衰败，最终在近代瓦解。[3]古代的司法伦理哲学经由"明德慎罚""德主刑辅"，发展到"德本刑用"再到"明刑弼教"，重视伦理教化在司法中的作用，强调统治者应合理运用法律和伦理两种手段维护统治。[4]司法伦理思想体现在对司法者道德素质的要求上，强调"法者，公天下持平之器""公正无私""敦方正直，清廉洁白""好善嫉恶，赏罚严明""平恕无私"等，表明了中国古代对司法者有着最朴素的伦理期待。[5]"总体来说，公平、正直、廉洁、审慎等原则，是贯穿

---

〔1〕 参见聂文军：《论规范伦理与德性伦理的复杂关系》，载《吉首大学学报（社会科学版）》2014年第1期。

〔2〕 艾明：《秘密侦查制度研究》，中国检察出版社2006年版，第123页。

〔3〕 参加王毓明：《中国儒家司法伦理道德》，载《华东理工大学学报（社会科学版）》2002年第1期。

〔4〕 参见江国华、唐亮：《中国古代伦理司法哲学及其现代价值》，载《江汉大学学报（社会科学版）》2017年第2期。

〔5〕 参见陈玉忠、王雷：《中国古代司法职业伦理研究——从现实问题到历史镜鉴》，载《河北大学学报（哲学社会科学版）》2020年第2期。

古今司法的伦理标准，也是司法官应当具备的最基本的职业道德。"[1]

司法人员普遍应遵循的伦理要素应包括忠诚、公正、独立、诚信、崇高、明理、清廉等，[2]职责的特殊性使警察法律伦理具有更鲜明的特征。警察应具备责任感，责任感就是要做一个人应该做之事。[3]美国国家调查和安全服务理事会（The National Council of Investigation and Security Services）对警察伦理的规定为：诚实、正直、真实和保守秘密信息。全国法律调查委员会（National Association of Legal Investigators）也制定了警察伦理守则，序言中阐述了警察促进发现真实的职责，警察公正以及礼貌对待与之接触的人，不能故意侵犯隐私权，不能披露应保密的信息，不参与以任何目的和方式的诱捕。[4]加拿大的不列颠哥伦比亚省警察伦理守则中规定，基本的原则是民主、公平、平等、保护公众信赖，价值指导包括：公正、正直、忠诚、公共服务和尊重，在涉及伦理问题时要考虑几个方面因素：结果是好的还是坏的？是否引发合理的争议？是否与警察伦理守则相同？等等。[5]下文将从五个方面来论述警察应在技术侦查中遵循的规范伦理。

1. 取证手段应具有正当性

警察维护正义的手段应是正当的，不能以不道德的方式进行。无论是特情警察、有污点的"线人"还是特情人员，从事技术侦查活动时代表政府，更应以正当的手段收集证据。控制下交付或者其他一些有卧底人员参与的侦查活动，无疑涉及一个严肃的问题：在实施过程中，卧底人员是否被允许参与犯罪活动，如果被允许，那么实施何种犯罪活动是被允许的？有学者认为，"在卧底侦查行为中，特情人员可以根据需要参与一些轻微的犯罪活动，但是不得主动参与到一些严重的犯罪案件，以是否造成严重的人员伤亡以及财产

---

〔1〕 参见陈玉忠、王雷：《中国古代司法职业伦理研究——从现实问题到历史镜鉴》，载《河北大学学报（哲学社会科学版）》2020 年第 2 期。

〔2〕 参见关福金：《坚守司法伦理是确保司法公正的前提》，载《检察日报》2015 年 11 月 26 日，第 3 版。

〔3〕 参见王申：《从"法官集体嫖娼事件"看司法伦理规范建设的重要性》，载《法学》2013 年第 8 期。

〔4〕 See Dean A. Beers, *Practical Methods for Legal Investigations*: *Concepts and Protocols in Civil and Criminal Cases*, Florida: CRC Press, 2011, pp. 335-337.

〔5〕 Steve McCartney & Rick Parent, *Ethics in Law Enforcement*, Victoria: BC campus, 2015, pp. 130-132, https://opentextbc.ca/ethicsinlawenforcement/front-matter/accessibility-statement/，最后访问日期：2021 年 11 月 30 日。

损失为限。"[1]这里强调以参与犯罪活动的被动性、犯罪的轻重以及所造成的损失后果作为评判的标准，但判断这三个因素仍然缺乏统一性的标准，实务中无法操作，而且，当出现可能危及特情人员的人身安全的情况时，这三个因素的判断标准又变得不同。

美国通过判例法确定了"避免使社会在道德上感到震惊"作为卧底人员的底线伦理标准，帮助法官判断卧底人员的行为是否符合司法伦理的标准。对于诱惑侦查，各国普遍不承认通过"犯意诱发型"侦查取证的法律效力，因为警察"不能因实施诱惑侦查而制造犯罪，不能使无犯意的人产生犯意，否则失去了侦查权应有的正当性"[2]。美国法院通常从主客观两种因素审查诱惑侦查的合法性，主观因素是审查被告人是否存在犯罪的主观倾向，即动机；客观因素是审查警察是否存在不道德的行为，主要包括两个方面：警察提供的犯罪机会是否过高、引诱是否过分以至于不合理。[3]因此，以"不得诱使他人犯罪"为分野，合法的诱惑侦查行为应为已有犯意的人提供犯罪机会，而违反法律伦理的诱惑侦查是诱使本无犯意的人产生犯意，走上违法犯罪的道路。有学者呼吁警察应"禁止化装成律师进行侦查，禁止利用近亲属侦查，慎用异性侦查"[4]，这三条原则也值得借鉴。

2. 尊重人的基本权利

在实施技术侦查的过程中，警察要尽可能地尊重相对人的基本权利，尤其是隐私权。埃齐奥尼（Amitai Etzioni）教授认为，无论是在互联网上还是在任何其他通信或信息系统中，隐私并不是在任何情况下都不能被推翻的绝对权利。[5]在刑事侦查活动中，不可避免地存在着公权力对公民个人私生活的干扰，从性质上看，侦查活动的侵入是一种合法的行为，因为侦查行为服务于维护社会安全这一更高的目标；但从手段上看，这种侵入无疑将会影响

---

[1] 参见李明：《秘密侦查法律问题研究》，中国政法大学出版社 2016 年版，第 94~95 页。

[2] 田宏杰：《诱惑侦查的正当性及其适用限制》，载《政法论坛》2014 年第 3 期。

[3] Seumas Miller & Ian A. Gordon, *Investigative Ethics*: *Ethics for Police Detectives and Criminal Investigators*, New Jersey: John Wiley & Sons, 2014, p. 274.

[4] 参见刘黎明、邓瑶：《隐匿身份侦查的道德原则》，载《中国人民公安大学学报（社会科学版）》2014 年第 6 期。

[5] See Seumas Miller & John Blackler, *Ethical Issues in Policing*, Oxfordshire: Routledge, 2014, p. 95. See also Amitai Etzioni, *The Limits of Privacy*, New York: Basic Books, 1999, p. 126.

被侦查者以及与其相关人员隐私权的实现。[1]然而，隐私权的让渡不是无条件的，司法伦理的德性"表明公民应该让渡部分隐私权利以服务于侦查人员对于公共安全的德性维护。而这种德性维护的让渡应附加一定的前提条件，并不能作为侦查人员强制要求社会公民让渡权利的硬性规定"[2]。德国法院曾以人权为判决理由否定以侵犯隐私为代价的技术侦查的合法性。2004年德国联邦宪法法院作出一项长达150页的判决，宣布侦查部门对有组织犯罪嫌疑人的住宅实施窃听活动的措施违反宪法。德国联邦法院作出了维护人权利益的判决，判决的基本点在于人的尊严。[3]虽然政府可以为了实现国家利益、社会利益等更高阶的利益，对个人的隐私权进行必要的干涉，然而这种干涉并不是毫无限制的，实施技术侦查的人员必须遵从法定主义与比例原则，同时还需要对伦理德性进行正当程序保护。[4]在技术侦查中，监听监控类型的技术侦查最容易侵犯隐私权，技侦警察要尽最大可能地尊重人权，保护公民的隐私权，在实施的过程中严格遵守技术侦查审批手续载明的相对人、时限、手段等限制，在技术侦查结束后仍应对获取的信息保密，并及时销毁与案件无关的信息。

3. 应当信守承诺

警察要诚实守信，恪守承诺，即使需要采用欺骗的方式，也应将欺骗限制在一定的范围内，表现为警察要对侦查相对人和编外的侦查人员讲究诚信。首先，针对侦查相对人，技术侦查人员采取一定的欺骗措施是合理的，但是超越了一定的限度，欺骗手段就违反了法律伦理。实践中应以该种欺骗方式是否突破了人们可以接受的道德底线为界限，证据是否可采可以交由法官自由裁量。[5]其次，警察要严格遵守对编外侦查人员的承诺，保障特情人员、线人等应得的利益，不能出尔反尔。警察对编外侦查人员的承诺范围应限制

---

　　〔1〕　杨开湘：《公民隐私权在侦查行为中的界限》，载《华东政法学院学报》2006年第6期。

　　〔2〕　马方、王文娟：《侦查伦理视阈下网络监控：适用机理、边界及调整》，载《学术探索》2018年第9期。

　　〔3〕　See Nicolas Nohlen, "Germany: The Electronic Eavesdropping Case", *International Journal of Constitutional Law*, Vol. 3, No. 4., 2005, pp. 680-686.

　　〔4〕　参见马方、王文娟：《侦查伦理视阈下网络监控：适用机理、边界及调整》，载《学术探索》2018年第9期。

　　〔5〕　参见秦莹：《欺骗取证：问题之源与立法取舍之争》，载《检察日报》2012年2月27日，第3版。

在其权力范围内，不应承诺超出其权限范围的事项，例如，警察不应允许特情人员参与严重犯罪并承诺免于追究其刑事责任。另外，警察要遵守对线人或者特情人员作出的常规承诺。出于保密的要求，知晓特情人员或者线人身份信息的人有限，如警察在权限范围内对卧底线人作出过一定承诺，如人身保护、免于作证、支付报酬等，无论线人是否出色地完成了任务，警察都要信守承诺，不应以傲慢的姿态对待线人，更不应该以之前的"案底"来要挟线人放弃兑现其承诺的利益。还需要注意的是，编外侦查人员出庭作证不仅存在着暴露的危险，还可能遭到打击报复，警察不能不顾编外侦查人员的人身安全，为追求定罪率迫使其出庭作证。

4. 应当保守技侦秘密

技术侦查的实施过程具有保密性，作为参与者的警察也应保守技侦秘密。警察应保守的技侦秘密包括两个方面：一是与案件相关的信息要保密；二是与案件无关的信息也要保密。首先，与案件相关的信息。通过技术侦查获取的与案件相关的证据材料，除参与侦查的人员外，警察要对其他人保守秘密，防止侦查情况外泄。另外，与证据相关的其他信息，警察也需要保密，确保技术侦查的秘密性，包括采用的侦查方法、侦查人员个人信息、证据材料的保存等。例如，使用带有技侦人员信息的证据时应去除特情人员的信息，防止被告人"对号入座"，因为"除非保证保密性，一些特情人员将不准备提供信息"[1]。另外，对于技侦人员需要出庭作证的，应采取一定措施保护个人身份信息，防止事后出现打击报复的情形。其次，无论是在侦查的过程中还是在案件终结后，与案件无关的信息，警察也要保密。通过技术侦查手段获取的信息，在经过筛查后与案件无关的应该直接销毁，知悉情况的警察也应该对此严格保密，不应因其与案件无关而忽视其重要性，因为这些信息一般涉及第三人生活隐私的方方面面，如果泄露将损害与案件无关第三人的隐私权。

5. 建立技术侦查伦理辅助机制

规范伦理的构建还需要相关的辅助机制共同发挥作用，因为法的制度伦理"是一种超越个人、群体的，具有整体性、全局性属性的道德形态"[2]。

---

[1] Seumas Miller & Ian A. Gordon, *Investigative Ethics: Ethics for Police Detectives and Criminal Investigators*, New Jersey: John Wiley & Sons, 2014, p. 234.

[2] 刘爱龙：《司法中的伦理解释及其限度——以美国宪法为分析样本》，载《法律科学》2008年第5期。

虽然完善立法条文以及明确立法用语应是基础，但不属于本章讨论的内容，故不作深入探讨。下文从严格技侦警察的选拔机制和规范警察的管理和监督机制两个方面来论述规范伦理辅助机制的构建。

（1）严格技侦警察的选拔机制。美国民权委员会（United States Commission on Civil Rights）建议纽约警察局招聘的警察应具有四年制的大学学位，并指出这样做的目的是重拾公众对警察的信心。[1]纽约警察局在对待警察选拔的问题上，要求警察必须具备四年制的大学学位，认为大学教育是警察入门的最基本的要求，两年制社区大学毕业的警察比四年制大学毕业的警察更可能面临道德委员会的处罚，如高中毕业则仍旧需要再教育才能胜任警察的职业。在专业能力之外，选拔警察还要对应试者的正直性和道德性进行考察，可以通过背景调查、测谎仪、详细面试、正直性调查等，如背景调查发现申请者过去的行为有诸多不符合道德规范的，可以预期申请者在将来也可能存在诸多不端行为，但这并不是一定的、绝对的。[2]评价应试者的伦理道德主要依赖于滑坡伦理学原理，很小的端倪会在以后的工作中无限放大，如一个警察的受贿行为可能是从他接受一小杯咖啡而开始的。总的来说，在招录警察时应考察其过往行为是否符合伦理规范，以此评估未来可能的行为表现。另外，在编外人员的选择上，应考察其愿意参与侦查活动的动机，谨防出现编外人员与侦查相对人串通互传消息的情况。

（2）规范管理和监督机制。技术侦查的管理和监督机制是针对实施技术侦查的人员，包括在编人员和编外人员。虽然警察隶属于公务员编制，受公务员法、警察法以及警察内部规范的约束，但仍需对相关人员进行单独管理，根据技术侦查的性质制定特定的行为规范约束其侦查行为。同时，技术侦查的监督机制还应包含对侦查相对人的救济措施。

一是建立严格的监督机制。在美国，对技侦人员的监督包括将卧底人员的名字写在文件中，派监督员参与、监督警察和卧底人员的会面、往来，并

---

〔1〕 Edwin J. Delattre, *Character and Cops*: *Ethics in Policing*, D. C.: American Enterprise Institute Press, 2011, p. 49, https://ebookcentral.proquest.com/lib/iub-ebooks/reader.action? docID=741763&ppg=42#, 最后访问日期：2021年11月30日。

〔2〕 Steve McCartney & Rick Parent, *Ethics in Law Enforcement*, Victoria: BCcampus, 2015, p. 5, https://opentextbc.ca/ethicsinlawenforcement/front-matter/accessibility-statement/, 最后访问日期：2021年11月30日。

且记录资金支付往来。[1]现阶段我国实施内部监督，技术侦查由公安机关内部审批以及监督，在条件成熟之时可考虑实施外部监督，如司法监督，外部监督不仅审批技术侦查措施的执行，更应监督技侦措施的实施过程是否合法，对违法侦查的人员落实责任机制。

二是建立技侦人员安全保障机制。考虑到技术侦查从业人员的人身安全可能存在的风险，应赋予技侦人员充分的自由裁量权，在不违反法律的前提下灵活行动。对侦查人员在实施技侦措施的过程中违反法律规定的事项，应视情况进行评估，尤其是侦查人员参与了犯罪活动。如为了保全自身安全不得已而实施的犯罪行为，不应过分苛责；如为了获取犯罪证据而故意实施犯罪行为的，则应视为普通犯罪，事后追究责任。

三是构建技侦相对人的救济机制。我国目前尚未确立对技侦对象的救济措施，而国家赔偿并不包含对侦查错误的行为进行赔偿，违法实施技术侦查措施造成当事人损害的情况，当事人还无法获得赔偿。建议我国参考美国司法判例，例如，在诱惑侦查中，相对人对超过一定限度的诱惑侦查行为可以进行"陷阱抗辩"，请求法官排除该证据，如抗辩成立，则该证据需要被排除。

（三）构建技术侦查的德性伦理

构建技术侦查的法律伦理还需要德性伦理。"规范伦理应以主体人格的德性品质为支撑、为基础，才能有效地发挥作用。"[2]缺乏德性伦理支撑的规范伦理会变得不切实际，缺乏可行性。应然层面的制度伦理为警察行为奠定规范化基础，然而伦理更具有内在性，人们根据内心信念做出一定的行为，这种不受外力约束产生于人们内心的伦理观念就是德性伦理，即德性伦理对人的品质、习惯等的培养是人自发地做出一定行为的根据。维基奥（Vichio）教授对警察必须具备的主要德性伦理进行归纳，认为审慎、信任、摒弃个人利益、勇气、理智成熟、公正、责任都应包括在内。[3]美国和国际法中心（The

---

〔1〕 Seumas Miller & Ian A. Gordon, *Investigative Ethics: Ethics for Police Detectives and Criminal Investigators*, New Jersey: John Wiley & Sons, 2014, p. 234.

〔2〕 参见聂文军：《论规范伦理与德性伦理的复杂关系》，载《吉首大学学报（社会科学版）》2014年第1期。

〔3〕 Steve McCartney & Rick Parent, *Ethics in Law Enforcement*, Victoria: BCcampus, 2015, p. 21, https://opentextbc.ca/ethicsinlawenforcement/front-matter/accessibility-statement/, 最后访问日期：2021年11月30日, 转引自 Brian D. Fitch, *Law Enforcement Ethics: Classic and Contemporary Issues*, California: Sage Publishing, 2014.

Center for American and International Law，CAIL）将其视为评判警察是否具有良好道德的重要因素。[1]德性伦理通过做正确的事从而获得对是什么以及为什么理解的增强。[2]因此，良好的行为是一种鲜少思考下的自动回应。[3]

实践智慧是德性伦理的核心。在司法领域，无论是规范伦理还是德性伦理都要通过实践来实现。德性伦理是个体将外部伦理规范内化为自身行为准则，在面对伦理难题时，根据自身的良好习惯做出符合伦理规范的行为，因此德性伦理的构建依赖于理论上不断汲取伦理知识，并通过履职行为将理论付诸实践活动。面对偏离伦理规范的行为，自觉运用伦理的导向功能矫正失范的思想，通过"认识-实践-再认识"这一过程，提高主体自身对法律伦理的认知高度。具体看，德性伦理的构建主要依靠外部教育和内部自律来实现。外部教育主要是指警察机构内部进行的职业伦理教育，通过讲述警察伦理的内涵，倡导警察在日常行为中贯彻正确的伦理导向，提升警察对法律伦理的认知。内部自律是警察个体将警察伦理的外部规范内化为支配自身行为准则的约束，运用于日常的刑事侦查活动中，体现为缺乏外部监督时的一种自我约束。

1. 强化警察职业伦理教育

警察职业伦理教育通过总结以往的经验，为从事技术侦查活动的警察提供框架性的行为指引。因为德性伦理可以通过学习获得，这种指引不仅应写入规范性文件中，还应该通过培训、教育等活动，让警察系统学习规范性文件中所蕴含的伦理思想，通过对疑难案例的分析和探讨，明确警察在遇到相似的伦理困境时应如何作出符合司法伦理的行为选择。另外，还可以通过对符合法律伦理行为的宣扬以及对违反法律伦理行为的批判，敦促警察向榜样学习，摒弃坏的行为习惯，在实践中自觉践行好的行为标准，形成参照效应。各国针对警察教育采取的最为普遍的方式是司法职业伦理教育。司法职业伦理是一种责任伦理，对比普通侦查人员，技侦人员可能在侦查活动中面临更

---

〔1〕　Steve McCartney & Rick Parent, *Ethics in Law Enforcement*, Victoria：BCcampus, 2015, p. 21, https：//opentextbc. ca/ethicsinlawenforcement/front-matter/accessibility-statement/，最后访问日期：2021 年 11 月 30 日。

〔2〕　Julia Annas, *Virtue Ethics*, Oxford Handbooks Online, http：//www. oliverdavies. com/uploads/4/9/5/8/4958552/virtue_ ethics. pdf, 最后访问日期：2020 年 12 月 20 日。

〔3〕　Daniel Callahan, "Minimalist Ethics", *Ethics in Hard Times*, Vol. 11, No. 5., 1981, pp. 19-25.

大的伦理挑战，应加强技侦人员的职业伦理教育，培养其责任伦理意识，在遇到伦理难题时作出符合伦理规范的选择。

首先，针对警察学院的学生，大学教育除了教授刑事侦查学、讯问学、犯罪学等必备科目外，还应该重视全面教育，尤其是人文科学和社会科学。"通过这些人文知识的教育，使学生懂得并思考伦理道德问题，形成以人文关怀为核心的道德人格，以便在未来的执法中能够具有尊重人格、关爱生命的品性。"[1]

其次，警察机构内部要重视对新入职警员进行岗前培训，包括专业技能教育以及职业伦理培训，帮助青年警察明确警察职责，快速建立司法伦理观念。在美国，警察机构内部通常负责对新入职的警察开展入职培训活动，入职培训时长 20 周，850 个小时，伦理学是重点学习的科目之一。[2]我国的人民警察初任训练旨在训练和培养人民警察的基本素质和从警能力，包括职业道德规范、法律法规、警务技能与战术要领、作风和组织纪律观念等内容，但是缺乏系统的伦理学课程，容易导致警察深谙何种行为是适当的，但不知道其背后的伦理根据，在遇到疑难问题时，不能举一反三。教育不仅应告诉警察该做什么，还应告诉他们这么做的原因，尤其是背后所隐含的伦理依据，培养警察自觉遵从德性伦理规范的意识。

最后，要注重警察的在职教育。如果说入职教育主要倾向于理论知识的灌输，那么在职教育的目的就倾向于实践知识的传授。在职教育包括学历性在职教育和非学历性在职培训，前者是指警察通过进入大学攻读学位来提升自身的专业知识，后者指警察的晋升考核教育、职后教育。非学历性在职培训是知识更新的过程，不仅学习新的法律法规、侦查技能，还注重总结实践经验，分析侦查中遇到的疑难问题，更重要的是学习行为背后依据的司法伦理，将伦理与实践相结合。另外，针对年度考核不达标警察的再教育，通过再次"回炉"学习理论和实践知识，促使其具备充足的知识储备，学习司法伦理知识，正视自身存在的问题，及时纠正不符合警察伦理的行为，直到考核合格为止。

---

〔1〕 袁广林：《美国警察培养对我国警察教育改革的启示》，载《公安教育》2008 年第 8 期。
〔2〕 参见赵桂芬：《美国警察教育培训体系及相关理念研究》，载《山东警察学院学报》2016 年第 4 期。

2. 加强警察的德性伦理培养

外部教育能够帮助警察树立正确的价值导向，但建设警察德性伦理最重要的是警察将外部教育转化为个体的自治、自律。在没有外部力量约束的情况下，警察也会以高于常人的道德感约束自身行为，并且时常反思行为的得失，及时纠正不良行为，不断提升警察职业共同体的德性标准。"真正的职业以及个人伦理是，当没有人监督以及没有人发现你的行为是否不端或者秉承正直、公正、道德，你仍然将做正确的事情。"[1]

首先，以法律规范的要求为准绳。由于法律伦理体现在警察履行职责的过程中，而技术侦查措施的内部审批模式以及实施过程的隐秘性，导致外部监督机制的缺失，技侦人员容易在行动中降低自身行为的道德标准。因此，警察要遵守法律以及相关规定，在实施侦查行为的过程中严格遵守程序法的规定，如果遇到缺乏法律规定的情况，应该以基本的法律伦理为依据，将法律规定内化为自我约束的准则。

其次，警察要将职业行为规范内化为日常行为准则。职业行为规范是针对某一职业的特性所设定的基本伦理道德准则，鼓励从业人员遵守基本的要求。国际警察局长协会［The International Association of Chiefs of Police（IACP）］将警察伦理守则概括为：责任、公平、诚实、保密、正直、专业等，[2]警察行为守则中要求的不偏不倚、保守秘密、正直、保持专业的形象等内容与基本伦理守则保持一致。[3]警察应严格遵守警察法中有关警察职业规范的规定，践行职业规范的内容，在执行技术侦查的过程中也要以此为准则，确保行为符合职业行为规范，不能因技术侦查的特殊性就主动降低自身职业规范的要求。

再次，通过警察职业协会加强行业自律，强化技侦人员对警察身份的认同感、自豪感。通过与从业人员交流实践经验，能够激发警察对本职业的责任感、荣誉感，使警察自觉在技术侦查活动中规范自身行为。

---

〔1〕　J. Charles Mokriski, "Lawyers, Legal Ethics, and Real Ethics", *The Professional Lawyer*, Vol. 20, 2010, p. 11.

〔2〕　See "Law Enforcement Code of Ethics", IACP, https://www.theiacp.org/resources/law-enforcement-code-of-ethics，最后访问日期：2022 年 5 月 2 日。

〔3〕　J. Kevin Grant, "Ethics and Law Enforcement", *FBI Law Enforcement Bulletin*, Vol. 71, 2002, p. 12.

最后，警察应通过自身行为切实地维护公众利益，但不应因此而忽视个人利益，而应努力寻求公共利益与个人利益的平衡点。如执法行为不得不侵害到公民个人权利，也需要谨慎地行使自由裁量权，在权力的范围内遵循最小比例原则，尽可能保障公民的基本权利。做到尊重、不歧视任何一个犯罪嫌疑人，即使是穷凶极恶的人，也不应该剥夺他们享有的合法诉讼权利。

侦查伦理的构建需要规范伦理的支撑，更离不开德性伦理的建设，两者共同发挥作用，才能消解技术侦查与法律伦理的冲突问题。规范伦理体现为规则对人的行为规制，而德性伦理则体现为作为主体的人的内在品质，这两者统一于人的内在需要并通过外化的行为体现出来，因为作为主体的人的存在是以做出一定的行为为基础。明确技术侦查人员应遵循的法律伦理，需依靠规范制度制定指导性原则和相应的规范性内容，但更需要作为参与者的技术侦查人员通过践行规范制度从而养成良好道德观念，在缺乏规范伦理指导时仍能够根据良好的德性修养作出符合伦理的行为。同时，规范伦理和德性伦理可以相互转化，一方面，当行为人不断践行伦理规范，将其内化为自身行为的内在准则，则完成了规范伦理向德性伦理的转换；另一方面，人的内在感受是通过外在行为表现出来，必然体现为对规范的遵守，从而使自律变成他律的规范。总之，对技术侦查的法律伦理构建需要规范伦理和德性伦理同时发挥作用。

# 中　编

# 通信监听

无论在东方还是西方，通信监听都是一个古老的话题，早在春秋战国时期我国就已经出现了"听瓮"装置，还发生了"樗里疾凿穴"等著名的窃听事件，而罗马帝国的情报机关弗鲁曼塔里伊（Frumentarii）则将监听元老贵族作为常规任务。[1]现代科技与权利体系的发展，使得通信监听演变出新的面貌，成为国家追诉犯罪与保障公民权利两大价值激烈碰撞的领域。在实然层面，本章尝试推寻通信监听立法设计的前因后果；在应然层面，本章尝试提出通信监听立法设计的改革建议。

## 一、通信监听的基本问题

### （一）通信监听的概念

通信监听是一种特殊的侦查措施，在实务中长期使用。但是，在技术侦查"神秘主义""孤立主义"的惯性作用下，我国立法并没有对通信监听的概念作出解释，学界对于如何定义通信监听也存在一定分歧。

一般来说，监听有广义与狭义之分。"广义的监听包括经一方当事人同意的监听、当事人自行实施的录音行为和由第三者实施的公开及秘密监听。"[2]狭义的监听则是指侦查机关"在没有得到相对人同意的情况下强制截留他人传递声讯的侦查措施"[3]。本章主要讨论在刑事诉讼中的通信监听，故在下文提及"监听"概念时，一般采用其狭义解释。

通信监听包含于技术侦查措施，是技术侦查措施的下位概念。2012 年

---

〔1〕 参见李大维：《罗马帝国情报系统的建设》，载《古代文明》2015 年第 2 期。

〔2〕 彭勃：《论监听作为侦查手段的法律问题》，载《法商研究》2002 年第 6 期。

〔3〕 李明：《监听问题立法研究》，载《法学》2004 年第 7 期。

《刑事诉讼法》首次对技术侦查措施的实体要件及程序要件作出规定，但是并未对技术侦查措施的概念进行解释，也没有在法条文字层面直接提及通信监听。虽然立法对通信监听采取了留白处理，但是理论界与实务界的主流观点均认为通信监听是技术侦查措施的下位概念。进而言之，虽然法学家们对通信监听的定义各有偏重，但是大多同意通信监听兼具科技性与秘密性，是技术侦查措施的具体方式之一。[1]在司法实践中，无论是侦查阶段启动通信监听，还是审判阶段审查通信监听材料，实务部门均以技术侦查措施相关法律规范作为授权基础和审查基准。

依据体系解释方法，上位概念与下位概念的区别称之为"种差"，以上位概念为基础，再加上种差，即可得到下位概念的定义。[2]鉴于通信监听是技术侦查措施的下位概念，我们根据前文对技术侦查措施的解释推导出通信监听的概念：通信监听是指对于特定严重犯罪案件，根据侦查犯罪的需要，由法定的国家机关或者部门，经严格批准手续，依照法定的职权和程序，使用特定技术手段，秘密截听犯罪嫌疑人通信内容的侦查措施。

（二）通信监听的性质

1. 通信监听是一种强制性侦查措施

侦查措施可以分为任意性侦查措施与强制性侦查措施。为了厘清两种侦查措施的区分界限，先后出现了"意思说""有形力说""权利侵害说"等不同学说，各有立论基础，亦有缺陷不足，并无一家学说获得主流权威地位，但是基本达成以下共识：相较于任意侦查，强制侦查对公民实体权利的干预程度更高，因而应当受到更为严格的事前审查、获得更为充分的事后救济。

通信监听属于任意侦查还是强制侦查，不同学说对此有不同判断，分歧的根源在于对隐私权权利属性的争议。详言之，侦查机关借助现代科技手段，秘密潜入当事人的私人领域，获取其通信信息：一方面，侦查机关无须在物理层面对当事人施加有形强制力；另一方面，当事人无法察觉也无从反对这种悄无声息的技术侦查。因此，无论是依照"意思说"还是"有形力说"，通信监听都应被划归为任意侦查。但是，"意思说"对于当事人主观意思的判断缺乏客观标准，"有形力说"忽视了精神强制的情形，同时两种学说因为形

---

〔1〕 参见陈瑞华：《刑事诉讼法》，北京大学出版社 2021 年版，第 378 页。

〔2〕 参见杨仁寿：《法学方法论》，中国政法大学出版社 2013 年版，第 147~148 页。

成时间较早，对于网络时代和虚拟空间的预见不足，近些年来饱受批评。

相较于已经式微的"意思说"和"有形力说"，"权利侵害说"认为应以当事人权利是否受到侵害作为辨别任意侦查和强制侦查的标准，该说获得了越来越广泛的认可。究其缘由，是因为该说与权利本位思想深度契合，权利概念居于现代法律概念体系的本源位置，其他法律概念均衍生于权利概念。[1]该说可以进一步细分为"形式权利侵害说"和"重要权利侵害说"：前者主张只要侵害权利的都是强制侦查，后者认为只有侵害重要权利的才是强制侦查。[2]

在网络时代的大背景之下，刑法、民法均将隐私权作为一种重要权利予以承认和保护，故侵害隐私权的通信监听应当被归类为强制侦查，受到更为严格的程序控制。进言之，《刑法》第253条之一设立了侵犯公民个人信息罪，将公民个人信息纳入刑法保护范围，而最高人民法院、最高人民检察院、公安部《关于依法惩处侵害公民个人信息犯罪活动的通知》则将公民个人信息定义为识别个人身份和涉及个人隐私的信息，据此可以推导出隐私权是一种具有刑法位阶的重要权利。[3]《中华人民共和国民法典》（以下简称《民法典》）将隐私权作为人格权的重要组成部分，通过第1032条明文宣示"自然人享有隐私权"，故隐私权是一种具有民法位阶的重要权利，这已经成为理论界、实务界的共识，不再赘述。

2. 通信监听是一种诉讼行为

"诉讼行为理论"起源于20世纪初的德国，先后经历贝灵（Beling）、赫尔维希（Hellwig）、哥尔德斯密特（Goldschmidt）等学者的阐发，对欧陆法系国家的立法产生深远影响，例如意大利于1988年、法国于1993年分别修正刑事诉讼法典，增加专章对诉讼行为进行规范。[4]

---

〔1〕 参见郭烁：《新刑诉法背景下的强制措施体系》，载《政法论坛》2014年第3期。

〔2〕 参见［日］田口守一：《刑事诉讼法》，张凌、于秀峰译，中国政法大学出版社2010年版，第54~55页。

〔3〕 最高人民法院、最高人民检察院、公安部《关于依法惩处侵害公民个人信息犯罪活动的通知》（公通字〔2013〕12号）第二部分规定："公民个人信息包括公民的姓名、年龄、有效证件号码、婚姻状况、工作单位、学历、履历、家庭住址、电话号码等能够识别公民个人身份或者涉及公民个人隐私的信息、数据资料。"

〔4〕 参见陈永生：《大陆法系的刑事诉讼行为理论——兼论对我国的借鉴价值》，载《比较法研究》2001年第4期。

"诉讼行为理论"主张，为避免诉讼拖延，除非有法定例外情形存在，法院原则上不在侦查、起诉阶段个别审查诉讼行为的合法性，而是将其留待审判阶段与整个案件合并审查。该理论的正当性基础在于，刑事诉讼先后要经历侦查、起诉和审判三个阶段，期间发生的诉讼行为数量繁多，如果对于每个诉讼行为的争议都需要法院个别审查、个别救济，势必导致诉讼过程跌宕漫长、裁判结果难以终局确定。[1]该理论的价值和缺陷都在于，在国家追诉犯罪的过程中尽量排除法院审查，这种设计固然可以促进追诉活动连贯、高效地进行，但是也使得拘留、逮捕、搜查、扣押等诉讼行为的施加对象，在实体权利遭受严重干预时，缺乏救济途径。

我国刑事诉讼立法深受"诉讼行为理论"的影响，虽然在体例上没有设置"诉讼行为"专章，但是在法律条文中将通信监听等技术侦查措施定位为诉讼行为，使其免受司法审查。《刑事诉讼法》第150条授权侦查机关通过内部审批的方式，自行启动通信监听；第151条允许侦查机关根据需要，自行确定通信监听的手段；第152条只要求侦查机关对通信监听材料保密，不得用于诉讼之外的其他目的，但是并未要求侦查机关向其他机关或者侦查对象通报通信监听的执行情况。也就是说，侦查机关可以自行确定通信监听的启动、执行和终结，而且，通信监听材料只作为侦查线索而未作为指控证据时，法院在审判阶段对通信监听进行合并审查的前提也不复存在，亦即通信监听成为一种完全排除法院审查的诉讼行为。

（三）通信监听的特征

1. 科技性

现代科技对社会生活的改造是全方位的，无论多么传统的事物都会在历史的演进中，自觉或不自觉地增添一定的科技成分。刑事诉讼概莫能外，很多绵延使用数百甚至上千年的侦查措施，在新科技的加持之下，展现出全新面貌，例如电子脚镣之于取保候审，人像对比系统之于通缉，DNA技术之于现场勘验，等等。

虽然当代侦查措施普遍具有一定的科技面向，但是它们对科技手段的依赖程度并不相同：有的只是借助科技，增益侦查效率；有的则是依赖科技，

---

〔1〕 林钰雄：《刑事诉讼法》（上），新学林出版股份有限公司2019年版，第311页。

舍此无法侦查。[1]例如，即使没有人像对比系统，侦查机关仍然可以通过路检盘查、张贴告示等"古旧"方式，对嫌犯进行通缉。但是，舍弃监听的软件、硬件设备，侦查机关显然已经无法回归到"听瓮""凿穴"等"古旧"方式来实施监听。进一步讲，实务中较为常见的监听主要是针对手机通话与面对面交谈，此二者均需依赖科技手段才能完成。

我们无法想象，在没有专门设备和技术的情况下，如何对手机进行监听。举例来说，美国联邦调查局（FBI）常规配备的几种手机监听设备就分别应用了不同的技术。"黄貂鱼"（Stingray）是一种手机跟踪定位工具，其技术原理在于捕捉手机的识别码（IMSI）和电子序列号（ESM），它可以在一定半径内发射信号，那样不仅与目标手机，而且与发射半径内所有手机自动连接，进而获得 IMSI 与 ESM，达到手机定位目的。"蛛网"（Gossamer）与"黄貂鱼"设备的相同之处在于，蛛网也是通过发射信号、连接半径内所有手机，进而获得手机 IMSI、TMSI 数据。但是二者不同之处在于，蛛网的体积更小，便于携带，而且它不仅具有手机定位的功能，还能发动拒绝服务（DOS）攻击，阻断目标手机的正常通话。"引金鱼"（Triggerfish）是一种窃听设备，它可以拦截目标手机的实时通信、对来电信号进行定位，它特点在于运算能力惊人，可以同时监听 6 万部手机。[2]

激光技术不仅可以用来监听密闭空间内的面对面交谈，而且理论上有效监听范围可以达到 2000 米。"物体在音频信号的影响下也会产生不同程度的振动，使用激光对该物体进行照射，则折射回来的激光会包含振动调制信息，再通过信息处理技术将振动调制信息还原为音频信息。"[3]激光监听技术具有抗干扰性，不受电磁环境影响；具有隐蔽性，使用无法为肉眼察觉的激光；具有非接触性，不会在物理空间或网络空间留下破坏痕迹。具体来说，人们在屋内交谈时的声波会引起窗户玻璃的共振，于是照射在玻璃上的激光在反射时也会相应产生位移，光电探测器捕捉到这种反射位移并反映在输出电流上，而电流波动最终被还原成声音信号。

---

[1]　林钰雄：《刑事诉讼法》（上），新学林出版股份有限公司 2019 年版，第 463 页。

[2]　参见钟鑫：《揭秘 FBI 的手机监听设备》，载《检察风云》2016 年第 11 期。

[3]　参见丁宁、金施群、侯少阳：《基于硅光电池的激光监听器》，载《电子技术与软件工程》2017 年第 10 期。

2. 秘密性

审判公开与侦查不公开是现代刑事诉讼制度中两大并行不悖的原则。侦查不公开原则要求侦查机关以及相关知情人员，不得向犯罪嫌疑人、社会公众透露案件侦查情况，但是存在法律另有规定、权利人同意、法官批准的例外情形。[1]

侦查不公开原则的正当性基础在于：其一，启动侦查只是整个刑事诉讼的开端而已，法院尚未作出生效的有罪判决，犯罪嫌疑人仍受无罪推定原则的保护。如果侦查机关提前公开案件情况，容易引发舆论审判、全民审判，损害无罪推定原则、法官独立审判原则。其二，犯罪嫌疑人、被害人、证人、鉴定人等诉讼参与人员，在配合国家机关侦办案件的过程中所提供的信息，往往涉及自身或家庭的重要权益。在案件被提起公诉前，为了保护上述人员对国家机关的信赖利益，不应公开具体侦查程序。其三，在侦查阶段，国家机关掌握的信息优势是破案的先机，如果不当走漏，往往会造成嫌犯脱逃、证据湮灭的后果。[2]

如果仅以侦查措施是否向犯罪嫌疑人、大众传媒公开为判断标准，几乎所有常规侦查措施与通信监听一样都具有一定程度的秘密性。但是，通信监听的特殊之处在于，不仅在侦查阶段，乃至于审判阶段，通信监听都处于保密状态。详言之，在实施过程中，不同于搜查、扣押等普通强制措施，通信监听一般不在物理层面对人身、财物造成明显的、可感知的影响，而是以秘密方式侵入私人领域，被监听人通常并不知情。[3]在监听终结后，如果侦查机关仅以通信监听作为一种发现线索的侦查手段，而非收集控诉证据的取证手段，那么我国《刑事诉讼法》并不要求侦查机关向被监听人告知通信监听的存在。

## 二、通信监听的历史沿革

如同其他古老文明一样，我国的监听也有着悠久的历史，按照古代、近代和当代的顺序对通信监听的历史进行分段考察和回顾，对当今通信监听的

---

〔1〕 参见孙长永：《侦查程序与人权——比较法考察》，中国方正出版社 2000 年版，第 34 页。

〔2〕 参见林钰雄：《刑事诉讼法》（下），新学林出版股份有限公司 2019 年版，第 85~86 页。

〔3〕 参见张崇波、安益石：《我国监听制度完善研究》，载《中国检察官》2016 年第 3 期。

理论研究和实践指导依然有着重大意义。

（一）中国封建社会监听的萌芽

中国历史上最早的监听设备大概就是《墨子·备穴》所记载的"听瓮"：先将一个口小肚大的瓮埋入地下，再在瓮口上蒙上一层薄牛皮，把耳朵贴在牛皮上，可以听到十余里外的动静。[1]中国历史上最早、最著名的监听事件大概是"樗里疾凿穴"。根据《韩非子·外储说右上》的记载，樗里疾与公孙衍竞争秦国相位，为了探知秦王的真实意图，樗里疾"凿穴于王之所"并且"道穴听之"，监听到了秦王与公孙衍的"隐语"，之后又将"隐语"散布出去，使得秦王误会公孙衍是个不能保守秘密的小人，改任樗里疾为秦相。[2]

由于古代通信工具与通信技术非常有限，通信监听的客体一般为言语交谈、往来书信，故帝王们往往委任专职人员进行"人肉监听"。例如，西汉汉武帝设立"侯"；三国的魏、蜀、吴都分别设立"校事"；西晋、南北朝时期，北魏道武帝拓跋珪设立"侯官"；隋朝设立"侯人"；唐朝唐肃宗设立"察事"。[3]虽然官职名称不同，但是这些"侯""校事""侯官"的职责相当，都是作为皇帝耳目，专司密缉监听。

秘密监听在明朝达到顶峰，为了更深入、更广泛地监听，明朝不满足于委派专人监听，而是设立了监听专门机构，即后世所熟知的锦衣卫、东厂、西厂、内行厂等厂卫机构。

锦衣卫为明太祖朱元璋于1346年设立，本为皇帝侍卫亲军，后来被朱元璋赋予"专察不轨妖言人命强盗重事"的职责，用以扫除不忠于皇权的内外臣民。[4]由于锦衣卫使用监听等特务手段侦缉官民，朝堂上下对此怨声载道，于是朱元璋于1387年罢废锦衣卫诏狱。明成祖朱棣以靖难之役夺得帝位，其得位不正，为扫清政敌，不仅恢复了锦衣卫诏狱，还于1420年另行设立了由太监管领的东厂。1477年，明宪宗朱见深为裁抑东厂权势，又设立了西厂。

---

〔1〕　参见（清）孙诒让：《新编诸子集成：墨子间诂》（下册），孙启治点校，中华书局2001年版，第561～562页。

〔2〕　参见（清）王先慎：《韩非子集解》，钟哲点校，中华书局1998年版，第319～320页。

〔3〕　参见谢佑平、邓立军：《中国封建社会秘密侦查史略考》，载《中国人民公安大学学报（社会科学版）》2006年第2期。

〔4〕　参见吴晗：《明代靖难之役与国都北迁》，载《清华大学学报（自然科学版）》1935年第4期。

1506 年，明武宗朱厚照为驾驭东厂、西厂，又设立内行厂。1510 年，太监刘瑾伏诛，西厂、内行厂被裁撤，东厂如故，直至明朝灭亡。[1]

明朝厂卫制度对后世影响巨大，甚至在清朝灭亡之后，国民党的中统、军统仍沿用了东厂抽签分配任务、向地痞流氓"买起数"等做法。按照东厂的"业务流程"，每月初一，数百名"厂役"齐聚东厂，通过抽签来分配侦缉任务。有的被派往刑部、都察院侦听情报，名曰"听记"；有的被派往其他官衙或城门收集情报，称为"坐记"。通过听记、坐记获得的情报，经由东厂上报皇帝，整个流程称为"打事件"。除了"在编在岗"的厂役，东厂还雇用了大量的"耳目"，多为京城内的无赖地痞，即所谓的"京师亡命"。这些人将打探到的消息呈报给"档头"，再由档头根据情报价值高低支付报酬，称为"买起数"。[2]

（二）中国近代社会通信监听

中国近代社会通信监听具有三大特点：其一，针对邮件通信检查等措施出台了专门法律，至少在形式上开启了通信监听法制化的历程；其二，无线电密码、电话搭线、紫光灯等专门的监听技术开始出现；其三，通信监听具有浓厚的政治色彩，多由军事机关掌控，旨在侵入、瓦解和打击具有不同政治立场的组织和个人。中国近代史起止于 1840 年鸦片战争爆发至 1949 年新中国成立，包括清朝末期、北洋政府时期、国民党时期三个阶段。接下来，我们将以此顺序展开讨论分析。

1. 清朝末期的通信监听

1905 年清政府为推行"新政""预备立宪"，成立"巡警部"，作为全国最高警政管理机关。巡警部有 11 个下属机构，其中"京师内外城巡警总厅"和"探访队"负责秘密侦查。

具体到人员编制及权责，京师内外城巡警总厅的人员主要分为巡官、巡长和巡警三个级别，主要侦查方式还是密查、打探，其侦查重点不在于普通社会治安案件，而在于与政治密切联系的散发传单、公开演讲、报纸撰文等活动。探访队以"摘奸发隐"为宗旨，而且机构、人员更加齐备。探访队设

---

〔1〕 参见谢佑平、邓立军：《中国封建社会秘密侦查史略考》，载《中国人民公安大学学报（社会科学版）》2006 年第 2 期。

〔2〕 参见刘光明：《我国古代秘密侦查技术源流探析》，载《湖北警官学院学报》2003 年第 3 期。

监督 1 人，管理全队事务，下设中、左、右路局。整个探防队的监督、局长、书记官、高等访事官、差弁、暗目等共计 60 人。[1]

2. 北洋政府时期的通信监听

北洋政府时期，有权行使通信监听职权的机构分为两大体系：警察机关与军事特务机构。当时无论是中央还是地方，警察机关都有专司秘密侦查的内设机构。在中央层面，京师警察厅隶属于内政部，下设侦缉队，队兵初期编制 220 人，还可以雇用名为"特别探访"的线人。在地方层面，也有类似密侦机构，例如山西、山东、江苏、安徽的省会警察厅都下设了秘密侦查部门，称为"探防队""侦查队"，虽然名称各异，但本质相同。警察机关坐探、耳目人手有限，加之警察无力执行政治、军事镇压活动，于是北洋政府设立军事特务机构，赋予密侦权力，例如北京的"军政执法处"以及各省省会的"军法课"。[2]

3. 国民党政府时期的通信监听

国民党政府时期的通信监听有两个最大特点：一是针对秘密侦查、邮件检查立法，二是成立中统、军统特务机构。

国民党政府先后于 1929 年、1930 年通过了《全国重要都市邮件检查办法》《各县、市邮电检查办法》，通过立法方式对邮件检查这一通信监听措施进行授权。[3] 1935 年，国民党政府司法行政部颁布的《办理刑事诉讼案件应注意的事项》规定："检察官侦查案件，除依刑事诉讼法第一编第八章至第十四章执行强制处分外"，"应以一切方法为必要之调查，即如私查暗访等"。[4] 在中国法制史上，秘密侦查措施被首次载入成文法。

为维护独裁统治，蒋介石参照德国、意大利的法西斯制度，先后组建了"国民党中央执行委员会调查统计局"与"国民政府军事委员会调查统计局"，也就是后世所熟知的中统与军统。相较以前，中统、军统通信监听活动的科技性、组织性大为提升。

---

[1]　参见韩延龙等：《中国近代警察制度》，中国人民公安大学出版社 1993 年版，第 66 页。

[2]　参见邓立军：《中国近代秘密侦查史稽考》，载《中国人民公安大学学报（社会科学版）》2010 年第 6 期。

[3]　参见李里：《中共文件印发机制探析（1927—1931）》，载《中共党史研究》2020 年第 6 期。

[4]　参见张圆圆：《论中国秘密侦查的历史变迁及现代启示》，载《辽宁警专学报》2010 年第 5 期。

中统的"交通处"与军统的"电讯处"配备了专门设备与人员，负责侦控共产党及相关进步人士的电台，破译无线电密码。1937年，国民党还购进一批"紫光灯"进行秘密摄影。[1]

因为当时电话并未普及，人们的通信工具主要是邮件和电报，所以国民党尤其注意邮件、电报的检查。根据《全国重要都市邮件检查办法》《各县、市邮电检查办法》，国民党有权决定对特定省、市、县实行邮件电报检查。为了围剿中央苏区，国民党还专门在江西、广东、福建、湖南、湖北五省设立邮电检查所，不仅要求扣留共产党、进步团体的邮件、函电，还要求暂扣语言隐晦、含混可疑的邮件、函电，汇报大额款项、违禁物品的邮寄，甚至授权扣留收发人员。[2]

（三）新中国成立后通信监听

1. 1949—1966年通信监听

按照我国当代刑事诉讼的立法与实践，通信监听、卧底侦查、线人制度是技术侦查活动的常规分支，三者各擅胜场，侦查地位旗鼓相当，而且由于通信技术的迅速发展，通信监听的重要性愈加凸显。但是，在新中国成立的前17年，中国的技术侦查活动基本只有两大分支：特情耳目（线人制度）和内线侦察（卧底侦查）。通信监听弱化为一种辅助性侦查手段，无法与特情耳目、内线侦察相提并论。

1950年8月，公安部召开了第一次全国侦查工作会议，决定开展"特情"工作，确立了"长期打算、内线侦察、依靠群众、适时破案"的方针。1950年9月，公安部召开了第一次全国治安行政工作会议并指出，针对土匪、盗匪、封建流氓组织，可以使用特情，"以毒攻毒"。1950年10月，公安部召开第一次全国公安工作会议，部长罗瑞卿主持会议并指出，肃特、剿匪、反霸和侦查保卫工作，关乎巩固人民政权、保卫经济建设，随着解放区的扩大和巩固，反革命势力已转入地下，要求各地公安机关加强侦查工作，学会同隐蔽敌人作斗争。[3]

---

〔1〕 参见邓立军：《中国近代秘密侦查史稽考》，载《中国人民公安大学学报（社会科学版）》2010年第6期。

〔2〕 参见李里：《中共文件印发机制探析（1927—1931）》，载《中共党史研究》2020年第6期。

〔3〕 邓立军：《中国现代秘密侦查史稽考》，载《四川警察学院学报》2014年第3期。

1952 年，第二次全国侦查工作会议制定了相应特情工作制度，提出了整顿特情队伍和秘密据点的要求。

1953 年，第二次全国民警治安工作会议划分了专案特情与控制特情，前者主要用于侦破专案，后者主要用于复杂地区和场所、特种行业。

1955 年，第三次全国刑事侦查工作会议提出："刑事特情要扩大到社会各个角落和各个阶层，搜集刑事犯罪的一般情报。"此次会议增加了情报特情。在这一政策的影响之下，特情队伍空前壮大，超过 2 万余人，20%的破获案件都有特情的参与。[1]

1965 年，受到"只要依靠群众，不要专门工作"的极左思想的影响，第十四次全国侦查工作会议作出了"刑事特情和据点，一概不搞了，原有的一律取消"的错误决定。

1950 年至 1965 年间公安部召开的全国性侦查工作会议重点可以看出，公安机关在制定技术侦查活动相关政策时，几乎全部围绕特情耳目展开，鲜有提及通信监听。通信监听地位之所以被弱化，主要原因在于经济水平低及生产资料公有制导致普通人很难拥有私人电话，针对私人电话的通信监听也就无从谈起。

在 20 世纪 50、60 年代，我国主要民用通信工具是电话、电报、邮件，虽然在这一阶段国民经济得到历史性发展，但是经济基础薄弱，无论城乡，只有极少数的普通家庭有财力安装电话。即使到了 1978 年，内地电话普及率仅为每 100 人占有电话 0.38 部，内地所有城市的电话总容量还不及香港。[2]而且，电话不仅是一种经济商品，同时也是国家机关传达决策的管理工具，随着 1956 年生产资料公有制的建立，电话由国家实行计划分配，主要配备给党政机关、军队、事业单位、国营企业，使得本来就非常有限的电话资源愈加集中于公共单位。

2. 1966—1976 年通信监听

"文革"期间，林彪、江青提出"彻底砸烂公、检、法"的错误口号，大批公安干警受到迫害，整个公安系统几近崩溃，特情耳目、通信监听等技术侦查活动也基本陷于停滞。

---

〔1〕　参见唐磊、赵爱华：《论刑事司法中的秘密侦查措施》，载《社会科学研究》2004 年第 1 期。
〔2〕　参见肖绍良：《我国邮电沿革之浅见》，载《兰州学刊》1982 年第 4 期。

1967 年 12 月 9 日，中共中央下发（67）379 号文件，要求"凡全国公安机关未军管的，一律实行军事管制"。此后，95% 以上的公安干警被下放农村改造。全国有 3.4 万公安干警受到迫害，其中死亡 1200 多人，伤残 3600 多人，入狱 1300 多人。公安部 7 位副部长全部被监禁，49 名司长、局长中的 43 人受到批斗。全国 203 位公安厅厅长、局长，全部都被审查、打倒过，有 45 人被投入监狱，其中 17 人在监狱中自杀、去世。[1] 从中央到地方，各级公安干警都受到不同程度批斗、迫害，当通信监听的执行主体都难以保证自身安全时，通信监听活动自然停滞不前。

3. 1976—1993 年通信监听

随着 1976 年"四人帮"被打倒、1978 年改革开放，我国的技术侦查也进入一个新的纪元：一方面，以特情耳目为主的技术侦查活动恢复起来，同时通信监听的侦查地位也逐渐提高；另一方面，公安部出台了一系列旨在规范、指导技术侦查活动的行政规章，从内部推进技术侦查的法制化、规范化。

1978 年，公安部召开全国侦查工作会议，提出"长期打算，内线侦查，依靠群众，适时破案"的方针。此次会议洗刷了技术侦查的污名，统一了公安干警对技术侦查的认识。1978 年 8 月，第三次全国治安工作会议进一步提出，按照"少而精"的原则，重新在城市发展一批耳目。

虽然特情耳目始终是技术侦查舞台上的主角，但是通信监听不再是那个隐于角落的边缘角色，而是逐渐向舞台中央靠近的重要配角。1979 年 4 月，公安部治安局在重庆召开了全国刑事侦查工作座谈会，涉及技术侦查的议题主要有两个：一是破除对特情耳目工作畏葸退缩的态度，进一步解放思想，鼓励大胆发展耳目队伍，并推广了重庆地区的经验；二是提高专案侦查水平，允许采用侦听、录拍、微光电视等技术侦查手段。[2]

1980 年，公安部发布的《关于在侦查破案中充分运用各种技术手段的通知》允许对重大犯罪开展技术侦查。1984 年，全国侦查工作会议文件对技术侦查作出更为详细的规定，明确了"麦侦、话侦"等通信监听具体手段。[3] 1985 年，公安部制定《关于侦查手段的使用原则和管理办法的暂行规定》，

〔1〕 参见尹曙生：《毛泽东与砸烂公、检、法》，载《炎黄春秋》2013 年第 10 期。

〔2〕 参见邓立军：《中国现代秘密侦查史稽考》，载《四川警察学院学报》2014 年第 3 期。

〔3〕 参见郝宏奎主编：《侦查论坛》，中国人民公安大学出版社 2002 年版，第 336 页。

就技术侦查的审批、适用对象和目标等进行了细则性规定。

上述几个内部规章在两个方面确立了对国家行使技术侦查权力的限制：一是技术侦查主要适用于危害国家安全案件以及其他重大刑事案件；二是对技术侦查的审批机关和流程作出了初步规定。

总体来说，公安部通过的这些行政规章具有时代进步性，开历史先河，为通信监听制定了初具规模、明文形式的法律规范；同时又不免时代局限性，仍未跳出"神秘主义""孤立主义"的窠臼，这些行政规章只以内部文件的方式存在，并未向社会公开。

4. 1993 年以来通信监听

1993 年至今，国家多管齐下，通过细化部门规章、制定修改法律、出台司法解释，建立了在侦、诉、审三阶段通信监听的法律规范框架。

此前公安部已经就技术侦查作出过一些内部规章，而且不断对内部规章进行细化。公安部于 1994 年、1995 年分别发布了《关于改革和与发展公安技术侦查工作的意见》《关于技术侦查工作的规定》，对规章制度、人事管理等事项提出了改革目标。[1]不过，公安部出台的这些意见、规定，依旧属于内部文件，并未公开。

1993 年，我国制定了《国家安全法》，第 10 条授权国家安全机关可以对危害国家安全的行为使用技术侦察措施。这是我国首次在国家法律的层面对技术侦查作出规定，确定了适用范围与行使主体，还提出了"严格的批准手续"的程序要求。

1995 年，我国制定了《人民警察法》，第 16 条授权公安机关可以为了侦查犯罪使用技术侦察措施。技术侦查的适用范围从"危害国家安全行为"扩展到刑事犯罪。

2012 年全国人大决定修改《刑事诉讼法》，在"侦查"一章中增加了一节"技术侦查措施"，首次在《刑事诉讼法》中对技术侦查的适用范围、实施主体和审批程序作出规定，同时肯定了技术侦查材料的证据资格。[2]

刑事诉讼法又被称为"宪法的测振仪""法治国的大宪章"，其在保障人

---

〔1〕　参见徐公社：《论中西技侦措施法律规制的比较研究》，载《江西公安专科学校学报》2005年第 3 期。

〔2〕　参见张文显：《司法文明新的里程碑——2012 刑事诉讼法的文明价值》，载《法制与社会发展》2013 年第 2 期。

权与刑事追诉中的重要性不言而喻。从技术侦查法治化的角度，2012 年修订后的《刑事诉讼法》的影响远胜于 1993 年《国家安全法》与 1995 年《人民警察法》。在立法机关公布《刑事诉讼法》修正草案并向全社会征求意见时，部分学者表示担忧，认为《刑事诉讼法》授权技术侦查会引发法治国家向警察国家蜕变的危险。但是，我们认为，从世界范围看，西方国家为打击犯罪，广泛使用通信监听、网络监控、卧底侦查等手段，虽然饱受批评与质疑，但是电影《1984》中的"老大哥"与"电幕"依旧只是寓言，而非现实；从我国历史沿革看，从新中国成立以来，侦查机关一直在使用技术侦查措施，只是受"神秘主义""孤立主义"的影响，始终采取"用而不宣"的态度。实际上，技术侦查措施已经在我国施行多年，2012 年《刑事诉讼法》的修订不过是将此前实践中的问题给出了正面回应，对适用范围、审批程序、适用对象及期限、技侦材料的证据资格等事项作出规定，将技术侦查措施纳入法治轨道，强化了法律对技术侦查措施的限制，实质上有利于公民个人隐私、通信自由的保护。[1]

以 2012 年《刑事诉讼法》修订为契机，最高人民法院、最高人民检察院、公安部纷纷跟进，针对通信监听制定了相关司法解释、行政规章。最高人民法院侧重通过技术侦查措施收集的证据的出示、质证程序。《刑诉法解释》第 120 条、2013 年《关于建立健全防范刑事冤假错案工作机制的意见》第 12 条、2017 年《人民法院办理刑事案件第一审普通程序法庭调查规程（试行）》第 36 条、2017 年《关于全面推进以审判为中心的刑事诉讼制度改革的实施意见》（以下简称《实施意见》）第 13 条，这些规定基本上都是对《刑事诉讼法》第 154 条的重申。

2019 年最高人民检察院制定了《人民检察院刑事诉讼规则》，该规则第 227~231 条对技术侦查措施的实体要件、程序要件作出规定。2020 年公安部修订了《公安机关办理刑事案件程序规定》，该规定第 263~273 条对技术侦查措施的启动、执行程序作出规定。

需要指出的是，最高人民法院、最高人民检察院、公安部制定的相关法律规范，更主要的是对《刑事诉讼法》的重申，并未消除或减轻《刑事诉讼法》中关于技术侦查模糊授权、立法密度不足等问题，这些我们将在下文详

---

〔1〕　参见黄太云：《刑事诉讼法修改释义》，载《人民检察》2012 年第 8 期。

细论述。

5. 台湾地区监听数据对大陆地区的借鉴意义

我们尝试分析我国台湾地区的相关数据，以此作出分析。

根据我国台湾地区的"司法统计年报"，2012 年台湾地区法院受理通信监察申请 17 083 件，核准 12 976 件，核准率为 75.96%。上述数据仅为通信监察的首次申请，不包括延期申请。2012 年，台湾地区检察官就 24 150 个案件申请续行监察，其中 21 710 件获准，延期获准率为 89.9%。平均每个案件的期限为 65.57 日。[1]

为进一步解读上述数据的意义，我们再以同一时期美国的通信监听数据作对比。根据美国联邦法院行政总署（the Administrative Office of the United States Courts）的报告，2012 年美国联邦及各州法院收到 3397 件通信监听的申请，核准了 3395 件，核准率 99.94%，此外还有 1932 个案件被准予延期，平均每个案件的期限为 30 日。[2]

仅考虑核准率，我国台湾地区的通信监听核准标准貌似比美国更为严格。但是，如果考虑到二者的人口差异，前述直观印象就被推翻了：美国人口约 3.27 亿人，而我国台湾地区约为 0.24 亿人，我国台湾地区与美国的通信监听案件/人口比例分别为 0.05%、0.001%，前者是后者的 50 倍。

为何我国台湾地区的通信监听案件数量如此庞大？台北大学的李荣耕教授认为，原因不在于"通讯保障及监察法"的规定宽松，也不在于法院的核准草率，而在于侦查机关采用"全都录"的执行方式。所谓"全都录"是指将电信号码输入电脑，电脑将会对该号码产生的通信"全数记录"，并刻录入 DVD 光盘。侦查机关每隔一段时间领取光盘，频率从每天到一周两次不等。全都录的方式豁免了侦查机关派员同步监听的负担，使得执行程序繁复程度、人力成本大为降低，故台湾地区的通信监听申请量远远高于美国，这也是台湾地区通信监听案件远远高于美国的原因。[3]

---

〔1〕 参见李荣耕：《简评 2014 年新修正的通讯保障及监察法——一次不知所为何来的修法》，载《月旦法学杂志》2014 年第 4 期。

〔2〕 "Table Wire 7—Wiretap（December 31，2012）"，available at http://www.uscourts.gov/uscourts/Statistics/WiretapReports/2012/Table7.pdf，last visited on 22th Aug. 2020.

〔3〕 参见李荣耕：《简评 2014 年新修正的通讯保障及监察法——一次不知所为何来的修法》，载《月旦法学杂志》2014 年第 4 期。

### 三、我国通信监听制度的运行现状

（一）通信监听的启动要件

《刑事诉讼法》第150条共有3款，分别针对可以使用通信监听的三种情形：公安机关对其管辖的重大犯罪案件进行侦查，检察机关对其管辖的重大犯罪案件进行侦查，追捕在逃的犯罪嫌疑人、被告人。第一种情形在实务中最为普遍，且最能表现我国通信监听法律规范的特点，因此以《刑事诉讼法》第150条第1款为切入点，分析探讨我国通信监听的要件。

《刑事诉讼法》第150条第1款规定："公安机关在立案后，对于危害国家安全犯罪、恐怖活动犯罪、黑社会性质的组织犯罪、重大毒品犯罪或者其他严重危害社会的犯罪案件，根据侦查犯罪的需要，经过严格的批准手续，可以采取技术侦查措施。"可以认为，采取通信监听措施，应当满足"立案后""重罪案件""侦查犯罪的需要"三个实质条件，以及"经过严格的批准手续"一个程序条件。

1. 关于三个实质条件的分析

（1）关于"立案后"条件的分析。仅从《刑事诉讼法》第150条第1款文字表述来看，"立案后"这一条件似乎无关紧要，但是参考《刑事诉讼法》第109条、《公安机关办理刑事案件程序规定》第178条第1款关于刑事立案的规定之后，可以发现"立案后"的实质内涵非常丰富，限制作用较强。

《刑事诉讼法》第109条规定："公安机关或者人民检察院发现犯罪事实或者犯罪嫌疑人，应当按照管辖范围，立案侦查。"《公安机关办理刑事案件程序规定》第178条第1款就立案程序作出进一步规定，要求"经县级以上公安机关负责人批准"。将《刑事诉讼法》第150、109条及《公安机关办理刑事案件程序规定》第178条合并分析，立案的要件为：实体上，公安机关需要收集证据证明犯罪已经发生，而且发生在其管辖范围内；程序上，需要经过县级以上公安机关负责人批准。因为技术侦查本来就是在证据数量、质量不足的情形之下，被作为发现证据线索工具来使用，如果启动标准过高，则技术侦查最后手段的价值大为削减，所以我国现有的技术侦查启动标准比较科学，一方面有利于发挥技术侦查打击犯罪的效用，另一方面防止技术侦查的泛滥使用。[1]

（2）关于"重罪案件"条件的分析。关于重罪，有两种标准：罪名或法定刑。我国基本采用罪名标准，而以法定刑标准为例外。可以使用通信监听的重罪包括：危害国家安全犯罪、恐怖活动犯罪、黑社会性质的组织犯罪、重大毒品犯罪或者其他严重危害社会的犯罪案件。

《刑事诉讼法》150 条第 1 款对重罪案件的描述具有相当的模糊性，表现在以下两个方面：其一，列举了四种犯罪类型，但是没有以具体法条来确定具体罪名。其二，以"其他严重危害社会的犯罪案件"作为重罪原则的兜底条款。虽然《公安机关办理刑事案件程序规定》第 263 条对此进行了弥缝，将"其他严重危害社会的犯罪案件"限制为"依法可能判处七年以上有期徒刑"，但是《刑法》中刑期在 7 年以上的罪名很多，《公安机关办理刑事案件程序规定》第 263 条对《刑事诉讼法》第 150 条兜底条款具体化的作用非常有限。

依照通说，可以使用通信监听的犯罪有两大类：第一类是对刑法法益造成严重损害的犯罪，第二类是侦查难度大的秘密性、有组织性犯罪。针对这两类犯罪可以使用技术侦查，其正当性基础并不相同：前者是因为受到损害的法益重大，后者是因为普通侦查措施难以奏效，国家打击犯罪的价值难以实现，为保护受损的重大法益、充分发挥国家打击犯罪的价值，故可以在一定程度压缩公民的隐私权等权益。[2]

总体来说，《刑事诉讼法》基本采纳了上述理念，为通信监听确立了重罪案件的范围，但是没有以列明条文的方式列举罪名，而且还保留了兜底条款，使得这个范围的边界具有相当模糊性。

（3）"侦查犯罪的需要"条件的分析。鉴于《刑事诉讼法》《公安机关办理刑事案件程序规定》并未对"侦查犯罪的需要"作出进一步的解释，最高法院也没有公布过相关的指导性案例，故"侦查犯罪的需要"这一条件本身过于抽象，难以从现有规范条文中推论出其具体内容。基于以下两个原因，"侦查犯罪的需要"并不能够起到平衡调和"发现真实"与"法治程序"两大刑事诉讼价值的作用："一是'侦查犯罪的需要'的设定未清楚界定法律执

---

〔1〕 参见王东：《技术侦查的法律规制》，载《中国法学》2014 年第 5 期。

〔2〕 参见王晨辰、周轶：《技术侦查制度之检讨》，载《法律适用》2014 年第 2 期。

行的一般需要与超越法律执行的特别需要之间的应有边界，从而将不同层面的实体正当性审查标准相混同。二是'侦查犯罪的需要'的设定缺乏可供测量的实体正当性标准。"[1]

侦查犯罪的需要可以理解为，通信监听应当是有利于达到侦查犯罪目的的手段。问题在于，仅仅满足这一要求就可以使得通信监听符合法治程序的要求吗？考虑到当代公民权利体系与国家侦查手段的双重扩张，通信监听的争议与难点不在于是否容许国家对公民实施通信监听，而在于容许国家对公民实施通信监听的限度和要件。[2]

比例原则诞生于德国，旨在解决行使公权力与保障公民基本权利的矛盾，由三个子原则组成：适当性、必要性和狭义比例原则。[3]适当性原则要求手段与目的之间具有关联，且这种联系不必是直接联系。必要性原则要求手段应当是可以实现目的的众多手段中干预最为温和的那个。狭义比例原则要求手段造成的危害应当大于目的自身的价值。一种手段只有依次通过三重审查，才算是对基本权利的正当干预手段。

侦查犯罪的需要，要求通信监听有利于侦查犯罪，即二者之间具有联系，符合适当性的要求。重罪案件关系到国家安全、公共安全，以侦破该类案件作为目的，其自然具有极高的价值，将"侦查犯罪的需要""重案案件"两个条件结合起来，可以符合狭义比例原则的要求。但是，"侦查犯罪的需要"难以符合必要性原则的要求，因为"侦查犯罪的需要"并不要求通信监听是最为温和的手段。

考虑到通信监听具有秘密侵入私人领域的特性，它比常规的搜查、讯问等侦查措施更加有效，几乎在所有情形之下都可以轻易达到有利于侦查犯罪的要求，"侦查犯罪的需要"这一条件几乎不具有实质上的限制效力，故其很难成为一项要件。

2. 我国以"已经发生的重罪案件"为通信监听的单一要件

"立案后""重罪案件"实际上是从不同角度对同一个要件进行表述。重罪案件实际上是划定了罪名范围。立案后实际上是限定了案件发展进程及证

---

〔1〕 曾赟：《监听侦查的法治实践：美国经验与中国路径》，载《法学研究》2015 年第 3 期。

〔2〕 参见林钰雄：《刑事程序与国际人权》（三），元照出版有限公司 2020 年版，第 35 页。

〔3〕 参见陈景辉：《比例原则的普遍化与基本权利的性质》，载《中国法学》2017 年第 5 期。

明责任，即通信监听只能针对已经发生的案件，而非仅具嫌疑、尚未着手的案件，而且公安机关负有证明犯罪已经发生的证明责任。

侦查犯罪的需要只是要求通信监听有利于侦查犯罪，再无其他限制，而历史经验早已证实通信监听的秘密侦查特性使其天然有利于侦查犯罪。该条件对通信监听几乎不具有任何实质的限制作用，也就难以成为一个要件。

虽然《刑事诉讼法》第 150 条第 1 款规定了"立案后""重罪案件""侦查犯罪的需要"三个实质条件，但是前两个条件可以合并为"已经发生的重罪案件"，第三个条件几乎不具有限制作用，形同具文，故我国的通信监听只有一个要件：已经发生的重罪案件。

（二）通信监听的申请与批准

鉴于我国的公安机关同时具有通信监听的申请权、批准权、执行权，而且实务中大多数通信监听由公安机关启动，故仍以公安机关为分析探讨的主要对象。

1. 通信监听的申请、批准程序一体化

《刑事诉讼法》第 150 条第 1 款虽然在启动阶段、适用范围等方面设置了一定的程序门槛，但是授权公安机关根据侦查需要，"可以采取技术侦查措施"，亦即公安机关既是通信监听的申请权人，又是批准权人。

但是，公安机关的职能部门众多、层级跨度大，究竟哪个部门、具体何人有权申请和批准呢？《公安机关办理刑事案件程序规定》第 265 条第 1 款要求，呈请采取技术侦查措施报告书需要经过设区的市一级以上公安机关负责人批准。考虑到公安机关的组织与运行规则，案件的承办民警有权提起初步申请，经过层层审批后，由设区的市一级以上公安负责人批准。

总体来说，公安机关可以自行完成通信监听的审批，具有自我授权、内部审批、批准执行一体化的特征。具体来说，这一权力是公安机关自我授予的，从申请、批准、执行、完结等所有环节全部在公安机关内部运行，屏蔽了检察院等外部机关，违背了分权制衡的原则，容易引发技术侦查滥用的危险。[1]

---

[1] 参见邓立军：《新刑事诉讼法视角下技术侦查的法律监督》，载《暨南学报（哲学社会科学版）》2014 年第 10 期。

2. 申请书与批准决定书应记载事项较少

《刑事诉讼法》第 150 条第 1 款要求"经过严格的批准手续"方可使用技术侦查措施，但是并没有进一步解释究竟什么是"严格的批准手续"。"技术侦查批准手续完全呈封闭状态，从批准权的设置、运行到批准文件的备案都由侦查部门自我决定，不受其他任何机关的监督和审查。"[1]

《刑事诉讼法》第 151 条第 1 款要求批准决定应当"确定采取技术侦查措施的种类和适用对象"，据此可以认为批准决定书应当至少包括两个事项：技术侦查措施的种类、适用对象。

批准决定书在时间上稍晚发生、性质上为回应答复；申请书在时间上稍早发生、形式上为主动问询。在逻辑上，两个文书的内容事项应当是相互对应的。批准决定书包含的事项，亦应记载于申请书，故可以从《刑事诉讼法》第 151 条第 1 款推论出，申请书亦应至少包括两个事项：技术侦查措施的种类、适用对象。《公安机关办理刑事案件程序规定》并未对申请书、批准决定书的内容、格式作出规定。

（三）通信监听的期限

《刑事诉讼法》授予公安机关通信监听执行权，实务上大多数通信监听也都由公安机关"技侦部门"执行，故仍重点考察公安机关对通信监听的执行。《刑事诉讼法》第 151 条规定首次监听的期限为 3 个月，"复杂、疑难案件"可以延长 3 个月，延长次数不限。《公安机关办理刑事案件程序规定》第 266 条也作出了类似规定。参照域外经验，首次监听、延长监听的期限均为 3 个月，时长尚属合理，但是延长期限的条件在标准上缺乏客观性。

（四）通信监听获得材料的使用

1. 通信监听材料具有证据资格

《刑事诉讼法》第 154 条规定，通过通信监听取得的材料"可以作为证据使用"。对比"侦查"一章规定的其他七种侦查措施，均未作出类似规定，这种差异是有其历史渊源的。

2012 年《刑事诉讼法》修改以前，采取技术侦查、秘密侦查搜集的材料

---

〔1〕 孙煜华：《何谓"严格的批准手续"——对我国〈刑事诉讼法〉技术侦查条款的合宪性解读》，载《环球法律评论》2013 年第 4 期。

原则上不得作为证据，只能作为线索；例外作为证据的，必须经过转化。概括否定通信监听材料的证据资格，这不仅仅是地方性的习惯做法，而且被公安部规章承认并固定下来。2000年《公安部关于技术侦察工作的规定》作出明确要求：技术侦察所获取的证据材料不能直接作为证据使用，也不能在法庭上出示，只能作为侦查取证的线索；按照《刑事诉讼法》将其转化为法定证据形式，才能作为证据使用。[1]

在2012年之前，公安机关概括否定通信监听材料的证据资格，部分原因固然在于有的通信监听材料的证明力较弱，不宜作为指控证据，只能作为取证线索，或者具有引发监听人员身份暴露、具体监听手段外泄的风险，但是主要原因仍在于通信监听的闭环运行，使得通信监听从启动到终结的所有环节全部发生于公安机关内部。[2]

2. 通信监听证据的三种法庭调查方式

《刑事诉讼法》第154条确立了法庭调查证据的三种方式：一是常规调查方式，公开举证、质证；二是在常规方式的基础上，采取一定的保护性措施，对一些可能涉及侦查秘密的技术手段、方法、过程不予公开或作模糊化处理，但审查核实证据材料仍在法庭上；三是庭外核实。[3]

根据《关于实施刑事诉讼法若干问题的规定》第20条的规定，如果通信监听材料作为证据，该条要求其批准文书应当附卷移送，向法庭出示，但是该条并没有明确通信监听材料本身是否应当附卷移送、向法庭出示。《刑诉法解释》第120条基本保持了《刑事诉讼法》第154条的文字表述，没有进一步细化。

3. 通信监听材料的三种证据载体

通信监听材料的载体一般具有三种形式：翻音材料、情况说明、语音材料。我们在下文借助裁判文书具体介绍它们的概念、特征以及实践形态。

（1）翻音材料。翻音材料的名称不一，也被称为通话录音转化文稿、录

---

〔1〕　参见程雷：《技术侦查证据使用问题研究》，载《法学研究》2018年第5期。

〔2〕　参见王尚新：《〈最高人民法院、最高人民检察院、公安部、国家安全部、司法部、全国人大常委会法制工作委员会关于实施刑事诉讼法若干问题的规定〉解读》，中国法制出版社2013年版，第105页。

〔3〕　参见董坤：《论技术侦查证据的使用》，载《四川大学学报（哲学社会科学版）》2013年第3期。

音记录、语音转换记录、技术侦查复听记录、通话摘要等，翻音材料并非对所有通话内容巨细靡遗的完全记录，而是对涉及犯罪主要事实的关键内容的摘录，它"基本上都是监听人员对被监控人电话交谈内容的要点整理，主要是对涉及犯罪事实的主要内容或关键内容进行摘要式记录"。[1]

2016 年孝感市中级人民法院作出的陈亚洲、汪后喜贩卖、运输毒品判决书[2]，直接列举多段监听译文，摘引一段汪后喜与陈亚洲于 2014 年 11 月 2 日的通话内容翻音材料。

汪后喜："喂，二哥吧。"

陈亚洲："哪个？"

汪后喜："我是武的兄弟。"

陈亚洲："么事？"

汪后喜："有点那个吧。"

陈亚洲："嗯，算了，算了。"

汪后喜："啊？"

陈亚洲："带了几多东西来了？"

汪后喜："带了几百克。"

陈亚洲："手上搞干了，没得钱。"

汪后喜："有几多搞几多，好吧。我已经带来了，他跟我说好了，他叫我到白沙找你，你看东西，看下东西再说吧。"

陈亚洲："好。"

汪后喜："你在不在屋里？"

陈亚洲："在屋里。"

汪后喜："马上到你屋里。"

（2）情况说明。在司法实践中，对于技术侦查措施所获的材料还存在这样一种证据转化方式，"即由侦查部门向检察院和法院出具'情况说明'，叙述侦查部门采取秘侦手段所获取的信息，如技侦部门所获取的信息等，以此

---

〔1〕 程雷：《技术侦查证据使用问题研究》，载《法学研究》2018 年第 5 期。

〔2〕 湖北省孝感市中级人民法院（2015）鄂孝感中刑初字第 00020 号刑事判决书。

方式将技侦证据'转化'为书证。"[1]情况说明主要是侦查机关对通信监听材料的概括性描述，一般包括附带取证合法的声明、基本流程。

2015 年，广东省大埔县人民法院审理冯某某抢劫案，采信了公安机关出具的情况说明："梅州市公安技术侦查支队通过技术侦查手段做出这部步步高手机的机身码及运动轨迹，同时发现案发后有一个手机号码为 13421XXXX21 的手机运动轨迹与步步高手机运动轨迹相一致，经查手机号码为 13421XXXX21 的机主是冯某某，从而锁定被告人冯某某的抢劫犯罪事实。"[2]

（3）语音材料。语音材料就是最为原始、直接、客观的证据形式，一般是记录着原始通信内容的光盘、硬盘。司法实务中，语音材料一般被归类为视听资料、电子证据，有时会在庭审中出示，但是与翻音材料、情况说明相比，出示的概率较低。

2016 年，海南省高级人民法院作出陈某、李某年走私、贩卖、运输、制造毒品二审刑事裁定书，[3]将陈、李二人的通话录音归类为视听资料、电子证据，不仅指明证据来源是"三亚市公安局禁毒支队缉毒侦查大队，根据技术工作支持，该队在前期侦查本案时收集到的通话内容"，还将通话内容整理为文字记入裁定书内。试节录一段：

陈某："开车过来。"

李某年："这么快！"

陈某："做一次都累死了，哪像吃药那么久，你过来我们说点事，你把那些油和肉放在车上。"

李某年："我知道，把那 4 瓶油放车上是吗？"

陈某："你叫我办的事，我办了，我这里多少钱呀！见面再说了。"

李某年："好的。"

4. 通信监听证据的争议

有学者曾对 2013—2016 年的 1433 个案件进行实证分析，发现 70% 的案件中，辩方对通信监听证据的合法性、关联性表达了质疑。

---

〔1〕 参见万毅：《证据"转化"规则批判》，载《政治与法律》2011 年第 1 期。
〔2〕 广东省大埔县人民法院（2015）梅埔法刑初字第 52 号判决书。
〔3〕 海南省高级人民法院（2016）琼刑终 32 号裁定书。

合法性的质疑主要表现在以下三个方面：其一，侦查机关是否严格遵守《刑事诉讼法》第 150 条的规定以启动通信监听措施，比如案件是否属于重罪案件、是否是在立案后采取的措施；其二，翻音材料、情况说明是语音材料的衍生品，不属于《刑事诉讼法》第 50 条规定的八种法定证据种类；其三，辩方指出证据没有当庭出示，剥夺了被告人的对质权。

关联性的质疑主要表现在以下两个方面：一是通信内容虽然是由被告人做出的，但是依据常规语言习惯很难将通信内容与犯罪行为联系起来。这种情况集中发生于毒品犯罪，被告人多用暗语、隐语沟通，语言表面与实际所指差距较大。二是辩方否认通信监听中的通话人系被告人，要求进行声纹鉴定。

## 四、对我国通信监听制度的反思

（一）通信监听基本规范缺失

1. 立法现状

修正后的《刑事诉讼法》虽然对技术侦查作出规定，并作为单独的一节，但是对技术侦查措施的内涵和外延没有作出具体规定。[1]同时，最高人民法院也没有通过司法解释、判例等形式明确通信监听的定义。《公安机关办理刑事案件程序规定》第 264 条规定，技术侦查措施包括记录监控、行踪监控、通信监控、场所监控，但是并未对通信监控的概念进行进一步解释。

2. 法律定义缺位导致调取通话记录行为的属性争议

厘清通信监听相关概念的实益在于，只有在掌握通信监听的内涵与外延之后，才可能判断某一行为是否属于《刑事诉讼法》第 150～154 条所涵盖的通信监听，进而以上述法条对该行为进行规范评价。

在以有线电话、电报、邮件等为主要通信工具的时代，人们对通信监听相关概念的认知比较统一，较少发生分歧。但是进入网络时代后，传统观点的局限性开始显露出来。

以通话记录为例。传统观点认为，通话记录与通话内容不同，一般不涉及隐私权保护。大多数国家对通话记录的保护力度远低于对通话内容的保护

---

〔1〕 参见陈光耀、蓝漪露：《我国新〈刑事诉讼法〉关于技术侦查规定的不足及其完善》，载《山东大学学报（哲学社会科学版）》2012 年第 6 期。

力度，这一倾向在我国的刑事诉讼实践中尤其明显。调取通话记录时，公安机关常常援引《刑事诉讼法》第115条[1]作为概括授权依据；监听通话内容时，公安机关则将《刑事诉讼法》第150条作为特别授权基础。显而易见的是，第115条的程序门槛远低于第150条。

人们通过常识与逻辑来判断事物之间的因果联系，而大数据是通过对概率的计算来判断事物之间的倾向联系。大数据技术可以通过对通信时长、频率、位置、对象等通信形式进行挖掘、分析，从中获得比通信内容更有价值的信息。[2] 2014年，联合国人权事务委员会做出专题报告，呼吁成员国在新信息技术背景下应当促进信息保护理念的与时俱进，指出以通信形式与通信内容为标准来区别隐私权保护并不合理，因为通过对元数据的合成分析能够显示行为倾向、社会关系、个人嗜好、身份等方方面面的信息，甚至比通信内容更能全面地揭示一个人。[3]

我国当下的一些案件可以证明，通话记录能够深刻地揭示一些关键的私人信息，尤其是将通话记录与在案其他证据综合分析，通话记录的隐私性质就更为明显。2015年，马鞍山市雨山区人民法院审理的盛某、王某诈骗罪一案，两名被告人的通话记录、基站代码证实二人在案发时间于案发地点进行了通话，法庭认为被告人通话记录、基站代码与被害人陈述相互印证，确定了案发时被告人的位置。[4]

在网络时代，人们进行通信的同时，必然产生大量元数据，而大数据分析技术从通话对象、时长、基站小区代码等元数据获得的通话人隐私信息，可能毫不逊于通话内容本身。在这种科技语境下，调取通话记录对公民权利的侵害相当严重。既然对通话内容进行监听属于通信监听，那么当通话记录与通话内容具有类似、相当的隐私信息时，对通话记录的调取是否属于通信监听？通信监听相关概念的立法解释、司法解释缺失，使得人们无法从目前的法律规范中就前述问题得出明确的答案。

---

　　[1]　《刑事诉讼法》第115条规定："公安机关对已经立案的刑事案件，应当进行侦查，收集、调取犯罪嫌疑人有罪或者无罪、罪轻或者罪重的证据材料。对现行犯或者重大嫌疑分子可以依法先行拘留，对符合逮捕条件的犯罪嫌疑人，应当依法逮捕。"

　　[2]　程雷：《大数据侦查的法律控制》，载《中国社会科学》2018年第11期。

　　[3]　"The Right to Privacy in the Digital Age", available at http：/www.ohchr.org/EN/HRBodies/HRC/RegularSessions/Session27/Documents/A.HRC.27.37_ en.pdf, last visited on 30 July 2020.

　　[4]　参见马鞍山市雨山区人民法院（2015）雨刑初字第00130号判决书。

（二）延长监听期限的条件宽松

1. 延长监听期限的条件缺乏客观标准

"复杂、疑难案件"本来应当起到防止任意延长期限的限制作用，但是无论《刑事诉讼法》还是《公安机关办理刑事案件程序规定》，均未解释何为"复杂、疑难案件"，没有提供任何可供参考的判断标准。"显然，这种限制条件带有很大的主观性，容易导致侦查人员在实践中变相地无期限采用技术侦查措施。"

在公安机关本就具有对通信监听申请、批准的自我授权的前提下，其又获得了对延长期限条件的解释权，这会对公民权利形成一种威胁。"复杂、疑难案件"概念界限本来就相对模糊，容易引发技术侦查被滥用的危险，而延长次数不受限更是将这一危险延续时间无限拉长，将会导致社会的情绪恐慌。[1]

2. 延长监听期限条件的法理基础较弱

我国通信监听在执行过程中具有一个容易为人忽视，但是影响较大的特点：延长通信监听的条件与初次启动通信监听的实质条件不同。

初次启动通信监听的实质条件是"立案后""重罪案件""侦查犯罪的需要"。延长通信监听的条件是"复杂、疑难案件"。"对于通常的刑事侦查活动来说，3个月不能算是一个短时间，进行3个月的技术侦查一般是能够达到技术侦查的目的的；如果3个月仍然未能取得侦查的进展，继续采取该技术侦查措施的实际意义难免会让人产生怀疑。"[2]意即通过通信监听获取与犯罪相关信息的可能性大大降低，也就是说，通信监听能够帮助侦破案件的假设已经被严重动摇。此种情形可能不再满足初次启动通信监听的所有条件了，但是因为案件复杂、疑难，故仍可以继续监听，但是这种处理方式在逻辑上难以自洽。

通信监听可以获取与犯罪相关的信息，进而促进发现真实的进程。通信监听严重干预公民权利，本应全面禁止，但是其具有发现真实的价值，故国家在一定程度上予以容许。在运行3个月仍未获取相关信息的前提下，案件

---

〔1〕参见许志：《我国新刑事诉讼法关于技术侦查立法的缺陷及完善》，载《社会科学家》2014年第4期。

〔2〕张建伟：《特殊侦查权力的授予与限制——新〈刑事诉讼法〉相关规定的得失分析》，载《华东政法大学学报》2012年第5期。

复杂、疑难这一因素并不能增加通信监听获取有用信息的概率，即该因素并不会增益通信监听在个案中发现真实的价值。

（三）另案监听问题

通信发生于被监听人与他人之间，具有双方性的特点。侦查机关可以在监听前就确定被监听人，但是很难预判被监听人的通信对象及内容。另案监听是指，侦查机关在针对本案进行监听时，可能偶然发现被监听人或他人的其他犯罪。

另案监听"可能会使侦查机关'明修栈道，暗度陈仓'，以本案为名申请通信监察，实是为了取得其他案件的证据，完全掏空令状原则的控制"[1]。这种担忧并非杞人忧天，很多国家和地区都发生过类似事件。我们分别以美国诉卡恩（United States v. Kahn）与中国台湾地区检察署特侦组监听案举例说明。

1974 年的美国诉卡恩案是另案监听的典型案例。调查人员对卡恩进行搭线监听，先是监听到卡恩给妻子打电话谈论他的赌博输赢情况，之后又监听到卡恩妻子给其他赌徒打电话谈论赌博的事情。卡恩妻子与其他赌徒的监听材料是否能够作为证据，控辩双方就此产生激烈辩论。初审法院认为，监听的目的在于发现卡恩的同案犯、犯罪地点及犯罪计划，故并不要求卡恩本人必须为通话一方。上诉法院否定了这种观点，认为应当排除卡恩妻子与其他赌徒的通话内容，因为通话人并非被监听人卡恩。[2]

2011 年，中国台湾地区检察署特侦组对"高等法院"法官陈某、李某、蔡某贪污案以"特他字第 61 号"立案侦查，并向法院申请取得通讯监察令状。监听过程中，特侦组意外发现"立法委员"柯建铭可能涉嫌另一桩贪污案，于是又向法院申请了针对柯建铭的通讯监察令状。富有戏剧性的是，2013 年 6 月 8 日、29 日，特侦组监听到柯建铭与"立法部门负责人"王金平的对话，再一次意外发现王金平涉嫌为柯建铭向"高等检察署"检察长陈守煌关说，要求陈守煌向承办"全民电通背信案"的林秀涛检察官施压，以迫使林秀涛放弃对柯建铭无罪判决的上诉。

---

〔1〕 李荣耕：《通讯监察与保障法》，新学林出版股份有限公司 2018 年版，第 161 页。

〔2〕 参见 ［美］伟恩·R. 拉费弗、杰罗德·H. 伊斯雷尔、南西·J. 金：《刑事诉讼法》（上册），卞建林等译，中国政法大学出版社 2003 年版，第 307 页。

2013 年 9 月 6 日，中国台湾地区检察署特侦组举办"切勿错过重大司法风纪"的记者会，本意在于揭发司法关说丑闻，却意外地暴露了特侦组依据同一案号，以"高等法院"陈、李、蔡三人贪污案为监听张本，蔓延至"立法委员"柯建铭贪污案，最终辗转牵连到"立法部门负责人"王金平司法关说案。这种声东击西、"瓜蔓抄"式的监听引发了台湾岛内关于"浮滥监听"的忧惧。整个事件的风向迅速转变，各界纷纷表示要求检讨、修改"通讯保障及监察法"，最终于 2014 年 1 月 14 日三读通过了新的"通讯保障及监察法"。[1]

## 五、完善我国通信监听制度的建议

### （一）明确通信监听的范围

技术侦查措施不同于其他常规的侦查措施，很容易给侦查对象的合法权利特别是隐私权造成不当损害。因此，"应该在维护侦查效益与保障个人权利的平衡中对其适用进行严格的程序控制。"[2]通信监听的范围应当是尽可能明确、具体的，进一步讲，通信监听的适用罪名、被监听人身份应当是尽可能明确、具体的。很多国家和地区都通过立法明确了对何种罪名以及何人可以适用通信监听。这种立法经验告诉我们，对罪名、被监听人的列举和清楚表述应当是通信监听法治化的基本方向。

#### 1. 明确罪名范围

《刑事诉讼法》第 150 条列举了危害国家安全犯罪、恐怖活动犯罪、黑社会性质的组织犯罪、重大毒品犯罪以及其他严重危害社会的犯罪，前四种犯罪只是大致的犯罪类型，而非具体的罪名，而且该条也没有解释"其他严重危害社会的犯罪"究竟是何种犯罪、具有何种特征。

适用罪名范围的模糊性，再加上公安机关具有自我审批的权力，在维护社会治安、提高破案率的压力之下，公安机关很容易形成广泛使用技术侦查措施的倾向，有时甚至在行政治安案件和群体性事件中使用技术侦查措

---

[1] 参见吴常青：《台湾地区"通讯保障及监察法"修改研究》，载《台湾研究集刊》2016 年第 2 期。

[2] 詹建红：《理论共识与规则细化：技术侦查措施的司法适用》，载《法商研究》2013 年第 3 期。

施。[1]

很多国家通过限制案件范围及具体对象来规范侦听、截获通信活动。[2]以《德国刑事诉讼法典》为例，第 100 条第 a 款确立了只能对特定严重犯罪才可以使用电话监听的原则，并列举了具体罪名，包括叛国罪、侵害国家利益罪、恐怖组织犯罪、杀人、绑架、抢劫、敲诈、纵火、严重盗窃和收受盗赃、严重毒品犯罪以及违反保护外贸特定条款的犯罪。[3]

再以我国台湾地区"通讯保障及监察法"为例，该法第 5 条列举了 18 类可以使用通讯监听的罪名，第一类以刑期为标准，即"最轻本刑为 3 年以上有期徒刑之罪"，其余 17 类全部为具体罪名，这些罪名既包括我国台湾地区"刑法"中的罪名，又包括其他法律的罪名。例如，第二类列举了我国台湾地区"刑法"第 100 条预备内乱罪、第 256 条制造鸦片罪、第 339 条诈欺罪，而第十类列举了"'农会法'第 47 条之一或第 47 条之二之罪"。

为平衡调和"发现真实"与"法治程序"两大刑事诉讼价值，我们建议进一步明确通信监听的适用罪名，将"其他严重危害社会的犯罪"限定为依法可能判处 7 年以上有期徒刑的犯罪。

2. 明确被监听人范围

《刑事诉讼法》第 150 条只是列举了通信监听的适用罪名，但是并未明确适用对象。《公安机关办理刑事案件程序规定》第 264 条第 2 款规定的监听对象包括犯罪嫌疑人、被告人、与犯罪活动直接关联的人员，但是"与犯罪活动直接关联的人员"究竟是什么人，《公安机关办理刑事案件程序规定》未予明确。

有学者认为，"'与犯罪活动直接关联的人员'不仅指与侦查对象密切相关并且参与、了解相关犯罪活动的同案犯，也包括与犯罪活动无关，但可能会暴露、反映侦查对象相关信息的其他人员。"[4]我们认为这种解释完全突破了"与犯罪活动直接关联的人员"的文义范围，将监听对象扩大为"与犯罪分子有社会关系的人员"，使得案外人员随时可能成为监听对象，有悖刑事诉讼法保障人权的基本价值。

---

〔1〕 参见李瑛：《论公安机关秘密侦查的法律规制》，载《中国人民公安大学学报（社会科学版）》2015 年第 4 期。

〔2〕 参见宋英辉：《刑事程序中的技术侦查研究》，载《法学研究》2000 年第 3 期。

〔3〕 参见胡铭：《英法德荷意技术侦查的程序性控制》，载《环球法律评论》2013 年第 4 期。

〔4〕 刘鹏：《技术侦查疑难问题研究》，载《法学杂志》2017 年第 7 期。

美国将监听客体限定为"被监听的设备、场所正在或将会被用来实施犯罪行为（《美国法典》第2516条列举的罪名），或者这些设备、场所被犯罪嫌疑人所租赁、申领、经常性使用"。[1]这种规定在防止通信监听恣意扩张方面可以发挥限制作用。现代人往往拥有很多不同种类的通信设备：有线电话、手机、电脑、对讲机、佩戴式装备等。同时，现代人的空间活动范围很大：住宅、办公场所、旅馆饭店等公共场所。如果仅仅将监听对象限定为某个犯罪嫌疑人，则其全部通信设备、出没的所有空间都有可能被秘密侵入，而实际上嫌疑人通常仅使用特定设备在特定空间从事犯罪行为。不加区分，仅以犯罪嫌疑人个人身份为标准，对其所有设备、所有活动场所进行监听，无疑违反了比例原则。

日本2016年《通信监听法》要求同时具备四个要件后才可以实施监听，其中一个要件为"犯罪嫌疑人正在使用的电话号码或者其他方法的通信手段已经和通信运营商订立了合同，或者该通信与犯罪有关"，[2]即可以对案外第三人实施监听，但是前提是该人的通信与犯罪相关。

"各国在立法确定技术侦查对象时普遍贯彻了最低限度原则。具体说来，技术侦查对象除了犯罪嫌疑人、被告人以外，还包括传达人和提供人，前者指为犯罪嫌疑人发送、传达、收受信息等人，后者则指为犯罪嫌疑人提供通信器材、处所等人。"[3]当案外第三人帮助犯罪嫌疑人收发信息，提供通信工具、处所时，不论其主观状态，其与犯罪行为发生了直接的联系，其客观行为应当受到否定性评价，故侦查机关对其进行监听是具有一定正当性的。

（二）确立通信监听的最后手段原则

《刑事诉讼法》第150条所规定的"侦查犯罪的需要"之条件，其表述过于原则，缺乏操作性，应当增加技术侦查的具体限制条件，防止技术侦查扩大化。[4]我们认为，应当将最后手段原则引入通信监听程序，这也是国际上通行的立法例。所谓最后手段，"包括实际已行并已穷尽其他一切可能的、侵

---

〔1〕　18 USCA § 2518（3）United States Code Annotated Title 18 Crimes and Criminal Procedure.

〔2〕　李牧、王和文：《日本〈通信监听法〉之检讨及其启示》，载《武汉理工大学学报（社会科学版）》2017年第2期。

〔3〕　参见吴徽、郭志媛：《日本评介》，载樊崇义主编：《诉讼法学研究》（第2卷），中国检察出版社2002年版，第423页。

〔4〕　参见吴真文、黄辉军：《完善我国技术侦查措施的立法思考》，载《湖南社会科学》2014年第2期。

扰度相对较小的侦查措施的情形（实际的最后手段），也包括经验层次的、在特定情形下采用秘密侦查方法是最合理的判断（经验的最后手段）。"[1]按照该原则，只有在其他常规侦查措施难以奏效，通信监听等特殊侦查措施是必要的甚至是唯一的收集证据、侦破案件的手段时，才可以使用通信监听。[2]

在世界范围的立法实践中，无论是普通法系，还是大陆法系，很多国家与地区都选择以最后手段原则来限制通信监听。美国要求只有在常规侦查手段无效时，才可以启动通信监听。《美国法典》第 2518（3）条规定："常规调查程序已经被使用过，但是宣告失败；或者常规调查程序虽然尚未被使用，但是显然难以成功或太过危险。"[3]

在德国，"对通讯的监听措施原则上是辅助性的，亦即，唯当对事实的调查或对被告人的住所无法以其他方式查出或极难查出时，方得施行此措施。"[4]在 1978 年克拉斯诉德国（Klass v. Germany）一案中，欧洲人权法院认为，实施监控必须是基于正当目的，即为了预防犯罪、打击间谍活动和恐怖主义活动，而且政府应当按照《欧洲人权公约》为当事人提供符合民主社会要求的、充分的、有效的法律保障。而符合条件的"法律保障"必须根据案件具体情况确定，应当考虑的因素包括采取的措施的性质、范围、持续期间，法律依据批准、执行和监督的机关的权限和地位和国内法规定的保障与救济措施。[5]

2006 年，香港立法会"三读"通过《截取通讯及监察条例》，该条例确定了截取通讯、秘密监察的四个要件：目的合法性、存在合理怀疑、必要性原则、相称性原则。其中必要性原则是指"如果谋取通过截取通讯或秘密监察所要达到的目的，如果能够合理地通过侵扰程度较低的其他手段达到的话，则不必启动截取通讯或秘密监察程序"[6]。

综上所述，我们建议引入最后手段原则，以加强对侦查机关的程序控制，

---

〔1〕　邓剑光：《秘密侦查正当程序之理论解说》，载《政治与法律》2005 年第 3 期。

〔2〕　参见熊秋红：《秘密侦查之法治化》，载《中外法学》2007 年第 2 期。

〔3〕　18 USCA § 2518（3）United States Code Annotated Title 18 Crimes and Criminal Procedure.

〔4〕　[德] 克劳思·罗科信：《刑事诉讼法》（第 24 版），吴丽琪译，法律出版社 2003 年版，第 334 页。

〔5〕　参见胡铭：《英法德荷意技术侦查的程序性控制》，载《环球法律评论》2013 年第 4 期。

〔6〕　邓立军：《秘密侦查法治化的现代典范——香港〈截取通讯及监察条例〉》，载《中国刑事法杂志》2008 年第 5 期。

将《刑事诉讼法》第150条第1款的"根据侦查犯罪的需要"改为"不能或难以以其他方法进行侦查"。

（三）确定通信监听批准决定书的法定记载事项

虽然《刑事诉讼法》要求使用技术侦查措施需要"严格的审批手续"，但是没有对此进行严格、有效的解释从而产生很多问题，如具备何种条件才可以申请，谁有权申请，谁有权批准，批准的依据又是什么，批准文书应当采用何种格式，技术侦查的对象有何种救济途径？[1]

与其他国家和地区相比，我国通信监听的申请与批准程序具有以下两个特点：其一，负责具体刑事案件的承办民警即可初步启动通信监听的申请程序，设区的市一级以上公安机关负责人具有批准权。申请人、批准人的职级较低，通信监听的启动门槛低，容易导致通信监听的发生频率更高。其二，申请书、批准决定书记载的事项只有两个，即技术侦查措施的种类、适用对象。批准决定书不仅具有授权功能，同时也具有限权功能。实际上，批准决定书规定得越为全面具体，侦查机关在实施通信监听时受到的限制就越多。在事后对侦查机关监听行为进行复查时，批准决定书将成为复查标准和追责依据，进而发挥导正侦查行为的作用，但是抽象模糊的批准决定书显然难以发挥这种作用。

如果不通过审批程序对秘密侦查进行限制，那相当于向侦查机关授予了一种不加节制的权力，"这种单向度的立法取向如果不加以适度控制，带来的必将是对公民隐私权的严重挑战"[2]。针对上文所指出的我国通信监听申请与批准程序的两个特点，至少有两个途径来增进我国"严格的批准程序"的实质化。

第一个途径是采取令状主义，限定对通信监听有申请权、批准权的人员范围。现代国家主要通过令状主义来限制强制侦查措施，保证其在法治轨道内运行。通常所说的"令状"是指司法令状，即只有法官签发相关命令，侦查机关才能对犯罪嫌疑人采取强制措施，但是，在秘密侦查程序中还存在行政令状。[3]目前，德国、日本实行严格的司法令状，英国实行行政令状。美

---

〔1〕 参见孙煜华：《何谓"严格的批准手续"——对我国〈刑事诉讼法〉技术侦查条款的合宪性解读》，载《环球法律评论》2013年第4期。

〔2〕 陈卫东：《推进侦查权配置的法治化》，载《法制资讯》2011年第Z1期。

〔3〕 参见邓剑光：《秘密侦查正当程序之理论解说》，载《政治与法律》2005年第3期。

国比较特殊，对于通信监听等严重干预公民隐私权等基本权利的侦查措施，实行司法令状；对于特情卧底等干预程度较低的侦查措施，实行行政令状。

我国通信监听的审批制度更接近于行政令状，所以我们首先介绍作为行政令状典范的英国。2000 年 7 月，英国议会废止了《1985 年通信截收法》（Interception of Communications Act 1985），通过了《2000 年侦查权规制法》（Regulation of Investigatory Powers Act 2000），目前该法是英国通信监听的主要法律渊源。在英国，只有获得通信截收许可后才可以启动通信监听，而申请权人的范围非常有限：一是保安及情报机构的首长，包括保安局（军情五处）局长、秘密情报局（军情六处）局长、政府通信中心主任、国家刑事情报局局长以及国防情报局局长；二是执法机构的首长，包括大都市警察局局长、北爱尔兰警察局局长、得到《1967 年警察法》授权的警察局长以及海关关长。一般情况下，有权签发通信截收许可的只有国务大臣；紧急情况下，也可以是得到国务大臣授权的高级官员。[1]

从对英国《2000 年侦查权规制法》的分析可以看出，行政令状主义虽然允许行政机关审批通信监听，但是无论是申请权人还是批准权人，都被限定为有限的高级官员。考虑到我国的人口和面积，将通信监听申请权、批准权全部收归中央，既不合理，也不实际。再考虑到逮捕措施都没有实行司法令状主义，而对通信监听措施实行司法令状主义，未免有些舍本逐末，更加不切实际。

第二个途径是增加批准决定书的法定记载事项。该途径有以下优点：其一，对现有通信监听申请、批准制度的触动较小，故遭遇的阻力较小，为完成改革而投入的资源较少。其二，相对于改革幅度，其实效较为明显，使得公安机关启动通信监听时要受到更为明确、可预见的限制。而且申请人、批准人认识到，通信监听申请、批准的过程都为申请书、批准决定书所记录，如果权力的行使留下了痕迹，假若权力脱轨运行，则很有可能受到追责，故记载事项更为全面、明确的批准决定书有利于保证权责一致。

而且，在立法实践中，我国台湾地区就采取了以批准决定书的法定记载事项来限制通信监听的制度设计。根据"通讯保障及监察法"第 5 条第 2 款、

---

〔1〕　参见邓立军：《英国通信截收制度的变迁与改革》，载《中国人民公安大学学报（社会科学版）》2007 年第 3 期。

第 11 条第 1 款及第 2 款的规定，申请书应当包括以下七类事项：其一，侦、他字案号。需要说明的是，侦字案的终结方式是起诉、缓起诉、不起诉。其二，案由及涉嫌触犯之法条、监察对象、监察通信种类及号码等足资识别之特征、受监察处所、监察理由、监察期间及方法、声请机关、执行机关、建置机关。其三，监察对象非电信服务用户，应予载明。需要说明的是，犯罪嫌疑人可能使用他人身份信息进行电信开户，此时监察对象与电信服务用户不是同一人。其四，监察对象住居所的调查资料。需要说明的是，该款规定是为了防止案外无辜人员被错误实施通信监听。例如，犯罪嫌疑人虽然以自己身份申请了一个固定电话，但是实际上其不在安装此固定电话的地方居住，如果直接对该固话进行通信监听，可能会殃及他人。其五，释明有相当理由可信其通信内容与本案有关。需要说明的是，该款规定呼应了"相当理由"原则的要求。其六，曾以其他方法调查仍无效果，或以其他方法调查，合理显示为不能达成目的或有重大危险情形。需要说明的是，该款规定呼应了"最后手段"原则的要求。其七，检附相关文件。需要说明的是，所谓"相关文件"是指所有可以用来说服法官核发通信监察书的材料。[1]

我们建议，《刑事诉讼法》第 151 条中第一句"批准决定应当根据侦查犯罪的需要，确定采取技术侦查措施的种类和适用对象"，改为"批准决定应当记载下列事项：案由及涉嫌触犯的法条，犯罪嫌疑人、被告人的身份信息，受到侦查的设备、账号、场所，启动理由，申请人身份信息，执行人身份信息"。

（四）赋予另案监听获得材料的证据能力

前文已经分析过，通信具有双方性，所以在监听过程中偶然发现其他案件，乃是监听中的常态，无法一概禁止，可以容许其存在，但是另案监听又隐含着架空法律要件的危险，必须加以限制。我们认为，合理确定容许、限制界限的关键在于确定另案监听获得材料的证据能力。

1. 不应概括否定另案监听获得材料的证据能力

此前我们已经论述过，通信双方性、社交性的特质使得另案监听成为一种常态，如果概括否定另案监听获得材料的证据能力，那将会极大地削弱通信监听的作用。国内外的立法实践一般是，考虑本案及另案性质、侦查人员动机等因素后，才决定如何确定材料的证据能力。

---

〔1〕 参见李荣耕：《通讯监察与保障法》，新学林出版股份有限公司 2018 年版，第 15～16 页。

以美国为例。1982 年，美国最高法院在布鲁恩诉得克萨斯州案（Brown v. Texas）中确立了"一览无余原则"。警察事先并不知道某一证据存在，之后合法地出现于证据所在地，如果证据以非常明显的方式出现在警察面前，即"一览无余"（Plain View Doctrine），则警察可以采取无证搜查的方式扣押、搜查。[1]"美国许多法院及学者认为警察在合法监听某涉嫌组织犯罪案件的过程中，听到甲与他人谈论贿赂的犯罪情节，亦得类推适用一目了然法理，合法扣押（录音）此谈话内容。"[2]

需要指出的是，一目了然原则为监听令状外获得材料可以作为证据使用提供了理论依据，但是美国最高法院对另案监听仍保持审慎态度，倾向于从严排除。

2. 可以有条件地赋予另案监听材料证据能力

首先，"声请人若自始就是出于恶意，要以本案通信监察之名，行另案监察之实，所得另案的通信资料即衍生证据，应予排除"[3]。具体来说，侦查机关为了调查《刑事诉讼法》第 150 条之外的轻罪案件，蓄意以符合列举重罪的其他案件来启动通信监听，应当排除此类另案监听材料的证据能力，否则法律保留原则、具体授权规定将被架空，形同具文。

其次，如果合法监听过程中偶然发现的其他案件也属于重罪范围，或者与本案有关联性，则可以将另案监听材料作为证据使用。我国台湾司法实务界也持类似观点，"2011 年度台上字第 1383 号判决"[4]很具有代表性："倘若另案通讯监察亦属于'通讯保障及监察法'第 5 条第 1 项规定受监察之犯罪，或虽非该条项所列举之犯罪，但与本案即通讯监察书所记载之罪名有关联性者，自应容许将该'另案监听'所偶然获得之资料作为另案之证据使用。"

另案监听材料可以作为证据的第一种情形是另案亦为重罪犯罪。法理依据在于"假设合法替代干预理论"，也就是假设侦查机关对另案合法申请监听，亦会得到批准。德国实务中也存在类似观点，认为在实施合法监听的过

---

〔1〕　参见高荣林：《美国警察电子数据取证之"一览无余"原则述评》，载《中国刑警学院学报》2018 年第 3 期。

〔2〕　王兆鹏：《美国刑事诉讼法》，北京大学出版社 2005 年版，第 219 页。

〔3〕　李荣耕：《通讯监察与保障法》，新学林出版股份有限公司 2018 年版，第 167 页。

〔4〕　参见林钰雄：《通讯监察之修法刍议——通讯保障及监察法之部分修正条文》，载《万国法律》2013 年第 12 期。

程中，如果偶然发现的罪名虽然并非监听令状载明的罪名，但是仍属于《德国刑事诉讼法典》第 100 条第 a 款所列举的反和平罪、危害外部安全罪、谋杀罪、侵犯他人人身自由罪等，则另案监听材料可以作为证据。[1]罗科信（Roxin）教授指出"如果在合法的监听措施中，发现有违法之行为时，而这种违法行为并非为《德国刑事诉讼法典》第 100 条第 a 款及第 b 款所规定者也因此这种处分措施原本不得施行时，则此时所获得之证据不得在刑事诉讼中作为证据之用"[2]。

另案监听材料可以作为证据的第二种情形是，另案不属于重罪范围，但是与本案具有关联性。例如，对贩卖毒品的嫌疑人进行监听，结果意外发现被监听人还允许购毒"顾客"在其家中吸食毒品，涉嫌容留他人吸毒罪。其法理依据在于"偶然发现的另案犯罪本身不是列举重罪，虽然不得据以单独发动监听，但是，关联性犯罪的特性在于依附于监听的列举重罪，具有不可分割的紧密关系，同时也是一并起诉、审判，因此，使用该证据并不会违反列举重罪的规范目的"[3]。

美国司法实务采取上述立场。美国最高法院确定一览无余原则后，美国大部分法院原则上主张排除另案监听获得材料，但是承认三个例外：类似犯罪的例外、不可分部分的例外、默许授权法则的例外。其中第二个例外是指，因为在时间中多种犯罪行为往往相互交织在一起，导致另案监听的罪名与监听令状上记载的本案罪名在事实上具有不可分的关系，则通过另案监听获取的材料可以作为证据。[4]

---

〔1〕 参见郭华：《美、德监听令状外获得材料作为证据使用的考察——兼议我国〈刑事诉讼法〉第 152 条与第 150 条第 3 款》，载《环球法律评论》2013 年第 4 期。

〔2〕 ［德］克劳思·罗科信：《刑事诉讼法》（第 24 版），吴丽琪译，法律出版社 2003 年版，第 336 页。

〔3〕 参见林钰雄：《通讯监察之修法刍议——通讯保障及监察法之部分修正条文》，载《万国法律》2013 年第 12 期。

〔4〕 参见邓立军：《非法监听所获材料之证据能力的比较法考察》，载《中国人民公安大学学报（社会科学版）》2008 年第 4 期。

# 网络监控

    网络监控概念有广义和狭义之分。广义概念偏重技术因素，认为网络监控"指对通过信息通信技术（ICT）进行存储、处理或者传输的数据与内容等进行监控的技术"[1]。狭义概念偏重侦查特性，认为网络监控"指侦查机关采用特殊软硬件设备截取他人网络传输数据及其计算机中存储资料的行为，包括网络数据的复制、存储和检索等行为"[2]。

    网络监控措施的发展，使得法律保留原则等传统刑事诉讼制度设计开始"失灵"。19 世纪末，德国学者梅耶（Mayer）提出法律保留原则：对于某些特定事项，国家必须事先取得明确的法律授权，方可为之。[3]如今，法律保留原则已经成为现代刑事诉讼制度的基本原则之一，较为圆满地解决了国家追诉犯罪与保障个人权利的矛盾。进而言之，国家为了澄清事实、追诉犯罪，难以避免地进入个人生活领域、干预个人基本权利，法律保留原则较好地厘清了国家与个人之间的边界，使得双方有所适从。[4]针对羁押、扣押等传统强制侦查措施，法律保留原则发挥了良好的规范作用，这一点已经为历史实践所证实。

    进入 21 世纪之后，随着现实社会、网络社会二元结构的形成，以及个人权利体系与国家侦查手段的双重扩张，法律保留原则开始出现"失灵"情况。[5]这在网络监控措施的运行过程中体现得尤其明显：一方面，网络监控在形式

---

〔1〕 薛李：《欧洲网络监控技术及设施解读》，载《保密科学技术》2017 年第 8 期。

〔2〕 刘梅湘：《侦查机关实施网络监控措施的程序法规制——以域外法的相关规定为参照》，载《法商研究》2017 年第 1 期。

〔3〕 参见吴万得：《论德国法律保留原则的要义》，载《政法论坛》2000 年第 4 期。

〔4〕 参见林钰雄：《刑事诉讼法》（上），新学林出版股份有限公司 2019 年版，第 9 页。

〔5〕 参见林钰雄：《干预保留与门槛理论——司法警察（官）一般调查权限之理论检讨》，载《政大法学评论》2007 年第 4 期。

上并不具有物理强制力，但是在实质上对个人权利的干预效果却未必弱于羁押、扣押等传统强制措施，因为毕竟我们依赖网络的范围和深度有多大，网络监控能够干预的范围和深度就有多大；另一方面，网络监控的具体技术手段层出不穷，过度细节地要求每一项网络监控技术手段都有对应授权基础，并不现实。有鉴于此，本章将从个人权利体系与国家侦查手段两条脉络对网络监控问题进行探讨。

**一、互联网时代下的隐私权**

可能受到网络监控干预的权利范围相当广泛，隐私权、个人信息权、通信自由和通信秘密权、人格尊严权等都在网络监控的"射程"之内，但是首当其冲的仍是隐私权，因此有必要对隐私权的权利属性及法律位阶进行分析。

（一）个人隐私权与国家侦查职能的紧张关系

《刑事诉讼法》第 2 条对刑事诉讼的任务作出规定，要求国家既要发现实体真实，又要尊重保障人权。[1]法治程序的意义在于，"法治国家中刑事诉讼法责无旁贷的任务，便是以一套诉讼规则来规制并厘清追诉程序中国家与个人之间权利与义务的界限，使双方有所适从。"[2]具体到网络监控措施，《刑事诉讼法》第 2 条所指的"人权"应当包括隐私权，假如网络监控措施丝毫不会触及隐私权或者其他个人权利，那么网络监控措施既不会引起公众担忧，也不足以成为一个值得探讨的学术话题。

现实生活中很多争议和疑虑都源于隐私权的界限不清、网络监控的定位模糊。隐私权界限不清的问题比较明显。例如，通话记录、手机轨迹、仅限好友可见的朋友圈属于隐私吗？侦查机关依法扣押手机，但是之后自行破解并读取短信内容，干预的是财产权还是隐私权，属于扣押措施还是技术侦查措施？手机厂商、电信运营商应当如何保护客户隐私权，在前一问的情境中是否负有配合公安机关的义务？

网络监控定位模糊的问题更为隐蔽，也更为棘手。有些具体措施在是否

---

[1] 2018 年《刑事诉讼法》第 2 条规定："中华人民共和国刑事诉讼法的任务，是保证准确、及时地查明犯罪事实，正确应用法律，惩罚犯罪分子，保障无罪的人不受刑事追究，教育公民自觉遵守法律，积极同犯罪行为作斗争，维护社会主义法制，尊重和保障人权，保护公民的人身权利、财产权利、民主权利和其他权利，保障社会主义建设事业的顺利进行。"

[2] 林钰雄：《刑事诉讼法》（上册），新学林出版股份有限公司 2019 年版，第 9 页。

干预隐私权的问题上较少争议，但是在干预程度大小、是否成比例方面则有很大争议。例如，实务中普遍使用的计算机远程网络勘验，可以直接侵入个人电脑，可以认为这是对个人隐私的干预。但是，计算机远程网络勘验的干预程度，似乎又不能够与监听手机通话、在住宅中安装窃听窃视设备相提并论。

国家借助网络监控来发现实体真实，又不可以恣意或不成比例地侵害隐私权，不应陷入非此即彼的极端态度，而是应当力求调和平衡网络监控与隐私权的矛盾，兼顾两大价值追求。因此，在行文结构上，我们首先对网络社会中的隐私权进行讨论。

（二）隐私权的权利定位

隐私权属于宪法权利还是民事权利，学界对此存在分歧。有的学者主张隐私权是宪法权利，"自然人人格是由宪法赋予自然人的一般法律地位，不同于作为民事法律关系主体资格的权利能力。人格权为自然人获得法律强制力保障的一般法律地位从权利角度进行的表达，自然人直接依据宪法生而有之，并非由民法赋予。"[1]有的学者则从提供隐私权法律保护的可行性与全面性的角度出发，主张隐私权应为民事权利。

有学者从六个方面解释了为什么应将隐私权归为民事权利：其一，如果将隐私权定性为宪法权利，则需要修改宪法。果真如此，将置生命健康权、姓名权、名誉权等于何地？是否需要再次修改宪法，将这些权利一并吸收容纳进去？其二，宪法是根本大法，是抽象的、原则性的，现实中侵犯隐私权的类型是广泛的、丰富的，其很难在宪法中找到相对应的具体规定。其三，我国并没有宪法法院或宪法法庭。其四，我国是一个成文法国家，法官应当引用成文法作为裁判的依据。但是目前《中华人民共和国宪法》（以下简称《宪法》）并没有关于隐私权的明确规定，同时《最高人民法院关于裁判文书引用法律、法规等规范性法律文件的规定》第4条也没有将《宪法》列为民事裁判文书可以引用的法律规范。其五，《中华人民共和国侵权责任法》（以下简称《侵权责任法》）已经为隐私权提供了具体的救济途径。其六，

---

〔1〕尹田：《论人格权的本质——兼评我国民法草案关于人格权的规定》，载《法学研究》2003年第4期。

将隐私权作为民事权利，并不意味着豁免或降低了国家保护公民隐私的义务。[1]

综上所述，我们有理由认为隐私权应当属于民事权利，但是我们不应止步于此，还应继续追问：隐私权与个人信息权的界限何在？分别处于何种权利位阶？《民法典》第 1032、1034 条对隐私权与个人信息进行了区分。[2]

根据《民法典》第 1032 条第 2 款的规定："隐私是自然人的私人生活安宁和不愿为他人知晓的私密空间、私密活动、私密信息。"根据《民法典》第 1034 条第 2 款的规定："个人信息是以电子或者其他方式记录的能够单独或者与其他信息结合识别特定自然人的各种信息，包括自然人的姓名、出生日期、身份证件号码、生物识别信息、住址、电话号码、电子邮箱、健康信息、行踪信息等。"同时，第 1034 条第 3 款还对隐私与个人信息作出了区分："个人信息中的私密信息，适用有关隐私权的规定；没有规定的，适用有关个人信息保护的规定。"

有学者认为："个人隐私与个人信息呈交叉关系，即有的个人隐私属于个人信息，而有的个人隐私则不属于个人信息；有的个人信息特别是涉及个人私生活的敏感信息属于个人隐私，但也有一些个人信息因高度公开而不属于隐私。"[3]

有学者不仅认同隐私权、个人信息权在权利客体上存在交错性，同时还对二者的界分进行了精当的分析。在权利属性层面，隐私权主要体现的是人格利益，而个人信息权是混同了人格利益与财产利益的综合利益；隐私权的消极、防御性色彩浓重，而个人信息权则表现出更多的控制权倾向。在权利客体层面，隐私主要是一种私密信息或活动，而个人信息注重的是身份识别性，在特定范围内具有一定公开性；隐私一般不受信息形态的限制，既可以

<hr>

〔1〕 参见王利明：《隐私权概念的再界定》，载《法学家》2012 年第 1 期。
〔2〕 《民法典》第 1032 条规定："自然人享有隐私权。任何组织或者个人不得以刺探、侵扰、泄露、公开等方式侵害他人的隐私权。隐私是自然人的私人生活安宁和不愿为他人知晓的私密空间、私密活动、私密信息。"第 1034 条规定："自然人的个人信息受法律保护。个人信息是以电子或者其他方式记录的能够单独或者与其他信息结合识别特定自然人的各种信息，包括自然人的姓名、出生日期、身份证件号码、生物识别信息、住址、电话号码、电子邮箱、健康信息、行踪信息等。个人信息中的私密信息，适用有关隐私权的规定；没有规定的，适用有关个人信息保护的规定。"
〔3〕 张新宝：《从隐私到个人信息：利益再衡量的理论与制度安排》，载《中国法学》2015 年第 3 期。

被记载下来，也可以以私人活动的方式呈现，而个人信息通常要求以数字化方式记载下来。在保护方式层面，隐私权保护偏重事后救济，主要采用法律保护的方式，而个人信息权保护倾向事前预防，保护方式多样性化，尤其是可以通过行政手段对其加以保护。"[1]

（三）《民法典》与隐私权

在《民法典》颁布之前，隐私权概念得到了实务界、学界的广泛承认，但是其边界并不清晰，其法律规范基础也很薄弱。《宪法》第 40 条规定了公民的通信自由权与通信秘密权，这固然可以作为隐私权的宪法位阶依据，但是并不足以涵盖隐私权的全部领域。《刑法》第 252 条规定了侵犯通信自由罪，第 253 条规定了私自开拆、隐匿、毁弃邮件、电报罪，为通信自由权、通信秘密权提供了更为具体和有力的刑法保护，但是问题依然存在：通信自由和通信秘密仅为隐私权的部分，而非全部。

《中华人民共和国民法通则》第 5 章"民事权利"规定了姓名权、肖像权、名誉权等人格权，但是并未承认隐私权。虽然《侵权责任法》第 2 条将隐私权与生命权、健康权、姓名权、名誉权等一并列入民事权益，并且规定"侵害民事权益，应当依照本法承担侵权责任"。但是，"《侵权责任法》主要是救济法，其主要功能不是确认权利，而是保护权利。《侵权责任法》只能够在这些权利遭受损害以后对其提供救济，而无法就权利的确认与具体类型进行规定。"[2]

《民法典》由第十三届全国人大第三次会议于 2020 年 5 月 28 日通过，自 2021 年 1 月 1 日起施行。《民法典》将人格权独立成编，作为第四编，下设六章，其中第六章为"隐私权和个人信息保护"，第 1032、1033、1039 条从正面、反面、原则、细则不同角度，对隐私权的内涵、外延以及保护措施作出了相对详尽的规定。

从结构逻辑上看，《民法典》人格权编"在抽象人格权中，规定了一般人格权、公开权，还详细规定了人格权请求权。在具体人格权方面，规定了生命权、身体权、健康权、姓名权、名称权、肖像权、名誉权、荣誉权、隐私

---

〔1〕　王利明：《论个人信息权的法律保护——以个人信息权与隐私权的界分为中心》，载《现代法学》2013 年第 4 期。

〔2〕　王利明：《隐私权概念的再界定》，载《法学家》2012 年第 1 期。

权和个人信息权，同时还采取变通办法，规定了性自主权、人身自由权和信用权。在每一种具体人格权的规定方面，都规定了详细的规则，形成了有机的整体。"[1]

从内容上看，《民法典》关于隐私权的规定兼具具体性与开放性，具体性表现在：第 1032 条列举了"私密空间、私密活动、私密信息"三类隐私权客体，第 1033 条列举了"以电话、短信、即时通信工具、电子邮件、传单等方式侵扰他人的私人生活安宁"等五类侵害隐私权的行为。开放性表现在：第 1033 条第 5 项为兜底条款"以其他方式侵害他人的隐私权"。[2]《民法典》第 1032 条与第 1033 条正反对比，"从正面对隐私的概念作出了明确的列举，同时又从反面对侵害隐私权的行为作出了规定"[3]。

需要注意的是，内涵具有一定开放性，符合隐私权在社会中不断动态演进的特征。"人是社会人，具有社会性，主体自身就已经社会化了，如作为人格权客体的身体、健康、自由、肖像、名誉、隐私等都已经社会化了，并且都要根据社会因素去界定和解读，基于不同的社会及社会关系，它们就有不同的界定和解读。"[4]

（四）"马赛克理论"与隐私权保护

六大传统隐私权理论都各自对隐私权定义发表过见解。沃伦（Warren）和布兰代斯（Brandeis）最早提出"个人独处理论"，认为隐私权是"个人独处的权利"。限制接触理论则认为"隐私权意味着，他人有权决定公众能够在多大程度上了解他人的思想和情感、私人行为和私人事务"[5]。秘密理论认为隐私权是"指他人享有不被行为人知悉其过去、现在的生活经历以及将来计划的权利[6]"。个人信息的自我控制理论认为"隐私权就是指他人享有控制与其个人有关信息的权利"[7]。人格权理论认为保护他人的隐私权就是保护他人人格权的一种具体表现形式。"亲密关系理论认为隐私权对于他人的自

〔1〕 杨立新：《民法典人格权编草案逻辑结构的特点与问题》，载《东方法学》2019 年第 2 期。

〔2〕 参见王利明：《民法典人格权编草案的亮点及完善》，载《中国法律评论》2019 年第 1 期。

〔3〕 王利明：《民法典人格权编草案的亮点及完善》，载《中国法律评论》2019 年第 1 期。

〔4〕 涂永前：《权利的人性分析——兼论人格权独立成编》，载《政法论坛》2019 年第 2 期。

〔5〕 徐明：《大数据时代的隐私危机及其侵权法应对》，载《中国法学》2017 年第 1 期。

〔6〕 徐明：《大数据时代的隐私危机及其侵权法应对》，载《中国法学》2017 年第 1 期。

〔7〕 徐明：《大数据时代的隐私危机及其侵权法应对》，载《中国法学》2017 年第 1 期。

我创造很重要，对于人际关系的维持也很重要。"[1]

但是，"马赛克理论"（Mosaic Theory）暴露了上述关于隐私权的经典定义的局限。在 Web2.0 时代，个人成为互联网上的一个端点，无数个端点通过各种繁复的联结被编织成一个巨大的网络，而每个端点都要依托这个网络生活。个人的财务信息、政治倾向、健康状况、个人情感乃至性取向都通过互联网传递出去，同时被记录下来。"马赛克理论"是指，针对这些数据碎片具有的积累性与相关性，借助大数据、云计算等技术，可以将这些数据碎片还原为完整的人格画像。

"马赛克理论"，又被称为镶嵌理论，最初由美国学界提出，之后得到了美国联邦最高法院的认可。

在"美国诉梅纳德"案（United States v. Maynard）中，2010 年哥伦比亚地区警察怀疑当地两名夜总会的经营者涉嫌毒品犯罪，在没有取得令状的前提下，在其中一名经营者安东尼·琼斯（Antoine Jones）的汽车上安装了 GPS 定位器。[2] 警方辩称，琼斯驾车出现于公路等公共场合，不应对自己的行踪抱有合理隐私期待。2012 年，美国联邦最高法院作出裁定，"根据'马赛克'理论，警方在被告人的车辆上安装 GPS 对被告人的行踪进行长达 28 天的监控，属于持久、密集的公共场所监控，构成《美国联邦宪法》第四修正案的搜查，即虽然每个人都可以知悉特定人在公共场所的个别活动或行为，但仅是该特定人的部分或片段信息而已，对特定人在公共场所进行长期的监控就如同将个别、细小的瓷砖结合在一起而形成马赛克镶嵌画，从而可见窥见个人生活的全貌，因此就构成搜查。"[3]

再举一例。

已婚男士 A 向心理医生祖露自己受到性别认定障碍（GID）的困扰，这一对话内容毫无争议地应当属于个人隐私。但是，一条 A 的淘宝女装购物记录，或者一条 A 前往心理诊所的滴滴行车轨迹，是否属于个人隐私呢？如果答案是否定的，我们继续假设，数年间上百条 A 的淘宝女装购物记录，或者上百条 A 定期前往心理诊所的滴滴行车轨迹，是否属于个人隐私呢？如果答

---

〔1〕　徐明：《大数据时代的隐私危机及其侵权法应对》，载《中国法学》2017 年第 1 期。

〔2〕　参见高荣林：《公开场所行踪隐私保护之马赛克理论评述》，载《三峡大学学报（人文社会科学版）》2019 年第 3 期。

〔3〕　纵博：《侦查中运用大规模监控的法律规制》，载《比较法研究》2018 年第 5 期。

案依旧是否定的，我们将假设进一步展开，将 A 十年间所有的淘宝购物、滴滴行车轨迹、网页浏览、微信朋友圈分享、微博、抖音浏览、通话时长及对象、手机轨迹、公共区域监控录像、12306 购票、酒店住宿等数据全部记录下来，并通过大数据技术进行挖掘、分析，是否有可能推断出 A 具有性别认定障碍？如果答案是肯定的，我们将面临一个问题：侦查机关收集前述数据，属于常规的警务数据采集，还是属于技术侦查措施的网络监控？进一步说，侦查机关收集前述数据时，是否应当遵循"立案后""重罪""经过严格审批"等限制？我们认为，回答这一问题的关键在于厘清隐私权与个人信息权的关系。只有直接干预隐私权的，才可以被归类于技术侦查措施，受到更为严格的程序限制。

## 二、网络监控的法律定位

网络监控属于技术侦查措施的下位概念。1993 年《国家安全法》首次对技术侦查措施作出规定。[1]这一规定虽然非常原则化，且授权作用大于限制作用，但是这是我国第一部对技术侦查作出规定的国家法律，是技术侦查法制化的重大进步。此后《人民警察法》《反间谍法》《反恐怖主义法》《国家情报法》《监察法》也都采取类似"一个法条、一句话"的立法技术对技术侦查措施作出了原则性规定。

2012 年《刑事诉讼法》修订，在侦查一章增加了 5 条，作为单独的第八节"技术侦查措施"，对技术侦查的适用罪名及对象、申请和批准程序、期限、取得材料的证据转化作出了更为具体的规定。之后，公安部、最高人民检察院、最高人民法院又分别制定或修订了《公安机关办理刑事案件程序规定》《人民检察院刑事诉讼规则》《刑诉法解释》，增加了关于技术侦查措施的专门章节。

（一）网络监控的性质

网络监控，是指针对特定刑事案件，侦查机关依照法定程序，利用专门技术收集网络数据。其中，网络数据是指犯罪嫌疑人、被告人以及与犯罪活动直接关联的人员通过网络产生、传输、存储的数据，但这些数据不具有人

---

〔1〕 1993 年《国家安全法》第 10 条规定："国家安全机关因侦察危害国家安全行为的需要，根据国家有关规定，经过严格的批准手续，可以采取技术侦察措施。"

与人之间意思交流的通信性质。

1. 确定网络监控性质的现实挑战

网络监控是一个被广泛使用的概念，但是要想清晰地确定它的性质，却要面对以下三个挑战：其一，网络监控是技术侦查的下位概念，但是立法机关采用了"模糊授权"的立法技术，没有对技术侦查进行明确解释，而网络监控是学者们为了研究提出的概念，缺乏有权解释的基础。其二，网络监控涉及网络、计算机技术的应用。法学学者不仅缺乏网络、计算机的知识背景，难以准确把握网络监控的技术特质，而且还要面临技术种类繁多、更新频繁的挑战。其三，网络监控、网络监听、通信监听往往在技术手段、侦查客体等方面存在众多交集，彼此界限相对模糊。

尽管如此，不少学者从不同角度对网络监控的性质进行了探讨。有的学者认为："所谓网络监控是以感官、录音机、录像机、电子机械或其他设计物，截取他人网络秘密通讯的行为，包括声音、文字图片、影像、电子邮件、传真信息或其他资讯。"[1]有的学者认为："网络监控是指侦查机关采用特殊软硬件设备截取他人网络传输数据及其电脑中存储资料的行为，包括网络数据的复制、存储和检索等行为。"[2]上述两种观点对技术手段、客体内容进行了相对详细的描述。但是，以列举方式描述技术手段、客体内容的方法，看似详尽，但是容易与日新月异的技术发展相脱节，而且，第一种观点忽视了网络监控的主体。有的学者认为："网络监控技术是利用专门的软件和硬件，对网络进行监视控制，以发现对侦查有利信息的一项技术。"[3]该观点以"专门的软件和硬件"这一富有弹性的表达来描述网络监控的技术特征，为今后的技术发展预留了足够的概念空间，但是缺陷在于，以"对侦查有利信息"来指代网络监控的客体，表述宽泛，针对性较弱。

2. 回归网络监控性质的本质特征

网络监控性质的重心不在网络，而在监控，更进一步，在于监视与控制，

---

[1] 李明：《监听制度研究——在犯罪控制与人权保障之间》，法律出版社2008年版，第228页。

[2] 刘梅湘：《侦查机关实施网络监控措施的程序法规制——以域外法的相关规定为参照》，载《法商研究》2017年第1期。

[3] 李双其、曹文安、黄云峰：《法治视野下的信息化侦查》，中国检察出版社2011年版，第57页。

再进一步，网络监控的基本矛盾仍集中于国家权力与公民权利的平衡博弈。而且，物质交换（转移）原理仍适用于网络监控，即作为侦查措施的网络监控的直接目的仍在于提取物质交换产生的痕迹。

英国学者吉登斯（Anthony Giddens）认为："监控在一切阶级社会，就像在现代社会一样，是一个独立的制度。监控对与现代性的兴起有关的所有类型组织来说，都不可或缺。民族国家的监控达到了以往社会秩序类型无法比肩的程度。"[1]网络社会的发展，一方面极大地丰富了监控的"工具箱"，另一方面极大地改变了监控的模式。"监控，并非现代社会的产物，而是在现代性驱动下，国家权力与社会结构深度嵌构，从'人←→人'模式转变到了'人←→机'模式，从'躯体监控'扩张到了'技术监控'，从'现实监控'进化到了'虚拟监控'。"[2]虽然监控模式发生了巨大变化，但是其监视、控制的本质并没有发生根本变化，只不过是实现的途径有了新的发展，其基本矛盾仍是国家权力与公民权利的矛盾。

20 世纪初，法国侦查学家、证据学家埃德蒙·罗卡德（Edmond Locard）提出了物质交换（转移）原理："两种物质在外力作用下发生摩擦、撞击、接触时，会引起两种物质接触面上的物质成分的相互交流和变化，这种相互交流和变化遵循物质不灭定律和能量守恒定律。"[3]该原理得到世界各国的广泛承认，是侦查学、证据学的基石理论之一。

我们认为，即使进入网络社会，该理论仍适用于网络监控措施。网络社会的虚拟性是相对的，而非绝对的。行为人通过网络产生、传输、存储数据，依然离不开物理层面的硬件设备，而数据会在不同的硬件设备之间交换。"它们在实质上属于转移或交换的结果，因此从本质上，适用于物质交换（转移）原理，但是由于表现为二进制代码的数字形式，不可为人所直接感知。"[4]

综合考量监控特质、物质交换原理之后，我们可以认为，网络监控的直接目的在于获取他人的网络数据（网络痕迹），而网络数据既涉及公民的隐私权、个人信息权，又关系政治治理、商业利益。在此背景之下，产生一系列疑惑与争议：谁有权收集这些数据，又该如何收集；数据的权利人是谁，权

---

〔1〕 ［英］安东尼·吉登斯：《现代性的后果》，田禾译，译林出版社 2000 年版，第 53 页。

〔2〕 师索：《构造与博弈：互联网监控的权力关系解构》，载《行政法学研究》2017 年第 3 期。

〔3〕 马忠红：《侦查学基础理论》，中国人民公安大学出版社 2006 年版，第 14~15 页。

〔4〕 刘浩阳编著：《网络犯罪侦查》，清华大学出版社 2016 年版，第 186 页。

利又应受到何种保护？

上述疑惑与争议，其根源在于国家侦查权与公民隐私权、个人信息权的矛盾。我们认为，应当从国家权力与公民权利的角度考察网络监控的性质，从行为主体、行为方式、行为客体三个方面进行描述。同时，为了与通信监听相区别，还应该对数据类型进行解释。

（二）网络监控与通信监听

区分网络监控与通信监听的关键在于，最终获取的材料是否属于人与人之间的意思交流，即是否属于上一章所定义的"通信"。进而言之，材料，也就是信息、数据，既可能发生于人与人之间，也可能发生于人与机器、机器与机器之间。本书所指的通信监听以前者为客体，而网络监控以后二者为客体。

在物联网时代，"信息与通信技术的目标已经从满足人与人之间的沟通，发展到实现人与物、物与物之间的连接，无所不在的物联网通信时代即将来临。物联网使我们在信息与通信技术的世界里获得一个新的沟通维度，将任何时间、任何地点、连接任何人，扩展到连接任何物品，万物的连接就形成了物联网。"[1]

举例来说，当犯罪嫌疑人使用智能手机的"微信"APP 先与 A 聊天，之后又向 B 转账，侦查机关依法从腾讯公司服务器上获取了聊天内容、转账信息。虽然同一犯罪嫌疑人使用了同一部手机、同一款 APP，几乎同时实施了上述两个行为，但是聊天是发生于人与人之间的社交行为，而转账则是人向机器下达了指令，故我们将前者归类于通信监听，将后者归类于网络监控。

（三）网络监控大数据侦查

网络监控与大数据侦查往往使用相同的技术手段，但是介入时点又存在很大不同，前者必须遵守"立案后"限制性规定，而后者则不受此拘束。

虽然我国很多地区都在尝试以大数据技术加强侦查活动，但是大数据侦查本身并非《刑事诉讼法》规定的侦查措施，同时全国人大、最高人民法院、最高人民检察院、公安部等并未通过法律规范对大数据侦查进行过解释。有学者将其定义为，"大数据侦查，是指通过计算机技术对存储于网络与计算机

---

〔1〕　孙其博、刘杰、黎羴等：《物联网：概念、架构与关键技术研究综述》，载《北京邮电大学学报》2010 年第 3 期。

系统中的海量数据进行收集、共享、清洗、比对和挖掘，从而发现犯罪线索、证据信息或者犯罪嫌疑人的侦查措施与方法。"〔1〕

在实践中，网络监控与大数据侦查存在大量交集。有学者曾对2016年中国裁判文书网的刑事裁判文书进行了定量分析，发现明确适用了技术侦查措施的570件案件中，有113件通过大数据侦查锁定了犯罪嫌疑人。〔2〕

网络监控作为一种技术侦查措施，与大数据侦查的最大区别在于，前者只能是回溯型侦查，而后者可以是预测型侦查。回溯型侦查"即案件发生后，侦查行动才介入，侦查的内容是重建过去"，而预测型侦查则是案件尚未发生，侦查机关就已经根据对犯罪的预测而制定了侦查计划，采取侦查行动。〔3〕

很多人仅将"大数据预测型侦查"视为一个前卫概念，认为它只能存在于汤姆·克鲁斯（Tom Cruise）《少数派报告》（*Minority Report*）这样的科幻电影，但实际上我国不仅已经开始应用大数据预测型侦查，而且取得了一定成果。以北京市公安局"犯罪数据分析和趋势预测系统"为例。2014年5月该系统提示，近期怀柔区北斜街发生盗窃案的概率较高，于是怀柔公安情报信息中心指导泉河派出所加大对北斜街的巡防力度。2014年5月7日1时许，民警在北斜街南口当场捉获正在偷盗车内财物的犯罪嫌疑人李某，经审讯，李某还交代了伙同他人在怀柔区撬车盗窃3起事实。〔4〕

需要指出的是，虽然网络监控与大数据侦查在侦查介入时点上存在显著区别，前者只能在案发后，而后者可以在案发前，但是二者并非一对壁垒森严的互斥概念，有时二者具有同一性。例如，侦查机关按照技术侦查措施的程序规定提出申请并获批，之后利用数据查询、数据比对、数据挖掘等大数据技术对犯罪嫌疑人的计算机存储信息进行分析，此时网络监控与大数据侦查是对同一措施的不同表述。

---

〔1〕 程雷：《大数据侦查的法律控制》，载《中国社会科学》2018年第11期。

〔2〕 参见程雷：《大数据侦查的法律控制》，载《中国社会科学》2018年第11期。

〔3〕 参见何军：《大数据与侦查模式变革研究》，载《中国人民公安大学学报（社会科学版）》2015年第1期。

〔4〕 参见金江军、郭英楼：《智慧城市：大数据、互联网时代的城市治理》，电子工业出版社2016年版，第112页。

### 三、网络监控的法治意义

以是否以互联网为犯罪工具、犯罪目标为标准，可以将犯罪划分为传统犯罪和网络犯罪，无论是针对传统犯罪还是网络犯罪，网络监控均是一种高效，有时甚至是唯一有效的侦查措施。究其原因，一方面在于，互联网正在逐步演化为公众的生活平台，网络生活与现实生活的界限愈加模糊，已经出现二者混而为一的趋势，网络监控是国家从现实世界进入互联网空间的桥梁；另一方面在于，互联网匿名通信、虚拟财产等为犯罪活动提供了新的空间与工具，严重销蚀了传统侦查措施的功能，以网络监控对抗网络犯罪成为一个必然的选择。

（一）互联网演化为社会生活平台

1. 互联网的大众参与度激增

根据互联网络信息中心（CNNIC）发布的第 43 次《中国互联网络发展状况统计报告》（以下简称《报告》），我国网民人数多，增长快，上网时间长，而且互联网正在成为普通人的"生活平台"。

根据《报告》可以看出，我国互联网络具有以下三个特点：其一，互联网普及率高，网民人数多、比例高，而且新增网民涨幅大、速度快。截至 2018 年 12 月，我国网民人数已达 8.29 亿，占全国总人口的 59.6%；新增网民 5653 万，涨幅 3.8%。其二，互联网对社交、支付、资讯、购物、娱乐、外卖、教育、约车等日常生活行为产生重大影响，与其说互联网改变了我们的现有生活方式，不如说互联网对以往的生活方式进行了革命，其本身正在进化为一种新的生活方式。截至 2018 年 12 月，我国的即时通信用户达 7.92 亿，使用率 95.6%，年增长率 9.9%；网上支付用户达 6 亿，使用率为 72.5%，年增长率 13%；互联网新闻用户达 6.75 亿，使用率 81.4%，年增长率 4.3%；互联网购物用户已达 6.10 亿，使用率为 73.6%，年增速 14.4%；网络视频、网络音乐和网络游戏的用户规模分别为 6.12 亿、5.76 亿和 4.84 亿，使用率分别为 73.9%、69.5% 和 58.4%；网上外卖用户达 4.06 亿，使用率 49%，年增长率 18.2%；互联网教育用户达 2.01 亿，使用率 24.3%，年增长率 29.7%；网约专车及快车、网约出租车的用户分别为 3.33 亿、3.20 亿，使用率分别为 40.2%、39.8%，年增长率分别为 40.9%、15.1%。其三，我国网民上网时间长。2018 年，我国网民的人均周上网时长为 27.6 小时，较

2017 年底提高 0.6 个小时。[1]

中国互联网前述的三个特点不仅模糊了现实与虚拟的边界，而且正在深刻且自然地重组我们的经济基础。我们往往习惯地将互联网称之为虚拟空间。但是，考虑到 59.6% 的全国人口都在使用互联网，仅 2018 年网民就新增 5653 万——要知道，居民超过 5000 万的国家就可被定义为人口大国；考虑到互联网已经成为我们赖以生活的工具——我们通过微信与朋友家人进行社交，使用支付宝在路边小摊付账，依靠滴滴出行，观看抖音视频消遣；考虑到我们上网时间越来越长，2018 年中国人每周上网时间高达 27.6 小时，而我们每周工作时间一般才 40 个小时；当大部分国民都在使用互联网，依靠互联网安排自己的衣食住行乃至工作、学习，通过互联网与他人产生交互的关系时，互联网实际上已经延伸到现实生活，其即使没有完全褪去虚拟性，至少其虚拟性不再是绝对的，而是变得相对。云计算、大数据、物联网、人工智能、下一代移动网络技术等网络技术分解、重组传统的经济基础："云-网-端"替代"铁-公-机"，成为新一代基础设施，提供了全新的营商平台；数据成为"新能源"，颠覆原有经济模式，演化出新的商业生态；云计算使得普惠共享成为现实，旧有的行业壁垒被瓦解。[2]

2. 互联网从人人互联向万物互联演化

2016 年 12 月，国务院公布了《"十三五"国家信息化规划》，指出"物联网、云计算、大数据、人工智能、机器深度学习、区块链、生物基因工程等新技术驱动网络空间从人人互联向万物互联演进，数字化、网络化、智能化服务将无处不在"。[3]物联网等新技术不仅使得互联网向更广、更深的维度延伸，而且使得互联网与日常生活以一种更加紧密、自然的方式结合。

物联网的雏形可以追溯到 20 世纪末的网络可乐贩售机。2005 年，国际电信联盟（ITU）发布的《ITU 互联网报告 2005：物联网》对"物联网"进行了定义，指出物联网是互联网应用的延伸，"RFID、传感器技术、纳米技术、

---

〔1〕《CNNIC 发布第 43 次〈中国互联网络发展状况统计报告〉》，载中国互联网络信息中心官网，http://cnnic.cn/gywm/xwzx/rdxw/20172017_ 7056/201902/t20190228_ 70643.htm，最后访问日期：2019 年 5 月 16 日。

〔2〕 参见《2018 全球数字经济发展指数》，载阿里研究院官网，http://www.aliresearch.com/Blog/Article/detail/id/21709.html，最后访问日期：2019 年 5 月 16 日。

〔3〕《国务院关于印发"十三五"国家信息化规划的通知》，载中国政府网，http://www.gov.cn/zhengce/content/2016~12/27/content_ 5153411.htm，最后访问日期：2020 年 9 月 6 日。

智能嵌入技术"将是实现物联网的四大核心技术。[1]通俗地讲，互联网联结计算机，而物联网则使得互联网更进一步，能够联结运动手环、手表、智能家居、汽车等机器。

我们已在前文引入大数据的概念，在此不再赘述，重点介绍大数据的技术体系与原理。大数据技术体系主要包括四个部分：大数据采集、大数据存储、大数据分析与挖掘、大数据可视化。[2]需要特别强调的是，大数据分析与挖掘有可能揭示相关关系，而相关关系是指"两个或两个以上变量的取值之间存在某种规律性"[3]。例如，臂长与身高、燕子低飞与下雨、男女比例失调与性犯罪率存在一定相关关系。传统抽样统计技术难以应对非线性复杂系统、高维度数据，而大数据技术则可以直接对数据总体进行分析、挖掘，得出变量之间的相关关系。[4]比较著名的例子是2009年谷歌根据词条检索热度，比医疗机构更早、更准确地预测出甲型H1N1病毒的大暴发。[5]

"云计算一般被定义为在网络环境下计算资源的交付和使用方式，用户通过网络按需、易扩展的方式获得所需服务。"[6]"利用虚拟化和分布式计算技术，人们可以摆脱物理机器资源的束缚，使得计算资源像水和电一样按需分配。"[7]云计算与大数据具有高度依存关系，云计算能够更好地开发利用海量数据。

人工智能技术"作为研究、开发用于模拟、延伸和扩展人的智能的理论、方法、技术及应用系统的一门新的技术科学，旨在了解智能的实质，并生产出一种新的能以人类智能相似方式作出反应的智能机器，其研究领域包括机器人、语音识别、图像识别、自然语言处理和专家系统等"[8]。

---

〔1〕　宁焕生、徐群玉：《全球物联网发展及中国物联网建设若干思考》，载《电子学报》2010年第11期。

〔2〕　参见彭宇、庞景月、刘大同等：《大数据：内涵、技术体系与展望》，载《电子测量与仪器学报》2015年第4期。

〔3〕　李国杰、程学旗：《大数据研究：未来科技及经济社会发展的重大战略领域——大数据的研究现状与科学思考》，载《中国科学院院刊》2012年第6期。

〔4〕　梁吉业、冯晨娇、宋鹏：《大数据相关分析综述》，载《计算机学报》2016年第1期。

〔5〕　参见［英］维克托·迈尔·舍恩伯格等：《大数据时代——生活、工作与思维的大变革》，盛杨燕等译，浙江人民出版社2013年版，第11页。

〔6〕　杨青峰：《云计算时代关键技术预测与战略选择》，载《中国科学院院刊》2015年第2期。

〔7〕　杨青峰：《云计算时代关键技术预测与战略选择》，载《中国科学院院刊》2015年第2期。

〔8〕　吴汉东：《人工智能时代的制度安排与法律规制》，载《法律科学》2017年第5期。

（二）互联网催生犯罪新形态

有学者将网络犯罪分为三个阶段：计算机系统作为犯罪对象、网络作为犯罪工具、网络平台成为犯罪空间。[1]本章重点讨论后两个阶段出现的问题与挑战。

1. 以互联网作为犯罪工具

（1）匿名通信系统。"匿名通信系统是一种建立在 Internet 之上综合利用数据转发、内容加密、流量混淆等多种技术的系统。作为匿名通信系统的核心功能，隐藏服务机制通常利用多跳反向代理或通过资源共享存储来掩盖服务提供商的真实地址，可以保证匿名服务不可追踪和定位。"[2]

目前最为流行的匿名通信工具主要是 Tor、I2P、Freenet 和 ZeroNet。暗网交易平台"丝绸之路"使用的是洋葱路由（Tor）技术。"丝绸之路"更像是一个暗黑版的淘宝，用户可以在上面购买军火、毒品、伪造的护照、儿童色情产品甚至杀人服务。依据 2013 年 9 月 23 日的监测，当日"丝绸之路"上销售的违禁药品高达 13 000 种。美国执法人员在"丝绸之路"完成六十余次交易，成功地购买到海洛因、摇头丸、迷幻剂、可卡因等。[3]

为了破解 Tor 的匿名化特点，美国国防部高级研究计划局（DARPA）启动了"MEMEX"的项目，同时联邦调查局（FBI）、国家安全局（NSA）、国土安全局（DHS）也都各自开展针对 Tor 技术的专门项目。[4]即便如此，美国 FBI 探员也用了两年半的时间才将网站创建者"恐怖海盗罗伯茨"［真名为罗斯·乌布里希特（Ross Ulbricht）］抓获。需要指出的是，如果没有网络监控，几乎不可能破获类似依靠互联网匿名通信的案件。

互联网不仅提供了匿名通信工具，而且具有通信功能的工具也可能被用来犯罪。2015 年 11 月 13 日，巴黎恐怖袭击事件造成 197 人死亡，有证据显示恐怖分子出人意料地使用索尼公司 PS4 游戏机通信功能进行联络。曝光文件

---

〔1〕 参见于志刚：《网络思维的演变与网络犯罪的制裁思路》，载《中外法学》2014 年第 4 期。

〔2〕 罗军舟等：《匿名通信与暗网研究综述》，载《计算机研究与发展》2019 年第 1 期。

〔3〕 "Ross Ulbricht, the Creator and Owner of the 'Silk Road' Website, Found Guilty in Manhattan Federal Court on All Counts", available at https://www.fbi.gov/contactus/fieldoffices/newyork/news/pressreleases, last visted on 18th May 2019.

〔4〕 参见张伟伟、王万：《暗网恐怖主义犯罪研究》，载《中国人民公安大学学报（社会科学版）》2016 年第 4 期。

显示恐怖分子也曾使用《魔兽世界》的虚拟会议功能进行联络。[1]恐怖分子这种一反常规的作案手法完全跳出了传统侦查策略的预设。

（2）加密虚拟货币。以比特币为代表的加密虚拟货币为互联网犯罪提供了工具。比特币本质上是通过开源的算法产生的一套密码编码，是世界上第一个分布式匿名数字货币。比特币具有高度的隐匿性，每次交易，双方都通过哈希函数生成一对一次性公钥、密钥，以此完成支付。[2]比特币的匿名性、去中心化、双方直接交易的特性，加上比特币交易所、比特币第三方支付平台的助力，这些要素使得比特币使用者不需要与传统的金融机构（商业银行、投资银行、财务公司、信托公司、保险公司、清算所等）发生任何业务关系就能在全球范围调配比特币。只有通过网络手段才能追踪比特币的流动，而只有通过秘密监控才能将比特币匿名账户与现实世界的个人联系起来。

比特币的上述特点赢得了恐怖分子的"青睐"。"伊斯兰国"（ISIS）建立了名为"不留痕迹地资助伊斯兰抗争"的深层网镜像，接受比特币捐款，还在上面提供了比特币转账操作教程——"比特币与暴力抗争的捐助"。根据斯图加特检察官办公室（Stuttgart Prosecutor's Office）的文件，"伊斯兰国"通过暗网使用比特币向德国的"DW Guns"购买军火，制造了死亡197人的巴黎恐怖袭击事件。[3]

2014年8月初，为帮助被告人肖日初等人洗白诈骗款1200万，被告人许某在"火币网""OKCOIN""比特儿"三个交易平台购买了1200个左右的比特币，之后被告人黄某某、许某到澳门，通过地下钱庄将比特币兑换成港币，再通过地下钱庄将港币兑换成人民币汇回内地。[4]本案中洗钱行为被查获，特别重要的原因是被告人许某等将比特币与人民币、港币相兑换，如果一直持有、使用比特币，所有的交易都在互联网上发生，那么传统侦查措施则很难奏效。

（3）第三方支付平台。"第三方支付平台是在依托互联网络的基础上，于

---

〔1〕　参见王新雷、王玥：《网络监控法之现代化与中国进路》，载《西安交通大学学报（社会科学版）》2017年第2期。

〔2〕　参见贾丽平：《比特币的理论、实践与影响》，载《国际金融研究》2013年第12期。

〔3〕　参见肖洋：《"伊斯兰国"的暗网攻势及其应对路径》，载《江南社会学院学报》2017年第1期。

〔4〕　黑龙江省绥化市北林区人民法院（2017）黑1202刑初20号刑事判决书。

商家、消费者之间搭建的一个非银行中介平台。"〔1〕在交易成功之前，资金会暂存在平台之上。我国最大的两家第三方支付平台是支付宝和微信。

比特币等加密虚拟货币虽然具有匿名性、去中心化的优点，但是技术门槛偏高，而且以法定货币表示的价格波动很大，支付宝等第三方支付平台几乎没有技术门槛，更不存在价格波动的问题，普及率极高。以支付宝为例，根据蚂蚁科技集团股份有限公司向上海证券交易所提交的招股书，截至 2020 年 6 月 30 日，支付宝年度活跃用户超过 10 亿，年度活跃商户超过 8000 万，合作金融机构超 2000 家，年度交易规模达到 118 万亿元。〔2〕

在人人几乎都是支付宝用户的时代，很多不法分子也选择更加"亲民"的支付宝来收付犯罪资金。例如，2008 年上海市公安局经侦总队发现，有一家淘宝店提供了多个"供养僧人"的商品链接，价格从 10 元到 1000 元不等，而且已经实际发生了数万元的交易额。在中国人民银行的协助下，上海警方最终破获了一起资助恐怖活动案件。〔3〕

2. 以互联网作为犯罪空间

已如前文所述，互联网正在演化成为一个开放、共享的社会生活平台，网络社会以此为基石，与现实社会并行发展，双层社会结构逐渐展现在人们面前。几乎所有规定于刑法典的犯罪行为都可以借助网络空间发生，当然，更为普遍的情形是犯罪行为横跨网络空间与现实空间，进行线上、线下的互动配合。

网络赌博案件能够充分、形象地例证前述判断。2019 年以来，我国破获网络赌博刑事案件 7200 余起，抓获犯罪嫌疑人 2.5 万余名，冻结、扣押赌资 180 亿元。〔4〕这些网络赌博案件的涉案人数、赌资数额远远超过传统赌博案件，其原因不仅仅在于微信、支付宝、PayPal、比特币等第三方支付平台、虚拟货币等工具方便了赌资的结算，更在于犯罪分子以平台思维、平台模式将

---

〔1〕 李涛、张伟：《第三方支付平台隐含的洗钱风险及防控对策》，载《中国人民公安大学学报（社会科学版）》2016 年第 1 期。

〔2〕 《两地同步上市，蚂蚁集团招股书首亮相，披露关键数据》，载新浪网，https://news.sina.com.cn/c/2020~08~25/doc~iivhuipp0672610.shtml，最后访问日期：2020 年 9 月 7 日。

〔3〕 参见范万栋：《电子商务与互联网阵地控制》，载《江西警察学院学报》2012 年第 1 期。

〔4〕 参见《公安部重拳打击跨境网络赌博，破获赌博刑案 7200 余起》，载中国新闻网，http://www.chinanews.com/gn/2020/01~16/9061311.shtml，最后访问日期：2020 年 9 月 8 日。

互联网异变为犯罪空间。

具体来讲，网络空间不受赌客人数、赌具数量的物理限制，数十万赌徒可以同时通过计算机、手机等终端参与百家乐、老虎机、彩票、体育比赛、跑马、跑狗甚至股票指数、期货指数多种赌博项目。每增加一名赌客，几乎不会影响网络赌场的成本，即其边际成本几乎为零。可以说，网络赌博具有"规模经济"的特点。网络空间不仅使得犯罪分子更容易逃避限赌的禁令，而且使得涉案人员可以匿名实施赌博活动。

以"116 网络赌博案"为例，本案的赌资流水高达 4840 亿元，参赌人员超过 10 万名。其中一名被告人汪某在现实社会中是社区工作人员，负责对残障人士、老年人的帮扶工作，还曾担任过亚运会志愿者，但是在网络社会中则是境外网络赌场"皇冠""永利高"的代理。[1]

（三）网络监控针对网络犯罪特性"对症下药"

1. 网络监控技术对网络犯罪的遏制

目前的网络犯罪格局，呈现出多元并存的局面：以网络为"工具"的犯罪一家独大；以网络为"空间"的犯罪开始兴起；以计算机为"对象"的犯罪逐渐隐退；纯粹的以计算机为"媒介"的犯罪则几乎要绝迹，剩下的则演变为以网络为"工具"的犯罪。

无论是以网络为犯罪工具，还是以网络为犯罪对象，犯罪嫌疑人往往隐匿真实身份，而且主要证据往往留存于网络，这些特性在相当程度上削弱了传统的、物理性侦查措施的功效。例如，我们很难传唤或拘留、逮捕一名无法确定真实身份的犯罪嫌疑人，也就无从谈起对其进行讯问了。我们也很难在物理层面对网络平台进行勘验、检查。

毒蛇出没之处，必有解药。网络犯罪从网络技术中汲取新的力量，发展出新的爪牙。同样，网络监控依托网络技术解锁了新的工具箱，获得了侦缉犯罪的新武器。在技术配置不对等的情况下，面对网络犯罪，传统侦查措施频频失灵。但是网络监控则改变了这种武装失衡的状态，以科技的侦查来打击科技的犯罪。为了避免讨论流于空泛散漫，我们将选择近年来网络犯罪的主要类型，分析探讨网络监控侦缉网络犯罪的有效性、针对性。

[1]《国内最大"116"网络赌博案开审 涉赌金额 4840 亿 逾 10 万人参赌》，载观察者网站，https://www.guancha.cn/FaZhi/2014_03_23_216115.shtml，最后访问日期：2020 年 9 月 8 日。

2. 网络监控还原电信网络诈骗犯罪过程

2018 年，我国先后开展了针对网络电信诈骗案件的专项活动以及 "净网 2018" 活动，共破获电信网络诈骗案件 13.1 万起，抓获犯罪嫌疑人 7.3 万人，缴获赃款赃物 21.6 亿元，挽回经济损失超过 100 亿元。[1]

2019 年，全国公安机关破获电信网络诈骗案件 20 万起，抓获犯罪嫌疑人 16.3 万人，捣毁境外诈骗窝点 70 个。2019 年，全国检察机关起诉电信网络诈骗以及利用网络赌博、泄露个人信息等犯罪嫌疑人 71 765 人，同比上升 33.3%。[2]

电信诈骗将诈骗罪的传统手法与网络通信技术相融合，具有科技性、虚拟性的特点，引发了地域管辖、收集证据、实施抓捕、挽回损失等多重困难。[3]犯罪团伙往往使用网络电话批量自动群拨电话、QQ、微信作为联络工具，并不与被害人进行面对面接触，一旦受害人交付钱款，犯罪团伙便使用微信、支付宝等网络转账功能将钱款迅速转入多张银行卡，转账环节多，速度快，再由同案犯在全国各地分散取款。而且，犯罪团伙使用的服务器、IP 地址大多在国外。通过网络即时通信工具、第三方支付工具，犯罪团伙可以实现企业化运营，精细化分工，拉长了因果链条。[4]

网络监控中的大数据技术可以成为克制电信网络诈骗的利器。因为电信网络诈骗的犯罪链条贯穿电信运营、即时通信 APP、商业银行、第三方支付等不同领域，涉案证据（电子数据）亦散落于这些领域，只有将这些证据收集起来，才有可能拼接还原事件本来的面貌。[5]

就电信运营商来说，"建立通讯数据库，留存相应通讯记录，通过大数据分析技术进行分析。网络诈骗的通话特点是频繁拨打、短时拨打，或者使用非正常的主叫号码。对于这种异动使用可以对电信交换机的 TTfile 交换文件设

---

〔1〕 参见靳高风、守佳丽、林晞楠：《中国犯罪形势分析与预测（2018—2019）》，载《中国人民公安大学学报（社会科学版）》2019 年第 3 期。

〔2〕 参见靳高风、郭一霖、李昂霖：《疫情防控背景下中国犯罪形势变化与趋势——2019—2020 年中国犯罪形势分析与预测》，载《中国人民公安大学学报（社会科学版）》2020 年第 3 期。

〔3〕 参见黎宏：《电信诈骗中的若干难点问题解析》，载《法学》2017 年第 5 期。

〔4〕 参见马忠红：《以电信诈骗为代表的新型网络犯罪侦查难点及对策研究——基于 W 省的调研情况》，载《中国人民公安大学学报（社会科学版）》2018 年第 3 期。

〔5〕 参见吴朝平：《"互联网+"背景下电信诈骗的发展变化及其防控》，载《中国人民公安大学学报（社会科学版）》2015 年第 6 期。

置监控策略，适时封堵。"[1]

### 3. 网络监控直抵互联网金融犯罪中的信息中枢

2016—2018 年，全国检察机关以非法吸收公众存款罪分别起诉 14 745 人、15 282 人和 15 302 人，以集资诈骗罪分别起诉 1661 人、1862 人和 1962 人。2015—2018 年，全国法院受理的非法集资刑事案件和审结非法集资案件连续增长，其中 2018 年全国法院新收非法集资案件 9183 件，同比上涨 8.29%，审结 9271 件，同比上涨 8.37%。[2]

不法分子创制 P2P 借贷、原始股投资、金融互助、消费返利、虚拟货币发售、网上交易所等"产品"，并搭建网络平台，以此推销、发售这些所谓的互联网金融创新产品，并对会员、产品进行管理，但实则为涉众型集资、传销。"易商通""善林金融""泛亚交易所""e 租宝"都是互联网金融犯罪的典型案例。

不法分子同时管理数以万计的会员，不仅要记录下会员的身份证号、银行账户等基本信息，还要对会员投资、返利等情况进行计算。需要特别指出的是，下线会员的人数、金额往往是上线会员获利计算公式的重要参数，导致一个下线会员的变动会向上传导到整个上线体系，可以说是牵一发而动全身。只有借助网络平台的帮助才可能完成这些任务，其相当于整个案件的信息中枢。以 e 租宝为例，2014 年 10 月 30 日~2015 年 12 月 4 日，其借款项目数据共有 3171 条，而投资者交易数据则包括 88.9 万名投资者的 314.2 万次投资记录，累计投资金额达到 741 亿元。[3]

传统侦查策略是控制犯罪嫌疑人，获得口供，以及扣押相关书证、计算机硬盘、服务器等。但是，即使是主要犯罪嫌疑人愿意配合，但其只是掌握了犯罪流程的某一环节或者大致轮廓，无法提供全面、具体的数据。而且，犯罪嫌疑人经常闻风而动，提前毁灭、隐匿相关书证、计算机，而服务器又架设在境外。再以 e 租宝为例，被抓捕前，犯罪嫌疑人丁宁等人将 1200 余册

---

[1]　胡建跃、刘浩阳、蔡东庆：《电信诈骗犯罪及打击防范技术研究》，载《警察技术》2016 年第 2 期。

[2]　参见靳高风、守佳丽、林晞楠：《中国犯罪形势分析与预测（2018—2019）》，载《中国人民公安大学学报（社会科学版）》2019 年第 3 期。

[3]　参见王正位、王新程、廖理：《信任与欺骗：投资者为什么陷入庞氏骗局？——来自 e 租宝 88.9 万名投资者的经验证据》，载《金融研究》2019 年第 8 期。

材料偷埋到合肥郊外 6 米地下，专案组动用了 2 台挖掘机，用了 20 多小时才将材料挖出，涉案的服务器则多达 200 余台。[1]

网络监控可以富有针对性地解决这些侦查难题，通过木马程序直接进入不法分子的网络平台，在其没有察觉的情况下获得重要数据，包括犯罪组织和成员的组织架构、分红方式、资金流向、点击率清单、交易记录、会员注册登录、交易记录等关键信息。[2]

我国常用的网络监控设备"网络信息取证系统 DC-9600/9800""苏-27 网络远程取证系统"就可以完成这些任务。前者可以获得目标源端口号的电子数据，后者的技术基础是反弹式机制，可以翻越防火墙，侵入目标局域网的计算机，操作文件、记录键盘等。[3]

## 四、我国网络监控的现实样态

鉴于《刑事诉讼法》"宪法测振仪"的特殊地位，而且已经与两高一部的规章、司法解释彼此呼应，形成体系，操作性强，我们将在下文按照适用罪名及对象、申请和批准程序、期限、取得材料的证据转化、事后监督及救济的顺序，对《刑事诉讼法》中关于网络监控规定的实践样态进行重点介绍。

（一）网络监控的案件类型

1. 案件类型+兜底条款的结构

根据《刑事诉讼法》第 150 条第 1 款的规定，可以适用网络监控的案件类型包括"危害国家安全犯罪、恐怖活动犯罪、黑社会性质的组织犯罪、重大毒品犯罪或者其他严重危害社会的犯罪案件"，以及"利用职权实施的严重侵犯公民人身权利的重大犯罪案件"。我国并没有采用列举具体罪名的方式，而是采用案件类型+兜底条款的方式来确定网络监控的适用范围。

对于案件类型，我们可以结合《刑法》来推导出具体罪名。以"危害国家安全犯罪"为例，我们可以在《刑法》第二编"分则"中找到"危害国家

---

〔1〕《"e 租宝"案宣判，实际控制人被判无期罚金一亿，犯罪证据曾装满 80 个编织袋》，载搜狐网，https://www.sohu.com/a/191422561_115207，最后访问日期：2020 年 9 月 30 日。

〔2〕参见刘坤、高春兴：《互联网金融犯罪的特点与侦防对策研究》，载《山东警察学院学报》2015 年第 5 期。

〔3〕参见刘梅湘：《侦查机关实施网络监控措施的程序法规制——以域外法的相关规定为参照》，载《法商研究》2017 年第 1 期。

安全犯罪"一章，该章以第 102~113 条规定了背叛国家罪，分裂国家罪，煽动分裂国家罪，武装叛乱、暴乱罪，颠覆国家政权罪，煽动颠覆国家政权罪，资助危害国家安全犯罪活动罪，投敌叛变罪，叛逃罪，间谍罪，为境外窃取、刺探、收买、非法提供国家秘密、情报罪，资敌罪 12 个危害国家安全犯罪的具体罪名。采用类似方法，"恐怖活动犯罪"具体指《刑法》第 120 条至第 120 条之六，"黑社会性质的组织犯罪"具体指《刑法》第 294 条，"重大毒品犯罪"具体指《刑法》第 347~357 条，"利用职权实施的严重侵犯公民人身权利的犯罪"具体指《刑法》第 238、245、247 条。

但是对于兜底条款"其他严重危害社会的犯罪案件"以及"利用职权实施的严重侵犯公民人身权利的重大犯罪案件"中的"重大"标准所指为何？无论是《刑事诉讼法》，还是《刑法》《公安机关办理刑事案件程序规定》《人民检察院刑事诉讼规则》，我们都很难从中找到确切的有权解释。

2. 立法缺漏与实践隐忧

在网络监控适用案件类型的层面，《刑事诉讼法》第 150 条第 1 款最主要、最明显的缺憾莫过于范围宽泛，限制功能有限。因为网络监控是对公民隐私权的巨大威胁，很多国家和地区通过确定具体罪名来达到控制网络监控的目的。例如，《德国刑事诉讼法典》第 100 条第 g 款明确规定，只有实施第 100 条第 a 款之二列举的危害国家安全、公共安全等罪名才可以对电子通信数据进行搜查、扣押。[1]《美国电子通信隐私法》（Electronic Communications Privacy Act，ECPA）规定，只能针对美国联邦法律规定的重罪或州法律特别规定之罪名，例如破坏核设施和燃料罪、间谍罪、绑架勒索罪、非法使用爆炸物罪、洗钱罪、留置证人罪、破坏能源设施罪、违反武器输出管制法罪等，才能使用网络监控措施。[2]

《公安机关办理刑事案件程序规定》第 263 条第 1 款将"严重危害社会的犯罪案件"分为五类，基本以列举具体罪名的方式对前四类案件进行了解释，但是依然以"其他严重危害社会的犯罪案件，依法可能判处七年以上有期徒刑的"作为兜底条款。鉴于我国《刑法》中最高法定刑为 7 年以上的罪名比

---

〔1〕　参见《德国刑事诉讼法典》，宗玉琨译注，知识产权出版社 2013 年版，第 73 页。
〔2〕　参见刘梅湘：《侦查机关实施网络监控措施的程序法规制——以域外法的相关规定为参照》，载《法商研究》2017 年第 1 期。

比皆是，故《公安机关办理刑事案件程序规定》第 263 条几乎可以认为是以兜底条款解释兜底条款，具体化、增强可操作性的功能很弱。

《人民检察院刑事诉讼规则》第 227 条规定："人民检察院在立案后，对于利用职权实施的严重侵犯公民人身权利的重大犯罪案件，经过严格的批准手续，可以采取技术侦查措施，交有关机关执行。"这基本是对《刑事诉讼法》第 150 条第 2 款的复述，完全没有发挥"司法解释所应具有的具体化、清晰化和弥补性三大功能"[1]。

网络监控适用案件类型宽泛这一立法特点很容易引起实践的脱轨。有学者曾经对 2013—2018 年中国裁判文书网上的 817 份监控类案件判决书进行实证研究，发现有 148 件、占比 18.1% 的案件突破了技术侦查的法定罪名范围，而突破点就在于《刑事诉讼法》第 150 条第 1 款的"其他严重危害社会的犯罪案件"这一兜底条款，具体情形分为两类：第一类是法定最高刑低于 7 年的案件，比如寻衅滋事罪、妨害公务罪、危险驾驶罪；第二类是虽然法定最高刑高于 7 年，但是犯罪情节较轻，宣告刑不会超过 7 年的案件，比如 39 件贩毒案中的毒品不超过 3 克、62 件盗窃案中财物不超过 3 万元。[2]

（二）网络监控的适用前提

根据《刑事诉讼法》第 150 条第 1、2 款的规定，侦查机关启动网络监控的前提条件是"侦查犯罪的需要"。"侦查犯罪的需要"具体指什么？操作时应当遵循何种客观标准？立法机关并没有作出回应，对此进行了留白处理。《刑事诉讼法》第 115 条对侦查犯罪进行了概括描述，凡是有利于"收集、调取犯罪嫌疑人有罪或者无罪、罪轻或者罪重的证据材料"的措施都可以落入"侦查犯罪的需要"的语义范围之内。再考虑到在网络社会的语境之中，网络监控措施具有如水银泻地、无孔不入的侦查效力，一旦使用，必然能够收集到相关证据材料，差别只在于数量多少、证明力大小而已。

如此一来，侦查需要原则对侦查机关几乎只有授权功能，而限制功能极为羸弱。但是，"作为一种具有扩张性和侵犯性的侦查手段，其适用条件理应受到一定限制，而这种范围边界在立法中却处于一种模糊不定的状态"[3]。

---

〔1〕 参见陈光中主编：《刑事诉讼法》，北京大学出版社、高等教育出版社 2013 年版，第 300 页。

〔2〕 参见刘梅湘：《监控类技术侦查措施实证研究》，载《华东政法大学学报》2019 年第 4 期。

〔3〕 刘广三、李晳：《刑事诉讼法关于技术侦查措施规定中的模糊性语言及其限定研究》，载《中国刑事法杂志》2017 年第 1 期。

为保证国家在行使刑罚权的过程中，兼顾打击犯罪与保障人权这一对天然存在紧张关系的价值，普遍经验是引入比例原则。1958 年德国联邦宪法法院的药房案判决确立了比例原则，1973 年德国学者埃贝哈德·格拉比茨（Eberhard Grabeitz）的《联邦宪法法院中的比例原则》、1981 年德国学者洛塔尔·希尔施贝格（Lothar Hirschberg）的《比例原则》又将比例原则发扬光大。传统的"三阶"比例原则包括三个子原则——适当性原则、必要性原则、狭义比例原则。适当性原则，又称妥当性原则，指手段必须能够促进目的的达成。必要性原则，又称最小损害原则，最终选择的手段必须是所有手段中危害最小的。狭义比例原则，又称均衡性原则，手段与目的之间必须相称成比例。[1]

很多国家和地区在网络监控实践中采用了比例原则。例如，《美国法典》第 2518（3）条规定："常规调查程序已经被使用过，但是宣告失败；或者常规调查程序虽然尚未被使用，但是显然难以成功或太过危险。"[2]这实际是比例原则中必要性原则的体现。

（三）网络监控的适用对象

《刑事诉讼法》第 150 条只是对网络监控的适用罪名作出了规定，但是并未对适用对象作出规定。《人民检察院刑事诉讼规则》第 227 条只是对《刑事诉讼法》第 150 条进行了重申，对网络监控适用对象依旧是付之阙如。《公安机关办理刑事案件程序规定》第 264 条第 2 款将通信监听的适用对象确定为"犯罪嫌疑人、被告人以及与犯罪活动直接关联的人员"。

鉴于公安机关既是网络监控的审批机关，又是网络监控的执行机关，而"与犯罪活动直接关联的人员"的外延很宽，公安机关在承受巨大破案压力的情形下，具有进行扩大解释，以便充分利用网络监控侦查便捷性的诱因。

因此，应当对"与犯罪活动直接关联的人员"进行限缩解释，即"该人员应当有迹象显示与犯罪活动在客观或主观上直接相关，突出强调'有迹象显示（证明）'和'与犯罪活动直接相关'，范围可包括共同犯罪人、对向犯、上下游犯罪或关联犯罪的犯罪人、被害人等，而不能仅仅因'关系密

---

〔1〕　参见刘权：《目的正当性与比例原则的重构》，载《中国法学》2014 年第 4 期。

〔2〕　18 USCA § 2518 (3) United States Code Annotated Title 18 Crimes and Criminal Procedure.

切＇，笼统地包括配偶、近亲属、朋友、同事等"［1］。

（四）网络监控的程序启动

1. 网络监控启动的证据标准

适用罪名、适用对象、根据侦查犯罪的需要，这些既是网络监控的实体性限制条件，也是侦查机关需要证明的前提性事实，而证明活动自然会引出证据标准问题。《刑事诉讼法》第150条并没有直接规定启动证据标准，而是通过确立"立案后"这一时间起点，间接地将立案侦查启动证据标准作为网络监控启动证据标准。而《公安机关办理刑事案件程序规定》第178条第1款规定的立案侦查证据标准为"有犯罪事实需要追究刑事责任"，这明显低于《刑事诉讼法》第55条规定的"排除合理怀疑"的定罪量刑证据标准。

在刑事诉讼的不同阶段，公检法三机关的职责、发现真实的偏重层面各有不同，采取的措施与作出的决定对犯罪嫌疑人、被告人的干预程度亦有所不同，所以应当在刑事诉讼不同阶段适用不同标准。"不同诉讼阶段的直接任务集中反映了立法者对该诉讼阶段作用与功能的期待，而证明标准往往是与此相适应的。侦查阶段的直接任务主要是收集证据、抓获犯罪嫌疑人。因此，在该阶段只需对案件事实进行初步的证明，足以查获犯罪嫌疑人并对其采取相应的强制措施即可。"［2］具体到网络监控，虽然该措施具有一定的强制性，但是与定罪量刑这一最终的刑罚相比，其强制性不仅程度较弱，而且是暂时的，故其证据标准可以低于定罪量刑。

2. 网络监控的启动时点

根据《刑事诉讼法》第150条第1、2款的规定，无论是公安机关还是检察院，都只能在"立案后"方可启动网络监控。

已如前文所述，"立案后"不仅是对网络监控启动时点的规定，也是对证明标准的规定。这一制度设计的用意在于，设定网络监控的证明事项门槛，防止侦查机关恣意滥权。虽然用意良好，但是忽视了计算机网络犯罪的特点，即很多犯罪分子具有专业的技术背景，会采取反侦查措施，而且计算机网络技术的飞速发展使得计算机网络犯罪形态迭代迅速。这些特点与"立案后"

〔1〕 王东：《技术侦查的法律规制》，载《中国法学》2014年第5期。

〔2〕 李学宽、汪海燕、张小玲：《论刑事证明标准及其层次性》，载《中国法学》2001年第5期。

的要求共同形成一个"死循环"：对于计算机网络犯罪，侦查机关不使用网络监控措施就无法取得足够证据，难以达到立案侦查的证明标准，达不到立案侦查的证明标准，就无法使用网络监控措施。

3. 网络监控的申请与审批

根据《刑事诉讼法》第 150 条第 1、2 款的规定，在满足重罪、立案后等实体性条件后，侦查机关无需向其他机关申请，可自行决定采取网络监控措施，即侦查机关既是申请主体，又是审批主体，这种自我审批的制度，与法院审批的司法令状主义存在本质差异，与域外行政令状主义也有很大差别。

美国是司法令状主义的典型代表。例如美国执法机关为收集涉外情报需要对美国公民进行电子监控的，需要向法院申请监控令状。根据《1978 年外国情报监视法案》（Foreign Intelligence Surveillance Act of 1978）第 104 条的规定，联邦执法人员经过司法部长的批准方可向外国情报监视法院（Foreign Intelligence Surveillance Court）提出申请。[1]根据《1978 年外国情报监视法案》第 103 条的规定，联邦最高法院的首席大法官指定七名地区巡回法院法官组成"外国情报监视法院"，专门负责审查电子监控的申请、发布令状，法官任期 7 年，不得连任。[2]

以英国为例，虽然英国的行政机关有权审批网络监控，但是警察部门、安全部门等仍然受到很强的控制。英国制定了大量规制网络监控行为的法案，比较重要的包括：《1984 年电子通信法》《1984 年警察与刑事证据法案》《1989 年安全部门法》《1994 年情报部门法案》《1997 年警察法案》《2000 年侦查权规范法案》《2006 年无线电信法案》《2014 年数据截存及侦查权法案》《2015 年反恐怖主义及安全法》《2016 年侦查权法案》。[3]

其中，对网络监控措施影响最为深远的是《2016 年侦查权法案》，它确立了令状审查的双锁机制，只有经过对警察部门、国内安全部门负有领导职责的国务大臣（Secretary of State）的签署，以及负有监督职责的司法专员

---

〔1〕　50 USCA § 1804 United States Code Annotated Title 50 War and National Defense.

〔2〕　50 USCA § 1803 United States Code Annotated Title 50 War and National Defense.

〔3〕　上述法案的英文名称为 Telecommunication Act 1984、Police and Criminal Evidence Act 1984、Security Service Act 1989、Intelligence Service Act 1994、Police Act 1997、Regulation of Investigatory Powers Act 2000、Wireless Telegraphy Act 2006、Data Retention and Investigatory Powers Act 2014、Counter Terrorism and Security Act 2015、Investigatory Powers Act 2016，来源于英国立法机关网站，载 https://www.legislation.gov.uk/，最后访问日期：2020 年 9 月 15 日。

(Judicial Commissioner) 的副署，令状才能生效。[1]英国行政令状的特色在于：首先，审批权人为侦查机关的最高负责人，行政级别高，提高了审批门槛。其次，只有经过相对独立的监督机关的副署之后才会生效，增设了审批门槛。

我们需要对英国的侦查权监督机关作进一步介绍。2016 年之前，《1997年警察法案》《2000 年侦查权规范法案》《2013 年司法与安全法案》建立了四个侦查权监督机构。它们可以被分为两大体系：第一个监督体系是隶属国会的、多党合作的，它包括情报与安全委员会（ISC）；第二个体系是独立的、无党派的，它包括通信截获委员（IoCC）、首席监控委员（CSC）、情报部门委员（ISCom）。此外，英国还建立了一个侦查权投诉处理机构——侦查权特别法庭（IPT）。[2]

鉴于监督机构重叠、职权不清，《2016 年侦查权法案》建立了一个统一的监督机构——侦查权委员（IPC）。[3]《2016 年侦查权法案》第 229~237 条详尽地规定了侦查权委员的权力，可以概括为三类：其一，网络监控等令状除了要由国务大臣签发，还需要司法专员的副署方能生效，这就是所谓的双锁机制；其二，侦查权委员有权对行使侦查权的机关进行调查、审计，确保侦查权被合规使用；其三，侦查权主任委员有权向国会或公众告知侦查权的适用情况。

反观我国，网络监控的批准权人不仅行政职级低，且缺乏外部监督。根据《公安机关办理刑事案件程序规定》第 265 条的规定，设区的市一级以上公安机关负责人有权批准技术侦查措施。

根据 2016 年最高人民法院、最高人民检察院、公安部《关于办理刑事案件收集提取和审查判断电子数据若干问题的规定》第 13 条，侦查人员依据调取证据通知书，可以向电子数据持有人、网络服务提供者或有关部门调取电子数据。而根据《公安机关办理刑事案件程序规定》第 62 条，办案部门负责人有权批准调取证据通知书，即县级公安机关的科所队长有权决定调取微博

---

〔1〕 参见孙明泽：《英国通讯截取的最新制度及对我国的启示——基于英国〈2016 年侦查权力法案〉的考察》，载《情报杂志》2019 年第 2 期。

〔2〕 上述英文缩写对应的全称分别是：Intelligence and Security Committee、Interception of Communication Commissioner、Chief Surveillance Commissioner、Intelligence Services Commissioner、Investigatory Powers Tribunal.

〔3〕 IPC 的英文全称为 Investigatory Powers Commissioner。

客、朋友圈、手机短信、即时通信、身份认证信息、电子交易记录、图片、音视频、数字证书、计算机程序等个人数据。

（五）网络监控的实施及其主要技术手段

1. 大数据分析与挖掘

大数据是指数据量巨大，通常认为数据量在 10TB～1PB（1TB＝1024GB，1PB＝1024TB）以上，数量级应是"太字节"（2×40）的，并且是高速、实时数据流。业界通常认为，大数据具有"4V+1C"特征，即数据量大（Volume）、多样（Variety）、快速（Velocity）、价值密度低（Value），以及复杂度（Complexity）。

大数据技术主要分为云计算及大数据处理两大方面。其中，云计算技术可以细分为：文件系统（以谷歌公司的 Google file System、微软公司的 Sosmos、脸书公司的 Haystack 为代表），数据库（以谷歌公司 Bigtable、亚马逊公司的 Dynamo 为代表），索引与查询（以谷歌公司的 Caffeine 为代表），数据分析（以谷歌公司的 Pregel、微软公司的 Dryred 为代表）；大数据处理的主流工具是 Hadoop 软件。[1]

2. 电磁辐射分析与攻击

加密算法在自动取款机、智能卡、计算机等设备中运行时会产生旁路信息的电磁泄漏。电磁辐射分析攻击技术可以收集这些泄露的电磁信号，经过储存、分析，最终恢复原信息。电磁辐射分析攻击主要包括差分电磁分析攻击、模板攻击、相关性电磁分析等。[2]

3. Web 攻击

侦查人员通过 Web 攻击可以获取嫌疑人的登录密码、硬盘内容等数据信息，甚至完全控制他人的计算机。目前，Web 攻击可以分为四类：SQL 注入式攻击、XSS 攻击、DDOS 攻击、社工行为攻击。

其中，SQL 注入式攻击是指"SQL 的指令加载进数据库内来完成指令，这种 SQL 语句并没有遵从开发者原有的意图"；XSS 攻击是指"黑客在 Web 中加入一些标签或者是 JS 的代码，当用户浏览网页时诱导用户进入自己设定

---

〔1〕参见孟小峰、慈祥：《大数据管理：概念、技术与挑战》，载《计算机研究与发展》2013 年第 1 期。

〔2〕参见甘罕等：《电磁泄露信息的采集与预处理》，载《电波科学学报》2015 年第 5 期。

的界面使用户完成一些操作";DDOS 攻击是指"联合多台计算机向某一个对象发动基于分布式的拒绝型服务";社工行为攻击是指"基于社会工程方式的网络攻击方法是袭击者使用欺骗、假装和信息的获取方式进行的秘密情报的获取方式"。[1]

4. 木马侵入

木马程序本质上是基于 TCP/IP 协议的客户机、服务器应用程序。嫌疑人的计算机一旦被植入木马程序,侦查人员就可以对该计算机进行远程操控。"木马由两部分组成:一个是服务端程序,运行于一台机器上;另一个是客户端程序,运行于另一台机器上。客户端程序通过网络与另一台机器上的服务器程序进行通信,发送命令和接收返回信息,从而控制对方机器。"[2]

5. 数据恢复

具有反侦查意识的行为人往往在被控制之前就对可能作为证据的电子数据进行删除,而数据恢复技术可能将这些被删除的数据还原。"根据数据存储与删除原理可知,物理删除或格式化存储设备实际上并没有真正地清除数据,只要没有被新的电子数据彻底覆盖,通过相关数据恢复技术,借助数据恢复软硬件工具,即可将数据恢复。目前常见的计算机 Windows 系统存储设备主要使用 FAT 32 和 NTFS 两种文件系统。"[3]

6. IP 定位

互联网上的 IP 地址与现实世界中计算机的地理位置相对应,获得 IP 地址后,可以从数据库中搜索得到地理位置。获取 IP 地址的方法包括:对 Internet 国际出口数据的过滤、监听网络中传输的电子数据、查询互联网管理机构数据库、网络扫描或网络监听、Email 监控、使用一些显示 IP 的外挂插件应用软件等。[4]

7. 网络监听

网络监听本质上是截取捕获通过互联网传输的数据。网络监听的基本原

---

〔1〕 李双远、谈国胜:《面向 Web 的攻击方式及防御对策》,载《吉林化工学院学报》2019 年第 3 期。

〔2〕 柳劲华:《木马程序技术研究》,载《电脑编程技巧与维护》2017 年第 13 期。

〔3〕 张明旺、侯智文:《数据恢复技术在涉案计算机侦查取证中的应用研究》,载《科技创新导报》2018 年第 6 期。

〔4〕 参见张跃仙:《网络犯罪侦查的 IP 定位跟踪技术研究》,载《网络信息安全》2011 年第 6 期。

理是：当前互联网最常用的协议是以太网协议，而根据以太网协议，计算机之间传送数据并不是点对点的，而是直接将数据传送到互联网上，但是其他计算机发现数据的目的地址与自己不符就自动屏蔽。而网络监听技术就是使得这种识别目的地址的功能失效，从而获取数据。网络监听一般分为广播式监听及交换式监听，前一种方式使得网卡驱动程序不再接收文件的目的 MAC 地址进行判断，操作人员直接访问数据链路层；后一种方式是操作人员发送大量的错误 MAC 地址使交换机失效。[1]

（六）网络监控的期限

根据《刑事诉讼法》第 151 条的规定，首次期限为 3 个月，可以延期，每次不得超过 3 个月，次数不限。理论上可以进行无限期的网络监控。"时间是程序法的要素。从某种意义上可以说，不具备时间要素的程序肯定不是一个完毕的程序，甚至对其不能称之为具有真正规制意义的诉讼程序，能不能称之为程序规范，都是一个问题。"[2]

（七）网络监控获得材料的出示与质证

根据《刑事诉讼法》第 154 条的规定，网络监控获得材料可以在刑事诉讼中作为证据使用，但是可能暴露侦查人员、线人、证人、被害人的身份，网络监控措施的具体方法，国家秘密、商业秘密、个人隐私时，应当采用适当保护措施，或者对证据进行庭外核实。

鉴于，实践中作为证据使用的技术侦查获得材料多为手机通信监听材料[3]，而侦查机关多通过计算机网络远程勘验来绕过技术侦查措施的程序限制以获取目标材料，并作为电子数据向法庭出示，故本章将重点讨论电子数据在法庭审判的出示形式。

1. 材料出示与质证的规范基础

2014 年最高人民法院、最高人民检察院、公安部《关于办理网络犯罪案

---

〔1〕 参见王冠楠：《网络犯罪侦查中监听检测及定位研究》，载《科学技术创新》2018 年第 34 期。

〔2〕 王敏远：《2012 年刑事诉讼法修改后的司法解释研究》，载《国家检察官学院学报》2015 年第 1 期。

〔3〕 程雷教授曾对中国裁判文书网 2013—2016 年的刑事案件进行实证分析，发现以"技术侦查"为关键词，搜索到 1433 个案例，但是其中 94.91%、1360 个案例将技术侦查获取材料作为线索，仅有 5.09%、73 个案例将技术侦查获取材料作为证据。这 73 个案例中，只有 1 件的材料为邪教案件的密拍密录光盘、照片，其余 72 件的材料均为手机通信监听材料。

件适用刑事诉讼程序若干问题的意见》第 14 条确立了"收集、提取电子数据，能够获取原始存储介质的，应当封存原始存储介质"的一般原则，第 15 条列举了无法获取原始存储介质的四种例外。

2016 年最高人民法院、最高人民检察院、公安部《关于办理刑事案件收集提取和审查判断电子数据若干问题的规定》第 8、9 条再次重申了以获取原始存储介质为原则，无法获取原始存储介质为例外的规定。

需要说明的是，电子照片、截图打印件不能够单独作为证据出示，它只是原始存储介质的辅助表现形式。根据 2010 年《关于办理死刑案件审查判断证据若干问题的规定》第 29 条第 1 款的规定，法院应当审查电子邮件、电子数据交换、网上聊天记录、网络博客、手机短信、电子签名、域名等电子证据存储磁盘、存储光盘等可移动存储介质是否与打印件一并提交。该条要求原始存储介质与打印件一并提交，但不能据此认为打印件获得了与原始存储介质等同的证据能力。2016 年最高人民法院、最高人民检察院、公安部《关于办理刑事案件收集提取和审查判断电子数据若干问题的规定》第 18 条就对二者进行了区分，该条对打印件、原始存储介质一并提交的原则作出了变更，"对网页、文档、图片等可以直接展示的电子数据，可以不随案移送打印件。"可以认为，打印件只是使得电子数据以更为直观的方式向法官展示，其本身不能单独作为证据使用。

2. 材料出示与质证的实践争议

在司法实践中，电子数据出示过程中最易引发争议的做法有两个：一是公诉机关使用大量书面材料代替原始存储介质；二是公诉机关出示的电子数据的数量极大，"文件倾倒"造成了事实上的控辩双方不平等。

首先讨论书面材料代替原始存储介质的问题。有学者曾以"互联网""电子数据"为关键词，以 2016 年 4 月 6 日为截止日期，对中国裁判文书网的刑事案件进行检索，共获得 1320 个相关案件，结果发现只有 13% 的案件提交了电子数据原始载体；27% 的案件使用了光盘作为电子数据复制件；60% 的案件完全以打印件代替电子数据。[1]

造成上述问题的原因主要有两个：一是追诉机关过于偏重打击犯罪的职

---

〔1〕 参见胡铭、王林：《刑事案件中的电子取证：规则、实践及其完善——基于裁判文书的实证分析》，载《政法学刊》2017 年第 1 期。

能，重视收集被告人有罪、罪重的证据，忽视了收集被告人无罪、罪轻的证据；二是现有法律规范没有充分地预见到"数据云"等技术发展，很多电子数据散布于"网络云"，侦查机关很难接触到物理存储介质。

接下来讨论"文件倾倒"问题。在 2009 年"美国诉斯基林案"（United States v. Skilling）中，法院认为，政府允许被告人访问数据库，则政府履行了证据开示义务，并不考虑被告人是否有能力从数据库中提取、分析到有用数据。[1] 美国学者卡瑞特（Carwright）批评了这种做法，认为"将这种只提供数据库入口或最终证据，却不考虑控辩双方实际的数据分析能力和实质的程序参与的做法称为'文件倾倒'，并认为其构成控辩双方的实质不平等"。[2]

"文件倾倒"并不是美国独有的问题，而是计算机网络社会共有的问题。以快播案为例，该案最为重要的证据是存储于四台服务器中的数据，司法机关从中提取了 29 841 个视频文件，且均为 QVOD 格式，普通视频软件无法读取，最终认定 21 251 个淫秽视频。[3] 提取、分析这些数据离不开专业技术团队、特定设备的支持，对人力、物力、财力的要求很高，如果辩方不能取得专家帮助，显然无法解决这种专业技术问题。

### 五、完善我国网络监控的路径

#### （一）区别网络监控的案件类型

《刑事诉讼法》并没有区别对待危害国家安全犯罪、恐怖活动犯罪与黑社会性质的组织犯罪、重大毒品犯罪、其他严重危害社会的犯罪案件，而是等同视之，就网络监控的启动要件、程序、期限等事项作出了相同的规定，这忽视了危害国家安全犯罪、恐怖活动犯罪的特殊性。因此，《刑事诉讼法》应当为维护国家安全、打击恐怖暴力犯罪留下足够的空间，适当放宽对这两个案件类型的程序规制，尤其是灵活把握"立案前"的限制。

1. 区别网络监控案件类型的现实原因

在谈及为何要设立国家安全委员会时，习近平总书记指出，"当前，我国面临对外维护国家主权、安全、发展利益，对内维护政治安全和社会稳定的

---

〔1〕　United States v. Skilling, 554 F. 3d 529, 577 (5th Cir. 2009).

〔2〕　参见裴炜：《个人信息大数据与刑事正当程序的冲突及其调和》，载《法学研究》2018 年第2 期。

〔3〕　参见刘品新：《电子证据的鉴真问题：基于快播案的反思》，载《中外法学》2017 年第 1 期。

双重压力，各种可以预见和难以预见的风险因素明显增多。"〔1〕我们正处在一个剧烈变革的时代，危及国家安全的各种势力空前活跃，且彼此交织，形成了极为严峻复杂的态势。

不同地域的敌对势力暗中勾连，互为犄角。以台独、港独为例，台独势力蠢蠢欲动，港独势力开始冒头，而且出现"两独合流"的趋势，"在价值观上试图联合构建反国家的意识形态共同体，在抗争方式上互仿以破坏当地正常的社会和政治秩序，在人员动员上均将青年视为分裂运动的主力军。"〔2〕李宇轩等 12 名港独分子偷渡台湾事件，就是"两独合流"的现实演绎。〔3〕

不同领域的敌对势力相互混同，合而为一。以新疆的"三股势力"（宗教极端势力、暴力恐怖势力、民族分裂势力）为例。我们首先看一组数据：2009 年乌鲁木齐"7·5"事件，在打砸抢烧的过程中，有 156 名群众被杀死，1700 余人受伤。2013 年天安门金水桥"10·28"事件，受伤 40 人。2013 年新疆巴楚"4·23"事件，15 名社区干部、民警被暴徒泼洒汽油烧死。2014 年昆明火车站"3·1"事件，29 名群众被砍死，130 人受伤。制造这些极端暴力、反人类惨剧的暴徒们，其很难被单独划分为宗教极端势力、暴力恐怖势力、民族分裂势力中的一种。实际上，三股势力实际上是同一组织、同一意识形态的三种面向而已。

需要强调的是，危害国家安全及恐怖活动犯罪分子与一般的犯罪分子不同，他们往往具有很强的政治及宗教背景，这意味着他们往往可以获得国外政治及宗教组织在资金、人员、装备等方面的物质支持，还可以得到国外政治及宗教组织在招募人员、制订方案、实施犯罪等方面的培训教导。例如新疆"伊扎布特"组织源于 1952 年"穆斯林兄弟会"的巴基斯坦分支，并于 1999 年开始渗入我国。该组织提出"伊斯兰教法高于一切"的极端主张，挑

---

〔1〕《中共中央关于全面深化改革若干重大问题的决定》，载人民网，http：//cpc. people. com. cn/n/2013/1115/c64094~23559163. html，最后访问日期：2020 年 9 月 23 日。

〔2〕 郑英琴：《"港独"与"台独"合流的动向、原因及影响》，载《现代台湾研究》2018 年第 4 期。

〔3〕 李宇轩系香港"我要揽炒"团队成员，该团队声称"以宣传及积极要求外国或国际组织制裁香港为己任"，并与英国跨党派"关注香港小组"相勾结。2020 年 8 月 23 日，李宇轩等 12 名港独分子欲乘快艇偷渡台湾寻求"政治避难"，后因非法越境被广东省海警局拘留。参见《"港独"分子欲偷渡台湾被广东海警局抓获，邓炳强回应》，载中国新闻网，http：//www. chinanews. com/ga/2020/08~28/9276282. shtml，最后访问日期：2020 年 9 月 23 日。

拨信教群众与党委政府的关系，还大肆向大专院校渗透。2003 年新疆公安机关破获的一起伊扎布特组织，其成员涉及 27 个大专院校。[1]

当危害国家安全犯罪、恐怖活动犯罪具有上述特点，并可以获取境外资源的前提下，这些犯罪分子的犯罪能力、反侦查能力远远高于一般犯罪分子，此时侦查机关的侦查措施的强度也应该相应提高。"刑事诉讼法未给反恐预留适当的突破空间。在追诉过程中，刑事诉讼法必须根据恐怖活动犯罪的性质、特征逐一配置与之相应的措施手段，如此才能确保及时、有效地惩治恐怖活动犯罪。而一旦无相应程序与恐怖活动手段相对应，刑事诉讼法的追究效率必然大大降低。所以，恐怖活动犯罪刑事特别追究程序的功能性缺失必将影响反恐怖斗争效率，其程序改革势在必行。"[2]

需要指出的是，在网络监控的过程中区分不同案件类型，已经得到很多国家在立法与实践领域的认可。以美国为例。危及美国国家安全的恐怖主义、宗教极端主义主要来源于外国组织与外籍人士，因此美国确立了内外有别的网络监控制度。一般来说，如果监控对象为美国人，执法机关应当依法申请司法令状，但是如果监控对象为外国人，则存在一定例外。

根据《1978 年外国情报监视法案》[3]第 102 条第 a 款[4]的规定，司法部部长可以以书面形式授权对两种情形进行最长期限 1 年的电子监控：其一，如果交流工具完全为外国势力所独占，则可以通过电子监控获取该交流工具传递的内容；其二，如果某一财物或场所为外国势力公开、排他地占有，则可以通过电子监控获取借助该财物、场所进行交流的个人的技术性情报，但是不能获取内容。《1978 年外国情报监视法案》第 102 条第 a 款同时规定，如果存在交流一方为美国人的较高概率，则不得进行前述行政授权。

互联网的普及、反恐形势的严峻，促使美国在 2008 年对《1978 年外国情报监视法案》进行了部分修改，通过了《2008 年关于 1978 年外国情报监视法案的修正法案》[5]。《2008 年关于 1978 年外国情报监视法案的修正法案》最

---

〔1〕　参见贾友军：《20 世纪 80 年代以来新疆宗教极端主义的嬗变研究》，载《实事求是》2015 年第 3 期。

〔2〕　王利宾：《反恐怖犯罪刑事法完善研究——兼论反恐怖系统化立法》，载《政治与法律》2014 年第 10 期。

〔3〕　英文原文名称为 Foreign Intelligence Surveillance Act of 1978.

〔4〕　50 USCA § 1802 United States Code Annotated Title 50 War and National Defense.

〔5〕　英文原文名称为 Foreign Intelligence Surveillance Act of 1978 Amendments Act of 2008.

引人注目的条款是第 702 条，该条款进一步扩大了美国无需法院令状即可对非美国人进行监控的范围。

根据《2008 年关于 1978 年外国情报监视法案的修正法案》第 702 条第 a 款的规定，司法部部长和国家情报总监（Director of National Intelligence）可以联合授权对位于美国领土以外的非美国人进行为期一年的锁定及获取情报信。

根据《2008 年关于 1978 年外国情报监视法案的修正法案》第 702 条第 b 款[1]的规定，前款那种无需法院司法审查即可实施的监控要受到五类限制：其一，禁止锁定位于美国境内的人；其二，虽然名义上锁定的人员不在美国境内，但是真实目的却在于借此获取位于美国境内的人的信息，这种锁定也是被禁止的；其三，禁止锁定位于美国领土以外的美国人（具有美国籍或美国永久居留权的人）；其四，禁止获取沟通交流一方位于美国的信息；其五，应当符合《美国联邦宪法》第四修正案的规定。

《2008 年关于 1978 年外国情报监视法案的修正法案》第 702 条之所以被认为进一步扩大了美国对非美国人的无司法审查监控，主要体现在以下两个方面：其一，被监控的对象范围扩大。根据《1978 年外国情报监视法案》第 102 条第 a 款的规定，美国执法机关可以获取外国势力独占的交流工具传递的内容，或者可以获取通过被外国势力公开排他地占有财物、场所进行交流的个人的技术性情报。而《2008 年关于 1978 年外国情报监视法案的修正法案》第 702 条第 a 款将对象扩大为美国领土之外的非美国人。其二，监控的手段及或信息范围扩大。《1978 年外国情报监视法案》第 102 条第 a 款允许的监控手段为电子监控，信息范围为交流内容或技术性情报（如通话号码、时间等）。《2008 年关于 1978 年外国情报监视法案的修正法案》第 702 条第 a 款并未提及监控手段，而是使用了"获取外国情报信息"这一概括性表述。这可以理解为一种模糊性授权，也就是说，监控手段不再限于电子监控，扩张至任何可以用来获取信息的手段，而信息范围也不再限于内容或技术性情报，扩张到任何可以涉及外国情报的信息。

2. 区别网络监控案件类型的法教义学证成

美国法哲学家范伯格（Joel Feinberg）提出了危险行为刑法干预的"乘积（X）型"模型：法益侵害的危险＝危害结果 X 危害可能性，而危害结果与危

---

〔1〕 50 USCA § 1881 United States Code Annotated Title 50 War and National Defense.

害可能性成反比关系，该模型成为预备犯入罪的标准教义。[1]

从危害结果因素来看，恐怖主义犯罪"包括物理性的重大侵害和心理性的重大侵害，显然处于无限接近 X 轴的极端"；从危害可能性来看，恐怖主义犯罪"煽动和宣扬行为面对的是不特定的多数人，至少一人进入实行行为乃至既遂的可能性很高；即使离实行乃至既遂在物理上较为遥远，但基于恐怖主义的强烈目的性，主观上导致其进入实行阶段的可能性非常高"。[2]也就是说，决定恐怖主义犯罪法益侵害的危险的两个要素的数值都很高，其具有高风险特质，可以对其进行事前防御。而具体到国安、反恐案件的通信监听，事前预防在刑事诉讼语境中的应有之意为降低"立案后"的程序限制，使得侦查节点可以提前到初查阶段，因为国安、反恐案件的"中心工作是事前预防、事中处置、事后恢复，而非单纯的刑法报应"。[3]

3. 区别网络监控案件类型的操作标准

我们建议，以是否属于危害国家安全犯罪、恐怖活动犯罪为标准，对案件类型进行分类。对于国安、恐暴案件，应当适当放宽程序限制，为国家打击这两类犯罪释放更多侦查空间；对于其他案件，应当继续坚持《刑事诉讼法》确立的程序要求。

至于如何确定危害国家安全犯罪、恐怖活动犯罪的具体罪名，则可以结合《刑法》进行推导，前者包括第 102～113 条规定的罪名，后者包括第 120 条至第 120 条之六规定的罪名。在上文我们已经进行过此类推导，在此不再赘述。

（二）明确网络监控的技术手段

1. 技术手段范围具体化的功能

国家针对不同的侦查措施制定了不同的规制程序，如果我们很难将一个具体的措施归类，自然也就很难找到针对该种措施的规制程序，容易导致该措施逸出法律规制范围。

---

〔1〕　Joel Feinberg, *Moral Limits of the Criminal Law*: *Harm to Others*, Oxford University Press, 1984, p. 216.

〔2〕　郭旨龙：《预防性犯罪化的中国境域——以恐怖主义与网络犯罪的对照为视角》，载《法律科学》2017 年第 2 期。

〔3〕　王利宾：《反恐怖犯罪刑事法完善研究——兼论反恐怖系统化立法》，载《政治与法律》2014 年第 10 期。

很多国家和地区为了加强对强制侦查措施的控制，实行司法审查与令状主义，我国的刑事诉讼自有其历史传统与国情现状，没有照搬司法令状主义，但是现行《刑事诉讼法》根据强制程度的不同，对侦查措施的规制程序进行了区分。"基本法理是，强制侦查除强制程度较低或法律规定的特别情况外，需经内部审批程序，同时原则上采'要式主义'，即实施时需出具执行证明文书。而对特殊侦查，即《刑事诉讼法》第二章第八节规定的'技术侦查'，则有更为严格的程序限制。"[1]

2. 现有技术手段的时空范围及其程度

问题在于，根据现有的刑事诉讼规范体系的条文，我们很难推导技术侦查措施具体都包括什么措施，更不要说作为下位概念的网络监控的外延了。《刑事诉讼法》"技术侦查"一节并没有对技术侦查措施的内涵、外延进行解释，遑论网络监控。《公安机关办理刑事案件程序规定》第 264 条第 1 款规定："技术侦查措施是指由设区的市一级以上公安机关负责技术侦查的部门实施的记录监控、行踪监控、通信监控、场所监控等措施。"该条的作用更主要的是体现在明确了有权启动、实施技术侦查的公安机关的级别，而涉及技术侦查概念的文字表述主要限于"记录监控、行踪监控、通信监控、场所监控"这 16 个字。《公安机关办理刑事案件程序规定》并没有以监控的技术、工具为标准对监控进行分类，而是以监控的对象分类，无疑使得公安机关可能对同一对象使用多种不同的监控技术及工具。

不仅如此，《公安机关办理刑事案件程序规定》第 264 条描述技术侦查概念时使用的文字太过于原则：首先，根据《辞海》的解释，监控是"监视控制"的意思，其意涵是非常宽泛的。其次，"记录"可以指物品或信息的轨迹痕迹，"行踪"可以指人的行动轨迹，"通信"可以是人之间的信息交流，"场所"可以指一个地理范围。任何人几乎每时每刻都要与记录、行踪、通信、场所这四个概念发生联系，而只要发生联系，就有可能落入技术侦查的概念范围，成为技术侦查的对象。

以场所监控为例。假设公安机关以涉嫌制造、贩卖毒品罪对嫌疑人甲立案侦查，而甲在某小区的住宅可能为制毒窝点，于是对该住宅进行场所监控。

---

〔1〕 龙宗智：《寻求有效取证与保证权利的平衡——评"两高一部"电子数据证据规定》，载《法学》2016 年第 11 期。

公安机关可以在住宅对面屋子设置观察哨岗，通过猫眼以相机记录下每一个进出商品房的人员。公安机关可以使用扩声器，在不破坏墙壁的情况下窃听隔壁谈话。公安机关还可以使用黑客技术攻击住宅内的台式计算机，获得启动、使用计算机摄像头的权限。公安机关甚至可以潜入住宅安装窃听器、微型摄像机，观察住宅内的一切活动。所有这些措施都未突破场所监控的文义范围，但是这些措施对嫌疑人隐私权的侵犯程度却差别极大。对这些技术、工具不加区别，通通归类为技术侦查，按照相同的程序进行审批，可能造成技术侦查权的滥用。

对待此种问题，域外经验是对侦查措施分类，之后再分别定义。例如美国《1978 年外国情报监视法案》第 101 条第 f 款[1]对电子监控进行了解释：其一，借助电子的、机械的或者其他监控设备收集特定某个美国人接收或发出的有线、无线交流内容。如果在当时的情形，被监控人对隐私有合理的期盼，执法机关应当取得令状后方得进行。其二，在未获得交流双方任何一方同意，借助电子的、机械的或者其他监控设备，在美国境内获取有线交流内容。其三，借助电子的、机械的或者其他监控设备专门收集收发方均位于美国境内的无线交流。如果在当时的情形，被监控人对隐私有合理的期盼，执法机关应当取得令状后方得进行。其四，安装或使用电子的、机械的或者其他监控设备来监控特定设备以便获得信息。如果在当时的情形，受到影响的人对隐私有合理的期盼，执法机关应当取得令状后方得进行。

3. 以数据类型圈定技术手段范围

我们建议，应当首先对技术侦查概念进行解释，之后再由侦查措施所针对的数据分类来确定网络监控的概念外延。在本书第一章我们已经尝试过解释技术侦查概念，即"技术侦查，是指对于特定严重犯罪案件，根据侦查犯罪的需要，由法定的国家机关或者部门，经严格批准手续，依照法定的职权和程序，采用特定的侦查手段，收集证据或者查获犯罪嫌疑人的侦查措施"。接下来，我们继续探讨数据分类的问题。

（三）划分网络监控的数据类型

1. 数据分类的意义与功能

在网络 2.0 时代，大数据、物联网、云计算、人工智能、机器深度学习、

---

〔1〕 50 USCA § 1801 United States Code Annotated Title 50 War and National Defense.

区块链、生物基因工程等各种新技术蓬勃发展，现实社会与网络社会二元并重的结构已经形成。当代社会的刑事侦查与数据结合得也越来越紧密，无论是传统的讯问、搜查，还是新兴的计算机远程网络勘验、人脸比对、手机轨迹定位，都离不开数据技术的支持。

但是，数据与数据之间与隐私的关联程度不同，故承载的权益也就不同，因此应当按照程序正义和比例原则的基本要求，对数据提供不同的程序保护：数据所承载的权益越重要，法律所给予的程序性保护措施就应越严密。[1]

很多西方国家开始尝试根据数据的不同敏感程度来对数据分类，以达到提供精准分级保护的目的。以英国《2016年侦查权法案》为例，该法案第261条将数据分为交流数据与内容数据。[2]其中，交流是指任何包括言语、音乐、声音、图像以及描述性数据的事物；可以用来帮助人与人之间、人与物之间交互事物的信号，帮助器械之间控制激活的信号。

交流数据被分为系统数据和内容两大类。系统数据是指系统（互联网、电信网络等）要发挥正常功能所需要的数据，如电话号码、住址等。从交流具体内涵中可以合理推断出事实（注意并非从"交流"这个单一事件），而"内容"则是指可以揭示这类事实的所有数据。

系统数据包括但不限于交流数据，而交流数据进一步可以被细分为实体数据（entity data，其中 entity 指人和机器）和事件数据（event data）。实体数据是指可以揭示以下三个类型的身份信息：实体本身、实体与电子通信网络的关联、电子通信网络内部各部分的关联。电话号码、IP 地址都可以归类为实体数据。事件数据是可以描述在特定的时点一个或数个实体之间共同参与某一事件。

举例来说，甲男与乙女在 2019 年 5 月 22 日凌晨 1 时通过手机聊天一小时，讨论欧洲十日游与日本十日游两个旅行团项目的优缺点。甲男、乙女两个人的电话号码、通话时间及时长、手机机主信息属于实体数据，两人曾经通话一小时属于事件数据，两人对旅行团项目的讨论属于内容，而交流则涵盖实体数据、事件数据以及内容。

---

〔1〕 参见谢登科：《电子数据网络远程勘验规则反思与重构》，载《中国刑事法杂志》2020 年第 1 期。

〔2〕 英国立法机关网站，载 https：//www. legislation. gov. uk/ukpga/2016/25/section/261，最后访问日期：2020 年 9 月 16 日。

　　欧洲人权法院不仅区分了数据类型，而且对同一类型的数据进行了进一步精分。在 S 和马普诉英国案（S. and Marper v. the United Kingdom）〔1〕，欧洲人权法院不仅认为以电子数据形式存储的细胞样本、指纹、DNA 受到《欧洲人权公约》第 8 条的保护，而且根据对隐私权干预程度的大小，对这些生物数据进一步分类，认为 DNA 数据可直接确定主体的性别、种族、健康状况等个人信息，对隐私权的干预程度更大，故对 DNA 数据的提取应当受到更为严格的限制。〔2〕

　　2. 数据分类的现存问题

　　在技术侦查的语境下，我国的网络监控立法存在两个明显的问题：一是《刑事诉讼法》只区分了案件类型，但是未对数据分类；二是最高人民法院、最高人民检察院、公安部《办理刑事案件收集提取和审查判断电子数据若干问题的规定》虽然对数据进行了分类，但是却没有对涉及基本权利的数据施以特别保护。

　　《刑事诉讼法》第 150 条仅就通信监听的适用罪名进行了分类，但是未就通信监听获取数据进行分类。例如，涉毒案件的犯罪嫌疑人的手机通话内容、公共监控内的影像，都属于数据，但是前者毫无争议地归属于隐私范畴，但是后者属于"并不敏感的非结构化的数据"，其"采集与运用很难让人从直观上感受到对个人隐私权的干预"。〔3〕如果对二者一视同仁，施以同等隐私权保护，那么无疑会极大地压缩侦查机关的空间，束缚住侦查机关的手脚。

　　2016 年，最高人民法院、最高人民检察院、公安部印发了《关于办理刑事案件收集提取和审查判断电子数据若干问题的规定》，该规定虽然对电子数据进行分类，但是并没有对涉及公民隐私权的手机短信等电子数据提供特别保护，侦查机关无需特别授权就可以收集此类数据。

　　《关于办理刑事案件收集提取和审查判断电子数据若干问题的规定》第 1 条第 1 款对电子数据作出如下定义："电子数据是案件发生过程中形成的，以数字化形式存储、处理、传输的，能够证明案件事实的数据。" 该规定认为电

---

〔1〕　S. and Marper v. the United Kingdom, No. 30562/04 and 30566/04, ECHR December 2008.

〔2〕　参见裴炜：《比例原则视域下电子侦查取证程序性规则构建》，载《环球法律评论》2017 年第 1 期。

〔3〕　张可：《大数据侦查措施程控体系建构：前提、核心与保障》，载《东方法学》2019 年第 6 期。

子数据包括但不限于以下四类信息：①网页、博客、微博客、朋友圈、贴吧、网盘等网络平台发布的信息；②手机短信、电子邮件、即时通信、通讯群组等网络应用服务的通信信息；③用户注册信息、身份认证信息、电子交易记录、通信记录、登录日志等信息；④文档、图片、音视频、数字证书、计算机程序等电子文件。

第一类电子数据的敏感性较低，虽然博客、朋友圈等网络平台具有特定人群可见功能，但是这并没改变这些网络平台开放性、社交性的本质，用户选择这些网络平台发布信息，意味着作出了向外界共享信息的自我选择。从"泄露该信息是否会导致重大伤害、给信息主体带来伤害的概率、社会大多数人对某类信息的敏感度"〔1〕三个维度进行考虑，这些信息敏感性较低，提取、收集这些证据并不会干预公民的基本权利，因此属于任意侦查措施。

除了手机通话，第二类信息几乎将现代人常用的网络通信应用服务全部收入毂中。人类社会先后经历农耕时代、工业革命时代和网络社会时代，人类通信也先后演化出纸质书信、电话电报、即时通信等方式，但是时代转换始终未曾改变人类对通信的两个基本要求：既要自由进行通信，又要防止通信内容被他人窥视。"通信自由是指公民有通过传输媒介来表达自己意愿的自由，即公民可自由决定通信的时间、地点、内容和方式，通信自由不受他人限制。通信秘密是指公民享有整个通信过程不被第三方知晓、刺探和侵扰的权利。"〔2〕需要指出的是，手机短信等信息毫无疑问地应当被纳入《宪法》规定的通信自由和通信秘密权利保护范围，任一侦查措施都无权对宪法位阶的权利进行干预。

"第三类信息涉及公民身份同一性认定、电子交易、通信及网络活动，属于公民隐私权保护范围，如系公务人员或社会组织，还可能涉及公务秘密和商业秘密；第四类信息，即各类电子文件，亦涉及公民隐私权及商业、公务秘密。"〔3〕

3. 数据分类的建议

鉴于《民法典》已经对隐私权、个人信息进行了规定，我们建议按照

---

〔1〕 胡文涛：《我国个人敏感信息界定之构想》，载《中国法学》2018 年第 5 期。
〔2〕 张新宝：《个人信息收集：告知同意原则适用的限制》，载《比较法研究》2019 年第 6 期。
〔3〕 龙宗智：《寻求有效取证与保证权利的平衡——评"两高一部"电子数据证据规定》，载《法学》2016 年第 11 期。

《民法典》确立的隐私权、个人信息的内涵外延、判断标准对数据进行分类。手机通话、即时通讯、电子邮件等内容数据，无需借助特定技术手段，即可直观地暴露个人私密空间、私密活动、私密信息，故应当归类为隐私数据。博客、朋友圈、手机轨迹等数据，社会大众对其敏感度较低，暴露后对个人生活安宁影响有限，故可以归类为个人信息数据。

# 第七章 卧底侦查

CHEPTER 7

从古至今，从国内到国外，卧底侦查一直存在，并为当权者使用，比如我国明朝的东、西厂，再如苏联的克格勃、美国 FBI、英国军情六处等。但由于其特殊性，卧底侦查一直游离于法律边缘，甚至不受法律规制，如何规范卧底侦查一直是一个亟待解决的难题。

自新中国成立以来，我国卧底侦查就被应用到侦查实践，尤其是一些隐秘性极强的犯罪，需要借助卧底侦查来完成，但立法一直未能予以确认。直到我国 2012 年修改《刑事诉讼法》，在第二章第八节对技术侦查措施单独作出规定，其第 151 条第 1 款对卧底侦查作出相应规定，即为了查明案情，在必要的时候，经公安机关负责人决定，可以由有关人员隐匿其身份实施侦查。这为卧底侦查提供了明确的法律依据。值得注意的是，上述规定的"隐匿性侦查"不单单指卧底侦查，还包括通信监听、诱惑侦查、控制下交付等其他技术侦查手段，可见，虽然法律上有依据，但并非仅针对卧底侦查。换言之，法律法规层面上关于卧底侦查的具体规范仍需进一步明确。

此外，卧底侦查的使用会带来某些价值观念上的冲突，尤其是在侵犯公民基本人权、违背社会道德等方面，使得对该侦查措施的争议不断。如果一味追求利用卧底侦查手段达到打击犯罪的目的，而给公民权益、伦理道德、司法诚信等造成巨大伤害，显然得不偿失，也不可取。所以，如何合理、合法运用卧底侦查手段有效打击犯罪，以及如何规制卧底侦查的负面作用和影响，是卧底侦查制度须着力解决的问题。

## 一、卧底侦查及其功能

### (一) 卧底侦查的概念

卧底侦查的概念在不同制度中有不同的定义，如美国《联邦调查局卧底侦查行动准则》（The Attorney General's Guidelines on Federal Bureau of Investigation Undercover Operations）将卧底侦查（Undercover Operations）定义为以假名或者虚假身份作为掩护的人员就案件所进行的各种侦破活动；英国《侦查权力规范法令》（Regulation of Investigation Powers Act）将卧底侦查称为"秘密人力情报来源"，隐匿身份的侦查人员，包括警察卧底、平民卧底或线人；德国的卧底侦查是指警察卧底通过伪装身份打入犯罪组织进行长期的侦查活动；[1]我国台湾地区将卧底侦查定义为具有警察身份的侦查人员，通过隐匿其真实身份，进入犯罪组织，收集犯罪情报和证据，从而破案的行为[2]。虽然卧底侦查在概念上有所不同，但基本要素大体相同，即手段是隐匿身份或伪装身份打入犯罪组织，目的是收集情报或证据以证明犯罪事实，从而预防或打击犯罪。

我们并未对卧底侦查概念作统一界定，法律法规等也未明确规定。但对卧底侦查概念的理解大体一致，即卧底侦查是通过隐匿身份，收集犯罪情报和证据，最终目的是打击或预防犯罪。与国外或部分地区的概念要素基本相同。值得注意的是，我们关于卧底侦查概念有广义和狭义之争，主要区别体现在侦查主体的范围：广义侦查观认为，具有公务身份的侦查人员或者接受卧底任务的非公务身份的人员均可从事卧底侦查；狭义侦查观认为，只有具有公务身份的侦查人员才能从事卧底侦查，非公务身份的人则不是真正意义上的卧底侦查，而是另一种技术侦查措施，如线人制度。

笔者认为卧底侦查概念应偏向狭义，才能清晰定义卧底侦查的内涵，并区别于其他技术侦查措施。

综上，卧底侦查即是指经法定程序批准，具有公务身份的侦查人员，通过隐匿或伪造身份打入犯罪组织内部，收集情报或证据，从而预防和打击犯罪的一种技术侦查措施。

（二）卧底侦查的特征

1. 主体的法定性

如上文所述，卧底侦查主体是具有公务身份的侦查人员。根据我国《刑

---

〔1〕［德］托马斯·魏根特：《德国现代侦查程序与人权保护》，刘莹译，载孙长永主编：《现代侦查取证程序》，中国检察出版社 2005 年版，第 342 页。

〔2〕参见林东茂：《卧底警探的法律问题》，载《刑事法杂志》2001 年第 4 期。

事诉讼法》的规定，能够行使侦查权的机关有公安机关、国家安全机关、检察机关、监狱、海关等，所以只有具有侦查权的机关公务人员才符合卧底侦查的主体要求。

实践中，卧底侦查行为作为潜伏在犯罪组织中的侦查措施，极具危险性，对卧底侦查人员的各方面素质和能力的要求都比较高，一旦身份暴露，相应的人身安全则会受到巨大威胁。对此，卧底侦查主体限定为具有侦查权的国家机关公务人员，不仅是出于对卧底侦查行为规范和控制的考虑，也是为了更好地保护卧底侦查人员的人身安全。所以，卧底侦查主体的法定性是该项技术侦查措施的重要特征，也显著区别于其他技术侦查措施。

2. 身份的隐匿性

卧底侦查之所以属于技术侦查措施，关键在于需要侦查人员利用相应手段或措施隐匿身份。这种隐匿一般包括伪造身份或者抹去身份，即"改头换面"。比如侦查人员伪造一个身份进入犯罪组织，让该犯罪组织人员相信侦查人员是他们中的一员，从而放松警惕，将犯罪行为或计划暴露给侦查人员；再如将真实身份抹去，这种情况不仅仅会欺骗被侦查对象，也可能会使"自己人"疑惑，并且这种隐匿方式常常适用于长期或极具危险的任务，需要全方位考虑卧底侦查人员的安全，如卧底恐怖犯罪组织，需要开除卧底侦查人员公职甚至国籍，便于其加入恐怖组织，从而才能达到"欺骗"的目的。

3. 目的的正当性

收集情报的主要功能即服务于实体公正的目标，[1]基于这种公正，卧底侦查的目的必须具有正当性。具体而言，一方面，从正当性和价值权衡的角度考量，卧底侦查才有存在的必要。[2]比如卧底侦查系对人权干预程度高的特殊侦查方式，行动期间相对人并不知情，行动的结果还可能对被侦查对象的自由、隐私、财产等权利产生侵害，同时卧底侦查系由侦查员以诈欺的手段进行，故一般适用于对抗特殊重大犯罪、保护重大法益，才具有正当性。另一方面，必须以预防和打击犯罪为目的。卧底侦查的最终目标就是打击犯罪，有针对性地围绕犯罪行为收集犯罪线索和证据，从而有效地指控犯罪行

---

〔1〕 参见孙艳：《价值冲突的权衡与选择——论卧底侦查》，载《犯罪研究》2005 年第 2 期。

〔2〕 廖斌、张中等：《技术侦查规范化研究》，法律出版社 2015 年版，第 119 页。

为，如果偏离这一目标，卧底侦查将失去意义。

4. 执行的程序性

卧底侦查的启动有相应的程序要求。根据《刑事诉讼法》第 150、152、153 条，以及《刑诉法解释》第 119 条和《公安机关办理刑事案件程序规定》第 265、267 条的规定，进行技术侦查必须由相关负责人决定，经过严格的审批，并且按照批准的措施种类、适用对象和期限执行。卧底侦查作为技术侦查措施的一种也应当符合上述程序要求，须由相关负责人决定并经相应的审批，所以我国卧底侦查的执行必须符合法律上的程序规定，不可随意启动。但需要指出的是，法律对于卧底侦查的程序规定较为原则，如并没有明确规定相应的审批流程，也没有规定违反程序的责任后果。

（三）卧底侦查的功能

1. 全面搜集犯罪证据

现代社会犯罪，已经从单打独斗模式转化成集团组织模式，比如毒品、走私、黑社会犯罪大多呈现组织严密的特征。比如从 2018 年全国扫黑除恶专项斗争开展以来至 2019 年 1 月底，根据相关部门公布的数据，全国各地公安机关共扫除黑社会性质组织 1290 个、恶势力犯罪集团 5593 个。[1]其中，2018 年 1 月~9 月，广东全省共打掉涉黑组织 64 个、恶势力犯罪集团 237 个；九类涉恶案件立案同比上升 22.6%，破案同比上升 32.5%。[2]通过这一连串数据可以说明黑恶犯罪已日趋组织化、协作化和严密化。

对此，传统侦查手段很难深入犯罪集团内部，无法全面掌握其犯罪证据。只有利用卧底侦查等特殊侦查手段，才能深入犯罪集团核心，有效、系统地收集犯罪证据。比如广东阳江林某某涉黑团伙案，即是采取卧底侦查方式破案。侦查机关派出卧底侦查人员打入黑社会组织内部，并且花一年时间才渐渐接近该组织首脑及核心成员，上演了阳江版"无间道"，卧底侦查人员在卧底期间不断搜集相关证据材料，将所获情报和证据一一上报。[3]再如 2016 年

---

〔1〕 刘子阳：《公安机关晒出扫黑除恶一年成绩单：打掉涉黑组织 1292 个刑事案件同比下降 7.7%》，载《法制日报》2019 年 1 月 29 日，第 8 版。

〔2〕 邓建新、邓君、陈丹曦：《广东警方破获大批涉黑恶案件》，载《法制日报》2018 年 9 月 21 日，第 8 版。

〔3〕 参见李国辉等：《公安部提前两年准备　派卧底打入黑帮内部》，载《金羊网–新快报》2007 年 12 月 4 日，第 3 版。

新型网络诈骗案，某犯罪团伙以收藏爱好者为诈骗对象，进行多人多次诈骗，公安机关接到报案后，先行开展秘密调查，锁定万合公司后，抽调警力成立专案组对该公司进行调查，并安排两名侦查人员通过应聘该公司职员进行卧底，经过三个多月的卧底侦查，探明了该公司"底牌"，掌握了相应的犯罪证据，一举将该犯罪团伙连根拔起。[1]可见，卧底侦查措施的优势在于可以深入犯罪组织核心，从而搜集相关证据，厘清犯罪网络，为有力指控犯罪打下良好基础。

2. 有效瓦解犯罪组织

全面收集犯罪证据是手段，瓦解犯罪组织才是目的。卧底侦查在诸多历史时期都是非常重要的侦查手段，原因之一就是可以有效瓦解敌对组织。比如前文全国扫黑除恶专项行动中查处的一批案件反映出，一些犯罪行为或手段愈加复杂化、隐秘化，同时这些犯罪组织内部分工明确，层级严密，实施犯罪时有明确的计划和方案，且具备很强的反侦查能力，善于处理赃物和销毁证据，导致侦查难度非常大。只有借助卧底侦查才能有效对抗此类犯罪。德国学者凯赛尔（Kaiser）研究发现，约有96%的毒品买卖案件是通过警方卧底侦查手段发现的。[2]

首先，传统侦查措施很难有效打击有组织犯罪。犯罪集团核心成员一般比较固定，充当组织的"大脑"，很少直接亲自犯案，而是利用犯罪集团其余人员充当"手足"实施犯罪，加上组织严密，很难侦破，即使侦破其中一两起犯罪也很难从根子上打击该犯罪组织。近年来，犯罪组织公司化趋势明显，甚至黑白勾结，善于通过合法手段等进行"毁尸灭迹"，销毁证据，导致传统侦查措施很难取得有用的证据。[3]所以很多时候传统侦查措施对于组织严密的犯罪集团显得"有心无力"。

其次，卧底侦查具有系统、全面取证优势。卧底侦查针对有组织犯罪具有明显优势。从掌握犯罪动态来说，卧底侦查可以事先预知，比如在犯罪实施之前，侦查机关就能够预先知道犯罪时间、地点和方式，从而提前布置抓

〔1〕 参见亚群：《卧底侦查合肥警方摧毁新型网络诈骗团伙》，载 http://inews.ifeng.com/48259574_1/news.shtml，最后访问日期：2021年11月2日。
〔2〕 参见林东茂：《危险犯与经济刑法》，五南图书出版公司1996年版，第241页。
〔3〕 参见庄乾龙：《论卧底侦查的存在依据》，载《三峡大学学报（人文社会科学版）》2011年第6期。

捕或制订取证方案，例如在毒品买卖犯罪中，双方行为人均对其行为违法性有明确的认知，且双方互相配合躲避侦查，通过借助卧底侦查措施可以有效掌握毒品买卖双方的交易地点和数量等，进而便于侦查机关提前布警，实现人赃并获。从打击犯罪力度来说，卧底侦查更具全局性，例如卧底侦查人员对犯罪集团的犯罪计划、犯罪方式和犯罪目的能够全面掌握，有助于侦查机关从源头上铲除该犯罪组织。

## 二、卧底侦查的实施

### （一）卧底侦查的程序启动

卧底侦查行动的启动是实施卧底侦查的前置程序。对此，各个国家的做法不一。《德国刑事诉讼法典》第 110 条第 a~e 款对卧底侦查行为启动的实质和程序要件均作出了规定，实质要件主要有三个方面：一是必须要有足够的证据表明有重大犯罪行为需要采取卧底侦查；二是重大犯罪行为只包括毒品犯罪，非法买卖武器犯罪，伪造变造货币、有价证券犯罪，危害国家安全犯罪，职业化犯罪，重大团伙或组织实施的重大犯罪；三是在采取其他普通侦查措施成效不显著或者没有成效的情况下才能采用卧底侦查。程序要件也有三个方面：一是卧底侦查措施的执行需要经过检察机关批准，如果情况紧急，不能及时提请检察机关批准，侦查机关可以先行执行卧底侦查措施，事后提请检察机关补批，如果检察机关 3 日内未予批准，侦查机关必须取消该侦查行为。二是卧底侦查人员严禁在执行卧底任务时进入私人住宅，如果必须进入私人住宅须经过法官批准，不能及时批准的可以先行执行，事后提请法官补批。法官在 3 日内未予批准的，侦查机关必须取消该侦查行为。三是检察机关或者法官批准卧底侦查人员的侦查行为时必须采用书面形式且附明确的期限，期限可以延长但须说明理由。有学者认为，我国也可以借鉴德国模式，采用令状主义原则，必须经过检察机关核准后才能实施，以此有效规制侦查部门内部核准行为，更好地体现相互配合、相互制约理念。[1]

而美国和英国对于卧底行动的启动有着不同的规定。比如美国，卧底侦查的启动无需明确的事实条件或证据条件表明侦查对象涉嫌犯罪，或者通过

---

〔1〕　参见周长军、何玫莉：《卧底侦查的法律问题探究》，载《云南大学学报（法学版）》2006年第 6 期。

卧底侦查的实施可能获取相应的犯罪证据，[1]因此，决定是否、何时、对谁启动卧底侦查行动完全由侦查部门自行决定，没有外部制约。[2]再如英国，卧底行动的启动主要集中在授权，《侦查权力规范法令》中的授权包含一般授权和特别授权，一般授权是指不存在特殊情况的案件，由侦查部门警长一级的官员书面审批即可，紧急情形可以口头先行授权，再事后补签书面文件；特别授权是指有特殊情况的案件，如侦查对象特殊、卧底手段特殊等，则需要侦查部门以外的司法部门审批。也有学者建议在云南等毒品犯罪非常严重的地区，可以采取美国或英国模式。

我国对卧底行动的启动也有相应的规定。根据《刑事诉讼法》第153条和《公安机关办理刑事案件程序规定》第265条的规定，我国采用了内令状原则，即卧底行动的启动不需要侦查机关以外的部门进行审批，而是由侦查机关负责人决定，卧底行动应当制作报告书，报设区的市一级以上侦查机关负责人批准，并制作决定书。具体而言，一般情况下侦查机关审批流程的第一级为侦查人员或侦查部门，由其提出侦查行动报告书，第二级为侦查部门领导，第三级为审核部门，第四级为侦查机关负责人，但这种流水作业式的审批机制，审批流程相对繁琐，而审批方式粗疏，相应地，审批效果也难以得到保证。[3]值得一提的是，关于令状的内容：一是禁止性事项。根据《刑事诉讼法》第153条第1款的规定，我国卧底行动有明确禁止性事项，即不得诱使他人犯罪或采用可能危害公共安全或者发生重大人身危险的方法。而德国、美国均明确将不得侵入他人住宅列为禁止性事项，美国还规定了卧底侦查人员不得使用任何非法侦查手段，如果必须施行非法手段应当获得授权，并遵循比例原则。二是期限。根据《公安机关办理刑事案件程序规定》第266条的规定，每次审批的时限为3个月，到期后由侦查部门报请延长期限。

（二）卧底行动的适时监控

相较而言，普通侦查手段相对公开，程序也较为透明，无论是侦查机关

---

〔1〕 参见程雷：《秘密侦查比较研究——以美、德、荷、英四国为样本的分析》，中国人民公安大学出版社2008年版，第154页。

〔2〕 Katherine Goldwasser, "After ABSCAM: An Examination of Congressional Proposal to Limit Targeting Discretion in Federal Undercover Investigation", *Emory Law Journal*, Vol. 36, No. 1., 1987, pp. 75–147.

〔3〕 参见马静华：《侦查权力的控制如何实现——以刑事拘留审批制度为例的分析》，载《政法论坛》2009年第5期。

内部，还是检察机关、律师等均可进行监督。而卧底侦查行动全程都严格保密，特别是在卧底行动实施的过程中，卧底侦查人员有很强的自主权以应对复杂的环境，所以很难监督和监控。比如江西某派出所副所长以特情人员为由捞人。2013 年 12 月~2017 年 8 月李某旺担任某县派出所副所长，分管治安等工作。2016 年 12 月 31 日晚上，李某旺参与抓获在巴邱镇的华欣宾馆吸食毒品的李某 1，后二人商定 6 万元"好处费"，李某旺遂向单位领导报告，谎称李某 1 系本次行动的特情人员，使其得以释放。[1]

德国为了对卧底行动进行监控，采取了备案审查制度。在卧底行动结束后，卧底侦查部门将侦查过程及相应材料移交检察机关，材料中须载明由哪个部门、哪个负责人批准该行动，且采取了何种行动方案。检察机关在审查该案件时结合备案材料就能清楚了解行动过程，对该行动中是否有非法行为进行初步判断，如果有非必要的非法行为，检察机关可以启动责任追究机制。再如美国采取令状报告制度，一般卧底行动期限为 6 个月，在 6 个月期满时需要延期的，提交报告说明理由，通过报告内容对卧底行动进行监控。[2]又如英国，其《侦查权力规范法令》奉行的是自我授权、自我监控的模式，即该卧底侦查行动由谁授权，则由谁监控、由谁负责。

我国对于卧底行动如何监控没有相应规定，《刑事诉讼法》第 153 条只是规定了卧底侦查人员的禁止性行为，《刑事特情工作细则》也只是提到了对于刑事特情要严格监督与考察，至于如何监督和考察也没有相应的措施。"江西某派出所副所长以特情人员为由捞人"这一案例表明，谁是卧底侦查人员、执行何种卧底任务、采取了何种侦查行为，侦查机关内部很难监控，而检察机关或律师等外部监控则更难有所作为。

### （三）卧底侦查人员的权益保护

通常卧底任务危险性高，卧底侦查人员的权益保障就尤为重要，一旦保障不到位，不仅卧底侦查人员可能会遭遇人身危险，卧底行动也将"付之东流"。

首先，卧底侦查人员身份保密。卧底身份保密是卧底侦查人员权益保护的重要内容，一旦卧底侦查人员的身份信息被泄露，将会置其于巨大危险之

---

〔1〕 参见（2018）赣 0823 刑初 80 号刑事判决书。

〔2〕 程雷：《美国〈联邦调查局乔装侦查行动准则〉评介与译文》，载陈光中、江伟主编：《诉讼法论丛》（第 11 卷），法律出版社 2006 年版，第 140~180 页。

中。比如，据香港《文汇报》报道，有港府机密资料被怀疑外泄，一些市民通过档案分享软件，可以搜寻到多份香港警方内部档案，其中涉及卧底探员的行动经过，给当事探员带来极大危险。[1]

因此各国和地区都非常重视卧底侦查人员身份的保密。比如英国《刑事程序和调查法令》规定，对于卧底侦查人员的身份和活动等信息不予公开。再如《德国刑事诉讼法典》第 96 条和第 110 条第 d 项规定，卧底侦查人员的真实身份只有侦查部门的人有权知晓，也包括批准卧底任务的法官或检察官，对于其他人员均保密，甚至还规定可以以国家或州的名义拒绝公开卧底侦查人员的真实身份。又如我国台湾地区"卧底侦查法草案"规定泄露或交付关于依本法实施之卧底侦查计划书之文书、图书、消息、卧底侦查员之相貌、身份或其他足以辨别其身份之资料者，处 1 年以上 7 年以下有期徒刑。[2] 我们也不例外，对卧底身份保密有明确规定，其中《刑事特情工作细则》强调刑事特情工作必须注意保密和刑事特情人员可以不出庭作证。

其次，卧底侦查人员档案规范管理。卧底侦查人员执行卧底任务时都一定程度"改头换面"，其真实身份除了少数参与或负责该行动的人知晓外，就只能依靠档案记载，因此卧底档案的管理十分重要，一旦卧底侦查人员档案丢失或被篡改，将直接关系到卧底侦查人员真实身份恢复等一系列权益的保障。在诸多的影视作品当中，或多或少反映了卧底侦查人员档案保管的重要性，比如电影《无间道》，梁朝伟饰演的卧底警察，其上司在一次卧底行动中遭人灭口，这意味着唯一知道其真实身份的人死亡，就只能依靠卧底侦查人员档案才能证明其警察身份。

实践中，我国卧底侦查人员的身份均是公务人员，其档案管理参照公务员档案管理的相关规定，即由卧底侦查部门的人事档案部门进行管理，如公安局的人事科或干部科。查阅和调取卧底侦查人员的档案须经过相关的审批流程，比如填写人事档案查阅审批材料，并经相关负责人审批，如果重大卧底任务，卧底侦查人员的档案管理更加严格，需要级别更高的负责人审批，从而确保卧底侦查人员的身份信息不被泄露。

最后，卧底侦查人员的物质保障到位。卧底侦查人员在卧底期间的物质

---

〔1〕 参见庄乾龙：《论卧底警察权益保障》，载《江西警察学院学报》2011 年第 4 期。
〔2〕 参见庄乾龙：《论卧底警察权益保障》，载《江西警察学院学报》2011 年第 4 期。

保障是最基础的权益保障。通常而言，卧底侦查人员的物质保障要好于一般侦查人员，比如美国对卧底侦查人员就给予了特殊的物质保障，有的卧底行动的标准之一就是大量的资金投入。再如大家熟知的 007 系列电影，邦德的所有装备均非常先进，也是需要大量的资金投入。我国也有专门的卧底行动经费和补贴。比如在冼某坤贪污受贿案中，有证人姚某 1 证言显示，广某和顺安中心的支出主要用于县公安局补充办公经费、购置设备、特情耳目支出、民警和职工节假日补贴等支出。[1]曾有学者对我国卧底侦查人员的物质保障进行过专门分析，其物质保障分为假期补偿、薪金补偿、抚恤补偿、职务补偿等。[2]除此之外，《刑事特情工作细则》规定，具有下列情形之一给予表扬或物质奖励：打入犯罪集团、犯罪团伙内部，破案有功的；获取犯罪证据，破案有功的；发现重要线索，抓获重要犯罪分子的；遇有犯罪分子行凶、逃跑或强制刑事特情共同犯罪等紧急情况，能机警灵活，处置得当，有效完成任务的；积极工作、遵守纪律、服从指挥，作出成绩的。[3]

（四）卧底任务的终结

卧底任务的终结一般意味着卧底行动的结束，需要对卧底期间收集的证据和情报进行移送，对卧底行动进行评估，并恢复卧底侦查人员身份。需要指出的是，卧底任务的终结并不意味着案件的侦破，有些案件出于各种各样的原因而最终无法侦破，但卧底任务不能无期限拖延，应当视情况及时终结。我国对卧底侦查规定期限及延长手续，目的之一就是防止卧底任务长期无法终结。

第一，犯罪情报或证据移送。卧底任务终结后应第一时间对相关情报或证据进行梳理并移送。《公安机关办理刑事案件程序规定》第 268 条第 2 款规定，采取技术侦查措施收集的材料作为证据使用的，采取技术侦查措施决定书应当附卷。第 269 条规定，采取技术侦查措施收集的材料，应当严格依照有关规定存放，只能用于对犯罪的侦查、起诉和审判，不得用于其他用途。采取技术侦查措施收集的与案件无关的材料，必须及时销毁，并制作销毁记录。换言之，侦查部门及侦查人员应当将卧底期间收集的证据材料梳理成卷，并且将决定书附在卷中，涉及不能公开的证据材料，还要进行相应的转化和

---

[1] 参见（2018）粤 07 刑初 90 号刑事判决书。

[2] 参见庄乾龙：《论卧底警察权益保障》，载《江西警察学院学报》2011 年第 4 期。

[3] 参见郑晓均主编：《侦查策略与措施》，法律出版社 2010 年版，第 214 页。

处理，与案件无关的及时销毁。

第二，界定卧底侦查人员是否存在违法行为。我国《刑事诉讼法》已经明确卧底侦查人员的禁止性行为，即不得诱使他人犯罪、不得危害公共安全、不得发生重大人身危险。对此，存在不同的观点：赞成方认为，只要卧底侦查人员违反上述禁止性规定，就应认定为违法行为；而反对方认为，只要卧底侦查人员的行为在侦查授意范围之内，即使违反上述禁止性规定，也不应认定为违法行为。值得注意的是，该争论只是理论上的探讨，实践中，卧底侦查人员是否存在违法行为很难进入诉讼中予以判断，通常由侦查部门自行处理。

第三，对卧底侦查人员心理进行疏导与评估。卧底任务结束后，一般侦查机关会对卧底侦查人员进行心理疏导和评估：一方面，长期卧底环境会给卧底侦查人员造成巨大的心理压力，容易引发心理疾病甚至抑郁；另一方面，对卧底侦查人员的心理评估是其能否重新胜任卧底工作或新职位的重要依据。经过评估，如果卧底侦查人员的心理已经无法胜任卧底工作，甚至无法在侦查部门工作，应当制定好退出方案，如从事侦查之外的工作或者调离侦查部门等。

第四，卧底侦查人员身份的恢复。我国台湾地区"卧底侦查法草案"对卧底警察身份的恢复作出了详细的规定，如卧底侦查员于卧底结束后3个月内，得向原服务机关申请恢复公务人员身份，由原服务机关依其申请，并提供该卧底侦查员受任卧底之证明，报请各权责机关审查其受任卧底期间却无不得恢复公务人员身份之情事后，恢复其公务人员身份。而我国如何恢复卧底侦查人员的身份和职位，并没有明文规定或未对外公布。

### 三、卧底侦查存在的问题

（一）卧底侦查的规定过于原则

从已公布的相关规定来看，我国卧底侦查的依据只有《刑事诉讼法》和《公安机关办理刑事案件程序规定》。比如《刑事诉讼法》第153条第1款规定，为了查明案情，在必要的时候，经公安机关负责人决定，可以由有关人员隐匿其身份实施侦查。再如《公安机关办理刑事案件程序规定》第265、266条进一步规定，需要采取技术侦查措施的，应当制作呈请采取技术侦查措施报告书，报设区的市一级以上公安机关负责人批准，制作采取技术侦查措施决定书。批准采取技术侦查措施的决定自签发之日起 3 个月以内有效。在有效期限内，对不需要继续采取技术侦查措施的，办案部门应当立即书面通知负责技术侦查的部门解除技术侦查措施；负责技术侦查的部门认为需要解除技术侦查措施的，报批准机关负责人批准，制作解除技术侦查措施决定书，并及时通知办案部门。

从上述规定的内容来看，一是并未就卧底侦查单独作出规定，而是将其纳入技术侦查措施类别予以规定；二是仅是为开展卧底侦查提供了法律层面的依据，即《刑事诉讼法》明确必要时可以开展隐匿身份的侦查措施，但没有更多关于实质内容的具体规定；三是其他规定多是集中于审批程序，并没有涉及操作层面。可见，目前我国关于卧底侦查的规定多是原则性的，缺乏可操作性。

值得一提的是，实践中卧底侦查的操作性规定更多是侦查机关的内部规定。如公安部《刑事特情工作细则》《缉毒特情管理办法（试行）》等对卧底侦查工作保密、严禁事项及卧底侦查工作的监督和考察等都作出了规定。但这些规定并未对外公布，也不具有外部效力。

（二）卧底侦查人员的主体资格单一

卧底只是一个称号，实际上他们有的是公安干警、国安干警，还有的是检察官、海关缉私警察等。根据《刑事诉讼法》的规定，检察机关、国家安全机关、监狱、海关等部门在其各自领域均享有侦查权，据此可以进行卧底侦查。比如在杨某等人受贿案中，重庆检方选派一位检察官扮农民工卧底几所职业培训学校，发现一些学校根本不具备办学条件，却能够轻易得到培训资格；一些学校杜撰农民工的名单去骗取补贴；一些学校为了骗取补贴，甚至找人替考等。通过进一步卧底，发现这些职业培训学校想要获得培训资格、获得补贴等，就要和区就业局、区劳动局搞好关系。最终，大渡口区劳动局原局长杨某等人因涉嫌受贿罪被判处 2 年有期徒刑，缓刑 3 年。[1]

无论卧底侦查人员是哪种身份，都有一个共同的特点——国家公职人员。如上文所述，卧底侦查人员仅是侦查机关的公务人员，相反，不具有公务身份的人不能担任卧底侦查任务。所以，我国卧底侦查人员主体身份非常单一，

---

〔1〕 参见唐中明：《重庆一检察官扮农民工卧底培训学校揪出腐败局长》，载《法治与经济（上旬刊）》2011 年第 1 期。

仅是具有侦查权的国家机关公职人员才能担任卧底。并且我国严禁私人侦探活动，1993 年公安部就发布了《关于禁止开设"私人侦探所"性质的民间机构的通知》，严禁任何单位和个人代理或开设各种形式的私人侦探所性质的民间机构，更不允许个人从事任何形式的侦探行动。从这方面而言，我国明确反对非公务人员从事侦探行为，也就更不可能允许非公务人员从事卧底侦查。

进一步而言，实践中对卧底侦查人员素质能力要求也比较高。不仅要求具备分析形势的能力、随机应变的能力、收集证据或情报的能力等，还可能要求具备某种特殊能力或天赋，比如缉毒神探冯景华，他有张爱笑的"大众脸"，性格开朗，邻家男孩，因"辨识度低"的特质，曾有过抓捕同一个毒贩两次都没有被对方认出来的情况；再如昆明市公安局缉毒支队一大队的副大队长傅肃州，他卧底多年保留下来的习惯则是"穿花纹衣服，戴金项链、金扳指"，因自己身材不高又长得一脸横肉，打扮和长相加起来，没有人相信他是警察，所以他卧底时扮演"社会人"，犯罪分子几乎不会怀疑。[1] 又如在"智取威虎山"的故事中，因为杨子荣懂座山雕等土匪的"行话"，才能卧底成功。

所以，卧底侦查人员主体单一，加之素质能力要求高，能够从事卧底侦查的人员范围十分有限，缺乏一定的灵活性。由此常常出现能从事卧底侦查的人员长期执行卧底任务，进而被犯罪环境侵蚀或被犯罪分子同化等现象，比如据《检察日报》报道，北京刑警宋名扬（化名）因长时间卧底侦查，未能把持住自己，身染毒瘾，最终因毒获刑。[2] 在国外同样会产生类似问题，比如美国北卡罗来纳州某名警察因参与一项名为"地狱天使"的卧底行动（该行动长达一年半）而染上了吸毒、酗酒等恶习，导致家庭破裂，最后辞掉了警察工作，并参与了数起银行抢劫案，终至判刑入狱。[3]

（三）卧底行动缺乏有效监控

实践中卧底行动一般都是秘密进行，很多时候卧底侦查人员还是"单兵作战"，比如电影《湄公河行动》里彭于晏饰演的中国卧底警察方新武就是只身卧底犯罪组织，电影《无间道》里梁朝伟饰演的香港警察陈永仁也是只身潜入黑社会。因此，如何监控卧底行动以及卧底侦查人员行为的确是一个难

〔1〕 参见毛亚楠：《卧底的日常守则》，载《方圆》2016 年第 23 期。

〔2〕 程胜清：《染上毒瘾的卧底需要的吗？》，载《检察日报》2012 年 8 月 29 日，第 2 版。

〔3〕 参见庄乾龙：《论卧底侦查程序法原则》，载《长安大学学报（社会科学版）》2012 年第 1 期。

题。也正是缺乏有效监控手段，大部分情况下只能由卧底侦查人员自行决定采取何种方式、何种行为进行侦查，甚至若卧底侦查人员已经变节，侦查机关都无法察觉，比如电影《新世界》，警方卧底李子成已经变节，并且开始谋杀警方官员，警方却一无所知。

目前，我国对于卧底行动的监控大多是程序上的，对具体卧底行动的监控措施仍非常匮乏，多数依赖于卧底行动团队的内部制约和监督，比如缉毒神探冯景华曾透露，每一次行动都要提前做好预案，设想各种可能发生的状况，这是一个团队的工作，看起来是我自己在前边，其实至少有十几个（甚至更多）同事都在我附近：有的指挥，有的跟踪，有的埋伏。[1]所以，一旦卧底侦查人员是"单兵作战"，有效监控就变得"难上加难"。

（四）欺骗手段造成负面影响

卧底侦查的隐匿性带有一定的欺骗因素，也可能因此引发一些风险，如卧底隐匿方式会引发道德谴责。一些影视作品中，卧底侦查人员在不知道其他卧底侦查人员身份的情况下，而错将其当作犯罪组织成员杀害，或者卧底侦查人员被灭口，其家属依然蒙在鼓里，此种情况很容易引起社会公众的谴责。再如卧底侦查人员通过欺骗手段获取证据的效力问题。《刑事诉讼法》第52条规定，严禁刑讯逼供和以威胁、引诱、欺骗以及其他非法方法收集证据，不得强迫任何人证实自己有罪。对此，有学者提出，按照正当程序要求，讯问被告人应当告知其沉默权、律师在场权以及不得强迫其供述，但卧底侦查人员所获取被告的录音、陈述传闻并未遵守上述讯问义务，所以非经被告人对录音、传闻陈述之同意、追认，不得适用。[2]同时，《刑事诉讼法》第154条、《刑诉法解释》第116条、《公安机关办理刑事案件程序规定》第268条又承认了技术侦查搜集的材料可以作为证据使用。所以，卧底侦查人员通过欺骗手段搜集证据的有效性，以及是否需要作出具体规定或区分情形，例如参照适用非法证据排除规则，区分言词证据和实物证据等，争议不断，在此不再赘述。

（五）个人合法权益易受到侵犯

美国某调查结果显示，政府才是个人隐私权的主要侵犯者，而其中又因

---

〔1〕　参见张羽等：《缉毒神探冯景华：看我七十二变》，载《方圆》2016年第34期。

〔2〕　参见蔡杰、刘磊：《论卧底警探程序法上之地位》，载《法学评论》2004年第3期。

刑事侦查而实施的侵犯行为占绝大多数。[1]其中，技术侦查是刑事侦查与个人隐私冲突最为激烈的领域，一方面"没有足够的权力和稳定的秩序，正义是不存在的"理念支撑了技术侦查行为；[2]另一方面"隐私权价值在于个人自由和尊严，体现了个人自主，不受他人操纵及支配"的理念排斥严重侵犯人们权利的侦查行为。[3]

作为重要技术侦查措施之一的卧底侦查也不例外，卧底侦查不乏侵犯个人隐私的案例。在影视作品中常能看到卧底悄悄潜入个人住宅获取证据材料的情节，笔者相信，实践中此种情况也不可避免。但是法律对于保护个人住宅有明确规定，如我国《宪法》第 39 条规定，"中华人民共和国公民的住宅不受侵犯。禁止非法搜查或者非法侵入公民的住宅。"并且《刑法》第 245 条第 1 款进一步规定，非法搜查他人身体、住宅，或者非法侵入他人住宅的，处 3 年以下有期徒刑或者拘役。但我国几乎没有卧底侦查人员因此受到处罚的案例。

不可否认，卧底侦查行为的正当性与个人合法权利边界很难界定。有学者认为，公共利益和社会秩序是个人权利的边界之一，个人需要容忍国家使用技术侦查过程中对其隐私权的侵犯，这是在维护社会秩序时必然付出的成本。[4]但具体到个案中，虽然个人权利可以基于公共利益或社会秩序作出让渡，但并非意味着卧底侦查人员可以选择侵犯个人合法权益的手段。例如卧底能否利用犯罪分子家属的人身安全以威胁其交出证据，或卧底能否通过盗用犯罪分子亲属的个人信息或侵入他人的住宅以达到接近犯罪分子或收集情报的目的，等等。

## 四、卧底侦查制度的优势与诱惑

从古至今，卧底侦查制度一直被沿用。甚至在学界，大多讨论的是如何规制卧底侦查制度的负面作用，很少讨论该制度是否应当被废除。比如有学

---

〔1〕 参见张新宝：《隐私权的法律保护》，群众出版社 1997 年版，第 3~59 页。

〔2〕 参见［美］哈罗德·K.贝克尔、唐娜·L.贝克尔：《世界警察概览》，刘植荣译，山西人民出版社 1991 年版，第 5 页。

〔3〕 参见王泽鉴：《人格权的具体化及其保护范围：隐私权篇》（上），载《比较法研究》2008 年第 6 期。

〔4〕 参见谢登科：《论技术侦查中的隐私权保护》，载《法学论坛》2016 年第 3 期。

者认为卧底侦查所采取的措施与活动方式，对于公民法益侵害的严重性，并不亚于强制处分之实施；更有甚者，卧底侦查中所可能实施的必要侦查行为，有可能超过剥夺自由之层次，而侵犯刑法保护法益所涵摄的范围，而此部分之权利侵害行为，须要借助法律保留予以制度化监督，自不待言。[1]

（一）卧底侦查的功利主义

卧底侦查功利主义是从"成本"与"收益"出发进行考量的。美国著名法学家阿克曼（Bruce A. Ackerman）曾言："功利主义思想提供了一个分析结构，使我们能够对由于采用一个法律规则而不是另一个法律规则的结果而产生的收益的规模和分配进行理性的评价。"[2]而卧底侦查制度正是打击犯罪低成本、高收益的理性评价的选择。比如，针对集团、组织犯罪等严重犯罪行为，利用普通侦查措施需要投入巨大的人力、物力，但往往收效甚微，而采用卧底侦查措施则投入相对小，但结果甚佳。有学者曾这样评价卧底侦查的功利性：在传统与现代之间，在经济投入的最小化向权力损害最小化的目标转化过程中，卧底侦查方法成为当代刑事司法系统有效运作的权宜之计。[3]

在具体个案中，首先卧底侦查的功利主义导向之一是侦破资源成本最小化。该导向很多时候以牺牲卧底侦查人员个人权益为代价。比如卧底侦查人员在潜伏和具体侦查过程中随时都有生命危险，[4]一旦卧底侦查人员暴露，可能会牺牲卧底个人而保全整体侦查任务得以继续。再如在影视剧里，大家能够看到卧底侦查人员在执行任务时所面临的极具危险的情况，并由此负伤甚至牺牲，如电影作品《无间道》中，梁朝伟饰演的卧底最终被杀害。实践中也不例外，如上文提到的北京刑警宋名扬（化名），为了破获一起毒品犯罪，亲自卧底打入毒窝，只要不吸毒就会被当作卧底杀害，身处"被枪顶着，必须吸一口才能活"的危险境地，宋名扬因此染上毒瘾，越陷越深，后来自己已经控制不住毒瘾，加上自己的警察身份，被同事以异样眼光看待，逐渐患上了抑郁症，并于 2006 年办理了病退，在 2010 年和 2011 年两次贩卖毒品，

---

〔1〕　参见王名扬、冯俊波：《论比例原则》，载《时代法学》2005 年第 4 期。

〔2〕　转引自张文显：《当代西方方法哲学》，吉林大学出版社 1987 年版，第 263 页。

〔3〕　参见陈真、邓剑光：《建构与价值——刑事司法的若干制度研究》，四川大学出版社 2004 年版，第 51 页。

〔4〕　参见尹军：《卧底侦查刍议》，载《辽宁警专学报》2004 年第 4 期。

最终被抓判刑。[1]

还有，值得进一步探讨的是卧底的变节问题。如果卧底的个人权益被牺牲很可能会导致其变节，成为犯罪分子。如韩国电影《新世界》，讲述的就是一个警方卧底变节成为黑帮老大的故事。黑帮集团会长之位争夺战中，警方卧底李子成暗下决心自己争夺会长，并秘密组织人手干掉黑帮张守基、李仲久等竞争者，最终成为会长，随后烧掉自己的警员档案，彻底洗黑，成为黑帮大佬。实践中卧底变节也能见诸各种报道，如贵州省六盘水市水城县公安局缉毒大队原大队长周鲲——一个曾经令毒贩闻风丧胆，被悬赏 100 万元买其人头，并获"全国优秀人民警察"等称号的缉毒英雄——在 2002 年 7 月~12 月初，曾先后三次参与运输、贩卖毒品，蜕变为一名罪犯。[2]这些案例也告诉我们，如现行法律和政策无法妥善保护卧底侦查人员的人身安全或个人权益，一旦卧底侦查人员变节，将对卧底任务具有反噬作用。事实上，西方一些国家和我国香港地区，对于卧底侦查人员人身安全的保护有一套成熟的制度安排，如卧底工作的物质保障、技术支持及发生意外之后的赔偿、安置等，这些都值得借鉴与吸收。

其次卧底侦查的功利主义的另一个导向是追求实体结果。程序往往需要设置不同的环节，保证卧底侦查在规范中运行，这无疑需要增加卧底侦查的"成本"，无形中浪费侦查资源。比如有学者指出，在犯罪侦查中，遵守各项程序，进行各种审批确实会导致"效率的丧失、案件的悬置、罪犯的逃逸"，致使所追求的实体正义无法实现；而对实体正义的追逐往往导致对程序正义的违反，程序极有可能被抛弃或绕开。[3]一方面，人们希望通过程序对卧底侦查行为进行规制，因为卧底侦查的隐秘性与公权性极易侵犯有关人员的合法权益，有必要设置相关程序予以控制；[4]另一方面，卧底侦查行为本身的隐秘性决定了其对程序规制的排斥，过多的程序也不利于卧底侦查的低"成本"和高"收益"。

---

〔1〕 程胜清：《染上毒瘾的卧底需要的吗?》，载《检察日报》2012 年 8 月 29 日，第 2 版。

〔2〕 参见毛亚楠：《卧底的日常守则》，载《方圆》2016 年第 34 期。

〔3〕 参见徐磊、袁泉：《程序正义考察之新视角——从刑法与刑事诉讼法的价值目标对比说起》，载《人民论坛》2013 年第 26 期。

〔4〕 参见庄乾龙：《论卧底侦查程序法原则》，载《长安大学学报（社会科学版）》2012 年第 1 期。

在我国《刑事诉讼法》未对卧底侦查作出相应规定之前，等同于允许卧底侦查忽略程序成本而追求实体结果，即仅以"破案率"和"效果"对卧底侦查进行评价。直到 2012 年修改的《刑事诉讼法》，其规定了卧底侦查的程序性要求，至此对卧底侦查的评价加入了程序价值的考量。相较而言，西方对卧底侦查制度的程序价值考量有更为详细的做法，比如《德国刑事诉讼法典》对于卧底侦查就采取了"事前审批为原则，事后追认为例外"的模式，[1]由检察机关对卧底侦查进行审批和监督，在执行任务时卧底侦查人员要进入不允许任意出入的住房时还需获得法官的同意。法国也同样对于卧底侦查进行了详细的程序性规制，要求卧底侦查的整个过程必须接受共和国检察官和预审法院的监督。[2]即便卧底侦查制度的程序性设置成了通用做法，但与普通侦查相比，该程序性设置仍是原则性的，并不能阻挡其以实体结果为主体的评价标准。

最后卧底侦查的功利主义导向会不断强化卧底侦查自治权。美国司法部前部长里维（Edward Hirsch Levi）曾指出："必须谨记的一点是，如果对侦查过程的每一步都制定严格的规定，这将牺牲执法的灵活性，而灵活性恰恰是侦查人员面对多样化的案件事实进行随机反应的必备条件。僵硬地制定法条将会在侦查程序的每一步引发诉讼，这些诉讼只会被聪明的个人用来挫败合法的执法行动，而根本达不到规制侦查活动的初衷。"[3]可见，卧底侦查需要高度自治权，而高度自治权的极端是放弃监控，任由卧底侦查人员根据案件情况自行决定采取的侦查方式和措施，由此带来的危险也同样显而易见，比如"乔装侦查员在秘密侦查的过程中，为了获取侦查对象的犯罪证据，经常使用犯罪引诱的手法"[4]。实际上，卧底侦查与其高度自治权相分离存在一定困难，因为卧底侦查的隐匿性和危险性，需要给予卧底侦查人员高度自治权以应对具体案件中的复杂情况，同时也很容易预见这种分离会在某种程度上导致卧底侦查制度丧失其优势。所以，如何避免该功利主义导向，使卧底侦查享有一定自治权，又能受到有效监控，确实是一个两难问题。

---

〔1〕　参考《德国刑事诉讼法典》第 110 条第 a 款。

〔2〕　参见邓立军：《外国秘密侦查制度》，法律出版社 2013 年版，第 230 页。

〔3〕　转引自蔡其颖：《中美刑事诉讼法律规模比较研究——从秘密侦查制度切入》，载《成都理工大学学报（社会科学版）》2015 年第 3 期。

〔4〕　参见程雷：《秘密侦查比较研究——以美、德、荷、英四国为样本的分析》，中国人民公安大学出版社 2008 年版，第 119 页。

（二）卧底侦查人员行为违法及责任豁免

在社会生活中，人们按照特定的规范、准则对侦查行为进行善恶判断和评论，并表明褒贬态度，从而得出侦查行为是否具有价值或者正负的结论。[1]一般而言，"执法者不能违法"是普遍的观念，如通常交警是不允许以强行拦截、追缉等方式对违法车辆进行执法。换言之，一项侦查行为必须具备一定的底线或原则，不能以违法方式达到侦查的目的，即行为的"善"与"恶"不可并存。但是，随着卧底侦查制度的不断发展和使用，促使现行法律规定和价值观念对其负面影响有了一定容许空间，只要"善"大于"恶"，人们情感上能够接受，法律责任也可一定程度上被豁免。

实践中，卧底侦查人员在卧底期间有违法行为似乎并非少见。不论是影视作品，还是真实案例，都能反映出卧底侦查人员在卧底过程中出现违法行为甚至犯罪行为。如电影《无间道》，梁朝伟饰演的警方卧底在跟随黑帮老大的过程中，自己吸毒、打架斗殴、杀人灭口等，这无疑都是卧底行动带来的巨大风险。又如电影《湄公河行动》，方新武在抓捕行动中，竟遇到了杀死女友的仇人，冲动之下，方新武将其打死，这种"非正义行为"难免让人们对卧底行为产生疑问。[2]在真实案例中，试毒是缉毒警在卧底过程中最常遇到的问题，如北京便衣刑警宋名扬因卧底毒窝而染上毒瘾，进而贩毒。[3]

对此，在法律制度设计上，逐渐对卧底侦查人员的违法或犯罪行为的责任进行区分并豁免。比如通常"以小恶治大恶"的行为能为人们和当权者所接受，由此出现了污点证人制度，以免除某些刑事责任为代价从而打击更大的犯罪。再如美国《联邦调查局卧底侦查行动准则》规定，根据相关负责人的特别授权，卧底可以实施轻罪的犯罪行为，并且美国司法部关于联邦调查局秘密侦查的相关规定中，经过相关负责人批准等专门程序，秘密间谍或情报人员可以实施重罪的犯罪行为。又如德国《刑事追诉上各邦法务部与内政部运用线民与卧底警察共同纲领》规定，卧底侦查人员不允许实施犯罪行为，即使紧急避险也不得作为阻却刑事责任的依据，但在实践中，检察官认为卧底侦查人员的违法或犯罪行为在某种意义上有利于预防犯罪或打击犯罪，会

---

〔1〕 参见宋远升、姜茂坤：《侦查行为伦理评价标准及其体系的构建》，载《安庆师范学院学报（社会科学版）》2007年第1期。

〔2〕 参见毛亚楠：《卧底的日常守则》，载《方圆》2016年第23期。

〔3〕 参见毛亚楠：《卧底的日常守则》，载《方圆》2016年第23期。

提出免受追责的侦查策略。[1]

目前我国法律对卧底侦查人员行为违法及责任豁免没有相关规定，但学界有诸多讨论，大致认为有两种情况可以对卧底侦查人员的违法或犯罪行为予以豁免：一是紧急避险，只要属于《刑法》上的紧急避险行为即可阻却卧底侦查人员相关行为的违法性；二是执行命令行为，卧底侦查人员只要执行侦查机关或上级的命令，即可在命令范围内责任豁免。笔者认为，还可以采用"事后追认"方式免除相应责任，通过侦查机关事后追认卧底侦查人员的违法行为，并提供相应的证据材料证明其行为与卧底任务有关，有合理性、必要性，且程序符合规定等，在一定范围内免除卧底侦查人员违法或犯罪行为之责任。实践中，也存在侦查机关认为卧底侦查人员的违法行为是合理的或必要的而免除其责任，比如前文的北京便衣刑警宋名扬吸食和持有毒品行为并没有被追究法律责任，只是被要求提前退休。

综上，卧底制度的功利主义与卧底侦查人员的责任豁免促使该制度的优势被放大，在使用上也被当权者所青睐。也正是这种优势和诱惑，迫使我们思考如何规制卧底侦查行为，从而用其"利"并避其"害"。

## 五、卧底侦查的法律规制

### （一）卧底侦查法律规制的路径选择

#### 1. 域外规制卧底侦查的路径与方法

世界各国在承认和使用卧底侦查的基础上，采取不同的措施加以规制，发挥其优势，遏制其缺点，以美国为例，其对卧底侦查行动除了实体与程序要件外，有两项规定非常值得参考：一是对卧底侦查行动的总体风险评估，主要涉及三个方面——对侦查对象以及无辜公民的生命、自由、财产等基本权利的威胁，政府可能承担的风险或不利后果，政府为达到侦查目的可能实施的非法行为。二是侦查行动的审批与授权，分为一类审批与授权和二类审批与授权。一类审批与授权是由联邦调查总局审批，主要涉及重大财务和敏感事项，如卧底侦查行动需要投入巨大的资金或涉及公民基本权利、国际关系、伦理道德等。二类审批与授权指的是除了一类事项，其余均属于二类事项，该类卧底行动由专职负责官员审批即可，但须采取书面形式，二类审批

---

〔1〕 转引自林东茂：《卧底警探的法律问题》，载《刑事法杂志》2001 年第 4 期。

与授权的期限一般为 6 个月，可以延期。

再看英国。英国对于卧底侦查的使用非常广泛，如英国军情六处、皇家海军、国土安全局、内政部等都可以使用卧底侦查措施。但与美国不同的是，英国对于卧底侦查行动的规定除了判例，还有成文法与内部准则予以规定，主要有《侦查权力规范法令》《刑事程序和调查法令》《警察法令》，像《刑事程序和调查法令》确立了必要性原则和比例原则，即在卧底侦查过程中必须遵循该两项原则，否则卧底行动将被取消，或者所取得的证据将不被采纳。

以德国为代表的大陆法系，虽与英美法系在卧底侦查的规制上存在诸多不同，但仔细梳理会发现，其核心理念基本一致：首先关于卧底侦查实体要件，德国模式规定了侦查的范围、禁止事项等，英国则没有具体的规定，而是要求必要性原则和比例原则，其实质要求是卧底侦查须根据具体案情采取相匹配的侦查措施。其次在程序要件中，德国和英美都强调通过事前令状审批原则、事中非法行为监控和事后外部监督来进行规制，但是两者严格程度不一，例如德国卧底侦查人员在执行卧底行动时根据相关规定不能实施犯罪，发现卧底侦查人员有犯罪行为时应当制止，而美国则相反，对于卧底侦查人员在卧底期间的犯罪行为可以视情形不认为是犯罪。

从两大法系关于卧底侦查规制的发展看，均在努力寻求规制和发挥卧底侦查权的平衡点。美国在 20 世纪 70 年代之前对于卧底侦查几乎没有制度上的规制，直到著名的钓鱼执法案（代号为"Arab-scam"的钓鱼执法行动）即 FBI 特工假扮阿拉伯富翁贿赂多名议员，调查腐败官员，并牵涉到华盛顿重要领导人物，美国开始对如何规制卧底侦查进行研究并于 1981 年颁布了《联邦调查局卧底侦查行动准则》，以明文规定的形式对卧底侦查等一系列技术侦查措施予以规制，但至 2001 年"9·11 事件"，为配合打击恐怖主义等犯罪，该规制又逐步放松。德国的卧底侦查规制与美国类似，1992 年《德国刑事诉讼法典》进行修改，详细规定了卧底侦查的条件、程序以及卧底侦查人员身份保密等，随后又颁布了《德国刑事追诉上各邦法务部与内政部运用线民与卧底警察共同纲领》，对卧底侦查过程中的一些重大问题予以填补，但随着美国"9·11 事件"的发生，全球开始打击恐怖主义，德国司法实践中上述规制出现了不同程度的"松绑"。

2. 域外经验对我国规制卧底侦查路径的启示

上述国外经验及制度值得我国借鉴与参考，尤其是程序上对卧底侦查制度的规制，德国和美国的制度体系都较为完善，也有相应的政策配套措施。但是，笔者认为，无论在实体或程序上，规制卧底侦查路径的核心并不在于事前，而是在事后以及诉讼阶段。卧底侦查最显著的优势在于卧底侦查人员隐匿身份进入犯罪组织从事侦查行为，既然隐匿就意味着在一定程度上难以实时监控，甚至会脱离监控。所以，如果事前在实体或程序上采取过多规制措施，可能对卧底侦查行为科以过度束缚，不利于其优势的发挥。

同时，基于体制差异、既有规定不同等多方面因素，我国应当重点考虑如何在事后以及诉讼阶段采取有效规制措施。张保生教授曾言，证据问题是诉讼的核心问题，全部诉讼活动实际上都是围绕证据的搜集和运用进行。由此，通过证据规制或引导卧底侦查行为或许是一条有效路径。根据《刑事诉讼法》第154条，《刑诉法解释》第116、117条和《公安机关办理刑事案件程序规定》第268条的规定，卧底侦查所收集的证据材料在刑事诉讼中可以作为证据使用，如果该证据使用可能危及有关人员的人身安全，或者可能产生其他严重后果的，应当采取不暴露有关人员身份、技术方法等保护措施。换言之，卧底侦查收集的证据材料在刑事诉讼中可以作为证据使用，并且特殊情况下这些证据材料可以转化后使用。从这个角度而言，如果规定哪些卧底侦查行为违法且所取得的证据材料不能用于指控犯罪，那么将有效杜绝这些违法行为。

实践中，我国也在尝试通过证据的采纳和采信对卧底侦查进行规制，但是存在不同做法，如部分地区检察机关对使用了卧底侦查的案件以"诱使犯罪"为理由予以退回，但是有些地区也会对使用了卧底侦查手段所收集的证据进行采纳。[1]理论上，哪些证据该采纳和采信，哪些则不能也存在争议。有学者认为，"无论使用的手段如何，只要采用的证据是客观存在的，那么当然就可以用来证明犯罪。"[2]换言之，"排除证据即排除正义"。也有学者认为，侦查机关使用卧底侦查手段所收集的证据在不能证明其合法性时，应当坚持以证据排除规则予以排除。[3]

所以，如何在证据上实现对卧底侦查的有效规制值得我们进一步思考。

---

〔1〕　参见李莉：《论刑事证据的证据能力对证明力的影响》，载《中外法学》1999年第4期。

〔2〕　乔宪志主编：《中国证据制度与司法运用》，法律出版社2002年版，第200页。

〔3〕　参见张晶：《论卧底警察取得证据的效力及相关配套制度的建构》，载《湖南公安高等专科学校学报》2008年第2期。

（二）证据规制及其具体措施

1. 证据规制的路径思考

首先，从证据的收集上规范卧底侦查行为。我国台湾地区的卧底侦查在立法上明确对证据进行规制，比如 2003 年台湾地区"法务部门"提交审议的"卧底侦查法草案"第 9 条规定，卧底侦查员于卧底期间收集之证据，其证据能力依"刑事诉讼法"之规定。该草案认定卧底侦查取得的材料可以成为证据，但是其证据能力依然需要根据"刑事诉讼法"来确定，从而"规范了卧底侦查员在卧底期间取得证据的手段，必须符合相关规定"。[1] 从该规定看，我国台湾地区采用的模式，一方面规定卧底侦查收集的证据适用"刑事诉讼法"及相关规定的证据规则，但另一方面没有考虑卧底侦查取证的特殊性而另行规定相应的证据规则。

相较而言，我们针对卧底侦查的证据规制措施乏善可陈，但可以在适用现有的证据排除规则基础上完善如适用非法证据排除规则、瑕疵证据规则。倘若卧底侦查人员收集证据过程中违反相关程序或规定，则酌情不予采纳，从而通过规范取证行为，达到规范侦查行为的目的。

其次，通过证据规制进一步完善卧底侦查的内部制度体系。无论《刑事特情工作细则》，还是《缉毒特情管理办法（试行）》等，对于卧底侦查的规制都是通过侦查机关内部规定实现的。这种既当"运动员"又当"裁判员"的做法，很难做到对卧底侦查行为进行规范化约束。实践中，很难看到侦查机关对卧底侦查人员的违法行为进行处分，更无从提及侦查机关主动指控卧底侦查人员的违法或犯罪行为。如果对证据问题进行判断，并且能够有效排除卧底侦查人员因非法行为收集的证据材料，进而对其中的违法线索进行核查，追究卧底侦查人员的相应责任，将会倒逼侦查机关进一步完善关于卧底侦查的内部制度体系。

最后，增强证据规制卧底侦查行为的可操作性。目前通过证据规制卧底侦查行为，只能适用现行的《刑事诉讼法》《刑诉法解释》《公安机关办理刑事案件程序规定》《关于办理死刑案件审查判断证据若干问题的规定》《关于办理刑事案件排除非法证据若干问题的规定》等关于证据的相关规定。在此基础上，可以进一步加大卧底侦查收集证据的举证、质证力度。如根据《公

---

〔1〕 参见刘南男：《台湾地区侦查制度研究》，中国人民公安大学出版社 2011 年版，第 259 页。

安机关办理刑事案件程序规定》第 273 条的规定，公安机关实施隐匿身份侦查和控制下交付收集的材料在刑事诉讼中可以作为证据使用，即可以通过举证、质证，对卧底侦查收集的证据材料的真实性、合法性、关联性及证明力的有无、大小予以说明和辩论。

2. 进一步明确卧底侦查所收集的证据种类及其效力

基于卧底侦查的特殊性，其所搜集的证据在证据能力或证明力方面存在一定的特殊性，例如卧底侦查收集的录音录像、犯罪嫌疑人陈述、证人证言等言词证据是在卧底侦查人员隐匿身份的情况下取得的，是否需要赋予其特殊的证据能力要根据具体情况予以考量。

（1）关于言词证据。根据我国《刑事诉讼法》和《公安机关办理刑事案件程序规定》等规定，卧底侦查人员可以不出庭作证，从而对相应言词证据的合法性、真实性等很难作出准确判断。比如，有学者认为，接受警方委托的警方密探或秘密力量与嫌疑人进行的谈话，不是刑事诉讼意义上的讯问，因此也不应该适用有关沉默权或咨询辩护律师权的告知义务，[1]也不存在相关非法讯问或刑讯逼供情形。由此承认卧底侦查人员取得的言词证据不适用非法证据排除规则，也不符合现行法律规定。相反，因为卧底侦查人员不能提供其他证据佐证其没有使用非法取证手段，而将证据予以排除，显然不利于指控犯罪。事实上，在卧底过程中，卧底侦查人员很难提供证据证明其没有使用非法手段。

对此，有学者尝试对卧底侦查人员搜集的言词证据进行区分并给出判断。依照卧底侦查人员所虚构成为的人物与被侦查人员的关系可以分成四大种类来对陈述性言词证据进行分析，包括同囚型、无间道型、秘密窃取型和特殊关系型。[2]同囚型是指卧底侦查人员与犯罪者"同为囚犯"，虽然在交谈过程中犯罪者陈述犯罪经过时基于侦查人员隐瞒了其身份这一前提，但"犯罪嫌疑人并未受到卧底警察的强迫、挟持，其作出供述也并非因受拘禁，而是基于牢友关系"[3]。无间道型是指卧底侦查人员以朋友的身份接近犯罪嫌疑

〔1〕 参见［德］托马斯·魏根特：《德国刑事诉讼程序的改革：趋势和冲突领域》，樊文译，载陈光中主编：《21 世纪域外刑事诉讼立法最新发展》，中国政法大学出版社 2004 年版，第 238 页。
〔2〕 参见廖斌、张中等：《技术侦查规范化研究》，法律出版社 2015 年版，第 135 页。
〔3〕 张晶：《论卧底警察取得证据的效力及相关配套制度的建构》，载《湖南公安高等专科学校学报》2008 年第 2 期。

人，甚至陪同其会见律师，参与到其各种活动中去，并以此提供证据。这里并没有涉及强制的问题，因此犯罪嫌疑人的自愿性得到了保障，即便是卧底侦查人员陪同犯罪嫌疑人会见律师并且将听到的内容作为证据，如果其没有参与到交流中去，一般也不认为侵犯了犯罪嫌疑人的律师协助权利。[1]秘密窃取型是指卧底侦查人员利用特殊设备监听被侦查人员的对话、交流，所取得的言词性证据，对此，"一个没有配备电子装置的卧底侦查人员的行为和披露不会侵害被告宪法上对隐私权的合法预期，那么从与被告人交谈的密探处传送得到的同一对话而由该密探或其他人进行同期纪录，也不会有这种侵害，被告与人交谈，也必然要承担这个人的可靠性的风险"[2]。特殊关系型是指卧底侦查人员与当事人通过某些特定身份搭建起特殊关系，例如侦查人员伪装成被侦查人员的"上线"或"下线"，伪装成犯罪组织的某位成员等，利用该身份来获取证据，卧底侦查人员利用社会特定关系取得言词证据存在很高的非法取得风险。所以针对上述几种类型，同囚型、秘密窃取型所取得的言词证据在没有卧底侦查人员非法取证的证据下，该类证据应当被采纳；而无间道型、特殊关系型则需要具体情形具体分析，充分发挥质证环节的作用，尤其是特殊关系型，如果侦查部门无法提供相关证据证明其取证合法，应当予以排除。

（2）关于实物证据。总体而言，各国和地区对卧底侦查所搜集的实物证据都作出了较为宽松的规定，即使"借口性侦查"下所取得的物证，也具有可采性。[3]我国的相关规定亦是如此，卧底侦查所取得的实物证据原则上可以采纳。同时对于卧底侦查所取得实物证据瑕疵的补正条件更加宽松，《刑事诉讼法》《关于办理刑事案件严格排除非法证据若干问题的规定》等规定，对于物证、书证的收集程序、方式存在瑕疵的，如果能作出补正或合理解释，予以采用。对于卧底侦查而言，实践中该补正和合理解释则给予更大的空间，比如只要没有证据显示该实物证据有伪造、变造等情况，就应当采纳。再如侦

---

〔1〕 参见美国联邦法院认为："如果卧底警察在审前的律师-客户会见中在场，但其并未参与交流其所听到的犯罪嫌疑人与律师的对话，那么不会出现违反第六修正案的情形。"参见［美］杰罗德·H. 以兹瑞·威恩·R. 拉法吾：《刑事程序法》（第5版），法律出版社1999年版，第167页。

〔2〕 ［美］乔恩·R. 华尔兹：《刑事证据大全》，何家弘等译，中国人民公安大学出版社2004年版，第208页。

〔3〕 "借口性侦查"指的是卧底侦查人员将线索情报提供给外线人员，由他们进行合乎程序的"合法"的搜查、扣押等行动，这种类似于转化的行为在程序上不无疑问，但是就其取得的证据而言，各个国家和地区基本倾向于认同。

查机关"情况说明"的解释一般也会被采纳。值得一提的是，有学者指出，在卧底侦查这种具有高风险的侦查中，侦查人员为了安全的考虑可能会经常性变更视听资料的载体，因此需要重点关注卧底侦查中所取得的视听资料类证据与原始证据的一致性问题。[1]

3. 卧底侦查中严格遵循非法证据排除规则

非法证据排除规则是证据规制卧底侦查行为的关键手段，比如在索勒斯诉美利坚合众国案（Sorrells vs. United States）中，法官最终认定被告人的犯罪行为来自侦查员的引诱行为，且被告人在事前并没有实施犯罪的倾向，因此该侦查取得的证据予以排除，从此之后，美国警察部门不再采取引诱的手段取证。可见，非法证据排除规则可以有效规制和引导侦查机关的侦查行为，尤其是取证行为。

目前我国对于卧底侦查行为所适用非法证据排除规则并无特殊规定，与其他侦查行为一致，都是适用现行《刑事诉讼法》《公安机关办理刑事案件程序规定》《关于办理刑事案件严格排除非法证据若干问题的规定》等关于非法证据排除的规定，特别是《关于办理刑事案件严格排除非法证据若干问题的规定》明确了各诉讼阶段对非法证据的审查方式和排除职责、标准等。

（1）遵循非法证据排除的一般规定及例外。《关于办理刑事案件严格排除非法证据若干问题的规定》第 1 条对非法取证作出了原则性规定，即严禁刑讯逼供和以威胁、引诱、欺骗以及其他非法方法收集证据，同时该规定明确要求上述非法手段不仅严禁对被告人使用，也严禁对被告人的亲属等使用。就卧底侦查而言，是否适用该规定以及如何适用则存在不同的看法。比如美国，只要经被告人同意，即不认为存在卧底侦查的非法取证，可以不依照非法证据排除规则予以排除。再如德国，交由法官裁量该非法取证手段能否被认同，取得的证据材料是否需要排除。史太芬·维兹（Stephen Wqze）曾言，"肮脏之手"是行为主体在身不由己的环境中为了实现更为必要的或更高的善而迫不得已采取的不道德的行为，[2]而卧底侦查很有可能为了侦破案件和打击犯罪而在卧底过程中采取一些非法取证的手段，[3]由此一律适用非法证据

---

〔1〕　参见廖斌、张中等：《技术侦查规范化研究》，法律出版社 2015 年版，第 137 页。

〔2〕　参见韩丹、陈化：《"肮脏之手"的争论与辩护》，载《道德与文明》2012 年第 3 期。

〔3〕　参见李明、左勇：《论秘密侦查的伦理底限》，载《山东警察学院学报》2013 年第 5 期。

排除规则予以排除的确值得商榷。笔者认为，卧底侦查所取得的证据，哪些应当适用非法证据排除规则予以排除可以交由法庭进行判断。

（2）遵循关于卧底侦查行为的禁止性规定。根据《刑事诉讼法》第153条第1款的规定，针对卧底侦查有具体的禁止性行为，即不得诱使他人犯罪、不得采用可能危害公共安全或者发生重大人身危险的方法。但是并没有规定采取上述方法所取得的证据的效力。如果从证据规制的角度而言，该证据材料应当排除，从而杜绝卧底侦查人员采用上述禁止性方法进行取证。但是，实践中，很少有因上述三种行为所取得的证据被排除的情形。对此，笔者认为法律已经作出明确规定，不能采取诱使他人犯罪、不得采用危害公共安全或发生重大人身危险的方法，如出现此种情况应该适用绝对排除，即所取得的证据一律排除，以此达到法律禁止上述行为的目的。

4. 进一步完善卧底侦查中非法证据排除规则

目前关于卧底侦查的非法证据排除缺乏有针对性的具体规定。如与其他普通侦查措施一并适用现行的非法证据排除规则，则会出现不应当被排除的证据而被排除的情况，比如非法证据排除规则规定以欺骗的方式获得的证据应当予以排除，而卧底侦查人员在卧底过程中都会隐匿其身份，这本身是一种欺骗，试想这种情形下获取的证据尤其是被侦查对象的言词证据均要被排除，显然不符合立法本意。可见，仅就卧底侦查而言，现行非法证据排除的相关规定并不能完全适用，需要进一步完善。

（1）发挥质证在卧底侦查所取得证据的采纳与排除中的实质性作用。借鉴德国的做法，对于卧底侦查中采用非法手段取得的证据的采纳与排除，要充分发挥法官的自由裁量权。同时要赋予被告人以质证权，如果被告同意，则不能认定为非法证据，如果被告不同意，侦查部门又无法提供合法的证据予以佐证，则可认定为非法证据并予以排除。

（2）特殊情况下卧底侦查人员出庭作证。世界各国关于卧底侦查人员不出庭的规定基本一致，甚至还给出了弥补卧底侦查人员不出庭的替代手段，比如德国规定"秘密侦查员和秘密侦查协助人进行证据收集可以采用宣读警察询问笔录或者宣读秘密侦查员或秘密侦查协助人的书面陈述等替代手段"[1]，但是，对于案件的关键证据是否属于非法证据予以排除，尤其是在

---

〔1〕 何家弘主编：《外国证据法》，法律出版社2003年版，第343页。

没有其他证据予以佐证的情况下，卧底侦查人员有出庭说明的义务。

（3）增加关于卧底侦查有针对性的非法证据排除规定。比如《刑事诉讼法》第 153 条第 1 款规定了卧底侦查的禁止性行为，应当进一步明确违反该禁止性行为所取得证据的效力，即属于绝对排除还是相对排除。再如在卧底过程中，卧底侦查人员采取威胁、引诱、欺骗等非法方法收集的证据应当予以排除，但也需要明确排除的例外情形，以免导致不应被排除的证据而被排除。

# 第八章 诱惑侦查

诱惑侦查在我国的侦查实践中得到愈加广泛的应用，其适用范围由最初的毒品犯罪案件延伸至其他传统犯罪案件，如今扩展至隐形化犯罪。与迅猛发展的实践现状相比，诱惑侦查的立法规制却明显滞后，以致侦查中出现启动随意、实施失控、风险评估不足以及制裁措施缺位等问题。诱惑侦查一方面具有社会防卫价值和经济效益价值，另一方面也存在诱发犯意、制造犯罪的风险。如何有效规制诱惑侦查，使其在可控的范围内实现其双重价值，是我国目前亟待解决的侦查难题。本章以诱惑侦查措施的实施进程为主线，从诱惑侦查的适用及程序控制、具体实施及其监督，以及非法诱惑侦查的事后制裁三个维度，探讨诱惑侦查措施规范化的问题。

## 一、诱惑侦查及其历史沿革

### （一）诱惑侦查的概念

对于诱惑侦查的概念，学者们众说纷纭，主要的分歧在于诱惑侦查的内涵是否包含违法的诱惑侦查行为。有学者受日本和我国台湾地区主流观点的影响，对诱惑侦查作广义的理解，将警察圈套、诱饵侦查等概念等同于诱惑侦查，认为不当的、违法的侦查行为也属于诱惑侦查的范畴。[1]在日本和我国台湾地区，学者将诱惑侦查分为"犯意诱发型"和"机会提供型"，其中"犯意诱发型"是一种违法的侦查行为。[2]在此意义上，诱惑侦查包含了违法的诱惑侦查行为。另有学者将诱惑侦查严格限定为合法的侦查行为，将"犯意诱发型"的非法诱惑侦查行为排除在定义之外，强调侦查对象已具备犯

---

〔1〕 参见杨志刚：《诱惑侦查研究》，中国法制出版社2008年版，第42页。
〔2〕 参见何雷：《域外诱惑侦查理论研究》，中国人民公安大学出版社2013年版，第11页。

罪意图和倾向，即"有证据证明犯罪嫌疑人有犯罪意图或犯罪倾向"。[1]

笔者认为，对诱惑侦查应取狭义理解，从诱惑侦查的词源分析，诱惑侦查应是合法的侦查行为。诱惑侦查作为专业术语使用，溯源于美国。据考察，与诱惑侦查相关的词源有二：一为侦查圈套（Police Entrapment），[2]二是刺激侦查（Police Encouragement），对于诱惑侦查与两者之间的关系，学者们存在纷争。

有学者将诱惑侦查与侦查圈套等同，认为诱惑侦查就是侦查陷阱，是"侦查机关设置圈套，引诱侦查对象实施犯罪，并将其及时（在犯罪现场或人赃并获）拘捕的一种侦查手段"。[3]也有学者指出，诱惑侦查实则是刺激侦查（Police Encouragement），当诱惑侦查超过了合理的限度，即构成侦查圈套，被追诉者可据此提出圈套抗辩。[4]另据学者考察，美国司法部1981年《关于秘密侦查的基准》（Attorney General's Guidelines FBI Undercover Operations）的 J 项中，将 entrapment 认定为"诱惑或鼓动他人实施违法行为的手段"，应尽可能避免。而相关文献显示，encouragement 是受肯定和承认的。因此，诱惑侦查的真正词源是刺激侦查。[5]一般认为，划分诱惑侦查与侦查圈套的基准有两种：一为客观标准，即以客观化的侦查行为作为判断的基点，评价执法人员的行为是否可能诱导一名本来守法的普通市民犯罪；二采主观标准，着重调查被告人是否存在犯罪倾向性。主观标准为美国联邦司法系统以及多数州法院所采纳。[6]因此，诱惑侦查与侦查圈套是两个不同的概念，两者并非包含与被包含的关系，而是并列对立的关系，诱惑侦查应限定为受肯定和承认的合法侦查行为。侦查圈套作为一种无罪辩护事由，司法部门对其持否定态度，允许被告人提出抗辩。

---

〔1〕　参见陈学权：《程序法视野中的诱惑侦查》，载《中国刑事法杂志》2004 年第 2 期。

〔2〕　See Daniel L. Potenberg, "The Police Detection Practice of Encouragement", *Virginia Law Review*, Vol. 49, No. 5, 1963, pp. 871-903. 转引自吴丹红、孙孝福：《论诱惑侦查》，载《法商研究》2001 年第 4 期。

〔3〕　马滔：《诱惑侦查之合法性分析》，载《中国刑事法杂志》2000 年第 5 期。

〔4〕　参见陈学权：《程序法视野中的诱惑侦查》，载《中国刑事法杂志》2004 年第 2 期。

〔5〕　参见吴丹红、孙孝福：《论诱惑侦查》，载《法商研究》2001 年第 4 期。

〔6〕　See Paul Marcus, "Presenting, Back from the (Almost) Dead, the Entrapment Defense", *University of Florida Law Review*, Vol. 47, No. 2, 1995, p. 205. 转引自杨志刚：《美国诱惑侦查法理的新近发展及启示》，载《社会科学研究》2005 年第 5 期。

尽管我国对诱惑侦查的定义未在立法规范的层面上作出明确的界定，但是从相关规定的嬗变过程来看，诱惑侦查的本质应是合法的侦查行为。一般认为，2008 年最高人民法院印发的《全国部分法院审理毒品犯罪案件工作座谈会纪要》是有关诱惑侦查的最早规范性文件。该文件对犯意引诱、数量引诱与双套引诱作出了否定性评价，对运用特情侦破毒品案件予以肯定，承认此类侦查手段是依法打击毒品犯罪的有效手段。2018 年新修订的《刑事诉讼法》保留了原 2012 年《刑事诉讼法》第 151 条的规定，允许符合法定条件和程序的隐匿身份侦查活动，同时直接对诱使他人犯罪的侦查行为作出禁止性规定。可见，"犯意引诱"侦查行为的法律后果，由实体上的量刑减让转变为法律禁止，体现了立法否定"犯意引诱"侦查行为的合法性。相反，诱惑侦查是符合法定条件和程序的有效侦查手段，两者存在本质区别。

（二）诱惑侦查的历史沿革

诱惑侦查源于法国大革命爆发前期，起初并非用于侦查犯罪，而是作为一项特务政策，用以维护统治，并镇压资产阶级的革命运动。[1]诱惑侦查运用到刑事侦查中，始于美国。1910 年，美国成立 FBI（联邦调查局），在第二次世界大战期间，联邦调查局利用诱惑侦查手段查找国外间谍的破坏活动，取得良好的效果。自此，诱惑侦查作为特殊的侦查手段，在刑事侦查中被逐渐扩大使用。[2]

随着诱惑侦查适用范围的不断扩张，其带来的弊端也日渐显露，人们对诱惑侦查的正当性予以反思。1932 年的索勒斯（Sorrells）案中，联邦最高法院首次提出了"警察圈套合法辩护"。其后谢尔曼（Sherman）、拉塞尔（Russell）、汉普顿（Hampton）三个案件，分别对"警察圈套合法辩护和诱惑侦查的正当性"予以确认。[3]圈套抗辩是一项实体抗辩事由，倘若执法人员为了追诉某人，使用欺骗、过度劝说的手段，引诱某人实施某项犯罪行为，被追诉者可以提出圈套抗辩作为合法辩护。

第二次世界大战后，日本面临着兴奋剂泛滥的困境，在美国占领军的建议下，日本采取诱惑侦查手段缉毒，随后将诱惑侦查扩大适用至其他犯罪案

---

〔1〕 参见马跃：《美、日有关诱惑侦查的法理及论争之概观》，载《法学》1998 年第 11 期。

〔2〕 参见何雷：《域外诱惑侦查理论研究》，中国人民公安大学出版社 2013 年版，第 7~8 页。

〔3〕 参见陈学权：《程序法视野中的诱惑侦查》，载《中国刑事法杂志》2004 年第 2 期。

件，如非法武器交易、卖淫以及盗窃邮件类犯罪。[1]从诱惑侦查的历史发展过程来看，美国、日本两国的诱惑侦查作为犯罪侦查手段起步较早，逐步形成成熟的理论学说，并架构完善的判例及立法体系。

在我国的侦查实践中，诱惑侦查最早出现在 20 世纪 80 年代后期。自 20 世纪 90 年代以来，出于打击毒品犯罪的考虑，我国将诱惑侦查手段大量使用于毒品犯罪案件的侦查中。其后，诱惑侦查的适用范围逐步扩大，从传统类型犯罪案件扩展至隐形化犯罪。[2]

## 二、诱惑侦查的价值分析

### （一）诱惑侦查的社会防卫价值

诱惑侦查能够有效打击新型犯罪，防止犯罪实害结果发生，因此具有良好的社会防卫价值。诱惑侦查能够缓解新型犯罪的取证困难，有助于追查、打击新型犯罪。当今社会新型犯罪激增，此类犯罪具有"高度隐蔽性、组织化、智能化"的特征，而且大多数属于无明显被害人的案件。新型犯罪给公安机关的侦查工作带来了挑战，常规的传统型侦查手段难以收集证据、证实犯罪。诱惑侦查的出现，缓解了侦查工作的困境。诱惑侦查具有诱导性的特征，能够诱敌深入，促使犯罪分子和犯罪活动暴露。诱惑侦查对犯罪行为的实施具有积极的影响，表现为正向的推进，促使"潜在的犯罪人暴露真实的犯罪意图，实施预料中的犯罪行为"。[3]

诱惑侦查对犯罪活动的发展过程具有一定的控制作用，能够防止犯罪实害结果的发生。传统的侦查手段是一种回溯性的侦查行为，在犯罪已经发生之后，根据被害人的控告、他人的检举、行为人自首发现犯罪。[4]而诱惑侦查具有主动性的特征，在犯罪即将发生时主动出击，防患于未然。在性质上，诱惑侦查是一种对将来可能会发生的犯罪行为所进行的侦查活动。[5]犯罪的发生过程，同时也是诱惑侦查的实施过程，犯罪行为与侦查行为是同步的状态。因此侦查机关能够掌握犯罪活动的发展，对犯罪结果作出预判并及时采

---

〔1〕　参见马跃：《美、日诱惑侦查法理之概观》，载《人民司法》2000 年第 7 期。

〔2〕　参见程雷：《诱惑侦查的程序控制》，载《法学研究》2015 年第 1 期。

〔3〕　参见杨志刚：《诱惑侦查研究》，中国法制出版社 2008 年版，第 8 页。

〔4〕　参见孙长永：《侦查程序与人权——比较法考察》，中国方正出版社 2000 年版，第 74 页。

〔5〕　黄朝义：《诱捕侦查之相关法律问题》，载《台湾本土法学杂志》2000 年第 13 期。

取行动，避免犯罪对公民的基本权利造成严重的侵害。

（二）诱惑侦查的经济效益价值

诱惑侦查的经济效益价值体现在以较低的成本获取高效的侦查效率。诱惑侦查能够消减犯罪分子的反侦查意识，促使犯罪暴露，降低侦查难度，缩减成本。诱惑侦查实施需要投入多项成本和资源，承担追诉职能的侦查机关需要耗费人力、物力、时间、资金开展调查、收集证据。犯罪分子的反侦查能力不断提高，作案手法日趋科技化、智能化，这些变化无疑增加了侦查工作的难度，也必然提高了侦查成本。犯罪越是隐蔽，侦查机关越是需要投入更多的成本挖掘线索、追查犯罪。诱惑侦查的合理使用，恰好能够有效地抑制反侦查，使得犯罪嫌疑人放松警惕，暴露犯罪，而此时侦查机关同步取证，达到"瓮中捉鳖"的效果。[1]

诱惑侦查相比传统侦查能够更有效地证实犯罪，具有较高的侦查效率。诱惑侦查的实施与犯罪行为的发生具有同步性，侦查机关可以及时收集、固定指控犯罪的关键性证据。常规的侦查手段具有滞后性，通常是犯罪发生一段时间后才进行取证，证据可能因时间流逝和犯罪分子的人为破坏而灭失。此外，与常规侦查的回溯推理不同，诱惑侦查是一种从"原因"到"结果"的正向证明，是对犯罪过程的"同步见证"，因此证明的难度较小，查证的准确性相对较高。[2]

## 三、我国诱惑侦查的现状及问题

（一）诱惑侦查程序启动随意

诱惑侦查的启动缺乏有效的监督和约束，基本是侦查机关和办案部门自我审批、自我授权、自主决定，这导致诱惑侦查的适用范围、适用对象粗放。由于诱惑侦查对于侦破案件、打击犯罪，尤其是隐蔽性犯罪具有得天独厚的优势，其在侦查工作中得到了广泛的运用。诱惑侦查的随意启动存在侵犯人权、折损司法价值目标的风险，不加制约地启动诱惑侦查措施，极有可能僭越合法性的底线，诱发本无犯罪意图的人实施犯罪。

"荆爱国运输毒品案"就是一起诱惑侦查随意启动、侦查人员做局构陷的

---

〔1〕 参见何雷：《域外诱惑侦查理论研究》，中国人民公安大学出版社 2013 年版，第 35~36 页。

〔2〕 参见杨志刚：《诱惑侦查研究》，中国法制出版社 2008 年版，第 36 页。

经典案例。2001 年 8 月 11 日，被告人荆爱国驾驶出租车，行驶至临洮县太石镇沙椤村路段时，公安人员将其车辆拦截并予以搜查，当场查获含海洛因成分的毒品 9 块，净重达 3669 克。检察机关根据《刑法》的相关规定，指控荆爱国的行为构成运输毒品罪。该案经由一审、二审以及重审后最终查明，这是一起人为制造的冤案。策划、实施这次计划的正是负责缉毒工作的办案人员以及部门领导。重审过程中，甘肃省定西地区中级人民法院认为，荆爱国所作的有罪供述真实性、合法性存疑，启动非法证据排除程序予以排除。从行为结果来看，被告人荆爱国的行为并不造成实害，未构成对国家毒品管理制度的实质性破坏，因此其行为并不具有社会危害性。[1]

此案公安机关的工作人员随意启动诱惑侦查，将诱惑侦查变相成追逐业绩、制造犯罪的工具，这是对司法道德和社会公正的严重践踏，对司法公信力造成了恶劣的影响。荆爱国本无犯意，没有任何线索材料和证据能够证明其具有实施贩毒行为的可能。工作人员张文卓等人在没有合理理由的情况下启动诱惑侦查，通过侦查人员及其代理人实施利诱、唆使，促使荆爱国萌生犯意并付诸实施，再将其抓捕，这是典型的诱使他人犯罪的行为。

（二）诱惑侦查实施失控

诱惑侦查的实施过程缺乏严密的控制，加之侦查人员对合法性标准把握不准确，容易在引诱的方式和引诱的强度上超越合理的限度，导致不当或者违法的引诱行为发生。为了保护侦查人员，以及防止犯罪分子知悉侦查手段和方法，诱惑侦查的实施一直处于高度保密的状态，外部的监督自然也难以介入。即使诱惑侦查行为已经结束，犯罪嫌疑人被拘捕以后，侦查机关可以对相关证据进行转换，如此一来，检察院和法院难以知悉诱惑侦查实施的具体情况，造成审查监督的盲点，导致检法错捕错判。[2]

诱惑侦查实施过程的失控主要表现在两个方面：一方面，在引诱的方式上，数量引诱、犯意引诱等违法诱惑侦查行为时有发生，法院对被告人的量刑留有余地，从轻处罚。在毒品犯罪案件中，数量引诱时有发生，"司秋菊运输、贩卖毒品案"就是一起典型案例。杭州市检察院针对此案的一审判决提

---

〔1〕　（2002）定中刑初 11 号刑事判决书。

〔2〕　参见何雷：《诱惑侦查规制路径研究——以我国最新修改的〈刑事诉讼法〉第 151 条第一款为研究基点》，载《苏州大学学报（哲学社会科学版）》2013 年第 2 期。

出了抗诉，认为一审量刑畸重，公安机关在侦查过程中存在"数量引诱"行为，被告人运输、贩卖毒品的数量受到引诱行为的影响。[1]"朱嘉韵、张喜斌等贩卖毒品案"中，法院审理认为，本案有侦查机关特情人员介入，张喜斌实施本次犯罪属于犯意引诱和数量引诱，在量刑时应予充分考虑。[2]

另一方面，在引诱的强度上，侦查人员为了达到业绩考核的要求，完成破案指标，持续性地采用高强度的引诱手段，超出一般守法公民所能抵御的程度。在"吴晴兰非法出售珍贵、濒危野生动物案"中，办案人员的引诱强度明显超过了必要的限度。被告人吴晴兰本无意图出售国家保护野生动物，侦查人员主动向其提出请求，欲购买濒危野生动物。起初被告人并未应允，侦查人员仍持续、多次地联系，表达购买的意愿和需求。最终被告人与上游卖家张某联系。此时侦查人员的引诱行为仍在持续并进一步加大强度。侦查人员得知需先交定金之后，不仅预交了定金，而且向被告人表示积极促成交易的要求。此时，侦查人员所表现的积极意愿和行为已超过了一般守法公民的心理抵御能力，对犯罪行为的最终实施发挥了推动作用。[3]在该案中，侦查人员引诱行为的强度已超过了合理的限度，是诱使被告人最终产生犯罪意图并实施犯罪行为的主要原因。

（三）诱惑侦查风险评估不足

诱惑侦查存在诱发犯意，制造犯罪的风险，其可能诱发的犯罪，不仅包括诱惑侦查针对的案件本身，还包括其他关联犯罪。在实施的过程中，诱惑侦查的指挥者和实施者，都需具备风险意识，根据情势发展，预估是否可能引发其他犯罪行为的发生。例如2001年的谢长亮案件，侦查机关在诱惑侦查过程中，因缺乏风险防范，未预估到可能发生的其他犯罪，最终酿成命案。

2001年11月24日，延庆县的侯某告知其在公安局当侦查员的好友吴某，池某要以两万元卖掉刚开了两三年的桑塔纳，他怀疑是黑车。警方决定让吴某化装成买车人假意购买赃车。卖车人张宝强等人看完存折，定于同月25日19时许在延庆县拦河闸桥头交易。其实，在和买主谈车价时，卖车人张宝强等人手里根本没有车。案犯张振利在供述中坦白了作案的动机。出于挣钱做

〔1〕 参见赵秉志主编：《中国疑难刑事名案法理研究》，北京大学出版社2008年版，第445页。
〔2〕 （2016）粤刑终624号刑事判决书。
〔3〕 （2006）南刑终字第128号刑事判决书。

生意的目的，哪怕是铤而走险抢劫车辆，他也一定要"弄到"一辆车完成这笔交易。这一想法最终变成了现实。临近交车还有一个小时，张振利等人开始付诸行动。他们分工配合，张振利负责指挥，张宝强、潘权卫负责准备作案工具。三人坐上了黑车司机谢长亮驾驶的轿车，待与曹海涛、张雅楠汇合后，便实施了抢劫，期间造成谢长亮窒息死亡。[1]

在决定实施诱惑侦查时，警方并未掌握确切的材料、证据能够表明卖车人张宝强有赃车在手。在此情况下，警方应当对张宝强等人的销赃行为作出以下两种情形的预判：一为已有赃车，二是未有赃车。对第一种情形进一步分析，可以推测赃车是购买所得，或是通过盗窃、抢劫、诈骗等手段非法获得。而对于未有赃车的情形，侦查人员应当推断出，销赃者为了获得赃车，很有可能实施盗窃、抢劫、诈骗等犯罪活动。[2]在第二种假设下，销赃行为的前提是恶性犯罪，警方应当对此作出风险防范，然而警方没有预见到诱惑行为可能导致侦查对象使用暴力作案的风险，也未对侦查对象采取跟踪和监控，从而导致桑塔纳车主谢长亮被杀害的严重后果。

（四）违法诱惑侦查制裁措施缺位

《刑事诉讼法》仅以但书对犯意诱发型的侦查行为作出禁止性规定，然而对于违法诱惑侦查所得证据的证据能力问题，以及行为人的责任追究问题均没有作出明确的规定，立法的空白给诱惑侦查的违法性留下了滋长的空间。自诱惑侦查实施以来，只有个别违法诱惑侦查案件被披露，引起学界、司法实务部门的强烈反响和关注，然而大部分违法诱惑侦查行为并未得到应有的制裁。构建针对违法诱惑侦查的制裁机制，涉及诱惑侦查合法性的证明问题，包括证明主体的确定、证明责任的分配、证明标准的设定以及可以用以证明的证据等问题。目前诱惑侦查合法性的证明框架仍不明晰，在实践中控辩双方难以就此展开法庭辩论活动，法官面对争议时也无所适从，难以定夺。

例如，在2003年10月，浙江省台州市中级人民法院对一起涉嫌伪造货币案进行审理，辩护人针对公安机关严重的引诱行为提出了无罪辩护，认为侦查人员的引诱行为已超过了合法、合理的程度，并非机会提供型的诱惑侦

---

〔1〕 参见《警方"钓鱼"引发抢劫杀人?》，载 http://news.sina.com.cn/c/2009-08-27/035016190769s.shtml，最后访问日期：2019年12月23日。

〔2〕 参见何雷：《诱惑侦查行为过限研究》，载《公安学刊（浙江警察学院学报）》2015年第4期。

查，而是构成犯意引诱，主张所取得的证据是非法证据，应认定为无效。法院并没有采纳辩护人的上述意见，当庭判决被告人伪造货币罪成立。[1]

## 四、诱惑侦查的适用及其程序控制

### （一）诱惑侦查的启动条件

相较于国外的相关立法，我国《刑事诉讼法》对于诱惑侦查的启动，赋予了侦查机关极大的自行决定权。美国司法部在 20 世纪 80 年代以立法的形式规制诱惑侦查的适用条件，大致包括以下内容：①嫌疑人主观上明知其即将实施的行为具有违法性；②对违法行为进行秘密检查必须具备合理的证据和理由；③嫌疑人所实施的违法行为不存在不适合实施诱惑行为的情节；④依据所获得的线索、情报，认为有合理的迹象表明，类似的犯罪活动正在、已经或者很可能即将进行；⑤诱惑侦查的实施必须是出于执法的目的。关于诱惑侦查的启动条件，《德国刑事诉讼法典》也有规定：其一，重大犯罪行为的存在，必须是基于"足够的事实依据"；其二，对于重大犯罪行为的侦查，其他的侦查方法效果甚微，"成效渺茫或者十分困难"。[2]

诱惑侦查对于侦查、追击犯罪效果显著，但是倘若不加以控制，则导致诱惑手段的滥用，侵犯、危害公民的合法权利，因此应当对"为了查明案情，在必要的时候"作出细化的实质性解释。

1. 诱惑侦查的对象具备犯罪意图

《刑事诉讼法》对诱惑侦查的启动条件仅规定为"为了查明案情"，笔者认为，"查明案情"应当从两个方面理解：一方面，诱惑侦查的启动要符合正当目的，即必须是基于查证犯罪的侦查目的才能实施诱惑侦查，防止诱惑侦查的滥用对无辜公民的基本权利造成侵害。例如，《荷兰刑事诉讼法典》规定："检察官命令侦查人员或公民从犯罪嫌疑人处提货或是给犯罪嫌疑人提供服务，必须是出于调查案情的需要。"[3]

另一方面，诱惑侦查不可随意启动，而必须是有"案"需查，即犯罪行为存在或有存在的可能。换言之，侦查人员根据已有的证据，基于合理的推

---

〔1〕 参见陈瑞华：《程序性制裁理论》，中国法制出版社 2005 年版，第 398~399 页。
〔2〕 参见戴中祥：《试论对诱惑侦查的法律限制》，载《人民检察》2002 年第 4 期。
〔3〕 参见杨志刚：《诱惑侦查研究》，中国法制出版社 2008 年版，第 192 页。

论，认为犯罪正在或即将发生。此处涉及启动诱惑侦查的标准问题。目前我国并无设置启动诱惑侦查的标准，此做法的后果就是极易造成诱惑侦查手段的滥用和扩张。在美国的司法实践中，出于对圈套抗辩的顾虑，侦查机关在启动诱惑侦查之前按照"合理怀疑"标准收集证据。[1]"合理怀疑"是指"有证据表明侦查对象在没有政府率先对其进行诱惑的情况下正在从事某种犯罪或者具有从事某种犯罪活动的可能"[2]，在该标准下，警方只需要达到25%的确定性认为当事人可能从事了或将要从事犯罪活动即可。[3]值得注意的是，此时的"合理怀疑"标准区别于刑事诉讼中事实认定的合理怀疑证明标准，无需达到证据确实、充分的程度，即无需达到95%的确定性。对启动诱惑侦查的证明标准设置过高，有违诉讼认识的规律。只有当侦查活动展开以后，随着证据数量的增加、证据链条的完整度的提高，侦查机关对案情的认识才能逐步深入，证明标准亦应逐步提高。如果在侦查阶段将证据标准设置过高，则使得诱惑侦查很难启动，不利于侦查案情、打击犯罪。

具体而言，"合理怀疑"需要同时考察犯罪嫌疑人的犯罪动机以及犯罪能力。换言之，在启动诱惑侦查之前，警方的证据需要对以下两个要素予以证明：其一，在没有侦查人员介入的情况下，犯罪嫌疑人已具备犯罪意图；其二，即使没有侦查行为的介入，犯罪嫌疑人也能够完成犯罪。值得注意的是，"合理怀疑"的指向对象不仅是犯罪嫌疑人，还包括特定的地点、场所，即特定空间内犯罪发生的可能性达到"合理怀疑"。[4]如果某地区连续发生了案件性质相似、作案手法相似的系列犯罪，即使并不清楚犯罪嫌疑人的身份，但据此预料案件在此地区还有继续发生的可能，考虑到潜在的社会危险性，警方可以针对该地区采取诱惑侦查措施。[5]

2. 诱惑侦查的启动符合最后适用原则

"必要的时候"是指诱惑侦查应当遵循最后适用原则，即穷尽其他侦查手段也无法或难以查清案情时才可适用。诱惑侦查具有欺骗性质，其手段方法

---

〔1〕　参见何雷：《域外诱惑侦查理论研究》，中国人民公安大学出版社 2013 年版，第 158 页。

〔2〕　J. Gregory Deis, "Economics, Causation, and the Entrapment Defense", *University of Illinois Law Review*, 2001, pp. 1207-1246.

〔3〕　参见马跃：《美国刑事司法制度》，中国政法大学出版社 2004 年版，第 205 页。

〔4〕　参见何雷：《域外诱惑侦查理论研究》，中国人民公安大学出版社 2013 年版，第 158 ~ 159 页。

〔5〕　参见杨志刚：《诱惑侦查研究》，中国法制出版社 2008 年版，第 197 页。

具有不当性和侵害性，在适用的时候需考虑所获效益与损害公正的权衡，不得因诱惑侦查而对司法权威和司法公信力造成重大的破坏。如果其他常规的侦查手段能够达到相同的目的，实现同样的侦查效果，则应当优先使用其他侦查手段。

在实际的侦查工作中，诱惑侦查的最后适用存在两种情况：一是已经采用了其他侦查手段，但达不到有效的侦查效果，最后采用诱惑侦查；二是实际上并未实施其他的侦查措施，但是根据以往的经验和总结的规律，从案件的性质、案情的复杂性和侦查工作的难度等方面综合判断，其他侦查措施无法达到侦查目的，因此直接采用诱惑侦查。在第一种情况下，由于可以直观地知悉其他侦查措施的实际效果，因此风险较低，具有可操作性；而后一种情况下，由于需要分析案情，熟知其他侦查措施并予以比较，因此对侦查人员的经验技能、知识储备等要求较高，且存在误判的可能。在实际的运用中，应当尽量采取第一种情况下的启动，严格控制诱惑侦查的启动。

值得注意的是，该条款的但书规定"不得诱使他人犯罪"，可见我国立法明确禁止"犯意引诱"的行为，因此在决定实施诱惑侦查手段之前，应当存在合理的理由认为，嫌疑人在被提供犯罪机会的情况下必将实施相关的犯罪行为。

（二）诱惑侦查的适用范围

1. 适用案件的范围

英美法系国家对诱惑侦查的控制主要采用事后司法审查的方式，尽管美国对采用引诱手段进行侦查的条件有所限制，但也仅在侦查机关的内部文件中作了原则性规定，对诱惑侦查的适用范围没有明确的规定。警方除了对重罪可以实施诱惑侦查外，还可以对街头卖淫嫖娼行为进行诱惑，也可以设置收购赃物的路边店铺以抓捕犯罪分子。[1]大陆法系国家如德国、日本，将诱惑侦查的使用限制在特定的案件范围内。《德国刑事诉讼法典》第 110 条第 A 至 E 项对派遣秘密侦查人员实施诱惑侦查的实质条件和程序要求作出规定，其中实质条件的第 2 款对适用范围作了严格而又具体的规定：只限于毒品、武器交易、伪造货币或有价证券、有关国家安全方面的犯罪，或者是职业性的、持续性的犯罪，或者是有组织地实施的重大犯罪。[2]日本则通过《取缔

---

〔1〕 参见李明：《秘密侦查法律问题研究》，中国政法大学出版社 2016 年版，第 209 页。

〔2〕 参见戴中祥：《试论对诱惑侦查的法律限制》，载《人民检察》2002 年第 4 期。

麻药以及精神药法》《鸦片法》《不法枪、炮、刀、剑类取缔法》等，规定了诱惑侦查在毒品犯罪、走私枪支等犯罪中的适用。[1]我国有学者以列举的方式，限定诱惑侦查所适用的案件范围，例如危害国家安全犯罪、走私犯罪、有组织犯罪、毒品犯罪等。[2]

笔者认为，是否严格限制诱惑侦查的适用范围，应当结合我国诱惑侦查的实施现状予以考察。目前我国诱惑侦查的使用呈现扩张化的趋势，应当限制其使用范围，符合以下特点的犯罪案件才可采用诱惑侦查手段：一是犯罪行为具有严重的社会危害性。诱惑侦查一旦被滥用或过限使用，将产生诱发犯罪、造成冤假错案的后果，因此，只有当犯罪行为具有严重的社会危害性时才可采用诱惑侦查手段。二是犯罪行为具有隐蔽性。由于隐蔽性犯罪难以追查线索，一般情况下通过其他侦查手段难以侦破案件，因此唯有派遣特情人员，以诱惑侦查手段追查犯罪。三是犯罪行为属于"交易型"犯罪。诱惑侦查通过特情人员提供犯罪机会的形式促使嫌疑人暴露犯罪行为，查获犯罪证据，因此所适用的犯罪类型具有双方交易的行为特征。值得注意的是，"交易型"犯罪应作广义理解，不仅指毒品、走私等一般意义上的犯罪类型，还包括"广义上的利益交换"，因此，贿赂、国家安全类等犯罪也属于"交易型"犯罪的范畴。[3]

2. 特定犯罪的适用问题

对于诱惑侦查的适用范围，有两个问题存在较大争议：

（1）诱惑侦查是否只能用于无被害人犯罪。对于有被害人的案件，使用诱惑侦查手段可能对诱饵造成现实的人身伤害和财产损失。笔者认为，有被害人的案件使用诱惑侦查手段，诚然会有给诱饵带来人身安全的危险，然而不能因此弃之不用，应当通过严格的控制措施降低危险性，使得风险和利益符合比例原则。笔者认为，在非必要的情况下，不能以被害人作为诱饵，防止对被害人造成二次伤害。在实践中，以被害人为诱饵展开诱惑侦查，最终导致被害人二次伤害的实例不在少数。如在一起强奸案中，被害人张某在熟睡过程中，两次遭受同一蒙面歹徒闯入对其欲行不轨，第一次由于惊醒孩

---

〔1〕　参见杨志刚：《诱惑侦查研究》，中国法制出版社 2008 年版，第 135～136 页。

〔2〕　参见陈光中主编：《中华人民共和国刑事证据法专家拟制稿（条文、释义与论证）》，中国法制出版社 2004 年版，第 412 页。

〔3〕　参见程雷：《诱惑侦查的程序控制》，载《法学研究》2015 年第 1 期。

子慌忙逃走，第二次强行与之发生性行为。随后张某到派出所报案，警方分析后认为歹徒还有第三次作案的可能，于是决定由被害人张某作为诱饵实施诱惑侦查。为了能够获取犯罪证据，警方要求张某在犯罪嫌疑人完成射精后才能发出暗号，警方随后进入抓捕，但歹徒趁黑逃走，抓捕失败。[1]此案警方为了侦破案件，罔顾被害人的安全，以被害人当诱饵，并且为了获取证据，对被害人的人身权利置之不顾，任由被害人遭受二次伤害，这是对基本人权的严重践踏。警方应当在被害人报案时及时提取 DNA 证据，其后由女警假扮被害人充当诱饵进行诱捕。一般情况下，诱饵除了是侦查部门的工作人员以外，还可能是普通的公民。与普通公民相比，警方经受专业的职业训练和技能锻炼，其充当诱饵所面临的风险程度较低。

（2）贿赂犯罪能否使用诱惑侦查手段。支持者认为，贿赂犯罪是典型的"一对一"犯罪，难以收集物证，因此侦查工作困难重重。诱惑侦查能够有效地克服取证难题，使得极其隐秘的犯罪行为及其过程得以暴露，便于收集、固定证据。反对观点认为，职务犯罪有别于社会人员的犯罪，对贿赂案件使用诱惑侦查手段，难免会使得较多自身意志不坚定者陷入犯罪，并可能使得国家工作人员陷入恐慌心理，因此不宜使用。[2]笔者认为，鉴于目前我国贿赂案件频发，腐败现象严峻的规定，《联合国反腐败公约》要求各缔约国增加使用各种特殊侦查手段以打击腐败犯罪，其中包括乔装侦查。这一要求实际上体现了法律面前人人平等的法律精神，国家工作人员与一般公民地位平等，在其涉嫌职务犯罪时，同样可作为诱惑侦查的实施对象。[3]

### （三）诱惑侦查的权力主体

#### 1. 公安机关兼具诱惑侦查的决定权和执行权

从我国现有的法律法规来看，诱惑侦查的权力主体是公安机关，公安机关对诱惑侦查拥有决定权和执行权。《刑事诉讼法》第 153 条规定，经公安机关负责人决定，可以由有关人员隐匿其身份实施侦查。《公安机关办理刑事案件程序规定》第 271 条第 1 款作出了更为细化的限定："为了查明案情，在必要的时候，经县级以上公安机关负责人决定，可以由侦查人员或者公安机关

---

〔1〕 参见程雷：《秘密侦查的中国问题研究》，中国检察出版社 2018 年版，第 205～206 页。
〔2〕 参见朱孝清：《论诱惑侦查及其法律规制》，载《人民检察》2004 年第 1 期。
〔3〕 参见程雷：《秘密侦查的中国问题研究》，中国检察出版社 2018 年版，第 197～198 页。

指定的其他人员隐匿身份实施侦查。"因此，法律法规将诱惑侦查的决定权赋予了县级以上的公安机关。公安机关作为诱惑侦查决定权的主体，有权决定是否启动诱惑侦查。

作出诱惑侦查的决定后，公安机关有权自行执行，领导、组织、协调、控制诱惑侦查的具体实施。除了侦查人员，"公安机关指定的其他人员"也参与诱惑侦查的实施。这类人员一般是指实施诱惑侦查时所使用的秘密力量，如特情、线人等。侦查机关所派遣的秘密力量，并不具备诱惑侦查的执行权，他们是在法定侦查机关的合法授权下参与诱惑侦查的执行。在诱惑侦查的委托关系中，受委托者并不具备侦查主体的地位，作为委托者和授权者的侦查机关，才是诱惑侦查的主体。[1]

2. 检察机关行使部分职务犯罪的诱惑侦查决定权

《刑事诉讼法》和《公安机关办理刑事案件程序规定》关于隐匿身份侦查的条文中，没有对检察机关是否拥有决定权和执行权的问题作出规定。但是在技术侦查的一般规定中，《刑事诉讼法》赋予了检察机关对于特定案件的技术侦查决定权。《刑事诉讼法》第150条第2款规定："人民检察院在立案后，对于利用职权实施的严重侵犯公民人身权利的重大犯罪案件，根据侦查犯罪的需要，经过严格的批准手续，可以采取技术侦查措施，按照规定交有关机关执行。"笔者认为，《刑事诉讼法》第150条第2款是关于技术侦查措施的一般规定，立法将隐匿身份侦查设置在"技术侦查措施"一节，按照体系解释的方法，隐匿身份侦查同样适用第151条第2款的规定，因此检察机关在部分职务犯罪范围内拥有诱惑侦查的决定权。

对于检察机关拥有诱惑侦查决定权的案件范围，现行《刑事诉讼法》相较于2012年《刑事诉讼法》作出了限缩的调整，删去了2012年《刑事诉讼法》中人民检察院对"重大的贪污、贿赂犯罪案件"可以采取技术侦查措施的规定。根据现行《刑事诉讼法》的释义，人民检察院可以采取技术侦查措施的案件范围是利用职权实施的严重侵犯公民人身权利的重大犯罪案件。这里规定的"利用职权实施的严重侵犯公民人身权利的重大犯罪案件"，是指《刑事诉讼法》第19条规定的人民检察院直接立案侦查的案件中"利用职权实施的重大犯罪案件"，即人民检察院在对诉讼活动实行法律监督过程中发现

---

〔1〕　参见梁晶蕊：《对我国诱惑侦查制度法治化的思考》，载《公安研究》2005年第1期。

的司法工作人员利用职权实施的非法拘禁、刑讯逼供、非法搜查等侵犯公民权利、损害司法公正的犯罪中"严重侵犯公民人身权利的重大犯罪"。

目前，我国检察机关只享有有限的诱惑侦查决定权，并不具备诱惑侦查的执行权，经批准的诱惑侦查，交由"有关机关"执行，即交由享有诱惑侦查执行权的机关执行，原则上指公安机关。按照《公安机关办理刑事案件程序规定》第265条的规定，检察机关交由公安机关执行诱惑侦查的，由设区的市一级以上公安机关按照规定办理相关手续后，交负责技术侦查的部门执行，并将执行情况通知人民检察院等部门。

3. 监察机关行使特定职务犯罪的诱惑侦查决定权

监察机关成立后，原本由检察机关侦查的"重大贪污、贿赂案件"，转由监察机关进行调查。有学者指出，监察机关的调查具有刑事调查的性质，这种刑事调查实质上是侦查权的一种特殊表现。"从这种刑事调查的形式和后果来看，它已经具备了侦查权的基本属性。"[1]按照2018年《监察法》的规定，监察机关对于重大贪污、贿赂等职务犯罪，可以经过批准采取技术调查措施，并交有关机关执行。[2]这里所指的技术调查措施，与刑事诉讼侦查中的技术侦查措施具有一致性，按照对《公安机关办理刑事案件程序规定》相关条款的理解，应当包括记录监控、行踪监控、通信监控、场所监控、诱惑调查和控制下交付等措施。因此，在重大贪污、贿赂等职务犯罪案件范围内，我国监察机关可行使诱惑侦查的决定权。与检察机关一样，我国监察机关并不具备诱惑侦查的执行权，对于经批准的诱惑侦查措施，交由公安机关统一执行。

（四）诱惑侦查的申请与审批

1. 我国诱惑侦查的申请与审批程序

在已有的法律法规中，未能找到诱惑侦查申请与审批程序的具体规定。《刑事诉讼法》仅对技术侦查这一大类的申请与审批程序作出了笼统的原则性规定。按照《刑事诉讼法》第150条的规定，公安机关对于管辖权范围内的案件，"经过严格的批准手续"，可以采取技术侦查措施。《公安机关办理刑事案件程序规定》第265条第1款对"严格的批准手续"作了进一步解释："需

---

〔1〕 参见陈瑞华：《论监察委员会的调查权》，载《中国人民大学学报》2018年第4期。

〔2〕 《监察法》第28条第1款规定："监察机关调查涉嫌重大贪污贿赂等职务犯罪，根据需要，经过严格的批准手续，可以采取技术调查措施，按照规定交有关机关执行。"

要采取技术侦查措施的，应当制作呈请采取技术侦查措施报告书，报设区的市一级以上公安机关负责人批准，制作采取技术侦查措施决定书。"因此，诱惑侦查的申请与审批程序可参照技术侦查的规定。值得注意的是，如上文所述，按照《公安机关办理刑事案件程序规定》第265条的规定，诱惑侦查的决定权主体是设区的市一级以上公安机关负责人，因此诱惑侦查的审批应当报请设区的市一级以上公安机关负责人。

在申请程序中，需要采取诱惑侦查措施的侦查部门应当制作呈请报告书。呈请报告书的内容应当包括三个部分的内容：一是关于案件事实以及相关证据的说明，二是申请采取诱惑侦查的理由，三是诱惑侦查具体实施的内容，例如侦查对象、需采取的侦查手段、申请期限等。申请书制作后，先经由侦查部门的主管领导进行初步审核，审核通过后再报请县级以上公安机关负责人最终审批。在审批程序中，公安机关负责人应当对呈请报告书的内容作实质性的审查，审查的重点集中在诱惑侦查的适用范围、适用对象是否符合法律规定，适用对象是否达到了"合理怀疑"的标准，适用的目的是否为了侦破案件、打击犯罪等。[1]公安机关负责人决定采取诱惑侦查的，应当制作决定书。目前我国诱惑侦查的申请与审批程序中并未设置复议的程序，应当赋予侦查部门复核的权力，侦查部门如果对决定不服或者持有异议的，可提出一次复议。

2. 我国诱惑侦查审批模式存在的弊端

诱惑侦查的审批模式包括行政审批和司法审查两种形式。德国对一般的诱惑侦查不需要进行司法审查，对于具有较高风险和可能侵犯人权的卧底侦查中的诱惑手段，需要予以司法审查。有些国家则采取行政审批的方式，例如英国、荷兰和澳大利亚等国家，其原因在于诱惑侦查与其他侦查措施相比具有特殊性和灵活性，行政审批的方式可以能动地适应诱惑侦查的特点。[2]

我国目前对诱惑侦查的审批表现出"行政令状"的性质，属于行政审批的模式。行政审批能够有效地提升侦查工作的效率、保护侦查秘密，但是我国的行政审批存在"批准与执行一体化"的问题，违背"分权制衡"的法治精神。[3]公安机关既是审批主体，也是实施主体，集决定权与执行权于一身。

---

〔1〕 参见廖斌、张中等：《技术侦查规范化研究》，法律出版社2015年版，第183页。

〔2〕 参见何雷：《域外诱惑侦查理论研究》，中国人民公安大学出版社2013年版，第176页。

〔3〕 参见邓立军：《突破与局限——新刑事诉讼法视野下的秘密侦查》，中国政法大学出版社2015年版，第98~99页。

对此，学者们提出了两种改革方案：

方案一，主张以检察机关作为诱惑侦查的审批主体。原因有二：一方面，由法官对诱惑侦查实施司法审查缺乏可行性。司法审查运行的基本条件是具备可供审查的确定对象，然而诱惑侦查行为缺乏固定性和可预见性。法官对诱惑侦查进行司法审查时，难以确定具体的审批对象。而且，判断具体的引诱手段是否超过合法界限，需具体情况具体分析，既要考量行为人在经受引诱之后的行为表现，又要结合执法人员所实施的引诱行为的引诱程度。而这两个因素，在诱惑侦查实施之前，审查者根本无从得知，自然无法予以有效的审查。[1]

另一方面，人民检察院是国家的法律监督机关，对国安、公安机关的技术侦查活动行使审批权是其法律监督职能的应有之义。人民检察院有权对侦查机关的侦查行为进行法律监督，理应成为批准诱惑侦查的专门机关。对此，"立法机关可以仿效批准逮捕程序的规定，赋予检察院批准诱惑侦查的职权，让检察机关在审查过程中对诱惑侦查的合理性与合法性进行监督。"[2]

方案二，应当由法院进行审批，实现由行政审查向司法审查的转变。该观点反对检察院成为诱惑侦查的审批主体，理由有三：其一，受制于现有制度设计的缺陷，短期内检察院的法律监督力度难以得到加强；其二，检察院并没有实施技术侦查措施的执行权，如此一来，在实际的运行中，可能造成公检相互牵制的局面；其三，如果由检察院统一审批，那么对于检察院自侦案件而言，仍然是自我审批，难以实现有效监督。从世界各法治国家和地区的立法来看，由司法权对技术侦查进行监督和控制，是世界各国刑事诉讼法普遍确立的一项制度。因此，一般原则下可由法院来行使技术侦查措施的审批权，在紧急情况下，可先由侦查机关实施，其后在法定期间内向法院提出追认的申请。只有通过法院的追认，技术侦查所取得的证据材料才能获得证据资格。[3]

---

〔1〕 参见程雷：《诱惑侦查的程序控制》，载《法学研究》2015 年第 1 期。

〔2〕 王红兵、周清水：《诱惑侦查的价值分析及法律规制》，载《中国刑事法杂志》2009 年第 12 期。

〔3〕 参见邓立军：《突破与局限——新刑事诉讼法视野下的秘密侦查》，中国政法大学出版社 2015 年版，第 103～105 页。

3. 诱惑侦查审批模式的改革建议

上述学者的观点虽然在具体的审批主体上存在分歧，但都主张从内部审批转向外部审批。笔者认同将检察机关作为审批的主体，对诱惑侦查审批主体的考量，不能与一般侦查措施或其他技术侦查措施同等考虑，应当考虑到诱惑侦查的多变性和灵活性，不宜采取司法审查的方式，而应当由检察院作为审批的主体。同时应考虑到外部审批虽然增加了监督、控制力度，然而在一定程度上消减了侦查工作的效率，因此，在审批的程序上，应当保留灵活性，可设置一般的审批程序和紧急审批程序。一般情况下，诱惑侦查活动展开之前，需要进行案情研究、评判，进而设计引诱计划，以上准备工作均需要一定的时间，这一过程给外部审批预留了时间。[1]因此承办案件的侦查人员可先依据案件的情况制作书面申请，并连同相关的证据材料一并移送人民检察院进行审查，申请书的内容应当包括具体案情，已掌握的线索、证据、实施的对象、实施的方法、手段及期限，此外还需具体阐明实施诱惑侦查的合理理由。在紧急情况下，外部审批可能延误诱惑侦查手段的实施，对侦查效率带来消极影响，因此可由上一级公安机关负责人先行决定，其后向检察机关补充书面申请，如若检察机关不予批准，则立刻终止诱惑侦查的实施。[2]

## 五、诱惑侦查取证及其监督

### （一）诱惑侦查取证的程序要求

诱惑侦查的实施具有较高的风险性，一旦诱惑行为过限，反而造成犯罪的产生。因此需要严格限制诱惑侦查行为，对实施过程给予控制。

1. 诱惑侦查的实施需符合合法性原则

诱惑侦查的实施合法性原则包括主体合法、程序合法、手段及内容合法。[3]主体合法可以从三个方面理解，即机关合法、人员合法、派遣合法。实施诱惑侦查的机关必须是以宪法、法律为依据成立的，而且具备诱惑侦查的执行权。人员合法是指侦查机关的人员必须具备实施诱惑侦查的资格，其实施诱惑侦查是遵循法律程序并合法批准的行为。在诱惑侦查中，侦查机关

---

〔1〕 参见程雷：《秘密侦查的中国问题研究》，中国检察出版社 2018 年版，第 232 页。

〔2〕 参见黄敏：《论诱惑侦查的程序控制》，载《犯罪研究》2003 年第 6 期。

〔3〕 参见何雷：《域外诱惑侦查理论研究》，中国人民公安大学出版社 2013 年版，第 173 页。

派遣秘密力量同样必须经过法律程序的合法批准，否则所派遣的特情、线人的主体身份不具备合法性。[1]

程序合法是指诱惑侦查的整个实施过程，包括申请审批、委托、执行等程序都必须遵循法律法规的要求。诱惑侦查的申请与审批程序上文已有论述，在此不再赘述。而诱惑侦查的委托合法包括三个要求：一是作出委托的国家侦查机关必须具有合法的委托权限；二是作出委托的国家侦查机关只能对自己有权实施的诱惑侦查行为予以委托，否则构成权力的滥用；三是接受委托的人员具备从事诱惑侦查活动的资格，亦即符合派遣合法的要求。诱惑侦查的执行是实施过程中最为复杂的过程，侦查机关一般都对此作出内部性的规定。例如诱惑侦查的执行情况应当予以记录，并及时备案，当执行方案需要作出调整时，应当遵照程序上报负责人，由主管领导作出策略决定，执行人员不得擅自行动。

诱惑侦查手段及内容的合法性是指引诱行为及引诱的程度要在法律限定的范围内，否则构成非法诱惑侦查。下文将对此作详细分析。

2. 诱惑侦查的实施需严格控制风险

诱惑侦查的实施过程存在多种变化因素，形势发展复杂多变，因此也造成较高的风险性。为了诱惑侦查的顺利实施，侦查机关需要从以下方面严格控制风险：其一，在实施之前，宏观把握诱导策略，评估风险。在制定实施方案时，侦查机关应当全面考量可能出现的致变因素，对具体操作中可能产生的情势变化以及侵权风险作出预测，并设置应对的预案，以备及时调整策略。其二，在实施过程中，一方面侦查人员应当严格按照制定的方案执行，不得随意变更。既定的方案是经过了长期的周密部署以及全面评估，具备一定的抗风险条件，因此，诱惑侦查的开展应当以所设计的方案为基准。当形势变更时，应当及时向上级报告，听从主管领导的指令作出调整。侦查人员擅自变更行动计划，则会打乱原先的部署，导致实施的进程变得未知且难以控制，增加了风险性。

诱惑侦查的多变性、风险性对侦查人员的应变能力、风险识别能力提出了较高的要求。无论是负责执行的一线侦查人员，还是负责统筹、组织、指挥的负责人员，都需要总结经验、善于观察、变换思路。诱惑侦查的实施过

---

〔1〕 参见梁晶蕊：《对我国诱惑侦查制度法治化的思考》，载《公安研究》2005 年第 1 期。

程同时也是侦查主体与侦查客体相互对抗的过程，期间充满了侦查人员与犯罪嫌疑人之间的角逐和较量。为了控制诱惑侦查的实施进程，最大化地降低风险，侦查人员必须在有效的时间、特定的空间内，根据人、事、物的变化，动态调整侦查策略方法，如此才能实现预期的侦查效果。[1]

3. 诱惑侦查的实施需被动引诱

在实施诱惑侦查的过程中，侦查人员以及侦查机关所派遣的特情、线人等参与执行的人员，应当使用被动的引诱手段。具体而言，引诱行为的被动性包括两层含义：首先，侦查人员以及秘密力量在实施诱惑侦查过程中，只能向特定的侦查对象提供一种有利可图的犯罪机会，而不能采取教唆、鼓动，甚至强迫的手段，使其进行预定的违法犯罪活动。侦查人员不得采取积极主动的行为方式，促使、推动相对人实施特定的犯罪行为，否则侦查人员的行为变相构成刑法意义上的教唆，应当受到法律的追究。[2]

其次，如果侦查对象"上钩"，开始着手准备犯罪工具，为实施犯罪创造条件，或者已经处于实施犯罪行为的过程中，此时侦查主体的行为在方式上应当是被动、消极的，在作用上应当是辅助性的，不能"带有创造性地怂恿或推进受侦查对象实施犯罪行为"。侦查主体只能充当"配角"，为实施犯罪提供一定的协助，而不能发挥主导作用，对犯罪活动进行组织、指挥、策划。在参与期间，要遵循"能不实施则不实施"的原则。如果不实施犯罪行为将面临暴露身份的风险，在迫不得已的情况下才实施犯罪，属于消极参与、被迫参与。[3]

针对不同的情形，诱惑侦查的被动引诱具有不同的表现。例如不得加强受诱者的犯意、不得深化犯罪程度、不得扩大损害的结果。面对具有中止犯罪意图的犯罪嫌疑人，侦查人员不应反向促使其完成犯罪，甚至达到既遂；如果犯罪嫌疑人意图实施的犯罪行为较为轻微，那么引诱行为不得深化其犯罪；在犯罪行为产生较小的损害结果时，侦查人员不应积极促使犯罪分子扩大损害程度。[4]

---

〔1〕　参见何雷：《域外诱惑侦查理论研究》，中国人民公安大学出版社 2013 年版，第 182 页。

〔2〕　参见李红：《关于诱惑侦查理论问题的思考》，载《江西社会科学》2003 年第 10 期。

〔3〕　参见王昌奎：《参与式侦查研究——我国"诱惑侦查"的困局与出路》，中国检察出版社 2015 年版，第 218 页。

〔4〕　参见梁晶蕊：《对我国诱惑侦查制度法治化的思考》，载《公安研究》2005 年第 1 期。

4. 诱惑侦查的实施需适度引诱

目前不少国家承认诱惑侦查的合法性，为了防止诱惑侦查的引诱行为过限，法治国家一般通过成文法以及司法判例，严格限制侦查手段的引诱程度。我国也应当严格规范诱惑侦查的引诱程度，这既是出于保障犯罪嫌疑人基本人权的目的，也是为了防止侦查人员滥用公权力制造犯罪，侵害公民的人身及财产安全。诱惑侦查的引诱程度，要符合以下三个原则：

（1）引诱的程度要符合比例原则。这里的比例原则，是指诱惑侦查的引诱程度与犯罪的严重程度呈正比例，这体现了法益相称的执法要求，"执法机关的执法行为所侵犯的公民利益，不得与该行为所欲保护的公共利益不相称"〔1〕。这种正比例关系表现为：对于性质严重的犯罪案件，其诱惑程度可以相对较高；而对于性质较为轻微、不严重的犯罪案件，其诱惑性应当降低。〔2〕如果案件性质属于相对轻微、不那么严重的犯罪，但是侦查人员使用了诱惑程度较高的手段，那么诱惑侦查所带来的侵权风险可能大于所要保护的法益，这种情况打破了两者之间的正比例关系。

（2）引诱的程度要符合个案原则。所谓的个案原则，顾名思义就是要根据案情的复杂情况、侦查对象的反侦查能力等个案因素，具体判断应当选择的引诱行为的强度。当犯罪嫌疑人较为隐蔽，难以查明时，侦查的范围相对较广，此时应采取轻微的引诱手段；当侦查对象已经明确，则可以根据行为人的具体情况，适当调整引诱的程度。〔3〕如果是犯罪嫌疑人反侦查能力和防范意识较强，警惕性较高，对外界的风吹草动都能敏锐察觉，不轻易相信他人，此时如果不提高引诱的程度可能难以推进侦查的进度，在这种情况下可以灵活地采用程度较高的设诱手段。

（3）引诱的程度要符合一般人原则。按照一般人原则，引诱行为的诱惑程度不应超过社会一般人所能承受的范围。侦查人员以有利可图设诱时，所提供的物质利益应当符合当时的市场价格，精神利益符合人性的一般需求。例如在假意购买毒品的设诱行为中，侦查人员提出的价格不宜明显高于市场

---

〔1〕 梁晶蕊：《对我国诱惑侦查制度法治化的思考》，载《公安研究》2005 年第 1 期。

〔2〕 参见许志：《关于诱惑侦查的法律思考》，载《法律科学（西北政法大学学报）》2006 年第 1 期。

〔3〕 参见王昌奎：《参与式侦查研究——我国"诱惑侦查"的困局与出路》，中国检察出版社2015 年版，第 217 页。

价格；又如侦查强奸案的潜在嫌疑人时，作为诱饵的女性不应过分性感。[1]

（二）诱惑侦查取证的法律监督

1. 诱惑侦查的监督主体

诱惑侦查的监督主体包括内部监督主体和外部监督主体。内部监督主体是侦查机关自身，然而侦查机关集诱惑侦查的决定权、执行权于一身，自审自监、自侦自监背离了分权与制衡的基本法理，难免存在客观性、中立性不足之嫌。因此外部监督主体的介入显得尤为重要。检察机关作为我国的法律监督机关，对侦查机关的侦查行为承担法律监督的职责，然而诱惑侦查的保密性和多变性，给检察机关的监督带来了困难：

一方面，诱惑侦查的高度保密性给检察监督的介入带来了困难。诱惑侦查的实施过程中，侦查人员和特情人员需要与嫌疑人直接接触或近距离互动，为了保护他们的安全，保证侦查活动的顺利展开，诱惑侦查的过程、方法、结果等具有高度保密性。

另一方面，诱惑侦查活动具有多变性，检察机关难以实现同步监督。在实践中，侦查行为随动态发展的侦查情势而变化调整。侦查情势是侦查行为、反侦查行为、自然环境、社会形势等诸多因素综合作用的结果。具体的侦查手段依赖于侦查情势，侦查方法的选择和使用建立在对侦查情势的正确分析之上。[2]如此决定了诱惑侦查具有多变性和灵活性，因此监督主体的选择需考虑监督主体是否能够同步知悉诱惑侦查行为的变化。

对此有学者提出建立"现场检察"制度，即由人民检察院指派合适的检察官，直接在辖区内技术侦查措施的执行现场进行检查监督，具体的检查内容包括诱惑侦查的办案过程、审批程序、手段管理、侦控数据及信息保存、重点工作场所以及装备器材管理等方面。"现场检察"能够全面知悉诱惑侦查的进程，深入了解侦查活动的细节，直观地核查诱惑手段、方式是否存在问题。[3]笔者认为，检察机关派驻的"现场检察人员"作为外部监督的主体，既契合了诱惑侦查的保密性和多变性的特征，同时对于加强诱惑侦查实施过程的同步监督能够发挥重要作用。

---

〔1〕 参见廖斌、张中等：《技术侦查规范化研究》，法律出版社2015年版，第184页。

〔2〕 参见杨宗辉、刘为军：《侦查方法论》，中国检察出版社2004年版，第60~63页。

〔3〕 参见邓立军：《突破与局限——新刑事诉讼法视野下的秘密侦查》，中国政法大学出版社2015年版，第106页。

2. 诱惑侦查的监督方式

对诱惑侦查的监督可以综合采取以下方式：

（1）查阅文件、报告、工作日志等书面材料，审查诱惑侦查的实施程序是否合法合规。例如通过翻阅工作日志，检查诱惑侦查的方法手段、适用对象和实施期限是否与审批的一致。

（2）对诱惑侦查的实施过程录音录像。采用录音录像实施同步记录，是对诱惑侦查实施过程进行监督的有效手段：一方面，录音录像能够保证记录的同步性和实时性，完整地展现实施过程，有助于侦查机关负责人及时了解情况，进行控制和调整；另一方面，录音录像能够为事后司法审查固定证据，法律制裁和证据排除的威慑力能够倒逼侦查人员谨慎、合理地使用诱惑手段。

（3）形成检查记录，对相关的证据材料予以备份。检察人员对"现场检察"工作进行书面记录，形成检查报告，记录发现的问题，并对诱惑侦查所取得的证据材料予以备份。通过上述监督方式，检察机关的监督部门能够及时发现诱惑侦查实施过程中存在的违法行为，对违法行为予以制止并采取补救措施，从而有效防范危害的扩大。[1]

## 六、非法诱惑侦查的事后制裁

（一）诱惑侦查合法性判断的三种标准

1. 主观标准

主观标准是美国最初用于判断诱惑侦查合法性的标准，即圈套抗辩的成立标准。圈套抗辩是以保护被告人权利为立足点提出的实体性抗辩，是为了规制诱惑侦查行为的限度，防止诱惑侦查手段被滥用。圈套抗辩是被告人提出的一种免罪辩护，理由在于被告人之所以实施犯罪是因为执法人员或其代理人的诱使。[2]如果圈套抗辩成立，则侦查行为构成了违法诱惑侦查，即警察圈套。圈套抗辩成立的标准划定了诱惑侦查行为的合法性界限。自美国联邦最高法院在索勒斯案（Sorrells v. United States）中首次作出承认圈套抗辩的判决之后，多数法官采用主观标准作为判断圈套抗辩是否成立的准则。其后

---

〔1〕 参见李东：《论新刑事诉讼法的技术侦查监督》，载《湖北警官学院学报》2013年第12期。

〔2〕 参见李富友：《论大陆刑法中的陷害教唆与英美刑法中的警察圈套》，载《法学论坛》1996年第3期。

经谢尔曼案（Sherman v. United States）后，美国联邦最高法院确立了以"索勒斯–谢尔曼准则"为代表的主观标准，其关键在于被告人是否具有犯罪的意图或倾向。[1]

关于"索勒斯案"：

在 1932 年《美国禁酒法》时期，一名警察乔装成游客找到索勒斯，他知道索勒斯能够得到威士忌酒，便以战友之情为由请求其提供威士忌酒，索勒斯起初婉拒了请求。其后，这名警察多次接触索勒斯，对其进行劝诱。索勒斯最后碍于战友情谊，向其提供了威士忌酒，随即被捕。[2]他被指控持有以及出售威士忌酒，违反《美国禁酒法》。索勒斯在审判时提出了圈套抗辩。法院拒绝他的辩护理由，驳回要求作出有利于被告人的裁决的动议，拒绝向陪审团提交诱捕的问题。法院裁定，在法律上讲警方没有诱捕行为。上诉巡回法院确认了该判决。案件上诉至美国联邦最高法院，大法官支持被告人提出的抗辩，作出撤销原判、发回重审的裁决。"抗辩是有效的，不是因为被告虽然有罪但可以获得自由，而是因为不能允许政府声称被告人犯了一项罪行，而政府官员正是该罪刑的煽动者。"[3]

关于"谢尔曼案"：

正在接受戒毒治疗的谢尔曼应联邦调查局线人的多次要求向其提供毒品，随后被逮捕。谢尔曼起初并没有答应，在线人多次的请求下，谢尔曼最终为其提供了毒品。地方法院对谢尔曼予以定罪。美国联邦最高法院在审理此案时，引用索勒斯案的判例，认为判断圈套抗辩是否成立，应当区分陷入圈套的清白者与犯罪者。[4]美国联邦最高法院最终以主观标准认定被告人的抗辩成立，撤销原判决。

根据主观标准，圈套抗辩成立需经历两个阶段的证明：第一阶段需判断

---

〔1〕　参见艾明：《反思与重构：论我国诱惑侦查制度的法治化》，载《湖南公安高等专科学校学报》2003 年第 1 期。

〔2〕　参见何雷：《域外诱惑侦查理论研究》，中国人民公安大学出版社 2013 年版，第 71 页。

〔3〕　Sorrells v. United States, 287 U. S. 435 (1932).

〔4〕　Sherman v. United States, 356U. S. 369 (1958).

政府是否实施引诱行为，因此被告人承担证明责任，提供真实的证据，证明政府存在引诱行为。如果被告人能够证明政府实施了引诱行为，则进入第二阶段，此时证明责任转移至控方，控方需证明被告人存在犯罪倾向。[1]如果政府没有实施任何引诱被告人犯罪的行为，则被告人提出圈套抗辩不成立。因此，可归结得出主观标准的两大核心要素：一是政府方的引诱行为，二是被告人的犯罪倾向。

美国的司法实践对引诱行为取广义的理解。从定义上看，引诱行为是指执法人员向没有犯罪倾向的公民实施的，使得对方进行犯罪的各种活动，其内涵超越了一般理解的"勾引""诱惑"等义，还包括"强迫""利诱""利用感情"等更宽泛的含义。[2]因此，引诱行为在形式方面，具有多种行为方式，诸如劝说、欺骗、威胁、强迫、骚扰、许诺等。在证明与认定上，引诱行为因具有客观性和外在的表现形式，在周围的环境中留下了信息，因此事后有迹可循，较为容易举证和判断。

犯罪倾向是主观标准最为核心的要素。相较于客观化的引诱行为而言，犯罪倾向是主观的心理状态，在实践中难以把握。如何具体认定犯罪嫌疑人的犯罪倾向，各个法院的做法不尽一致。其中第十巡回法院在迪恩案（United States v. Dion）中列出了判断犯罪倾向的十项要素：①被告人对于诱惑行为是否积极地准备并作出回应；②被告人实施犯罪行为时的客观环境；③在执法人员向被告人提出实施犯罪的建议之前，被告人的主观心理状态；④被告人先前是否曾经实施与被指控犯罪相似的行为；⑤被告人对被指控的犯罪是否事先具有计划和准备；⑥被告人的品格；⑦被告人与执法人员在协商犯罪过程中的行为表现；⑧被告人是否在其他场合对类似行为表示拒绝；⑨被指控的犯罪性质；⑩执法人员引诱行为的强迫程度。[3]

受美国主观标准的影响，日本司法实践区分"犯意诱发型"和"机会提供型"的诱惑侦查，前者构成违法诱惑侦查，后者则是合法的诱惑侦查行为。[4]"犯意诱发型"以及"机会提供型"与美国判断诱惑侦查合法性的主观标准

---

〔1〕 参见杨志刚：《诱惑侦查研究》，中国法制出版社2008年版，第74页。

〔2〕 参见程雷：《秘密侦查比较研究——以美、德、荷、英四国为样本的分析》，中国人民公安大学出版社2008年版，第217页。

〔3〕 United States v. Dion, 476 U. S. 734（1986）.

〔4〕 参见邓立军：《外国秘密侦查制度》，法律出版社2013年版，第189页。

有相似之处，都以被告人的主观犯罪倾向作为考量的基点。"犯意诱发型"诱惑侦查，是指行为人在诱导下实施犯罪，其犯罪意图源于侦查人员的引诱。在"机会提供型"诱惑侦查中，受诱者原本具备犯罪意图，侦查人员只是向其提供了实施犯罪的机会。[1]

2. 客观标准

与主观标准相对应，客观标准的关注点并非被告人的犯罪倾向，而在于警方的诱惑行为。虽然索勒斯案以及谢尔曼案最终以主观标准作为圈套抗辩的成立标准，但是在两个案件的审理过程中，不少法官表达了对客观标准的支持。在客观标准之下，判断圈套抗辩是否成立采用"假设人"的方法，该方法也因罗伯斯（Owen Josephus Roberts）法官及弗兰克福特（Felix Frankfurter）法官分别在索勒斯案件及谢尔曼案件中提出，被称为"罗伯斯-弗兰克福特"方法。根据该方法，圈套抗辩是否成立并不考虑被告人的犯罪倾向，而是取决于执法人员实施的引诱手段和方法是否超过合理的限度，使得并未准备犯罪的公民都难以抵抗诱惑而实施犯罪。[2]具体而言，在庭审过程中，法官可能会考虑，执法人员是否"纠缠、哄骗"侦查目标，或者以"强求"的方式迫使正常守法的公民违法。[3]如果执法人员向受诱惑者作出该行为是合法的虚假陈述，或者通过极力说服的方法进行诱导，使得原本并不打算犯罪的守法公民最终实施犯罪，在这种情况下，客观标准得到了满足。[4]

"假设人"的方法，为警方侦查手段及方法的诱惑程度设置了一条无形的界限，即一般人能够抵抗的诱惑程度。弗兰克福特法官在谢尔曼案件中的意见表示，"执法人员进行诱惑侦查，仅限于诱使那些本来就愿意实施某种犯罪的人犯罪，而不能引诱那些在通常情况下不会犯罪，并有能力抵抗一般程度的诱惑的人……如果政府的职权不是用于侦查犯罪，而是为了促使犯罪发生，并且导致那些原本守法的公民犯罪，那么就造成了政府权力的滥用，应对政府的此种行为进行修正。"[5]客观标准将审查的重点从主观转向客观，在一定

---

〔1〕　参见陈学权：《程序法视野中的诱惑侦查》，载《中国刑事法杂志》2004 年第 2 期。

〔2〕　参见李明：《秘密侦查法律问题研究》，中国政法大学出版社 2016 年版，第 172 页。

〔3〕　See Lily N. Katz, "Tailoring Entrapment to the Adolescent Mind", *U. C. Davis Journal of Juvenile Law and Policy*, Vol. 18, No. 1. , 2014.

〔4〕　Jesse J. Norris, Hanna Grol-Prokopczyk, "Estimating the Prevalence of Entrapment in Post-9/11 Terrorism Cases", *Journal of Criminal Law & Criminology*, Vol. 105, No. 3. , 2015, pp. 609-677.

〔5〕　Sherman v. United States, 356U. S. 369 (1958).

程度上克服了主观标准的证明难度。然而在实践中，如果完全脱离被引诱者的因素，法官很难孤立地划定一个普遍适用于各类案件的"假想人"的标准。[1]

随着美国客观标准的出现，日本对诱惑侦查合法性的判断标准也出现了从主观向客观的转变。在实践中，主观的犯罪倾向并不容易认定，"犯意诱发型"和"机会提供型"两种类型的诱惑侦查难以区分。在此背景下，实务人员和学者开始关注客观的引诱行为，强调引诱行为是否超过合理的限度，如果侦查人员所使用的诱惑手段超过了合理的正常的范围，对被诱惑者强行劝说、引诱及鼓动，那么可以认为诱惑行为触发并诱导犯罪意图产生，并且严重侵犯了人格权，此种行为属于"犯意诱发型"的诱惑侦查。[2]

在之后的判例中，美国的主观标准和客观标准出现了融合的趋势，逐步发展形成兼具两者的双重标准，其中包括以新泽西州为代表的混合式双重标准，以及以佛罗里达州为代表的分离式双重标准。在混合式双重标准下，被告人需承担双重证明责任：首先，被告人必须证明政府执法人员的行为，导致了较大的风险，使得一般公民将会实行犯罪，或者执法人员的行为严重不合理，以致影响法院对被告人作出有罪判决的公正性。其次，被告人还需对于自身不具有犯罪倾向承担证明责任。同时完成两项证明，即可成立诱捕抗辩。在分离式双重标准下，被告人并不需要同时满足主观与客观标准，而是其中任一标准都是成立圈套抗辩的正当化事由。被告人可以仅仅证明其对于所控诉之罪并无实行犯罪的倾向，或仅证明警方的行为已经逾越了适当的侦查手法，即可成立圈套抗辩。[3]

3. 因果关系标准

因果关系标准是在混合式双重标准之下发展而来，但是与混合式双重标准具有本质区别。混合式双重标准是对主客观的静态考察，虽然需要同时考虑被告人的犯罪倾向以及警方诱惑行为两个要素，但是并未从动态上寻求两者之间的关系。因果关系标准则强调犯罪倾向的发生与诱惑行为之间是否具

---

[1] 参见程雷：《秘密侦查比较研究——以美、德、荷、英四国为样本的分析》，中国人民公安大学出版社2008年版，第227页。

[2] 参见［日］西原春夫主编：《日本刑事法的重要问题》，金光旭等译，法律出版社、成文堂2000年版，第151页。

[3] 罗天佑：《诱捕抗辩于美国实务之发展》，载《刑事法杂志》2014年第3期。

有逻辑上的因果关系。在因果关系标准之下，法院判断圈套抗辩是否成立，需要查明两个问题：首先，被告人是否积极参与案件；其次，在没有警方引诱或教唆的情况下，被告人是否可能在预见的时期内犯罪。[1]换言之，如果缺乏证据证明被告人具有犯罪倾向，相反有证据证明警方的引诱行为是被告人产生犯罪意图并最终实施犯罪活动的原因，则成立圈套抗辩。

因果关系标准其实早在现代圈套法理的萌芽时期就有所呈现，法院对于犯罪意图起源的关注以及反对政府制造犯罪的态度，可以说是对"因果关系"的早期关注。只是后来圈套抗辩法理把重点越来越偏向于被告人的主观心理状态，这是由于法庭创设圈套抗辩的意旨在于保护"守法公民"与"无辜人员"，因此，法庭倾向于通过考察被告人面对诱惑时是否表现出"积极""自愿"的态度，来判断被告人是否无辜。[2]直到1992年美国联邦最高法院审理雅各布森案（Jacobson v. United States）时，因果关系标准正式在判例中得到确认。

关于"雅各布森案"：

美国国会通过了《1984年儿童保护法》，该法案规定出于非商业目的，通过邮件散发、购买或持有儿童色情照片的行为均为违法。雅各布森在该法案尚未颁布之前，曾经购买过儿童色情杂志。警方决定将雅各布森列为诱惑侦查对象。警方陆续以虚构组织的名义向雅各布森邮寄信件和调查问卷，以诱惑其购买儿童色情杂志。其后侦查专家乔装成笔友与其通信交流，希望能够获取雅各布森看过或持有的儿童色情杂志的信息，但宣告失败。警方决定对其再度实施侦查。同样以虚构组织的名义向其发送信件引诱其购买相关儿童色情杂志。雅各布森最终回信表达了购买的意愿，随后订购其中的一份杂志。警方在掌握了雅各布森购买儿童色情杂志的证据后，对其进行了抓捕，彻底搜查其住宅。[3]

地区法院判决雅各布森有罪，该案在上诉时，出现了多数派与少数派的

---

〔1〕 参见刘昂、战庆臣：《Jacobson案与美国警察圈套理论演进》，载《中国审判》2008年第8期。

〔2〕 参见杨志刚：《诱惑侦查研究》，中国法制出版社2008年版，第79~81页。

〔3〕 参见刘昂、战庆臣：《Jacobson案与美国警察圈套理论演进》，载《中国审判》2008年第8期。

意见分歧。1992 年，美国联邦最高法院再次对该案进行了审理，被告人雅各布森被宣判无罪。在审理过程中，法官们既关注被告人的犯罪倾向，同时考虑警方侦查行为的诱惑程度，并且开始以动态的视角考虑两者之间的因果关系。美国联邦最高法院最终以 5 比 4 的微弱优势推翻了前述两级法院的判决。多数派意见认为控方并没有证明被告人的犯罪倾向独立于警方的诱惑侦查行为，警方持续向雅各布森发送邮件，诱使其购买儿童色情杂志，促使其形成犯罪意念，这种行为被视为警察圈套。美国联邦最高法院对因果关系作出了经典的阐述："如果政府为了寻求定罪而导致一名本不会犯罪的守法公民被拘捕，而此人就其自身来说，可能从不会犯罪，在这种情况下，就需要法庭的干预。"[1]雅各布森案是圈套抗辩确立标准的转折点，在此案之前，法庭考虑的标准是被告人实施犯罪的"自愿性"，即参与犯罪的积极性或表现出的意愿；此案之后，法庭将关注的重点转移到被告人实施犯罪的"可能性"上，换言之，被告人在没有政府行为介入的情况下，是否还可能实施犯罪。[2]

（二）我国诱惑侦查合法性判断标准的确定

1. 我国宜采用因果关系标准

目前我国尚未明确诱惑侦查的合法性标准，可将国外的立法历程及实践经验，与我的法律制度及司法现状相结合，择取合适的审查标准。笔者认为，我国应以因果关系标准作为诱惑侦查合法性的判断标准，理由有三：

首先，因果关系标准较主观标准和客观标准更具有合理性。主观标准是美国早期用于判断诱惑侦查合法性的主流标准，虽然该标准得到了大多数州法院和联邦最高法院的采用，然而一直饱受争议。在理论上，主观标准的合理性受到批判，反对者认为主观标准的考虑因素局限于受诱者的犯罪倾向，在主观标准之下，警方的引诱手段没有受到必要的约束。[3]此外，主观标准在司法实践中也存在证明难题。在主观标准下，被告人必须证明自己原先并无犯罪意图，即"自己的犯罪行为在其他情况下一般是不会故意为之"。许多

---

〔1〕 Jacobson v. United States, 503 U. S. 540 (1992).

〔2〕 See Paul Marcus, "Presenting Back from the (Almost) Dead, the Entrapment Defense", *University of Florida Law Review*, Vol. 47, No. 2., 1995, p. 205.

〔3〕 参见魏汉涛、郭建龙：《主观还是客观：诱惑侦查合法性的标准》，载《海南大学学报（人文社会科学版）》2013 年第 5 期。

法律专家表示，被告人要证明这一点往往十分困难。[1]客观标准关注客观化的行为表现，虽然相较于主观标准来说，减少了判断上的模糊性，在一定程度上克服了主观标准的弊端，但是存在有罪之人逍遥法外的问题。"只要警察的引诱不适当，即使被公认事先已有犯意甚至正准备实施犯罪也可能被无罪释放。"[2]

单一的主观标准或客观标准都存在不妥之处，如果仅仅以主观的犯罪意图抑或客观的引诱行为判断诱惑侦查的合法性，都会在现实中产生有违道德、法理的结果。因此，综合考虑主客观因素的因果关系标准，更具合理性。因果关系标准综合考察主观心理状态和客观的引诱行为，克服了单一主观标准或是单一客观标准的局限性和片面性，也避免了分离式双重标准的严苛和僵化，因此较其他标准更为科学、合理。

其次，因果关系标准与刑事诉讼法的立法目的更为契合。2012年修订的《刑事诉讼法》第151条，首次在立法上赋予了侦查机关实施诱惑侦查的权力，同时规定了实施诱惑侦查的限度。2018年《刑事诉讼法》继续沿用该法条。根据当时"关于《中华人民共和国刑事诉讼法修正案（草案）》说明"，将诱惑侦查写进立法的目的"不仅在于扩权"，"同时还要限权"，即防止诱惑侦查沦为制造犯罪的机器。[3]因果关系标准将国家机关的侦查行为与侦查对象的犯罪意图之间的逻辑关系联系起来予以动态考察，能够更加客观、周全地评价犯罪是否在国家机关的主导、支配下产生。

最后，因果关系标准能够兼顾打击犯罪、保障人权的双重目的。主观标准与客观标准两者所关注的重点、侧重的目的是有所不同的。主观标准以犯罪嫌疑人的犯罪意图作为唯一考量的因素，对侦查行为持较为宽容的态度，因此其侧重打击犯罪。客观标准关注的是引诱行为的限度，相对于主观标准而言，更侧重保障人权。[4]因果关系标准是主观标准和客观标准的综合，既

---

[1] 参见陈林林：《美国法上的警察圈套理论述评》，载陈光中、江伟主编：《诉讼法论丛》（第4卷），法律出版社2000年版，第279页。

[2] 魏汉涛、郭建龙：《主观还是客观：诱惑侦查合法性的标准》，载《海南大学学报（人文社会科学版）》2013年第5期。

[3] 参见万毅：《论诱惑侦查的合法化及其底限——修正后的〈刑事诉讼法〉第151条释评》，载《甘肃社会科学》2012年第4期。

[4] 参见王震：《论诱惑侦查之合法性标准》，载《行政与法》2009年第1期。

包含了对犯罪倾向的审查，也体现了对引诱行为的约束。

2. 我国因果关系标准的具体内容

因果关系标准兼容了对犯罪意图与引诱行为的评价，至于在具体的操作中如何协调两者的关系，学者们提出了不同的看法。有学者主张，应当以主观为主，以客观为辅，"即要求正当诱惑侦查的启动必须以合理怀疑被诱惑者存在重大犯罪嫌疑为前提，以诱惑行为本身不能与犯罪意图或行为有因果关系为界限。"[1]另有观点指出，客观应当优先于主观，首先要判断侦查人员的行为是否适当，其后再考察被诱惑人的主观犯罪意图，如此才能最大可能地保障被诱惑人的人权。[2]

笔者认为在因果关系标准中，首先需要判断被诱惑者是否事先存在犯罪意图，进而对引诱行为进行评价，如此才能确定引诱行为是否对犯罪行为发挥了主导、支配作用。如果被诱惑者事先并无犯罪意图，而侦查机关对其实施了诱惑侦查，此时违反了诱惑侦查的启动条件，属于违法诱惑侦查。如果被诱惑者事先并无犯罪意图，此时需要确定引诱行为是否属于异常的介入因素，并直接导致了犯罪行为的发生。

在第一阶段，判断犯罪意图是否事先存在，可从以下因素考虑：其一，诱惑对象是否有犯罪前科。先前类似犯罪的记录能够反映被诱惑者在行为性质上的相似性，考虑到犯意的连续性和持续性，先前犯罪的发生时间应当紧凑，不宜借用时间间隔过于长久的犯罪记录。[3]其二，诱惑对象是否有犯罪预备行为，是否为实施犯罪准备工具、制造条件。例如为了贩卖毒品拟定详细的计划，选择作案时机，主动联系吸毒人员，建立交易渠道等。其三，诱惑对象在受到诱惑之后的回应是否主动、积极，如果其一受到引诱随即表现出积极的态度，这在一定程度上能够佐证其原本已具备犯罪意图。

在第二阶段，对引诱行为的评价，不宜采用客观标准中的"一般人"标准，而应当确定引诱行为是否具有可替代性。由于已经明确诱惑对象具备犯罪意图，而"一般人"标准是针对普通的守法的社会公民所设置的标准，因此"一般人"标准不具有适用性。可替代性实则是对刑法中因果关系判断的

---

〔1〕 田宏杰：《诱惑侦查的正当性及其适用限制》，载《政法论坛》2014 年第 3 期。

〔2〕 参见王震：《论诱惑侦查之合法性标准》，载《行政与法》2009 年第 1 期。

〔3〕 参见冯科臻：《非法诱惑侦查的认定与证明》，载《北京理工大学学报（社会科学版）》2020 年第 4 期。

借鉴，即需要考虑，在该特定情形下，如果没有引诱行为的介入，诱惑对象是否会最终实施犯罪行为。"正当的诱惑侦查，其诱惑行为特点表现为可替代性，即没有诱惑行为，犯罪行为也是不可逆的，刑法要保护的法益必然遭到侵害。"例如诱惑对象虽然具备犯罪意图，但是缺乏必要的犯罪工具，侦查人员为其提供了该工具。侦查人员的引诱行为实则帮助诱惑对象实现了犯罪的必要条件，因此构成违法诱惑侦查。[1]

（三）违法诱惑侦查的证据排除问题

侦查机关追查犯罪的职能所在，使得侦查人员天然地形成查获证据的动机，这也是违法诱惑侦查行为的重要诱因。因此，通过排除违法诱惑侦查所得的证据，使得侦查人员违法诱惑侦查的可期待利益受损，将从源头和动因上极大地阻断违法诱惑侦查行为的发生。将证据排除作为违法诱惑侦查的法律制裁方式，需要刑事诉讼证据及证据规则的配置和改革。

排除违法诱惑侦查所得证据，还存在立法上的论证难题。从《刑事诉讼法》的规定来看，第52条言明"严禁刑讯逼供和以威胁、引诱、欺骗以及其他非法方法收集证据"，但没有明确证据排除与否。[2]与之相类似，第153条对违法诱惑侦查作出禁止性规定，然而未明确具体的法律制裁后果。第56条明确了对非法证据的排除，然而所谓"刑讯逼供等非法方法"是否包括引诱，需结合其他司法解释和法律规定进行分析。《刑诉法解释》第123条对"非法方法"的界定，与《关于办理刑事案件严格排除非法证据若干问题的规定》相一致，所列举的"暴力方法或者变相肉刑""威胁""非法拘禁"三种情形，并未涵盖"引诱""欺骗"等手段。

上诉分析针对的证据类型是言词证据，然而违法诱惑侦查所获得的证据大部分是实物证据。对于违法取证所得实物证据的排除是裁量式排除，而非强制性排除，其法律依据应为《刑事诉讼法》第56条的规定："收集物证、书证不符合法定程序，可能严重影响司法公正的。"目前裁量式排除饱受争议的原因之一便是裁量排除最后变成了不排除，如此造成的结果便是，违法诱

---

〔1〕　参见田宏杰：《诱惑侦查的正当性及其适用限制》，载《政法论坛》2014年第3期。

〔2〕　《刑事诉讼法》第52条规定："审判人员、检察人员、侦查人员必须依照法定程序，收集能够证实犯罪嫌疑人、被告人有罪或者无罪、犯罪情节轻重的各种证据。严禁刑讯逼供和以威胁、引诱、欺骗以及其他非法方法收集证据，不得强迫任何人证实自己有罪。必须保证一切与案件有关或者了解案情的公民，有客观地充分地提供证据的条件，除特殊情况外，可以吸收他们协助调查。"

惑侦查所获得的大部分证据仍然得以作为定案根据使用。笔者认为，违法诱惑侦查一旦成立，所获得的言词证据以及实物证据应当全部排除：首先，违法诱惑侦查必然是在启动、实施的过程中违反了法定程序，从而不具备合法性的侦查行为；其次，诱惑侦查实则是国家在"制造"犯罪，已经严重影响司法公正，因此应当全部予以排除。

# 线人制度

线人是搜集和提供犯罪情报、信息以及证据的重要主体之一，线人侦查也是侦查机关的重要破案措施之一。美国学者德肖维奇（Alan Dershowitz）曾指出："我们生活在政府依靠线人办案的时代，每个执法机构都有自己的线人，任何重要的组织都已经被渗透，我们很难评估现在有多少线人在为政府服务。"[1]我国也有相关报道，比如《南方周末》曾报道，在我国东南沿海一带，一名刑警平均和 1~3 名线人保持单线联系，据不完全统计，整个珠江三角洲地区有 5000 名以上靠酬金谋生的职业线人，还有很多兼职线人，且在云南贵州等一些毒品犯罪常发地带，缉毒警察平均拥有更多数量的线人。[2]

遗憾的是，我国缺乏关于线人的具体法律规定，目前只能与其他技术侦查措施一同适用《刑事诉讼法》《刑诉法解释》《公安机关办理刑事案件程序规定》等。实践中，如何规范使用线人也缺乏统一规定，仅依靠侦查机关的内部规则，导致使用和管理线人一度出现混乱，甚至侦查机关内部都无法完全掌握线人身份及相应侦查情况等。可见，如此庞大的线人数量以及如此重要的线人侦查措施没有一项成熟、规范的制度作为支撑，使其游走在"灰色地带"或法律边缘，既不利于线人合法权益的保护，也不利于侦查机关合法合理使用线人进行侦查。

## 一、线人与线人制度

### （一）线人

"线人"属于外来词。有学者在追溯来源时发现"线人"一词出自西方

---

[1] ［美］亚伦·德萧维奇：《最好的辩护》，李贞莹、郭静美译，南海出版公司 2002 年版，第 219 页。

[2] 傅剑锋、杨洋：《职业线人生态的法治视野》，载《南方周末》2007 年 8 月 9 日，第 5 版。

国家，并且发现英国的《布莱克法律词典》中对线人的定义非常符合人们的普遍认知，即"因怀疑他人有刑事违法行为，而匿名、秘密、自愿地向执法机关提供违法信息，或对嫌疑人提出指控的人，这类人不包括在侦查程序中提供犯罪信息的证人和因有作案嫌疑而被警方传唤询问提供信息的人"。[1]我国《现代汉语词典》在 2003 年增补时，才将"线人"一词纳入，并作出定义——"为警察、侦探充当暗探，提供侦查对象活动情报的人"。[2]

随着我国线人制度的不断发展，学者对线人的定义有不同的理解。有学者认为，线人是受侦查机关聘用，以获得利益为目的，为侦查机关提供有价值的犯罪线索的人；[3]有学者认为，线人就是知悉犯罪情况，受到警方信任，并愿意将所知悉的犯罪信息提供给警方的人；[4]另有学者认为，线人通常是指在刑事案件的侦查中，接受侦查机关的任务，为侦查机关提供有一定价值的犯罪线索、情报或证据的人；[5]还有学者认为是指由国家机关领导和指挥，分布于社会各阶层、各领域，以不同面目出现，搜集、发现和掌握犯罪活动的信息并及时准确提供给国家机关的人。[6]从上述定义可以发现，对线人核心要素的认识基本一致：一是线人是掌握犯罪情报或信息的人，二是线人是将这些情报或信息提供给侦查机关的人，三是线人并非侦查机关的公务人员。综合上述要素，笔者认为，线人是自愿与侦查机关签订协议，并向侦查机关提供其所掌握或获取的犯罪情报信息，领取酬金或者获得刑罚减免等的人。[7]

值得一提的是，"线人"并非统一称呼，我国台湾地区将线人称为"第三人"，比如 2003 年 6 月出台的"警察职权行使法"对线人作出了规定，其中

---

[1] 程雷：《秘密侦查比较研究——以美、德、荷、英四国为样本的分析》，中国人民公安大学出版社 2008 年版，第 235 页。

[2] 王彬：《美国线人制度：运用与规制的双重分析》，载《河南工业大学学报（社会科学版）》2012 年第 3 期。

[3] 参见孟庆胜、赵栩：《线人侦查之契约规制》，载《中国检察官》2009 年第 5 期。

[4] 参见黄义：《线人的问题及其在我国刑事诉讼中的考量》，载《河南公安高等专科学校学报》2009 年第 4 期。

[5] 参见樊学勇、刘荣：《论线人侦查行为的法制化》，载《云南大学学报（法学版）》2006 年第 5 期。

[6] 参见吕志祥、王凤涛：《法律视野中"线人"的制度缺失及其建构》，载《甘肃政法学院学报》2007 年第 4 期。

[7] 参见廖斌、张中等：《技术侦查规范化研究》，法律出版社 2015 年版，第 194 页。

第 12 条第 1 项规定，在打击犯罪中，可以遴选第三人搜集相关证据，并且明确第三人不是警方的公务人员，而是自愿与警方合作的人，可以给予一定的报酬，但不能给予证明文件或者警方的公务人员身份和职务，同时不能有违法行为。

（二）线人的特征

1. 主体资格要求低

线人主体的显著特征之一便是任何人都可能成为线人。《刑事诉讼法》第 62 条规定："凡是知道案件情况的人，都有作证的义务。"该规定为线人主体提供了间接性依据，意味着只要了解犯罪信息或情报的公民，都有义务配合侦查机关并提供该信息或情报。实践中，成为线人的"门槛"很低，没有固定人群或特殊技能的要求，仅要求能够提供犯罪信息情报即可，不像卧底侦查人员必须是侦查部门的公务人员才能担任。同时，线人主体资格没有特别限制，能够调动广大群众同犯罪作斗争的积极性，为侦查机关破案提供了广泛的群众基础，有利于最大限度和最有效地打击犯罪。

虽然成为线人的"门槛"低，但不意味着任何人都可以担任线人。比如《刑事诉讼法》第 62 条就明确规定，生理上、精神上有缺陷或者年幼，不能辨别是非、不能正确表达的人，不能作证人。同样表明这些人不能成为线人。再如我国实践中，除了上述不能作证的人群外，侦查机关会对线人进行遴选，根据具体案情、环境等设置一定的标准，避免提供虚假信息情报或诬告陷害等。相较而言，美国对线人资格作出了更为具体的规定，比如加州关于未成年线人的规定：一是未成年人只能是涉嫌犯罪才能充当线人；二是 12 岁以下的未成年人在任何情况下都不能充当线人；三是警方应当考虑未成年人的安全及今后的成长，限制性使用未成年线人。[1]

2. 身份具有欺骗性

线人身份一般不为人所知，是协助侦查机关发现犯罪信息情报，掌握犯罪证据的隐蔽力量。《刑事特情侦查工作细则》就明确指出，包括线人在内的特情是协助侦查机关进行专案侦查、发现和控制犯罪的一支秘密力量，对此，无论是侦查机关，还是线人本人都严禁外漏线人的真实身份。实践中，为隐瞒线人的真实身份，侦查机关一般给予线人不同的称呼，比如在我国公开报

---

〔1〕　参见张泽涛：《"线人"的运用及其规范——以美国法为参照》，载《法学》2005 年第 3 期。

道中，称线人为"某某大妈""某某网友""某某劝导队"，等等。再如《德国刑事诉讼法典》中将警方配置从事秘密调查的人统称为"秘密调查人员及可信赖之网民"。[1]

线人身份的欺骗对象甚至包括其他侦查人员，因此实践中错抓线人的情况屡见不鲜。为杜绝此类情况发生，有些侦查部门建立了专门的线人档案，便于有效辨别线人身份和加强线人管理，防止线人利用特殊身份进行违法犯罪活动。

### 3. 成为线人的动机复杂

实践中，线人之所以愿意成为线人，出于不同的动机和诉求。对此，有学者进行了分类，如因财型、报复型、利用型、被迫型、邀功型、寻求保护型、炫耀型、复合型等。[2]正是基于这些动机和诉求，侦查机关可以有针对性地对线人进行分类管理，甄别线人所提供情报信息和证据的准确性与真实性。

同时，线人动机和诉求的多样性给侦查活动带来一定的负面影响，比如利用型线人，就会利用侦查机关的力量或线人身份为自己谋利，甚至将侦查行动作为排除异己的工具。另外，线人的动机和诉求也属于心理范畴，很难被把握和揣测，为管理和使用线人带来困难。

### （三）线人制度

线人制度一般指围绕线人使用和管理等所形成的规定或准则，主要包括使用线人、管理线人、保障线人行动的一系列具体措施和依据。对此，有学者持批判态度，并认为我国本应规范化、成文化的线人制度带有军事侦察的隐秘化色彩。[3]从已公布的规定看，目前我国确实缺乏一套明确、具体和成熟的线人制度，特别是在法律层面上没有形成关于线人的具体规定。实践中，关于线人制度的规定散见于《刑事诉讼法》《刑诉法解释》《公安机关办理刑事案件程序规定》《刑事特情侦查工作细则》等，特别是《刑事特情侦查工作细则》包含了线人制度的多数内容。

除此之外，线人制度在理论和实践中均与其他技术侦查措施存在明显的

---

〔1〕［德］克劳思·罗科信：《刑事诉讼法》（第24版），吴丽琪译，法律出版社2003年版，第74~75、438~439页。

〔2〕参见叶剑波：《线人动机探析》，载《辽宁警专学报》2007年第6期。

〔3〕参见韩德明：《侦查原理论》，中国人民公安大学出版社2005年版，第384页。

异同：

1. 线人制度与卧底侦查

首先，《刑事诉讼法》第 153 条将线人制度和卧底侦查都归类于隐匿侦查措施。两者也存在诸多共同特征：一是两者都隐瞒真实身份，卧底侦查和线人都隐匿其身份与犯罪组织及其成员进行接触；二是两者的目的都在于收集犯罪组织的信息情报和犯罪证据，以帮助侦查部门侦破案件，打击犯罪；三是两者均适用于较为特殊的几类犯罪，比如毒品、黑社会性质等隐蔽性强、组织严密，一般侦查措施很难侦破，需要卧底侦查或线人制度等特殊侦查措施才能有效打击。

其次，两者有显著的区别。该区别主要是主体身份的不同，卧底侦查人员的身份是侦查部门的公务人员，经过侦查部门的正式招录程序且具有公务员身份的人员。而线人则不具有公务员身份，他们身份多种多样，有普通公民，有行业内专业人员，甚至包括犯罪分子等，他们基于各种原因成为侦查部门的线人，负责提供犯罪信息和情报。

2. 线人制度与诱惑侦查

线人制度与诱惑侦查的共同特征和上述卧底侦查几乎相同，即主体身份的隐匿性、目的的同一、适用案件范围类似等。

两者不同之处主要集中于以下几个方面：一是线人制度与诱惑侦查的手段不一样，线人制度主要通过选择固定的人群提供犯罪情报或证据，而诱惑侦查是主动欺骗和诱导犯罪分子进行犯罪，从而人赃并获；二是线人主体资格范围比诱惑侦查的小，线人不能是侦查部门公务人员，而诱惑侦查人员既可以是侦查部门公务人员，也可以是非公务人员；三是两者对犯罪组织相关情况的掌握有所区别，线人制度一般是"事前性"，在不掌握犯罪组织的情况下，通过线人侦查提供相关信息；而诱惑侦查则具有"事后性"，在已经了解犯罪行为特点和规律的情况下，通过诱惑侦查收集、固定证据。

## 二、线人使用现状及问题

线人侦查是世界各国的重要侦查措施之一。比如美国的 CIA、FBI 等机构每年在全球招募大量的线人，并且承认使用线人仍然是一把"双刃剑"，运用得当是一种有效的侦破手段，运用不当就会危害社会安全，侵犯广大民众的合法权益。[1]再如德国，在侦查过程中使用线人也非常普遍，也产生了许多风险或代价，对此专门制定了《德国刑事追诉上各邦法务部与内政部运用线民与卧底警察共同纲领》，主要内容是规范线人使用，预防该制度带来的风险。该纲领对线人的概念、线人使用的基本原则、线人使用程序、线人的布建与身份保密、线人使用终止以及线人使用过程中的审批和监管机关等内容进行了规定。[2]

在我国刑事侦查领域，线人使用同样非常普遍，几乎所有毒品类犯罪侦查都有线人的影子。随着线人制度的多年发展，我国侦查机关在遴选、培养和使用线人方面也形成了一定的做法。

（一）线人侦查较为普遍

在我国实践中，有观点认为线人使用的频率要远高于监听、卧底侦查等其他技术侦查措施，侦查部门也习惯或乐于使用该措施，比如"缉毒特情是打击犯罪活动的一柄尖刀，它在提供情报、场所控制和专案侦查中具有无可替代的重要作用，上海市所侦破的毒品案件中 3/4 以上都有特情参与"[3]。据《中国新闻周刊》报道，2001 年前，贵州省凯里市可以从贩毒人员中遴选一批线人，原意想通过这些线人打击大型贩毒组织及其头目，最终发展到整个凯里市 80% 的贩毒人员都是警方的线人。有趣的是，在捣毁一个贩毒组织时，会有不同层级公安机关或公安机关不同部门的人前来认领线人，最后被抓的贩毒人员竟全部作为线人得以释放。对此，2001 年，凯里警方痛下决心，严禁依靠"线人"办案，而是通过吸毒人员追查买毒源头的方式打击毒品犯罪，从而贩毒人员摇身一变成为线人的闹剧才得以终止。[4]

从上述案例可以看出，线人使用普遍程度之高，甚至 80% 的毒贩都是线人，说明警方破获毒品犯罪案件大多依靠线人。除了毒品犯罪，其他案件使用线人也屡见不鲜，比如火车站、公交车的盗窃等普通刑事犯罪案件也依赖线人进行破案。例如某市开发区时常发生摩托车失窃案件却无法破获，该区

---

〔1〕 参见张泽涛：《"线人"的运用及其规范——以美国法为参照》，载《法学》2005 年第 3 期。

〔2〕 参见程雷：《秘密侦查比较研究——以美、德、荷、英四国为样本的分析》，中国人民公安大学出版社 2008 年版，第 344 页。

〔3〕 夏健祥、蔡立群：《上海缉毒工作主要问题分析》，载《中国刑事警察》2003 年第 1 期。

〔4〕 傅剑锋、杨洋：《职业线人生态的法治视野》，载《南方周末》2007 年 8 月 9 日，第 5 版。

刑警队长"压力"很大，一直在催促线人江某尽快帮助破案。[1]

此外，任何人都有可能成为线人。比如有报道称，2004年广州市东山区环卫局第二保洁大队的海印班和大河头班的29名环卫工人光荣成为派出所的秘密线人，向公安机关提供线索，协助公安机关破案。[2]

（二）线人制度的法律规定匮乏

如上所述，目前我国线人制度缺乏法律层面的具体规定，仍与其他技术侦查措施一同适用《刑事诉讼法》及其司法解释等规定。《刑事诉讼法》第153条规定，为了查明案情，在必要的时候，经公安机关负责人决定，可以由有关人员隐匿其身份实施侦查。该规定仅为包括线人制度在内的一系列隐匿性侦查措施提供合法依据，更多的是宣示意义。

《公安机关办理刑事案件程序规定》第265、266条规定，需要采取技术侦查措施的，应当制作呈请采取技术侦查措施报告书，报设区的市一级以上公安机关负责人批准，制作采取技术侦查措施决定书；并且批准采取技术侦查措施的决定自签发之日起3个月内有效。在有效期限内，对不需要继续采取技术侦查措施的，办案部门应当立即书面通知负责技术侦查的部门解除技术侦查措施；负责技术侦查的部门认为需要解除技术侦查措施的，报批准机关负责人批准，制作解除技术侦查措施决定书，并及时通知办案部门。对此，可以理解为在线人制度的程序上作出了规定。

除此之外，线人的遴选、管理以及线人活动规范等制度在法律层面上均未涉及。目前《刑事特情侦查工作细则》《缉毒特情管理办法（试行）》等将线人纳入特情范围对工作保密、严禁事项、监督和考察等进行了更为具体的规定。但是这些规定均不对外公布。

总体而言，我国线人制度在法律规定上仍停留在宏观层面，仅确认了线人制度的合法地位，并在程序上作出了原则性规定。

（三）线人的获利导向明显

线人通过提供犯罪信息情报获利是一种通行的做法，有的基于聘用关系获利，有的基于有奖举报获利。比如"靳某某案"，[3]靳某某认为其1982年

---

[1]　参见黄国盛：《特情诱人犯罪是否构成犯罪》，载《检察实践》2004年第6期。

[2]　参见阎召华：《论刑事司法中的警方线人》，载《江西公安专科学校学报》2005年第4期。

[3]　参见（2017）陕民申270号民事裁定书。

开始至 2006 年整整 19 年在西安铁路公安处所辖火车站派出所工作，双方是劳动关系，而西安铁路公安处认为，靳某某与其是特情关系，是根据其提供的情报、线索价值给予奖励，并给予适当的生活补贴，但不是劳动关系，法院在裁判中支持了铁路公安处的观点，认为靳某某作为公安机关的线人，双方并非劳动关系。再如据新闻报道，安阳市公安局 2010 年筹集 200 万资金用于线人，最终发放 20 余万元，并且还聘请了 200 名治安信息员正式上岗，为了方便这些线人和民警联系，免费为他们发放了手机及通讯补助。[1] 可见，线人提供信息情报获取报酬，警方得到信息情报支付报酬已是一种"默契"规则。

线人提供线索获利导向容易引发一些问题：

首先，催生了一批"职业"线人。这批线人专门搜集犯罪信息、情报或证据，长期与侦查部门合作，他们的主要生活来源就是线人费用。职业线人之所以能长期提供犯罪线索或信息，大多因为其游走于犯罪组织之中或者长期与犯罪分子打交道，长此以往，职业线人会变得"黑""白"难辨，甚至成为潜在的犯罪分子。

其次，促使从线人报酬中牟利。线人报酬是侦查机关的一笔重要支出，2017 年北京市国家安全局公布《公民举报间谍行为线索奖励办法》，其中规定对于公民举报且被采用的线索，奖励可从 1 万元至 50 万元。也正因为该笔报酬丰厚，驱使少数侦查人员和线人挖空心思从中牟利，比如"山西马某孝案"，作为线人的马某孝之所以乐此不疲地提供线索，就是因为他和公安机关达成了交易——每查获 1 克毒品就可得到 20 元的奖励。为了数额不菲的奖金，马某孝多次以身试法，通过诱人犯罪或制造假案共获得了十多万元奖金。[2] 再如"黄勇胜贪污案"，作为公安机关侦查支队支队长的黄勇胜，把线人的"耳目费"变成了自己的"致富经"，在每一宗非法经营案结案后，黄勇胜只用小部分"耳目费"打发线人，自己独拿"大头"，不到两年共侵吞了六十余万元。[3]

---

〔1〕 于辰：《200 名"线人"为警方提供线索》，载《豫和新闻》2010 年 9 月 3 日，第 3 版。

〔2〕 姜南：《以案说法：危险的"特情"——关于刑事特情工作若干问题的研讨》，载东方法眼网，http://www.dffyw.com/faxuejieti/xingzhen/200603/20060316193246.htm，最后访问日期：2019 年 5 月 10 日。

〔3〕 一珂、曙光：《和线人分钱要"拿大头"的经侦队长》，载中央纪委国家监委网站，https://www.ccdi.gov.cn/yaowen/202109/t20210917_250804.html，最后访问日期：2021 年 11 月 2 日。

最后，掩盖了线人提供线索的公益属性。根据《刑事诉讼法》第62条的规定，每个公民都有作证的义务。某种意义上每个公民都有提供犯罪线索的义务，所以从这个角度而言，线人提供线索是具有公益属性的，也可以认为侦查部门提供的报酬应只是一种象征性的鼓励。实践中，侦查部门提高了某些提供线索的奖励金额，特别是重大、疑难、复杂的案件线索，以帮助解决线人的生计问题，也从某种程度助推了提供犯罪线索由公益性转向营利性。

我国线人提供线索获利虽是侦查部门的惯常做法，但其带来的问题并未引起高度警惕，至今也未建立相应的措施和制度，尤其一些侦查部门因线人提供线索获利产生负面影响，走向另一个极端，即停止一切线人侦查活动，比如上述的凯里线人贩毒案发生以后，凯里警方一度严禁使用线人。所以，如何在线人提供线索获利与公益性之间保持好平衡，既有利于推动线人制度的发展，又能鼓励线人提供高质量的犯罪线索，是相关部门接下来需要考虑的重点。

（四）利用线人炮制案件偶有发生

有学者指出，使用线人造成的恶劣影响是警察和线人可能结成一个利益共同体，联手去炮制案件。[1]比如马某孝系列案就是比较典型的例子，由于没有完成缉毒任务，临洮县公安局副局长张某某和缉毒队长边某某便找到马某孝，要其"策划一件毒品案子"。马某孝的儿子马某强在兰州西固区盗窃摩托车被抓获，马某孝借此希望"通过搞成10公斤毒品的案子"来回报缉毒支队，以换取公安局释放其儿子。正是出于此目的，马某孝"导演"了他人运输10公斤"海洛因"的"重大案件"。[2]除此之外，马某孝还帮助警方策划了几起毒品案件，帮助相关警察完成缉毒任务。2003年1月、5月、6月，五名禁毒警察为了完成上级交给的办案任务，与线人马某孝先后"导演"了三起贩毒假案。[3]

在利用线人炮制案件过程中，个别侦查人员无疑扮演了主导者角色，授意线人故意制造虚假案件，造成非常恶劣的影响。对此，有学者认为，正是线人制度的隐匿性和相关规范不明确、不清晰，致使警察在实践中利用了这

---

〔1〕　参见韩旭：《刑事诉讼中"线人"作证问题研究》，载《中国刑事法杂志》2009年第3期。

〔2〕　参见韩旭：《刑事诉讼中"线人"作证问题研究》，载《中国刑事法杂志》2009年第3期。

〔3〕　参见杨宝宏：《甘肃三起缉毒假案探究》，载《中国刑警学院学报》2005年第3期。

项制度使自己"名利双收",而在这背后是以无辜的人为代价。[1]

### 三、线人的管理

#### (一)线人遴选

仅从线人的主体资格看,只要能掌握犯罪情报信息且能配合侦查机关的人均可成为线人。但实践中在遴选线人时会考虑更多的因素,例如线人的动机、信息渠道、忠诚度、可靠度等,经常还会因案而异,因此只有把好遴选入口关,才能为得到货真价实的犯罪信息情报奠定良好基础,同时达到打击犯罪的目的。[2]

值得一提的是,侦查机关往往倾向于从犯罪组织内部人员、有前科的人员甚至同案犯中遴选线人,比如江某泉贩毒被抓后转为线人一案。[3]2018年6月26日,江某泉在长沙市岳麓区含浦镇九江村巷子口组XX号家中,容留凌某、崔某1、崔某2吸食甲基苯丙胺及其片剂。当日,公安民警在江某泉家中将其抓获。江某泉被抓以后,转为线人。2018年7月5日,江某泉向警方提供线索,即凌某属于贩毒人员,并约定凌某在其住处长沙市天心区金盆岭街道欧园校区2栋XX房内,以10 800元的价格购买37.75克(400粒)甲基苯丙胺片剂。交易当日公安机关在该房间抓获凌某,且在房间内查获甲基苯丙胺442.53克、甲基苯丙胺片剂173.61克、现金5800元。

有学者指出,无论侦查机关在遴选线人时出于何种因素的考量,从结果论而言,能够成为线人,至少是侦查机关有明确的授意。[4]并且,该授意至少包含两方面:一是代表侦查机关对线人身份的认可。即使实际中大部分都是由具体办案组织或者个人遴选线人,但不意味着该线人是在为"私人"或"私人组织"服务,线人本身也很清楚自己是在配合侦查机关侦破犯罪活动,并非仅是配合侦查机关某个办案人员或办案组织的"私自行动"。二是不可避免带有一定的主观性。侦查机关在遴选线人时视具体情况而带有不同的倾向,从上述案例不难看出,有的夹带了个人因素,比如有的办案人员习惯使用同一线人去侦破不同案件;有的纯属偶然,比如抓获犯罪组织内部人员,即转

---

〔1〕 参见韩旭:《刑事诉讼中"线人"作证问题研究》,载《中国刑事法杂志》2009年第3期。
〔2〕 参见廖斌、张中等:《技术侦查规范化研究》,法律出版社2015年版,第213页。
〔3〕 参见(2019)湘01刑初5号刑事判决书。
〔4〕 参见倪华晖:《论线人的认定和追诉》,载《山西警官高等专科学校学报》2015年第4期。

为线人。

（二）建立与线人之间的信任关系

侦查人员与线人的信任关系是侦查机关管理线人的重要内容。我国侦查部门为了跟线人建立良好的信任关系，一般让具体案件的侦办人员与线人进行"一对一"联系，线人的费用、提供的线索、证据等都由专责侦查人员进行处理，侦查部门其他人员不再过问，以此最大限度地让线人信任侦查人员以及侦查部门。有学者基于侦查人员与线人的信任关系建立总结出三个关键因素，即信任侦查人员的话、信任侦查人员的能力、信任侦查人员的谨慎。[1]言下之意，首先侦查人员要具备良好的指挥能力、法律意识、制度意识，以过硬的专业能力赢得线人的信任；其次线人要能够服从和配合好侦查人员的指挥；最后侦查人员与线人需要有良好的互动，在线人提供有价值信息时要求侦查人员给予肯定回应，提供无意义信息时给予否定回应，甚至在提供虚假信息时主动追究线人的相应责任。[2]

值得注意的是，这种单向地构建信任关系并非一定能达到所预期的效果，毕竟个人之所以会担任线人是出于自私自利和心理学上的自大动机。[3]所以，有时出现线人为了获利而提供虚假线索，或者侦查人员和线人联手套取侦查部门的线人费用，或者侦查人员私吞线人费用等情况。因此，在一些情况下并非通过"一对一"方式与线人建立信任关系，而是安排两名甚至多名侦查人员与线人联系，起到相互制约、相互配合作用，形成规范管理，从而建立起与线人的良好关系。

（三）明确线人的禁止性行为

线人管理的另一个重要内容是明确线人在侦查过程中的禁止性行为，比如在线人收集犯罪情报或信息时对其行为进行管理及监督，尤其是对其违法行为的禁止。实践中，线人活动要么由侦查部门专门机构负责，要么由直接办案组负责，甚至由具体案件中的专人负责，但无论哪种情况，线人的禁止性行为都与其侦查授意中的明令禁止有关，如果线人在明令禁止范围外的违

---

〔1〕 参见［美］理查德·迪克·霍尔姆：《美国特工——我的中情局生活》，洪芳、王艳菲、王承教译，哈尔滨出版社 2005 年版，第 100~125 页。

〔2〕 参见（2019）湘 01 刑初 5 号《刑事判决书》。

〔3〕 参见王贤德：《侦查人员与线人信任关系分析》，载《沈阳大学学报（社会科学版）》2017年第 5 期。

法行为一般会被容许，但在范围内通常会被严厉追责，比如黄某某介绍卖淫案。[1]黄某某长期做摩托车搭客生意，偶然认识赵某、符某等卖淫女子。黄某某经过观察了解，发现黎某某是这些卖淫女子的组织者，便与其商定以收取20元每次的提成介绍嫖客。2014年11月13日晚上，黄某某接到嫖客的电话要求找两名卖淫女子，黄某某遂介绍了赵某、符某并载她们到某酒店1011房进行卖淫，后被公安机关当场查获，进而抓获黎某某。而黎某某供出黄某某在其中介绍卖淫，但黄某某称其是公安机关的线人，是侦查人员张某叫他利用摩托车搭客的便利获得卖淫信息。后公安机关承认只授意让黄某某获取卖淫信息，并未让其从中介绍卖淫，故检察机关在起诉时认为黄某某虽然是线人，但超出了侦查授意范围，利用介绍卖淫获利，涉嫌介绍卖淫罪。

此外，我国《刑事诉讼法》第153条明确规定，秘密侦查不得诱使他人犯罪，不得采用可能危害公共安全或者发生重大人身危险的方法。因此，上述行为属于法律明确禁止性行为，即使侦查机关没有关于上述行为的明令禁止或者授意范围包含上述行为，线人均不得有上述行为，否则应当追究相关责任。

## 四、线人侦查的实施

### （一）线人侦查的前提条件

第一，线人侦查目的是查明案情。《刑事诉讼法》第153条规定，线人侦查的目的是"为了查明案情"，这意味着线人侦查是出于查明案件事实的目的，只服务于查明案情的需要。[2]偏离此目的，线人侦查的正当性将受到质疑，甚至成为牟利工具，比如罗某中案。罗某中系原湖南省永州市公安局冷水滩分局副局长，在其任梧桐派出所所长期间，发展"小二"为其线人，用于侦破毒品、赌博犯罪。随着罗某中与"小二"关系日益密切，其成了"小二"围猎的对象。2015年8月，罗某中收受"小二"现金，想方设法帮助"小二"在参与王某开设赌场案中逃避刑事处罚，2017年10月，"小二"甚至为"一己私利"而举报竞争对象开设赌场。至此，"小二"作为罗某中的线人，

---

〔1〕 参见刘贤能、谢文玲：《"线人"超出侦查授意范围的行为定性》，载《中国检察官》2016年第22期。

〔2〕 参见廖斌、张中等：《技术侦查规范化研究》，法律出版社2015年版，第213页。

不再为了侦破犯罪，而是用于敛财的中介和对象。[1]

第二，线人侦查确有必要。《刑事诉讼法》第153条规定，在"必要的时候"才可实施线人侦查。该规定表明线人使用不能随意而为，须在其他侦查措施难以侦破案件的情况下才能使用。需要注意的是，如何定义"必要的时候"，法律上没有明确规定，实践中怎么把握大多时候是基于侦查机关的判断。

（二）线人侦查的案件范围

对于如何确定线人侦查的案件范围，各国和地区的规定和做法均不相同。比如美国，对使用线人的案件范围没有作出规定，全凭警方根据具体案件进行判断；再如我国台湾地区，"警察职权行使法"第30条对线人侦查的案件范围作出了规定，即危害公共安全的犯罪、侵犯他人生命财产安全的重大犯罪、有组织的重大犯罪以及可能被判处3年以上有期徒刑的犯罪。[2]该规定也表明台湾地区对于情节较轻的犯罪不允许使用线人，仅限于几类重大犯罪，并且在程序上台湾地区对于线人侦查比较谨慎，要求在一般措施之后才能使用线人侦查。

我国《刑事诉讼法》第150条对线人侦查的案件范围也作出了明确规定，即危害国家安全犯罪、恐怖活动犯罪、黑社会性质的组织犯罪、重大毒品犯罪或者其他严重危害社会的犯罪案件才可以使用线人侦查。从实践看，我国线人侦查的案件绝大部分集中于毒品类犯罪，2000年4月的《全国法院审理毒品犯罪案件工作座谈会纪要》曾充分肯定了线人制度在侦破毒品犯罪中的重要性，并认为"运用特情侦破案件是有效打击毒品犯罪的手段"。此外，上述"其他严重危害社会的犯罪案件"作为兜底条款，在一定程度上扩大了使用线人的案件范围，故实践中一些隐蔽性很强且不在上述已列明案件范围的犯罪，也存在借助线人侦查的情况。

（三）线人侦查的审批程序

根据《刑事诉讼法》第153条和《公安机关办理刑事案件程序规定》第265条的规定，我国线人侦查需要经过审批，即线人侦查应当制作报告书，报

---

〔1〕　张斌：《被"线人""围猎"的公安局副局长》，载湖南日报华声在线，http://www.sxfj.gov.cn/news/222223776.html#loopstart，最后访问日期：2019年5月3日。

〔2〕　参见赵艳杰：《论我国线人制度的构建》，西南政法大学2011年硕士学位论文。

设区的市一级以上侦查机关负责人批准，并制作决定书。具体而言，我国线人侦查的审批程序有以下几步：首先，具体侦查部门制作线人侦查报告书；其次，层报设区的市一级以上侦查机关负责人审批；最后，负责人审批后形成决定书，再交由线人侦查执行部门执行。

实践中，并非完全按照上述审批流程进行。有的先执行线人侦查，再走审批程序；有的审批程序甚至流于形式。比如前文所述关于凯里公安机关使用线人的案例，在打掉某贩毒窝点时，凯里市公安局、禁毒大队、派出所等不同的单位和部门均称有自己的线人，足以说明使用线人侦查的随意性，审批程序未能起到严格把关的作用。

（四）利用线人实施诱惑侦查

实践中，警方通过线人实施诱惑侦查进行破案的现象时有发生。在一些隐蔽性高、证据难以搜集的犯罪领域，通过线人为犯罪分子顺利实施犯罪提供机会或便利，待其实施犯罪时，警方犹如"神兵天降"，人赃并获。比如线人蒋某、徐某引诱被告人出售假币一案。[1] 蒋某、徐某系警方线人，到被告人李某处，称做假币生意，李某即与另一被告人孙某联系，孙某找到蒋某、徐某二人询问假币需求数量，并按蒋某、徐某要求的数量，从本镇汪某处购得假币。孙某、李某二人带样币到蒋某、徐某住处，双方谈妥价格，并约定交易时间、地点。后在交易过程中被抓获。从孙某身上搜得假币 902 张计 32 050 元，从李某身上搜得假币 3 张计 155 元。

值得一提的是，上述引诱手段大多在毒品犯罪中使用，警方利用线人与毒贩联系购买毒品，双方敲定购买毒品的数量、时间和地点，待交易时，警方出击并起获毒品。其他类型犯罪中，也多少涉及同样手法，例如盗销电动车、自行车，通过线人联系购买被偷盗的电动车、自行车，最终抓获盗窃者。

虽然实践中不乏线人实施诱惑侦查的案例，但理论上仍有不少争议：一种是持否定观点，认为警方不能利用线人实施诱惑侦查，引诱他人犯罪本身是一种违法行为，尤其是引诱没有犯罪意图的人犯罪，类似于教唆犯；一种持肯定观点，认为警方可以利用线人实施诱惑侦查，其目的是当场查获证据，实现"人赃并获"，并且在一些特殊情况下，不实施诱惑侦查很难取得有效证

---

〔1〕 杨如春：《从此案看"诱惑侦查"的合法性》，载中国法院网，https://www.chinacourt.org/article/detail/2003/12/id/98264.shtml，最后访问日期：2020 年 12 月 26 日。

据；还有一种是持折中观点，认为警方是否可以利用线人实施诱惑侦查要视具体情况而定，并且区分犯意引诱型诱惑侦查和机会提供型诱惑侦查，不同情况不同处理。[1]笔者认为，上述三种观点都有其合理性，比如否定说，线人实施诱惑侦查从量刑角度而言也不利于保护犯罪嫌疑人合法权益，犯罪行为在既遂之前，还有可能处于犯罪预备、犯罪未遂阶段，甚至犯罪嫌疑人主动放弃犯罪，而线人引诱犯罪的目的在于人赃并获，毫无疑问将破坏上述犯罪形态，影响后期量刑。再如折中说，区分有无犯意，以此判断利用线人诱惑侦查是否合理，对于犯意引诱型的诱惑侦查持否定态度，即不得利用线人诱惑原本没有犯罪意图的人进行犯罪活动，也符合我国《刑事诉讼法》第153条规定——不得诱使他人犯罪。同时对于机会提供型诱惑侦查持肯定态度，侦查机关可以使用线人引诱本来就存有犯意的犯罪分子，为其提供犯罪的便利或机会，从而便于案件侦破。

（五）线人侦查证据的审查

通过线人获取犯罪证据是实施线人侦查的主要目的，换言之，线人的主要任务就是为警方提供犯罪证据或线索。有学者指出，线人在刑事案件的侦查中，接受侦查机关的任务，就是为侦查机关提供有一定价值的犯罪线索、情报或证据。[2]还有学者指出，线人以不同面目出现，目的是搜集、发现和掌握犯罪活动的信息并及时准确地提供给侦查机关。[3]比如电影《线人》很直观地反映了警方如何利用线人获取犯罪证据和线索。电影中，刑事情报科督察李沧东（张家辉饰），一直通过线人收取情报破案。一次警方收到线报，劫金大盗巴闭准备在香港犯案，李沧东安排何细鬼（谢霆锋饰）当线人，成功混入巴闭贼党做车手。在李沧东的安排之下，何细鬼很快得到巴闭一党的信任，一同参与物色金店、买枪，以此掌握足够证据提供给李沧东，最终将巴闭一党绳之以法。再如在李某学等人盗油案中，黑龙江大庆市大同区公安分局接到群众匿名举报，称在树林带存有原油，民警出警后在囤油现场发现有四百多袋原油，分局于2019年10月28日对该案立案侦查，经过调查走访

〔1〕 参见廖斌、张中等：《技术侦查规范化研究》，法律出版社2015年版，第207页。
〔2〕 参见樊学勇、刘荣：《论线人侦查行为的法制化》，载《云南大学学报（法学版）》2006年第5期。
〔3〕 参见吕志祥、王凤涛：《法律视野中"线人"的制度缺失及其建构》，载《甘肃政法学院学报》2007年第4期。

及线人提供的线索，确定李某学、魏某宽、李某 1、李某 2、康某福有重大嫌疑，并在 2019 年 11 月 7 日凌晨将该五人抓获。[1]

《刑事诉讼法》《刑诉法解释》和《公安机关办理刑事案件程序规定》均作出明确规定，线人侦查获取证据材料在刑事诉讼中可以作为证据使用，如果使用该证据可能危及有关人员的人身安全，或者可能产生其他严重后果的，应当采取不暴露有关人员身份、技术方法等保护措施，必要的时候，可以由审判人员在庭外对证据进行核实。由此，对于线人侦查获得的证据按照刑事诉讼程序及相关规定进行审查。并且，《刑事诉讼法》第 152 条作出规定，采取包括线人侦查在内的技术侦查措施获取的材料，只能用于对犯罪的侦查、起诉和审判，不得用于其他用途。换言之，线人侦查的线索或证据必须纳入诉讼阶段，不得另作他用。对此，有学者认为应当建立线索统一管理、评估机制，对于擅自毁坏线索、滥用线索、另作他用等情况，相关侦查人员应当承担责任。[2]

## 五、线人的保护

使用线人侦查对于侦破某些类型犯罪具有天然的优势，比如有学者指出线人在执法活动中扮演着重要角色，执法机构依靠线人充当其"眼睛和耳朵"，可以有效侦破毒品型犯罪。[3]再如美国缉毒署曾言，虽然如今在侦破犯罪案件中有大量的科技手段可以运用，但是侦查机关在办案过程中一定要和人打交道，科技手段很难准确判断和测量人的行为和心理，对犯罪案件实施有效侦查还需要线人侦查等传统侦查手段。[4]

所以，线人侦查有时对案件的侦破能起到至关重要的作用，相应如何保护线人应当是贯穿线人侦查的始终。对此，威格莫尔（John H. Wigmore）在论及线人保护的合理基础时指出，不论线人的动机是基于其公民责任、期待获得刑罚宽待或金钱报酬等，他通常都会要求合作是以确保匿名为条件的，

---

[1] 参见（2020）黑 0606 刑初 18 号刑事判决书。

[2] 参见廖斌、张中等：《技术侦查规范化研究》，法律出版社 2015 年版，第 218~219 页。

[3] 参见龙宗智、夏黎阳主编：《中国刑事证据规则研究——以刑事证据的"两个规定"为中心》，中国检察出版社 2011 年版，第 195 页。

[4] 参见邓立军：《全球视野与本土架构——秘密侦查法治化与刑事诉讼法的再修改》，中国社会科学出版社 2012 年版，第 203~204 页。

从而保护自己与家人免受损害……通过保密线人的身份，政府也将从中获益。政府执法官员经常依靠职业线人向其不断提供犯罪信息，暴露线人的双重角色将使线人无法继续为政府所利用，也使其他人不愿与政府再建立类似的关系。[1]

（一）线人的安全保护

线人的安全是线人保护最核心的问题，如果线人的安全得不到保障，线人侦查必将难以进行。世界各国和地区对于线人安全保护的方法大体相同。比如美国一般从身份保密和不出庭作证两方面进行，在美国诉瑞薇柔案（Unites States v. Roviaro）中，[2]赋予了警方和检察官不公开线人身份的特权；同时赋予线人拒绝出庭作证的特权，也规定了例外情况：一是线人的身份已被公开；二是线人的证词是本案的关键证据；三是法官怀疑线人提供信息的可信度，有权要求线人出庭，但线人有权要求对其身份进行保密。再如德国也采取了类似方法，从线人的选任、使用到案件诉讼过程都非常重视线人的身份保密。《德国刑事追诉上各邦法务部与内政部运用线民与卧底警察共同纲领》对于线人身份的保密等级作了区分，规定保密标准要体现比例性原则，也就是越重大、疑难、复杂的案件，对线人身份的保密要求越高，例如重大非法毒品交易、军火交易等，要给予线人充分的信赖和身份保密。又如我国台湾地区也是从身份保密出发，其"警察职权行使法"规定涉及线人的相关文件，包括法律文件，均不使用线人的真实姓名，以代号或化名替代，并且线人的基本信息，例如年龄、身高、住址、国籍，相关文件也不允许记载，等等。除此之外，台湾地区还规定了线人原则上不出庭作证，若需线人出庭作证，则采取不暴露外貌、真实声音等措施。

我国对于线人安全的保护也基本与上述国家和地区一致：一是身份的保密。《刑事诉讼法》第154条和《刑诉法解释》第117条均作出了规定，即线人收集的证据材料，如果使用该证据材料有可能危及线人的人身安全，或者产生其他严重后果的，应当采取不暴露线人身份的措施。实践中采取的措施包括：①限制公开部分信息，避免暴露有关人员身份；②对有关材料、信息

---

[1]　John H. Wigmore, *Evidencein Trial at Common Law*, McNauguton, rev, 1961, p. 2192. 转引自黄晓平：《线人拒绝证言权研究——以美国法为借镜》，中国政法大学2008年硕士学位论文。

[2]　Unites States v. Roviaro, 353U. S. 53（1957）.

作技术化处理，如声音转化，或让有关人员以特殊的方式作证；③其他技术保护方法。[1]另外，由于线人侦查的风险性，除了线人本身身份的保密，还有对其亲属的身份保密，防止亲属的人身、财产安全受到威胁。

（二）线人的拒证特权

在上文关于线人安全保护中已经提到，线人具有拒证特权。有学者指出，在某些情况下，如果让线人到庭陈述或出示证据等，可能会损害基于线人建立起来的重要利益关系或者社会关系，于是法律为了维护和促进该种利益或者社会关系而规定在特定的情况下免除其出庭陈述或出示文件、物件的义务。[2]还有学者指出，线人的这种权利是政府拥有的能够据以保密线人身份，以及与线人间秘密交流的特权。[3]

实践中，关于拒证特权的具体规定也基本一致，比如英国，线人在一般情形下不出庭作证，源于"公共利益"豁免原则，只要涉及公共安全就不予展示该证据。再如德国，一般情形下线人也不出庭作证，由法官在庭外进行核实。[4]值得一提的是，大部分国家对于线人拒证特权持肯定态度，一方面基于对线人的保护，另一方面基于公共利益的保护。

我国《刑事诉讼法》及其解释也作出了相关规定，即线人收集的材料在刑事诉讼中可作为证据使用，必要的时候该证据可由法官庭外核实，这说明我国在某种程度上认同了线人的拒证特权。但需要说明的是，这不是完全意义上的拒证特权，只是赋予线人可以不出庭作证的权利，并不意味着证人可以完全拒绝作证。实践中，我国证人出庭率非常低，很多地方法院证人出庭率甚至不到5%，由此可以推断线人的出庭率只会更低。因为线人有时只提供一些信息情报或线索，并不提供证据，例如毒品犯罪案件中，线人提供毒品交易的时间、地点，其他则依靠侦查机关自行取证。所以，在很多案件中，线人只需要提供案件线索来源，无须成为证人，更不需要出庭作证。

---

〔1〕 参见宋英辉主编：《中华人民共和国刑事诉讼法精解》，中国政法大学出版社2012年版，第197页。

〔2〕 参见冉井富：《论刑事拒绝作证特权中的利益衡量》，载《汕头大学学报（人文社会科学版）》2001年第4期。

〔3〕 *Black's Law Dictionary* (8th ed.), Thomson West, 2004, p. 1236.

〔4〕 参见杨云：《线人作证制度之立法》，载《天津市经理学院学报》2014年第1期。

### （三）线人的刑事责任豁免

对于线人侦查过程中参与犯罪是否能刑事责任豁免，一直存在不同的观点，比如有学者认为，不应当赋予线人刑事豁免权，如果赋予刑事豁免权等同授予了线人进行犯罪活动的通行证，并且他们还可凭借政府认可的"犯罪方式"获取其他收入，这在法治国家来说是决不允许的；另有学者认为应当赋予线人一定的刑事责任豁免权，线人主观上没有犯罪故意，其参与犯罪只是为了推进刑事侦查的继续，虽然客观上造成了侵害法益结果，但是若不容忍线人的这种行为，所造成的社会危害性会更大。[1]归纳起来，关于是否赋予线人刑事责任豁免权的观点主要有三种：一是认为线人所实施的犯罪行为可以无条件免责，基于其特殊身份和侦查环境的要求，不免责将导致线人很难接近犯罪组织，从而无法获悉信息情报；二是认为线人所实施的犯罪行为可以有条件免责，主要看犯罪行为是否属于侦查授意范围和是否有紧急避险情形；三是认为不能对线人犯罪行为进行免责，一旦免责就意味着制造更多犯罪行为，背离打击犯罪初衷。

尽管理论上有争议，但西方多数国家赋予了线人刑事责任豁免权，并建立了较为健全的刑事豁免制度。[2]以美国为例，2001 年美国司法部颁布的《秘密线人使用准则》从授权与禁止两方面对线人的刑事豁免问题作出了规定：一方面为推进侦查的顺利进行规定了线人可以实施的犯罪种类，另一方面又规定了在任何情况下线人均不得实施的犯罪种类。[3]换言之，《秘密线人使用准则》从正面授权与反面禁止两方面来界定线人可实施的犯罪行为种类，以此明确刑事责任豁免的范围。

我国法律没有对线人的刑事责任豁免作出明确规定，但实践中线人的刑事责任豁免常有发生。比如上述贵州凯里线人事件中，在打掉一个窝点时，州公安局、市公安局、禁毒大队、派出所等不同的单位和部门称有自己的线人，要求放人。再如上述李某旺编造线人身份"捞人"，在破获一起毒品案中抓获李某 1，李某旺谎造李某 1 是线人，使其被释放。可见，在某些案件侦破

---

〔1〕 Even Haglund, "Impeaching the under World in Formant", 63S. *Cal. L. Rev.* 1405（July, 1990）. 转载自张泽涛：《"线人"的运用及其规范——以美国法为参照》，载《法学》2005 年第 3 期。

〔2〕 参见吕志祥、王凤涛：《法律视野中"线人"的制度缺失及其建构》，载《甘肃政法学院学报》2007 年第 4 期。

〔3〕 参见王彬：《美国线人制度：运用与规制的双重分析》，载《犯罪研究》2012 年第 5 期。

后，侦查机关或侦查人员主动帮助线人进行责任豁免。不可否认，缺乏统一的规范导致线人刑事责任豁免在实践操作过程中略显随意，对此，笔者认为可以借鉴美国的做法，明确线人刑事责任豁免的犯罪种类和情形，比如有证据能够证明线人有故意犯罪行为则不能刑事责任豁免；再如对于重大、疑难、复杂犯罪案件，在无故意犯罪证据情况下，线人原则上享有刑事责任豁免权；又如线人不天然享有刑事责任豁免权，由负责侦查的部门或负责人根据侦查活动具体情况予以判断是否刑事责任豁免并说明理由。

总之，线人的刑事责任豁免是对其从事侦查活动过程中应对危险、复杂等特殊环境的一种保护。但是该权利不能被随意行使，应当有一定的规范。

（四）线人的报酬保障

如上文所述，我国侦查机关对于线人报酬有专门的经费。实践中对于线人应获报酬的保障仍出现不少问题，比如 2003 年，有 4 年打击假烟工作经验的广东线人邱某荣和李某平，在寻找制假窝点时不慎身份暴露被制假者发现，两人被活活殴打致死。而广东省烟草专卖局除了给死者家属 5 万元的举报费以外，并未给他们任何补偿。受到质疑后，广东省烟草专卖局则解释称 5 万元中包含了补偿，真正的举报费是 773 元。[1]事实上，线人多半是游走在法律边缘的人，生活在"灰色地带"，如何保障线人应得的报酬，是线人保护的关键内容，如果线人的报酬得不到保障，线人侦查将无法正常进行。对此，我国侦查机关采取了不同的方式，有的侦查机关与线人签订协议对相应报酬进行约定，有的侦查部门则即时兑现报酬，即线人提供情报或证据时，侦查部门直接通过现金支付相应的对价。

但是，无论哪种方式，都无法改变侦查部门与线人地位的不对等性，一旦侦查部门不兑现线人的相应报酬，线人也无可奈何。因此如何保护好线人的应获报酬，仍没有成熟的做法或制度规定，需要不断摸索。

## 六、线人制度的完善

线人侦查作为一项重要的技术侦查措施，在实践中发挥了重要作用，也累积了一定的经验和做法；同时要看到线人制度仍有不少亟待完善的地方，尤其是操作层面仍缺乏具体规范，比如法律层面上对线人侦查只作了原则性

---

〔1〕 参见廖斌、张中等：《技术侦查规范化研究》，法律出版社 2015 年版，第 214 页。

规定，其他的规定绝大多数是侦查机关的内部规定，缺乏完整的制度体系。

（一）完善线人制度的路径选择

如何完善线人制度有不同的理论探讨和实践经验。总体而言，可以归纳为三种路径：一是完善证据规则，通过证据规范线人侦查；二是完善责任体系，通过明确责任承担规范线人侦查；三是完善程序规则，通过设置合理程序规范线人侦查。有的只采用其中一种路径就能达到有效规范的效果，有的则需要几种路径相互融合才能达到规范目的。

第一，通过证据规范线人侦查。有学者认为，加大线人向侦查机关提供证据的审查力度，比如严格遵守非法证据排除规则，明确各类证据的可采性规则。例如鉴于线人身份和其提供证据的特点，应当对那些易固定、再伪造性弱、采取其他手段不易获取的证据认定为具有可采性，对于那些不确定为真实证据又不能认定为非法证据的，在与其他证据形成证据锁链后也可以作为定案依据。[1]但笔者认为，实践中通过证据达到规范线人侦查存在一定困难：一方面实践中很多案件线人并不提供证据，而是只提供犯罪线索，侦查机关利用线索自行取证；另一方面因保护线人的需要，线人一般不需要出庭作证，更不可能接受质证，所以对线人提供的证据，如何利用非法证据规则予以排除将陷入两难境地，即线人不出庭接受质询将很难判断其所取证据是否使用了非法手段，如一律排除可能影响案件的事实认定，如一律采纳则虚置非法证据排除规则。

第二，通过明确责任承担规范线人侦查。我国在明确线人侦查的责任承担方面作了不少努力，比如《刑事诉讼法》明确规定包括线人侦查在内的技术侦查的禁止性行为，再如侦查人员有滥用职权、渎职、贪污受贿行为等均可以追究相应的责任，或者侦查人员采信线人提供的虚假线索造成冤假错案同样可追究其责任，等等。但是，笔者认为，通过完善和明确线人或者侦查人员的责任承担也很难达到规范线人使用的目的：首先，线人并非侦查机关的公务人员，而是普通百姓，甚至有些人还有前科劣迹，加之线人侦查本身具有隐匿性，侦查部门很难掌握线人的行踪，更无从谈起掌握线人的违法犯罪证据。比如有学者就指出，侦查部门很难从线人处获取有关信息，因为在

---

〔1〕　参见樊学勇、刘荣：《论线人侦查行为的法制化》，载《云南大学学报（法学版）》2006年第5期。

执法机关使用完线人之后，线人就会迅速消失。[1]其次，关于侦查人员的管理责任，事实上该方面责任的相关规定并没有缺位，比如上述的滥用职权、渎职、采信虚假线索造成后果等都有相应的规定可以追究侦查人员责任，但前文不少案例仍反映出侦查人员的管理不到位，甚至与线人合谋制造假案。

第三，通过设置合理程序规范线人侦查。有不少学者提出通过程序设置完善线人规制，如明确线人的主体资格、规范线人的审批、监控、终止程序等。[2]在实践中，合理设置相应的程序也是完善线人制度的重要内容之一。比如美国就在程序上加大对线人侦查的监督，增加各级警局和检察官对警探使用线人的控制权，避免其在使用线人的时候失控。[3]同时对侦查人员所做的汇报和线人的酬金支付记录进行审查外，还要对线人的状况进行定期检查并将这些反馈情况详细地记录到线人档案中。[4]我国也在程序设置上形成了一些有效的经验，比如《刑事诉讼法》第二章第八节就在线人侦查的程序方面作出了规定，并且在实践中取得了较好的效果。所以，笔者也赞同，从某种程度而言，完善线人制度的关键在于程序设置的合理。

（二）适当限制线人的主体资格

如上文所述，关于线人的主体资格存在不同的规定和要求。比如美国，在招募线人时基本没有限制，几乎所有正常人都可以成为美国相关机构的线人。例如在"美国诉皮尼案"（Unites States v. Penn）中，[5]警方为了破案，招募当事人家庭成员作为线人，互相监控彼此，甚至孩子都成为其父母的线人。还有，在"美国诉辛普森案"（Unites States v. Simpson）中，[6]警方招募嫌疑人的几个情人作为线人，提供嫌疑人的信息和情报。值得注意的是，尽管美国对于招募线人没有主体资格的限制，但是某些人群能否成为线人仍存在激烈的争论，例如未成年人。1998年3月，加州一个17岁男孩被得知是警

---

〔1〕 姜南：《以案说法：危险的"特情"——关于刑事特情工作若干问题的研讨》，载东方法眼，http://www.dffyw.com/faxuejieti/xingzhen/200603/20060316193246.htm，最后访问日期：2019年5月10日。

〔2〕 参见樊学勇、刘荣：《论线人侦查行为的法制化》，载《云南大学学报（法学版）》2006年第5期；张泽涛：《"线人"的运用及其规范——以美国法为参照》，载《法学》2005年第3期。

〔3〕 参见张泽涛：《"线人"的运用及其规范——以美国法为参照》，载《法学》2005年第3期。

〔4〕 参见廖斌、张中等：《技术侦查规范化研究》，法律出版社2015年版，第201页。

〔5〕 647 F. 2d 876 (9th Cir. 1980).

〔6〕 813 F. 2d 1462 (9th Cir. 1987).

方的线人，其女朋友因此遭到报复并被奸杀，该案曝光后，引起了民众对未成年人成为线人的抗议。[1]对此，加州还出台了规则以限制未成年成为线人，例如警方在遴选未成年人担任线人时必须考虑其年龄和成熟程度，以及是否完全自愿、父母是否同意等。[2]再如德国，侦查部门在线人的选任中也没有特殊要求，同时《德国刑事追诉上各邦法务部与内政部运用线民与卧底警察共同纲领》规定未成年人不得选任为线人，并且提及了线人使用的最后手段原则，即在采用其他侦查方式无法侦破的情况下才能使用线人侦查，其他则没有相关的要求。又如我国台湾地区通过成文法对线人主体资格作出限制。"警察职权行使法"规定了台湾地区选用线人的一套程序，执法机关会重点考虑候选人的忠诚可靠度、工作及生活背景、合作意愿及动机等因素。同时，线人还应具备如下要求：①线人必须是不具有警察身份的人；②线人与警察的合作必须出于自愿；③线人不享有警察的职权，在搜集证据过程中不得冒充警察行使职权；④不给予线人以任何名义与证明文件，线人不属于政府的雇员；⑤必须秘密从事资料搜集活动；⑥不得有违反法律的行为。[3]

　　从上述各国和地区的经验来看，大多并未限制线人的主体资格，但也作出了一些特殊规定，比如限制未成年人成为线人。我国立法并未对线人的主体资格作出限制，相反，鼓励人民群众成为侦查部门的线人，帮助提供线索进行破案，并且，各侦查部门拿出专门奖金，用于奖励人们提供有价值的案件线索。对此，笔者认为，我国在线人的主体资格上应当设定一些限制性条件，至少几类特殊人群成为线人需要慎重考虑。比如未成年人成为线人应当有前提条件，无论是出于保护的角度，还是从其心智、思想不够成熟等因素考虑，未成年人不能轻易成为警方的线人。再如正处于刑罚期的人也不能随意被招募成为线人：一方面这类人群担任线人，其动机很难确定，有的人会为了立功、减刑制造冤错案，有的人则成为"双面间谍"；另一方面这类人群担任线人还会扰乱刑罚执行秩序，不排除有部分人想利用成为线人的机会逃脱刑罚制裁。又如精神病人、不能辨别是非的人等特殊人群不能成为线人。这部分人群不能担任线人是其能力明显不能识别犯罪，更不可能收集犯罪线

〔1〕　参见张泽涛：《"线人"的运用及其规范——以美国法为参照》，载《法学》2005年第3期。
〔2〕　Cal. Penal Code 701. 5（West 1999）.
〔3〕　参见谢佑平、邓立军：《台湾地区的"线民"制度》，载《中国人民公安大学学报（社会科学版）》2011年第5期。

索或证据。我国《刑事诉讼法》对此也有相应的规定，即精神上有缺陷，不能辨别是非、不能正确表达的人，不能作证人，由此该部分人也不能成为线人。

（三）健全线人档案制度

完善线人档案制度是线人制度的重要内容，也是必不可少的程序。有些国家非常重视线人档案制度建设。比如美国在招募线人时，会为其建立个人档案，其至少包括以下几个方面：个人履历、指纹卡、照片、美国刑事犯罪中心检索（NCIC）、前科记录、本地记录检查。个人履历还要包括亲属的姓名和住址、过去和当前的雇主，如果案情需要还要了解线人的经济信息。而这些工作都是为了准确了解线人。[1]通常情况下，美国警方在使用线人，特别是涉嫌犯罪的线人时，必须与其签订协议，并且协议作为档案的一部分，内容甚至包括支付赏金的金额、时间和方式。[2]

而我国在线人档案制度方面存在诸多不足。有些地方没有专门建立线人档案，从而导致线人管理混乱，甚至有时无法区分是线人还是犯罪分子。因此，笔者认为，完善线人制度的当务之急就是建立健全线人档案制度。

第一，建立专门的线人档案。侦查部门招募的所有线人均应该进行登记，形成档案，由相关部门保存。该档案应当包括线人的基本信息及相应案件情况，例如线人的身份、履历、照片、前科记录等，案件的基本信息、线人使用期限、案件负责人员等。目前，我国《公安机关办理刑事案件程序规定》第 265 条规定，线人侦查由设区的市一级以上公安机关负责人批准，因此可以由设区的市一级以上公安部门建立线人档案制度，全面汇总本地区的线人情况及案件情况，并实行备案制度。同时，允许相关部门经过审批后查询线人档案，以便于既能有效管理线人，也能防止线人和案件信息泄露。

第二，侦查机关对于初次进入档案的线人应当履行告知义务。比如美国，很多州的警方都有一套线人指南，指南中规定了线人登记或需要一些证明文件时的具体做法。在许多案件中，线人需要签署一些写明线人权利与义务的文件，表明他已明白相关规定。[3]对此，在我国线人进行档案初始登记时，

---

〔1〕 参见［美］约翰·马丁格：《秘密线人——最有价值的执法工具》，张辉、芦鹏、邹晶译，新华出版社 2012 年版，第 113 页。

〔2〕 参见张泽涛：《"线人"的运用及其规范——以美国法为参照》，载《法学》2005 年第 3 期。

〔3〕 参见［美］约翰·马丁格：《秘密线人——最有价值的执法工具》，张辉、芦鹏、邹晶译，新华出版社 2012 年版，第 188 页。

相关部门也可以发放一些告知材料，特别是关于权利与义务的内容，告诉线人享有哪些权利，应当履行哪些义务。

第三，建立线人档案司法审查制度。根据目前我国的相关规定，线人可以不出庭，但线人所作的证人证言以及提供的证据材料依然会提交法庭。因此在必要的情况下，法院可以调取线人档案，用于帮助判断线人所提交证据的真伪，比如线人所提交的证据成为全案的关键性证据时，法院可以专门要求侦查部门提供线人档案，或要求线人档案随案移动，以便于判断该线人的证言及提供的证据的真伪。

（四）细化线人使用的审批程序

线人审批程序主要是防止侦查部门滥用线人侦查，并且规范线人侦查行为。比如德国对线人侦查的规范主要体现在审批程序上，按照《德国刑事追诉上各邦法务部与内政部运用线民与卧底警察共同纲领》的规定，线人使用的审批权由检察官行使，警方在遴选线人和线人是否能够拒绝出庭作证须报检察官同意，同时检察官有相应的保密义务。同时，《德国刑事诉讼法典》规定了在重罪的犯罪侦查中，当其"无法以其他措施加以侦查"且这种侦查方法尤其具有重要性时，可以采用秘密的调查人员及可信赖的网民进行调查。原则上，这种侦查措施只需要检察官的同意即可，不过在针对特定被告人或需进入非对公众公开之住宅时，则需要法官的同意。[1]再如我国台湾地区线人侦查的审批程序是由侦查部门内部掌控，即警察长官审批制。"警察职权行使法"规定，利用线人侦查，应当由执法人员写明事实原因并报警察局长批准，搜查结束后，还要以书面形式载明搜查理由和适用的法律依据并报警察局长，除不能通知或有可能对他人的人身、安全构成威胁外，还应通知被搜查的他人。[2]值得一提的是，台湾地区对于线人的遴选同样需要警察长官进行审批，并且，该审批是事前审批，不允许事后补批。

我国《刑事诉讼法》对线人的审批程序作出了明确规定，其中要求包括线人侦查在内的隐匿侦查措施都需要经过审批，由侦查部门制作报告书，报设区的市一级以上侦查机关负责人批准。值得注意的是，对于线人侦查而言，

---

〔1〕　参见〔德〕克劳思·罗科信：《刑事诉讼法》（第24版），吴丽琪译，法律出版社2003年版，第74~77页。

〔2〕　参见谢佑平、邓立军：《台湾地区的"线民"制度》，载《中国人民公安大学学报（社会科学版）》2011年第5期。

该规定属于间接性规定，并且过于原则，例如侦查部门制作的报告书应当包含哪些内容，审批后怎么执行等均没有涉及。所以，实践中各侦查部门的做法不一。并且，从一些案例也不难看出，该审批程序并未起到有效规范线人侦查的作用。

对此，有学者认为，我国应当借鉴德国的审批体制，由检察机关负责线人侦查的审批，同时由侦查机关具体负责的侦查人员对线人进行监督管理，并向检察机关报告，确保线人清楚自己的职责，避免侦查人员用不道德的手段从线人身上获取情报。[1]此外，线人侦查的审批报告需载明案件背景、范围，以及线人侦查措施的可行性分析等，比如在审批报告中应当载明使用线人侦查的原因、案件背景、侦查期限、线人的基本情况，等等。再如审批材料应当归入线人档案，以便在需要时履行相关手续进行调阅。并且，根据《公安机关办理刑事案件程序规定》第266条的规定，线人侦查的审批时限为3个月，到期后由侦查部门报请可以延期，在申请延期时应当提交延期申请报告，载明线人侦查执行情况、延期原因等，便于审批部门动态掌握线人侦查相关情况。

（五）明确线人侦查的终止情形

关于线人侦查在什么情形下应当终止，对于整个线人制度而言十分重要。比如《德国刑事追诉上各邦法务部与内政部运用线民与卧底警察共同纲领》对线人侦查的终止情形作出了明确规定，存在下述行为的线人侦查应当被终止：一是侦查部门使用线人要有明确的侦查授意范围，线人超过该范围侦查，或有违法行为或牟取私利；二是线人没有在侦查部门及其工作人员的指示下进行相关活动；三是线人实施犯罪。再如我国台湾地区的"警察遴选第三人搜集资料办法"规定，该案件的线人完成搜集情报和信息等任务后，与警方的关系自然消灭，即线人的任务完成后，不再具有线人身份，不需要警方履行与线人关系终止的程序。该规定还列举了警方与线人关系终止的其他情形，例如有证据足以认定该线人不适格、使用线人的原因消失等。

但是，从公布的资料看，我国没有关于线人侦查终止的相关规定，甚至在刑事诉讼法等规定中也很难找到可以适用的原则性或间接性规定。从实践看，我国的线人终止情形与德国的路径十分相似，即强调线人的职责与履职

---

〔1〕 参见廖斌、张中等：《技术侦查规范化研究》，法律出版社2015年版，第223页。

边界，超出了则可以终止，但因缺乏明文规定，如何掌握终止情形则完全依靠侦查机关或侦查人员的自行判断。对此，笔者认为，我国《刑事诉讼法》或者侦查机关出台的实施细则应当对线人侦查的终止情形作出明确规定。

（六）赋予被侦查对象救济权利

在线人侦查过程中，由于其行为的隐秘性，很多行为不被侦查机关掌握。但是作为被侦查对象，其对线人的行为有更为直观的了解，被侦查对象能够提供线人是否违法犯罪的线索或证据，所以赋予被侦查对象救济权利是线人制度中的重要程序性权利：[1]

第一，被侦查对象在刑事诉讼过程中均享有救济权利。被侦查对象在侦查、起诉和审判阶段都有权控告线人的违法犯罪行为，并质疑线人所提供线索或证据的真实性，相关部门应当就被侦查对象提出的意见进行核实。

第二，被侦查对象有申请线人所提供的证据作为非法证据予以排除的权利。根据《刑事诉讼法》和《关于办理刑事案件严格排除非法证据若干问题的规定》的规定，采用刑讯逼供等非法方法收集被侦查对象供述和采用暴力、威胁等非法方法收集的证人证言等，应当予以排除。该规定可以有力杜绝在侦查过程中线人通过非法方法获取证据。

第三，赋予被侦查对象获得赔偿的权利。线人侦查代表的是国家公权力，如果线人提供虚假线索或证据导致被侦查对象合法权益遭受损害，应当要保障被侦查对象提起国家赔偿的权利，从而倒逼线人侦查行为的规范性和合法性。

---

〔1〕　参见廖斌、张中等：《技术侦查规范化研究》，法律出版社 2015 年版，第 217~218 页。

# 控制下交付

控制下交付是在打击毒品犯罪的侦查实践中逐步发展起来的一种侦查手段。《联合国禁止非法贩运麻醉药品和精神药物公约》首次以国际公约的形式确定了控制下交付的合法地位。随后通过的《联合国打击跨国有组织犯罪公约》以及《联合国反腐败公约》将控制下交付的适用范围扩展至跨国有组织犯罪以及腐败犯罪。我国已加入上述三个联合国国际公约，并在 2012 年修订的《刑事诉讼法》中对控制下交付作出了明确的规定。这一举措为控制下交付的实施奠定了合法性基础，然而《刑事诉讼法》的规定较为笼统、概括，缺乏控制下交付的程序性规制。本章节拟对控制下交付的基本理论作梳理和阐述，探讨控制下交付如何具体实施的问题。

## 一、控制下交付概述

### （一）控制下交付的立法概况

1. 联合国国际公约中的控制下交付

控制下交付的概念最早在 1988 年《联合国禁止非法贩运麻醉药品和精神药物公约》中得到确定，随后 2000 年《联合国打击跨国有组织犯罪公约》以及 2003 年《联合国反腐败公约》相继对控制下交付作出规定。这三个国际公约可以说是研究控制下交付的起点。

1988 年《联合国禁止非法贩运麻醉药品和精神药物公约》第 1 条第 g 项明确规定了控制下交付的概念："'控制下交付'系指一种技术，即在一国或多国的主管当局知情或监督下，允许货物中非法或可疑的麻醉药品、精神药物、本公约表一和表二所列物质或它们的替代物质运出、通过或运入其领土，以期查明涉及按本公约第 3 条第 1 款确定的犯罪的人。"〔1〕2000 年《联合国打击跨国有组织犯罪公约》和 2003 年《联合国反腐败公约》将控制下交付视为"特殊侦查手段"之一，对控制下交付作出如下相同的定义："'控制下交付'系指在主管当局知情并由其监控的情况下允许非法或可疑货物运出、通过或者运入一国或多国领域的做法，其目的在于侦查某项犯罪并查明参与该项犯罪的人员。"〔2〕

作为首部对控制下交付予以规定的国际公约，《联合国禁止非法贩运麻醉药品和精神药物公约》对控制下交付内涵的描述较为全面，涵盖了控制下交付的性质、行动模式、控制对象以及目的。从性质上说，控制下交付的性质是一种技术，更为准确的表达是"特殊的技术性侦查措施"；从行动模式来看，控制下交付是一种监控型的特殊技术侦查措施，受到主管当局的监控；在控制的对象方面，公约规定包括麻醉药品、精神药物以及相关物质的跨境流动，因此控制的对象并非物本身，而是物的跨越国境的流动；依照公约的规定，实施控制下交付的目的是查明犯罪嫌疑人。

随后在 2000 年通过的《联合国打击跨国有组织犯罪公约》，相对于 1988年《联合国禁止非法贩运麻醉药品和精神药物公约》作出了两点调整：其一，控制的对象范围扩大，由原来仅限于麻醉药品、精神药物以及相关物质扩展至跨国有组织犯罪所产生的各种非法或可疑货物。换言之，控制下交付不仅适用于毒品犯罪，诸如洗钱、腐败、非法贩运野生动植物濒危物种、破坏文化遗产以及恐怖主义、贩运人口、偷运移民等方面的跨国犯罪，均被纳入控制下交付的对象范围。其二，打击犯罪的功能得到强化，在查明犯罪嫌疑人的基础上增加了侦查犯罪的目的，强调了控制下交付应作为国际侦查合作的

---

〔1〕《联合国禁止非法贩运麻醉药品和精神药物公约》第 1 条第 g 项。其英文表述为：Article 1：DEFINTIONS（g）"Controlled delivery" means the technique of allowing illicit or suspect consignments of narcotic drugs, psychotropic substances, substances in Table I and Table II annexed to this Convention, or substances substituted for them, to pass out of, through or into the territory of one or more countries, with the knowledge and under the supervision of their competent authorities, with a view to identifying persons involved in the commission of offences established in accordance with article 3, paragraph 1 of the Convention.

〔2〕《联合国打击跨国有组织犯罪公约》第 2 条第 i 项；《联合国反腐败公约》第 2 条第 9 项。其英文表述为："Controlled delivery" shall mean the technique of allowing illicit or suspect consignments to pass out of, through or into the territory of one or more States, with the knowledge and under the supervision of their competent authorities, with a view to the investigation of an offence and the identification of persons involved in the commission of the offence.

重要形式。[1]

2003 年《联合国反腐败公约》基于打击腐败犯罪、侦查非法资金或犯罪所得的跨境流动，在公约第 50 条第 4 款将资金纳入拦截的对象。[2]通过三大联合国国际公约的立法规定，控制下交付的定义日臻周密，在实践中也得到了更为广泛的适用。

2. 我国法律法规中的控制下交付

我国早已签署上述三个联合国国际公约，但是有关控制下交付的国内立法进程则经历了相当长的发展过程。长期以来，我国对控制下交付的规制限于公安机关的内部规定。2001 年，湖南省公安厅颁布了《关于办理毒品案件有关问题的暂行规定》，首次使用了"控制下交付"这一法律术语，并对其适用条件进行了规定。随后公安部禁毒局先后出台了《毒品案件侦查协作规定》以及《公安机关禁毒民警执勤行为规范》等一系列内部规定。这些内部规定对控制下交付作出了规制，涵盖"立案、管辖、报批备案、组织实施、涉外案件的处理"等问题。[3]

直至 2012 年，我国修订《刑事诉讼法》，才以法律的形式确立了控制下交付这一特殊的技术侦查措施。2012 年《刑事诉讼法》第 151 条第 2 款规定："对涉及给付毒品等违禁品或者财物的犯罪活动，公安机关根据侦查犯罪的需要，可以依照规定实施控制下交付。"2018 年新《刑事诉讼法》第 153 条继续沿用了该条款的表述。从条文来看，我国对控制下交付的定义以及适用范围、条件等的规定较为粗疏，并未涉及审批以及实施的程序。

依据《刑事诉讼法》的相关规定，公安部制定了《公安机关办理刑事案件程序规定》，其第 272 条对控制下交付作出了细化规定。[4]相较于《刑事诉

---

[1] 参见吴瑞：《跨国环境的控制下交付程序研究》，载《中国人民公安大学学报（社会科学版）》2013 年第 2 期。

[2]《联合国反腐败公约》第 50 条第 4 款规定："经有关缔约国同意，关于在国际一级使用控制下交付的决定，可以包括诸如拦截货物或者资金以及允许其原封不动地继续运送或将其全部或者部分取出或者替换之类的办法。"其英文表述为：Decisions to use controlled delivery at the international level may, with the consent of the States Parties concerned, include methods such as intercepting and allowing the goods or funds to continue intact or be removed or replaced in whole or in part.

[3] 参见陈永生、蔡其颖：《控制下交付的历史沿革探析》，载《山东警察学院学报》2013 年第 3 期。

[4]《公安机关办理刑事案件程序规定》第 272 条规定："对涉及给付毒品等违禁品或者财物的犯罪活动，为查明参与该项犯罪的人员和犯罪事实，根据侦查需要，经县级以上公安机关负责人决定，可以实施控制下交付。"

讼法》,《公安机关办理刑事案件程序规定》完善补充了控制下交付的审批主体、实施目的等内容。

（二）控制下交付的含义

我国学者根据联合国的国际公约,以及我国相关的法律法规、公安部的内部文件,对控制下交付的定义作出了阐述。如有学者认为,控制下交付是一种特殊侦查手段,其目的在于追查犯罪活动,查明犯罪嫌疑人,侦查机关允许"非法或可疑物品、资金或者它们的替代品按照犯罪嫌疑人的意向继续流通",但同时予以严密的监督。[1]类似的表述有:"控制下交付是侦查机关发现非法交易的物品后,在对物品进行秘密监控的情形下,允许物品继续流转以侦查策划该项犯罪的犯罪组织、犯罪团伙以及其他犯罪参与人,从而彻底查明该案件。"[2]上述定义本质上趋同,对控制下交付的概念,可从以下方面理解:

第一,控制下交付的审批主体为公安机关。具体而言,审批的主体应为县级以上的公安机关负责人。公安机关作为国家侦查机关,可根据侦查的需要,决定实施控制下交付,这也是公安机关履行打击犯罪、保障人权职责的体现。控制下交付作为一项特殊的技术侦查措施,涉及非法或可疑物品、资金的流转,具有一定的社会危险性,因此审批主体有级别的限制,需由县级以上的公安机关负责人决定。

第二,控制下交付的适用对象是非法或可疑物品、资金及其替代物。这些涉案的物品已处于侦查机关的控制之下,值得注意的是,所谓的控制并不限于对物品实施实体上的物理控制,而是指公安机关已经掌握了涉案物品的基本情况、存放位置以及移动方向。[3]

第三,控制下交付的性质是监控型的秘密侦查措施。控制下交付,顾名思义,就是要求公安机关对涉案物品的流转、交付过程实施严密的监控。同时这种侦查措施具有秘密性,属于秘密侦查措施。从控制下交付的审批、计

---

〔1〕参见陈学权:《程序法视野中的控制下交付》,载《西北大学学报（哲学社会科学版）》2012年第2期;李润华:《职务犯罪侦查中的控制下交付》,载《中国检察官》2013年第3期。

〔2〕程雷:《秘密侦查比较研究——以美、德、荷、英四国为样本的分析》,中国人民公安大学出版社2008年版,第539页。

〔3〕参见吴瑞:《跨国环境的控制下交付程序研究》,载《中国人民公安大学学报（社会科学版）》2013年第2期。

划，直到具体实施，甚至在诉讼过程中的举证、质证，都在一定程度上保密。

第四，控制下交付的目的在于侦查犯罪、查明犯罪嫌疑人，并获取有关证据。对于某些给付型犯罪活动，尤其是毒品犯罪活动，涉案的犯罪组织错综复杂，幕后成员人数庞大，公安机关难以通过常规的侦查措施查明涉案人员，查获涉案物品。因此，通过控制下交付，公安机关得以在犯罪交易过程中，获悉犯罪成员以及牵涉的犯罪组织，并及时查获涉案物品。

（三）控制下交付与诱惑侦查关系辨析

1. 关于控制下交付与诱惑侦查之关系的讨论

控制下交付与诱惑侦查的关系问题，引起了我国内地学者的广泛讨论，总的来说，目前存在四种观点。早期有学者认为，控制下交付等同于诱惑侦查，两者是同一概念。诱惑侦查、警察圈套，以及《联合国禁止非法贩运麻醉药品和精神药物公约》中的控制下交付，本质上是同一概念，只是所关注的面向有所不同。诱惑侦查关注侦查措施的具体手段和方法；警察圈套侧重对辩护人抗辩理由的表达；《联合国禁止非法贩运麻醉药品和精神药物公约》中所规定的控制下交付则着力打击毒品犯罪案件，其适用范围仅限于侦查毒品犯罪案件，而当时我国尚未制定有关控制下交付的法律法规和司法解释。[1]类似的观点认为，诱惑侦查在我国毒品案件侦查中被称为"控制下交付"，俗称"做笼子"。[2]这种观点也得到了司法工作者以及实务人员的认同。例如有禁毒局的工作人员认为控制下交付实际上就是警察圈套，即诱惑侦查。[3]也有法官将两者相提并论，认为在诸如贩卖毒品等非法交易型犯罪案件的侦破行动中，侦查机关为了获得对某一公民提起刑事诉讼的证据并顺利地对其实施抓捕，运用一定的手段引诱该公民实施犯罪行为，这种情况经常发生，因而称之为控制下交付，也有人称之为引诱犯罪、诱惑侦查。[4]

也有学者认为，两者存在一定的交集。其中一种观点认为，两者是包含和被包含的关系，控制下交付是诱惑侦查的一种典型的表现形式。[5]另一种

---

〔1〕 参见杭正亚：《诱惑侦查行为的性质及法律责任初探》，载《杭州商学院学报》2002 年第 1 期。

〔2〕 参见刘芳、干朝端：《对毒品犯罪案件中诱惑侦查问题的探讨》，载《人民司法》1999 年第 7 期。

〔3〕 参见郭光华：《公检法官员谈圈套》，载《人民公安》2001 年第 23 期。

〔4〕 参见郭光华：《公检法官员谈圈套》，载《人民公安》2001 年第 23 期。

〔5〕 参见邓立军、吴良培：《控制下交付论纲》，载《福建公安高等专科学校学报》2004 年第 4 期。

观点则认为，两者之间并不存在绝对的包含关系，只是在特定情况下，控制下交付是诱惑侦查的表现形式。一般来说，控制下交付是侦查机关发现了毒品后，随即对其实施监控，这既不存在犯意诱发型的诱惑侦查，也不存在机会提供型的诱惑侦查。而特定情况是指，在抓获第一道贩毒分子并严密封锁消息的情况下，为了实现更好的侦查效果，侦查机关派遣卧底或是特情人员进行伪装，或是逆向利用已被抓获的贩毒分子继续运送，此时控制下交付属于机会提供型的诱惑侦查。[1]

有学者的观点与上述三种观点截然相反，其认为控制下交付与诱惑侦查在本质属性上存在根本区别，是两种完全不同的侦查手段。前者是侦查机关发现了非法或可疑物品、资金后，不搜查、不扣押，任其继续流通，在明面的消极态度下，暗中实施严密的监控。后者是侦查机关明确地采取积极的态度和行为，向犯罪嫌疑人提供实施犯罪的机会，以期在犯罪现场人赃俱获。[2]

我国台湾地区学者围绕控制下交付与诱惑侦查的关系问题展开了讨论，主要的代表性观点有两个：一种观点认为，控制下交付与诱捕侦查有所不同。控制下交付的前提是侦查人员已经发现违禁品，知悉犯罪在进行，但是暂不采取行动，在严密监控下允许违禁品继续流通。此时犯罪分子已经产生犯罪意图，不需要侦查人员主动对其诱发犯意或是提供机会。[3]另一种观点认为，控制下交付不属于犯意诱发型诱惑侦查，只是被动地容许犯罪嫌疑人运送违禁品。虽然控制下交付没有使用引诱手段，但其实是一种"钓鱼"行为，因此属于机会提供型诱惑侦查。[4]

2. 控制下交付与诱惑侦查的区别

控制下交付与诱惑侦查虽然具有相似之处，但是两者并非相同的概念，也不存在交集，而是相互独立的并列的两种侦查措施：

---

〔1〕　参见任克勤、艾明：《论毒品犯罪侦查中的控制下交付手段》，载《政法学刊》2003年第1期。

〔2〕　参见陈学权：《程序法视野中的控制下交付》，载《西北大学学报（哲学社会科学版）》2012年第2期。

〔3〕　黄朝义：《监视下运送移转（controlled delivery）之探讨》，载《警学丛刊》1996年第1期；吴巡龙：《论诱捕侦查》，载《月旦法学》2007年第141期。

〔4〕　林昭弘：《论毒品犯罪之侦查方法——控制下交付》，台湾政治大学2010年硕士学位论文。转引自邓立军：《控制下交付与诱惑者侦查的边界及其勘定》，载《法学评论》2016年第6期。

（1）两者适用的前提不同。启动控制下交付的前提是侦查机关已经发现甚至查获非法或可疑物品，此时犯罪正在进行，通过对非法或可疑物品流转运送过程的监控，发现尚未暴露的犯罪贩子，以期人赃俱获，将犯罪分子一网打尽。适用诱惑侦查的前提条件是侦查机关已经发现犯罪嫌疑人，并判断其具备犯罪意图，此时犯罪行为尚未进行，侦查机关派遣线人、卧底，以乔装的方式向犯罪嫌疑人实施一定的诱导行为或提供犯罪的机会。有学者总结，控制下交付针对的是"正在进行时"的犯罪，或者说是"已然的犯罪"；诱惑侦查所针对的犯罪行为是"将来时"的犯罪，或者说是"未然的犯罪"。[1]

也就是说，控制下交付的实施前提是"物"，即先有非法或可疑物，后有控制下交付，最后发现犯罪嫌疑人；诱惑侦查的实施前提是"人"，即先有犯罪嫌疑人，后有诱惑侦查，最后查获非法或可疑物。[2]

（2）两者的行为方式不同。控制下交付与诱惑侦查采取不同的行为方式，这也是区分两者的关键所在。控制下交付的行为方式是监控，此时侦查机关并不直接参与犯罪过程，而是暗中监视，从而发现犯罪分子乃至背后的犯罪组织和犯罪集团。诱惑侦查则采取伪装、诱使的方式，与犯罪嫌疑人直接或间接地接触，甚至参与犯罪交易。有学者将控制下交付和诱惑侦查的行为方式分别总结为"四部曲"和"三部曲"：控制下交付是"发现违禁品→监控违禁品流转→逮捕接货人→深挖犯罪"，诱惑侦查是"诱惑嫌疑对象→嫌疑对象实施犯罪→逮捕嫌疑对象"。[3]

侦查机关实施控制下交付，对已经发现、掌握的犯罪活动不立即加以制止，而是先任其发展，容许非法或可疑物品继续流通，导致人们容易产生误解，以为控制下交付是消极的不作为。其实这只是侦查机关的"幌子"，实际上侦查人员暗中观察，秘密地对非法及可疑物品的转移、运送以及交易活动加以严密的监控，是一种积极的作为。从表面来看，控制下交付容许违禁品继续流通，似乎是对毒品犯罪的"放纵"。其实这只是手段而非目的。控制下

---

〔1〕 参见王国民：《试论控制下交付的概念及其与诱惑侦查之界分》，载《江西警察学院学报》2011年第3期。

〔2〕 参见朱晓莉：《毒品犯罪侦查中的控制下交付与诱惑侦查》，载《山东警察学院学报》2006年第6期。

〔3〕 参见邓立军：《控制下交付与诱惑侦查的边界及其勘定》，载《法学评论》2016年第6期。

交付的真正目的是通过麻痹犯罪嫌疑人，促使其暴露，从而"一网打尽"，如此才能实现犯罪控制的最大化。[1]

诱惑侦查行为的积极性表现得更为明显，侦查人员通过引诱行为介入到毒品犯罪交易当中，对犯罪的发生起到推动甚至主导性的作用。例如在毒品犯罪案件的侦查中，公安机关往往派员伪装成买毒者或贩毒者，从而成为毒品交易中的一方，以促使嫌疑人暴露其犯罪意图和行为。特情人员在一定程度上参与了犯罪过程，事实上推动了正在侦控的毒品犯罪活动向最后的交易方向发展，从而达到人毒俱获的目的。[2]这也是诱惑侦查备受争议的原因所在，引诱行为一旦越界，则从打击犯罪的手段沦为制造犯罪的工具。因此，对于诱惑侦查行为合法性标准的判断尤为重要，这也是各国司法和立法面临的难题。

（3）两者作用的对象不同。控制下交付与诱惑侦查作用的对象不同，前者针对的是物以及物的流转，后者针对的是人。控制下交付需要对非法或可疑物的运送、流转直至交付的全过程加以严密的监控，以物及其持续、动态的空间转移过程作为侦查的对象。这也是控制下交付与一般技术侦查措施的差异性所在，控制下交付以非法或可疑违禁品为中心，着重监控物品的流动、移转，采取以物寻人的侦查策略，通过物品顺藤摸瓜查获背后的组织者。[3]

在实施诱惑侦查的过程中，侦查机关尚未发现确切的非法或可疑物品，"货"的数量、所在的地点都未知，更谈不上对"货"的控制。侦查人员只能以"人"展开侦查，通过接触、诱使，逐步获取犯罪嫌疑人将来交易的时间、地点等信息，以期交易进行时及时抓捕犯罪嫌疑人，缴获违禁品。因此，诱惑侦查的作用对象是已经具备犯罪意图的犯罪嫌疑人而非犯罪活动的客体物，物的查获往往是诱惑侦查的结果。

（4）两者的类属不同。控制下交付与诱惑侦查都具有秘密性，同属于秘密侦查，但两者又分别是不同类型的秘密侦查措施。对于秘密侦查的概念，国内外学者存在多种不同的界定方式，总体而言，这些定义表达都可归纳出两个核心特征：一是秘密性，侦查人员的行为方式、身份以及意图都是隐蔽、

---

〔1〕　参见王国民：《论控制下交付之正当性基础》，载《社会科学论坛》2011 年第 3 期。

〔2〕　参见孙长永：《侦查程序与人权——比较法考察》，中国方正出版社 2000 年版，第 38 页。

〔3〕　参见程雷：《刑事诉讼法〈修正案〉中的隐藏身份实施侦查与控制下交付》，载《中国检察官》2012 年第 7 期。

保密的；二是特殊性，秘密侦查的使用是出于侦查犯罪的需要，只能符合特定的侦查目的。[1]秘密侦查又可分为两类：一是"监控型秘密侦查"，也称为"秘密监控"；二是乔装欺骗型秘密侦查，简称为"乔装侦查"。前者主要通过"背对背"的方式，侦查人员不与犯罪嫌疑人正面接触，而是利用一定的技术手段，对其与外界的联系、活动、持有或控制的物品进行秘密监视与控制的秘密侦查方法。后者则采用"面对面"的方式，侦查人员或者线人隐瞒身份接触犯罪嫌疑人，或是打入犯罪组织内部，以获取案件线索、搜集犯罪证据的秘密侦查活动。控制下交付的核心内容是监控行为，应当被归属于监控性秘密侦查。而诱惑侦查在行为方式上具有欺骗性，是乔装欺骗型秘密侦查。[2]

（四）控制下交付的特征

1. 控制下交付的实施需要严格保密

控制下交付作为一项特殊的秘密侦查措施，其实施的全过程都在严格保密的状态下进行。具体而言，控制下交付的秘密性体现在以下方面：

（1）案件信息的秘密性。侦查机关自决定实施控制下交付时起，其已经掌握了案件的部分信息，这些信息有可能是特情人员提供的情报，也可能是侦查机关在常规检查中发现了违禁品的非法交易。侦查机关为保证控制下交付的顺利实施，要对已经获悉的案件信息保密。

（2）实施方案的秘密性。控制下交付是一种"背对背"式的秘密侦查活动，侦查机关对犯罪活动的监控，是在暗地里秘密进行的。从行动方案的设计、部署直至实施，整个过程都需要秘密进行。在非法或可疑物品、资金运送流转的过程中，侦查机关以"外线监控为主，内线侦查为辅"，所有的行动都需秘密进行。[3]

（3）联合协作的秘密性。控制下交付的实施通常需要跨国侦查机关或是侦查机关内部跨部门之间的协作。在联合协作的过程中，必然需要频繁的沟通和信息互换。在派员协作以及联合行动的情况下，还涉及人员的流动。信息与人员的流通，会加大信息披露、行动曝光的风险。因此，在实施控制下

---

〔1〕 参见李明：《秘密侦查法律问题研究》，中国政法大学出版社2016年版，第4页。

〔2〕 参见程雷：《秘密侦查比较研究——以美、德、荷、英四国为样本的分析》，中国人民公安大学出版社2008年版，第24~26页。

〔3〕 参见艾明：《秘密侦查制度研究》，中国检察出版社2006年版，第251页。

交付的过程中，尤其需要注意联合协作环节的保密工作，在技术上加大防护力度，从人员上加强培训和管理。

2. 控制下交付的实施需要侦查合作

控制下交付的侦查合作，可以从国际和国内两个层面进行理解：

在国际层面上，控制下交付发端于国际社会打击跨国毒品犯罪的目的和需求，往往需要在不同法域之间达成侦查合作关系。按照国际法所确立的国家主权原则和属地管辖的国际惯例，非法物品或可疑品的流出国、途经国和终到国都享有管辖权。在具体的操作中，有时候出于利益的驱动，一国将过境本国的非法或可疑物资与涉案人员扣留，中断了侦查预案。[1]因此，在国际层面实施的控制下交付需要不同的国家或地区之间达成合作意向，共同拟定合作方案。

以合意为基础，决定了国际的控制下交付，属于跨国的联合侦查，而不仅仅是国际协查。国际协查无需以合意为基础，一般是两国基于签订的条约，一国给予另一国侦查事务上的支持、援助和便利，协查国可独自完成侦查活动。而联合侦查的控制下交付，需要各方在合意的基础上互通情报信息，随时调整侦查计划，共同采取联合行动，各国之间遵守国家主权原则、平等原则、不干涉内政原则和互惠原则。中国与澳大利亚警方曾联合开展名为"火焰"的缉毒专项行动，为全链条打掉该特大跨境贩毒团伙，中澳警方联手采用了"控制下交付"的侦破手段，最终境内外成功联合收网。在该案中，"控制下交付"涉及中澳警方，中方又涉及海关缉私部门、地方公安机关等多个部门，从前期情报到案件侦办、抓捕等环节都实现了情报交流、交换及信息共享。[2]

在国内层面上，控制下交付同样具有合作性。国内的控制下交付的实施，往往需要跨省市之间的侦查合作。就侦办毒品犯罪来说，依照我国相关的法律文件，跨省、自治区、直辖市侦办毒品案件，必须先报本省省级公安机关禁毒部门同意，并由本省省级公安机关禁毒部门向协作地省级公安机关禁毒部门通报案情、交流意见，同时报公安部禁毒局备案。[3]

〔1〕　参见易志华：《跨境侦查合作中的控制下交付》，载《江苏警官学院学报》2004 年第 3 期。

〔2〕　参见《揭秘中澳联合缉毒行动："控制下交付"全程监控毒贩》，载广视网，http://mt.sohu.com/20170328/n485138577.shtml，最后访问日期：2020 年 7 月 2 日。

〔3〕　参见艾明：《秘密侦查制度研究》，中国检察出版社 2006 年版，第 250 页。

（四）控制下交付的分类

控制下交付依照不同的标准，有多种不同的分类。

1. 国内控制下交付与涉外控制下交付

按照实施的地点是否跨越国境，控制下交付可以分为国内控制下交付与涉外控制下交付。[1]国内控制下交付是完全在一国范围内实施，不涉及其他主权国家及司法管辖权问题；涉外控制下交付则因为违禁品的流转跨越不同的国家，因而需要在不同国家领土上实施监控。[2]

涉外控制下交付由于涉及多个国家，不同国家享有各自独立的司法主权，彼此的法律规定存在差异，因此往往需要处理多个国家之间的司法管辖权和立法冲突的问题。通常来说，国家之间采取外交途径或者国际警务合作途径处理、协调司法管辖权和法律规定的冲突，这也是涉外控制下交付的复杂性所在。此外，国际公约为解决不同国家、地区之间的司法冲突发挥了重要的作用，如上文介绍的三个联合国国际公约。在具体实施控制下交付的过程中，各缔约国以联合国公约作为共同的法律依据，直接援引公约中的规定，从而减少了磋商的成本，推动了涉外控制下交付的顺利开展。广东省广州市公安局曾联合美国司法部缉毒署纽约办事处，共同侦破一起跨国走私氯胺酮案件，是跨国实施控制下交付的成功案例。广州市公安局接到线报获知，有犯罪分子试图以邮寄快递的形式走私毒品到美国。在公安部的部署下，广东省公安局禁毒部门与美国司法部缉毒署合意实施控制下交付。美方执行控制下交付行动，人赃并获。同时中方在国内开展收网行动，抓获 4 名组织人员和团伙成员。两国在此战果上继续扩大交流和合作，广东专案组利用已抓捕的犯罪嫌疑人进一步展开侦查，将其余在美的涉案人员名单及时通报美方。通过两国的侦查合作，美方多次进行收网，再次抓获 12 名犯罪嫌疑人。此项行动取得了重大成效，共抓获犯罪嫌疑人 17 名，缴获毒品近 280 公斤。[3]

国内控制下交付相较于涉外控制下交付而言，面临的障碍较少，实施难度相对较低，主要通过地区之间的侦查协作机制进行。我国早年为打击毒品

---

〔1〕 参见程雷：《秘密侦查比较研究——以美、德、荷、英四国为样本的分析》，中国人民公安大学出版社 2008 年版，第 541 页。

〔2〕 参见李明：《秘密侦查法律问题研究》，中国政法大学出版社 2016 年版，第 324 页。

〔3〕 参见《中美两国禁毒部门联合侦破 4 起重特大毒品案件》，载新华网，http://m. xinhuanet. com/2017-11/03/c_ 1121903528. htm，最后访问日期：2020 年 7 月 15 日。

犯罪，已经建立了广泛的地区之间的犯罪侦查协作机制，为国内控制下交付的实施奠定了基础。据了解，我国多个地区已召开禁毒协作会议，制定了有关章程、协议和制度，为国内控制下交付的顺利开展奠定了基础，协作区域包括华东六省一市，中南、西南八省二区一市，粤滇桂二省一区，东北和内蒙古三省一区以及浙江省的绍兴、杭州、宁波、温州、金华五市七县。[1]我国实施一国两制制度，对于涉及香港、澳门地区的控制下交付，则需依赖区际协助完成。区际协助有别于普通行政区之间的司法协助，需要解决普通行政区与香港、澳门特区之间的司法管辖权以及法律规定的冲突问题。与涉外控制下交付不同，虽然区际之间也存在司法和立法的冲突，但是区际协助并不涉及司法主权问题，属于独立主权国家的内部司法事务。

2. 人货同行运输的控制下交付与人货分离运输的控制下交付

违禁品的运送存在两种形态：一种是犯罪嫌疑人或其他人直接携带运送违禁品，也就是人货同行运输；另一种是通过快递邮寄、航空托运、货物进出口等方式，完成违禁品的运送，此时人货分离。人货同行运输是传统的运输方式，侦查机关需要同时对违禁品和运输者实施控制，必要的时候，还会增加隐匿身份侦查措施，例如派遣卧底代替随行人员开展内线侦查。[2]

伴随反侦查能力的增强，犯罪分子更多地采用人货分离的运输方式。在人货分离的运输方式下，即使违禁品被侦查人员查获，由于无随行人员，也难以确定违禁品的归属，这就成了犯罪分子规避侦查甚至逃脱罪罚的手段。具体来说，人货分离的运输方式，又可细分为利用货物托运渠道走私贩运，以及利用邮寄、快件渠道寄送两种类型。货物托运渠道主要用于大宗、大量违禁品的运输，国际犯罪组织或集团利用国际贸易往来，将违禁品匿藏于进出口货物中，通过货运渠道走私违禁品。例如有犯罪集团利用白糖出口货运，在装满白糖的集装箱中混入可卡因，将毒品走私出境；或是将毒品藏匿在折叠伞等出口日用品中，以普通货物为名申报办理货运手续。[3]利用邮寄、快件渠道运输违禁品是将违禁品藏匿于普通物品的寄送中，规避监管。如今犯罪分子藏匿违禁品的技术手段极大提升，传统的 X 光检验等仪器检验都难以

---

〔1〕 参见任克勤、艾明：《论毒品犯罪侦查中的控制下交付手段》，载《政法学刊》2003 年第 1 期。
〔2〕 参见陈龙鑫：《国际禁毒合作中的控制下交付手段研究》，载《净月学刊》2013 年第 5 期。
〔3〕 参见王国民：《论人货分离案件的控制下交付》，载《云南警官学院学报》2011 年第 5 期。

揪出普通货物中的违禁品，这给一线侦查人员带来了严峻的挑战。例如在侦办公安部督办的某特大跨国走私毒品系列案中，犯罪团伙为了顺利将毒品走私入境，以进口大理石等廉价货物的名义办理正常海关报关手续，作案手段可以说是极其隐蔽、狡猾。经其事前严密的藏匿，夹藏在大理石内的毒品竟然连 X 光机和缉毒犬都未能检查出丝毫破绽。侦办该案的刘警官发现该大理石质量较差，虽然为同一规格的大理石但却采用了三种不同的包装。凭借直觉和多年的刑警工作经验，他觉察到大理石可能存在问题。经过细致检查，他发现有的大理石的中缝有极细极细的粘贴痕迹，有的则没有。于是他用锤子轻敲不同种类的大理石作进一步判断，结果这些有极细极细粘贴痕迹的大理石与没有粘贴痕迹的大理石相比，其发出的声音明显沉闷。最终在其中一块有极细极细粘贴痕迹的大理石中，发现了夹藏在内的海洛因。

3. 无害的控制下交付与有害的控制下交付

根据违禁品是原物还是替换物，控制下交付可以分为无害的控制下交付与有害的控制下交付。[1]也有学者称之为"非实态性的控制下交付"与"实态性的控制下交付"。[2]前者是指将已经查获的违禁品全部或部分地替换为类似的无害物，后者是对已经发现的违禁品原物，继续实施监控，不予替换。

是否需要替换违禁品，应当在具体操作中结合案件情况权衡利弊。无害的控制下交付能够大大地降低违禁品流入社会并造成危害的风险，即使侦查行动失败，流转的物品逃脱监控，也不至于导致重大的危害。然而将违禁品替换为无害物这一环节，对实施人员的技术、经验要求较高，稍有不慎，会造成打草惊蛇的反效果，甚至给行动人员带来人身危险。由于有害的控制下交付存在犯罪分子逃脱、违禁品流入社会或是遗失的风险，因此侦查机关一般倾向适用无害的控制下交付。但是在某些情况下，违禁品的替换难以完成，或是反而有碍侦查，则应采取有害的控制下交付。例如因为时间紧迫，行动人员不便替换，或是违禁品的包装上存在特殊标识或是加密装置等，若被替换，犯罪分子很可能发现端倪。

---

〔1〕 参见杜宜君、陈仟万：《抓毒专家小六法——侦查毒品犯罪策略》，台北永然文化出版公司1999 年版，第 252~253 页。转引自程雷：《秘密侦查比较研究——以美、德、荷、英四国为样本的分析》，中国人民公安大学出版社 2008 年版，第 543 页。

〔2〕 艾明：《秘密侦查制度研究》，中国检察出版社 2006 年版，第 254 页。

## 二、控制下交付的法律定位及其功能

### （一）控制下交付的法律定位

1. 控制下交付是技术侦查的特殊表现形式

控制下交付是技术侦查的特殊形式，其特殊之处在于其监控的对象是物的流转过程，而一般情况下，技术侦查的监控对象是人。这也是控制下交付与其他技术侦查措施的区别所在。技术侦查通常以人为中心，控制下交付则与一般的技术侦查有所不同，它以物为中心，以物品的流转为监控重点，是一种以物找人的策略，通过物品顺藤摸瓜查获违禁品流转的组织者。[1]在实施控制下交付时，侦查人员只发现了违禁品，至于犯罪嫌疑人是谁并不清楚，因此只能对物进行监视和控制。即使采取人货随行的控制下交付，侦查机关所监控的重点也是违禁品，对人的监控是附属于对物的监控的。[2]

2. 控制下交付是综合性的侦查措施

在控制下交付的实施过程中，侦查机关需要综合运用多种侦查措施，对违禁品以及同行人员进行监控，因此控制下交付是一种综合性的侦查手段。从控制下交付的启动、实施到最后收网，每一个环节都可能引入其他侦查措施。当公安机关接到线报之后，侦查人员就需要运用"公开查缉、线人侦查"等措施，对案件进行初步的侦查。在控制下交付的实施过程中，侦查人员利用"跟踪监视、化妆侦查、密搜密捕、控制逆用"实现对人和物的监控。即使到最后的收网环节，侦查人员还需要运用"突袭、抓捕"等侦查措施。[3]

控制下交付的实施需要借助常规的侦查技术。例如，侦查机关在发现毒品时，需要对其成分、纯度、数量等进行检验、鉴定；在收网环节，需要对现场遗留的痕迹、物质进行勘验。

控制下交付与其他的技术侦查措施之间存在着互补关系。为了控制下交付实施方案能够顺利进行，侦查机关通常还需使用监听监控、线人等其他的技术侦查措施。为了确保违禁品的流转处于控制中，侦查机关需要运用通信

---

〔1〕　参见程雷：《刑事诉讼法〈修正案〉中的隐藏身份实施侦查与控制下交付》，载《中国检察官》2012 年第 7 期。

〔2〕　参见程雷：《秘密侦查比较研究——以美、德、荷、英四国为样本的分析》，中国人民公安大学出版社 2008 年版，第 546~547 页。

〔3〕　参见王建伟：《浅议"控制下交付"的几个理论问题》，载《云南警官学院学报》2009 年第 2 期。

监听、网络监控对同行人员的行踪进行追踪。有时候为了增加控制下交付的安全性，侦查人员通过警方线人替代原运送人或者"逆用"同行人员，将其转化为线人继续运送违禁品。

3. 控制下交付是前瞻性的侦查手段

前瞻性侦查与回应型侦查是侦查行为的一种分类。[1]传统的侦查手段，例如勘验、搜查、扣押等常规的侦查手段，属于回应型侦查，具有回溯性的特征，通常是在犯罪行为已经发生甚至完成之后进行。侦查机关通过侦查收集犯罪过程遗留的证据，从而推断过去发生的犯罪事实。前瞻性侦查具有同步性特征，侦查行为与犯罪行为之间处于共时性的同步状态。[2]在犯罪发生之前或者犯罪发生的同时，侦查机关针对可疑的个人或者群体采取前瞻性侦查手段，以便发现和破获犯罪。[3]

在实施控制下交付的过程中，侦查机关发现违禁品之后，对同行人员采取监视、监听等侦查措施，通过对人和物的控制发现犯罪，在犯罪尚未完成、实害结果尚未出现之前，主动出击收集证据。在人货分离案件中，虽然侦查机关此时尚未发现特定的犯罪嫌疑人，但对物的监控同样发挥着发现犯罪、收集证据的作用，侦查行为与犯罪行为同步进行，因此人货分离下的控制下交付也体现了前瞻性侦查的特征。

（二）控制下交付的功能

1. 控制下交付能够实现深入侦查的目的

控制下交付采取"放长线钓大鱼"的策略，因此能够"麻痹"犯罪嫌疑人，使其放松警惕，从而实现深入侦查的目的。

一方面，侦查机关能够通过控制下交付发现犯罪活动的幕后组织者、策划者，查清犯罪组织、犯罪集团的成员、组织架构、分工情况。控制下交付适用于特定的犯罪，此类犯罪活动往往不是依靠单独或少数的犯罪主体进行，而是通过犯罪组织和犯罪网络完成。例如在毒品犯罪中，贩毒组织一般构建严密的架构，货源的提供、毒品的运输、销售，乃至洗钱的渠道，都有专门的团伙负责。侦查人员在查获毒品时，往往只是发现了毒品犯罪的其中一个环节以及

---

〔1〕 参见孙长永：《侦查程序与人权——比较法考察》，中国方正出版社 2000 年版，第 37 页。

〔2〕 参见韩德明：《回应抑或主动：侦查程序启动的模式选择》，载《山东警察学院学报》2006年第 2 期。

〔3〕 参见程雷：《秘密侦查的中国问题研究》，中国检察出版社 2018 年版，第 23 页。

对应的团伙，背后的犯罪网络尚未暴露。[1]如果此时就采取行动，反而难以对犯罪组织彻底清查。控制下交付正是针对此类犯罪特殊性的有效侦查手段，能够逐步掌握犯罪组织的动态，进而发现背后的犯罪头目，将其一举拿下。

另一方面，侦查机关能够通过控制下交付掌握违禁品的流转运送路线及网络。违禁品的流转运输呈现一定的规律，犯罪分子通常采用相对固定的运输方式、流通渠道以及路线。侦查人员通过严密监控违禁品的流转，可以发现犯罪分子的运输路线及网络，了解其作案手法，从而更为深入、全面地掌握犯罪活动的情况。

2. 控制下交付能够有效打击违禁品的国际化犯罪

随着社会发展，违禁品犯罪尤其是毒品犯罪呈现国际化的发展趋势，跨国违禁品运输、交易案件的比例逐年攀升。网络技术、通信手段、交通运输的进步和完善，更是为犯罪组织的人员、货物以及资金的跨国往来提供了极大的便利。以毒品犯罪为例，目前毒品犯罪呈现明显的全球配置性和跨国流动性，毒品生产地区主要是世界三大产毒区——金三角、金新月和银三角，毒品消费地区则遍布全球，并以欧美国家为主要消费市场。生产地区与消费地区相对分离，催生毒品的跨国贩运活动。[2]

打击遏制跨国违禁品犯罪，需要多国之间的联合侦查。控制下交付作为一种联合侦查手段，能够有效打击违禁品的国际化犯罪。传统的国际侦查合作，采取国际协查的形式，无需以合意为基础，两国以条约为基础，一国给予另一国侦查事务上的支持、援助和便利，协查国可独自完成侦查活动。控制下交付突破了这种"画地为牢"的传统合作形式，采用联合侦查的形式，参与的各国需达成合意，彼此互通情报信息，随时调整侦查计划，共同采取联合行动。控制下交付的联合侦查，实现了情报信息的共享和流通，极大地提高了侦查的效率。由于在行动开展之前，各国就各项事务已经达成合意，因此能够避免在侦查过程中因管辖问题产生的摩擦和冲突，推进行动方案的顺利实施，实现打击跨国违禁品犯罪的侦查目的。

3. 控制下交付能够发挥社会防卫的作用

控制下交付属于前瞻性的侦查手段，对犯罪实害结果的发生具备一定的

---

〔1〕　参见李明：《秘密侦查法律问题研究》，中国政法大学出版社 2016 年版，第 329 页。

〔2〕　参见王国民：《论控制下交付之正当性基础》，载《社会科学论坛》2011 年第 3 期。

防控功能，从而更好地发挥社会防卫的作用。在违禁品及财物的给付尚未完成之前，侦查人员通过实施控制下交付，能够及时追踪违禁品及财物的流向，预先知悉犯罪分子的策划。作为一种前瞻性的侦查手段，控制下交付使得侦查人员能够高效地观察正在进行的犯罪活动，因此在一定程度上对犯罪结果的发生具有预判和防控的功能。

过去有观点认为，由于控制下交付"默认"违禁品的放行，是对犯罪行为的"放纵"，因此与国家打击犯罪的职能以及侦查法定原则存在冲突，对公民人身财产安全构成潜在的威胁。从国家职能的角度看，国家肩负职责和使命，有义务对犯罪行为及时予以制止。控制下交付的实施，意味着犯罪已经发生，因为启动控制下交付的前提正是"犯罪行为已经开始实施、相关法律已经被违反、犯罪正在进行之中"[1]。基于法定原则，国家机关发现犯罪时，理应阻止犯罪行为的继续发生，保护公民基本权利免受侵犯。《德国刑事诉讼法典》第 152 条和第 170 条均体现了法定原则的要求。"只要有足够的事实根据，检察机关原则上就负有义务对所有的犯罪行为进行调查。而只要调查显示有足够的事实依据，检察机关需提起公诉。"[2]

有学者对控制下交付与法定原则之间的冲突作了重新解读，认为两者之间并不存在冲突和矛盾，而是一种相互补充、相互协调的关系，因此并不能否定控制下交付具有防卫社会的功能。德国学者认为，侦查法定原则并不排斥侦查机关在自由裁量权下自行决定何时采取何种类型的侦查手段，因此侦查人员在发现违禁品后，并非必须立即予以搜查或者扣押，除非某些侦查措施的采用关系到案件的起诉和追诉，并且不及时采取侦查行动将导致相关证据永久灭失。[3]对于特定类型犯罪，发现违禁品后立即采取行动未必是最优决策，反而无法达到侦破犯罪的最佳效果。例如在毒品犯罪等案件中，犯罪分子往往具备较高的警惕性和反侦查能力，过早地采取行动介入案件，可能

〔1〕 P. D. Cutting, "The Technique of Controlled Delivery as a Weapon in Dealing with Illicit Traffic in Narcotic Drugs and Psychotropic Substances", 35 *Bulletin on Narcotics* 15 (1983). 转引自王国民：《论控制下交付之正当性基础》，载《社会科学论坛》2011 年第 3 期。

〔2〕 [德] 克劳思·罗科信：《刑事诉讼法》，吴丽琪译，法律出版社 2003 年版，第 103 页。

〔3〕 Johan Peter, Wilhelm Hilger, "Controlled Delivery", 116th International Training Course Visiting Experts's Papers, available at http://www.unafei.or.jp/English/pdf/PDF_ rms/no58/58-07.pdf, last visited on Dec. 21, 2005. 转引自程雷：《秘密侦查比较研究——以美、德、荷、英四国为样本的分析》，中国人民公安大学出版社 2008 年版，第 557~558 页。

弄巧成拙，打草惊蛇。控制下交付的使用契合了此类犯罪的特点，能够及时有效地收集并固定证据，最后人赃并获，从而更好地实现打击犯罪、防护社会的目的。

### 三、控制下交付存在的风险

#### （一）案情变化的风险

控制下交付的实施过程复杂，所牵涉的要素往往具有较大的不确定性，有的甚至是不可预料的，例如在贩卖毒品交易中，交易双方可能多次变更交易的地点、时间，甚至可能使用"调虎离山"之计，以躲避侦查人员的监控。

为了能够有效地降低案情变化所带来的失控风险，一方面，侦查机关需要制定完善、科学的执行计划。周详的计划应当涵盖控制下交付的各项实施细节，例如地点、路线、时间、人员等。除此之外，优秀的计划还需具备可预见性，对突发情况的应对措施作出合理的安排。在实施控制下交付前，需要做好准备工作，充分掌握实施地点的环境形态，详细了解办案人员的信息情况等。除了行动上的准备工作，侦查人员还需要做好心理上的准备，科学预估案件发展的各种可能性及突发情况，预先做好充分的心理准备。[1]

另一方面，侦查机关在开展控制下交付之前，还需要准备应急预案作为后备选择，以应对各种突发情况。当案情发生变化时，指挥人员需要及时调整计划应对，否则容易导致执行人员失去既定的目标，行动偏离原定方案，执行效果与原定目的之间产生偏差。因此，提前准备多套预案以应对突发状况尤为必要。实践中，预案准备不周全的原因既有客观条件的制约，也有主观因素的影响。客观上，由于案情紧急、时间紧迫，指挥人员来不及制订；主观上，指挥人员过于乐观、自信而低估了方案的重要性。这两个方面的原因都给案情的决策带来弊害，严重影响了控制下交付的成效。[2]

此外，侦查机关还要建立流畅的信息反馈机制，确保指挥人员、执行人员以及整个侦查工作系统能够不断交流和传递信息。当案情发生变化，例如，违禁品的运送路线、交易的时间和地点有所变更时，要及时地将最新的情况

---

〔1〕　参见王建伟：《论毒品案件控制下交付的理论基础》，载《云南警官学院学报》2010 年第 2 期。

〔2〕　参见张洁、王建伟：《我国缉毒实践中运用"控制下交付"存在的问题及对策》，载《云南警官学院学报》2009 年第 6 期。

反馈到指挥部门，以便指挥决策人员及时调整、修正行动方案。

（二）违禁品流失的风险

控制下交付采取的是"放长线钓大鱼"的策略，侦查部门在发现或截获了违禁品后，先按兵不动，在监控下放任其继续流转。一旦监控失败，违禁品将会流入社会，对国家、社会和公民造成侵害。例如毒品流入社会，无疑扩大了毒品市场，加剧毒品消费形势的恶化，更多的人将遭受毒品的毒害。枪支弹药等违禁品的流失，则进一步诱发恶性暴力犯罪的发生，会给公民的人身和财产安全带来更为直接的危险。[1]因此，控制下交付在实施的过程中，应当首先确保违禁品的绝对安全，防范违禁品流失。

虽然无害的控制下交付将违禁品替代成无害物，能够大大地降低违禁品流失的风险和危害，然而这种措施的顺利实施所需条件较为严苛，需要根据案情的具体情况选择合适的时间和机会，替换行动对执行人员的实战经验、技能要求较高，稍有不慎，将可能引起犯罪嫌疑人的警觉，导致行动失败，甚至给行动人员带来人身危险。

侦查人员在容许违禁品继续流转时，为了更好地实现监控的效果，降低违禁品灭失的风险，首先需要全面掌握违禁品的具体情况，例如毒品的类别、性状、重量、外在的包装等。其次在违禁品流转的过程中，侦查人员一般可采取人力随行监控和仪器设备监控相结合的方式。侦查机关派遣秘密侦查人员在流转过程中始终与所控制的毒品同行，此外还可以借助高科技的仪器设备增强监控的力度，提高情报获取的效率。例如，在夹带毒品的货物或人体中安装实时定位装置，获得违禁品运送路线的重要线索。

（三）侵犯隐私权的风险

控制下交付涉及监听、监控等技术侦查手段，因此在实施的过程中，对犯罪嫌疑人以及其他公民都可能造成隐私权的侵害。在人货同行的控制下交付中，侦查机关需要对非法或可疑物品以及犯罪嫌疑人同时进行监控。犯罪嫌疑人的通信行踪、生活细节都被侦查人员悉数掌握。"侦查对象无论何时何地使用何种通信方式与外界进行联系，即使与犯罪活动毫无关系，都会落入侦查机关的监控当中，对侦查对象的权利限制扩大到了侦查对象日常生活的

---

〔1〕 参见程雷：《秘密侦查比较研究——以美、德、荷、英四国为样本的分析》，中国人民公安大学出版社 2008 年版，第 553~554 页。

方方面面。"〔1〕

　　有学者认为，此时的监控尚未接触到同行人员的深度隐私，只是在一定程度上对犯罪嫌疑人的隐私造成了侵犯。一般只能获知犯罪嫌疑人的行踪、接触对象等信息。由于控制下交付需对侦查人员的身份保密，因此即使涉及监听措施，也只是贴身监听。相对于监听器监听，贴身监听对深度隐私的侵犯性较小，因为侦查人员只能在短暂、有限的时间内监听。〔2〕

　　随着侦查进程的深入，控制下交付的监控手段已不仅仅局限于人力监控，往往需要使用特定的技术设备加强监控力度，有时候还需要结合其他秘密侦查措施，例如派遣卧底人员接近犯罪嫌疑人，安装监听、监视设备。此时对犯罪嫌疑人的个人隐私的侵入更为广泛和彻底。正如学者所言，各种秘密监控手段使得公民很难找到一片免受外来干预的安全空间，被监控者如同"玻璃人"，毫无任何秘密与隐私可言。〔3〕

　　控制下交付除了对犯罪嫌疑人的隐私权造成侵害，对其他普通公民的个人隐私也造成一定程度的干预。任何进入到监控技术设备中的人，即使与所侦查的犯罪行为无关，也将处于侦查人员的监控之下。侦查人员通过技术设备所获取的信息，其中属于被监控者的个人隐私而又与犯罪行为无涉的，也将被暴露。凡此种种，都是控制下交付侵犯个人隐私的表现。这种对个人隐私权利的干预和侵犯具有无形性，被监控者往往难以察觉。由于技术侦查具有秘密性，在法庭审理过程中，侦查机关出于保密的目的而不会将具体的监控细节和手段予以披露，所获得的证据也通过转化而掩盖了侵权的真相，被监控者因而失去了救济的机会，甚至都不曾意识到自己的隐私被侵犯。

## 四、控制下交付的实施与监督

（一）控制下交付的实施原则

1. 逐案判断原则

逐案判断原则是学界、实务界公认的实施控制下交付应遵循的基本原则。

---

〔1〕　程雷：《论检察机关的技术侦查权》，载《政法论丛》2011年第5期。

〔2〕　参见刘梅湘、仲慧：《论控制下交付的法律性质》，载《中国人民公安大学学报（社会科学版）》2014年第3期。

〔3〕　参见程雷：《论检察机关的技术侦查权》，载《政法论丛》2011年第5期。

该原则来自《联合国禁止非法贩运麻醉药品和精神药物公约》的规定，即"使用控制下交付的决定应在逐案基础上作出，并可在必要时考虑财务安排和关于由有关缔约国行使管辖权的谅解"。[1] 是否实施控制下交付，应当根据案件的具体情况分析判断，并非所有的违禁品犯罪案件都适合进行控制下交付侦查。

侦查机关在发现违禁品后，应当从实施控制下交付的必要性、可能性出发，判断该案是否具备采取控制下交付的基本条件，衡量其风险，对于跨境跨国的控制下交付，还应当考虑与相关国家、地区之间是否存在管辖权让渡和联合侦查的基础。一般来说，当查获违禁品后，是否采取控制下交付，主要取决于三个方面：

（1）实施控制下交付的必要性。控制下交付投入成本大，潜在风险高，并非所有的违禁品案件都需要使用这一侦查措施。一般情况下，需要综合考虑涉案违禁品数量、案件的社会危害程度、犯罪主体人数、是否存在犯罪组织或犯罪集团等因素。

（2）实施控制下交付的条件。控制下交付是通过对非法或可疑物品的监控，从而发现背后的涉案人员。因此，适用控制下交付的首要条件是已经发现了被非法运送的违禁品；其次，该案件具有延伸侦查的必要，换言之，由于犯罪嫌疑人尚未暴露，通过延伸侦查能够顺藤摸瓜，"以物找人"；最后，其他侦查手段无法实现控制下交付的功能，如果使用其他侦查手段能够实现同样的侦查效果，则不得使用控制下交付。[2]

（3）实施控制下交付的可能性。是否具备实施控制下交付的可能性，可以从以下三个方面考虑：

第一，侦查对象是否已经察觉或知悉违禁品被侦查机关查获。侦查对象不仅包括运送人，还包括幕后的组织者、策划者。对于人货分离案件，犯罪分子一直隐身观察、留意着违禁品的流转，侦查机关有时候难以捉摸其动向。在考虑是否采取控制下交付时，需谨慎捕捉犯罪分子释放的信号，例如运输路线是否有变更。在人货同行的案件中，侦查机关需要在运送人不知情的前

---

［1］ 任克勤、艾明：《论毒品犯罪侦查中的控制下交付手段》，载《政法学刊》2003 年第 1 期。

［2］ 参见王国民：《论控制下交付的合法性及其法律规制》，载《北京人民警察学院学报》2012年第 1 期。

提下，秘密实施控制下交付。即使同行人员已被侦查机关逆用[1]，也不能掉以轻心，要考察幕后的指挥人员是否已经发现了违禁品被截获。一旦同行人员或者幕后的犯罪分子被惊动，控制下交付就失去了实施的可能性。

第二，侦查机关是否具备把控风险的能力。控制下交付是一种"高风险高回报"的特殊侦查活动，侦查机关判断控制下交付能否实施，其中一个重要的权衡就是风险评估，对于可能出现的风险，例如违禁品流入社会、"逆用"人员中途反悔脱离控制等，是否有充足的控制能力。

第三，实施控制下交付是否具备合意的基础。违禁品的流转可能途经多个地区、国家，此时如果实施控制下交付，首先需要违禁品的中转地、目的地所在的地区、国家自身设立了控制下交付的相关法律法规，并且这些地区、国家之间具备侦查协作或者联合侦查的基础。

2. 比例原则

广义的比例原则包括三个层次的内涵：适当性原则、必要性原则以及狭义的比例原则。适当性原则要求"公权力行为的手段必须能够促进所追求的目的的实现"；必要性原则要求公权力的行为手段具有必要性，所造成的损害应当最小化；狭义的比例原则，也就是均衡性原则，要求公权力的行为手段所产生的公共利益与造成的损害合乎比例。[2]英法德荷意五个欧洲国家，多以比例原则限制技术侦查措施的适用，以防止公权力的过度使用造成人权的侵害。[3]

根据适当性原则，控制下交付的实施需促进其目的的实现。并非所有的案件都适合使用控制下交付，只有满足启动控制下交付的条件，具备实施的可能，才能使用控制下交付。

根据必要性原则，控制下交付与其他侦查措施相比，所造成的损害为最小时才可使用。一般而言，常规的侦查手段相较于技术侦查措施来说，对公民基本权利的侵害较小，如果使用常规性侦查能够实现同样的侦查效果，则不应启动控制下交付。此外，在实施过程中，侦查机关应随着案情的变化酌

---

〔1〕　逆用侦查是一种侦查手段，是指将犯罪行为人"为我所用"，利用其作为内线。参见李波阳等：《论贩毒案件侦查中如何实现"控制下交付"——西部地区毒品犯罪对全国禁毒工作的影响研究之一》，载《甘肃政法学院学报》2002年第6期。

〔2〕　参见刘权：《目的正当性与比例原则的重构》，载《中国法学》2014年第4期。

〔3〕　参见胡铭：《英法德荷意技术侦查的程序性控制》，载《环球法律评论》2013年第4期。

情变更侦查措施，当出现不适合适用的情形时，应及时终止。[1]

根据均衡性原则，控制下交付所使用的技术侦查措施，应当分层次适用。控制下交付在实施过程中，必然需要使用监听、监视、电子跟踪、秘密拍摄录像、邮件检查等技术侦查措施。不同的技术侦查措施，对公民的隐私权、通信自由的干预程度是有所不同的，其对公民私权领域的介入程度呈现不同的层次。根据比例原则的要求，在实施控制下交付的过程中，对技术侦查措施的选择，应当同时考虑该措施对于推进侦查活动的积极作用，以及对公民基本权利造成的影响甚至侵害，根据具体情况分层次地选择适用。例如日本《关于犯罪侦查中监听通讯的法律》第3条规定："使用其他方法查明特定犯人或者查明犯罪状况或内容显著困难时，才可采用监听通讯的手段。"[2]

具体而言，控制下交付所使用的技侦措施对权利的侵害程度可划分为如下三个等级：一为最高等级，包括以侵入的形式进行监听、监视等行为，对犯罪嫌疑人所居住的住宅住所等私密空间安装电子设备进行监控。例如，在人货同行的控制下交付中，侦查人员有时候为了对同行人员进行监控，安排警员假扮酒店的工作人员潜入房间安装监控设备。二为中等级别，包括邮件截取和检查、非侵入式的监听等，相较于最高等级的侵入式监控，这些行为对侦查对象个人隐私与自由的介入程度相对降低。在实施控制下交付的过程中，侦查机关往往需要截取犯罪嫌疑人的邮件、通话记录，这些材料可以作为犯罪嫌疑人供述的补强证据。最后一个等级包括手机定位、特定场合视频监视等行为，这些行为对当事人隐私等权利的侵害程度较低。

因此，在实施控制下交付的过程中，如果通过侵害程度较低等级的侦查措施即可达到获取证据、查获犯罪嫌疑人的双重目的，则应选择侵害程度较低等级的侦查措施。例如，如果通过手机定位即可确定犯罪嫌疑人的位置，则不应当使用通信监控等措施。[3]

3. 程序法定原则

程序法定原则是现代刑事诉讼的重要原则，包括立法和司法两个方面的含义：一是在立法层面上，刑事诉讼程序应当由法律事先明确规定；二是在

---

〔1〕 参见张黎：《法治视野下的秘密侦查》，知识产权出版社2013年版，第66页。

〔2〕 张建伟：《特殊侦查权力的授予与限制——新〈刑事诉讼法〉相关规定的得失分析》，载《华东政法大学学报》2012年第5期。

〔3〕 参见马婷婷：《侦查比例原则研究》，西南政法大学2019年博士学位论文。

司法层面上，刑事诉讼活动应当依据国家法律规定的刑事程序来进行。[1]程序法定原则统摄整个刑事诉讼程序，在侦查阶段，程序法定原则主要表现为强制追诉原则与强制侦查法定原则。根据强制侦查法定原则，侦查机关实施强制侦查，必须严格遵循《刑事诉讼法》明文规定的程序。[2]

作为一项强制性侦查措施，控制下交付的实施应当依照法定的程序进行，遵循程序法定原则。具体而言，控制下交付的程序包括申请审批程序以及实施程序。对于控制下交付的申请与审批，我国并没有采用司法审查的模式，而是由公安机关自行审批。这种自行审批的具体程序目前在立法中并未找到相应的规定。基于侦查实践的现实需求，公安部、国家安全部制定了一系列内部规定、规章，对内部操作规程、内部审批程序作出了原则性的制度安排。此类内部规章的条文过于宽泛、概括，虽然这种原则性规定有利于侦查机关自由裁量控制下交付的实施，提高控制下交付的侦查效率，然而也具有规制力度不足的弊端。[3]控制下交付的实施通常需要结合其他技术侦查措施，例如监听、监控、线人制度或者卧底侦查等。当需要采取其他技术侦查措施时，侦查机关应当根据相应的程序进行申请、审批，在具体的操作过程中，应遵守各类措施的程序性规范。

4. 全面客观原则

控制下交付取证的全面客观原则包括取证的全面性以及取证的客观性。取证的全面性要求侦查人员在收集证据的过程中，不仅要注意对违禁品的查封、扣押，还要及时提取指纹、毛发等生物痕迹证据；不仅要注意对传统物证、书证的收集，还要加强对电子数据、视听资料等证据的提取、固定工作。在实践中，侦查人员在查获违禁品后，急于提取包装内的物品，而破坏了原有包装，忽略了包装上可能存有的犯罪嫌疑人指纹，导致最终因为缺乏生物痕迹等证据，无法证明犯罪嫌疑人与犯罪行为人的同一性。控制下交付所获得的证据大多是间接证据，整个侦查活动以违禁品流转的监控为核心，因此侦查机关应当尽可能地收集诸如电子邮件、通话记录、监听监控所得的视听

---

〔1〕 参见宋英辉、罗海敏：《程序法定原则与我国刑事诉讼法的修改》，载《燕山大学学报（哲学社会科学版）》2005年第1期。

〔2〕 参见万毅、林喜芬：《现代刑事诉讼法的"帝王"原则：程序法定原则重述》，载《当代法学》2006年第1期。

〔3〕 参见程雷：《秘密侦查立法宏观问题研究》，载《政法论坛》2011年第5期。

资料等，使得间接证据的推论链条更为完整、充分。

在控制下交付的证据收集固定过程中，要注意保证证据的客观性。控制下交付所获取的证据，对保管链条完整性的要求较高。尤其在毒品案件中，毒品的成分、纯度、数量等，对于量刑而言都是关键的考量因素。因此，违禁品作为关键证据，其保管链条尤为重要。从违禁品的提取，到送检鉴定，乃至鉴定后的保管扣押，每个流转的环节都应当有相应的记录，以完整的保管链条记录体系保证证据的客观性。

（二）控制下交付的适用范围

1. 联合国国际公约规定的案件类型

从联合国国际公约的规定来看，控制下交付的适用范围呈现扩大的趋势，从最初的毒品犯罪案件到跨国有组织犯罪案件，最终拓展到腐败犯罪案件。1988 年的《联合国禁止非法贩运麻醉药品和精神药物公约》规定，控制下交付仅限于在毒品犯罪案件中使用，其适用对象包括毒品、制毒物品以及替代物质。该公约在附表中明确列举了具体的物质及其替代物质。随后 2000 年通过的《联合国打击跨国有组织犯罪公约》将控制下交付的适用范围扩大至有组织犯罪。该公约涵盖了广泛的跨国有组织严重犯罪，包括贩运妇女和儿童犯罪，非法制造、贩运枪支及其零部件和弹药犯罪，非法贩运野生动植物犯罪等。与此相对应，控制下交付的适用对象扩展至非法及可疑货物。

2003 年的《联合国反腐败公约》为了打击腐败犯罪，允许缔约国在不违背本国法律制度基本原则的情况下，酌情适用控制下交付。该公约第 50 条第 4 款规定："经有关缔约国同意，关于在国际一级使用控制下交付的决定，可以包括诸如拦截货物或者资金以及允许其原封不动地继续运送或将其全部或者部分取出或者替换之类的办法。"至此，控制下交付的适用对象范围延展至财物、资金。

2. 我国《刑事诉讼法》规定的控制下交付的对象范围

《刑事诉讼法》第 153 条第 2 款规定："对涉及给付毒品等违禁品或者财物的犯罪活动，公安机关根据侦查犯罪的需要，可以依照规定实施控制下交付。"从条文的表述来看，我国控制下交付的适用对象是"毒品等违禁品或者财物"。从《刑法》的规定来看，违禁品的外延相当广泛，主要包括"枪支、弹药、管制刀具、毒品、易制毒化学品或者爆炸性、易燃性、放射性、毒害性、腐蚀性物品等"。财物在《刑法》中的解释通常是指"反映单位进行或者维持经营管理活动所需要的具有实物形态的经济资源"，既包括流动资产，也包括固定资产。[1]

《刑事诉讼法》对控制下交付适用对象的规定存在一定的局限性，由此引发的以下问题有待探讨：其一，犯罪案件中存在一些非法物品，既不属于违禁品，也不属于财物，依照前述条文的规定，涉及此类物品的犯罪不能适用控制下交付侦查措施。例如假币并不属于前述条文所规定的"违禁品及财物"的范畴，但是在侦查实践中，出售、购买、运输、走私假币等犯罪，却又存在着实施控制下交付的必要性和可行性。立法与实践的脱节，导致侦查机关在面对此类犯罪案件时，无法使用控制下交付这一有效的侦查手段，严重影响了侦查的成效。其二，适用的对象并未包括资金，不利于打击腐败犯罪案件。《联合国反腐败公约》将控制下交付的适用对象扩大至资金，这一举措极大地提高了打击跨国腐败犯罪的力度。我国早在 2003 年已签署《联合国反腐败公约》，全国人大常委会于 2005 年批准加入《联合国反腐败公约》，该公约自 2006 年起已在我国生效。然而目前我国《刑事诉讼法》与《联合国反腐败公约》的规定存在着立法差距，从刑法的角度解释，资金不能归属于违禁品或者财物，因此在我国，腐败犯罪案件仍然无法使用控制下交付这一侦查手段。

（三）控制下交付的申请与审批

1. 申请的程序

《刑事诉讼法》只赋予了公安机关实施控制下交付的权限，但是对于申请的程序并未予以规定。为了规范控制下交付的实施，公安部作为业务主管机关，发布了一系列内部规定，对毒品案件中控制下交付的申请报批等程序性事项作出了规定。公安部制定的内部规定并不具备法律性质，缺乏法律的强制效力。此外，此类内部规定仅针对毒品犯罪案件，其约束范围存在局限性。对于控制下交付的申请程序，目前我国仍然缺乏统一的法律层面的规制。

澳大利亚对控制下交付的申请程序作出了完善的规制，其立法经验可供借鉴学习。澳大利亚的控制下交付程序规制包括申请以及授予授权证书。其中控制下交付的申请程序依照紧急程度的不同分为三种，即普通、非工作时间和紧

---

〔1〕参见邓立军：《突破与局限——新刑事诉讼法视野下的秘密侦查》，中国政法大学出版社 2015 年版，第 195 页。

急情况。[1]一般情况下，申请的主体只限于直接从事控制下交付行动的联邦警察。除紧急情况以外，申请程序的首要步骤是申请者必须从国家行动部门处取得申请号。申请号的格式一般为"澳大利亚联邦警察 YYY/ YY/XX"。[2]

在普通程序中，申请人提出实施控制下交付的申请时，需向控制下交付委员会提交四份文件，分别是《申请书》《授权证书的颁布依据》《授权证书》《委员会审议书》。四份文件需由控制下交付委员会审核认定符合行动和法律规定后签署审议书，并附委员会意见。授权人员需将其所作决定以及授权的根据记录在《授权证书的颁布依据》中。在非工作时间程序中，申请人如果并未预先提交申请文件的草案或获得控制下交付编码，也可以直接向授权人员提交书面申请书。值得注意的是，如果申请人有理由证明制作正式申请书将会影响行动的成功，则可以通过任何通信方式向授权人员提出申请。[3]

澳大利亚的控制下交付的申请程序采取灵活的处理方式，契合了控制下交付的时效性，有利于执法机关及时采取行动，追查案件。我国可尝试采取一般与例外的申请模式：一般的申请程序需严格采取书面的形式，公安机关的侦查业务部门向审批机关提交书面的申请书。在紧急情况下，控制下交付的申请可采取口头形式或者通信方式，但其后应补交书面申请。

申请书的内容总体来说分为两个部分：一是关于案件基本情况的内容，二是控制下交付实施的具体内容。案件基本情况主要包括以下内容：犯罪嫌疑人的详细情况，如姓名、曾用名、性别、民族、出生年月、出生地点、身份证件号码、籍贯、住址、职业及工作单位、社会经历等；情报线索的来源及是否可靠；非法或可疑物品的种类、数量、运送的起点终点及路线；非法或可疑物品运送所涉及的航班、车次、船名、时间及方式。实施控制下交付的具体内容包括实施的根据、范围、具体实施方式、组织与指挥、相关部门的配合协作以及紧急情况的应对方案等。[4]

---

〔1〕 参见张智：《控制下交付程序规制》，载《中国公共安全（学术版）》2012 年第 4 期。

〔2〕 参见艾明：《秘密侦查制度研究》，中国检察出版社 2006 年版，第 256 页。

〔3〕 参见张智：《控制下交付程序规制》，载《中国公共安全（学术版）》2012 年第 4 期。

〔4〕 参见邓立军：《突破与局限——新刑事诉讼法视野下的秘密侦查》，中国政法大学出版社 2015 年版，第 215 页。

2. 审批的方式

从《刑事诉讼法》的规定来看，目前控制下交付的实施采取内部审批的模式，审批的主体为侦查机关。公安机关集审批与执行权限于一身，不利于实现对控制下交付的监督与规制。有学者提出："由于控制下交付具有欺骗性、诱导性等特点，如果使用过滥，则容易引发人与人之间的信任危机，冲击社会信用体系。"因此主张对控制下交付的审批采取司法审查模式，由司法官员充当审批的主体。同时遵循令状主义，详细记载犯罪嫌疑人的个人基本情况，以及实施控制下交付的具体场所、方法、内容、期限等。[1]

另有学者对此提出反对意见，认为我国不存在实施司法审查机制的必要性。控制下交付是一种综合性的侦查措施，在实施的同时必然涉及其他技术侦查手段的使用。而其他技术侦查手段的审批与程序控制，需要遵循相应的规定。因此控制下交付的司法审查缺乏必要性，只要控制下交付手段实施过程中涉及的各项具体侦查手段符合相应的程序规定即可。[2]

从域外立法和侦查实践的情况来看，很少有国家或地区对控制下交付实行司法审查制度。在美国，司法部缉毒署的业务主管部门是毒品案件控制下交付的决定机关。国际一级的控制下交付由总部的业务主管部门核准，国内的控制下交付由地区的业务部门审批。澳大利亚的控制下交付的审批也是在警察局内部进行，重大案件经由警察局长、副局长审核，对于一般案件，警察局长、副局长所授权的人也有权核准。同样地，欧盟众多成员国也是由警察或者检察官进行审批。[3]

笔者认为，控制下交付并不适合进行司法审查，控制下交付的审批由侦查机关内部自行决定即可，原因如下：首先，控制下交付的实施具有很强的时效性，不适合进行司法审查。侦查机关发现违禁品后，需要及时作出是否采取控制下交付的决定。司法审查需要侦查机关另行向司法部门提交申请进行外部审批，与内部自行审批相比，程序相对繁杂。侦查机关很难在有限的时间内提交司法审查，而且很有可能错失实施控制下交付的最佳时机。其次，

---

〔1〕　参见黄维智：《控制下交付法律问题研究》，载《社会科学研究》2007 年第 2 期。

〔2〕　参见程雷：《秘密侦查比较研究——以美、德、荷、英四国为样本的分析》，中国人民公安大学出版社 2008 年版，第 565 页。

〔3〕　参见邓立军：《新刑事诉讼法视野下的控制下交付研究》，载《中国人民公安大学学报（社会科学版）》2014 年第 1 期。

法官对控制下交付的实施缺乏充分的认识，难以承担审批的职责。控制下交付的审批需要根据具体的案情综合考量启动的必要性及可能性，判断实施过程中可能存在的风险及风险的大小，跨国跨区域的控制下交付还涉及复杂的法律问题。因此，控制下交付的审批主体需要具备专业的侦查素养以及丰富的侦查经验，能够充分了解控制下交付的侦查策略问题以及法律问题。

具体来说，审批主体的层级可以根据是否跨国或者跨行政区域而作出调整。对于国际范围内实施控制下交付的案件，应当由国家一级的主管机关批准；对于在国内实施的控制下交付的案件，则依据跨行政区域的不同而分层次确定。对于在同一地市范围内实施控制下交付的案件，由该地市侦查部门的负责人批准；需要跨地市实施的，由省级侦查部门的负责人批准；需要跨省实施的，由国家主管部门批准。[1]

（四）控制下交付的实施过程

1. 发现违禁品及可疑物品

发现违禁品及可疑物品，是控制下交付实施过程的起点。通常来说，侦查机关、执法部门主要通过以下方式查获违禁品：

（1）边防、海关部门的业务检查。边防、海关部门的检查通常采取两种形式：一是根据已有的线索、情报，有针对性、有侧重点地检查；二是在没有获得相关情报信息的情况下，检查人员察觉货物以及货物携带者存在特殊可疑迹象，在常规例行检查时偶然间发现并查获的。[2]如今违禁品犯罪日趋国际化，犯罪分子在跨境运输中穷尽各种隐蔽、狡猾的方法藏匿违禁品，企图蒙混过关，逃避边防、海关的监管和检查。为了应对犯罪分子层出不穷的作案手法，执法部门一方面要加强情报搜集工作；另一方面要重点培训检查人员，增强一线执法人员识别可疑物品及人员的能力。此外，边防、海关部门应定期更新、升级设备、仪器，利用先进的技术设备加强检查力度。

（2）情报工作中发现。情报信息是获悉违禁品犯罪的重要途径，例如通过国际禁毒机构、组织获悉情报；与相关国家、地区的执法部门互通信息，交换情报；通过线人提供线索等。在情报工作中，侦查机关一方面要加强情

---

〔1〕参见顾凯辉：《技术侦查措施法治化背景下的控制下交付》，载杨正鸣、倪铁主编：《侦查实务前沿问题研究》，法律出版社 2016 年版，第 200 页。

〔2〕参见王国民：《控制下交付研究》，中国检察出版社 2011 年版，第 110 页。

报系统的建设，为国家、地区之间的侦查合作建立正式、顺畅的联络沟通渠道，通过合作拓展情报信息的来源；[1]另一方面，要有计划、有步骤地加强线人、特情等秘密力量的建设，把秘密力量深入渗透到犯罪组织的内部，将情报搜集工作延伸到犯罪组织的核心。[2]

（3）执法部门公开查缉。公开查缉是指执法部门依法对特定范围内可能藏匿违禁品的人员、车辆等进行的公开检查。公开查缉的地方包括口岸、火车站、长途汽车站、码头、机场等交通枢纽，高速公路、交通要道、娱乐场所、宾馆、酒店等。[3]由于公开查缉的范围十分广泛，因此执法部门也需要通过情报信息，有针对性地在特定的区域开展检查工作。

2. 及时收集、固定证据

侦查机关查获违禁品后，要在有限的时间内，及时收集、固定证据。控制下交付中所查获的违禁品是日后追诉时用以指控的关键证据，因此，在查获违禁品后，应当依照法律法规、公安部门的内部程序性规定，对违禁品取样并进行证据固定。在有害控制下交付中，侦查机关对违禁品放行前，有时候为了确定违禁品的性质、种类，需要对其提取样本进行鉴定。此时取证的工作有两个重点问题需要注意：一是提取样本的过程中尽量避免破坏原包装，以免引起犯罪分子的警觉和怀疑；二是样本提取后要依照法定程序进行保管、送检，确保样本真实可靠。此外，侦查人员还需注意对违禁品进行证据固定，通过拍照、笔录等形式对其外部形态、性状特征进行记录。

除违禁品以外，侦查人员还应当充分重视其他证据的取证工作，全面收集证据，尽可能提高证据链条的完整度。在控制下交付的启动阶段，违禁品的查获固然重要，但是违禁品只是用于证明犯罪事实的证据之一。侦查人员往往关注违禁品的取证，而容易忽视其他证据的取证工作，最终所获得的证据有限，未能形成完整的证据推论链条，导致追诉失败。因此，侦查人员应当提高证据意识，在控制下交付过程中，对于运用证据去证实犯罪要有预先的思想准备。"如果侦查人员的证据意识不强，有些证据就难以获得，或者与

---

〔1〕 参见邓立军主编：《程序与方法——毒品犯罪侦查之二维考察》，中国社会科学出版社 2010 年版，第 337 页。

〔2〕 参见李恒、魏青宝：《论控制下交付侦查模式的适用范围和实施步骤》，载《安徽警官职业学院学报》2013 年第 1 期。

〔3〕 参见王国民：《控制下交付研究》，中国检察出版社 2011 年版，第 114~115 页。

本来可以获得的证据擦肩而过。"[1]除了对违禁品进行取证以外，侦查人员应当在保持违禁品及其包装原状的情况下尽可能提取包装袋上的生物痕迹，例如指纹、皮屑、毛发等，这些生物证据是用以证明犯罪行为人与犯罪嫌疑人的同一性的有力证据。

3. 监控违禁品的流转

在控制下交付的实施过程中，侦查人员需要联合使用其他技术侦查手段以追查违禁品以及同行人员的动态流转过程，证据的收集和固定工作较为复杂，应注意不同的技术侦查措施的取证程序的要求。随着犯罪手段的技术化以及犯罪分子反侦查能力的提高，人力"盯梢"已远远不足以应对控制下交付对人货实时监控的需求，因此多种技术型监控手段，例如通信监听、秘拍秘录、视频监控、GPS定位追踪、电话通联数据分析、网络监控等成为侦查人员的常用技术手段。在使用其他技术侦查措施时，以下两个问题有待讨论：其一，其他技术侦查措施是否需要单独申请并获得审批后才可施行？其二，通过其他技术侦查措施所获得的证据，应当如何及时固定？

从《刑事诉讼法》的技术侦查措施一节的规定可以看出，控制下交付与其他技术侦查措施的审批程序有所区别，立法严格限定了不同种类的技术侦查措施的适用范围及对象，技术侦查措施的实施，必须严格按照批准的种类、适用对象和期限执行。控制下交付侦查措施获得的授权范围，并非"一揽子"的授权，而是就控制下交付这一特定侦查措施的授权，是对违禁品有条件地"放行"的授权。[2]如在实施过程中需要适用其他技术侦查措施，应当依照相应的程序提交申请并审批。

由于控制下交付在违禁品流转过程中的核心任务是对违禁品以及同行人的监控，因此，所获得的证据多数为通过监听、监控所获得的电子证据、视听资料。对此类证据的提取和保存应当注意时效性和技术性的要求。电子数据与传统物证相比，稳定性较低，提取过程的细微偏差，都可能造成数据的灭失或是变动，从而导致证据失效。因此，侦查机关在收集此类证据的过程中，第一要务就是及时固定电子数据。实践中，实施控制下交付的侦查人员

---

[1] 张洁、王建伟：《我国缉毒实践中运用"控制下交付"存在的问题及对策》，载《云南警官学院学报》2009年第6期。

[2] 参见廖斌、张中等：《技术侦查规范化研究》，法律出版社2015年版，第254~255页。

往往采取书面转化的形式固定证据。例如在犯罪嫌疑人的电脑硬盘中搜查出往来通信的电子邮件，侦查机关通常将邮件的内容打印，转化为书证加以固定，如此便于证据的移送、出示和质证。[1]笔者认为，此种做法在一定程度上背离最佳证据规则，侦查机关应当尽可能地保存原始数据，在不便直接提取物理介质的情况下，再进行书面转化。

电子证据的收集与固定对一线侦查人员的专业素质和技能提出了较高的要求，美国为此在各州以及联邦不断建立健全专业化机构和队伍：一方面，各州政府为控制下交付的取证工作配备了具备专业技能的侦查人员。另一方面，在联邦政府层面，美国的缉毒总署（Drug Enforcement Administration，DEA）作为有权实施毒品控制下交付的执法机关，统一指挥协调全国甚至跨国毒品案件的侦查工作，包括控制下交付的实施以及控制下交付证据如何合法取得。[2]侦查机关应加强对技术侦查人员的业务技能培训，通过集中学习、交流互访、定期会谈等形式掌握、学习控制下交付在国际范围内运用的发展趋势，借鉴其他国家的经验成果，推进取证技术的进步。

4. 收网抓捕犯罪嫌疑人

收网环节是控制下交付成败的关键，侦查人员能否实现人赃并获的侦查目的，很大程度上取决于收网环节中证据收集与固定的及时性以及合法性。

首先，侦查人员应当在抓捕现场及时提取、固定证据，把握"五个当场进行"：

（1）当场拍照或录像。侦查人员截获违禁品后，要充分、全面地收集其他物证，通过拍照对违禁物品以及物证的外观特征、物理性状进行固定，对取证过程进行全程录音录像。

（2）当场讯问并指认。对犯罪嫌疑人实施抓捕后，侦查人员应当当场讯问，并由犯罪嫌疑人对涉案的场所、物品进行指认。此时犯罪嫌疑人刚被抓捕，当场讯问有助于攻破他们的心理防线。

（3）当场称量毒品。如果查获的违禁品是毒品，一般情况下侦查人员应当在现场完成称量。按照《办理毒品犯罪案件毒品提取、扣押、称量、取样和送检程序若干问题的规定》，如果现场的环境较为复杂，存在确实不易现场

---

〔1〕　参见王刚：《走私犯罪案件的证据问题研究》，中国政法大学 2011 年硕士学位论文。

〔2〕　参见朱敬忠：《控制下交付证据制度研究》，黑龙江大学 2017 年硕士学位论文。

称量的情形，不具备现场称量条件的，可以将毒品进行封存并带到公安机关的办案场所或者其他适当的场所进行称量。

（4）当场封存需鉴定的违禁品检材。对于需要进行鉴定的违禁品，侦查人员应当妥善封存，并对保管链条进行详细记录，以保证检验来源的真实性和同一性。

（5）当场询问证人。按照证言三角形理论，证言可信性涉及感知能力、记忆能力、诚实性、叙述能力四种品质。其中，视力、辨色能力、观察角度等属于感知能力的影响因素；记忆能力存在个体差异，而且"随时间而衰减"；不同个体的叙述能力也有差别，证人的社会属性对叙述的诚实性产生一定的影响。[1]因此，当场对证人进行询问，能够避免因时间的推移，证人记忆衰减而导致的认知偏差。

其次，侦查人员应当依照法定程序对证据进行收集、固定，以确保证据的真实性和合法性：一方面，侦查人员应当严格遵照法定程序进行取证、固定。例如当场讯问犯罪嫌疑人时，应当依照《刑事诉讼法》的规定进行讯问，侦查人员的人数不得少于两人，并告知犯罪嫌疑人享有的诉讼权利，讯问笔录应当交犯罪嫌疑人核对并签名或盖章。实践中，侦查人员在收网环节实现了人赃并获的侦查效果后，往往忽视取证的程序合法性，最后由于无法证明证据的真实性、合法性，导致证据被排除，侦查行动前功尽弃。

在卓某坛走私、贩卖、运输、制造毒品案中，侦查人员由于对物证包括违禁品的提取不符合程序规定，可能严重影响司法公正，公安机关对此不能作出合理解释或补正，最终法院认定相关物证及物证的鉴定意见均依法不能作为定案根据，排除了物证包括违禁品，当庭宣告被告人无罪。一审法院在判决书中着重指出，公安机关虽然出具了数名参与抓捕的民警证言，证明从被告人的包内查获了疑似毒品并当场向被告人展示，然而上述证据不足以证明物证来源真实合法。依照现行法律规定，对物证进行提取应当有中立的见证人在场，或者同步录音录像。立法旨在实现对侦查权的监督，使得取证的合法性、证据的真实性均有客观证据予以查证，从而充分保障被告人的基本诉讼权利、防止冤假错案。本案中，公安机关对于证据合法性、真实性的证

---

〔1〕 参见〔美〕罗纳德·J. 艾伦等：《证据法：文本、问题和案例》，张保生、王进喜、赵滢译，高等教育出版社 2006 年版，第 459 页。

明，仅有单方面的证言，整个取证过程亦不符合程序规定，既无物品持有人合法签名，也无适格的见证人或录音录像。[1]

另一方面，在收网环节，侦查人员通常需要对犯罪嫌疑人的人身、携带的包裹以及交易现场进行搜查，此时涉及侦查人员是否需要出示搜查证的问题。在美国，控制下交付的无证搜查问题引发争议。在安德里亚斯案（Illinois v. Andreas）中，美国联邦最高法院采用"是否存在合理隐私期待"作为判断的标准：经第一次合法开封后，持有人对物品的合理隐私期待不复存在，因此第二次的开封不需要具备搜查证。[2]换言之，由于违禁品在此前被合法地打开，因此在收网环节，对违禁品再次打开时的无证搜查，不属于违法搜查。"合理隐私期待"其实最早源于1967年的卡茨诉美国案（Katz v. United States），该案确定了判断公民是否存在隐私合理期待的标准：一是就此项侦查行为，公民主观上是否存在隐私权不受侵扰的期待；二是这种主观上的期待是否被社会承认是合理的。[3]

根据我国《刑事诉讼法》有关搜查的规定，搜查的对象包括犯罪嫌疑人以及可能隐藏罪犯或者犯罪证据的人的身体、物品、住处以及其他有关的地方。在执行逮捕、拘留的时候，遇有紧急情况，可不另用搜查证进行搜查，其余情况下，必须向被搜查人出示搜查证。笔者认为，合理隐私期待的对象仅限于违禁品及其包装，在搜查犯罪嫌疑人的身体、其他物品以及住处和其他有关地方时，应当根据《刑事诉讼法》的规定出示搜查证。

（五）无害控制下交付的秘密搜查与扣押

1. 无害控制下交付的秘密搜查与扣押存在的问题

在立法层面上，无害控制下交付的秘密搜查、扣押行为缺乏相关法律依据。在无害控制下交付中，侦查机关需要将违禁品替换成物理外观相似的无害物品，其后在严密的监控下继续流转。为免走漏风声惊动犯罪分子，侦查机关对违禁品的搜查、扣押以及替换的行为均在秘密状态下进行，这与现行《刑事诉讼法》关于搜查、扣押的规定相抵牾。依据《刑事诉讼法》的规定，

---

〔1〕（2013）深中法刑一初字第234号。

〔2〕 Illinois v. Andreas, 463 U. S. 765（1983）.

〔3〕 See Steven Penny, "Reasonable Expectation of Privacy and Novel Search Technologies: An Economic Approach", 97 *Journal of Criminal Law and Criminology* 477（2007）. 转引自廖斌、张中等：《技术侦查规范化研究》，法律出版社2015年版，第253页。

我国的搜查、扣押应当是公开进行，但在实施无害之控制下交付的过程中，侦查机关对处于走私、贩运途中的非法或可疑货物所采取的搜查、扣押均是在绝密状态下实施的。此种情形下的秘密搜查、扣押在现行立法中缺乏法律根据，无论是《刑事诉讼法》还是公安部门的内部规定等"隐形法"，尚未对无害控制下交付中的秘密搜查、扣押作出任何规定。[1]

实践中，无害控制下交付的秘密搜查、扣押行为引发辩方对证据真实性、合法性的质疑。被扣押的违禁品，在犯罪嫌疑人被抓捕后将作为检方提起公诉的关键证据，违禁品的搜查与扣押过程直接关系证据的真实性与合法性。控制下交付具有高度的保密性，侦查人员在发现违禁品后，对违禁品实施的搜查、扣押、替换行为，通常是单方完成，缺乏外部监督，因此物证的合法性以及真实性往往遭到辩方的质疑，这在一定程度上制约了违禁品原物作为物证使用时指控犯罪的效力。在最后的收网环节，侦查人员当场查获的实际上是无害物，因此有无违禁品以及违禁品的数量、性状等问题成为辩护方与控诉方诉辩的焦点。辩护人以不存在违禁品为由提出抗辩的情形不在少数，如若侦查机关无法提供相关证据对先前的搜查、扣押行为予以证明，将导致检方的控诉主张无法形成完整、闭合的证据链条。

此外，无害控制下交付的秘密搜查与扣押对犯罪嫌疑人的定罪量刑具有重要影响。侦查人员将违禁品替换成无害的相似物，而替换的数量对于追诉犯罪行为人刑事责任的量刑至关重要，依照规定，对违禁品数量的调整应当是一种减少的调整。在无害控制下交付中，侦查人员为了减少违禁品流转监控中的风险，以降低违禁品意外流失的风险，通过无害替换减少违禁品的数量，其后犯罪行为人被抓捕归案接受审判时，应当以替换后较少的数量作为量刑的基准。

然而在实践中，存在着数量陷害行为，即侦查人员人为地增加违禁品数量，这种数量的增加极易带来加重刑罚处罚的结果。[2]此外，侦查人员为追求战功，在违禁品的替换环节人为地替换成性质更为严重的违禁品，借此构陷他人。这是一种对犯罪行为人基本权利的严重践踏，应当严格禁止并追究

---

〔1〕 参见邓立军：《新刑事诉讼法视野下的控制下交付研究》，载《中国人民公安大学学报（社会科学版）》2014年第1期。

〔2〕 参见张洪成：《控制下交付行为再探究》，载《河北公安警察职业学院学报》2011年第3期。

相关人员的法律责任。目前,我国对控制下交付的法律制约仍存在大量的空白地带,亟须通过立法建立制约机制,明确侦查机关的法律责任,同时建立救济的渠道和制度,以保护犯罪嫌疑人的合法权益。

2. 无害控制下交付中秘密搜查与扣押的解决之道

为了解决无害控制下交付中违禁品的搜查、扣押程序的合法性,地方侦查机关会同起诉机关、审判机关进行事先沟通并达成协议。例如在缉毒实践中,云南警方采取召开"三长"会议的做法,即在实施无害控制下交付之前,由公安局局长、检察长以及法院院长共同召开会议,协调商讨控制下交付的程序问题。[1]笔者认为,"三长"会议的做法实际上是审判机关对侦查活动的提前介入,有悖控审分离原则。为保障诉讼的公正,现代法治国家在建构刑事程序时普遍实行控审分离原则。控审分离原则可以从结构和程序两个方面理解,前者是指在机构设置和人员组织上实现审、检分离,后者是指在程序启动上遵循不告不理,在程序运作中实行诉审同一。[2]"三长"会议中法院院长直接参与侦查、起诉工作的讨论并与侦查机关、检察机关达成合意,此举违反了三机关的职能分离原则以及审判程序上的不告不理原则,同时也违背了审判机关的被动性和中立性要求。

为了解决无害控制下交付中违禁品的搜查、扣押缺乏监督的问题,我国于 2016 年由两高一部联合印发了《办理毒品犯罪案件毒品提取、扣押、称量、取样和送检程序若干问题的规定》,其中第 37 条第 1 款规定:"扣押、封装、称量或者在公安机关办案场所取样时,无法确定犯罪嫌疑人、犯罪嫌疑人在逃或者犯罪嫌疑人在异地被抓获且无法及时到场的,应当在有见证人的情况下进行,并在相关笔录、扣押清单中注明。"该规定在一定程度上解决了无害控制下交付中的秘密搜查、扣押问题,但是其适用范围存在局限性,约束对象仅限于毒品,其他类型的违禁品不在规制范围内。

我国《刑事诉讼法》对于搜查、查封、扣押措施采取见证人制度,根据《刑事诉讼法》第 142 条规定,侦查人员在对财物、文件实施查封、扣押措施时,应当会同在场见证人和被查封、扣押财物、文件持有人查点清楚,当场

---

〔1〕 参见吴红霞:《初探"控制下交付"》,载《湖南公安高等专科学校学报》2002 年第 5 期。

〔2〕 参见谢佑平、万毅:《刑事控审分离原则的法理探析》,载《西南师范大学学报(人文社会科学版)》2002 年第 3 期。

开列清单并由侦查人员、见证人和持有人签名或者盖章。笔者认为，可参考借鉴查封、扣押的第三方见证人制度，根据查获违禁品时的具体场所和情况，在条件允许的情况下，引进其他国家机关工作人员作为第三方见证人，对无害控制下交付中的违禁品替换、扣押过程予以见证。控制下交付侦查活动的成败关键在于其行动具有严格保密性，因此对见证人的要求有别于一般的查封、扣押措施的见证人要求。无害控制下交付中违禁品替换、扣押措施的见证人，必须对替换过程以及侦查活动保密，一旦泄密，犯罪分子便会即时终止行动，侦查活动宣告失败。

根据实践经验的总结，侦查人员发现、查获违禁品的情况一般有三种：一是在边防、海关等禁毒缉私侦查部门的日常工作检查中发现并查获违禁品或者财物；二是通过情报信息研判发现并查获违禁品或者财物；三是依法对特定范围或者区域进行公开例行检查，发现藏匿的违禁品或者财物。[1]在第一种情况下，侦查人员缉获违禁品的场合通常是边防、海关缉私部门在机场、车站、港口、铁路、轮船等设立的关卡，具备引进国家机关工作人员充当见证人的可能性。侦查机关在对违禁品实施替换、扣押措施之前，可以通知边防、海关安检部门的工作人员作为在场见证人，对违禁品的替换、扣押、保管等过程进行见证。在后两种情况下，由于发现、查获违禁品的场所具有不确定性，有可能是交通设施要道、通商口岸、交通枢纽，如火车站、码头、长途汽车站、机场等，也有可能是公共场所，如娱乐场所、宾馆、酒店、网吧等，此时不适宜引进国家机关工作人员作为见证人，因此可通过同步录音录像，实时记录替换、扣押的详细过程。无论是采取见证人还是录音录像的方式，侦查人员都应当对替换、扣押的过程进行记录并签字，若有见证人在场，还应交见证人签字确认。侦查人员应当在笔录中详细记载替换、扣押的时间及场所、在场人员、经替换违禁品数量、重量、物理性状等情况。

（六）控制下交付的监督

1. 建立外部监督机制

人民检察院是国家的法律监督机关，对国安、公安机关的技术侦查活动行使审批权是其法律监督职能的应有之义。人民检察院有权对侦查机关的侦

---

〔1〕 参见李恒、魏青宝：《论控制下交付侦查模式的适用范围和实施步骤》，载《安徽警官职业学院学报》2013 年第 1 期。

查行为进行法律监督。检察院对控制下交付的侦查监督，可以采取备案制度和"现场检查"制度。检察机关在诉讼中的角色决定了其具备监督控制下交付的条件。检察院作为起诉的决定机关，在审查起诉环节，对侦查机关通过控制下交付收集的证据予以审查把关。因此，检察官有权知悉侦查机关实施控制下交付的具体细节。侦查机关应当对控制下交付的申请、审批以及实施的具体情况予以完善的记录，向检察院移交备案。如此有利于打破侦查机关内部每一办案部门对控制下交付的垄断，为外部监督的介入提供基础。

有学者就秘密侦查的监督问题提出建立"现场检查"制度，即由人民检察院指派合适的检察官，直接在辖区内技术侦查措施的执行现场进行检查监督。就控制下交付的监督而言，驻场检察官具体的检查内容包括控制下交付的申请和审批、实施过程中所使用的技术侦查措施、证据收集与固定等方面。[1]"现场检查"能够全面知悉控制下交付的实施进程，深入了解侦查活动的细节，直观地核查控制下交付所使用的手段、方式是否存在问题。

2. 强化内部监督力度

控制下交付的保密性要求，在一定程度上阻隔了外部监督的介入。建立外部监督制度，并非一蹴而就。在今后相当长的一段时间内，内部监督仍然是主要的监督方式。所谓内部监督，顾名思义就是有权实施控制下交付的机关的内部制约机制，一般是上级机关对下级机关，从侦查措施的审批直至侦查终结，即实施全过程的监管和控制。这种自上而下的监督主要通过请示审批、备案备查的形式实现。"下级执法机关应该本着案件不论大小，都要坚持请示、备案原则；坚持和完善案件请示报告、审批和备案备查制度。"[2]

公安部作为主管机关，发布了《毒品案件侦查协作规定》《公安机关禁毒民警执勤行为规范》等内部规定，这些规定对毒品案件的控制下交付这一侦查措施作出了多方面的规范，其中包括立案与管辖、报批备案、组织实施的规定。这些规定为控制下交付的内部监督提供了规范来源，然而在适用的案件范围以及具体内容上存在局限。这些内部规定针对毒品案件，因此仅对毒品案件的控制下交付具有约束力，而其他违禁品交付案件并不在其适用范围

---

[1] 参见邓立军：《突破与局限——新刑事诉讼法视野下的秘密侦查》，中国政法大学出版社2015年版，第106页。

[2] 辛宇罡：《控制下交付程序性监督机制的构建与完善》，载《天津法学》2016年第3期。

内，这种局限性反映了控制下交付在我国侦查实践的发展过程。

　　控制下交付是在禁毒工作中逐步发展起来的侦查措施，最早在美国兴起，其后通过欧洲向世界范围拓展。20 世纪 90 年代，我国毒品犯罪形势严峻，制毒、过境贩毒以及毒品消费并存，控制下交付作为打击毒品的重要侦查手段，主要被运用于禁毒领域。[1]因此，有关控制下交付的内部规定也主要针对毒品案件。随着控制下交付被越来越多地应用到诸如枪支走私、伪造货币犯罪等案件的侦查中，内部规范的滞后性和片面性也逐步凸显。

　　有关报批备案的规定主要用以处理跨地区、跨行政区域、跨境跨国的侦查协作，包括呈报的程序、审批的流程、组织协调的主体等方面。至于管辖区域内的控制下交付如何审批、报告以及备案，内部规定尚未有明确的表述。就目前《刑事诉讼法》以及《公安机关办理刑事案件程序规定》的相关条文来看，关于控制下交付的程序性规定仅确定了审批的主体为县级以上的公安机关负责人，诸多具体的问题仍未作出解答，例如，审批所应提交的具体材料包括哪些，实施过程中是否以报告的形式向上级机关汇报进展，行动结束后应当在什么期限内提交报告，等等。目前我国尚未就控制下交付的报批审批程序、备案报告制度建立统一的法律性质的规定，亟待通过立法完善加强内部监督的力度。

---

〔1〕 参见陈永生、蔡其颖：《控制下交付的历史沿革探析》，载《山东警察学院学报》2013 年第 3 期。

# 下 编

# 第十一章 CHAPTER 11 职务犯罪案件技术调查

　　本章主要讨论技术侦查措施在打击职务犯罪案件实践中的应用、存在的问题及完善立法的建议。随着腐败案件日益增多、犯罪的技术性和隐秘性增强，再加上证据和证明模式的特殊性等因素，常规侦查手段难以适应反腐败的需要，引入技术侦查措施已成为必然选择。但由于传统上的原因（具体可参见本章第二部分关于新中国成立以来技术侦查发展情况，特别是"双规"等措施的分析），以及惩治职务犯罪更强调部门间的协调配合，在有关法律作出明确授权前，职务犯罪案件技术侦查的启动、执行、证据转化等方面出现了一些打擦边球或者"变通"的情况，与刑事诉讼的程序要求不符，也容易因证据瑕疵影响打击职务犯罪的效果。2012 年《刑事诉讼法》首次规定职务犯罪案件技术侦查措施，技术侦查进入有法可依的阶段，2018 年随着《监察法》的出台及配套司法文件的制定和修订，关于职务犯罪技术侦查的法律规定进一步完善，但法律本身和实践中都存在一些问题。域外在这一领域已经积累了几十年的经验，有必要适当吸收，结合我国实际，进一步完善职务犯罪案件技术侦查法律规定。

　　需要特别说明的是，随着 2018 年《监察法》的出台、《刑事诉讼法》的修订，多数职务犯罪案件的侦查取证工作由监察机关负责。由于监察法及实施条例、刑诉法解释等均使用了"技术调查"的概念，为与这些规定保持一致，同时也考虑到作为侦查手段的技术侦查和技术调查在本质上并无区别（后文会具体阐述二者的差异），本章除涉及法律条文、历史沿革以及检察机关负责的部分职务犯罪侦查取证等内容外，统一使用"技术调查"的概念。

## 一、职务犯罪案件技术调查概述

（一）技术调查对于打击职务犯罪的必要性

在 2012 年修改《刑事诉讼法》之前，法律上并未明确授权侦查机关在职务犯罪案件中使用技术调查措施，理论界对此也有争议。有学者持否定态度，认为刑事诉讼各参与机构必须严格依法办案，而法律没有明确授权使用技术调查手段，因此不能使用技术调查措施，即便使用，获得的材料也不能作为证据使用。[1]这种"法无授权即禁止"的法治理念是值得肯定的，但学者更应该超越现有的法律规范，从应然的层面讨论问题，在职务犯罪案件中使用技术调查措施有其必要性。

1. 职务犯罪案件的数量猛增、查办难度大

20 世纪 90 年代以来，职务犯罪案件数量增长迅速。从最高人民法院工作报告公布的数字看，1999 年各级法院判处贪污、贿赂、挪用公款等犯罪分子 15748 人，2019 年上升到 2.9 万人，几乎翻一番。[2]但这还不是全部，从中央文件的表述到时常见诸报端的腐败案件报道，无不提醒我们，尚未进入司法程序甚至尚未被发现的职务犯罪数量同样不容忽视。涉案金额也越来越大，从 20 世纪 90 年代的几万元、几十万元，到如今动辄百万、千万，上亿元也屡见不鲜。[3]可见反腐败形势一直十分严峻，需要从严惩处。严惩的基础在于证据，取证手段能否跟上就成了对职务犯罪追责的关键。

职务犯罪案件的主体是国家工作人员。与一般犯罪主体相比，他们的社会阅历相对更加丰富，反侦查意识和能力强，有一定的身份、地位、权力和复杂的关系网，能够从风吹草动中得知侦查行为，进而组织串供或销毁重要证据。有的本身就是司法干部出身或者主管政法工作，可能利用手中的权力干扰案件的查办。

随着科技不断发展，职务犯罪越来越呈现出规模化、智能化、科技化、网络化的特点。有的职务犯罪与经济犯罪、黑社会性质组织犯罪交织，成组

---

〔1〕 参见崔敏主编：《刑事证据理论研究综述》，中国人民公安大学出版社 1990 年版，第 214 页。

〔2〕 参见 2000 年和 2020 年最高人民法院工作报告。

〔3〕 直到 2015 年《刑法修正案（九）》出台之前，贪污受贿数额起刑点是 5000 元，数额达到 10 万元即可判处 10 年以上有期徒刑或者无期徒刑、死刑，可见当时犯罪数额总体不高。

织，成规模，危害大，犯罪分子本人隐藏其中，常规侦查手段难以找到线索。有的犯罪分子早在侦查部门打算对犯罪嫌疑人实施秘密录音录像等技术侦查手段前，就已经通过私下监听获取了所需的私密信息，从而利用所获取的信息向侦查对象索贿并达到目的。由于为犯罪而实施的技术侦查行为与依职权进行的技术侦查行为之间不易区分，此类犯罪有时难以及时发现并惩治。如果侦查手段不能满足惩治职务犯罪的需要，就会导致国家发现犯罪能力降低、控制犯罪能力减弱，从根本上危害公共利益。[1]

2. 职务犯罪案件证据以言词证据为主

职务犯罪案件通常没有直接的被害人，没有现场痕迹，对言词证据依赖性很强，这就造就了职务犯罪案件证据的三个特点：首先，证据难以被发现。多数犯罪事实仅有当事人双方知晓，在犯罪嫌疑人不供述的情况下很难找到侦查线索。有的案件中，犯罪嫌疑人信奉"只要不松口，神仙难下手"，对侦查人员软磨硬泡，把审讯场所变成表演舞台，令常规侦查措施无从下手。其次，证据稳定性差，容易出现反复。在常规侦查手段下，如果犯罪嫌疑人作出虚假陈述，或其陈述前后变化、反复，侦查机关没有很好的办法应对。实践中，由于职务犯罪案件从发现线索到采取措施之间的时间跨度长，犯罪嫌疑人往往可以与家属、行贿人订立攻守同盟，进行串供，共同编造能自圆其说的虚假事实，令侦查机关束手无策。最后，证据的证明力难以保证。职务犯罪案件容易出现"一对一"的证据，如果行贿人证言与嫌疑人供述不一致甚至矛盾，又没有其他证据，将对证明力造成很大影响。由于言词证据依赖于人的认识能力、记忆能力、表达能力、诚实意愿，出现这种不一致是非常合理且常见的，但在案件处理中则是非常致命的。

3. 职务犯罪案件难以实现"先证后供"的证明模式

多数刑事案件的侦查顺序是先发现犯罪事实，之后查明犯罪人，呈现出"由事找人"的特点。而职务犯罪案件往往从举报、检举出发，大致锁定嫌疑人之后再查找犯罪事实，呈现出"由人到事"的证明模式。再加上职务犯罪案件以口供为主的证据体系，实践中往往呈现出从线索到口供再到其他犯罪事实的侦查顺序。这种"先供后证"的证明模式在现实国情下的境遇属于

--------

〔1〕　参见秦卫东、任海新：《检察机关配置技术侦查权研究》，载《中国刑事法杂志》2009年第6期。

"相对合理主义"的范畴。[1]但由于嫌疑人口供在其中起到至关重要的作用，很容易导致刑讯逼供和冤错案件。

新的证据理念强调"先证后供""以证求供"，以客观性证据为切入点寻找主观性证据，这固然可以避免上述问题，但必须以能调取到客观性证据为前提。技术调查措施的使用无疑提供了这个前提。侦查机关可以采取监听、监视、特情等手段搜集相对稳定、全面的证据，之后再通过讯问嫌疑人，印证技术调查获取的材料的真实性，往往能达到普通侦查方法难以达到的效果。

4. 防止违法取证行为

腐败问题是自上而下深恶痛绝的问题，为了保障国家机器正常运转，职能部门总要采取必要的措施来遏制腐败。当这种客观需要无法以充足的合法手段为支撑时，就很可能出现突破规定或者打"擦边球"的做法。在职务犯罪案件查办领域，最典型的就是超期羁押问题。

根据《刑事诉讼法》第 119 条第 2、3 款的规定，传唤、拘传持续的时间不得超过 12 小时；案情特别重大、复杂，需要采取拘留、逮捕措施的，传唤、拘传持续的时间不得超过 24 小时。不得以连续传唤、拘传的形式变相拘禁犯罪嫌疑人。然而，面对反侦查能力较强、社会阅历较丰富的职务犯罪嫌疑人，12 小时之内通常只能对案情有个简单的了解，很少有嫌疑人在此期间交代问题，反而有些熟悉法律的嫌疑人把 12 小时的时间限制作为自己的"护身符"。时间届满后，侦查人员将面临两难境地：如果放人，可能放纵罪犯，后续还可能需要重新抓捕，损害自身权威；如果想拘留或者逮捕，又面临错案风险及其他问题。[2]在这种矛盾下，催生出了超期羁押这一畸形产物。

多年来，政府部门、司法机关、法学界一直抨击、整治超期羁押。如果引入技术侦查手段，将有效改善这个问题。无需限制犯罪嫌疑人的自由，《刑事诉讼法》的规定得到落实；秘密开展侦查，无论最终指向定罪还是无罪，都无损于侦查机关的权威；以技术手段开展侦查，相比于面对面的问答，手段更加丰富，多数情况下也可能得到更多、更充分的证据。

---

[1] 龙宗智提出"相对合理主义"概念，用于解释当前有别于西方的一些法律现象。参见龙宗智：《理论反对实践》，法律出版社 2003 年版，第 187 页。

[2] 参见李明：《论职务犯罪中技术侦查手段的运用与限制》，载《华中科技大学学报（社会科学版）》2009 年第 4 期。

5. 应对律师权利扩大

律师在侦查阶段的权利经历了逐步扩大的过程。根据 1996 年《刑事诉讼法》第 96 条的规定，犯罪嫌疑人聘请律师需要经侦查机关批准，律师会见犯罪嫌疑人时，侦查机关可以派员在场，律师的权利内容包括提供法律咨询、代理申诉控告、了解罪名及案件情况等。总体来看，律师在侦查阶段几乎不能触碰案件实质内容。2000 年以来，《律师法》先后经历四次修订，律师权利逐步扩大。比如，律师会见犯罪嫌疑人无需审批、不被监听，律师可以调查取证，等等。这些规定极大地改变了过去侦查工作"一边倒"、案情不为外人所知、案件进展完全受侦查机关控制的情况，提高了庭审对抗的激烈程度，有利于保障犯罪嫌疑人、被告人合法权益。但相应地，侦查机关的权力边界也在逐渐缩小，对侦查人员自身素质和侦查手段都提出了新的更高要求。如果继续沿用传统侦查手段，将影响打击犯罪的效果。特别是对职务犯罪而言，言词证据本就容易变化、不稳定，律师的介入将进一步增加取证、固证、拓展线索的难度。如果不拓宽取证渠道、丰富证据类型，诉讼活动将难以顺利开展下去。

6. 履行国际条约义务

2003 年 10 月 31 日第 58 届联合国大会通过的《联合国反腐败公约》，涉及预防和打击腐败的立法、司法、执法等多方面内容，是指导国际反腐败工作的一项重要法律文件。该公约第 50 条第 1 款规定，各缔约国均应当采取必要措施，允许酌情使用控制下交付、电子或者其他监视形式、特工行动等特殊侦查手段，并允许法庭采信由这些手段产生的证据。这一条文以列举加兜底的形式授权使用控制下交付、监听监控、卧底侦查等技术调查手段，并赋予通过技术调查手段获取的材料以证据的地位，同时将这些内容规定为缔约国的义务。我国于 2003 年 12 月 10 日签署该公约，2005 年 10 月 27 日全国人大常委会批准加入该公约，自 2006 年 2 月 12 日起生效。除我国作出保留的第 66 条第 2 款外，该公约的其他内容适用于我国，当然也包括第 50 条第 1 款。根据国际法优先的原则，我国应该按照这一条文的内容，完善相关法律制度，将技术调查措施合法化，与国际反腐败刑事司法准则相衔接，保障公约实施，履行国际义务。

这里，特别探讨一下检察机关是否应保留技术侦查权的问题。2018 年《监察法》通过、《刑事诉讼法》修改后，关于检察机关是否还有必要保留技术侦查权的问题，存在一定争议。笔者认为，技术侦查权从属于侦查权，从检察机关侦查权的属性来看，检察机关的侦查权由检察机关的法律监督职能派生，是诉权的应有之义。保留检察机关的部分侦查权有助于实现侦查与起诉的有机衔接。[1]这些保留侦查权的理由，同样也可以解释保留技术侦查权的必要性。此外，根据《刑事诉讼法》，检察机关保留三项侦查权，包括对诉讼活动实行法律监督中发现的司法工作人员利用职权实施的非法拘禁、刑讯逼供、非法搜查等侵犯公民权利、损害司法公正的犯罪可以直接立案侦查，对监察机关移送起诉的案件可以退回补充调查或自行补充侦查，对公安机关管辖的国家机关工作人员利用职权实施的重大犯罪案件可以直接立案侦查。[2]这些保留的侦查权均对应职务犯罪案件，前述在其他职务犯罪案件中使用技术调查的理由，同样可以解释在这些职务犯罪案件中使用技术侦查的必要性。

（二）职务犯罪技术调查的法律依据

我国法律关于职务犯罪案件技术调查的规定经历了从无到有、从分散到集中的过程，现行有效的规制职务犯罪案件技术调查的法律主要有两部。《刑事诉讼法》第 150 条第 2 款规定："人民检察院在立案后，对于利用职权实施的严重侵犯公民人身权利的重大犯罪案件，根据侦查犯罪的需要，经过严格的批准手续，可以采取技术侦查措施，按照规定交有关机关执行。"第 3 款规定："追捕被通缉或者批准、决定逮捕的在逃的犯罪嫌疑人、被告人，经过批准，可以采取追捕所必需的技术侦查措施。"这两款主要适用于检察机关自行侦查的职务犯罪案件和追逃追赃案件。《监察法》第 28 条第 1 款规定："监察机关调查涉嫌重大贪污贿赂等职务犯罪，根据需要，经过严格的批准手续，可以采取技术调查措施，按照规定交有关机关执行。"第 2 款规定了技术调查措施的批准、时长等内容。这两款主要适用于贪污贿赂犯罪案件中的技术调查。

此外，2021 年 3 月 1 日开始施行的《刑诉法解释》规定了技术调查证据的审查认定问题，2021 年 9 月 20 日开始施行的《监察法实施条例》也专门对技术调查措施进行了细化规定，在《国家安全法》《人民警察法》等部门法

---

〔1〕 参见卞建林：《论检察》，中国检察出版社 2013 年版，第 125 页。
〔2〕 分别对应《刑事诉讼法》第 19 条第 2 款、第 170 条、第 19 条第 2 款。

中也有关于技术侦查的内容，在最高人民法院、最高人民检察院出台的司法解释以及公安部等出台的有关程序规定中也有涉及技术侦查具体操作的内容。〔1〕这些内容共同构成了职务犯罪案件技术调查的法律规制体系。

（三）职务犯罪技术调查的实践基础

1. 公安机关具有丰富的侦查经验

为了便于打击严重刑事犯罪和危害国家安全犯罪，公安机关和国家安全机关较早建立技术侦查队伍。特别是公安机关，与检察机关和审判机关之间在打击犯罪方面的衔接配合相对较多，经过长期实践，已经形成了相对完善的内部管理制度，配置了充足的技术设备，培养了专门的技术侦查人员，针对职务犯罪案件特点积累了丰富的侦查经验。〔2〕

2. 域外相关立法和司法实践提供了重要参考

立法方面，虽然职务犯罪技术调查措施在我国长期处于"只做不说"的状态，但在国外已经有几十年的发展历史。美国1968年《综合犯罪控制与街道安全法》规定了秘密监听和录音两种技术侦查手段，实践中使用技术侦查的历史要更长。技术侦查适用范围的扩张及限缩，在国外经历了一定反复，反映出打击犯罪和保障人权两大司法理念的博弈，也反映出科技发展水平的不断演进。我国可以发挥后发优势，充分借鉴国外成熟的立法模式和思路，加紧完善具有自身特点的职务犯罪案件技术调查规定。司法实践方面，域外也有比较丰富的工作经验。韩国检察机关中负责处理贪污贿赂犯罪案件的机构下设专门的技术侦查部门，负责研究、执行、保障技术侦查。美国在贪污贿赂案件的调查中广泛使用电子监听、录音录像、窃听技术等技术侦查手段。〔3〕这些做法对我国实施职务犯罪案件技术调查都很有借鉴意义。

3. 对公权力人员施以更多限制的合理性

理论上讲，一切有权力的人都易于滥用权力，一直遇到有界限的地方才

---

〔1〕 在1996年最高人民检察院《关于印发检察机关贯彻刑诉法若干问题的意见的通知》，1998年最高人民法院、最高人民检察院、公安部、司法部、海关总署《关于走私犯罪侦查机关办理走私犯罪案件适用刑事诉讼程序若干问题的通知》等司法文件中有涉及技术侦查的规定。2019年《人民检察院刑事诉讼规则》更是用5个条文专门规定了职务犯罪技术侦查的内容。

〔2〕 参见缪晓琛：《反贪技术侦查的路径选择》，载《犯罪研究》2009年第2期。

〔3〕 参见俞波涛：《贪污贿赂案件侦查机理探索与适用》，中国检察出版社2005年版，第6~10页。

休止。[1]公权力的行使会产生更大的影响，所以当公权力的行使者涉嫌利用手中的权力实施犯罪时，理应采取比其他犯罪更为严厉的侦查措施。[2]在职务犯罪案件的查办中，对犯罪嫌疑人的权利可以施以更多限制。从实践层面来说，公务员法对公务员专门规定了很多限制，刑法在类似情形中对国家工作人员规定了更重的刑罚，比如贪污罪和职务侵占罪的刑罚设置区别就很大。因此，在刑事诉讼领域，对职务犯罪允许使用技术调查措施，对公职人员进行更严格的监管，是合理的。

（四）职务犯罪技术调查的基本类型

由于职务犯罪案件证据多为言词证据，通过监听、监控可以增强侦查工作的主动性，获取更多有价值的案件线索，直接获得犯罪的原始证据，因而在职务犯罪案件中使用得相对较多。卧底侦查和线人制度在一些案件中也会用到。比较常见的情形是行贿人或"大老虎"身边的"苍蝇"被侦查机关攻破后，充当卧底或线人，为侦查机关提供线索和证据。此外，测谎技术虽然不在本书中编所述6种技术侦查措施中，但在搜集、固定、鉴别言词证据方面（特别是对言词证据真实性的判断）具有独到作用，可以作为侦查活动中的参考和辅助。

（五）职务犯罪技术调查的主要功能

1. 有利于减少对当事人正常工作生活的影响和串供可能

群众举报是发现职务犯罪案件线索的重要途径，但实践中有不少举报最终查实为诬告或不构成犯罪。如果在一开始就贸然采取常规侦查措施，势必兴师动众、人尽皆知，即便查证不实，社会上对当事人的负面评价也难以消除。此外，职务犯罪中同一嫌疑人往往涉及多起事实，如果大张旗鼓地查办其中一些事实，其他尚未被发觉的涉案人员很容易相互通风报信、组织串供，不利于打击犯罪。而技术调查的秘密性可以很好地避免这些问题。有时还可以适当有意"打草惊蛇"，对行贿方或受贿方旁敲侧击，进行监听和录音录像，从而获得新证据。[3]

---

〔1〕 参见［法］孟德斯鸠：《论法的精神》，张雁深译，商务印书馆1961年版，第150页。

〔2〕 参见陈波：《秘密侦查在贿赂犯罪侦查中的必要性及其规制——以监听为视角》，载《山西警官高等专科学校学报》2011年第2期。

〔3〕 参见彭长顺：《百案奇谋：贪污贿赂犯罪侦查谋略》，中国检察出版社2002年版，第135～138页。

2. 有利于适应不断升级的职务犯罪手段

犯罪是对阶级社会中统治秩序的破坏，为应对这种破坏而制定了惩罚犯罪的法律，产生了刑罚、警察、监狱，授权开展侦查等行为。[1]侦查手段与犯罪手段应该是同步变化的，犯罪活动越嚣张，侦查手段越应该加强。职务犯罪案件的组织化、智能化、隐秘化特点，给侦查工作带来了很大困扰。特别是随着资金流通渠道的拓宽，互联网交易的繁荣，犯罪分子越来越多地通过各种支付工具、金融工具、互联网工具实现权钱交易，很难查找证据。技术侦查措施在国外经过几十年的发展，因其秘密性、技术性等特点，已经显现出强大威力，在处理隐秘性的犯罪中不可或缺。它是掌握犯罪动态、拓展案件线索的重要手段，是获取犯罪证据的捷径，是同犯罪作斗争的利器。

3. 有利于通过强化一般预防增加刑罚的威慑力

一般预防是对被告人施以刑罚需要考量的因素之一。根据一般预防理论，刑罚的威慑力同时受刑罚本身的严厉程度和犯罪被发现的概率两方面因素影响。当前对职务犯罪的刑罚规定不可谓不严厉，每年惩处的犯罪分子，包括高级领导干部，数量不可谓不多，但仍然有以身试法者。原因之一在于实际发生的职务犯罪与被追究的犯罪之间的差距（"黑数"）。改进侦查方法、增强侦查效果是减少职务犯罪案件黑数的重要措施。技术调查措施在这方面无疑可以发挥很大作用。通过技术调查，不仅能搜集到一些较为隐蔽、重要的证据，便于突破案件，也能有效减弱反侦查的效果，同时可以摆脱来自地方和上级领导的干预，从而使更多的职务犯罪被查纠出来，增加案发风险，提高刑罚威慑力，增强一般预防的效果。

## 二、职务犯罪案件技术侦查的历史沿革

### （一）古代及近代技术侦查情况

封建统治者以捍卫皇权、维护社会秩序为首要任务。从战争中逐渐发展起来的技术侦查手段，特别是特情、监听等手段，逐渐应用在刑事司法领域。

至迟在秦汉时期就已经有将技术侦查应用于职务犯罪侦查活动中的记载。《史记·酷吏列传》记载："是时赵禹、张汤以深刻为九卿矣，然其治尚宽，辅法而行，而纵以鹰击毛挚为治。"这里的"鹰击毛挚"就是网罗一些有劣迹

---

[1] 参见杨正鸣主编：《侦查学原理》，中国方正出版社2007年版，第30页。

的人员充当官府的"耳目"，负责提供百姓或官员的犯罪信息。到隋唐时期，这种技术侦查手段进入有组织化的阶段。御史台负责监察，直接受皇帝控制，可以采取必要的技术侦查手段查纠官员不法。在明代，这种技术侦查手段发展到顶峰，在中央成立了锦衣卫、东厂、西厂等秘密侦查组织。这些组织名义上是负责皇帝安全，实际上可以搞秘密侦查、执行逮捕，甚至还设有独立的监狱，侦查对象从民间百姓到各级文武大臣，是有组织地进行技术侦查的代表。清朝继承前代经验，由执法官员派遣侦查人员担任耳目或者在民间搜罗有特殊技巧的平民作为特情人员，通过化装侦查、卧底侦查等方式侦破案件。[1]

到了近代，受西方立法技术和理念影响，技术侦查手段直接规定在法律条文之中。与古代的技术侦查相比，这一时期的技术侦查有鲜明的特点：一是在立法上予以明确。在1928年《中华民国刑事诉讼法》、1935年《办理刑事诉讼案件应注意的事项》等多部刑事诉讼司法文件中都明确规定使用技术侦查手段，在这些法律条文中对技术侦查的类型、对象、程序等作出明确规定。二是引入技术侦查设备。与过去单纯依靠人力开展特情、监听等手段相比，随着科技的发展，这一时期开始引入一些秘密侦查设备，更加强化技术侦查的技术性。三是在政治案件中大量使用。行政、警察、特务机构负责人都拥有秘密侦查权，特别是在处理政治案件时拥有不受限制的秘密侦查权，可以随意监视、监听、跟踪，并进行秘密逮捕、搜查、扣押、刑讯。

（二）新中国成立后至2012年前技术侦查情况

2012年《刑事诉讼法》正式规定技术侦查措施之前，关于是否应该在职务犯罪案件中使用技术侦查措施、技术侦查措施是否有明确法律依据等问题，在理论界和实务界一直有争议。20世纪80年代之前，受技术条件等所限，职务犯罪案件侦查中使用技术侦查手段相对较少，对技术侦查的需求和争议也相对不明显。

20世纪80年代之后，随着职务犯罪案件逐渐增多，自上而下对职务犯罪案件越来越重视，有关技术侦查的法律法规也逐渐出现。最早的应该是1986年颁布的《中华人民共和国邮政法》。该法第4条规定："……除因国家安全

---

〔1〕 参见张圆圆：《论中国秘密侦查的历史变迁及现代启示》，载《辽宁警专学报》2010年第5期。

或者追查刑事犯罪的需要，由公安机关、国家安全机关或者检察机关依照法律规定的程序对通信进行检查外，任何组织或者个人不得以任何理由侵犯他人的通信自由和通信秘密。"这一条用除外规定的形式赋予了公安机关、国家安全机关、检察机关依照法律规定进行通信检查的权力，属于技术侦查措施的一项内容。此外，1993年《国家安全法》第10条规定："国家安全机关因侦察危害国家安全行为的需要，根据国家有关规定，经过严格的批准手续，可以采取技术侦察措施。"1995年《人民警察法》第16条规定："公安机关因侦查犯罪的需要，根据国家有关规定，经过严格的批准手续，可以采取技术侦察措施。"这两部法律中使用的都是"技术侦察"而非现在所用的"技术侦查"。从语义上来说，前者的军事化、斗争性色彩更浓，体现出国家安全机关和公安机关作为对敌斗争重要部门的属性。但在刑事诉讼的角度，二者含义差别不大。

这些法律都没有明确涉及职务犯罪案件技术侦查的内容。此时有效的依据是1989年最高人民检察院、公安部《关于公安机关协助人民检察院对重大经济案件使用技侦手段有关问题的通知》，其中规定："对经济犯罪案件，一般地不要使用技术侦查手段。对于极少数重大经济犯罪案件主要是贪污贿赂案件和重大的经济犯罪嫌疑分子必须使用技术侦查手段的，要十分慎重地经过严格审批手续后，由公安机关协助使用。"虽然这一规定过于含糊，对于"极少数重大经济犯罪案件"的具体范围也没有明确标准，审批和执行机制不明确、不完善，但在实际操作中，自此开始了检察机关提出需求、公安机关具体负责实施的职务犯罪案件技术侦查操作模式。

实际上，如果仔细审查《国家安全法》《人民警察法》和上述通知三者之间的关系，可以发现，严格意义上来说，这一时期检察机关不具有对职务犯罪案件的技术侦查权。一方面，技术侦查属于侦查措施的一种，是国家强制力的体现，在法律上必须有明确授权才允许使用。无论是《国家安全法》还是《人民警察法》，都属于行政法，没有纳入刑事诉讼轨道，对于技术侦查的概念、范围、审批程序及执行机制等都没有明确规定，而且仅明确授权国家安全机关和公安机关使用技术侦查措施，并没有对人民检察院使用技术侦查措施的合法性作出规定。有学者认为这两部法律扩大了侦查权的外延，检察机关享有对贪污贿赂等自侦案件的侦查权，所以在收集贪污贿赂犯罪证据时也应有权使用技术侦查手段。[1]这种类推的思路貌似合理，但没有考虑到在刑事诉讼领域是禁止类推的。另一方面，明确赋予检察机关技术侦查权的文件是一项通知，并非规范的法律渊源，严格意义上没有法律效力。因此，这一时期检察机关事实上没有职务犯罪案件技术侦查权。

1996 年修改《刑事诉讼法》时，在技术侦查的问题上采取了回避的态度，没有将其列为法定侦查措施，没有实现突破。这就导致检察机关在对职务犯罪案件行使侦查权时，在运用技术侦查的问题上依然面临合法性问题。[2]究其原因，笔者认为，一方面是受技术侦查秘密性的传统思维影响较大，担心一旦在法律上明确规定，容易泄露侦查秘密，给当事人反侦查提供便利，影响侦查工作效率和技术侦查的威慑力。另一方面是由于保障人权的理念尚未深入人心，刑事诉讼法更偏重打击犯罪。法律对公权力的任何规定都是限制，不加规定的侦查措施才"有利于侦查机关灵活采用监听措施打击犯罪"[3]。

然而，技术侦查措施并没有因为明确法律依据的缺失而消亡。相反，缺乏法律规制的技术侦查措施，不仅容易产生正当性的问题，也容易影响证据的采集和使用。实践中，侦查机关只能依据内部操作规则等制度规范来组织技术侦查措施，在这种内部的办案规则指导下形成的材料，没有明确法律依据，不能作为证据使用，于是出现了证据转化的问题。客观来说，证据转化在程序法定主义及强制侦查法定原则尚未完全确立的背景下，对我国刑事诉讼法治化发挥了特定作用。[4]实践中，常见的是将技术侦查取得材料作为线索，用于分析案情，或者诱导出犯罪嫌疑人供述或证人证言。但仅作为侦查线索使用，降低了技术侦查材料的价值。诱导出证人证言和嫌疑人供述的做法实际上并没有跳出"由供到证"的窠臼，而且有的嫌疑人或者证人有一定法律知识，知道这些材料不能作为证据，坚决否认犯罪行为，导致转化的效果并不理想。有的公安机关"思想解放"，让检察官、法官到技术侦查部门查

---

〔1〕 参见资霏：《论贪污贿赂案件中的技术侦查手段》，载《国家检察官学院学报》1999 年第 2 期。

〔2〕 参见宁建新、李华伟：《职务犯罪案件应允许采用技术侦查措施》，载《人民检察》2007 年第 6 期。

〔3〕 谢佑平、万毅：《刑事侦查制度原理》，中国人民公安大学出版社 2003 年版，第 269 页。

〔4〕 参见万毅：《证据"转化"规则批判》，载《政治与法律》2011 年第 1 期。

看原始技术侦查材料，形成内心确信，以非证据的形式起到证据的作用。[1] 这严重损害技术侦查的严肃性，更是违反法定程序的错误做法。

法律明确授权的措施不能满足实际需要，"打擦边球"似乎就难以避免。就职务犯罪的侦查措施而言，最典型的就是"双规"的出现。"双规"是指要求被查处对象在规定时间、规定地点接受调查，是党内规章授权纪检机关在查处违反党纪、政纪案件时使用的一项组织措施。"双规"于 20 世纪 90 年代初登上历史舞台。1996 年《刑事诉讼法》修改后，进一步约束和规范了侦查权，客观上使得"措施"和"需要"之间的矛盾更加突出，"双规"在实践中应用得更广泛、更普遍，成为查办职务犯罪的重要武器。[2]但"双规"毕竟是由党的纪检机关行使的，一方面，对于非党员的国家工作人员，严格来说不能使用"双规"，这样就把一部分嫌疑人排除在这一强力措施之外，打击犯罪的效果有限；另一方面，由党的纪检机关实际承担职务犯罪案件侦办职能，不符合刑事诉讼法的权力配置，也不是长久之计。

（三）2012 年至 2018 年技术侦查的发展

2012 年 3 月 14 日，第十一届全国人大第五次会议决定修改《刑事诉讼法》，在第二编第二章增加第八节"技术侦查措施"，首次对技术侦查措施的合法性进行确认，同时赋予技术侦查措施所获取的材料以证据资格，明确将其界定为诉讼行为，肯定其法律属性。[3]以此为界限，职务犯罪案件技术侦查工作到了有法可依的新阶段。

2012 年《刑事诉讼法》关于技术侦查的内容有 5 个条文，主要内容包括：技术侦查的实施主体包括公安机关和检察机关，结合《刑事诉讼法》第 4 条的规定可以扩大到国家安全机关；技术侦查的适用范围包括危害国家安全犯罪、恐怖活动犯罪、黑社会性质的组织犯罪、重大毒品犯罪或者其他严重危害社会的犯罪案件，重大的贪污、贿赂犯罪案件以及利用职权实施的严重侵犯公民人身权利的重大犯罪案件；技术侦查的适用时间起点是立案后，时

---

〔1〕 参见杨志刚：《毒品犯罪案件侦查中技侦手段的运用》，载崔敏主编：《刑事诉讼与证据运用》（第 2 卷），中国人民公安大学出版社 2006 年版，第 423～427 页。

〔2〕 参见李润华：《职务犯罪侦查中技术侦查的法律规制》，载《河北公安警察职业学院学报》2012 年第 1 期。

〔3〕 参见武晓艺：《非法技术侦查证据排除制度的立法完善——兼论监察委员会技术侦查权的界定与运行》，载《政法学刊》2019 年第 5 期。

限是批准决定签发之日起 3 个月，经过批准可以延长 3 个月，延长次数不受限制；技术侦查获取的材料只能用于对犯罪的侦查、起诉和审判，有关人员应当保密；专门规定了卧底侦查和控制下交付的技术侦查措施；明确规定采取侦查措施收集的材料在刑事诉讼中可以作为证据使用。

首先，这次立法解决了技术侦查合法性的问题，消除了各界的争议和质疑，对实践中普遍存在、实际上缺少明确法律依据的委托技术侦查、证据转化等问题进行了规范。其次，这次立法有助于遏制刑讯逼供等问题，推动取证模式从"由供到证"转变为"由证到供"，特别是明确技侦材料可以作为证据使用，扩大了职务犯罪案件证据种类，侦查人员无需过分依赖口供，削弱了实施刑讯逼供的动机，从而从根本上减少了刑讯逼供发生的概率。最后，这次立法有助于减少技术侦查的滥用，对技术侦查的主体、范围、时间、内容等作出规定，改变了由于程序法缺失、内部规定不够完善造成的技术侦查手段滥用问题。

当然，作为新出台的规定，2012 年《刑事诉讼法》对技术侦查的规定还有一些不足和疏漏，有的问题在 2018 年《刑事诉讼法》中仍未得到解决。

（四）2018 年以来技术调查的改革与调整

2018 年以来技术调查的改革主要表现为监察制度的建立以及与之相配套措施的修改。2018 年 3 月，第十三届全国人民代表大会第一次会议审议通过《监察法》。2018 年 10 月 26 日，第十三届全国人民代表大会常务委员会第六次会议决定修改《刑事诉讼法》，在技术侦查措施部分作了修改：主要是根据国家监察体制改革需要，拆分了 2012 年《刑事诉讼法》第 148 条，保留仍由检察机关负责的涉及利用职权实施的严重侵犯公民人身权利的重大犯罪案件的技术侦查相关内容，删除应由监察机关负责的贪污、贿赂犯罪案件技术侦查工作，在《监察法》第 28 条第 1 款中载明相关内容。总体上对职务犯罪案件技术调查措施没有作大的调整。2021 年 9 月实施的《监察法实施条例》，用 5 个条文规定了技术调查的具体实施问题，一定程度上回应了实践中的问题和理论界的关切。

相比于《刑事诉讼法》对职务犯罪案件技术侦查有关内容的拆分，更值得关注的是《监察法》使用了"技术调查"的概念。技术调查与技术侦查的区别是这一阶段立法和学界都比较关注的问题。由于技术调查属于监察调查措施的一种，技术侦查属于刑事侦查措施的一种，所以技术调查与技术侦查的区别，实质上就是调查与侦查的区别。

调查的属性问题在《监察法》正式出台之前就已经被广泛讨论，但始终定位模糊。大体来说有三种观点，第一种观点认为监察调查不同于刑事侦查，比如马怀德教授指出："监察委员会的调查权不会取代检察院的侦查权，性质上也不同于侦查权"〔1〕。第二种观点认为监察调查同时具有行政调查和刑事侦查的属性，比如秦前红教授认为，监察委员会调查活动的具体职能绝非单一的刑事侦查权或行政调查权所能涵盖。〔2〕第三种观点认为监察调查本质上就是刑事侦查，比如张建伟教授指出："当调查范围覆盖刑事案件的时候，这种调查权就和'刑事侦查权'有着相同的性质"〔3〕；龙宗智教授认为："职务犯罪调查权具有犯罪侦查之实，而无犯罪侦查之名"〔4〕；汪海燕教授认为："监察委员会的职务犯罪调查权本质就是刑事侦查权"〔5〕。立法者对调查的概念进行了说明："监察机关行使的是调查权，不同于侦查权"；"调查的内容是职务违法和职务犯罪，而不是一般刑事犯罪行为"；"用党章党规党纪、理想信念宗旨做被调查人的思想政治工作……而不仅仅是收集证据，查明犯罪事实"。〔6〕

笔者认为，从主体角度而言，调查由监察委员会组织进行，侦查由司法机关组织进行，二者属于平行关系；从内容角度而言，调查包括职务违法和职务犯罪两个方面，只有后者可能涉及刑事诉讼领域，因而调查比侦查的范围要广；从对象角度而言，调查只针对行使公权力的公职人员，侦查针对普通刑事案件的犯罪嫌疑人，不考虑身份上的特殊性；从目的角度而言，调查包括预防性措施和强制性措施，是事前预防和事后惩戒的结合，侦查是搜集证据以查明案情，让有罪的人受到应有的刑事惩罚。因此，总体来看，调查和侦查属于不同的概念。法律上也进行了不同的设置，比如侦查程序中犯罪嫌疑人享有不被强迫自证其罪和委托辩护的权利，而调查程序中被调查人应

---

〔1〕　马怀德：《国家监察体制改革的重要意义和主要任务》，载《国家行政学院学报》2016年第6期。

〔2〕　参见秦前红等：《国家监察制度改革研究》，法律出版社2018年版，第202页。

〔3〕　张建伟：《法律正当程序视野下的新监察制度》，载《环球法律评论》2017年第2期。

〔4〕　龙宗智：《监察与司法协调衔接的法规范分析》，载《政治与法律》2018年第1期。

〔5〕　汪海燕：《监察制度与〈刑事诉讼法〉的衔接》，载《政法论坛》2017年第6期。

〔6〕　参见中共中央纪律检查委员会、中华人民共和国国家监察委员会法规室编写：《〈中华人民共和国监察法〉释义》，中国方正出版社2018年版，第62~63页。

当如实供述违法或犯罪事实，也不允许辩护人参加调查程序。

但如果单就职务犯罪案件的惩治手段而言，监察调查和刑事侦查在本质上是一致的。首先，从监察调查的性质看，监察调查虽然包括职务违法和职务犯罪两个方面，但涉及刑事诉讼的只有职务犯罪。职务犯罪调查是求刑权的一部分，是刑事责任追究的起点，处于查办职务犯罪的整体流程中，这与刑事侦查是一致的。[1]其次，从监察调查的形成机制看，监察调查并非凭空产生，而是对一些既有权力的整合。具体而言，是将行政监察部门（监察局）、预防腐败机构（预防腐败局）和检察机关查处贪污贿赂（反贪局）、失职渎职（反渎局）以及预防职务犯罪（职务犯罪预防局）等部门的工作力量整合起来，形成合力。[2]对职务犯罪案件的调查就是从检察机关对职务犯罪案件的侦查吸收过来的。"监察委员会的调查权直接源于检察机关侦查权的转隶，虽然名称改侦查为调查，但其性质并未发生改变。"[3]

从这种一致性出发，笔者认为，技术调查和技术侦查本质上也是一样的。《刑诉法解释》在表述中使用了"技术调查、侦查"的字样，很明显也是认为二者并无不同。

除了技术调查与技术侦查的关系之外，另一个值得关注的问题是2019年《人民检察院刑事诉讼规则》中对检察机关的技术侦查作了一定修改。在第227~231条这5个条文中，有与《刑事诉讼法》完全一致的规定，也有结合检察机关办案特点所作的特殊规定，有的值得肯定，有的也有待商榷。例如，《人民检察院刑事诉讼规则》第227条按照刑事诉讼法，规定人民检察院使用技术侦查措施的案件限于利用职权实施的严重侵犯公民人身权利的重大犯罪案件，但第228条又规定在追捕犯罪嫌疑人时，不受案件范围限制。后者符合检察机关办理案件实际需要，但明显超出了刑事诉讼法的授权范围。法律规定之间的不一致，可能会导致实践中的困惑。又如，《人民检察院刑事诉讼规则》第229条第2款规定，采取技术侦查措施收集的材料作为证据使用的，批准采取技术侦查措施的法律文书应当附卷，辩护律师可以依法查阅、摘抄、

---

〔1〕 参见刘艳红：《职务犯罪案件非法证据的审查与排除——以〈监察法〉与〈刑事诉讼法〉之衔接为背景》，载《法学评论》2019年第1期。

〔2〕 参见李建国：《关于〈中华人民共和国监察法（草案）〉的说明》，2018年3月13日第十三届全国人民代表大会第一次会议。

〔3〕 周佑勇：《监察委员会权力配置的模式选择与边界》，载《政治与法律》2017年第11期。

复制。这是一项很开明的规定，在理念上突破了技术侦查的秘密性。再如，《人民检察院刑事诉讼规则》第 230 条规定了庭外核实的情形，与《刑事诉讼法》中关于庭外核实的规定相呼应，让《刑事诉讼法》得以落实。此项规定在《刑诉法解释》中也有一定的回应。

2021 年 3 月和 9 月先后施行的《刑诉法解释》《监察法实施条例》都对技术调查措施进行了规定，包括技术调查措施的适用范围、程序、取证要求、证据审查使用等，多数内容与刑事诉讼法和监察法有关规定保持一致，部分进行了细化。下文讨论立法中存在的问题时将详细介绍。

### 三、职务犯罪案件技术调查在实践中的具体应用

对使用技术调查的职务犯罪案件判决书进行分析，发现在侦破职务犯罪案件的过程中，技术调查措施大体来说有四种用途：直接用于认定事实、用于印证、指向犯罪线索以及锁定犯罪嫌疑人行踪。

（一）直接用于认定事实的技术调查措施

根据《刑事诉讼法》第 154 条、《刑诉法解释》第 116 条的规定，技术侦查获取的材料本身可以作为证据使用。职务犯罪多数较为隐秘，具体经过仅有当事人双方知晓，一旦出现翻供、零口供等情形，很难查清犯罪事实。此时就可以发挥技术调查的作用，通过技术调查手段查清秘密事项，锁定犯罪事实。比如，在储某某帮助犯罪分子逃避处罚案中，侦查人员通过技术调查措施发现，对另一案的犯罪嫌疑人准备实施抓捕的时候，储某某曾与对方有过三次内容敏感的通话，将对方的犯罪事实告知其本人，让其将之前用过的手机、电话卡全部丢掉，以逃避公安机关的抓捕及销毁证据。这种通过技术调查手段获取的材料，就成为该案确定犯罪事实的重要证据。

（二）用于印证的技术调查措施

在犯罪嫌疑人人数众多、犯罪过程复杂、事实起数较多的职务犯罪案件中，由于记忆不清、供述意愿不强等原因，常出现同一犯罪嫌疑人的供述前后矛盾，或者不同犯罪嫌疑人的供述相互之间出现冲突的情形，影响审查起诉和法院裁判。对这类案件，侦查机关往往通过技术调查措施得到客观证据，与犯罪嫌疑人的供述相印证，从而更加准确地还原犯罪过程。比如，在岳某某受贿案中，侦查人员使用技术调查措施，得到了犯罪嫌疑人及 6 名涉案人员的银行开户和流水信息、手机话单数据等作为侦查分析研判的依据，与 7

人的供述和证言比对，从而理清了交易记录、相互联络情况等情形，明确具体犯罪经过。

（三）指向犯罪线索的技术调查措施

如前所述，技术调查措施是实现职务犯罪案件由证到供的重要方法。对言词性证据为主的案件，通过技术调查措施发现犯罪线索，顺藤摸瓜找到客观证据，再得到主观证据，既能降低对言词证据的依赖，从而减少刑讯逼供的概率，又能提高侦查的针对性。但由于此类技术调查措施多数在立案前使用，获取的材料本身并非证据，因此在判决书中较少提到此类用途。比如，在何某某受贿案中，侦查机关在监听中发现犯罪嫌疑人知悉某非法交易的存在，以非法交易的查办为突破口，找到犯罪嫌疑人与案件的关联性，从而发现其利用知悉的内容索贿的事实。

（四）锁定犯罪嫌疑人行踪的技术调查措施

当前交通工具非常发达，人员流动方便，依靠传统侦查手段锁定犯罪嫌疑人效率低、时间滞后，难以实施精准抓捕。运用技术调查措施，特别是手机定位、监控定位等，可以精准锁定嫌疑人位置，为抓捕提供便利。比如，在林某某受贿案中，公安机关接到举报发现犯罪线索，立案侦查后上报批准使用技术调查措施，技术调查部门锁定犯罪嫌疑人的位置，公安机关迅速前往实施抓捕。

## 四、职务犯罪案件技术调查立法和实践问题

（一）职务犯罪案件技术调查立法上的缺憾

1. 技术调查适用案件范围不明确

我国刑事诉讼有关法律对职务犯罪案件技术调查措施的适用范围规定，大体采取了罪名加量刑的模式。无论是 2012 年《刑事诉讼法》第 148 条，还是 2018 年《刑事诉讼法》第 150 条和《监察法》第 28 条，都有"重大"犯罪案件的表述。此种立法规定，与域外立法中坚持"重罪"原则大体一致。但对这里的"重大"界定不清晰、认识不统一，实践中缺乏明确的标准。虽然之后陆续出台了《刑诉法解释》《公安机关办理刑事案件程序规定》《监察法实施条例》等，但在技术调查适用范围上依然沿用"重大"及类似的模糊概念，导致侦查机关权力过大，技术调查措施被滥用。有的案件中，技术调查措施被用于实施犯罪，犯罪嫌疑人利用获取的信息实施敲诈勒索、索贿等

犯罪行为。从立法思路来说，技术调查属于对公民基本权利影响较大的侦查手段，应该严格控制适用范围，须有充足且有力的理由，方可限制公民基本权利。

2. 技术调查措施审批程序不明确

无论是 2012 年《刑事诉讼法》第 148 条，还是 2018 年《刑事诉讼法》第 150 条和《监察法》第 28 条，在审批机关、审批程序上都未作规定，仅以"经过严格的批准手续"一笔带过，从而事实上形成侦查机关权力过大、技术调查缺乏有效监管的局面。虽然在《人民警察法》和侦查机关出台的部门规章中对技术调查措施的审批进行了规定，但有的是原则性规定，有的审批程序不够科学。[1]《监察法实施条例》第 154、155 条规定了需要出具的文件名称，但审批环节的设置仍不够完善。实际上，在审批的问题上规定不具体，对侦查机关，特别是具体的侦查人员来说，看似扩大了权力，实际上可能产生新的问题。实践中，技术调查的使用机会稍纵即逝，如果有明确的法律依据，侦查人员依法处理，可以免除行为越界的担忧，得到的材料也符合证据标准。但如果没有依据，全凭侦查人员自行判断，证据的效力就将陷入不确定的境地，可能回归到技侦证据不能直接作为证据的阶段。后续的证据转化工作不仅费时费力，效果也将大打折扣。因此，无论是出于防止权力滥用，还是保证技侦证据效力，都应该对技术调查的审批进行明确。

3. 技术调查监督机制不健全

技术调查措施侵犯公民的隐私权，加上其强制性的特点，很容易形成对公民权利的不当侵犯。特别是职务犯罪案件涉及政府官员，有些工作内容、通话内容属于内部事项，不宜对外公开，更需要重视对技术调查措施的监督。域外一些国家以宪法或国际条约为基础，通过立法限制技术调查权的行使。而我国仅规定了哪些部门享有技术调查权，没有规定相应的监督机制。由于技术调查措施的整个运行过程处于保密状态，技术调查措施审批后，具体如何操作，是否严格落实审批内容，是否严格控制技术调查对象范围、手段，只能依靠内部规章来规范。监察机关和检察机关接收到技术调查材料后，对实际采用何种侦查方法并无从知晓。即便能进行书面审查或者在审查逮捕、

---

　　[1]　这些规定见于《人民警察法》第 16 条，《公安机关办理刑事案件程序规定》第 265、266 条等内容中。

审查起诉时一并审查，也只是事后、被动、形式上的监督，监督效果大打折扣。这种状况与刑事诉讼实务的需要是不相适应的。[1]

4. 技术调查执行程序不规范

无论是 2012 年《刑事诉讼法》第 148 条，还是 2018 年《刑事诉讼法》第 150 条和《监察法》第 28 条，关于执行机关的表述都非常模糊，仅以指示性规则的形式规定"按照规定交有关机关执行"。实践中，职务犯罪案件的技术调查措施由公安机关负责执行，但并没有公开的法律文件对执行流程、取证和证据固定等作出规定，仅有侦查机关内部的操作规范。所以《刑事诉讼法》和《监察法》的这项规定在实质上尚未得到落实，容易给证据效力带来不确定性。此外，关于技术调查时间范围的问题，两部法律都规定了 3 个月的时间，经过批准可以延长。对延长的次数、审批的权限等没有规定，理论上可能会出现无限期开展的技术调查，对当事人权利造成较大影响。这些问题在《监察法实施条例》中依然没有得到解决。

5. 对于错误的技术调查缺乏必要的救济措施

对于错误的技术调查的救济措施一定程度上反映出一国法律的完善程度。[2]这种救济应该是一种单独规定的、全方位的救济，至少应允许对技术调查必要性和具体措施的质疑、对技侦证据的质疑和对受到侵害权利的求偿。而刑事诉讼法并没有对此作出任何规定。从《刑事诉讼法》第 154 条关于"依照本节规定采取侦查措施收集的材料在刑事诉讼中可以作为证据使用"的规定似乎可以得出结论，刑事诉讼法在其他条文中对证据的规定，包括非法证据排除等，也可以适用于技侦证据。但实际上也仅有这一项救济措施。对于其他不涉及证据的实质内容，仅仅对技术调查措施的执行和权利侵害提出诉求的当事人，法律并没有给出救济途径，使得公民的权益无法得到有效保护。

（二）职务犯罪案件技术调查实践中的问题

根据《监察法》第 11 条第 2、3 项的规定，监察委员会整合了之前由检察机关负责的职务犯罪案件办理工作，具体承担对涉嫌贪污贿赂、滥用职权、

---

[1] 参见章礼明：《我国通讯监听诉讼规则之建构》，载《河北法学》2004 年第 1 期。

[2] 参见丁寒、杨铭宇：《借鉴域外经验完善我国技术侦查制度的思考》，载《辽宁公安司法管理干部学院学报》2018 年第 3 期。

玩忽职守、权力寻租、利益输送、徇私舞弊以及浪费国家资财等职务违法和职务犯罪进行调查，对涉嫌职务犯罪的，将调查结果移送人民检察院依法审查、提起公诉。因此，之前由检察机关行使的相应范畴的技术侦查权应该交由监察机关负责。实践中，由监察机关行使技术调查权存在几方面问题：

1. 监管机构缺失

由于法律没有对技术调查权的监管作出规定，实际上技术调查同其他侦查措施一样，由作出决定的单位内部进行审批，可以称为"自我审批"的模式。无论是国家安全机关、公安机关、检察机关还是监察机关，在行使技术调查权时并无外界监督、制约。由于检察机关是法定的法律监督机关，由检察机关"自我审批"，在法理上尚存合理之处；[1] 而由监察机关进行"自我审批"，则没有充分的法律或制度依据。所以自《监察法》实施以来，对职务犯罪案件的技术调查，在外部监督上存在不足。实际运行中，与公安机关查办其他案件使用技术侦查措施一样，主要依赖于内部监督，在启动、运行、审批等环节均没有有效的第三方制约。

2. 执行机构错位

根据《监察法》第28条的规定，技术调查措施由有关机关执行。《监察法实施条例》第55条也规定，技术调查应当按照规定交有关机关依法执行。实践中，"有关机关"主要是指公安机关。由公安机关负责具体执行，确实存在很多便利，比如，公安机关有足够的技术手段，从事技术侦查时间较长，内部管理、协调配合等方面运行相对顺畅，经验丰富，有现成的设备和网络，无需另起炉灶，等等。但另一方面，这种委托技术调查的方式，弊端也比较明显。首先，侦查能力不足。职务犯罪案件多数兼具经济型犯罪的特点，相对复杂的犯罪手段对侦查人员侦查能力要求更高。与经常同职务犯罪嫌疑人打交道的监察机关相比，公安机关在这方面的经验稍显逊色。特别是，在遇到转瞬即逝的取证时机或需要及时调整侦查方向的节点时，可能无法作出准确判断，从而错失关键证据，影响技术调查效果。其次，监察机关查办的职务犯罪案件，涉及的都是领导干部，有时还处于线索摸排阶段，保密要求很

---

〔1〕《检察机关执法工作基本规范》规定了对技术侦查的审批流程："在办案过程中需要使用特殊侦查措施的，应当提交相关请示资料，经部门负责人审核，报检察长批准并履行相关审批手续后，交有关部门办理。申办特殊侦查措施的范围包括：技术侦查、异地羁押、边控、通缉等。"

高，不宜让更多人知道。有时可能调查的对象就是公安机关的干部或分管领导，如果交由公安机关侦查，难免引人质疑。最后，委托执行技术调查措施尚无明确的法律规范，相互衔接没有统一规定，往往一地一政策、一事一政策，不利于技术调查工作长期发展，容易出现问题。

此外，如前所述，美国、韩国等由职务犯罪案件侦查机关自行负责技术调查工作。但完全由监察机关负责执行技术调查，目前在我国不太适合。虽然由同一部门负责，减少了泄密风险和沟通成本，由熟悉案情的人进行技术调查能更有针对性、效果更好，但技术调查相对专业，对人员素质、技能、经验以及技术装备要求较高，公安机关、国家安全机关为查办重大犯罪案件需要已经建立起一套完整的技术调查力量，如果仅因案件性质不同就另起炉灶，人员培训和设备引进需要消耗很大精力、财力，而且可能很长一段时间内看不到效果。

基于我国对各类案件技术调查的现状，可行的改进路径是在保留现在由公安机关负责职务犯罪案件技术调查的基础上，由监察机关或者检察机关派员参加，既能提高沟通效率和技术调查措施的针对性，又能在实践中培养职务犯罪侦查人员的技术调查能力，为将来分离或优化配合打下基础。

3. 启动时间滞后

2012 年和 2018 年的《刑事诉讼法》，对公安机关和检察机关组织技术侦查的启动时间，都规定在"立案后"，而《监察法》没有规定明确的启动时间，仅模糊地规定了"监察机关调查涉嫌重大贪污贿赂等职务犯罪"。《监察法实施条例》第 55 条规定，设区的市级以下监察机关在初步核实中不得采取技术调查措施。由此可以反推出，更高级别的监察机关在初核阶段可以使用技术调查措施。《刑诉法解释》第 119 条第 2 项和第 3 项关于技术调查措施和技术侦查措施审查重点的不同规定，也支持上述结论。应该说，这一新规定符合职务犯罪案件侦查规律。职务犯罪案件的查办与其他案件有明显不同，不是从勘查现场、提取物证开始的，而是从群众控告、举报或者犯罪嫌疑人自首开始的，[1]往往一开始就有明确的嫌疑人，但不确定其行为性质、规模等。为了还原案件事实，需要有针对性地开展一段时间的调查，判定犯罪行

---

[1] 参见舒晓辉：《试论赋予检察机关独立技术侦查权的必要性》，载《福建法学》2010 年第 4 期。

为的大致情况，之后才能确定是否符合立案标准。而在此期间由于尚未立案，也为了防止冤枉干部或打草惊蛇，只能秘密进行，技术调查措施几乎成了不可或缺的手段，是"打击高智商、高智能犯罪的必要武器，也是拓宽案件证明渠道、加强证据可采性的有力保障"[1]。所以，根据职务犯罪案件侦办规律，在立案前允许使用技术调查措施是必要的。

在立案前使用技术调查措施，还必须考虑部门规章的限制。由监察机关进行的技术调查无相关限制，但由检察机关负责侦查的职务犯罪中，涉及初查的问题。《人民检察院刑事诉讼规则》第 227 条规定，人民检察院在立案后，对于利用职权实施的严重侵犯公民人身权利的重大犯罪案件，经过严格的批准手续，可以采取技术侦查措施，交有关机关执行。由此可以反推出，初查阶段不能使用技术侦查措施。这与刑事诉讼法关于立案后才能启动技术侦查措施的规定是一致的，但这一规定不太合理。从实践层面来说，同为职务犯罪案件，监察机关负责的可以随时启动技术调查，而检察机关负责的就必须在立案后才能启动技术侦查，并无十分充足的理由。从理论层面来说，《刑事诉讼法》第 82 条规定的先行拘留措施，授权公安机关在紧急情况下，可以直接控制住嫌疑人。这里侵犯的是当事人的人身自由，而使用技术调查措施侵犯的是公民的隐私权，二者均是基本人权，甚至人身自由的位阶还要更高一些。授权在立案前侵犯较高位阶的人权，而禁止侵犯较低位阶的人权，在理论上并不合理。

但完全不加限制地允许这么做，存在三方面问题。首先，立案前的调查于法无据，缺乏法律的必要规制，特别是容易突破技术调查措施的适用范围，对普通案件也大量使用，侵害当事人权益。其次，立案前的调查没有时间限制，客观上可能使得"不破不立""先破后立"等问题更加严重，影响案件办理效率。最后，立案前使用技术调查手段获取的关键材料面临尴尬的境地。由于不符合刑事诉讼法规定，不应直接作为证据使用，必须经过证据转化，以办案说明或派生证据的形式出现。这两种形式容易降低证明力，或者在没有派生证据的情况下，关键材料不得不被舍弃，影响整体证据链条。

4. 技侦证据获取和移送的问题

关于证据的交接等具体程序事项，在法律中并没有规定。根据《监察法

---

〔1〕 何家弘主编：《证据调查》，中国人民大学出版社 2005 年版，第 141 页。

实施条例》第 156 条的规定，采取技术调查措施收集的信息和材料，需要作为证据使用的，应当按规定报批并向执行机关调取。但该条例没有规定调取的具体时间、程序等。根据有关内部流程，实践中，公安机关在侦查终结时，才根据检察机关要求，整理并移交技术侦查措施收集到的信息和材料。在整个技术侦查过程中，公安机关和检察机关相隔离。这种模式容易影响技侦证据获取的准确性以及移送的及时性。比如，在对嫌疑人进行监听时，公安机关只能根据检察机关提供的电话号码监听，在嫌疑人使用其他号码时，公安机关监听不到有效信息，但又不能及时反馈检察机关要求更换号码，只能自行核实判断，不一定准确。技术调查时间往往较长，期间可能发生变化，由于公安机关在全部侦查结束后才移交证据，监察机关、检察机关直到此时才能了解变化的情况，无法及时通知公安机关调整技术调查措施。

### 五、完善我国职务犯罪案件技术调查的思考

#### （一）职务犯罪案件技术调查立法模式选择

在讨论我国可以采用的立法模式前，有必要从比较法的角度参考国外做法。为了有效控制职务犯罪，主要发达国家都允许在职务犯罪案件中使用技术调查手段。美国 1968 年《综合犯罪控制与街道安全法》明确规定，贿赂政府官员罪可以使用秘密监听手段。德国 1994 年《刑事诉讼法典》第八章规定了技术侦查的对象、范围、程序等，其中就包括适用于贪污贿赂犯罪的侦查。[1]法国 1991 年第 646 号法律在原刑事诉讼法中增加了“电讯的截留”章节，规定了截留、登记和抄录邮电通信相关内容，适用范围包括某些职务犯罪。意大利 1988 年《刑事诉讼法典》第 266~271 条规定了“谈话或通信窃听”技术侦查手段。日本 1999 年专门制定《关于犯罪侦查中监听通信的法律》。新加坡规定，调查法官可以依法对国家工作人员跟踪、监视。

总体来看，域外对职务犯罪案件技术调查的立法模式主要包括三种：第一种是法典式的立法模式，在刑事诉讼法中设计专门章节规定技术调查有关内容。德国、法国、意大利等主要采用这种模式。第二种是综合的立法模式，在涉及惩治犯罪的单行法律中规定一些涉及技术调查的内容。美国、英国等主要采用这种模式。第三种是专门的立法模式，通过单行法的形式，将分散

---

〔1〕 参见李昌珂译：《德国刑事诉讼法典》，中国政法大学出版社 1995 年版，第 108 页。

在各处的涉及技术调查的内容统一规定。日本采用这种立法模式。

从我国的实际情况来看，似乎采用第一种模式更符合刑事诉讼法的立法传统，主要理由有：首先，我国刑事诉讼立法的惯例是将涉及刑事诉讼程序的所有事项都统一规定在一起；其次，技术调查作为一种侦查手段，规定在刑事诉讼法关于侦查的内容之下，符合逻辑和体系，也便于侦查机关统一认识、协调配合。

这种思路确实有一定道理，2012 年、2018 年两次修正《刑事诉讼法》也都是参照这种模式。但笔者认为，立法应该更具有前瞻性，特别是在涉及立法模式这个重大而根本的问题上应该跳出现有的思维定式。当前，由于各方面对技术调查的认识还不够统一，在刑事诉讼法中设专章对主要问题作出规定，是符合实际的。但从长远发展来看，采用第三种模式，制定专门的技术调查法律更符合我国法治发展需要。

采用专门立法模式的优势在于：首先，随着《监察法》的出台，涉及职务犯罪案件技术调查的部门不仅包括公检法三机关，还包括监察机关。监察机关不属于刑事诉讼的参与机关，不能规定在《刑事诉讼法》中。如果采用第一种立法模式，将无法涵盖所有的职务犯罪案件技术调查主体，这样就造成涉及技术调查的规定永远至少在两部法中并行的局面，不利于法制统一，也会在内容的相互协调上存在隐患。其次，受到过去对技术调查措施认识偏保守，以及技术调查措施立法与实践不一致的影响，涉及技术调查措施的内容分散规定在《国家安全法》《人民警察法》以及多部司法解释、部门规章中，有些部门的内部规范也涉及这方面内容。所以，实际上我国当前对技术调查的立法模式并非单纯的第一种，而是第一种与第二种的混合，不存在需要因循传统采用第一种模式的问题。这种混合的立法模式容易造成各种规定相互"打架"的局面，在《刑事诉讼法》中也不得不使用大量的授权性、准用性规定，在一些问题的表述上不得不留出空白和余地，这种立法模式不符合《刑事诉讼法》这样一部权力配置的"小宪法"的地位和要求。再次，我国职务犯罪技术调查工作起步较晚，但其他一些国家对职务犯罪的技术调查已经有几十年的发展历史，积累了丰富的经验，德国、法国等在《刑事诉讼法典》中用不小的篇幅对此作出了规定。随着国内理论界和实务界对这个问题的认识不断深化，对职务犯罪案件技术调查的规定也将越来越细致、系统。如果都放在《刑事诉讼法》中，将影响整体结构的均衡。如果受篇幅影响而将一些内容分散到其他法律中，又无法实现对技术调查措施的系统规定。最后，技术调查的手段和内容与经济发展、科技发展关联性很大，相关的法律规定需要及时跟上，及时调整。而《刑事诉讼法》作为基本法律，需要保持稳定，不能过于频繁地修改。采用专门的立法模式，以一般法律的形式规定相关内容，更具灵活性，更能符合实践需要。

（二）职务犯罪案件技术调查适用范围的限定

域外在职务犯罪案件技术调查的适用范围问题上普遍采取相对较严格的限制，不能仅以传统侦查手段难以实现侦查目的为由轻率启动。比如《德国刑事诉讼法典》规定，必须有合理怀疑和监测相关的证据证明，才能批准使用技术侦查手段。美国要求，监听必须在必要且合理的情况下发生。英国把必要原因和重要性作为使用的必要条件。[1]这些规定体现了对公民权利的重视，对公权力的限制，以及对道德风险的防范。在具体内容上，主要包括列举罪名、限定刑罚范围和模糊规定三种模式，有的兼而有之。列举罪名的包括：美国1968年《综合犯罪控制与街道安全法》第3条，将秘密监听和录音适用的案件范围规定为间谍罪、叛国罪、谋杀罪、绑架罪、敲诈勒索罪、贿赂罪、金融诈骗罪、有组织犯罪、毒品犯罪等严重犯罪案件。[2]限定刑罚范围的包括：《法国刑事诉讼法典》第100条规定，在重罪或轻罪案件中，如果可能判处的刑罚为2年或2年以上监禁，预审法官为了侦查的必需，可以决定截留、登记和抄录邮电通信。[3]模糊规定的包括：2001年《俄罗斯联邦刑事诉讼法典》第186条第1款规定："如果有足够的理由认为，犯罪嫌疑人、刑事被告人和其他人的电话和其他谈话可能含有对刑事案件有意义的内容，则在严重犯罪和特别严重犯罪案件中允许监听和录音。"[4]兼而有之的包括：美国监听法案对监听范围的规定采取两种办法，在第42编将此范围规定为可判处死刑、无期徒刑或者一年以上监禁的犯罪，同时采取了罪名列举法，共列举14项60多种罪名。[5]

---

〔1〕 参见丁寒、杨铭宇：《借鉴域外经验完善我国技术侦查制度的思考》，载《辽宁公安司法管理干部学院学报》2018年第3期。

〔2〕 参见何家弘：《秘密侦查立法之我见》，载《法学杂志》2004年第6期。

〔3〕 余叔通、谢朝华译：《法国刑事诉讼法典》，中国政法大学出版社1997年版，第51页。

〔4〕 黄道秀译：《俄罗斯联邦刑事诉讼法典》，中国政法大学出版社2003年版，第145页。

〔5〕 参见孙长永：《侦查程序与人权——比较法考察》，中国方正出版社2000年版，第302~310页。

我国目前在职务犯罪案件技术调查的适用范围上的立法模式可以视为列举罪名与模糊规定相结合，偏向于模糊规定。根据 2012 年《刑事诉讼法》第 148 条的规定，职务犯罪案件技术侦查适用范围是重大的贪污、贿赂犯罪案件以及利用职权实施的严重侵犯公民人身权利的重大犯罪案件。前者被《监察法》所吸收，兼具列举罪名与模糊规定的特点；后者在 2018 年《刑事诉讼法》中被予以保留，属于模糊规定。总体而言，适用范围基本沿袭了 2012 年的规定。《监察法实施条例》第 153 条列举了"重大贪污贿赂犯罪"的三种具体情形，其中第一种情形是案情重大复杂、第三种情形是有较大影响，逻辑上有循环论证之嫌，内容上偏向于模糊规定。

可以看出，国内外关于职务犯罪技术调查适用范围的立法模式，总体是类似的。只有当贪污贿赂犯罪罪行较重时，才能使用技术调查手段，这被称为"重罪原则"。这是在打击犯罪的需要与保障人权的要求之间价值平衡的结果。[1]这一原则的出发点是好的，但细分析之下，在职务犯罪领域适用这一原则存在一定障碍。职务犯罪案件的证明模式是典型的从人到事，先明确嫌疑人，再围绕嫌疑人寻找犯罪事实。职务犯罪是典型的数额犯，认定的不同数额直接决定了刑罚的轻重。犯罪事实往往起数较多，单独某一起或者某几起数额通常不大，侦查的过程就是从已知到未知、从少知到多知的过程。职务犯罪对言词证据的依赖性较强，认定事实和发现新的线索往往都需要以口供为基础。从这些特点出发，如果严格遵照重罪原则就会出现一个逻辑困境，即，监察机关或者侦查机关接到举报、控告的时候，多数情况下涉及的金额不大或者有许多细节需要核实，不符合所谓"重罪"的标准，不能适用技术调查措施。但如果不通过技术调查措施，就很难挖掘到有价值的线索和更多的犯罪事实，更难以认定符合"重罪"。这种矛盾导致如果严格遵照重罪原则，实际上绝大多数职务犯罪案件将陷入自我论证的逻辑困境，从而无法适用技术调查措施。此外，犯罪嫌疑人的法定从轻情节，特别是检举他人的立功表现，通常是随着侦查不断深入，攻破其心理防线后出现的。因此，实践中，在侦查终结甚至提起公诉之前，都难以准确判断职务犯罪案件嫌疑人罪行的轻重。在这种情况下一味强调"重罪"标准，是不符合认识事物的客观

---

〔1〕 参见朱孝清：《职务犯罪侦查教程》，中国检察出版社 2006 年版，第 391 页。郭立新主编：《检察机关侦查实务》（侦查技术·技术侦查卷），中国检察出版社 2005 年版，第 286 页。

规律的。从刑事诉讼基本原则角度看，在被法院作出有罪判决前，即人为划分出重罪、轻罪，也不符合无罪推定原则。事实上，这可能也是一些国家、一些法律中以罪名来确定技术调查措施适用范围的考虑之一。《监察法实施条例》规定的"重大贪污贿赂犯罪"的三种情形，实际上也会陷入上述矛盾和困境之中。

因此笔者认为，可以借鉴域外立法模式，并与刑事诉讼法有关内容相呼应，采取罪名加刑罚程度的规定。在罪名方面，可以规定在贪污、贿赂、渎职等职务犯罪案件中可以适用技术调查措施。在刑罚程度方面，可以规定"严重""重大"等字样，但对刑罚程度的理解可以不必拘泥于3年有期徒刑、5年有期徒刑等具体的刑期。实际上，这种固定刑期的要求既不科学，也不严谨，更不现实。在具体执行中，相对较科学的做法是在内部操作规范等文件中作出细化规定，对于根据现有查证情况能直接作出判断的直接适用，对于无法直接作出判断的，可以将侦查难度大、不使用技术调查手段就难以搜集证据的犯罪活动规定为可以适用技术调查手段的情形，操作时注意原则性与灵活性相结合，防止因畏首畏尾错失侦查良机。[1]至于对滥用技术调查手段的风险，可以由审批、监管等环节来规避。

（三）职务犯罪案件技术调查的程序规制

国外的立法中通常明确规定技术调查的审批、监督等事项。美国1968年《综合犯罪控制与街道安全法》规定，除被监视人员授权外，任何技术调查手段都要得到审理案件的法官授权后才可以进行。德国规定技术侦查手段需要法官裁决，在紧急情况下可以由检察官代为决定，但3日内必须补齐手续，否则决定无效。法国、日本、意大利、英国等在技术侦查领域也都是通过司法令状限制侦查机关的行为，要求法官的审批必须以书面形式作出，并说明技术侦查的种类、范围、期限和其他内容。同时，国外立法中往往还明确规定有关救济条款，对受到技术调查的对象的合法权利予以保护，明确赋予其知情权、撤销权、求偿权等。对技术调查获得的材料的知悉范围、用途等也作了明确的限制性规定。

长期以来，在立法和实践层面，我国的技术调查措施全程处于不公开不

---

〔1〕 参见任学强、蒋云国：《技术侦查在职务犯罪中限制适用的再思考》，载《中国刑事法杂志》2009年第12期。

透明的状态，所有的行为规定都由侦查机关自行决断，所有的约束能力都来自办案机关的自我约束和办案人员的道德约束，缺乏强有力的外部监督机制。技术调查作为对公民权利的侵犯，作为善与善的冲突中的优势方，必须以有效的监督作为合理化依据。对职务犯罪案件技术调查措施的监督应该是全方位的监督，包括事前审批、事中监督、事后救济。

1. 关于事前审批

在审批机关的问题上，根据刑事诉讼三机关各自权限，学界的观点主要分三种：有的主张由公安机关审批，采取行政令状制度，理由是这一制度运行已久，有其内在运行逻辑，不宜打破。有的主张由检察机关审批，理由是检察机关是法定的法律监督机关，在审查批捕、审查起诉等工作中已经积累了丰富的对公安机关的监督经验。[1]有的主张由法院审批，采取司法令状制度，理由是法院作为签发者，公安、检察机关作为申请者，符合侦裁分离的需要，有利于对侦查行为的实质性审查；以审判为中心的刑事诉讼制度改革要求法院作为整个刑事诉讼活动的主导；从域外司法实践来看，多数国家规定由法官作为技术调查措施的审批机关。[2]

上述第一种主张是彻底的自我审查，而且排斥监察机关的做法与实践不相符，不应采用。第二种主张中，人民检察院不仅是法律监督机关，也是具有一定职务犯罪侦查权的侦查机关，赋予其对技术调查措施的审批权，从法理上来说，依然没有跳脱出自批自侦的问题，事实上违背了决定权与执行权相分离的原则。第三种主张更为合理，将侦办机关的自我监督上交到法院，虽然增加了审批环节，使得程序更繁琐，但监督机制的建立可以有效缓解职权滥用现象。鉴于司法审查制度的建立需要对整个权力运行机制和组织架构进行调整，并非一朝一夕能够实现，可以司法令状制度作为未来发展方向，在目前情况下，发挥人民检察院作为法律监督机关的职能，折中采用第二种主张，由检察机关对职务犯罪案件技术调查措施进行审批，待将来条件成熟后，借鉴域外做法，由中立的法官进行审批并监督，紧急情况下可由检察机关直接决定使用，但需由法官进行事后确认。

---

〔1〕　参见徐静村主编：《21世纪中国刑事程序改革研究——〈中华人民共和国刑事诉讼法〉第二修正案（学者建议稿）》，法律出版社2003年版，第94页。

〔2〕　参见陈瑞华：《刑事诉讼的前沿问题》，中国人民大学出版社2000年版，第314页。

在审批的主要内容上，对技术调查的审批应该是实质审查，不能仅看程序上是否具备相应的手续，而且要确定技术调查措施是否必要且合理。

这里的是否必要，首先要看是否符合侦查的事实条件，即证据要达到"合理怀疑"的程度。关于"合理怀疑"的具体内涵，各国规定有所不同，英国认为是指警察怀疑某人将要从事该犯罪或已经参加了该犯罪，"有怀疑的合理理由，是确保警察善意行事的一种方式。"[1]德国将"充分的事实依据"或"简单的初期怀疑"规定为启动任何侦查手段的最低证明标准。[2]这个标准低于逮捕、羁押犯罪嫌疑人所要求的"急迫的犯罪嫌疑"。[3]美国联邦最高法院在一些判例中曾认为，只要有些微客观的正当性即可构成合理怀疑。[4]综合来看，各国对侦查普遍规定了相对较低的启动标准，更多依赖于侦查人员主观上的判断。必要的第二层意思是指常规侦查手段无法实现打击犯罪的目的。在这个问题上，需要根据个案来进行判断。这也是需要第三方机构进行审批的原因。

这里的是否合理，审查焦点应该是是否影响被告人的"自由意志"。被告人的犯罪行为是在自由意志下所为，这是刑事追责的前提。技术调查措施对自由意志的影响将决定罪责的大小，也是将来在刑事诉讼中需要考量的内容。在合众国诉罗素案（United States v. Russull）中，大法官确立了技术侦查行为是否剥夺被告人意志的主观标准。[5]如果侦查措施对侦查对象的影响大，将来获得减刑、免刑的机会和幅度应该相应增加。这也是技术调查审批阶段需要考虑并记录在案的内容。

在审批文件的要素上，从《刑事诉讼法》第152条第1款的含义可以推出，现行的审批机制下，审批的文件至少要包括措施种类、适用对象和期限等要素。但从完善立法的角度，需要对相关内容也作出系统规定。比如，为便于将来审查证据效力，应该区分审批中的程序性规定和实质性规定。关于紧急状态下的审批，应该明确有关部门的权限，同时对事后确认和相关证据的效力作出规定。

---

[1] 谢志鸿：《陷阱侦查于刑事诉讼上之效力》，载《辅仁法学》2000年第20期。
[2] 参见［德］克劳斯·罗科信：《刑事诉讼法》，吴丽琪译，法律出版社2003年版，第357页。
[3] 参见［德］克劳斯·罗科信：《刑事诉讼法》，吴丽琪译，法律出版社2003年版，第357页。
[4] 参见马跃：《美国刑事司法制度》，中国政法大学出版社2004年版，第205页。
[5] 参见邓剑光：《秘密侦查正当程序之理论解说》，载《政治与法律》2005年第3期。

2. 关于事中监督

单凭事前审批难以保证技术调查行为在实施中不被滥用。有时事前审批需要让位于执法效率，所以，强化事中监督十分必要。鉴于技术调查的秘密性，监督机关不可介入太深，不足的部分以事后救济和证据审查作为兜底。域外一些国家建立了事中管理机制，比如美国法律要求侦查人员在通信监控期间，将侦查内容记录下来。[1]参考这一规定，我国可以在立法上要求侦查机关记录侦查内容，定期提交技术调查措施使用情况报告，审批机关及时进行评估和监督，也可以根据情况及时调整调查措施。受到来自当事人或第三方的质疑时，可以要求侦查机关作出澄清或说明。总体上给予一定的外部控制，使侦查机关在行为时有所顾忌。

3. 关于事后救济

对职务犯罪案件技术调查措施的监督，是为了确保权力正确行使，而对于侵权与否及程度大小，最直接最准确的是来自当事人自己的判断。所以，设立相应的事后救济程序，赋予当事人救济权利，是各国通行的做法。参考域外经验，在我国应当赋予当事人以下权利：

（1）知情权。这包含两层意思，一方面，在不妨碍侦查且对公共安全不构成危害的情况下，侦查机关应当将技术调查相关信息告知当事人，使其知晓技术调查措施的采用。另一方面，将技术调查获得并拟作为证据使用的材料向当事人公开，允许当事人以其作为证明自己无罪或罪轻的证据。实践中，由于技术调查措施的秘密性，知情权的适用情形相对有限，知情的范围也受到一定限制。技术调查的程序事项应该是公开的，但具体的侦查计划、侦查措施、侦查人员配置及侦查过程中获得的材料必须严格保密。[2]单就职务犯罪常见的技术调查措施而言，无论是通信监听、网络监控、卧底侦查还是线人制度，通常都只有在收集到相应材料后才能告知，否则引起当事人警觉，采取反侦查手段，技术调查措施将无法实现效果。但为了保护当事人权益，应当尽早告知。实践中可以在对犯罪嫌疑人采取强制措施后第一时间告知，并将拟作为证据使用的材料出示给当事人，保障其知情权。

---

〔1〕 参见王长水、王晶然：《论刑事诉讼中的技术侦查措施及其重塑》，载《湖南工程学院学报（社会科学版）》2018 年第 3 期。

〔2〕 参见杨正鸣主编：《侦查学》，中国方正出版社 2007 年版，第 96 页。

（2）申请复议权。由于技术调查的手段和范围主要由侦查机关主观判断，实践中难免出现不当扩大的问题。当事人知道对自己采取技术调查措施及相关细节和材料后，如果认为不应采取、措施不当或者范围过宽，可以向审批机关的上级机关申请复议。上级机关应当对技术调查措施的合法性和合理性进行审查，存在不当的，撤销批准决定或者确认行为违法，同时删除获得的相关材料，防止进入诉讼程序。

（3）提起诉讼的权利。职务犯罪案件技术调查措施可能在多种情形下被当事人提起诉讼。比如，在涉及技术调查审批的情形中，当事人认为技术调查措施侵犯了自己的隐私权，不服复议决定的，可以在刑事诉讼中专门提起侵权之诉，对这一问题作出先决判决。在涉及技术调查执行的情形中，当事人认为技术调查手段不当，侵害个人合法权益的，可以要求补偿；侦查人员违法采取技术调查行为，侵害当事人和相关人员合法权益的，应当承担相应的法律责任。[1]在涉及技术调查材料使用的情形中，技术调查措施的执行人员及协助执行人员违法泄露、提供或者使用技术调查所获材料的，应当承担相应的法律责任。当事人可以直接提起诉讼，追究有关人员的民事和刑事责任，也可以请求国家赔偿。[2]

（四）职务犯罪案件技侦证据的排除规则

对职务犯罪案件非法技术调查证据的排除与《刑事诉讼法》第56条规定的一般情形下的非法证据排除有所区别，主要是指，对于使用技术调查的主体不合格或者手段超出正常范围的，必须排除所获得的证据资料。[3]虽然这二者的法理基础都在于禁止公权力对私权利的不当侵害，但从逻辑上来说，后者适用情形是当事人在意志不自由的情形下作出陈述供述，或者实物证据因不符合法定程序而严重影响司法公正。就前者而言，当事人一般是在完全不知情的情况下表达言词或留下物证，意志完全自由，没有受到强迫或误导，证据的内容是没有问题的。但为了保护公民个人隐私，防止公权力滥用，对违反程序性规定或者采取不合理的手段获得的材料，也要予以排除。这是对

---

〔1〕 参见徐静村主编：《中国刑事诉讼法（第二修正案）学者拟制稿及立法理由》，法律出版社2005年版，第164页。

〔2〕 参见李明：《监听问题立法研究》，载《法学》2004年第7期。

〔3〕 参见陈光中、胡铭：《〈联合国反腐败公约〉与刑事诉讼法再修改》，载《政法论坛》2006年第1期。

人权更加全面、更实质化的保障，比目前《刑事诉讼法》的立法理念略有超前，但从域外立法实践来看，这将是未来的发展趋势。

域外各国虽然有不同的法治理念，但大多规定了非法技术调查证据的排除规则。法国规定了证据无效制度。《法国刑事诉讼法典》第 1000 条第 7 款规定："必须事先通知国民议会主席，才能在通向他们的电信线路上截留；必须事先通知律师公会会长，才能在通向律师办公室或其住宅的电讯线路上截留。违反本条所规定的程序，截留的信息视为无效。"从而以列举的形式规定了两种情形下因违反程序，导致技术调查获得的信息归于无效。这种无效不仅包括获得的材料、拟提交的证据，还应包括由此延伸出的一系列材料和文件，从而起到非法证据排除的功能。德国规定了证据禁止制度。《德国刑事诉讼法典》第八章规定了技术调查措施的相关内容，其中规定："如果侦查机关以非法之方法取得证据，法院即不应加以利用"。[1]但对于非法技术调查取得的材料延伸出的其他证据，德国法律并没有全部禁止，而是允许法官根据案件情况进行裁量。英国关于技术调查的规定比较分散，有关排除规则也散见于多部成文法中，总体来看，对于非法取得的言词证据将予以排除，[2]控辩双方均不得进行质询、发言或开示，[3]例外情形包括当事人同意或者发生在他国。对于非法取得的实物证据，则允许法官自由裁量，主要以是否"严重侵害公民权益或对司法公正造成严重损害"为标准。[4]美国通过多部成文法和多个案例逐步完善非法技侦证据排除规则，对于非法监听取得的言词证据，原则上应当排除。在 20 世纪 60 年代的卡兹诉合众国案（Katz v. United States）中，联邦最高法院认为，未经授权的电子监听属于违宪，窃录的录音没有证据资格。[5]但涉及国家安全的例外，特别是"9·11"事件后，对涉及国家安全的监听采取了更为宽松的政策。[6]如果单纯基于"毒树之果"理论，对于非法技术调查取得的实物证据也应坚决予以排除。但考虑到技术调查措施

---

〔1〕 法治斌：《人权保障与释宪法制》，月旦出版社 1993 年版，第 234 页。

〔2〕 参见英国 1984 年《警察与刑事证据法》第 76 条第 2 款。

〔3〕 参见 1985 年《通讯截获法令》，2000 年《侦查权力规范法令》。

〔4〕 参见李明：《秘密侦查法律问题研究》，中国政法大学出版社 2016 年版，第 118 页。

〔5〕 参见龚颖欣、李尧：《偷拍偷录视听资料的证据资格合法性问题初探——以"卡兹诉合众国案"和"天津寇某某受贿案"为分析对象》，载《江西警察学院学报》2016 年第 4 期。

〔6〕 "9·11"事件后，美国通过了《爱国者法案》《爱国者法案增补与再授权法》等多部法律，赋予侦查部门更大权力，允许未经批准采取监听措施。

的秘密性，在技术调查的实施过程中不可能完全履行告知义务。"没有履行告知义务应当认为不是出于恶意或是一种公共安全的例外。"[1]未履行"米兰达警告规则"所取得的证据应被当作"毒树之果"而排除的原理，并不适用于技术调查，技术调查过程中间接违反"米兰达警告规则"而获取的实物证据不应被排除。[2]

综合上述内容分析，可以发现，域外在非法技术调查证据排除规则上普遍具有以下几个特点：首先，在适用的证据种类及规则上，大体与本国其他情况下的证据排除规则相一致，区分言词证据和实物证据，对言词证据一律排除，对实物证据按照是否采用"毒树之果"理论而有所区分。其次，在具体安排上都考虑到技术调查的特点，包括技术性、秘密性等。有的规定了灵活变通的处理规则，有的赋予法官一定的自由裁量权。最后，根据形势变化和科技发展，对规则的内容作出一定调整。特别是在英国和美国，新的成文法和判例不断修正过去的排除规则，在保障人权的同时，尽量满足打击犯罪的客观需要。

我国在立法上设置非法技术调查证据排除规则，应该充分考虑国情和整个立法体系的内容衔接。首先，排除规则是加强对技术调查的监督、保障当事人合法权益的重要措施。就我国而言，由于立法理念、立法技术等问题，对技术调查的外部监督机制不健全。从一定意义上来说，排除规则成为制约技术调查措施的重要甚至唯一办法。因此，在审查技术调查措施所获得的证据材料作为证据使用的合法性时，相较于其他侦查措施，应该更为严格；对于非法技术调查措施所取得的证据，排除范围应该更广，力度应该更大。[3]其次，根据《刑事诉讼法》第56条，在一般情形下的非法证据排除规则中，只排除言词证据，对实物证据允许补正或者作出合理解释。参考域外立法规则的共同特点，我国在设置非法技术调查证据排除规则时，也应该与一般规则基本保持一致。最后，我国《刑事诉讼法》第151、152、154条已经规定了技术调查的时间限制及执行中的一些要求，在设置排除规则时需要充分考虑这些内容，并与之相呼应，确保刑事诉讼法律制度整体成体系。

--------

〔1〕 李明：《秘密侦查法律问题研究》，中国政法大学出版社 2016 年版，第 121 页。

〔2〕 参见梁立峥：《非法技术侦查证据排除制度比较研究——以英、美、法、德四国为样本的分析》，载《江南社会学院学报》2017 年第 1 期。

〔3〕 参见艾明：《我国技术侦查措施法律规制的缺陷与完善》，载《甘肃政法学院学报》2013 年第 6 期。

具体而言，我国的职务犯罪案件非法技术调查证据排除规则应该包括以下几个要点：

在排除时间上，一般情形下的非法证据排除规则适用于侦查、审查起诉和审判阶段。考虑到《刑事诉讼法》第154条之规定，审判人员可以在庭外对证据进行核实，所以，非法技术调查证据排除时间也应该扩大到审判人员庭外核实阶段。

在排除范围上，根据《刑事诉讼法》第56条的规定，并参考域外惯例，对非法技术调查取得的言词证据原则上一律排除，实物证据可赋予法官自由裁量权。当技术调查措施不符合法定程序、可能严重影响司法公正时，应予排除。对一般轻微违反法定程序的，可不予排除。

在排除依据上，根据《刑事诉讼法》第151、152条的规定，批准技术调查措施的决定是审查技术调查措施是否合法的重要依据，包括批准的种类、适用对象和期限。对于未经批准或超出批准范围使用技术调查措施取得的证据，均应予以排除。

此外，还应对技术调查措施的批准决定本身进行审查。批准决定本身存在不当，包括不符合技术调查适用范围、批准的内容不当、批准决定的作出不符合法定程序的，都将严重影响其效力，自然也将导致根据该决定实施的技术调查行为缺乏法律依据，取得的证据也应该被排除。

（五）职务犯罪案件技侦证据的审查使用

虽然证据理论强调任何证据都没有预设的证明力，但刑事诉讼在证据审查上，似乎总习惯于把权威部门形成的证据"神化"。在鉴定结论，特别是DNA鉴定结论出现之初，几乎就是"铁证"。这种现象直到近些年才有所改变，把鉴定结论回归到证据的属性上。对于技术调查证据的态度也是如此，且似乎未见松动迹象。实际上，受技术本身的限制和操作者技能以及熟练度的限制，技术调查证据出现错误在所难免。通话记录等实物证据只是充斥时间、号码等数字，与待证事实有何关联？录音录像是否需要鉴定，以证明并非伪造？这些都有很大的质证空间。立法上、司法上都应该将技术调查证据回归到证据的属性上来，规定明确的审查使用程序，真正让技术调查证据发挥应有的作用。2021年《刑诉法解释》规定了技术调查、侦查证据的审查认定问题，主要包括保密要求、原件要求、技术调查程序审查、证据移送等，都属于外围的审查，并没有涉及对技术调查证据实质内容的审查，还有不断发展完善的空间。

# 第十二章 反恐怖活动犯罪案件技术侦查

本章主要讨论在反恐怖活动犯罪案件侦查中适用技术侦查有关问题。总体而言，由于暴恐案件在预备阶段隐蔽性强，一旦发生将造成很大损失，在反恐案件侦查中使用技术侦查措施并无多大争议。值得警惕的是，近年来，由于暴恐风险持续上升，反恐案件侦查特别是技术侦查的力度不断加大，不可避免地出现了滥用的问题。在对待反恐案件技术侦查的态度上，应该回归刑事诉讼的基本原理，坚持证据规则、正当程序，进行必要的权力限制和制衡。本章对反恐案件技术侦查实务中讨论比较多的三个问题进行了专题讨论，包括在立案前的情报搜集工作中使用技术侦查的问题、对技术侦查证人特殊保护的问题以及情报信息转化成庭审证据的问题。对这些问题进行简要分析的基础上，结合国内外立法和实践中的现状及问题，提出进一步完善的思考和建议。

## 一、反恐怖活动犯罪案件技术侦查概述

### （一）恐怖活动犯罪案件的特点

恐怖活动犯罪行为危害很大，造成人员伤亡、财产损失，侵犯公民权利；造成社会恐慌和动荡，危害国家稳定；形成心理威慑，影响正常生产经营活动；传播负面、反社会情绪。随着经济迅速发展和社会转型加快，价值观念冲击、贫富差距等问题，一些人产生不公平感，进而仇视社会，容易受到网上负面情绪、负面新闻的影响，采取极端活动宣泄不满，成为恐怖主义滋生的潜在威胁。

总体来看，恐怖活动犯罪案件有以下几方面特点：一是案件扩散蔓延，危害性大。受地缘政治、经济发展不均衡等因素影响，恐怖组织难以根绝，恐怖活动经常见诸报端，恐怖主义的现实威胁和风险已经波及全球。二是技术性越来越强。随着信息时代来临，恐怖活动犯罪越来越具有高科技性和严

密性。网络的发展为恐怖活动犯罪开辟了新的活动领域。借助网络，恐怖活动的策划、联络、组织、实施都更加方便，恐怖思想传播更加迅速、更加难以防范，恐怖活动犯罪的影响力和破坏力也更大，一般的侦查措施已经无法有效完成对高科技恐怖活动犯罪的侦查任务。三是突发性和隐蔽性更强。为追求恐怖活动效果的最大化，恐怖分子在预谋、联络、准备阶段往往极其隐蔽，仅从外表很难发现蛛丝马迹。有的在国外完成整个准备活动，常规侦查手段难以触及。不少犯罪分子经过培训，具有很强的反侦查能力。案发后，侦查人员也难以搜集到必要的犯罪证据。如果因为证据不足而不能对恐怖分子施以刑罚，将助长其嚣张气焰。

（二）技术侦查在反恐案件侦查中的优势

技术侦查措施以隐蔽对隐蔽，在反恐案件侦查中使用技术侦查措施具有其他侦查手段不可比拟的优势：一是可以使用技术侦查措施获取实施恐怖活动的线索和情报，掌握恐怖组织和恐怖分子的身份信息，监听其行踪和谋划安排，将恐怖活动犯罪扼杀在摇篮之中。二是技术侦查的秘密性和覆盖面，可以有效应对恐怖活动犯罪秘密性的难题，最大限度搜集相关证据材料，为案件侦破和定罪量刑奠定基础。三是有利于强化刑事程序法与实体法的衔接配合。为全方位打击恐怖活动，《刑法》将涉及恐怖活动的不同阶段规定为不同罪名，比如第120条规定了准备实施恐怖活动罪、宣扬恐怖主义、煽动实施恐怖活动罪，实际上是把预备行为直接规定为犯罪，体现了从严打击恐怖主义的立场。但是，惩处犯罪不能仅靠实体法，必须有刑事程序法的规定与之相配套，"只有如此才能得到公正的判决"。[1]预备行为没有危害后果的发生，通常极难发现和认定。刑法将预备行为规定为犯罪，就要求刑事诉讼法中增加相应的侦查措施。在反恐案件侦查中就表现为需要配置相应的技术侦查措施，及时发现实施恐怖活动的苗头。如果侦查手段跟不上，刑法的这些规定将无法得到落实。四是有利于落实反恐领域国际义务。反恐怖主义的国际条约最早可以追溯到1937年的《防止和惩治恐怖主义公约》，这是关于反恐工作的"第一个较为全面的公约"。[2]虽然由于二战爆发，公约没能生效，

---

〔1〕 参见李颂银：《走出实体法与程序法关系理论的误区》，载《法学评论》1999年第5期。

〔2〕 参见赵秉志、阴建峰：《论惩治恐怖活动犯罪的国际国内立法》，载《法制与社会发展》2003年第6期。

但为后续反恐领域国际公约制定奠定了理论和实践基础。从 1973 年起，联合国陆续组织制定了《预防和惩治侵害应受国际保护人员包括外交代表的罪行的公约》《制止恐怖主义爆炸的国际公约》等国际公约，我国参与的上海合作组织等国际组织也制定了包含反恐内容的一系列公约。我国已经参加或签署其中多项公约。[1]这些公约的内容中多处涉及要求缔约国加大对恐怖主义的打击力度，包括采取监听监控、秘密侦查等手段。我国在《刑事诉讼法》等国内法中规定反恐案件技术侦查措施，正是积极履行国际条约规定的反恐义务的实际行动，同时也有利于加强国内反恐力量。

（三）反恐案件技术侦查的法律依据及不足

我国关于反恐案件侦查的立法相对较晚，而且呈现出明显的先实体后程序的倾向。2000 年以前，仅在个别法律条文中包含涉及恐怖活动犯罪的规定。2000 年以后，在《刑法》修正案、《中华人民共和国反洗钱法》、《中华人民共和国武装警察法》中均增加不少涉及反恐案件侦查的内容。2011 年全国人大常委会审议通过的《关于加强反恐怖工作有关问题的决定》，成为首个专门规定反恐工作的系统文件。2012 年修改的《刑事诉讼法》，有 7 个条文明确涉及恐怖活动犯罪，分别包括管辖、律师会见、证人保护、监视居住、拘留、技术侦查、违法所得没收等内容。2015 年 12 月 27 日通过的《反恐怖主义法》，成为具有里程碑意义的综合性反恐法律，集中规定了反恐工作的各项制度，包括理念、机制、方法等，标志着反恐工作从分散到系统、从各行其是到规范有序，反恐怖法律体系从此转变成"以宪法为依据，以反恐怖主义法为主导，以刑法为后盾，其他法律配合"的结构体系。[2]当前关于反恐案件技术侦查的规定主要体现在《刑事诉讼法》第八节以及《反恐怖主义法》的多个条文中，在《人民警察法》、《国家安全法》以及有关司法解释、规范性文件中也有涉及反恐案件技术侦查的零星规定。

《反恐怖主义法》作为集中、系统规定反恐案件相关处理工作的重要法律，在技术侦查措施方面的规定有不少缺陷：

首先，对技术侦查措施使用主体的规定不妥。根据《反恐怖主义法》第

---

〔1〕 参见马长生主编：《国际公约与刑法若干问题研究》，北京大学出版社 2004 年版，第 377 页。

〔2〕 参见王秀梅、任成玺：《论反恐怖主义理念的时代语境与科学体系》，载赵秉志主编：《刑法论丛》（第 48 卷），法律出版社 2017 年版，第 44~61 页。

45 条的规定，公安机关、国家安全机关、军事机关都可以采取技术侦察措施。而根据《刑事诉讼法》第 150 条的规定，只有公安机关、检察机关可以采取技术侦查措施。二者之间的冲突造成一定困扰，最直观的表现就是，国家安全机关、军事机关不是刑事诉讼法规定的技术侦查机关。严格意义上讲，它们通过技术侦查获取的资料，无论通过证据转化还是直接使用，都不能在刑事案件中作为证据出现。因而技术侦查措施在给犯罪分子定罪量刑上发挥不了应有的作用。同时还意味着不能在刑事诉讼的框架下对国家安全机关、军事机关规定必要的审批、监管等限制程序，给将来统一适用造成了不小的隐患。

其次，对公权力限制不足。由于恐怖分子可能使用各种手段、从各个角度实施犯罪行为，侦查人员也必须因应形势变化采取灵活机动的侦查和处置手段，法律上只能作出相对宽泛的要求，难以严格限制具体行为模式。这就使得实际操作中，反恐部门在技术侦查领域受到的约束非常有限。如果法律本身的规定较模糊，就只能靠内部管理或者自我约束，有时难免因利益平衡不到位或制度设计不严谨等，影响对公民权利的保障。比如，《反恐怖主义法》第 45 条规定了技术侦查措施，但非常模糊，对于审批程序、监管机关等没有任何限制。第 18 条规定，为了反恐案件侦查需要，电信、网络运营商应当为侦查部门提供技术接口和解密等技术支持，但没有规定提供的条件、证据要求、程序要求、提供的范围以及对如何使用这些资料的监督，从而形成对公民隐私权的潜在侵犯风险。

最后，权利救济的规定模糊。在反恐案件侦查中，公民权利势必要进行适当让渡，但被侵犯的权利应该得到救济，这也是人权保障的必然要求。《反恐怖主义法》第 78 条第 2 款规定，反恐部门在工作中侵犯单位或个人权益的，应当予以赔偿、补偿。但对于权益的范围没有作出界定，对赔偿和补偿标准也没有配套细化规定，使得这项本来很好的规定难以落实。比如，公民隐私权受到反恐案件技术侦查措施的侵害后，应该得到物质和精神赔偿，但《反恐怖主义法》和《中华人民共和国国家赔偿法》都没有相关规定。再如，《反恐怖主义法》规定要保护平等权，要禁止歧视，但对于违反这些原则的救济措施，没有相应规定。

（四）域外反恐案件技术侦查的立法趋势

域外关于反恐案件技术侦查的规定相对较早，也较完备。主要国家关于反恐案件技术侦查的发展历程大体可以代表这一领域的立法趋势。域外立法实践及趋势对于完善我国反恐案件技术侦查规定可以起到积极作用。

欧洲国家中，英国受北爱尔兰地区恐怖分子袭击频繁，所以反恐立法相对较早。1974 年，英国制定了《预防恐怖主义法》，由于暴恐活动形势严峻，1984 年又对有关内容作了适当修改。1998 年奥马镇发生炸弹爆炸事件后，英国和爱尔兰又分别通过反恐怖法。[1]"9·11"事件后，英国加快反恐怖主义立法进度，在 2001 年、2005 年、2006 年陆续通过多部反恐怖主义法律，出于反恐需要，对相关行政权力进行较大扩展，在监管、审核等程序方面作了一定让步。

法国较早受到恐怖主义的现实威胁，认为恐怖主义是国家的内部冲突和国家安全问题，应采取司法而非军事的处理措施。[2]法国在刑事诉讼法典中设置单独一编规定恐怖活动犯罪的诉讼程序，包括管辖、侦查、审判等。"9·11"事件后，法国对反恐法律作出调整，出台了《反恐怖主义、安全与边境管制法》等，主要趋势是扩大警察在侦查恐怖活动犯罪时的权力。比如授权警方对电子邮件和网络进行全面监控，可以检查电子邮件内容，可以未经法庭同意要求网吧、饭店提供有关人员数据，可以对汽车、乘客进行拍照等。[3]

按照《德国刑事诉讼法典》第 100 条的规定，对恐怖活动犯罪可以监视、录制通信往来，可以制作照片、录像，可以在被指控人居所窃听、录制非公开言论，可以说监听几乎实现了全覆盖。[4]德国《反国际恐怖主义法》进一步提升了秘密侦查机构获取公民信息的权限，比如规定联邦宪法保卫局可无条件获取当事人的姓名、通信地址、邮件往来情况、电信联系数据、电讯服务使用数据资料等。[5]

美国的反恐政策对外是典型的战争模式，对内采取司法模式。虽然在 20 世纪 80 年代起已经陆续出台《禁止支持恐怖主义活动法》等反恐领域相关法

---

〔1〕 参见王燕飞：《恐怖主义犯罪立法比较研究》，中国人民公安大学出版社 2007 年版，第 33 页。

〔2〕 参见倪春乐：《从当前反恐模式看中国反恐刑事程序立法》，载《中国人民公安大学学报（社会科学版）》2012 年第 6 期。

〔3〕 参见赵秉志等编译：《外国最新反恐法选编》，中国法制出版社 2008 年版，第 293 页。

〔4〕 参见［德］托马斯·魏根特：《德国刑事诉讼程序》，岳礼玲、温小洁译，中国政法大学出版社 2004 年版，第 126~127 页。

〔5〕 参见赵秉志等编译：《外国最新反恐法选编》，中国法制出版社 2008 年版，第 254 页。

律，但这些内容与近年来的政策差别较大。集中体现美国当前反恐政策的法律是"9·11"事件之后迅速出台的《爱国者法》及后续修正案和衍生法律，包括《国土安全法》《情报改革和恐怖主义预防法》等。[1]《爱国者法》中设立了多项特殊程序加强监听、监控等技术侦查措施，降低或者取消这些措施的程序制约。2006年美国通过《爱国者法修改与再授权法》和《爱国者法额外再授权修改法》，对《爱国者法》中的主要反恐手段，特别是技术侦查手段予以维持，将14项临时性条款效力永久化，2个条款效力延长。同时，从国会监督、司法审查、内部监管三个角度完善对反恐技术侦查措施的监督，"加强对公民权利和自由的保障"。[2]

综合来看，同其他案件技术侦查相比，域外在反恐案件技术侦查的法律规定方面主要有以下几个特点：在侦查措施的审批标准方面，对证据的要求适度降低；在侦查措施的审批程序方面，突破了令状制度的限制；在权力配置方面，侦查权的边界逐渐扩大，支持的声音和反对的质疑也随着反恐形势的变化而此消彼长。从这些域外立法经验和趋势中，可以得到以下几方面启发：

一是要立足本国国情。各国在反恐案件技术侦查领域的总体立法趋势是扩大技术侦查的适用范围，降低适用门槛，减少监管措施。但在具体规定上又有比较大的差别，这一方面是因为各国受到恐怖主义的现实威胁程度不同，另一方面是因为各国的司法传统有所差异。通常而言，受到恐怖主义影响较大的国家，更早规定技术侦查措施，有关适用范围也相对更广，对恐怖主义的打击力度更大。

二是在恐怖主义技术侦查措施的设置上要突破现行刑事诉讼规则。事实上，技术侦查本身就是对公民权利的侵犯，属于刑事诉讼领域内的权利平衡。而恐怖主义由于前述特点，需要采取比一般案件更特殊的技术侦查措施，对现行刑事诉讼规则进行一定突破，包括扩大侦查人员权力并规定特殊的措施和程序、限制嫌疑人的某些权利、加大对证人及司法人员的保护、特殊的证

---

〔1〕　参见胡铭：《价值抉择：反恐措施与刑事诉讼——以美国法为范例的检讨与反思》，载《政法论坛》2006年第6期。

〔2〕　参见刘涛：《〈2005年美国爱国者法修改与再授权法〉介评》，载《国家检察官学院学报》2008年第2期。

据规则、特殊的庭审程序等方面。[1]

三是必须始终以基本的法治原则为反恐案件技术侦查划定边界。恐怖主义活动的最大威胁并非其直接造成的人员伤亡、财产损失，而是对人们心理上形成的威胁和恐慌，推动人们采取非理性的行为。立法上出于反恐案件侦查需要而扩大适用技术侦查，实质上也是受这种心理影响的表现。为了打击恐怖主义，的确需要技术侦查，但有关措施应该是具有针对性的，以能够满足侦查需要为界，以社会发展和反恐形势变化为调整理由，切不可设置假想敌，以反恐为名随意扩大技术侦查范围。最基本的法治原则，包括正当程序、审查制度、监管制度、证据规则等不能突破。

这三个方面的启发对于完善我国反恐案件技术侦查有一定帮助，也为后续围绕反恐案件技术侦查领域开展专题研究提供了一定基础。

## 二、反恐案件立案前启动技术侦查的问题

### （一）反恐案件立案前启动技术侦查的必要性

我国刑事诉讼法规定技术侦查要在立案后启动，而立案的条件是发现犯罪事实或者犯罪嫌疑人。二者相叠加就是要求至少在发现犯罪事实或者犯罪嫌疑人后才能启动技术侦查措施。但在反恐案件侦查中，无论在理论上还是实践上，都对这一原则进行了突破，表现为在立案前启动技术侦查措施。

立案前启动技术侦查措施主要包括两种情形：一种是接到举报或控告，大致知悉有犯罪行为和嫌疑人，但尚未达到立案标准，不宜展开法定范围内的侦查；另一种是为了反恐需要，对分析认为存在较大风险的某类人员、某一地区、某类信息进行不间断监控以获取反恐情报信息，在情报中寻找可能发生的犯罪行为，随时防范恐怖主义苗头的出现。关于前者的讨论，与其他刑事案件中关于技术侦查启动时间的争议并无二致。关于后者的讨论更能体现反恐案件侦查特点，主要表现为在情报搜集中使用技术侦查，这是反恐工作从事后惩治到事前预防的重要措施和表现，在当下是十分必要的。

首先，从打击恐怖活动的实际效果来看。如前所述，突发性是恐怖活动成功的前提，也是恐怖分子重点追求的目标之一。往往要到恐怖活动实际发生时才能明确"犯罪事实"或者"犯罪嫌疑人"，此时危害后果已经或即将

---

〔1〕 参见蔡霞：《论反恐刑事特别程序的构建》，载《广西社会科学》2012 年第 4 期。

发生，任何侦查行为只能让犯罪分子得到事后制裁，而无法实现预防，无疑变得被动。网络的发展改变了传统意义上恐怖活动犯罪的时间和空间环境，为恐怖犯罪分子的沟通和联系提供了便利，恐怖活动的技术性和隐蔽性更强。仅仅在恐怖活动实施后再进行打击，收效甚微。需要在立案前通过技术侦查手段获取情报信息，提升打击效果。[1]

其次，从反恐工作的目标来看。恐怖活动的目的不在于造成具体损害，而是产生影响力。恐怖分子通过使用恐怖手段，制造恐怖气氛，在公众心理上产生威慑，在社会上造成恐慌。[2]恐怖分子"并不是要打击那些被视为敌手的人，而是谋划制造动乱和恐惧"。[3]在这种心理驱使下，一旦恐怖活动完成准备工作、进入实施阶段，无论是绑架、爆炸、滥杀、暴力破坏，都足以产生恐怖效应，恐怖犯罪的目的也就已经实现。即便事后能够快速处置，将恐怖分子绳之以法，但造成的恐怖效应也会快速扩散，难以消除。"9·11"恐怖袭击过去将近 20 年后，亲历者依然谈之色变，这就是恐怖活动的效应。因此，反恐工作的成败不在于事后的惩罚，而在于"将暴力恐怖活动摧毁在行动之前"。[4]这也是反恐案件侦查，特别是技术侦查的目标。为了实现这个目标，就必须在恐怖活动实际发生前就开展技术侦查活动。

最后，从与实体法相配合来看。《刑法修正案（九）》增加了一些罪名，有不少涉及恐怖犯罪活动，不仅包括实施恐怖活动的犯罪，还包括为实施恐怖活动准备凶器、传播恐怖主义思想等预备行为，而这些预备行为被认定构成犯罪，往往需要一段时间的观察和固定证据。特别是由于恐怖活动犯罪秘密性很强，传统侦查手段难以获得预备活动的线索，只有经过技术侦查才能以"秘密性"对抗"秘密性"。但是如果严格按照刑事诉讼法规定，不能在立案前使用技术侦查措施，将出现一个矛盾：不使用技术侦查措施就发现不了恐怖活动犯罪预备行为，不能立案，而不立案就不能使用技术侦查措施。这种矛盾将导致《刑法修正案（九）》的有关罪名难以落实，所以必须要有

---

〔1〕　参见李慧英：《技术侦查措施在反恐情报信息工作中的运用》，载《江苏警官学院学报》2018 年第 2 期。

〔2〕　参见孟璐：《略论我国反恐怖法中反恐侦查体系的构建》，载《河南警察学院学报》2014 年第 5 期。

〔3〕　黄风：《引渡制度》，法律出版社 1997 年版，第 185~186 页。

〔4〕　此系时任公安部部长郭声琨 2013 年在国家反恐怖工作领导小组第一次全体会议上的讲话，相关新闻稿载《人民公安报》2013 年 8 月 28 日，第 1 版。

所突破。

（二）反恐案件立案前启动技术侦查的实践及问题

随着反恐形势不断发展变化，运用技术侦查手段获取情报信息，从而防患于未然已经成为普遍做法。就我国的侦查实践而言，立案前启动技术侦查措施，是变回应型、被动型侦查为主动型侦查。就域外实践而言，"9·11"事件之后，美国更加重视情报在反恐工作中的作用，情报部门广泛通过监听监控、通信拦截、卧底侦查等方法，发现恐怖分子活动迹象。《爱国者法》授权情报调查机构为反恐目的获取嫌疑人的互联网地址和电子邮件地址，即便没有达到合理推断或合理怀疑的条件；允许为了情报的目的监视美国公民。[1]2008 年美国《涉外情报监控法》修正案授权行政当局基于反恐的需要，在未经有关法庭事先批准的情况下，对境外的国际通信进行窃听，从而基本规避了令状主义。[2]这些都是在立案前启动技术侦查措施的具体做法，也是被实践证明行之有效的做法。据统计，从 2001 年到 2003 年，通过通信监听，美国阻止了超过 50 起世界范围内的恐怖袭击案件。[3]德国早在 1968 年通过的一项基本法修正案中就规定，德国各种间谍情报机构可以对犯罪嫌疑人及其同伙的信件、邮件及通信，甚至国际通信网络予以监视。[4]法国 2016 年出台的"新反恐法"也将信息数据截取手段扩及适用于所有有组织犯罪的现行犯侦查和预先侦查，允许侦查机关在利害关系人不知情的情况下进行实时的信息截取。[5]

我国《反恐怖主义法》第 45 条规定，公安机关、国家安全机关、军事机关在其职责范围内，因反恐怖主义情报信息工作的需要，根据国家有关规定，经过严格的批准手续，可以采取技术侦查措施。由于情报工作覆盖时间长，有时甚至是一项常规性工作，所以这里的规定实际上突破了刑事诉讼法关于

---

〔1〕 参见刘广三、李艳霞：《反恐刑事侦查权运行问题研究》，载《山东社会科学》2016 年第 3 期。

〔2〕 参见张桂霞：《通讯监控立法之比较——基于反恐的视角》，载《河南警察学院学报》2014 年第 6 期。

〔3〕 参见陈永生：《计算机网络犯罪对刑事诉讼的挑战与制度应对》，载《法律科学（西北政法大学学报）》2014 年第 3 期。

〔4〕 参见邓立军：《德国司法监听法治化的演进与发展》，载《广东商学院学报》2006 年第 6 期。

〔5〕 参见施鹏鹏：《综合的反恐体系及检讨——以法国"新反恐法"为中心》，载《中国刑事法杂志》2017 年第 1 期。

技术侦查措施启动时间的限制，扩大了技术侦查的适用范围。从实践角度来说，由于暴恐案件的危险性和突发性，为了可以采取更灵活的方式开展技术侦查，提高侦查效果，不宜与其他刑事案件规定一样的审批程序。这也体现了《反恐怖主义法》作为一部专门的系统性法律，更贴近反恐案件侦查实际需要的特点。

但由于《反恐怖主义法》与《刑事诉讼法》的规定不同，在实践中也出现了一些问题。首先，立案前启动技术侦查措施，具体执行机关以公安机关、国家安全机关、军事机关为主，而案件尚未立案，所以执行机关此时的行为不受《刑事诉讼法》约束，仅仅依据一些内部规定进行规范，使得这一阶段的技术侦查变得讳莫如深，可能存在监督不力的问题。其次，立案前启动技术侦查措施，突破了技术侦查适用的案件范围和情形。根据刑事诉讼法的规定和一般理论，技术侦查需要受到必要性原则、重罪原则等限制。恐怖活动犯罪案件虽然多数性质严重，但随着刑法对反恐范围的扩大，特别是恐怖活动犯罪的预备行为被规定为犯罪后，虽然这些实施者多数属于恐怖分子，但仅就预备行为本身而言，很难认为已经具有很大的危害性，符合必要性原则和重罪原则。而在立案前普遍使用技术侦查措施，特别是进行一般性的普遍监控，势必导致将一些并不严重的犯罪纳入技术侦查范围之中，将技术侦查这一强有力的措施泛化。最后，立案前启动技术侦查措施，可能侵犯公民合法权益。由于这一阶段的技术侦查措施不受《刑事诉讼法》约束，《反恐怖主义法》的规定又比较笼统，技术侦查就难以避免侵犯公民合法权益。比如，缺少外部的审批和监督机制，被随意使用。又比如，广泛监听必然涉及大量无关信息的保存和处理问题，这些信息对侦破恐怖主义案件作用不大，但不少涉及公民隐私，而法律并没有规定具体的处理办法。在监听监控中，获得的公民信息内容将越来越多、越来越细，一旦被泄露、传播，甚至被犯罪分子恶意使用，将带来难以控制的后果。

此外，还必须考虑部门规章对技术侦查的限制。2020年修正的《公安机关办理刑事案件程序规定》第174条规定，发现案件事实或者线索不明的，可以进行调查核实，调查核实过程中不得采取技术侦查措施。这与刑事诉讼法关于立案后才能启动技术侦查措施的规定是一致的，也实质上形成了对立案前启动技术侦查的禁止。但这一规定不太合理。从实践层面来说，反恐案件侦查的秘密性、紧迫性导致不使用技术侦查措施就难以获得有价值的线索，或者因获得线索的时间周期过长而影响侦查效果，甚至无法防止案件实际发生。从理论层面来说，《刑事诉讼法》第 82 条规定的先行拘留措施，授权公安机关在紧急情况等情形下，可以直接控制住嫌疑人。这里侵犯的是当事人的人身自由，而使用技术侦查措施侵犯的是公民的隐私权。基于类似的理由，授权公安机关侵犯更高位阶的权利而禁止侵犯较低位阶的权利，在理论上并不合理。此外，在《刑事诉讼法》虽体现出有关意思，但并未明确规定禁止立案前启动技术侦查的情形下，公安机关的部门规章予以明确禁止，似有不妥。

（三）规范反恐案件立案前启动技术侦查的初步思考

对反恐案件立案前启动技术侦查措施进行法律规制，在理论上和实践上都有其合理性。从理论层面来说，技术侦查措施本身就是公权力的扩张和公民隐私权的限缩，相比于一般刑事案件，在反恐案件情报搜集阶段启动技术侦查措施，这种扩张表现得更甚，需要在打击恐怖犯罪的现实需要与维护司法公正之间寻求一种平衡。从现实层面来说，反恐案件技术侦查措施不仅用于犯罪后的侦查取证，更强调用于搜集情报信息的先期预防功能。而立法上依然将技术侦查措施严格控制在立案后，存在立法与现实脱节的问题。如同其他情形下一样，当客观现实需要无法在合法框架内得到满足，就会催生出打"擦边球"等问题，不仅影响法律的权威，而且会产生大量的社会问题。不如在立法上对现实需要作出必要回应，将游离于法律边缘的行为直接纳入规制之中，改变现阶段无法可依的状态。

在具体立法模式上，有两种方式可供考虑：

一是修改刑事诉讼法，将反恐案件技术侦查措施的启动时间规定在立案前。这种做法对现有规定的变动相对较小，也能实现与反恐怖主义法的有效衔接。但缺陷也是显而易见的。从法理上来说，如前所述，反恐案件侦查中立案前的技术侦查措施，不仅用于有相对确定的犯罪事实和犯罪嫌疑人的情形，还用于不间断的常规监控。后者获取的材料有相当大的比例最终不会进入刑事诉讼程序，从理论上很难将这部分技术侦查措施归入刑事诉讼领域。所以将立案前技术侦查措施写入刑事诉讼法，在逻辑上不妥。从立法技术上来说，反恐案件侦查中需要在立案前启动技术侦查措施，是受到科技发展和案件形势变化的影响，这种影响一方面具有不确定性，另一方面不能防止其他案件将来以类似理由要求立案前使用技术侦查措施，从而导致刑事诉讼法这样一部基本法律稳定性大打折扣。

　　二是制定单行法规制技术侦查措施。这种立法模式在英美法系使用较多。美国 1981 年制定《关于联邦调查局乔装侦查行动的准则》、1986 年制定《电子通信隐私法》，英国 1985 年制定《通信截获法》、2000 年制定《侦查权规制法》，都是针对技术侦查措施出台的专门法律。我国也可以参考类似做法，制定专门的技术侦查法律。随着反恐形势发展变化，如果反恐领域技术侦查出现了更多更有特点、需要单独解决的问题，甚至可以针对反恐领域技术侦查单独立法，更具灵活性和可操作性，条文内部的逻辑关系也更容易处理。

　　操作层面首先需要关注启动条件的问题。由于反恐案件侦查的特殊性，技术侦查启动的一般条件中，证据条件应该适当降低，更加注重审查技术侦查启动的目的，即为了维护国家安全及侦查工作需要。事实上，对反恐案件一般侦查和技术侦查的诸多特殊规定，最根本的逻辑基础就在于为了维护国家安全和侦查工作需要。提前启动技术侦查更需要严格审查这一条件。从这个条件衍生出一些具体的制度规定，比如，技术侦查的范围限于有证据或有迹象显示与暴恐案件相关或具有高风险，技术侦查的内容仅限于可能危害国家安全的事项，等等。

　　其次需要关注审批和监管的问题。技术侦查的审批和监管在域外主要表现为令状制度。考虑到反恐案件侦查的特殊性，不少国家在反恐案件技术侦查方面对令状制度进行了适当放宽。除前述降低令状标准或突破令状限制外，澳大利亚规定，签发机关只要相信外国情报的获取对国家安全很重要即可。[1]这些降低和突破是必要的，可以及时有效地打击、防范外国恐怖势力对本国的破坏与颠覆。[2]但降低令状标准不等于不要监管，突破令状限制往往也仅限于紧急情况下。从立法角度来说，权力越大，越应该给予更大的限制，以防止权力滥用。由于我国没有令状制度，对侦查机关的监督主要由检察机关进行。公安部最新修订的《公安机关办理刑事案件程序规定》中，对技术侦查的内部审批也作了详细规定。可以结合这些规定，根据提前启动技术侦查的两种常见用途，采取不同的规制措施。对紧急情况下的提前启动，可以采取先操作、后监督的程序，允许公安机关先进行内部审批，再由检察

---

　　〔1〕　参见张桂霞：《通讯监控立法之比较——基于反恐的视角》，载《河南警察学院学报》2014 年第 6 期。

　　〔2〕　参见余凌云、洪延青：《反恐侦查中的监听权力规制》，载《中国公共安全（学术版）》2007 年第 3 期。

机关审查；而不间断常规技术侦查则应受到更多的限制，必须就侦查理由、侦查范围、时间限制等提出详细的申请，由检察机关审批后方可进行。为保证监督的有效性，无论是紧急情况下的技术侦查还是常规技术侦查，程序违法取得的材料，都不应允许作为证据使用，以保证制度有效落实。

再次需要关注情报信息的使用范围。为了反恐需要，对公权力作适当扩大、对个人隐私权作适当限缩，虽有必要，但实属无奈。这种价值平衡的正当性基础在于获取的信息全部且仅用于反恐需要，否则将受到质疑。特别是在不间断常规监控的情形下，搜集的信息更多、有效信息比例更小，需要更加严格的限制。《民法典》专章规定隐私权和个人信息保护，凸显了立法层面对公民隐私权的重视。技术侦查领域也应有所呼应。除现有的《刑事诉讼法》第150条规定的使用限制之外，对属于常规监控的立案前技术侦查，还需要严格审批监控的对象、时间、范围，严格限制监控手段，对监控获取信息的使用、保管和销毁都需要更加明确的规定。

最后需要关注各机关的配合和有效实施。在不间断常规性提前启动技术侦查的情形下，对象并不明确，强化协作配合是提升立案前技术侦查实效性的关键。只有最大限度扩展信息来源，才有可能获得更多更有价值的情报。交通、住宿、金融等多个部门建立了大数据平台，汇聚了海量的信息资源，也各自有自身的信息偏好和搜集手段。如果能够基于反恐目的，组建更高位阶的管理机构，打破信息壁垒，汇聚这些部门的信息，技术侦查的效果将得到更大限度的发挥。除此之外，就侦查机关本身而言，当前影响情报信息整合的最大问题在于"情报信息资源归属的区域化和私有化观念"。[1]应摒弃这一狭隘观念，着眼于反恐情报搜集的协作和配合，充分发挥情报信息搜集的作用。

## 三、反恐案件技术侦查存在的问题

### （一）反恐案件技术侦查的主要措施

暴恐案件严重侵犯人身权利、财产权利，与之相对应，实践中也采取了多种技术侦查措施。在本书前述通信监听、网络监控、卧底侦查、诱惑侦查、

---

〔1〕 参见孙静晶：《浅议情报整合联动与侦查协作效益》，载《铁道警官高等专科学校学报》2013年第1期。

线人制度、控制下交付六种主要技术侦查措施中，除诱惑侦查和控制下交付较少出现外，另外四种均较为常见，不少反恐案件侦查同时使用多种技术侦查措施。比如，针对暴恐案件的思想准备，侦查机关在网上监控涉暴恐言论，锁定暴恐思想的传播者和发表者，及时展开背景调查。又如，针对暴恐案件的人员联络、工具准备，接到群众举报或者发现涉暴恐嫌疑人后，及时开展秘密调查，通过通信监听等方式了解准备情况。再如，为了解恐怖组织的人员结构，及时掌握最新动向，有时需要进行特情贴靠，通过线人或者卧底侦查发现证据。

（二）技术侦查措施实施情况

检索发现，涉及反恐案件侦查具体情况的媒体报道和案例发布比较少，使得有关反恐案件技术侦查实施情况的研究资料比较有限。特别是为了防止泄露秘密，不利于证人保护，对卧底侦查、线人，在公开资料中鲜有披露。在各种资料中一般仅能找到使用通信监听和网络监控这两种技术侦查手段的案例。在这些案件中，技术侦查措施主要用于发现案件线索。比如，在孙某某非法持有宣扬恐怖主义物品案中，公安机关技术侦查部门在常规性网络监控中发现被告人传播暴恐音视频，之后又通过 IP 地址锁定被告人身份，破获案件。有时，公安机关通过技术侦查手段辅助抓捕犯罪嫌疑人。比如，在逄某某编造传播虚假恐怖信息案中，公安机关使用通信监听手段锁定被告人位置，实施抓捕，等等。

（三）反恐案件技术侦查的问题

各国在技术侦查实施方面，虽然制度不尽相同，但普遍存在侦查权过分扩大的问题。在侦查权与公民个人权利的关系方面主要是权力限制不足，在侦查权与其他权力的关系方面主要是权力制衡不足。

1. 权力限制不足

权力限制方面主要表现为权利克减原则的不当使用。恐怖活动犯罪危害国家安全和社会秩序，而有关侦查措施，特别是技术侦查措施将加强侦查部门的权力，一定程度上会侵犯公民的基本权利。在对二者之间冲突关系的调整方面，就体现了一国政府的治理能力和价值权衡。按照社会契约论的基本观点，国家安全和社会秩序代表了更多数人的利益，也是公民权利让渡的主要领域。为了打击恐怖活动犯罪需要，适度牺牲公民基本权利是可以接受的，但应该遵循一些基本的原则。其中之一就是权利克减原则。

权利克减原则规定在《公民权利与政治权利国际公约》中，属于缔约国的免责条款。根据这项原则，缔约国在紧急状态时，可以通过加强对人权的限制或者减少对人权的保障等方式，减免履行或者不履行保护人权的义务。这项原则的基本功能是平衡保护人权和国家生存等利益。由于恐怖活动的严重危害性，为打击恐怖主义需要，各国均适当采取了克减权利的措施，包括电子监听、秘密搜查、特情侦查、限制沉默权等。比如，美国《爱国者法》第210、211条规定，执法部门可以要求电脑和网络运营商提供客户信息，而无需经过司法审查或授权；第215条规定，执法部门可以出于反恐侦查工作需要调查公民的教育、医疗、投资、信用等信息和档案记录；第505条规定，政府可以使用"国家安全信函"获取更敏感的个人信息；第508条规定，司法部可以获取公民的教育记录。[1]这些条文都侵犯了公民的隐私权。美国国防部甚至在2003年向国会提交一份报告，计划推出超大型电脑数据库计划，对国民行为，包括行动轨迹、语言、文字等，进行全方位监视和搜集，分析详细资料，尽早发现具有恐怖主义倾向的可疑人物。[2]

然而权利克减并非无限制的、随意的。如果滥用权利克减原则，将对人权造成更大、更普遍、更严重的损害。德沃金（Dworkin）认为，"9·11"之后，美国人民身处于恐怖主义袭击的危险是明显的，同时还有另一种不明显的危险，即"美国政府忽视或侵犯了大量基本的个人权利与自由"。[3]这种观点有其合理性。《公民权利与政治权利国际公约》规定了七种最基本的人权，这些不可克减，但也只是最低要求，为反恐案件技术侦查的需要，不可克减的范围应该更广泛。[4]权利克减的措施必须符合法律规定的实体要件和程序要件，应当受到必要性原则的限制，"而不是面对恐怖活动就可以随意使用"。[5]各国在反恐案件技术侦查领域对公民权利的侵犯已经愈演愈烈，一方

---

〔1〕 此处条文翻译来源于赵秉志等编译：《外国最新反恐法选编》，中国法制出版社2008年版，第547~548页。

〔2〕 参见刘作翔：《反恐与个人权利保护——以"9·11"后美国反恐法案和措施为例》，载《法学》2004年第3期。

〔3〕 ［美］R. 德沃金：《恐怖主义与对公民自由的袭击》，李剑译，载《世界哲学》2004年第2期。

〔4〕 参见龚刃韧：《不可克减的权利与习惯法规则》，载《环球法律评论》2010年第1期。

〔5〕 罗海敏：《反恐视野中的刑事强制措施研究》，中国人民公安大学出版社2012年版，第55页。

面，实践中有些措施已经变形、走样，违背基本的法治原则，受到广泛批评；另一方面，有些措施在演进中已经不仅用于反恐案件侦查领域，而因其便利性被广泛用于各种场合。比如，美国的"棱镜"计划被曝光后，世界哗然。恐怖威胁日益加剧、恐怖活动日益疯狂，并不能让一切的权利克减都必然具有合理性。相反，在权利克减之上的法治原则要求立法者必须保持清醒，不能被恐怖分子影响、驱使而采取过激行为。

2. 权力制衡不足

权力制衡不足主要表现为审批和监管的弱化。法律对于行政机关权力的任何规定从本质上来说都是一种限制，刑事诉讼法与其说是赋予执法、司法机关权力，不如说更强调对权力的有效限制。侦查程序既是行政程序，同时也是司法程序，表现为行政程序时，侦查程序具有职权性和裁量性，表现为司法程序时，侦查行为"必须尽可能地做到客观公正，而且受到法律的严格约束"。[1]

然而在反恐大棒挥舞之下，侦查机关的权力得到很大扩张，特别是在技术侦查领域，各国似乎都更加重视侦查程序作为行政程序的属性，扩张侦查机关的行政权力，而减少司法权的制约，弱化侦查程序作为司法程序的属性。美国 1978 年颁布的《外国情报监听法》要求，对个人监听时需要申请司法令状，而且这种令状只是对监听特定号码的授权，不能扩大到对特定人的所有号码，更不能扩大到案件涉及的多人的号码，从而有效限制了侦查手段的使用。在《爱国者法》中，对这种规定进行了一定突破。在对外国情报监听时，可以针对个人监听，也就是说，归于这个人使用的各种号码、通话内容都可以被监听，这极大扩展了司法令状的适用范围。在令状的获得理由上也进行了弱化，从要求具有相当理由怀疑且需要特定目的的侦查令状，变成只要涉嫌为外国政府或恐怖组织工作即可。[2]之后美国又修改了《外国情报监听法》，规定在紧急情况下，电子窃听无需法庭批准，从而实际上在这一领域废除了司法令状主义。这种对侦查机关权力的扩张，是以维护安全为首要任务的侦查理念的必然结果，有利于提高打击恐怖犯罪的效率，容易得到立法规

---

〔1〕　孙长永：《侦查程序与人权——比较法考察》，中国方正出版社 2000 年版，第 9 页。

〔2〕　参见胡铭：《价值抉择：反恐措施与刑事诉讼——以美国法为范例的检讨与反思》，载《政法论坛》2006 年第 6 期。

定和政府的支持。但是施以必要监管、落实权力制衡是程序正义的必然要求，也是权力扩张的边界所在。

对于技术侦查手段的实施，首要要求是审批权和执行权分离，"以权力制约权力"。[1]一旦侦查没有强有力的制约，将影响整个权力体系的平衡，侵犯其他权力和权利的领域，损害法治原则、降低法治权威。对域外而言，主要表现为，以中立的司法权保证侦查权的妥善使用的基本思路不应随意抛弃，司法令状原则不应随意突破。美国在"9·11"之后的一系列立法行动，虽然有反恐的理由，但这种允许不经司法批准就可以任意监听个人的规定，实际上已经废除了司法令状主义，是不符合法治精神的，当然也遭到了强烈反对。

3. 我国反恐案件技术侦查措施的问题及原因分析

就我国而言，这两方面问题都有所体现，但与域外的原因有所不同。域外多数是以法律明确授权的形式扩大侦查权的范围，而在我国侦查权的扩张主要是由于法律规定模糊或概括授权，造成权力边界不清。究其根源在于法治理念没有在这一领域得到有效落实。

对公权力而言，法无授权即禁止应该是法治理念的基本要求，这在反恐案件技术侦查领域特别重要。实践中与这一要求不符的情形主要包括两类：

一是法律授权不明确。受技术侦查秘密性传统的影响，我国直到 2012 年修正《刑事诉讼法》时才把技术侦查正式规定在刑事诉讼活动中，但有关内容非常简略，不少还是授权性或准用性条文。这本身就是立法技术不成熟的表现。特别是在这样一部基础性法律之中，涉及的又是技术侦查这个公权与私权碰撞激烈的领域，概括性的授权使得条文缺乏可操作性，降低了法律权威，赋予部门规章等"自主立法"过多的权力，容易出现冲突和混乱。在技术侦查领域实行此种立法模式，可能是对既有工作模式的迁就，不愿过分干涉。但既有工作模式的原因在于立法缺位，既然要补充漏洞，就应该在实际经验的基础上总结提炼，而不是简单地认可和照顾。比如，根据《刑事诉讼法》第 152 条的规定，必须严格按照批准的措施种类、适用对象和期限使用技术侦查措施。但由于没有规定批准权限、程序等内容，有关机关在职权范围内出台了细化措施，相互之间难免存在矛盾和不一致。《公安机关办理刑事案件程序规定》第 264～266 条等据此规定了技术侦查措施的内部审批手续，

---

[1] 张有义、李湘宁、郭志东：《争锋刑诉法草案》，载《财经》2011 年第 22 期。

同时规定检察机关移交技术侦查的处理程序，不仅使得技术侦查回归自我审批的模式，也侵犯了检察机关的权力范围。

二是对违反授权缺乏必要制裁措施。任何授权都必须辅以必要的制裁措施，否则难以形成威慑，难以得到落实。我们在新闻报道和多个案例中都可以发现滥用技术侦查的情形。由于缺乏必要的制裁措施，在"破案率"的考核指挥棒下，只要能破案，些许违规似乎无伤大雅。特别是反恐案件侦查为了搜集情报，需要进行不间断常规监控，更容易成为权力滥用的工具。有的违反技术侦查适用范围，对简单案件使用技术侦查措施；有的违反审批程序或审批决定，扩大使用对象、延长使用时间等。这些问题的出现都与制裁力度不足有关。对明显违规的可以根据情节给予行政乃至刑事处罚，但实践中更大量的是轻微违规行为，够不上处罚底线。所以，比较可行的处理办法是，以定罪量刑而非破案作为考核标准。这样实际上是把技术侦查的审查权交给法院，由法院按照诉讼程序和证据规定，审查判断技术侦查措施实施情况。对于违规使用技术侦查的，降低材料的证明力或者取消证据资格，从根本上使得滥用技术侦查无"利"可图。

### 四、反恐案件侦查中的证人保护问题

（一）反恐案件技术侦查证人保护的重要性

证人保护在刑事诉讼中十分重要，特别是在反恐案件侦查中。法律既然要求证人出庭作证，就必须配套必要的保护措施，尽可能为证人提供全方位保护。恐怖活动的组织性、体系化越来越强，在侦破、审判暴恐案件时，往往涉及有无组织、组织属性、性质认定、身份确认等复杂问题，此类问题难以仅靠物证认定。加上不少恐怖分子当场死亡，对证人证言，特别是特情人员、警察证人的证词依赖性高。警察可以就其处理暴恐袭击事件时目击的情况或者从事技术侦查的情况作为证人出庭作证，特情人员更是有助于证实恐怖组织内部运行情况和案件策划、实施情况，这些都是影响暴恐案件定罪量刑的重要证据。

恐怖活动犯罪具有极端暴力性，犯罪组织打击报复关键证人的情况时有发生，其中警察证人和特情人员因为能提供更加关键和秘密的信息，更容易成为恐怖分子报复的对象，相比于其他刑事案件证人面临更大的现实威胁。由于暴恐案件的影响不限于具体个案，所以在反恐案件侦查中强调对涉及技

术侦查的警察证人和特情人员的保护，不仅能够获得更充分的证人证言等证据，有效打击犯罪，而且可以强化国家在反恐领域的责任。既然"恐怖主义的目标不是实际的受害者"[1]，那么对相关证人的保护也能起到示范作用，让公民感受到国家匡扶正义的力量，形成反恐的社会共识。相反，如果对警察证人和特情人员等证人保护不到位，一方面会使得现有的证人难以出庭作证，特别是对于具有唯一性、不可替代性的证据，往往难以核实，另一方面也造成潜在威胁，使得其他暴恐案件中的证人不敢出庭作证，影响整个反恐工作大局。

（二）反恐案件技术侦查证人保护现状及问题

我国目前没有专门的证人保护法，与证人保护相关的制度主要体现在《刑事诉讼法》《反恐怖主义法》等之中。2012 年修正《刑事诉讼法》时，专门规定了恐怖活动犯罪案件中证人、被害人及近亲属等有关人员的保护，包括允许采取不公开姓名、不暴露外貌、禁止接触等保护措施。《反恐怖主义法》规定，报告和制止恐怖活动、在恐怖活动犯罪案件中作证、从事反恐怖主义工作的人员及近亲属，经申请可以采取一些保护措施，包括不公开个人信息、禁止接触、对人身和住宅专门保护、变更姓名并重新安排住所和工作单位等。但这些规定仍存在一定缺陷：一是保护的规定总体较为笼统，未明确具体的保护程序，缺乏标准和可操作性，在实践中容易被忽视。二是对保护主体的规定不明确，刑事诉讼法规定由公安机关、检察机关、人民法院对警察证人进行保护，实践中会出现三机关都有权保护而三机关都无力提供完整保护的尴尬局面。[2]三是保护措施的种类有限，效果一般，以事后保护为主，难以达到保护目的。四是启动标准不明确，且缺乏针对性，难以体现反恐案件侦查的特点、符合反恐案件侦查实际需要。比如，缺少对反恐司法人员、警察证人、特情人员等的特殊保护，对反恐案件侦查中经常出现的"污点证人"也缺少必要保护手段。

美国的司法制度中有一套完整的证人保护规定，针对不同的案件性质还有一些特殊规定，在恐怖活动犯罪中可以启动"马歇尔项目"，保护的范围包

---

[1] ［英］克里斯托弗·多布森、罗纳德·佩恩：《卡洛斯帮——国际恐怖组织内幕》，常雅茹译，缴济东校，时事出版社 1986 年版，第 8 页。

[2] 参见王亚宁：《对我国恐怖活动犯罪案件中证人保护的立法思考》，载《新疆警官高等专科学校学报》2012 年第 2 期。

括履行反恐职责的各类人员、已经成为恐怖袭击目标的人员、证人和线人等，保护措施包括整容手术、改变相关文书等，在打击恐怖犯罪中发挥了重要作用。[1]"9·11"事件后，美国通过加强立法和增加司法专项基金等方式强化反恐关键证人保护。比如推出秘密情报保护法案，其中包含对情报人员保护的特殊措施。[2]德国在刑事诉讼法、证人保护法等法律中对证人保护进行了规定，由联邦刑事警察局负责保护，[3]实行"三阶段保护措施"：第一阶段主要对抗被告人的程序性权利，包括匿名、在视觉上设置障碍、不公开审判等；第二阶段由专门的法官对涉及的有关证人进行秘密询问；第三阶段，证人采取询问笔录、书面答复等方法提供证言，行政机关也可以行使信息封锁权和证言特免权。[4]法国反恐法规定，如果证人公开作证可能严重危及本人或近亲属的安全、健康，就可以进行秘密作证。[5]意大利也有类似规定，对恫吓、胁迫证人的，未经审判可直接采取特别程序将被告拘禁，限制其自由，制止其恫吓、胁迫行为。[6]这些制度也有具体的实践，比如在洛克比空难案的审理过程中，化名为阿卜杜拉·马吉德·贾卡的证人在特制的防弹玻璃房内进行作证，对声音和形象进行适当的技术处理，确保无法判断其身份。[7]

分析域外对警察证人和特情人员这类涉及技术侦查的证人的保护措施，可以发现，与一般的证人保护相比，对这类人员的保护更全面，不仅对警察证人、特情人员进行保护，还对其近亲属和密切关系人进行保护，不仅保护人身安全，还保护经济利益，不仅在诉讼过程中保护，还在诉讼前后保护；保护方式也更加完备，包括改变身份、重新安置等相对更加完善的保护措施，

---

〔1〕　参见刘广三、李艳霞：《反恐刑事侦查权运行问题研究》，载《山东社会科学》2016年第3期。

〔2〕　参见倪春乐：《当前反恐中的证人和被害人保护研究》，载《石河子大学学报（哲学社会科学版）》2014年第5期。

〔3〕　参见舒勋：《反恐诉讼中的警察证人保护》，载《重庆交通大学学报（社会科学版）》2015年第1期。

〔4〕　参见何家弘主编：《证人制度研究》，人民法院出版社2004年版，第166页。

〔5〕　参见施鹏鹏：《综合的反恐体系及检讨——以法国"新反恐法"为中心》，载《中国刑事法杂志》2017年第1期。

〔6〕　参见孟璐：《反恐立法格局中刑事特别程序的构建——以〈刑事诉讼法〉的修改为视角》，载《河南警察学院学报》2013年第3期。

〔7〕　参见倪春乐：《当前反恐中的证人和被害人保护研究》，载《石河子大学学报（哲学社会科学版）》2014年第5期。

专业的保护基金、保护程序甚至可以彻底"改造"出另一个个体，对于特情人员规定了更加特殊的保护制度，比如德国的信息封锁权和证言特免权；保护的重点是防止这类人员在具体案件侦查中的"角色"或者起到的作用被泄露。这些特点在完善我国涉及反恐案件技术侦查的证人保护时可以提供有益借鉴。

（三）加强反恐案件技术侦查证人保护的初步思考

在总体思路上，为保护证人安全，对于犯罪嫌疑人、被告人的质证权、知情权等程序性权利，"应当适度缩减"。[1]在反恐案件侦查中采取超出一般刑事案件的证人保护力度，特别是涉及技术侦查的有关证人，需要给予特殊保护。

1. 保护范围。既然保护证人的目的是顺利开展刑事诉讼，那么在法律中明确规定保护范围似乎并无必要，可以授权保护机关自主决定，同时赋予当事人申请权，这样更符合反恐案件侦查证人保护要求，也更能体现反恐案件技术侦查特点。在涉及技术侦查的证人保护大致范围上，可以参考域外规定，将进行技术侦查的警察证人、实施技术侦查的特情人员及其密切关系人列入保护范围。

2. 保护机构。多机关负责很容易造成权责不明，从而使得规定难以实现。域外多数国家明确规定由某一个或某一类机构负责总体处理证人保护问题。考虑我国实际情况，公安机关在证人保护方面装备条件较好、人员力量充足、机构组织完善，而且在反恐案件侦查中涉及技术侦查的人员也主要来自公安机关或与公安机关打交道，因此公安机关有能力也有责任保护好技术侦查相关证人。

3. 保护时间。如前所述，反恐案件侦查的危险性要求更为完备的保护措施。相比于一般的刑事案件，反恐案件的证人保护应该包括庭审前、庭审中、庭审后三个方面：①在庭审前，侦查机关与证人接触本身就存在暴露技术侦查证人身份的问题。因此，在庭审前就应该要求对涉及技术侦查的证人采取隐匿姓名、住址、联系方式等办法，必要时给予 24 小时贴身保护。在很多警匪片中，警察对有组织犯罪的关键证人贴身保护，或者隔离在安全屋，就是

---

〔1〕 舒勋：《反恐诉讼中的警察证人保护》，载《重庆交通大学学报（社会科学版）》2015 年第 1 期。

这种措施的体现。②在庭审中，此时涉及证人保护与被告方质证权、法庭调查等之间的冲突，证人也将暴露出来，是证人保护的重点阶段。在价值平衡上应该更倾向于保护证人一方，对被告人的权利作出必要减损。可以参考域外一些规定，允许法官采取庭外核实证据、秘密听证程序等方式向技术侦查证人取证，也可以根据危险程度采取化名、遮挡相貌、技术变声、模糊身像、视频作证、屏风作证等方式。③在庭审后，一般刑事犯罪案件较少存在庭审后证人保护问题，但查办一起暴恐案件不可能完全消灭一个恐怖组织，证人存在被恐怖组织中的其他成员伤害的风险，因此，对反恐案件技术侦查证人的保护应该延伸到庭审后。域外保护措施包括改变相貌、改变有关文书等措施，我国可以进行借鉴，对庭审后依然有危险的技术侦查证人，采取隐姓埋名、异地安置等方式予以保护。

4. 保护措施。考虑到反恐案件涉及的证人种类比较多，面临恐怖组织报复的风险也各不相同，对一般证人、目击者或报案者、警察证人、特情人员、污点证人等，可以根据案件特点和面临的危险分别规定不同的保护措施，同时可以根据证人提出的特殊需求采取特殊的保护措施，以全方位提升保护力度，尽力打消证人顾虑，提高反恐案件证据总量和证明力。比如，对于卧底侦查人员的真实身份，在暴恐案件处理全过程均予以严格保密，庭审中尽量不将此类证据的来源作为质证和辩论焦点，以免涉及卧底身份。确实需要讨论的，必须采取替代方式。由于卧底身份泄露将导致其本人及亲属生命处于十分危险的境地，可以考虑将故意泄露卧底身份作为犯罪处理。比如，对于反恐案件侦查中较常见的"污点证人"、线人等，应当将其明确纳入证人保护范畴中，与卧底侦查人员、警察证人、司法工作人员等同等考虑。

5. 保障机制。证人保护的机制主要涉及经费保障和人员保障。在经费保障方面，美国等设置的证人保护基金具有一定参考价值。目前我国的证人保护没有单独的费用划拨，统归入部门的整体经费预算中，使用起来难免捉襟见肘。实际上，如果从维护法治的角度，从保证反恐案件审理效果的角度，对反恐案件技术侦查证人设置专门的保护费用完全必要。结合我国国情，有必要加大财政转移支付，为证人保护工作配置专门的预算，同时可以考虑引入民间资本，共同为证人保护提供充足的物质基础。在人员保障方面，主要问题不在于人员数量，而是保护工作的实际效果。无论多么严密的规定都无法解决一个根本问题，那就是由于保护措施的决定者并非利益相关者，难以准确感受保护措施是否得当、到位，所以存在道德风险。应对这个问题，需要从正反两方面作出规定。从正面来说，不宜在法律中对保护措施规定过多限制，应该设置兜底条款，赋予并充分尊重当事人的申请权。从反面来说，对保护不力的应该规定一定的惩戒措施，包括行政处理、刑事责任等。同时应该以国家赔偿作为必要的补充规定。

6. 权利平衡。对反恐案件技术侦查证人的保护与对被告人权利的保障是一对冲突，需要加以平衡。根据《联合国打击跨国有组织犯罪公约》第 24 条的规定，对证人身份或者住所可以保密，但前提是不影响被告人的正当程序等权利。值得警惕的是，不能以保护证人为名阻止证人出庭作证。以宣读证人证言的方式代替出庭作证并不能发挥保护证人的作用，只会进一步降低证人出庭率。前述域外立法和实践中采取的各种保护措施，也只是模糊化被告人的身份特征，对其证言内容和出庭作证本身不构成实质影响。在确立我国相关证人保护制度时，也应该把握这个基本要求，严格审查各种保护措施的影响、效果，综合选取对被告人影响较小、对诉讼程序影响较小、对证人保护力度足够的措施。有学者指出，对于各国普遍使用的包括遮挡面部、改变声音形象等保护方式，也不可盲目照搬，需要根据案件情况进行个别评估，尽量减少对被告人权利的影响，并采取适当补救措施以平衡这些影响。[1]这传递的是同样的意思：在制度设计和具体措施选择上，应当考虑尽量减少对被告人基本程序权利的影响，保障被告人的辩护权。

## 五、反恐情报证据转化问题

### （一）技术侦查获取反恐情报的价值

情报是进行恐怖活动犯罪案件侦查的基础，在锁定嫌疑目标、掌控犯罪动向、明确侦查方向等方面发挥了重要的作用。更重要的是，一些情报材料可以转化成诉讼证据，成为追究恐怖分子刑事责任的重要依据。

情报信息的作用一方面表现为发现恐怖活动的"苗头"，争取事前预防。随着恐怖活动秘密性、网络性的增强，侦查人员必须更加广泛、全面地搜集

---

〔1〕 参见林钰雄：《对质诘问之限制与较佳防御手段优先性原则之运用：以证人保护目的与视讯讯问制度为中心》，载《台大法学论丛》2011 年第 40 期。

情报，"才能确保反恐斗争的积极性、主动性和有效性"，[1]必须深入研究、分析这些情报信息，才能及时发现、准确掌握与恐怖活动相关的情况，"便于后续准确监控其行踪和动态，更加精准防控恐怖犯罪"。[2]"9·11"事件发生后，美国民众对情报工作不到位表示很大不满，有意见认为，这是近年来美国情报界出现的一次重大失误。[3]美国在《爱国者法》中赋予情报机关极大的权力，还采取了两项庞大的情报收集措施："监视国民计划"和"全民线人计划"。[4]英国、德国、法国等也都规定了加强情报收集的有关措施。

情报信息的另一方面重要作用是在恐怖活动发生后，作为证据直接证明案件事实。暴恐案件具有突然性、极端性和秘密性，往往发生只在一瞬间，不少爆炸物已经灭失，实施者往往当场死亡，仅凭现场遗留的少量线索侦查背后运行严密的恐怖组织，无异于天方夜谭。所以在实践中，案件发生后搜集到的证据往往数量不多，大量真正有用的是在立案前技术侦查获取的情报信息。如果不允许使用，或者无法转化，或者在转化中出现内容丢失，导致这些情报信息失去证据的价值，只能作为辅助，将给很多案件的定罪量刑带来实际困难。

（二）反恐案件技侦证据转化的实践及问题

情报信息在反恐工作中非常重要，但是情报信息往往是通过技术侦查手段收集的，必须通过刑事诉讼的证据规则和程序规定，才能把这些信息转化为定罪量刑的证据。在一些案件中，关键性信息虽然已经通过技术侦查手段获得，但不能转化成法定的证据，不能被法庭采纳，以至于定罪量刑的证据不足，被告人逃脱制裁。德国法院在审理莫塔萨德克等人涉嫌帮助实施"9·11"恐怖袭击、印度尼西亚法院在审理巴希尔涉嫌参与巴厘岛爆炸案时，都因为证据不足，只能作出无罪判决。[5]

将立案前技术侦查获取的情报信息转化成诉讼证据，目前主要有以下几

〔1〕　刘广三、李艳霞：《反恐刑事侦查权运行问题研究》，载《山东社会科学》2016年第3期。

〔2〕　姬艳涛：《论我国反恐特别侦查程序的制度构建》，载《辽宁警专学报》2015年第2期。

〔3〕　参见中国现代国际关系研究所反恐怖研究中心：《世界主要国家和地区反恐怖政策与措施》，时事出版社2002年版，第58页。

〔4〕　参见刘作翔：《反恐与个人权利保护——以"9·11"后美国反恐法案和措施为例》，载《法学》2004年第3期。

〔5〕　参见倪春乐：《论反恐情报的证据转化》，载《中国人民公安大学学报（社会科学版）》2012年第4期。

种方式：一是立案后重新调查，比如，通过技术侦查获取实物证据存放位置信息，在立案后通过常规侦查手段重新获得这些证据；二是对通信截获的信息、证据、情报等材料进行整理后，形成"情况说明""办案说明"等材料，出示给法庭；三是将特情人员、警察证人等获得的线索，转化成证人证言，向法庭出示。无论任何一种转化形式都将增加诉讼成本。对控方而言，转化过程中必然会丢失一些信息，有的情报甚至无法转化，为举证带来一定难度；对辩方而言，转化后的证据，从形式到内容都有很大变化，质证的针对性、有效性会打折扣；对法官而言，多数情况下，转化后的信息将隐去信息来源、取证程序等"附属信息"，从而给审查判断证据带来难题。此外，以"情况说明"的形式进行转化也不符合法定证据形式，不具有证据资格。

情报的秘密性和证据的公开性之间存在矛盾，而情报的证据转化就夹在这种矛盾之中。将情报转化成证据，有利于打击犯罪，但有些情报信息不适宜公开，否则会造成案件之外的个人或公共利益损失。比如，证人出庭作证可能置自身于危险境地，"情报技术手段等信息的公开会增加反恐侦查的难度"等。[1]情报转化工作就是在情报的秘密性和证据的公开性之间找到平衡点，以秘密性保证情报来源和情报获取方法的有效性，以公开性发挥情报的证据效用，实质上这也是刑事诉讼法在惩罚犯罪和保障人权之间的平衡点。

国外关于反恐的立法和学术研究早于我国，在证据转化方面也有各自特色。比如，英国建立了秘密听证制度和特别律师制度。由法官小组对技术侦查获取的情报信息进行秘密听证，被告人不允许参与其中，从而免除了控方，特别是侦查机关对于泄露侦查秘密、威胁证人人身安全等顾虑。相比于庭审程序，秘密听证程序设置了较低的证据采信标准，更倾向于采纳证据。为了保护被告人的辩护权，与秘密听证程序配套的是特别律师制度，由通过特殊"安全认证"的律师代表被告人参与情报信息的听证。[2]加拿大建立了侦查听证程序和开示法官制度。在侦查听证程序中，由不参与庭审的法官主持，提供或涉及情报信息的"证人"在一个不公开的程序中"作证"，经过该听证程序的情报信息就以"证人证言"的形式作为证据使用，从而避免了侦查

---

〔1〕 倪春乐：《论反恐情报的证据转化》，载《中国人民公安大学学报（社会科学版）》2012年第4期。

〔2〕 参见王存奎等：《英国反恐怖预警机制研究》，载《中国人民公安大学学报（社会科学版）》2008年第6期。

机关自行转化出现的信息丢失或者无法转化的情况，基本可以实现原汁原味全盘转化。根据开示法官制度规定，法官通过秘密程序审查认定技术侦查获得的情报信息能否公开，整个过程中，被告人及其代理人均不在场。如果裁定不予公开，辩方在庭审中可以质证，但无权知悉这些证据资料的来源渠道。[1]通过这种制度，可以有效防止侦查机关担心的情报信息泄露等问题。法国对侦查程序的行政程序属性和司法程序属性进行了明显区分，建立侦查法官制度，在行政程序阶段，情报信息只能用于侦查活动本身，进入司法程序后，才能作为证据在法庭上使用。侦查法官审查情报信息时，只有其本人知道情报信息来源，律师仅知道有情报及内容梗概，不知道具体细节，不能组织交叉询问。当然，这种情形下作为证据的情报，在证明力上进行了法定限制，必须有其他补强证据，才能对被告人定罪。[2]

综合分析域外的立法实践可以发现，英国侧重兼顾辩护权保障和证据来源的安全性，加拿大、法国更偏重保障情报的保密性，法国对辩护权的损害更大一些。具体来说，这些立法例有一些共同的缺陷：一是程序基本上排除被告人参与，而是由特殊类型的法官直接对情报信息进行处理；二是证据转化的过程强调秘密性和封闭性，主要在司法机关内部转化，外人不得而知；三是对缺少辩方参与的情报信息的证据效力，很少作出特殊限制。这些缺陷是我国立法中值得注意避免的。

（三）完善反恐案件技侦证据转化的初步思考

在总体立法思路方面，应该是尽量减少证据转化，鼓励直接采用。情报走向证据体现的是情报的防控功能向诉讼功能的转变，更有利于发挥情报信息的作用，也更能体现技术侦查的目的和价值。采用证据转化的方式使用情报信息，在理论上可能造成对直接言词原则的违背，在实践中可能减损情报价值，也不符合证据的基本原理。因此总体上还是应该鼓励直接采用。同时，考虑到域外立法普遍存在忽视被告方权利的问题，我国在直接采用情报信息时，应当辅以必要的标准和单独的证据制度，可以对程序进行监管和制衡，可以限制情报信息的证明力，可以在一定程度上允许被告方参与等。

---

〔1〕　参见张波：《我国反恐诉讼证据制度的问题及其完善》，载《铁道警察学院学报》2018年第1期。

〔2〕　参见倪春乐：《论反恐情报的证据转化》，载《中国人民公安大学学报（社会科学版）》2012年第4期。

从立法技术上说，无论是立案前技术侦查获取的信息还是立案后获取的信息，本质并无不同。在《刑事诉讼法》第 154 条规定技术侦查措施收集的材料可以作为证据使用的前提下，仅因尚未立案就将一些材料排除在证据之外，在逻辑上并没有足够的支撑。而且，这种做法也不符合证据法主张尽可能搜集更多证据的观点，不利于最大限度查明事实，让有罪的人受到公正审判，让无罪的人免于刑事处罚。当然，立案前获取的材料不能作为证据使用并非《刑事诉讼法》第 154 条明示的内容，而是我们结合刑事诉讼法上下文规定，综合推断出的结论。单就刑事诉讼法本身而言，由于刑事诉讼活动开始于立案，条文的所有规定都只能约束立案后的行为。但考虑到反恐案件侦查的特殊情况，在技术侦查材料的收集、审查、采纳等方面开个口子也未尝不可。域外不少国家对反恐案件侦查采取了特殊证据制度，比如"9·11"之后，美国对技术侦查程序的适用、技侦证据的审查认定等方面设置了相对宽松的条件，在强调刑事诉讼程序法定的同时，适当兼顾灵活性和层次性，保证反恐侦查紧急性的需求。我国也可以考虑在刑事诉讼相关法律中对恐怖活动犯罪设置单独的证据规则，其中之一就是对现有的《刑事诉讼法》第 154 条进行适当突破，将符合条件的情报信息直接采纳为证据。从维护法律体系性的角度来看，可以采取准用性规定等模糊表述，由《反恐怖主义法》等专门法律对此作出规定。

在具体规定上，首先是技侦证据处理程序的构建。2016 年中央深改小组印发《关于推进以审判为中心的刑事诉讼制度改革的意见》，其中明确提出要"完善技术侦查证据的移送、审查、法庭调查和使用规则以及庭外核实程序"。构建技术侦查证据庭前审查、庭外核实、庭审举证一体化的审查模式，既是落实改革要求的实际措施，在实践中也可以有效提高反恐案件技术侦查证据的使用价值。[1]可以考虑适当改革庭前会议制度来实现这个目的。随着以审判为中心的刑事诉讼制度改革深入推进，庭前会议在刑事诉讼中发挥着越来越重要的作用，将很多程序性事项、细节事项解决在庭前，提升庭审质效。不妨借鉴英国秘密听证制度和特别律师制度，在反恐案件的庭前会议中根据控方申请对技术侦查情报材料采取秘密听证，发挥情报材料的证据价值。同

---

〔1〕 参见李慧英：《反恐中采用技术侦查措施的相关问题研究》，载严励、岳平主编：《犯罪学论坛》，中国法制出版社 2018 年版，第 471 页。

时对部分律师进行"安全审查"，从保密要求、职业素养等方面进行单独审核、单独管理，允许其参加秘密听证并行使辩护权。如果被告人没有委托符合条件的律师，可以对经过秘密听证的情报材料进行适当删减，删除其所涉及的技术侦查的过程、当事人信息等情况，仅保留与案件相关的关键信息，提交庭审质证，以充分保障被告人的辩护权。

其次是对当前庭外核实程序的完善。考虑到有关证人及亲属的安全、情报信息的保密要求等因素，在部分案件中确实有必要采取庭外核实的方式审查证据。目前《刑事诉讼法》第 154 条规定了庭外核实的证据审查方式，但缺少必要的操作规则，《刑诉法解释》第 120 条也没有对庭外核实的具体程序作出规定，使得相关规定难以得到落实。对证据进行庭外核实虽然可以保证证人安全、满足侦查手段的保密要求，但也确实侵犯了被告人的质证权，与直接言词原则也存在冲突。立法上在规定这项制度后，应该辅以更多的操作细则，明确庭外核实证据的使用条件、案件范围、理由和证据标准，适当引入律师参与，保障被告人辩护权和质证权。

在相关配套措施方面，将情报信息直接用于刑事诉讼，需要辅以专门的证据审查制度。立案后的技术侦查活动受到刑事诉讼法的约束，有一定的监督、制约机制，所以《刑事诉讼法》将技术侦查获取的材料直接作为证据使用。但立案前技术侦查措施目前没有针对性的监督管理措施，与《刑事诉讼法》规定的技术侦查措施获取的材料相比，在取证手段的合法性、合理性等方面可能都存在值得质疑的地方，直接作为证据使用在法律上缺乏依据，从法理上也似乎站不住脚。有学者考虑到我国技术侦查法律制度不完善的现实，认为如果允许采纳情报信息作为证据，将"隐含着侵犯公民隐私权的巨大风险"，[1]所以有必要建立专门的证据审查制度。英美等国在长期的司法实践中，逐渐形成了以保护公民权利为核心、以非法证据排除规则为主体的证据审查体系。德国等大陆法系国家以保护公民的隐私权为基础，逐渐形成了"目的约束原则"等司法理念，在对技术侦查措施的监督、救济等方面也有相对完善的制度。[2]这些相关制度和理念在我国建立情报信息审查制度时可以

---

〔1〕　熊秋红：《刑事证据制度发展中的阶段性进步——刑事证据两个规定评析》，载《证据科学》2010 年第 5 期。

〔2〕　参见李慧英：《技术侦查措施在反恐情报信息工作中的运用》，载《江苏警官学院学报》2018年第 2 期。

借鉴，同时结合我国国情和反恐案件侦查的特殊性，在保持不得侵犯公民基本权利的底线基础上，兼顾情报手段和情报信息本身的秘密性等，不仅对取证过程、材料内容进行约束，还应当对材料的使用作出必要规制。

## 六、完善反恐案件技术侦查的路径

### （一）完善反恐案件技术侦查的总体设想

反恐政策的选择和具体政策内容受到一国法律传统、社会传统以及面临的暴恐案件形势等多方面因素影响。

完善我国的反恐案件技术侦查，必须牢牢建立在我国的国情之上，包括我国恐怖主义形势和案件特点、恐怖主义在我国的实际危害、我国刑事诉讼整体情况特别是案件侦查发展情况，等等。西方在反恐技术侦查领域确实有很多值得学习的地方，特别是在具体的操作层面，一些制度设计有其合理性，可以结合正在进行的司法改革，特别是以审判为中心的刑事诉讼制度改革，加以吸收借鉴。但也必须仔细甄别，一些较为激进的政策并不适用于我国，比如美国的"反恐战争"思路及措施就不能照搬到我国的反恐案件侦查中。应该在合理吸取西方优点的同时，构建适合我国，又具有前瞻性和进步性的反恐案件技术侦查制度。

### （二）完善反恐案件技术侦查初步改革建议

首先，在理念上必须警惕"敌人刑法观"。敌人刑法观是在恐怖活动犯罪浪潮压力下，由雅各布斯（Günther Jakobs）提出来的，中心思想就是不把敌人当人看待。[1]他认为，恐怖分子属于"根本性"的偏离者，应当排除其人格身份，同时要突破"比例原则"，对他们进行更严厉的惩罚，并废除或限制正当程序权利。[2]应当说，敌人刑法观主张在反恐案件侦查中突破一般的刑事案件办案模式和限制，是有其合理性的。我国刑法将恐怖活动犯罪的预备行为规定为犯罪，也是这种观点的体现。但切不可矫枉过正，不加限制地突破和否定一切刑事领域的基本原则，否则将是十分危险的。特别是正当程序原则是保障刑事诉讼顺利开展、保障正常社会秩序的必需。其中所包含的严

---

[1] 参见何秉松主编：《后拉登时代国际反恐斗争的基本态势和战略》，中国民主法制出版社2012年版，第185页。

[2] 参见［德］京特·雅各布斯：《市民刑法与敌人刑法》，徐育安译，载许玉秀主编：《刑事法之基础与界限——洪福增教授纪念专辑》，台北学林文化事业有限公司2003年版，第38~39页。

格依照程序进行、分权审批、加强监管、给予救济等思路，在反恐案件技术侦查中不可随意突破。

其次，应该进一步细化完善有关反恐案件技术侦查的具体规定。《刑事诉讼法》及其司法解释、《反恐怖主义法》都规定了在反恐案件侦查中使用技术侦查措施，但关于具体适用情形缺乏必要的规定，有必要借鉴域外立法经验，作出一些细化，以增强其可操作性。比如，根据科技进步和恐怖犯罪演变情况，不断更新技术侦查手段。在这方面域外有许多经验可供借鉴，美国《爱国者法》授权侦查部门采用游离式搭线手段监听恐怖活动嫌疑人的电话，德国允许用秘密录音、拍照等方式应对恐怖活动犯罪。[1]在立法层面对反恐案件技术侦查措施的范围进行限制，既无必要，也不符合需要，只需设置必要的审批和监管，即可在实现防止滥用目的的同时，保证其灵活性。比如，明确技术侦查措施的证据要求，考虑以一定方式将技术侦查获取的情报信息吸收进刑事诉讼领域内，完善证据转化措施，以提高对暴恐案件的打击力度。

再次，应该注意强化各部门的沟通配合。不少公安部门建立了反恐机构，日常工作包括分析犯罪信息、做好技术装备管理等。实践中，对恐怖活动犯罪的侦查，主要由公安机关、国家安全机关、军队保卫部门分别负责，共同承担反恐任务。[2]一旦发生恐怖活动犯罪，目前通常是各部门各自为政，内部逐层汇报，难以有效整合。基于我国侦查权由不同机关行使的特点，以及各侦查机关配备技术侦查力量情况，有必要在反恐案件技术侦查领域明确各自管辖范围和权力边界。比如，反恐技术侦查工作主要由公安机关进行；具有国家安全性质或者有外国势力参与的，由国家安全机关负责，与公安机关行使同等的权力；涉及军队的恐怖活动犯罪技术侦查工作，由军队保卫部门负责侦查。同时还应强调信息共享，在不侵害公民隐私权的前提下实现最快速度和最大限度的共享，并在立法中有所体现，以保障技术侦查工作及时、高效开展，有效防止侦查权过于分散导致技术侦查方面的消极不作为或者因紧急而滥用。

最后，反恐案件技术侦查的完善有赖于刑事诉讼程序各项制度的构建和完善。一些制度涉及权力配置以及多部门相互作用等，一时可能难以实现，

---

〔1〕　参见姬艳涛：《论我国反恐特别侦查程序的制度构建》，载《辽宁警专学报》2015 年第 2 期。

〔2〕　参见陈辐宽：《恐怖犯罪刑事诉讼程序的完善》，载《政治与法律》2014 年第 11 期。

但并不妨碍作为未来发展方向：其一，从完善刑事诉讼领域配套制度的角度，应推动建立司法令状制度。司法令状制度尚未建立是侦查权滥用的重要原因，也是反恐案件技术侦查主要依赖内部审批、缺乏外部有效监管的重要原因。在一般犯罪的侦查程序中没有建立司法令状制度，在对侦查权力要求更大的反恐技术侦查程序中就更加难以建立司法令状制度，难以有效规制技术侦查措施的使用。所以应该在一般刑事案件侦查中先建立司法令状制度，严格规范搜查、扣押等侦查措施的批准，之后逐渐引入反恐案件技术侦查领域，对监听监控实行严格的司法令状制度。其二，应建立司法救济机制。进一步完善一般刑事案件中律师帮助的相关机制，在保密性要求更高的反恐案件技术侦查中也逐渐适度放开律师介入的渠道，保障当事人辩护权。同时，对不当使用技术侦查措施导致当事人权利受损的，应赋予其有效的司法救济途径。其三，应完善证据规则。重视人权保障，努力减少非法证据排除规则中的例外情形，让非法证据排除规则在实践中发挥更大作用，并以此为基础探索建立符合反恐案件技术侦查特点的非法证据排除规则。其四，针对反恐案件侦查中大量存在情报信息的特殊情况，完善证据转换机制，赋予其证据效力，让这些情报信息发挥应有的作用。

# 第十三章 CHEPTER 13 毒品犯罪案件技术侦查

当前毒品在全球范围内大肆泛滥，对社会的稳定造成了一定程度的冲击。毒品不仅危害公众的生理机能与心理机能，而且会造成严重的社会治安问题，甚至对一些国家和地区的政治、经济、法律和文化产生极其负面的影响。因此，中华人民共和国自成立以来一直实行严厉的禁毒政策，仅《刑法》当中就规定了 11 种毒品犯罪的罪名和刑罚。[1]但一方面受到世界范围内毒品犯罪屡禁不止的影响，另一方面国内毒品消费市场又非常庞大，导致我国的毒品犯罪活动十分猖獗。从全国检察机关批捕的毒品犯罪案件数量来看，毒品犯罪案件约占全部刑事案件的 8.47%，[2]可以说，毒品犯罪案件已经成为司法实践中最为常见多发的案件类型之一，打击毒品犯罪的任务仍是任重而道远。况且与其他类型的刑事案件相比，毒品犯罪案件的侦查具有一定的特殊性，因此在审查此类案件有关的证据时，需要注意该类犯罪证据的特殊性。与此同时，各项证据认定程序必须按照证据裁判原则执行，引导取证、举证工作按照"庭审中心主义"的要求展开。[3]

对于毒品犯罪案件的侦查和证据使用的难度，不仅体现在有组织的毒品犯罪案件中，在个人毒品犯罪案件中也同样如此。在通常情况下，毒品犯罪的隐蔽性比较强，侦查取证的难度也比较大，仅靠传统的常规侦查手段往往难以奏效。因此世界各国大多允许针对毒品犯罪案件使用以技术侦查为代表

---

〔1〕 参见褚宸舸：《我国禁毒立法的历史演进（1949—1998）》，载《江苏警官学院学报》2008年第2期。

〔2〕 参见王靖远：《最高检：去年至今年5月全国共批捕毒品犯罪108663人》，载新华网，http://www.xinhuanet.com/legal/2020-06/26/c_1126163222.htm，最后访问日期：2021年12月7日。

〔3〕 参见罗书臻：《最高法院印发全国法院毒品犯罪审判工作座谈会纪要》，载中国法院网，https://www.chinacourt.org/article/detail/2015/05/id/1637236.shtml，最后访问日期：2020年6月18日。

的特殊类型的侦查措施，如卧底侦查、控制下交付等。这些侦查方式属于非常规类型的侦查措施，若被滥用则有可能严重侵害人权，甚至造成冤假错案，因而各国对技术侦查措施的运用都有着严格的程序要求。

由于技术侦查措施都具有较强的保密性，通过技术侦查措施收集到的证据往往涉及侦查秘密，在证据运用时受到诸多限制，这使得其与刑事诉讼法有关的庭审中心改革以及质证公开性的要求都存在一定冲突。特别是技术侦查证据长期进行"证据形式的转化"，或者以"情况说明"等文书来说明取证过程，控、辩、审各方对于技术侦查实施过程难以进行有效的核查，再加上部分法官对于鉴定意见保持一种迷信态度，难以中立主持鉴定意见的证据调查。为了更好地使用技术侦查措施准确有力地打击毒品犯罪，笔者将在分析毒品犯罪技术侦查概况的基础上，挑选典型的毒品犯罪技术侦查措施，分析其实践困境并以期得出应对策略。

## 一、我国毒品犯罪概述

### （一）近十年我国毒品犯罪形势分析

笔者在查阅总结所收集资料的基础上，总结出了近十年来我国毒品犯罪的发展形势，发现在这十年中，我国毒品犯罪形势有着阶段性的变化趋势，接下来将逐年分析这十年的毒品犯罪形势，以期得出我国毒品犯罪的现实特点与总的变化趋势。

在"打黑除恶"专项斗争的大背景下，由于司法机关有效地打击了黑社会性质组织及涉黑犯罪团伙，2010年毒品犯罪问题得到了有效遏制，全年通过遏制毒品来源、遏制毒品危害、遏制新吸毒人员产生等途径实现了全国禁毒斗争形势的持续好转。[1] 而自2011年开始，在诸多毒品犯罪案件中，易制毒化学品有着明显的增长趋势，究其根源，一方面，这一类型毒品生产整体的规模非常大；另一方面，不论是制毒工艺还是销售方式等均出现了较大的转变。另外，随着物流及快递行业的兴起，利用这些渠道运输毒品的案件逐年增加。同时，互联网的兴起让网络贩毒案件频频出现。[2]

---

〔1〕 参见靳高风：《2010年中国犯罪形势与刑事政策分析》，载《中国人民公安大学学报（社会科学版）》2011年第2期。

〔2〕 参见靳高风：《2011年中国犯罪形势与刑事政策分析》，载《中国人民公安大学学报（社会科学版）》2012年第2期。

2012 年至 2013 年间，毒品犯罪形势延续了 2011 年的特点，制贩合成毒品案件的数量持续攀升。以浙江省为例，全省 2012 年共破获了 976 起合成毒品案，占了全部毒品犯罪案件的 48.5%。[1]与此同时，"金三角""金新月"等地区制贩毒品形势的现实危害和潜在威胁进一步加大，尤其是在国际上知名的特大涉毒案件时有发生，如"湄公河惨案"，该案件中被贩毒分子残忍杀害的总人数多达 15 人。而 2013 年毒品犯罪势头相较于 2012 年而言更加严峻，国内该年度共计破获的贩毒案件就已经高达 15 万起左右，同比增长大约 23.89%；抓获的贩毒人员高达 16 万人，同比增长大约 26.75%；收网行动中缴获的毒品总量高达 70 吨，同比增长大约 58.32%，[2]这反映出了在 2013 年我国毒品犯罪的势头发展迅猛。

2014 年我国毒品犯罪形势发展出了新的特点：其一，从区域角度而言，毒品犯罪所涉及的区域范围非常广，不仅涉及国内诸多城市，更存在跨国类型的制毒、贩毒活动；其二，以互联网与快递为平台的一人式作坊、个体加工式、零星贩卖式制毒贩毒成为主流作案方式；其三，利用残疾人、重症患者、孕妇以及青少年等进行涉毒活动，导致社会中的弱势群体贩毒现象非常突出；其四，毒品犯罪低龄化趋势明显，青少年已逐步成为毒品犯罪的主体，新型毒品亚文化圈基本形成；[3]其五，娱乐圈涉毒成为民众关注的新热点，先后有张某扬、宁某神、房某名、柯某东等明星涉嫌毒品犯罪。

值得注意的是，根据全国公安机关的统计，2015 年全国公安机关共接报吸毒者在吸食大量毒品后出现的暴力攻击、自杀自残、毒驾肇事案件就高达 336 起，由吸毒人员引发的刑事案件更是达到了 17.4 万起，在总案件数中占比大约 14%。[4]综上所述，毒品所引发的一系列刑事犯罪、自伤自残等案件不断增多，严重影响到了社会秩序的稳定。

自 2016 年开始的五年里，我国毒品犯罪的特点与模式基本固定。一方

---

[1]　参见靳高风：《2012 年中国犯罪形势与刑事政策分析》，载《中国人民公安大学学报（社会科学版）》2013 年第 2 期。

[2]　参见靳高风：《2013 年中国犯罪形势分析及 2014 年预测》，载《中国人民公安大学学报（社会科学版）》2014 年第 2 期。

[3]　参见靳高风：《2014 年中国犯罪形势分析与 2015 年预测》，载《中国人民公安大学学报（社会科学版）》2015 年第 2 期。

[4]　参见靳高风、白朋辉：《2015 年中国犯罪形势分析及 2016 年预测》，载《中国人民公安大学学报（社会科学版）》2016 年第 3 期。

面，合成毒品的滥用规模占据首位，依照《中国禁毒报告》在 2017 年所公布的数据可得知，吸毒人员吸食合成毒品的总人数已经达到了 150 万余人，相对国内总吸毒人数，占比大约 60.5%；以首次吸食毒品的人员而言，吸食合成毒品的总人数占比大约 81.1%。[1] 另一方面，贩毒人员以物流及体内藏毒等作为毒品运输方式的案件每年逐渐攀升，网络逐渐成为"毒人"的汇集之地。在网络中以不同方式销售毒品的案件层出不穷，各类型社交软件俨然成为贩毒人员的藏身地。[2] 而且毒品生产活动已明显从广东、福建等重点地区向毒品管控薄弱的边远地区转移，如边境地区、深山老林、海上或者流动货车中，伪装性、机动性都有了明显的提高。[3]

2018 年 6 月，最高人民法院召开新闻通气会，介绍人民法院开展禁毒工作情况，并发布了《司法大数据专题分析报告之毒品犯罪》。按照最高人民法院所公布的数据得知，仅在 2017 年，国内一审的毒品犯罪案件大约为 11.32 万件，相对比上一年，明显减少了大约 3.74%；近两年来国内总体的毒品犯罪案件发展态势有所回落。2017 年相较于 2016 年，立案的毒品犯罪案件数量减少了 3.97%，已结案件的数量减少了 3.74%；在 2017 年，新收毒品犯罪被告人数相对比 2016 年减少了 8.55%；然而，累犯以及再犯人员在全部毒品犯罪被告人数中的占比相对比上一年有所增长。[4] 总而言之，毒品犯罪的基本特点没有出现新的变化，仅在手段与表现形式上有所改变。

自 2019 年开始，中央政法委倡导使用"现代技术+社会治理"的智能治理模式，以城市社会治理的现代化为起点，进一步促进"扫黑除恶"专项斗争的进程，并提倡了向枫桥派出所学习的目标。以安防技术、大数据集成、物联网、云计算和智能平台搭建为着力点，充分加强社会保障防控体系的建设，实现我国毒品犯罪持续下降。2019 年 1~11 月，检察机关起诉的毒品犯罪

〔1〕 参见靳高风、王玥、李易尚：《2016 年中国犯罪形势分析及 2017 年预测》，载《中国人民公安大学学报（社会科学版）》2017 年第 2 期。

〔2〕 参见靳高风、朱双洋、林晞楠：《中国犯罪形势分析与预测（2017—2018）》，载《中国人民公安大学学报（社会科学版）》2018 年第 2 期。

〔3〕 参见靳高风、守佳丽、林晞楠：《中国犯罪形势分析与预测（2018—2019）》，载《中国人民公安大学学报（社会科学版）》2019 年第 3 期。

〔4〕 罗书臻、孙航：《最高人民法院发布毒品犯罪司法大数据》，载中国法院网，https://www.chinacourt.org/article/detail/2018/06/id/3371760.shtml，最后访问日期：2020 年 6 月 19 日。

嫌疑人为 9.85 万人左右，同比下降 11.5%。[1]

（二）我国毒品犯罪案件特点

1. 贩毒区域全国性蔓延，跨国毒品走私加剧

由于云南省紧邻"金三角"地区，而"金三角"地区又作为毒品泛滥的"三不管"地带，毒贩偷越边境走私毒品时有发生，这导致云南边境的合成毒品数量一直居高不下。我国仅在 2018 年缴获"金三角"区域的毒品总量就已经达到了 29.6 吨，相比上一年增加了 17.6%。其中包含晶体冰毒 4.6 吨、氯胺酮 1.4 吨，分别占比该两类毒品全国缴获总量的 43.6%、23.9% 左右，相比上一年分别增长了 4.2 倍以及 35 倍。[2]

除"金三角"地区外，南美以及北美两个区域中的可卡因以及大麻等毒品，整体的走私数量有着显著的增长趋势，对于国内毒品打击活动产生的影响非常大。根据相关数据显示，2018 年我国缉毒部门所缴获的可卡因总数量为 1.4 吨左右，相对比上一年增长了 3.4 倍左右，约占全国缴获境外毒品总量的 4%。另外，同年国内广州以及上海等区域所破获的跨境毒品案就达到了 125 起，缴获的大麻及其制品高达 55 千克。[3]

2. 犯罪手段日趋隐蔽化、现代化和武装化

贩毒分子为了躲避公安缉毒部门的严厉打击，这些年来，不论是贩毒分子人数，还是贩毒方式等均发生了非常大的改变。另外，随着高新技术的不断发展，诸多贩毒分子采用较为先进的武器、装备等对自身进行武装，企图对抗侦查以实施相关毒品犯罪活动。总体的表现形式包含以下几点：

（1）变更制毒方式。将制毒工艺以及制毒使用的原材料等进行变革，并将传统制毒贩毒所采用的方式方法与新型贩毒方式相结合，实现"优劣互补"。这些年来，国内所出现的毒品案件中，以非处方药提取毒品的案件数量有较明显的上升趋势，譬如，从新康泰克胶囊中提取出麻黄碱，利用新型制毒工艺从药物中提取出冰毒。[4]

---

〔1〕 参见靳高风、郭一霖、李昂霖：《疫情防控背景下中国犯罪形势变化与趋势——2019—2020年中国犯罪形势分析与预测》，载《中国人民公安大学学报（社会科学版）》2020 年第 3 期。

〔2〕 参见《2018 年中国毒品形势报告》，载中国禁毒网，http://www.nncc626.com/2019-06/17/c_1210161797.htm，最后访问日期：2020 年 6 月 19 日。

〔3〕 参见《2018 年中国毒品形势报告》，载中国禁毒网，http://www.nncc626.com/2019-06/17/c_1210161797.htm，最后访问日期：2020 年 6 月 19 日。

〔4〕 参见郝冬婕：《毒品犯罪的现代发展与防控对策研究》，大连海事大学 2012 年博士学位论文。

（2）转变藏毒及毒品运输方式。最早使用的藏毒方式主要以人体藏毒为主，而今很多贩毒分子转变了藏毒方式，诸如动物藏毒、服装藏毒等方式逐渐在毒品市场流传开来，毒品运输的方式则选择自驾或者是租赁车辆等形式进行。

（3）毒品交易地点频频变更，使用各类型通信工具。例如交易的地点已不仅仅是在城市或郊区，像轮渡、深山都成为"热点"区域。伴随着侦查部门这些年对贩毒分子严厉的打击活动，贩毒分子已经大大增强了反侦查意识，在进行毒品交易时，常常采用手语或者是暗语等形式进行交易，以躲避公安机关的抓捕。

（4）贩毒集团具有非常明确的分工，其组织严密性非常高。活跃在贩毒集团中的贩毒人员不仅有明确的分工，而且成员间均采取单线联系的方式实现信息互通，毒品交易各项环节及流程均非常谨慎。

3. 特殊群体实施毒品犯罪数量增多

根据这些年来所破获的各类型贩毒案件可得知，特殊群体参与的涉毒案件非常多，这类群体中以青少年、女性、下岗人员为主。特殊群体呈现出的贩毒行为正在每年递增，这点也意味着我国未来毒品犯罪人员的构成正逐渐向复杂化的方向发展。

青少年涉毒案件在特殊群体毒品犯罪案件中的占比非常大，究其根源主要是青少年社会经验缺乏，加上正值青春期心理不成熟，行为举止存在明显的逆反现象，诸多青少年对于毒品了解得比较少，认识能力明显不足，使得青少年整体的涉毒趋势明显有了较大的增长。根据有关数据显示，从 2007 年至 2016 年的十年里，仅在北京市所抓获的贩毒人员中，年龄在 18 周岁以下的人员数量就已经高达 700 人左右。另外，近年来在校学生中出现涉毒学生的总人数高达 200 人左右。这些涉毒学生在北京市所呈现出的覆盖范围涉及 16 个区，有高达 40 所学校出现涉毒学生。[1]

伴随社会经济不断发展，社会环境逐渐复杂，在诸多涉毒案件中，不乏女性人员出现，并且女性人员出现涉毒的情况同样以每年增长的趋势发展。这给开展打击及治理活动造成了严重的阻碍，需要引起高度重视。按照我国法律，女性如处在孕期，其做出严重的违法行为，法院不能对其判处死刑。

_____

〔1〕 参见胡剑：《北京市青少年毒品犯罪对策分析》，载《北京青年研究》2018 年第 1 期。

然而，法律对女性人员做出的关照让诸多毒品犯罪分子钻了空子。

根据对毒品犯罪案件的分析得知，农民、务工人员、下岗人员等在贩毒、涉毒案件中存在的比例同样非常大。这些年来，由于社会经济呈现出跨越式发展的趋势，各区域人员整体展现出的流动性明显加快。吸毒群体所处地域也逐渐由原来的城市向乡村地区发展。由此一来，乡村地区的毒品犯罪趋势愈演愈烈。

（三）毒品犯罪侦查取证的特点

1. 侦查取证难度大

（1）毒品犯罪手段隐蔽

第一，毒品制作过程隐蔽。种植毒品的相关人员将自家庭院、自家农田等隐蔽性较强的地方作为毒品的种植基地，另外，一些制毒人员将偏远、报废的厂房作为制毒基地，犯罪现场极其隐蔽，难以被侦查机关所查获。[1]

第二，毒品运输过程隐蔽。毒品犯罪分子为了逃避公安机关的抓捕，采用"人货分离"、快递邮寄、雇人运毒、随车押运等多种方式来隐秘运输毒品，而且为了逃脱检查，犯罪分子还会通过随身、随车等方式对毒品进行藏带，另外，体内藏毒以及物品藏毒等成为广泛使用的藏毒方式，这点为侦查机关制造了非常大的麻烦，一些毒品虽然被缉毒部门查获，然而却难以追究到毒品犯罪分子身上。

第三，毒品交易过程隐蔽。首先，较大毒品犯罪组织的组织、领导者往往不会亲自出面到毒品犯罪的交易现场，而是通过"远程遥控"的方式指挥手下进行交易，具体实施交易的"基层"贩毒者与购毒者进行单线联系，哪怕公安机关查获了交易，被抓捕的犯罪嫌疑人也大多是"基层"人员，难以彻底打击毒品犯罪组织本身；其次，具体实施交易的毒品犯罪分子一般使用较为先进的通信及交通工具，交易时间及交易地点等也会频频更换，[2]并且涉案人员大都隐瞒真实身份，在贩卖毒品时用绰号或假名，使得公安机关对毒品犯罪涉案人员的侦查难以下手。

---

〔1〕　参见莫文球等编著：《毒品犯罪定罪量刑与办案精要》，中国法制出版社 2018 年版，第 140 页。

〔2〕　参见王进英：《毒品犯罪案件实物证据的特点和收集》，载《江西公安专科学校学报》2007 年第 4 期。

（2）毒贩多配备攻击性武器

在毒品犯罪的全过程中，犯罪分子往往会携带违禁武器来保护毒品交易的各个环节。这一方面是因为我国一贯采取严厉的禁毒政策，毒贩们十分了解被抓捕的后果，因此，他们大多携带攻击性武器，以便在必要的时刻能够与缉毒干警对抗从而逃脱抓捕；另一方面，因为贩毒会给犯罪分子带来暴利，因此犯罪分子之间有时会出现"黑吃黑"的情况，毒贩为了在交易过程中避免被"吃"或实现"吃"掉对方的目的，也会携带枪支等违禁武器。[1]

（3）毒品犯罪的组织呈现规模化、专业化、国际化发展趋势

从整个毒品市场的角度来看，由于毒品犯罪组织已出现规模化、专业化、国际化的特征，毒品犯罪的链条一般都比较长，种毒、制毒、运毒、贩毒等各个环节有可能不在同一地区，甚至不在同一国家，每个环节都会经由不同人员来易手，人员也仅对自己所负责的环节知悉，公安机关要想通过查获一两次毒品交易来查知毒品的来源几乎不可能。况且在实际毒品贩卖活动中，毒品以批发或零售的方式进行销售，同时，各涉毒区域中所存在的毒品数量均处于稳定状态。毒品贩卖批发者将手中的毒品分给各下线，然后由下线将毒品分散到各吸毒人员手中，由此可见，贩毒所呈现出的结构形式以星型网络形式为主，想要一举查获整个毒品犯罪组织十分困难。

2. 毒品犯罪中的证据数量少

（1）犯罪时所留存的犯罪痕迹少

一般刑事案件发生后，证据主要是通过对犯罪现场开展勘查活动而获取。这些证据能够在法庭上作为认定犯罪事实的有力证据进行使用，譬如，衣服纤维、人体组织表皮等都可用以证明犯罪嫌疑人曾到过现场。然而毒品犯罪具有流动性、多变性的特点，像走私、贩卖毒品的犯罪现场，一般买卖双方钱货两清时，犯罪行为即实施完毕。此外，根据调研了解，部分地区毒品犯罪分子的职业化、组织化程度已经远远超出外界想象，一些毒贩在交易毒品时不仅自己按照"行规"佩戴手套，而且要求购买毒品的人也戴手套，全程不留指纹，[2]导致现场没有什么勘查价值可言。

---

〔1〕 参见莫文球等编著：《毒品犯罪定罪量刑与办案精要》，中国法制出版社 2018 年版，第 140 页。

〔2〕 参见林金文主编：《毒品犯罪案件证据认定的理论与实务》，人民法院出版社 2017 年版，第 109 页。

（2）言词类证据数量少

普通刑事案件中多有被害人的存在，其受案方式多为群众检举、控告或被害人直接报案。可是，毒品犯罪案件与之有非常大的差异：其一，这种犯罪案件的隐蔽性非常强，证据收集的来源具有狭窄性特征。[1]犯罪交易一般都是在熟人的介绍下于特定的范围内进行，因此普通群众一般难以察觉，即便察觉也会由于害怕毒品犯罪分子的疯狂报复，不敢轻易检举。其二，毒品犯罪主要以交易型犯罪为主，这些犯罪案件中不乏"黑吃黑"情况。处在交易中的各方按照自身需求各取所需。这促使他们即便交易出现问题也并不会去公安机关报案。其三，除强迫、欺骗、引诱他人吸毒的被害人外，吸毒人员为了享受毒品带来的"物质诱惑"或"精神麻醉"，往往不会自主报案。出于以上三点原因，实践当中，证人证言、被害人陈述等言词证据数量稀少。而且在实践中，由于多数毒品犯罪活动是由小到大，作案时间长、次数多，言词证据难以固定，容易出现反复，并且犯罪嫌疑人利用缉毒干警缺乏直接证据，单凭口供、举报材料及吸毒人员证言使得检察机关难以认定这一点，竭力狡辩，开脱罪责，甚至随时翻供，使得案件事实真伪难辨。

（3）实物类证据易损毁

一些犯罪分子对侦查的警惕性很高，稍有风声就将毒品丢弃损毁。在实践当中，作为关键证据的毒品常常被丢入山谷、河流、下水道等难以查找的地方，导致无从查证。例如，近年来毒品犯罪出现了"零包散卖"（将1克海洛因或冰毒分成10个或10个以上的零包进行贩卖，每个零包不超过0.1克）的趋势，[2]并且这种销售方式已成为贩卖毒品犯罪的主要方式之一。"零包"贩毒虽然单次贩卖毒品数量不大，但值得注意的是，"零包"贩毒的犯罪分子在现场交易时带的毒品数量极少，有的甚至不足0.1克，一旦公安人员出现，毒品很容易被损毁，即使犯罪分子被公安机关当场抓获，由于在案的毒品数量极少，不可能判处重刑，从而逃避了应有的刑罚制裁。

---

〔1〕 参见王进英：《毒品犯罪案件言词证据的特点和收集》，载《消费导刊》2007年第8期。

〔2〕 参见李欣庭：《零包贩毒的特点及打击防范对策》，载《辽宁公安司法管理干部学院学报》2017年第4期。

## 二、技术侦查措施在毒品犯罪案件中的应用

（一）毒品犯罪案件的侦查难点

1. 毒品犯罪大多没有被害人

毒品犯罪案件最为突出的特性在三方面：其一，买卖双方均会采取隐蔽的形式进行交易；其二，买卖双方均出于自己意愿交易；其三，买卖双方均知道贩毒属于违法行为，但是却明知不可为而为之。[1]因此，在很多毒品犯罪案件中，不存在特定的报案人、证人，也没有具体的犯罪结果产生。[2]虽然一些案件中有群众举报，但是群众所举报的内容留下的线索非常少，这点上与其他刑事案件有着非常大的差异。因此，这类案件在受理时，难以得到知情人或者是被害人等相关人员的配合，取证难度不言而喻。

2. 毒品犯罪现场难以精准锁定

正常情况下，刑事案件均有与之相对应的犯罪现场，一些较大的刑事案件存在多个犯罪现场，以现场勘查的方式，能够收集到有力的证据。然而，毒品交易具有非常大的流动性、分散性，交易过程的隐蔽性非常高，正常情况下，毒品交易者并不会在交易现场留下任何线索，[3]因此想要精准锁定犯罪现场的难度非常高。

3. 毒贩的侦查对抗能力强

基于毒品犯罪严重的社会危害性，我国实行极为严厉的禁毒政策，在刑法中对毒品犯罪规定了严重的惩罚措施，这就决定了犯罪分子必定采取各种办法逃避侦查，千方百计与公安、司法机关进行对抗。毒品犯罪分子一般都明知自己行为的严重后果，只是为了巨大利益才铤而走险，因而具有极强的反侦查意识，每一次行动前都会精心策划，企图逃避法律制裁。在贩运、购买、交易、持有等各个环节上都十分谨慎，遇到公安缉查则毁灭证据、抛弃车辆、逃离现场，给缉毒干警获取证据带来了诸多难题。即使被抓获也往往极力否认犯罪事实，推卸责任，辩称毒品不是自己的，或是受人雇佣代为保

---

〔1〕 参见崔敏、王刚：《毒品犯罪案件的特殊性及证据运用的特点》，载《中国人民公安大学学报》2003 年第 4 期。

〔2〕 参见朱飞：《毒品案件证据特点分析》，载《辽宁警专学报》2005 年第 4 期。

〔3〕 参见谢永进：《毒品犯罪案件的特殊性、取证困境及对策研究》，载《广州市公安管理干部学院学报》2009 年第 1 期。

管，有的反复改变供述，混淆关键事实，给公安、司法机关查明案件事实制造重重障碍。

4. 毒品犯罪具有较强的隐蔽性

由于公安部门对于毒品犯罪活动呈现出了强硬的打击态势，为了逃避抓捕，贩毒分子不断改变交易方式，使得犯罪的隐蔽性逐渐增强。从毒品运输角度来说，毒贩所采取的运输方式随着科技发展不断演变，如人体藏毒，利用现代化的 X 光机也难以发现毒品的存在，只有使用 CT 扫描才能得到准确的藏毒位置。[1]另外，不论是涉毒分子还是贩毒分子，双方均存在相应的利益关系，由此一来，双方互相检举的可能性非常低，[2]公安机关仅能通过了解底细的人来获得毒品犯罪线索。因此，毒品犯罪所具有的隐蔽性非常强，采用一般的侦查方式获得线索的难度系数极高。

5. 毒品犯罪流程化特征明显

毒品犯罪主要涉及的流程包含五个节点，即毒品种植、毒品加工、毒品制造、毒品贩卖、毒资洗白，整个犯罪的过程有着非常明显的流程化特性。正是因为毒品犯罪贯穿上述五个流程，有着非常显著的流程化特征，一旦某个节点出现问题将导致整个流程停摆，因此毒品犯罪流程的组织十分严密。为此，常规侦查手段往往难以奏效。

6. 毒品犯罪流通性显著

现如今跨境毒品销售愈加猖狂，犯罪集团的跨境合作也越发紧密。早期毒品生产、销售、吸食等以"金三角"及"银三角"等区域为主，而当下，毒品已经渗透到世界各国、各地区中。特别是近些年来，伴随科学技术的不断发展，合成毒品在市场中逐渐流传开来，易制作、易携带、易上瘾的特性进一步增强了毒品的流通性。为此，侦破毒品犯罪不能遵循传统的刑侦思维逻辑，也不能遵循传统的破案模式，而必须针对特定贩毒群体的流动性"对症下药"。

（二）毒品犯罪案件常用技术侦查措施

毒品犯罪在全球范围内的日益猖獗凸显了此类犯罪严重的社会危害性，

---

〔1〕　参见许翠华、杨鑫艳：《技术侦察在毒品案件侦查中的运用及完善》，载《江苏警官学院学报》2010 年第 6 期。

〔2〕　参见贾永生：《铁路警察车站查缉毒品犯罪工作研究》，载《铁道警官高等专科学校学报》2010 年第 1 期。

实际上，毒品犯罪一向都是我国公安机关的重点打击对象。而毒品犯罪的法定刑较重，为了逃避法律制裁，毒品犯罪中的犯罪嫌疑人往往会采取各种方式达到这一目的。诸如隐瞒毒品犯罪的过程，或者限缩毒品流通的空间，甚至采取暴力手段相对抗来掩盖犯罪事实。因此，犯罪证据的收集和固定极为困难。[1]即便是收集到了证据，也可能因为证据形式不符合法律要求而被排除。这导致传统的侦查措施在应对毒品犯罪时呈现出侦查效率低下的现状。有鉴于此，世界各国通常都允许针对毒品犯罪案件使用一些技术侦查措施。毒品犯罪案件中的技术侦查，主要是指在毒品犯罪的侦查过程中，侦查人员将现代技术与侦查手段相结合，以便更好地搜集情报、发现破案线索的手段。在实践中如监听、线人侦查、控制下交付等具体侦查措施，都属于非常规的侦查手段，若被滥用则有可能严重侵害人权，甚至造成冤假错案，因而对技术侦查手段的运用有着严格的程序要求。

在信息时代的大背景下，犯罪分子会利用网络来实施毒品犯罪，这令本就高隐蔽性的犯罪行为更难被发现踪迹，而在技术侦查措施的作用下，公安干警可以及时掌握贩毒的轨迹路线，再加上技侦措施没有空间上的限制，这将更加有利于侦查人员及时联系并互通情报。然而技术侦查手段往往具有较强的保密性，通过此手段收集的证据通常都涉及侦查秘密，在运用时受到诸多限制，与刑事诉讼法有关庭审中心主义以及质证公开性的要求存在一定的冲突。为了更好地使用技术侦查措施，运用证据准确有力地打击毒品犯罪，有必要对毒品犯罪的技术侦查手段及其所获证据运用进行深入研究。

1. 控制下交付与毒品犯罪案件侦查

控制下交付主要是指一国或多国建立的缉毒部门按照国家或国际所制定的相关标准及规定，在知情并掌控局面的情况下允许非法、可疑货物的运出、通过、运入一国或多国领土的一种做法，并旨在通过这一做法侦查涉毒犯罪并辨认涉案人员。[2]在侦查实践当中，缉毒部门获取了违禁品或毒品情报之后，往往会先进行风险评估，并基于情报分析的决策结果来判断是否满足采取

---

〔1〕 参见罗超月：《毒品犯罪侦查策略研究》，载《齐齐哈尔大学学报（哲学社会科学版）》2017年第5期。

〔2〕 参见陈蕾：《控制下交付侦查措施研究——以毒品犯罪为视角》，载《犯罪研究》2014年第6期。

控制下交付的现实条件,[1]但最终目的,缉毒部门都是希望通过采取隐蔽的方式进行控制,力图在交易活动结束之时,将交易中的贩毒人员一并抓获。

当前,控制下交付措施在诸多毒品犯罪案件中均有出现,并且使用的频率非常高。在我国侦查毒品犯罪的实践中亦有诸多案件采取了控制下交付措施。如江苏高院公布的毒品犯罪典型案例之"张卫东、骆力贩毒案":2017年12月14日,李某向高邮市公安局进行检举,告知警方有贩毒人员在从事贩毒活动。警方在取得相应的线索及情报后,经过周详考虑,决定使用控制下交付的方式对贩毒活动进行侦查。当日及次日,李某以微信聊天的形式和被告人骆力进行沟通,协商以7000元毒资购买冰毒,两人经协商后将交易地点安排在高邮市的某个酒店中。按照约定时间及地点,李某乘车前往与骆力等人会面,就在双方交易结束之时,警方按照事先的谋划布局突然介入,将骆力等人在酒店抓获。这次行动中共计缴获的冰毒总量为23.66g。[2]在此案当中,公安机关收到线报后,为了能够收集到犯罪的证据,决定采取控制下交付措施,通过设计一个交易圈套,待被告人张卫东、骆力交付毒品并获得毒资后实施了抓捕措施,从而获取了充分的证据。不仅如此,从近年宣判的"刘依善等贩卖毒品案""江俊荣、杨植东走私、贩卖、运输、制造毒品案""李力贩卖、运输毒品案"等涉毒案件中可知,控制下交付措施用于打击毒品犯罪有特别的功效,并据此成为最为常用的毒品犯罪侦查措施之一。

控制下交付作为毒品犯罪侦查的常用手段,在当下热播的一些影视作品当中也有诸多体现,如影视作品《毒战》,讲述的是缉毒大队长张雷在线人蔡添明的帮助下破获毒品大案的故事。其中有一段情节如下:毒贩蔡添明为了戴罪立功获得减刑的机会,告知缉毒大队长张雷,其徒弟"大聋"与"小聋"在湖北鄂州有一家大型的制毒工厂,并指引缉毒干警一同前往该地。蔡添明进入该工厂后一方面暗地里安装监控录像设备,令缉毒警察可以了解工厂内部的实际情况,另一方面催促其徒弟加紧制毒,而缉毒警察及特警则在工厂外埋伏,并在毒品制作完毕装箱准备外运之时,立即行动一举将该工厂

---

〔1〕 参见辛越、于建:《毒品案件中控制下交付情报决策的博弈论分析》,载《上海公安高等专科学校学报》2009年第1期。

〔2〕 参见《张卫东等人贩卖毒品案——国家机关工作人员贩毒》,载北大法宝,http://www.pkulaw.cn/Case/pfnl_a6db3332ec0adc478a00506195babb45f53d0ae56624455bdfb.html? match = Exact,最后访问日期:2020年7月9日。

搞毁，但犯罪嫌疑人"大聋""小聋"也乘乱携带毒品及枪支逃脱。从这个情节中反映出了控制下交付措施在实践中存在的一种风险，即公安机关在发现犯罪的情况下，为了获取充实完整的证据，不在发现犯罪行为人实施犯罪行为之时实施抓捕，而是等待"人赃并获"的"最佳时机"控制罪犯，这容易错失最佳抓捕时机，可能导致毒品失控及犯罪行为人脱逃的情况发生，对于此类情形的界定将在下文进行详细论述。

控制下交付在毒品犯罪案件侦查中的应用主要有以下困境：

第一，相较于一般侦查措施的失败风险而言，控制下交付措施失败的风险较高。这主要受两个因素影响：其一，行动前所掌握的情报是否全面且正确；其二，采取行动的时机是否恰当准确。这两点将直接影响到控制下交付措施能否成功实施。其中恰当的时机应该是在毒品犯罪行为正在进行的时候，如果提前采取抓捕行动，犯罪嫌疑人大多会实施销毁证据的行为，而滞后实施抓捕措施，不仅无法获取毒品交易的有关证据，甚至还会出现"货物失控"的情况，导致毒品在市场上流通，从而威胁到社会的稳定。[1]

第二，措施使用的随意性。发达国家控制下交付措施有关程序规制的内容均作出较为清晰的规定，我国法律对此却有失严谨。措施使用的随意性主要由以下几方面造成：其一，对控制下交付实施主体缺乏详细的规定，这点主要是由法律规定欠缺所致，使得警方采取控制下交付的方式进行执法时，大多数情况下没有实施主体的选用标准可依。其二，控制下交付措施作为一种非常规类的刑事侦查手段，法律却没有对其适用条件作出详细规定，使得警方的自由裁量权过大，导致一些本可以及时制止的毒品犯罪行为出于某些考量被放纵，不仅如此，由于该行为在实施过程中存有欺骗与诱导的成分，一旦经常使用会导致人与人之间缺乏信任感，从而损害到社会信用体系的构建。[2]其三，侦查活动的本质就是为了收集尽可能翔实的证据，从而在诉讼活动中用以认定被追诉人的刑事责任，[3]而使用控制下交付措施获取的材料，由于法律没有对该类证据如何收集、固定等作出解释，使得此类证据的使用

---

〔1〕 参见李梓菡：《毒品犯罪控制下交付研究》，载《黑龙江省政法管理干部学院学报》2019年第6期。

〔2〕 参见王航：《关于控制下交付规制的研究》，载《辽宁警专学报》2010年第1期。

〔3〕 参见刘红月：《毒品犯罪控制下交付的立法现状及存在问题》，载《云南警官学院学报》2009年第5期。

功效受到了较大的消极影响。

第三，跨区域控制下交付措施在实践当中存在制度障碍。由于跨区域的控制下交付措施需要各地区协调合作才能顺利进行，而受到部门破案绩效的影响，各区域的单位间的合作积极性明显有待提升，这种消极合作状态对控制下交付产生了一定的影响。这在打击跨国毒品犯罪组织时则更为明显，由于各国法律各有不同，再加上存在跨境执法的问题，跨国实施控制下交付措施则更加困难。

2. 诱惑侦查与毒品犯罪案件侦查

在中国的法律语境中，"诱惑侦查"一词属于外来词汇，并在我国的表达语境中与秘密侦查、技术侦查等名词混杂使用，因此该词用起来一直处于一种"界限不明晰"的状态。[1]过于侧重以"望文生义"为出发点去分析研究各类表述所存在的概念及关系不仅会对人们的认知产生影响，更会对人们自身的思考能力造成冲击。不论是何种说法，主要的核心点应当放在解决问题上。由此一来，此处所阐述分析的诱惑侦查主要指的是：刑事侦查人员以诱导或暗示侦查对象实施某种行为有利可图作为诱饵，引其暴露犯罪意图并让其开展相应的犯罪行为，待整个犯罪活动进行或结束之时，对被诱惑者进行抓捕。[2]

诱惑侦查措施在影视作品《毒战》当中也从多处情节中体现出来。绰号为"哈哈"的毒贩在当地拥有上百条船只，表面上看是一家海鲜运输公司，而背地里却是做着运输、贩卖毒品的生意。为了搜集"哈哈"的犯罪证据，在线人蔡添明的引荐下，缉毒大队长张雷伪装成大毒枭与"哈哈"进行交易，谎称有价值3000万的海洛因现货可以交由"哈哈"代售，并告知如果此次交易顺利完成后还将有更大的生意一同合作，于是双方约定了深夜在码头进行交易。大队长张雷紧急部署警力，并在警方严密的布控下完成了交易。就在钱货两清，"哈哈"准备离开之时，特警破门而入，一举抓获了一众毒贩。在这处情节中，凭借着海运优势的毒贩一直在深夜里偷偷做着毒品交易的买卖，即便被警察发现毒品，也能及时丢进大海，使得证据难以固定，从而逃脱法

---

〔1〕　参见施鹏鹏：《诱惑侦查及其合法性认定——法国模式与借鉴意义》，载《比较法研究》2016年第5期。

〔2〕　参见龙宗智：《诱惑侦查合法性问题探析》，载《人民司法》2000年第5期。

律的制裁。而通过实施诱惑侦查措施，在大单的利益诱惑下迫使该毒贩本人现身交易现场，并在"人赃并获"的情形下让其无所遁形。

除此之外，在我国实践当中也有诸多案例应用了诱惑侦查，如"朱嘉韵、张喜斌等贩卖毒品案"中，杨某海在服刑期间通过与李某强相处，两人在日常交流中得知李某强有渠道可以购买冰毒。在长时间接触之后，李某强将杨某海介绍给毒品老板张喜斌。杨某海于2014年年底向张喜斌提出了购买冰毒的请求。而杨某海作为警方的线人，按照警方秘密策划的方案与张喜斌进行交易，张喜斌以中间人的身份为杨某海与朱嘉韵搭建桥梁，并要求在此次交易中赚取酬金9000元作为介绍费用。经过双方多次沟通，决定于2014年12月28日进行交易，交易地点选在广东省江门市荷塘镇的一个小宾馆内，杨某海按照约定时间及地点前来取货，双方交易完成后，交易地点周边布控的警力全员出动，最终将朱嘉韵以及张喜斌等人一网抓获。[1]在此案当中，杨某海充当线人，在公安机关的授意下采取了诱惑侦查措施，假以购买毒品为名向被告人朱嘉韵、张喜斌提出了购买毒品的请求并最终使其被公安机关抓获。除该案之外，在"陈浪浪贩毒案""王双喜贩毒案"等案中公安机关皆采取了诱惑侦查措施。由此可知，在毒品犯罪中应用诱惑侦查手段十分普遍。但与此同时也产生了一系列问题，其中就有对诱惑侦查措施使用频率的质疑，下文将针对诱惑侦查措施使用的随意性来进行专门探讨。

在毒品犯罪当中，诱惑侦查措施在刑法层面、刑事诉讼法及证据法层面，都存在着许多争议。

从刑法角度来看，缉毒干警通过实施诱惑侦查措施来查明毒品犯罪，从表面来看尽管缉毒干警也参与了毒品犯罪，但鉴于其特殊的身份，不能将其作为共犯处理。这一观点至今未得到实体法共犯理论所承认。因为在该理论中，共犯可分为四种类型：实施、教唆、协助和组织。其中，教唆是指利用煽动、胁迫、引诱等方法诱使他人实施犯罪行为，而采用诱惑侦查手段诱使他人犯罪的行为与教唆行为并无二致，侦查人员不能因为具有特殊身份而免于承担责任。一旦确定了受诱惑的犯罪嫌疑人罪行，实施诱惑侦查措施的人

---

〔1〕 参见《朱嘉韵、张喜斌等贩卖毒品案》，载北大法宝，http://www.pkulaw.cn/Case/pfnl_a25051f3312b07f393ca09a13dce7a3870677bad3c0b93cdbdfb.html？match=Exact，最后访问日期：2020年7月10日。

也应按照共犯论处并承担相关的法律责任。但是，在我国的司法活动中，没有任何案例将实施诱惑侦查行为的侦查人员认定为毒品犯罪的涉案人员。

再从刑事诉讼法角度切入，司法机关是否可以将使用诱惑侦查措施收集到的犯罪证据认定为定罪的依据，此问题也一直备受争议。以《刑事诉讼法》相关内容而言，其明确规定在证据收集环节中，执法人员不得使用刑讯逼供、诱骗等方式获取证据。但在侦查实践活动中，诱惑侦查措施合理与非法的界限一直都模糊不清，尽管在2008年《全国部分法院审理毒品犯罪案件工作座谈会纪要》当中明文禁止了"犯意引诱""数量引诱""双套引诱"行为，但对于判断诱惑侦查行为合理的标准与证明过程都没有详细的指引，这使得在实践中，上级法院迷信规范性文件，而忽视了指导性判例对下级法院进行业务指导的习惯做法与司法体制。从而法官往往通过自己的经验来进行判断，但五花八门的引诱手法导致了该文件规范性效果的"苍白无力"。[1]况且在非法诱惑侦查的救济问题上，罪犯能否无罪处理，以及无罪处理的法理依据等问题上都缺乏明确的分析与论证。这使得当前司法实践中，适用与规范诱惑侦查都存在着极大的障碍。

3. 线人侦查与毒品犯罪案件侦查

线人主要指的是在公安机关开展的案件侦查工作中，了解犯罪信息或情报，自愿与警方进行配合，按照警方部署以及策划的内容，秘密及时地向警方提供有关犯罪情报或信息的普通公民。[2]需要注意的是，首先线人不具有侦查人员的身份。线人所开展的一切活动并不能称之为侦查，只能认为是以警方为核心，配合警方开展的侦查活动。可以通过这点来区分线人侦查、乔装侦查与卧底侦查三者。其次，线人在从事一切侦查活动时，不论是证据收集还是潜伏侦查等，并未有法定义务的存在。因此侦查机关寻找自己所需的线人，应当以协商沟通的方式进行。最后，线人一旦与侦查机关进行合作，从事所有的活动均需要按照侦查机关给予的指令进行，并受到严格的控制。[3]由此可见，尽管线人侦查是侦查机关的一种侦查活动，但线人的行为是履行与侦查人员协议的私人行为，而不是实施侦查权的行为。

---

〔1〕　参见程雷：《诱惑侦查的程序控制》，载《法学研究》2015年第1期。

〔2〕　参见王彬：《比较法视野下的线人制度研究》，载《河南财经政法大学学报》2014年第1期。

〔3〕　参见蒋鹏飞：《刑事侦查中线人使用的二元法律规制》，载《北方法学》2013年第2期。

受到毒品犯罪特性的影响，该类案件不存在传统意义上的受害人，使得犯罪行为难以被发现，而线人侦查的特性则使其成为打击毒品犯罪的常用技术侦查措施之一。在当前的毒品犯罪侦查实践中，线人侦查对于发现犯罪线索、收集犯罪证据、推动犯罪案件延伸侦查、提高打击力度等方面相较于一般侦查措施而言更具有主动性优势。[1]

从实践中来看，毒品犯罪案件的侦查往往会使用线人。如"高丛芳贩卖毒品案"中，被告人高丛芳是一名吸毒人员，由于其自身有毒瘾又缺乏毒资，逐渐走上以贩养吸的道路。时间追溯到 2015 年年初，其卖予王某冰毒，每次为 1 包，报酬为 100 元，两次交易共计获得报酬 200 元。同年 2 月王某向公安机关自首，称毒品对其造成了严重的摧残，并对高丛芳的所作所为进行了举报，表示非常愿意与警方进行合作。在这之后，王某按照警方计划与高丛芳进行毒品交易活动，而警方则在两人约定的交易地点进行严密布控，高丛芳第三次将冰毒贩卖给王某后，警方出动将其抓获。此次行动中，警方缴获毒品红色片剂以及白色晶体分别有 0.922 克以及 0.569 克，经检验，这两种毒品中均有甲基苯丙胺的存在。[2]在本案中，如没有王某自愿作为线人提供情报并协助公安机关抓捕犯罪嫌疑人，高丛芳的犯罪行径可能不会暴露出来。再如"陈维有、庄凯思贩卖毒品案"，公安机关线人罗某某经被告人庄凯思介绍与被告人陈维有商议购买毒品事宜。双方经多次协商之后，罗某某约定以 22 万元的价格从陈维有手中购买甲基苯丙胺 3000 克。次日双方按照约定时间见面交易，地点选在了广州天河公园。陈维有通过电话沟通让他人为其送来了 3000 克毒品，随后与罗某某沟通将交易地点选在海涛酒店的 210 房间，抵达酒店后，买卖双方对毒品进行交易，警方抓准时机后当场将交易双方一同抓获。此次收网行动中，警方缴获的毒品共计有 3 包，总量达到了 2479 克。[3]在以上案例中，线人发挥了不可忽视的作用。

---

〔1〕 参见王宁：《毒品犯罪案件中线人侦查及其风险防控研究》，载《红河学院学报》2019 年第 5 期。

〔2〕 参见《浙江舟山普陀区法院判决高丛芳贩卖毒品案》，载北大法宝，http：//www. pkulaw. cn/Case/pfnl_ a25051f3312b07f38c21b46ca0a603edb23a33349e947c04bdfb. html？match = Exact，最后访问日期：2020 年 7 月 10 日。

〔3〕 参见《陈维有等贩卖毒品案——居间介绍者与毒品交易方构成共同犯罪》，载北大法宝，http：//www. pkulaw. cn/Case/pfnl_ a25051f3312b07f30ce723933491fc224e119469f7701011bdfb. html？match = Exact，最后访问日期：2020 年 7 月 10 日。

而在影视作品《毒战》当中，故事全线反映出了一个核心问题，即线人心理的反复性与复杂性。起初，毒贩蔡添明因为制毒被公安机关抓获，其为了减刑协助公安机关抓获了当地大毒贩"哈哈"，以及协助公安机关捣毁了其徒弟们的制毒工厂，还引荐警方卧底与大毒枭见面，可以说为了减刑不遗余力，一副一心洗心革面的样貌。但当警方卧底与大毒枭进行交易之时，蔡添明发现毒枭这边人员众多且装备火力充足，心想哪怕减刑也是死缓，于是立刻"反水"告知毒枭卧底的真实身份，企图借双方交火之际逃跑。而在这段时间，当警方火力占上风时，蔡添明就弃枪投降，而毒贩火力压制时蔡添明又企图逃跑。从这段故事中可以发现线人的心理是十分复杂的，容易导致"反水"现象的发生。

线人侦查在毒品犯罪案件侦查中主要存在以下问题：

第一，线人侦查缺乏可操作规范。我国专门规定线人侦查措施的法律尚属于缺位状态，仅在《刑事诉讼法》第153条中有所提及。关于线人侦查的审批流程、执行过程、取证环节等都未有相关的规定，而线人侦查作为应对毒品犯罪常用的技术侦查措施，这种法律规定的缺位是极不合理的。况且这种缺位，一方面无法对公民自身的权利提供良好的保障，另一方面，线人开展侦查活动也无标准及规则可循。[1]

第二，线人容易实施违法犯罪行为，"反水"现象突出。在金钱和刑罚减免的诱惑下，那些本身就实施违法犯罪活动的线人，通过欺骗缉毒干警或诱惑其他人犯罪，从而得到立功的契机。还有些线人提供了大量无价值或低价值的信息来掩护自己犯罪，表明上充当缉毒干警的线人，背地里却利用缉毒干警打击毒品市场上的竞争对手，扩大自己的势力范围。线人"反水"、蒙骗利用侦查人员的问题时有发生。

第三，与线人侦查相匹配的制度尚未成型。首先，线人的选择、征募、审批等环节都由侦查机关一手包办。这就导致在实践当中，某位犯罪分子是不是线人基本由侦查机关说了算，这存在通过伪造相关材料将某些犯罪分子证明为线人，从而令其逃脱刑法制裁的可能，这种不存在法律认可的中立"第三者"监督的程序，其公正性有待商榷。其次，线人开展侦查活动的各项流程无标准性可言，其在实施侦查活动时，由于没有程序标准限制，使得其

---

〔1〕 参见饶谋：《毒品犯罪中刑事特情使用法律问题研究》，载《法制与社会》2012年第21期。

可能会受到环境特殊性与秘密性所带来的不良影响，严重的更会导致线人出现引诱犯罪或者恶意报复等行为。最后，线人的保护工作有待进一步加强。由于线人保护工作没有做到位而导致线人遭到犯罪分子打击报复的案例时有发生，尤其是在打击毒品犯罪的实践中。这一方面映射了线人侦查在缉毒中应用得越发普遍，另一方面也有公安机关疏于保护线人的人身安全的原因。

第四，线人侦查取得证据的真实性核实困难。由于线人侦查具有隐秘性与危险性，凡是涉及线人的信息均严格保密。因此在实践中，线人侦查所获取的证据材料不会归入案卷，而是由公安机关出具一份说明材料，附卷移送至检察院，因此检察官与法官无法获悉这些材料的具体内容，况且庭审过程中线人又不会出庭作证，这导致线人所收集材料的证据能力与证明力难以验证。

### 三、技术侦查措施在毒品犯罪案件中的现实困境

（一）公安机关与人民法院在技术侦查领域的职能矛盾

在毒品犯罪案件中的重刑率非常高。在 2017 年全国法院所受理的涉毒案件中，毒品犯罪分子被判处 5 年以上有期徒刑、无期徒刑、死刑的人数达到了 21000 余人，重刑率约为 21.93%。[1] 而且这些毒品犯罪案件往往还都采取了技术侦查措施。根据《刑事诉讼法》的相关规定，采取技术侦查措施收集的材料在刑事诉讼中可以作为证据使用。但对于此规定，公安机关与人民法院都有着"独到见解"。

在毒品犯罪案件中，犯罪嫌疑人的反侦查意识较强，再加上他们对缉毒干警常用的侦查措施都多少有些了解，甚至有的毒品犯罪组织还会购买专业的技术设备来进行反侦查，这为公安机关的侦查增添了更大的难度。而公安机关的职能是发现、打击犯罪，为了保障技术侦查的效率，公安机关对于自己所掌握的核心技术都是要求绝对保密的，以防犯罪分子知晓后，令技术侦查工作的开展更加困难。所以在实践中，公安机关对于有关技术侦查措施的具体实施过程往往三缄其口。然而法官的职能是公平、公正地审理案件，为此，法官对技术侦查措施所获证据公开的诉求十分强烈。首先希望大量技侦

---

〔1〕 参见罗书臻、孙航：《最高人民法院发布毒品犯罪司法大数据》，载中国法院网，https://www.chinacourt.org/article/detail/2018/06/id/3371760.shtml，最后访问日期：2020 年 6 月 19 日。

证据在法庭上出示并质证；再者希望公安机关有义务并积极配合庭外核实，并且让辩护律师参与进来。之所以如此，是因为技侦证据的转化实际上没有相关的操作标准，在授权程序、制作规范、转让程序等方面也都没有具体规定。比如与毒品有关的"暗语"通常在毒贩联络时使用，譬如将吸食冰毒称为"溜冰"，将海洛因称为"白药"等。[1]这些暗语从表面上看就是生活信息，而公安机关在提交此类证据时，往往不提供音频文件，而是将其输出为书面文字，其真实性本就有待考证，况且在实践中，法院前往公安机关进行庭外核实时，公安机关技术侦查部门出于保密的考虑，在实践中配合程度不高，甚至出现双方上级领导未作沟通便拒绝合作的现象。但是，通过某些技术侦查措施获得的材料又会对法官的证据认定起到重大的影响作用，因此在司法审判责任终身制的推行下，在缺乏一些重要的技侦证据的案件中，法官不敢判案的心理较为明显，这导致其往往会作出较轻的判决。

（二）技术侦查人员与其他警种之间的协作存在障碍

公安机关是一个组织部门、人员结构都极其庞大的机关，其内部分为多个部门，如刑事侦查部门、毒品犯罪侦查部门、网络侦查部门、技术侦查部门等，不同类型的部门执行不同的调查职能。而要想讨论公安的权力问题，必须结合各个部门的职能来讨论。在我国的刑事诉讼法中，尽管将技术侦查措施实施的主体指定为公安部门，但是在实际操作环节，主要实施者则为公安机关中的技术侦查部门。简而言之，实施主体并非缉毒干警，而是技侦干警。

从技术侦查部门的角度来分析，该部门了解到的有关毒品犯罪的案件信息往往不够全面完整，他们只是依托技术来配合辅助侦查。从某种层面上而言，这种定位使得该部门被认定为一种"信息的搬运工"。[2]既然不作为案件的主侦部门，仅是发挥出辅助配合的作用，为了能够保障技侦手段的高效性，技侦部门往往会严格保密技侦措施的相关内容，因此在对技术侦查所获的各项证据进行使用、核实时，技术侦查人员对移送技侦证据的合作程度不高。例如，根据公安部技术侦查局的相关规定，仅当案件中的毒品重量超过 1

---

〔1〕　参见欧阳国亮：《我国出现的几类新型涉毒隐语研究》，载《中国刑警学院学报》2017 年第2 期。

〔2〕　参见王锐园：《价值考量与立场选择：我国技术侦查的分歧与衡平路径实证研究》，载《西南政法大学学报》2018 年第 2 期。

千克时，技术侦查部门才能提供技术侦查的有关资料，而重量不足 1 千克的情况下则不提供。[1]况且除毒品犯罪案件之外，技术侦查部门还负责着其他类型的犯罪案件，与毒品犯罪相比，重大刑事案件更容易引起广大群众的注意，更被公安部门所重视，因此涉毒的技侦工作顺序更为滞后。可见，在处理侦破毒品案件的需要与划分公安部门职能之间存在一定的障碍，这影响了毒品犯罪案件的侦破效率。

（三）技术侦查资金与人员投入不足问题

从实践中的缉毒经验来看，毒品犯罪具备十分明显的高隐蔽性特征，而毒品犯罪又需要有充分翔实的情报来引导侦查。而技术侦查措施不论是用于证据收集，还是用于搜寻犯罪嫌疑人，所展现出的效果都十分显著。由此可知，在打击涉毒案件中技术侦查措施所起到的作用不容小觑。笔者在开展本文研究之前，曾通过中国裁判文书网以"毒品""技术侦查"为关键词进行搜索，通过搜索得到的结果有 1600 个之多。由此可见，技术侦查措施在毒品犯罪案件的侦破中承担的作用及意义十分显著。

由于我国人口众多，加上经济水平处于高速发展阶段，导致社会恶性案件的案发频率较高。在职能划分上，公安机关的技术侦查部门不仅要处理毒品犯罪，还要负责涉黑犯罪等一系列的重大刑事犯罪，但是在我国县一级的公安机关并未设立技术侦查部门，使得在实践中一个技术侦查支队需要负责整个地级市以涉毒、涉黑犯罪为代表的重大刑事案件的技术侦查工作。当下技术侦查部门资金、人员的短缺与日益严峻的毒品犯罪形势形成了鲜明的对比。

（四）毒品犯罪案件中控制下交付"货物"失控问题

正如上文所提及的，虽然在毒品犯罪案件中时常能看见控制下交付的"身影"，但与此同时也产生了诸多问题，接下来笔者就以控制下交付过程中的"货物"失控问题为例，来详细阐述此问题在实践中的困境。

侦查机关为了确保毒品不会流入社会，防止作为"货物"的毒品在交易过程中失去控制，毒品犯罪的侦查人员往往会先将查获的毒品完全或部分取出，再用形状、颜色、数量都极为相似的物品来替换，将其伪装成毒品后再

---

〔1〕 参见王锐园：《毒品犯罪案件技术侦查措施运用研究》，载《中国刑警学院学报》2019 年第4 期。

实施控制下交付措施。此种侦查行为被称为"替代物控制下交付"。[1]由于毒品在交易之前已经被替换掉了，即便控制下交付失败导致货物失控，也不会导致毒品流入社会，因此此种控制下交付的方式在毒品犯罪侦查中被广泛采用。

但是替代物控制下交付也有着天然的缺陷：

第一，关于替代物控制下交付的犯罪认定问题。在以替代物作为核心的控制下交付实施过程中，侦查部门通常会使用与毒品相似的物品进行替代，譬如奶粉、面粉等，将这些实质上属于无害物质的物品，在交易中作为毒品进行交易。从犯罪构成的层面来分析，在替代物控制下交付措施的实施过程中，毒贩将无害的替代物错误地认为是毒品，尽管从主观上来看仍具有犯罪的故意，但从客观上来讲已经无法继续实施犯罪行为了。犯罪目的根本无法实现在刑法上属于对象不能犯，因此不应当被认定为犯罪，但是如果不能将通过采取替代物控制下交付措施抓获的犯罪嫌疑人定罪的话，这既违背了采取此种侦查措施的初衷，又会放纵毒品犯罪分子实施毒品犯罪行为。

第二，关于替代物控制下交付的证据转化问题。侦查的最终目的是查明犯罪事实，从而明确毒贩应当承担的法律责任。可是双方所交易的是替换后的无害物，怎样才能实现将替代物转化为证据也是一大难点。[2]因为在实践当中，能够对货物进行替换的一般是卧底或者线人，而在涉毒犯罪的过程中毒品本来就是毒贩的重点保护目标，要想在毒贩的控制下替换掉毒品而不被发觉是一项十分困难且危险的任务，因此想要通过摄影、录像的方式来固定证据是难以实现的。不仅如此，随之而来的问题就是被替换下来的毒品品种是什么、数量有多少等，这些至关重要的定罪量刑情节都只能从实施替代物控制下交付的人员口中得知，而线人自身本就是一个不容易控制的矛盾角色，其是否会存在栽赃陷害的行为也难以考证，这使得通过实施替代物控制下交付获取的材料之真实性难以确定。

相较于替代物控制下交付而言，原物控制下交付有以下优点：其一，由于是"人赃并获"式的抓捕，可以固定住毒贩实施毒品犯罪行为无可辩驳的证据；其二，降低控制下交付被毒贩发现的风险，尤其是当控制下交付的最

---

〔1〕　参见邓立军：《控制下交付类型学研究》，载《中国人民公安大学学报（社会科学版）》2019 年第 4 期。

〔2〕　参见张小贺、马欣：《毒品案件中"控制下交付"的若干问题探析》，载《云南警官学院学报》2009 年第 2 期。

终目的地尚不清晰的时候，但该类型最大的缺陷是控制下交付措施一旦失败，会导致毒品失控流入社会。如果是因过失导致的毒品失去控制，对法益的侵害倒没有恶化，但如果是侦查人员的故意放纵，企图"放长线钓大鱼"导致毒品失去控制，那还会进一步加剧对法益的侵害。况且对于控制下交付的法律规制，仅有《刑事诉讼法》第 153 条一个条文，还仅是授权公安机关能够根据侦查犯罪的需要决定是否实施控制下交付措施，可见，对于控制下交付外部监督的法律依据并不充分。[1]而身处于特殊的工作环境下时，往往会有特殊的机会。在利益的诱惑下，以控制下交付措施为表象的犯罪行为确有发生，一旦执法人员知法犯法，将会侵蚀掉国家的司法公信力。

（五）毒品犯罪案件中滥用诱惑侦查问题

毫无疑问，诱惑侦查是一把"双刃剑"，尽管在侦破毒品犯罪案件时具有显著的效果，但其消极作用决定了滥用诱惑侦查措施将会损害司法的公信力，并侵害公民的权利。不得不说，功利主义和经济原则一直促使侦查机关努力去提高侦破案件的效率，其中"已侦破案件数"和"案件侦破比率"等指标的评估更是提升了刑事治理的风险。办案人员力图快捷破案的心态直接导致了诱惑侦查措施滥用局面的出现，从 2018 年 1 月至 2019 年 3 月的这段时间，经深圳市某区人民检察院受理的贩卖、运输毒品案件就高达 179 件，据统计仅有 14 起案件未使用诱惑侦查措施，该措施的利用率竟然高达 92.2%。[2]与此同时令人担忧的是，诱惑侦查措施还向其他类别的毒品犯罪扩展，如非法持有毒品罪；另一方面还呈现出"非法引诱型"诱惑侦查的趋势。由此不难发现，诱惑侦查在实践中存在着滥用的现实困境。

按照我国刑事诉讼法的规定，在侦破毒品犯罪案件的过程中实施诱惑侦查措施，"重大毒品犯罪"是必备要件，而我国刑事诉讼法对于此处的"重大"含义规定得模糊不清，使得实践中这一规定被束之高阁，这直接导致了一大部分的诱惑侦查措施被用于轻微毒品犯罪的侦查中。姑且不论将诱惑侦查措施用在轻微毒品犯罪案件中的合法性，从合理性的角度来看，在此类轻微毒品犯罪案件中采取诱惑侦查的效果甚微，尤其是针对"零包散卖"式贩毒的情形，查获的毒品数量少，毒贩所受刑罚较短，这容易导致毒品犯罪分

---

〔1〕 参见辛宇罡：《控制下交付程序性监督机制的构建与完善》，载《天津法学》2016 年第 3 期。
〔2〕 参见黄海波：《毒品犯罪诱惑侦查风险的程序控制》，载《政治与法律》2019 年第 10 期。

子再犯率高，进而令此种情形下诱惑侦查措施惩罚犯罪和预防犯罪功能无法达到应有的效果。由于涉毒案件往往都复杂危险，在进行涉毒案件的侦查时往往都有着非常详细周密的计划，部分重大的涉毒案件办案周期往往都较长，受到绩效考核等因素的影响，涉毒案件的侦查人员所承受的压力非常大，而诱惑侦查措施侦办毒品案件具备了资源投入少、侦查效率高的特点，[1]这导致诱惑侦查成为毒品犯罪的首选侦查手段之一。

受到此情形的影响，侦查机关在涉毒案件的侦查中逐渐异化出"重数量轻质量"的查案方式，其造成的消极影响不可小觑。一方面，公安机关抓捕了毒贩就宣告结案，进而怠于对毒品源头、毒贩上线等问题进行深入探查，这将不利于扩大战果，打击毒品犯罪的根源。另一方面，使用诱惑侦查措施过于随意，会使得案件被侦破的边际效应逐渐递减。因为在正常情况下，重大涉毒案件毒品源头的调查难度非常高，当采取诱惑侦查措施侦查犯罪时，即便是抓获了毒贩，这些所抓获的人员往往也都是贩毒组织的基层人员，他们对于高层人员的计划方案一无所知，长此以往容易提高贩毒组织的警惕。随着毒贩自身反侦查意识的不断提升，犯罪嫌疑人被人赃俱获的概率会大大降低，从而影响到整个措施的打击效果。[2]

在毒品犯罪中滥用诱惑侦查措施还导致了非法诱惑侦查的现象不断增多。按照我国 2008 年《全国部分法院审理毒品犯罪案件工作座谈会纪要》（以下简称《纪要》）的内容，对于犯意引诱、数量引诱及双套引诱等均作出了非常详细的明文规定。在《纪要》中规定，一旦诱惑侦查行为中含有以上三种情形时，对于罪犯要从轻、减轻甚至是免除处罚。但在《纪要》中，对于"犯意是否存在""犯意的恶性程度"进行证明的证明责任问题并未涉及，这导致在实践当中出现证明责任转移到被告一方的现象。例如，在云南高院审理的"马某某走私、贩卖、运输、制造毒品案"的二审裁定书中，裁判理由指出"马某某的辩护人提出本案不能排除特情介入和犯意引诱、建议对马某某从轻处罚的辩护意见没有事实和法律依据，本院不予采纳"。[3]而在之后的修法活动中，对于诱惑侦查的法律规制也没有实质性进展，因此非法诱惑侦

---

〔1〕　参见方晓林主编：《检察研究》，中国检察出版社 2014 年版，第 149 页。

〔2〕　参见万毅：《微观刑事诉讼法学》，中国检察出版社 2012 年版，第 257 页。

〔3〕　冯科臻：《非法诱惑侦查的认定与证明》，载《北京理工大学学报（社会科学版）》2020 年第 4 期。

查的认定一直都处于一种模糊的状态下。在实践当中，对于是否存在犯意引诱的行为，有的法官以犯罪嫌疑人在事前是否存在犯意为标准进行判定，有的法官以线人、卧底的配合主动程度为判定标准，还有的法官会重点考虑该犯罪行为人是否是多次涉案，这导致实践中认定的结果也是大相径庭。正是因为在制度规范层面的相关法律都是概括性的规定，既未细化犯意引诱的认定标准，又未谈及证明责任、证明标准，导致法院认定是否存在非法诱惑侦查时，不同法院或不同法官在评估是否存在犯意引诱这一问题上也各有各的见解，呈现出了较大的不确定性，致使诱惑侦查在实践中存在着极大的争议。

（六）毒品犯罪中"线人反水"情况时有发生

线人侦查本是公安机关打击违法犯罪的一种有效方式，但线人的特殊性在于，线人本身是一种踩在合法与违法边界上的危险人群，其自身就是违法犯罪分子。在实践中，通常将线人听从侦查人员指挥后又重新实施犯罪的行为称为"线人反水"。[1]可以说，这个特殊问题的存在是任何国家在利用线人进行侦查时都必须面对并尝试解决的一大"困境"。从我国司法实践经验来看，一些侦查人员非常重视线人提供的信息，因此忽略了对线人其他犯罪活动的监督，即便是此种犯罪行为被发现了，侦查人员为了继续利用线人来侦破案件，也经常会对线人的违法行为睁一只眼闭一只眼。这种情况的出现，会让一些以线人身份为掩护的毒贩肆意妄为。尽管线人可以为侦破某些案件提供重要线索，但放纵他们的行为将给整体犯罪形势的控制带来严重的影响，这对整个社会的危害已经远远大于侦破个体案件的社会意义。[2]

造成这种情况的原因十分复杂，首先就是侦查机关对线人的管控问题：从侦查机关的视角看，正如前文所提及，我国目前缺乏对线人的管理制度，在措施具体实施的过程中，选任、监督等过程规定的内容太抽象，可操作性低，针对线人开展的侦查活动又未建立相应的标准及规范，例如，没有统一和明确的法规来规定可以从事哪些行为以及禁止实施哪些行为。因此，线人在协助案件侦查的过程中不受任何限制和约束，他们在公安干警的庇护下，

〔1〕参见程雷：《秘密侦查的中国问题研究》，中国检察出版社2018年版，第179页。
〔2〕参见程雷：《特情侦查立法问题研究》，载陈兴良主编：《刑事法评论》，北京大学出版社2011年版，第529页。

可能公然实施违法犯罪行为，一旦被侦查人员发现了他们的犯罪行为，他们又将以线人的名义要求保护，如果没有被发现，他们又能成功地实施犯罪行为。

除了侦查机关监管不力这一外部因素之外，"线人反水"现象的成因，还受到线人自身生活环境复杂性的影响。线人自身就是具有明显犯罪倾向的危险人群，有的甚至实施过违法犯罪行为，而他们所处的生活环境又充满了各种诱惑来诱导他们犯罪，再加上还存在假借线人身份为自己牟取非法利益的犯罪分子存在，导致线人成为一个极不稳定的身份群体。在许多实践案例中，犯罪嫌疑人因从事犯罪活动被捕后，提出自己是侦查机关的线人而要求免于刑事处罚的不在少数。造成这种混乱的原因之一是侦查机关在使用线人时，没有对线人作出详尽的规定，对于其是否可以参与犯罪活动以及可以参与哪些犯罪活动又没有明确说明，往往对线人要求的是令其想尽一切办法靠近目标任务，并搜集其贩毒的罪证。这使得本就复杂危险的线人更难受到管控。

此外，"线人反水"情况的发生，不仅是因为线人管理制度的缺失，还受到了激励机制和保护机制的非制度化影响。例如，大多数线人仅在被需要时受到侦查人员的临时招募，并没有一个长期合作、培养信任感的过程，再加上线人没有合理的物质激励标准，有时只有三五百元的线人费，甚至出现截留线人费用的情况，这些都促成了"线人反水"问题的发生。当然，在线人的激励机制中，金钱奖励存在的漏洞与欠缺还不是实践中面临的最为主要的问题，因为能够提供最有价值情报的线人往往看重的并非金钱报酬而是免予追诉或减轻刑事处罚此类法律实体处理上的回报。[1]在这方面，中国法律法规仍是一种空白的状态，这导致侦查机关在使用线人侦查的过程中缺少相关的法律依据。实际上，许多侦查机关为了使线人免于承担刑事责任，已经采取了各种替代措施，即通过非规范化的方式来换取他们的合作与协助。通常方法有两种：其一，由公安机关进行"内部消化"。案件经有关公安部门领导批准后，负责协助公安机关的线人将不再承担刑事责任。但是，这种豁免行为是保密的，在检察院和法院的移送案件中往往是以"在逃"和"另案处理"为由来规避。其二，由公安机关出面与检察院、法院进行协商，或在政

---

[1] 参见程雷：《特情侦查立法问题研究》，载陈兴良主编：《刑事法评论》，北京大学出版社2011年版，第530页。

法委的干预下进行协调，向检察院和法院解释线人于个案中发挥的作用，以此来免除他们的责任。不论是哪种方式，受到人为因素的影响都很大，这使得线人的豁免和使用存在很大的不确定性。这种不确定性直接影响到线人的奖励机制，从而容易导致"线人反水"。

线人保护问题也是"线人反水"的又一重要原因，因为线人是以出卖他人来换取情报、换取奖励的一种危险身份，再加上出卖的对象又是极度危险的犯罪分子，在这种情况下对线人给予人身安全的保护确有必要。按照我国现有的法律法规，对线人进行保护还存在一个大前提，那就是对该线人的保护必须在侦查过程中，抑或是诉讼程序当中。[1]因此，对于案件最后侦查失败或是诉讼程序完结后线人的安危给予的考虑较少。这导致在实践中，线人由于缺乏保护，在犯罪分子的威逼利诱下最终选择了"反水"。

（七）毒品犯罪案件中技侦证据应用难题

1. 毒品犯罪证据的保管链条完整性证明不易

"大多数实物证据，从侦查人员收集到最终提交法庭，都要经历收集、运输、保管、鉴定等多个环节。任何一个环节操作不当，都可能损害其证明价值：轻则可能导致其被污染或者发生变化；重则可能导致其被损毁、灭失，甚至被替换、被盗。"[2]而证据保管链条的完整性又会直接影响到证据的同一性认定。根据《办理毒品犯罪案件毒品提取、扣押、称量、取样和送检程序若干问题的规定》的规定，毒品提取、扣押、送检等流程均有了详尽明确的规定，由此可见，在毒品案件中，保管链条完整性的重要性不言而喻。在缉毒实践中，缉毒环境往往非常危险且时间紧迫，在这种条件下不论是对毒品的提取还是收集，往往都无法严格遵守程序上的法律规范，如案卷中缺失相关笔录、对毒品形状与数量记录含混、毒品分组不清、提取地点不详、隐蔽提取、混用笔录及未经犯罪嫌疑人辨认的笔录等。[3]致使毒品保管链条的完整性证明困扰着后续的审查起诉和庭审调查活动。

2. 毒品犯罪的主观事实认定困难

主观事实是行为人对案件事实的感受和认知，会影响到罪与非罪、此罪

---

〔1〕 参见程雷：《秘密侦查的中国问题研究》，中国检察出版社 2018 年版，第 182 页。

〔2〕 陈永生：《证据保管链制度研究》，载《法学研究》2014 年第 5 期。

〔3〕 参见李锟：《论毒品案件中的证据调查》，载《中国刑警学院学报》2019 年第 2 期。

与彼罪的认定。从证据调查的角度分析，法庭在调查环节容易出现的认定问题有以下几种情形：首先，在客观证据不足以支撑待证事实的情形下，言词类证据成为认定事实的重要依据，但是在毒品犯罪中，被告人的供述又具有不稳定性，法庭上串供或翻供的情况时有发生。特别是在毒品交易的案件中，事实认定不仅需要上下线口供一致，还需要涉案毒资、毒品性质及数量能够印证。主观事实无法确认会造成证据链断裂，阻碍案件事实的整体认定。[1]同时，交易方式也会对主观事实认定产生一定的影响。那么，怎样才能从被告人口中得到真实的信息，显然成为亟待解决的问题。比如，在雇用中介贩毒的案件中，如若毒贩矢口否认对毒品有正确的认知，此时，毒品与毒贩两者间的关联性将难以证明。再比如，如果侦查人员实施了所谓的“犯意诱发型”诱惑侦查，犯罪嫌疑人经此种刺激产生出犯罪欲望后着手实施犯罪行为，系侦查人员人为制造出的新的犯罪行为，[2]这使得证明犯罪嫌疑人的主观犯罪意图极其困难。其次，在毒品案件中，所涉及的暗语形式非常多，这对于案件真实性及关联性证明也会产生一定的影响。譬如，法院受理毒品案件时，能够当庭播放监听录音的情况非常少。大多数的情形，是由检察院提交由监听录音转化而来的书面材料。这使得本就晦涩难懂的毒品暗语转化为书面文字后更加使人不明就里，由于缺乏原始材料佐证，其证据能力与证明力也广受辩护方诟病，如果被告人不认罪或者在庭审中翻供，则上述暗语与案件事实之间的关联性将难以证实。

3. 非法证据排除艰难，证据调查具有“补救”特点

2010 年“两个证据规定”的出台及 2012 年《刑事诉讼法》对证据制度的完善，标志着我国确立了较为系统的非法证据排除规则，并针对侦查方式、起诉及审批流程等均作出明文规定。从毒品案件证据调查的效果角度来讲，非法证据排除规则的出现对违法取证等行为有着非常好的抑制效果。但是从司法实践反映，在审中环节能够排除的非法证据并不多见，再加上瑕疵证据补正规则的补救适用，不影响案件事实的排除成为实践中的“潜规则”，涉毒案件的非法证据排除较为艰难。

---

〔1〕 参见李锟：《论毒品案件中的证据调查》，载《中国刑警学院学报》2019 年第 2 期。
〔2〕 参见王沿琰、黄维智：《新型毒品案件侦查取证问题研究》，载《西南民族大学学报（人文社科版）》2016 年第 5 期。

在实践活动中，针对非法、瑕疵两种证据并未有清晰的界限。检察官、法官对非法证据的审查主要以证据是否存在明显违法事实、是否具有"补救"可能性为前置条件。可是，从司法实践的角度而言，证据转化的运行机制一定程度上与相配套的制度有所偏差，技术侦查措施所得证据也就产生了一种"从三重样态到双轨运行"的异化现象。我国现行法律针对采用技术侦查措施取得材料的可用性采取了三种方式对待：其一，合法证据能够直接当作诉讼证据使用；其二，瑕疵证据应进行补充解释；其三，非法证据不可当作证据来使用。在立法层面的三种处理情形在进入司法实践阶段后则出现了异化，即形成了以"证据转化"为主要手段、直接适用为辅助方式的"双轨运行"机制，也就给非法证据转化成可用证据提供了机会。在证据本就稀缺的毒品犯罪中，补救核心证据并非不合理，毕竟能够进入诉讼程序的证据是有限的。然而，肆意地补正或解释会放纵不规范的取证行为，既忽视证据法对人权的保护，又不利于追求善治的价值目标。

4. 技术侦查证据难以在法庭上有效质证

在毒品犯罪案件的实务中，诸多被告人内心均有侥幸的心理存在，即便是侦查机关已经掌握了确凿的证据，被告人依然顽固抵抗拒不认罪。而技侦证据通常是涉毒案件定罪和量刑的关键证据，尤其是在其他证据不足以证明犯罪事实成立且被告人有严重刑事罪行的情况下，如若能在法庭审判中直接使用技侦证据将更有利于证明毒品犯罪被告人的刑事责任。但技侦证据不能在法庭上公开并接受质证，通常会导致诉讼进程难以顺畅进行。因此，只有保障技侦证据的准确性、可靠性，让其在法庭上得到采信，才能准确地对被告人进行处罚。

但是，《刑事诉讼法》和司法解释又严格规定了技侦证据的审批程序。从某种意义上来说，这无法满足毒品案件侦查的实际需要，还会出现诸如不移送技侦证据、随意使用技侦证据等问题。例如，2012 年《刑事诉讼法》澄清了技侦的范围及其适用条件等，但是在调查毒品案件的实践中，仍然存在法官和检察官无法直接获得技术侦查材料的现象，公安机关往往会以保密为由，通过各种方式来灵活转变技侦证据的使用。这使得在法庭上被告人能够作出质证的技侦证据变得更加稀少。如若这类情况不能得到很好的处理，则法官对案件作出事实认定会受到不同程度的影响，久而久之，法律的权威性、公正性将会受到质疑。

在《刑事诉讼法》第 154 条中，规定了法官有在庭外核实技侦证据的权力，然而从实践中来看其并未发挥出应有的作用。即便启动了该程序，实践中被告人及其辩护律师也无法参与到该审查程序中，这使得庭外核实程序的合法性受到质疑。

总而言之，可以说在毒品犯罪案件中，通常能提供案件基本信息的技侦证据，如果不能用作审判的依据，它将不仅浪费侦查资源，而且会助长违法侦查的发展势头。

### 四、毒品犯罪案件技术侦查的完善

#### （一）建立健全缉毒协作机制

毒品的出现，不但对人类的日常生活产生了影响，而且对于社会治安秩序也造成了一定的冲击。自 20 世纪之后，国际社会普遍重视毒品的社会危害性，社会各界对于毒品的抵制及打击态势不断增长，国际合作的项目和范围也日益扩大。[1] 对大量的毒品犯罪案例进行分析可以发现，涉毒案件具有跨区域性、跨国性犯罪的特性。由此可知，缉毒工作早已不能单单依靠技术侦查部门，也不能仅仅依靠我国司法机关来遏制毒品犯罪的全球态势，而是需要各个部门协同展开缉毒协作，需要我国执法机关积极开展国际缉毒合作方能实现。

1. 完善技术侦查部门与缉毒部门的协作机制

提升公安机关技术侦查部门与缉毒部门之间的协作能力，是提高侦破毒品犯罪效率的有效途径。因此在毒品犯罪案件中，应当兼顾好缉毒部门与技侦部门彼此的诉求，协调好协作矛盾从而促成高水平的合作。在实践中，应进一步发展毒侦与技侦之间的合作机制，加强双方之间的沟通交流，形成良好的协作氛围与环境。此外，应加大力度培养人才，尤其是培养掌握技术侦查与缉毒工作的复合型人才，从而更好地适应日趋严峻复杂的禁毒形势。

2. 打通公安机关与其他机关缉毒防控的协作渠道

如上文所分析，由于公安机关与检察院、法院的职能划分不同，在打击毒品犯罪的过程中时常受到掣肘，从而影响到毒品犯罪的打击力度。因此可以强化联合侦查办案机制，在坚持党委领导为前提的原则下，在各级人民政

---

〔1〕　参见张旭、刘芳：《国际禁毒立法研究》，载《法制与社会发展》2000 年第 2 期。

府牵头指导下，利用公安机关技术侦查部门所掌握的毒品犯罪线索，强化以公安机关为代表，海关、边防、铁路、交通、林业、民航、工商等各级政府部门联合侦办机制，[1]做到案情信息及时共通共享，从各个阶段、各个领域加强对毒品犯罪的预防及控制。建立相互之间高质量的快速反应机制，通过多省市联动打造禁毒网络，定期沟通禁毒工作进展，加强相互学习和交流，总结禁毒经验教训，共同开展禁毒合作。

3. 积极开展毒品犯罪技术侦查的国际合作

毒品犯罪是全球性的犯罪问题，打击毒品是毒品生产国、消费国共同的责任，要想推动世界范围内禁毒工作的有序开展，加强国际禁毒合作势在必行。例如，在毒品泛滥的"三不管"地带，由于经济发展落后，人们为了生计而大量种植毒品，而我国西南地区紧邻该地带，这使得"三不管"地带成为毒品进入我国的主要来源地。如果我国不与当地积极寻求毒品稽查的国际协作，不从根源上切断毒品的来源，根本无法有效打击境外来源的毒品犯罪。所以笔者认为，应当积极开展缉毒国际协作，具体包括侦查情报的交流、联合实施控制下交付、提供缉毒侦查便利、研判缉毒成果等，以此来遏制国际毒品犯罪势头。

（二）加大技术侦查部门资金与人员投入

1. 加强技术侦查部门的人员建设

由于世界科技发展迅猛，网络信息化越发智能，公安机关一方面要合理配置技术侦查人员结构，扩大技术侦查人员队伍，在招录人才时要重点考量招录人员的专业背景、社会背景、专业能力和工作经验，优先招录具有相关工作经验和具备相关专业能力的民警，确保该民警在技术侦查部门能够迅速展开缉毒工作，从而提升禁毒工作效能，有效查处毒品犯罪。[2]另一方面要着重培训技术侦查在禁毒领域内的精干人才和专业骨干人员，因为毒品犯罪往往囊括了具有严重社会危害性的暴力犯罪，加强对一线的技术侦查干警尤其是卧底干警的培训确有必要。对于培训的内容，不仅要加强在思想政治领域的教育，也要加强提升禁毒专业能力素质的培训，通过多层次的培训体系来提升技侦人员的综合素质，从而有效打击毒品犯罪。

---

〔1〕 参见薛风雷：《毒品犯罪侦控若干问题研究》，吉林大学 2012 年博士学位论文。

〔2〕 参见卢帅雷：《毒品犯罪查处的困境及对策探析》，载《法制博览》2019 年第 34 期。

2. 加大技术侦查部门的资金投入

毒品犯罪属于获取暴利的犯罪活动，极易在违法犯罪的过程中短时间赚取大量的资本，为了有效打击应当加大对技术侦查部门的设备投入。在实践当中，形成规模化的毒品犯罪集团往往都配备了高科技含量的侦查与反侦查设备，为公安机关技术侦查部门的工作带来了重重阻碍，因此可以通过加大技术侦查部门的资金投入，为该部门购买先进的侦查设备，以提升毒品犯罪的侦查效率。

想提升毒品犯罪整体的打击效果，需要对缉毒情报进行全面、准确、客观、及时地收集分析，从而进行科学的决策部署。[1] 为了获得更多准确的情报，缉毒部门首先应当将自身收集情报的渠道扩宽，如公开表明凡是提供有效情报的社会公民，均能享受政府给予的高额奖励，从而发动全社会的力量来打击毒品犯罪。现如今国内已经组建了完善的缉毒情报中心，然而，中心所展现出的实际工作成果并不理想，究其根源主要是资金投入严重不足，使得情报分析工具以及相关软件的研发受到阻碍。除此之外，还可以增加对线人的物质奖励。在实践中，相当一部分线人都是为了利益在为公安机关充当耳目，现实中存在着物质奖励少导致"线人反水"的情况发生，因此，增加对线人的物质奖励，也是开展缉毒工作的重要一步。

（三）完善毒品犯罪技术侦查的程序控制

1. 明确技术侦查的适用范围及对象

根据《刑事诉讼法》第150条的规定，可以"根据侦查犯罪的需要"进行技术侦查，但"需要"的范围界限并未列明。从比较法的角度来看，技术侦查适用于性质复杂且严重违反法益的特殊案件，如危害国家安全、社会公共安全的犯罪。应当指出的是，各国大多认为技术侦查的适用应当局限于特定的犯罪类型中，并应以"比例原则"为指导。因此，在毒品犯罪的范围内使用技术侦查措施，应限于对社会造成严重影响的大宗走私、贩卖、运输、制造毒品的案件，社会危害小或不属于隐蔽性强等特殊原因应当将其排除在技术侦查的适用案件范围之外。[2] 如以"零包散买"式贩毒为代表的、危害

---

〔1〕　参见杨健：《国家公共安全与缉毒情报的关系研究》，载《辽宁警专学报》2013年第1期。

〔2〕　参见张惠芳：《毒品犯罪诱惑侦查问题研究》，载《湖南师范大学社会科学学报》2018年第3期。

轻微的犯罪应当排除技侦措施的使用。不光如此，限制还应适用于特殊群体。例如，在诱惑侦查的实践中，由于未成年人在身心上仍处于发育阶段，没有形成独立的世界观，他们控制自己的能力较弱，容易受到他人的影响，对未成年人实施诱惑侦查措施会直接左右其是非判断。因此，应严格禁止对未成年人采取不适当的技术侦查措施。

2. 确定技术侦查的审批主体

《刑事诉讼法》要求实施技术侦查措施要经过"严格的审批程序"，但对于批准手续的内容、主体、程序均没有明确之规定。[1]从法治完备国家的经验来看，侦查机关大多严格控制了对毒品犯罪技术侦查的审批，并细化了毒品犯罪技术侦查的适用条件、范围与措施，防止了以实施技术侦查之名而行制造犯罪之实。[2]按照目前的做法，我国在技术侦查措施的审批环节，适用的是公安机关的"内部审批制度"。一些学者认为，公安机关作为毒品犯罪调查的主力军，为了提高侦查效率，往往会滥用审批权限。还有学者认为，可以学习司法令状主义，让法院根据案件情况来审批。当然还有学者认为，由检察院审批更为合理。

笔者认为，由法院或检察院来审批是否可以采取技术侦查措施在我国没有"生长"的空间。其一，侦查本来就是一种时效性的行为，及时调查案件是侦查的重要要求，交由公安机关来审批是否可以采取技侦措施，更加有利于为破案争取到更多的时间。其二，公安机关才是最初、最全面接触案件情况的一方，出于保密性的考虑，法院与检察院一般无法获悉案件的全部内容，这使得法院与检察院缺乏审批的合理性基础。其三，尽管公安机关的"内部批准制"有被滥用的风险，但可以通过其他方式对其进行管控。例如，检察官在审判阶段承担证明技术侦查合法性的责任。如果无法提供证据证明，将承担败诉的风险，因此会加大检察院对技侦措施的审查力度。

3. 建立对相关人员的监督与追责机制

技术侦查之所以在实践当中易被滥用，很大程度源于缺乏相应的监督追责机制。[3]与一般犯罪不同，毒品犯罪具有其特殊性。在许多情况下，侦查

---

〔1〕 参见孙煜华：《何谓"严格的批准手续"——对我国〈刑事诉讼法〉技术侦查条款的合宪性解读》，载《环球法律评论》2013 年第 4 期。

〔2〕 参见马可：《论诱惑侦查的适用与法制规范》，载《江苏社会科学》2017 年第 1 期。

〔3〕 参见张松：《刑事错案及其治理》，吉林大学 2019 年博士学位论文。

人员需要想方设法打入一个"严丝合缝"的犯罪集团内部才能获取到关键的犯罪证据。而随之而来的问题是，侦查人员无法与外界联系，再加上所处环境的影响，从而失去对全局的判断，容易实施违法犯罪行为。因此，为了防止侦查人员在此期间实施非法行为，侦查机关应当预先对毒品犯罪侦查的有关人员的"权限"予以明确，并且实时管理侦查人员，观察是否有任何非法行为，对于无法实时管理的人员，可以在事后比照犯罪嫌疑人、证人的证词，再详细考虑、综合分析。

公安机关是"领导责任制"。因此，侦查人员在进行技术侦查时，无论是否违反法律，都不应当向有关人员追究其个人的责任，法律后果应当由实施批准的公安机关的主要负责人来承担，因为技术侦查的一线人员所实施的侦查行为是在公安机关授权下进行的。但如果侦查人员超出公安机关授权允许的范围，他们将自行承担因违法行为而需要遭受的惩罚。总的来说，应当按照案件的具体情形具体分析，分别按照毒品犯罪的教唆犯、共犯或构成滥用职权罪、徇私枉法罪等进行论处。

（四）构建完备的毒品犯罪证据制度

1. 个案权衡技侦证据的使用

2012年《刑诉法解释》中已经明确了依法采取技术侦查措施收集到的材料在刑事诉讼中可以作为证据来使用，但在具体案件中相关材料是否用作证据，却还需司法机关来予以把握。因此司法部门判断此技侦证据是否可用时，还需按照案件的实际情况来合理化使用。为此，技术侦查证据在收集使用的过程中，既不能滥用，又不能不用。一方面，技术侦查的材料长期以来在佐证其他证据、辅助法官心证方面发挥了难以替代的作用，但其始终停留在隐形证据的位置上，推动技术侦查证据从"幕后"走到"台前"，将其真正纳入刑事证据体系，既是防范冤假错案的需要，也是落实证据裁判原则的内在要求，更是以审判为中心的刑事诉讼制度改革的应有之义。另一方面，技术侦查措施采取的方式具备非常高的隐秘性，如若庭审环节采取不恰当的方式将其公开，势必会将侦查技术的秘密对外泄露。同时，现如今诸多毒贩有着极强的反侦查能力，如若将侦查方式公布后，对于往后毒贩的抓捕以及证据的搜集均会造成非常大的难度。

技术侦查所获材料的内容敏感度都非常高，如若使用方式存在不合理情况，必会对公民自身的隐私权造成一定的侵犯。参照法治先进国家制定的法律规定，譬如法国、德国、意大利等国家从 20 世纪 80 年代开始，就已对技术侦查进行系统性的立法，从而规范技术侦查措施及证据的使用。[1]根据一些国家开展的司法实践活动来看，审判中公开使用技术侦查证据虽然践行了正当程序，但总体上对打击毒品犯罪造成了较大冲击。例如，韩国每年查处的毒品仅有 100 公斤左右，与大量公开技术侦查证据不无关系。[2]另外，如若对技术侦查措施不作出任何的限制规定，这必将导致技侦手段在被破获的毒品案件中频频出现。长久以往，不仅会让技术侦查措施丧失原有的效果，而且更会侵害人们自身的合法权益。为此可以参考理论界的主流观点，即坚持最后使用原则，在证据使用的策略上应以常规侦查证据的使用为原则，技侦证据的使用为例外，[3]非必要一般不使用、少使用技术侦查措施作为侦查手段。

2. 规范技侦证据的审查认定

合法性是证据资格的门槛之一，技侦材料因其来源的特殊性使得合法性审查成为一个难点。以庭审作为切入点，当使用技侦材料时，不论是以证据的形式直接使用还是转化后再使用，都需要有合理且合法的正规手续及流程，以此证明材料的合法性。对于缺乏审批手续的技侦材料应当要求侦查机关提供，无法提供的应当作出合理说明或者以侦查人员出庭等其他方式进行转化，否则即使内容再客观真实也不能作为裁判依据。

当然，对合法性的审查不适合"一刀切"。以采取技侦措施的时间早于立案时间为例，不能一概否定所获材料的证据资格，应根据具体情况区分看待。关于证据的可采性，必须用法律规定来衡量技术侦查材料是否可以满足证据合法性的要求。以通话录音为例，证据采用视听资料的形式（未经转换），应根据相关视听资料的证据规则来进行审查。如果存在某些缺陷，可以通过补正或合理的解释予以纠正。而无法作出合理解释的，抑或是无法补正的将不包括在内。

技侦证据的收集通常与犯罪行为的实施具有实时同步的特点，正是因为在犯罪嫌疑人没有觉察的情形下收集，材料的内容往往能够客观、公正、准确地证明犯罪活动。然而，对技侦证据进行审查需关注其客观性、相关性，

---

〔1〕 参见胡铭：《英法德荷意技术侦查的程序性控制》，载《环球法律评论》2013 年第 4 期。

〔2〕 参见薛振、李志恒：《技侦材料在毒品案件审理中的使用》，载《人民司法（应用）》2018 年第 28 期。

〔3〕 参见王新清、姬艳涛：《技术侦查证据使用问题研究》，载《证据科学》2012 年第 4 期。

做到形式审查与实质审查并重。在形式审查层面来说，必须首先审查材料的来源，其次是审查技术侦查材料的形式，例如区分材料是复印件还是原件，如果是复印件，则应要求侦查机关解释复制过程和原始存储情况，并注意副本内容的完整性与连贯性。此外，不论技侦证据是以何种证据形式出现，都必须遵循与之相对应的证据标准及规定。在针对证据进行实质审查的过程中，一方面是通过上述形式审查来鉴别技侦材料形式上有无被剪辑、修改、增加，即证据是否保真；另一方面要结合材料的具体内容，审查是否能够证明被告人犯罪的待证事实。再者，技侦材料虽然在证明力上有优势，但同样适用证据补强规则。要注重技侦材料与其他在案证据的相互印证，发挥出技侦证据的真正价值。就以涉毒案为例，长期从事毒品犯罪的毒贩均有着较强的反侦查能力，在毒品交易环节，对于毒品本身的名称均不会提及，大多以暗语进行交流。若无其他证据或查明的事实进行印证，在认定犯罪事实层面上难以使审判人员形成内心确信。[1]

只有全面充分地发挥好技侦措施与技侦材料的作用，在毒品案件办理中构建更加立体化的运用态势，才是落实以审判为中心的刑事诉讼制度改革的题中之义。以科学化的方式灵活使用技侦材料，全力确保技侦证据的真实性，不仅将技侦手段作为侦破案件的有力武器，也努力推动技侦证据成为定罪量刑的重要依据，实现从广泛运用到深度运用的蜕变，让其在定罪量刑环节发挥出应有的效果。

3. 合理选择技侦证据的质证方式

在正常情况下，将技侦材料作为证据使用需要应对的情况有两种：一是将技侦材料直接作为证据使用。将技术侦查获取的原始材料或经审查的复制件，如通话录音、通信记录、电子数据等当庭展示、质证或者进行庭外核实。[2]通常来说，直接使用更加符合证据裁判原则的要求，然而这种情况在实际操作中出现的频率较低，这主要是技侦材料直接使用效果不好的特性所致。即便是最常见的通信监听，即使通话录音客观性、关联性较强，但如果要当庭展示，还需进行声纹鉴定以实现通话人与被告人身份上的同一认定，

---

〔1〕　参见刘继根：《毒品犯罪案件中技术侦查证据适用问题探究——以审判为中心为视角》，载《法制博览》2017年第21期。

〔2〕　参见薛振、李志恒：《技侦材料在毒品案件审理中的使用》，载《人民司法（应用）》2018年第28期。

而声纹鉴定本身尚面临鉴定程序复杂、有资质的鉴定机构较少、科学性存在争议等问题，庭审质证未必能取得较好的证明效果。即使采取庭外核实的方式，因为具体核实程序不明确，缺乏必要的诉讼化构造，结果也未必能让人信服。二是转化为其他证据使用。以技侦材料内容为基础，在形式上作一定转化，以其他适宜公开的证据形式呈现。这种方式在实际庭审环节使用得非常广泛。一方面，材料内容通过层层审核，提高了材料的真实性，另一方面，将材料转化后能够有效规避使用中出现的各类不确定风险。

4. 完善技侦证据的庭外核实程序

任何证据必须经过查证属实，才能作为定罪量刑的依据，技术侦查证据也不例外。在质证方式上，法律规定了直接质证、特殊方式质证、庭外核实三种方式，具体使用哪种质证方式，还需依照案件实际情况来定。大多数司法实践中对技侦材料所采取的质证方式主要为庭外核实。但庭外核实的操作规范、参与主体等诸多具体问题规定不明确，影响了实际操作效果，有必要对其进行规范。

采取庭外核实的方式必须遵循两个关键性的条件。其一，此证据对于对被告人自身的定罪量刑十分重要，有着决定性效果；其二，庭审质证该证据有可能存在不确定因素产生危害性。这种危害性一般指侦查的技术秘密泄露或者是对有关人员自身的生命安全产生危害等。但需要强调的是，这种涉密风险必须是明确具体的，概括性的理由不能成为一概适用庭外核实程序的说辞。

关于庭外核实的参与主体，最高人民法院印发的《实施意见》第13条明确了法庭可以召集辩护律师到场参与技侦证据的庭外核实程序，[1]这对解决长期存在的争议有一定的积极作用，但就参与律师的资质以及允许律师到场的情形未作明确。考虑到技侦证据具有保密的特殊性质，可要求律师签订保密协议，或考虑由律协等主管部门主持建立专门的资质认可平台，筛选出符合条件的律师参与庭外核实。对于手续完备、资料齐全的技侦证据可以考虑在庭前会议阶段核实，对于存有瑕疵、违法事由的技侦证据，可以由法官主导展开庭外核实程序，对确实不宜公开质询的技侦证据，可由法官单方面进行调查核实后，直接告知庭外核实的结果，而不必告知有关材料的全部内容。

---

〔1〕 参见王贞会：《技术侦查证据庭外核实程序之完善》，载《河南社会科学》2018年第2期。

# 第十四章 黑社会性质组织犯罪案件技术侦查

CHAPTER 14

黑社会性质组织犯罪，简称涉黑犯罪，它是对社会稳定影响极其严重的一类犯罪行为，因此恶性的涉黑犯罪一经公布往往会在一定范围内引起民众的瞩目。也正是因为如此，世界各国采取了不同的措施来打击涉黑犯罪。在我国，自1997年《刑法》以法律条文的形式将黑社会犯罪活动定名为黑社会性质组织类犯罪后，清晰的条文规定与详尽的司法解释进一步增进了公众对黑社会犯罪活动的认识。发展到今天，黑恶势力以各种形式实施的违法犯罪活动层出不穷，给我国公民权益和社会秩序带来了巨大的危害。[1]因此，我国在打击涉黑犯罪的立场上始终保持着高压的姿态，并在2000年、2006年及2018年分别开展了"打黑除恶""扫黑除恶"专项行动来打击黑恶势力，"扫黑除恶"专项行动实施至2019年10月底时，仅在西安市范围内就查处恶势力组织30多个，破获犯罪团伙案件170余件，抓获涉黑犯罪人员70余名。[2]

但鉴于涉黑犯罪的复杂性与特殊性，我国在打击涉黑犯罪的法律实践过程中，司法实践人员发现涉黑犯罪的罪名认定及法律适用依旧存在着诸多难点，不论是实体法还是程序法都存在着许多争议问题亟待解决。而近年来随着国家社会经济的发展，涉黑犯罪组织为了应对侦查机关的调查，往往会以设立公司开展正常生产经营的形式掩盖其非法活动，企图悄无声息地扰乱当地特定行业的正常生产经营。不光如此，在全球化背景的影响下，我国涉黑犯罪组织还与境外涉黑犯罪组织相勾结，并使用先进的科技设备来反侦查，

---

〔1〕 参见戴小强：《论"扫黑除恶"专项斗争的特征及其法治要求》，载《北京警察学院学报》2018年第3期。

〔2〕 参见杨学渊：《法治视角下"扫黑除恶"的保障策略研究》，载《法制博览》2020年第3期。

通过逃避侦查的方式去实施犯罪，这为我国涉黑犯罪的侦查增大了难度。与此同时，洗钱类犯罪、走私类犯罪、赌博类犯罪、毒品类犯罪等典型的涉黑犯罪本就具备了高隐蔽性的特点。正是因为如此，迫使侦查机关不断研究、探索新的侦查手段，技术侦查作为一种更为有效的侦查措施，被引入了涉黑犯罪的侦查活动当中。[1]

然而，技术侦查措施在打击涉黑犯罪的实践过程当中也产生了一系列的问题，在技术侦查制度设计、程序控制、证据认定等环节上都存在着较大的缺陷，给技术侦查措施在打击涉黑犯罪过程中的运用带来了诸多困难。笔者以涉黑犯罪侦查中常运用的监听、卧底侦查、线人制度为例进行分析，以期通过所总结的问题，结合我国实际国情对涉黑犯罪技术侦查的进一步开展提供有益的对策。

## 一、我国涉黑犯罪形势及其治理

（一）近十年我国涉黑犯罪形势分析

笔者在归纳所收集资料的基础上，总结出了近十年来我国涉黑犯罪的发展形势，发现我国的涉黑犯罪形势在这十年内呈现出阶段性变化的特征，接下来笔者将根据资料按阶段分析涉黑犯罪形势，以期得出我国涉黑犯罪的现实特点与总的变化趋势。

自 2011 年开始，涉黑犯罪呈现出四大特点：其一，被害人受到"软暴力"恐吓的事件明显增加；其二，犯罪组织以松散化的形式呈现，组织中的高层人员逐渐隐蔽至幕后，而基层人员呈现出临时化、市场化的发展趋势；其三，农村地区的基层干部腐败问题突出；其四，涉黑势力更注重"形象"，向"公司化""企业化"方向发展，用合法经营掩盖非法活动，以公司利润掩盖违法所得。[2]公安部 2011 年对外公开的数据显示，打掉涉黑组织共计400 多个，捣毁恶势力团伙共计 3900 余个，抓获犯罪人员共计 2.8 万多人，从涉黑案件中缴获的手枪、猎枪等有 800 多支，涉及非法资金达到了 50 多亿

---

〔1〕 参见罗旭红、李文燕：《有组织犯罪与秘密侦查法制化》，载《深圳大学学报（人文社会科学版）》2007 年第 4 期。

〔2〕 参见靳高风：《2011 年中国犯罪形势与刑事政策分析》，载《中国人民公安大学学报（社会科学版）》2012 年第 2 期。

元人民币。[1]

2012 年至 2015 年期间，我国涉黑犯罪形势总体上没有大的变化，但涉黑犯罪的大案、要案却时有发生。例如在 2012 年，分别对"辽宁袁诚家黑社会性质组织案""东莞高玉林黑社会性质组织案""贵州黎庆洪黑社会性质组织案""张家口王玉喜黑社会性质组织案"等一批重大案件进行了审判；2014 年更是对震惊全国的"四川刘汉、刘维涉黑案"进行了审判。从这些大案、要案中发现，我国的涉黑犯罪组织已不仅仅局限于涉及"黄赌毒"等传统地下产业，还介入了资金借贷、征地拆迁、矿藏开采、股权争夺等经济领域，犯罪形式也从聚众斗殴、敲诈勒索、寻衅滋事开始向"讨债公司""信贷公司""地下出警队"等形式发展。这些涉黑犯罪组织披着合法企业的外衣，通过暴力和"软暴力"涉足各个经济领域，通过不正当竞争、垄断控制一定行业或控制一定区域。[2]值得一提的是在 2013 年，涉黑犯罪中围绕赌博进行犯罪的问题开始愈演愈烈：首先，发生在城郊或者偏远乡村地区的现象越来越严重，且春节期间尤为突出。由于赌博类犯罪往往还伴随了打架斗殴事件，更严重的还出现故意杀人、纵火等相关恶性事件，这给当地的社会风气、治安带来了非常大的不良影响。其次，以沿海地区为例，这些区域主要以"六合彩"赌博为主，这类案件不但涉及的资金多，而且牵扯的人员广，引起了较为严重的社会问题。最后，有组织的跨境赌博、网络赌博现象突出。[3]

从 2016 年开始，我国的涉黑犯罪形势又产生了新的变化，一方面表现为涉黑犯罪势力盘踞农村，乱政、抗法、霸财、行凶行为在农村频发。如 2016 年，河北定州泉邱二村纠集家族成员与闲散人员的"最牛村主任"孟玲芬，安徽无为县组织"巡逻队"开设赌场的邢朝刚，河南郑州航空港大寨村组织"治安队"开设赌场和收取保护费的原治保主任张中彦，贵州安顺经济开发区王庄村强揽工程、持械与公安民警对峙的原村主任张运红等，[4]这一个个沉

---

〔1〕　参见《打黑除恶专业化法网更加严密》，载新浪网，http://news.sina.com.cn/o/2011-12-27/085223702012.shtml，最后访问日期：2020 年 6 月 26 日。

〔2〕　参见靳高风：《2014 年中国犯罪形势分析与 2015 年预测》，载《中国人民公安大学学报（社会科学版）》2015 年第 2 期。

〔3〕　参见靳高风：《2013 年中国犯罪形势分析及 2014 年预测》，载《中国人民公安大学学报（社会科学版）》2014 年第 2 期。

〔4〕　参见靳高风、王玥、李易尚：《2016 年中国犯罪形势分析及 2017 年预测》，载《中国人民公安大学学报（社会科学版）》2017 年第 2 期。

痛的案例表明，我国涉黑犯罪在农村已经生根发芽并影响当地经济。另一方面，"保护伞"现象越发严重，全国政法机关在 2017 年针对黑恶势力展开了非常严厉的打击行动，针对恶霸、村霸等扰乱当地治安秩序的涉黑分子作出了严厉的惩治。根据数据显示，全年全国共计端掉的村霸团伙约有 3500 个，抓获涉黑犯罪嫌疑人总数超 6400 人，抓捕涉黑犯罪团伙成员约 1.5 万余人，其中属于村干部的总人数超 1500 人，查处涉村委会、居委会换届选举案件 400 余起。[1]由此可见，在近几年来，我国涉黑犯罪组织盘踞农村的行为对当地的正常生产经营产生了严重的消极影响。

自 2018 年开始至今，在党中央"扫黑除恶"专项斗争的积极作用下，国内以涉黑类犯罪为代表的刑事犯罪案件数量有了非常显著的降低趋势。依照公安部在 2018 年对国内刑事案件作出的统计数据显示，全年立案的刑事案件相对比上一年减少了大约 7.7%；[2]为了将"扫黑除恶"行动落到实处，彻底消灭社会中的"败类"，政法机关相继颁布了诸多类似清除恶势力的指导意见。仅在 2019 年，全国检察机关分别起诉涉黑犯罪嫌疑人 30 547 人、涉恶犯罪嫌疑人 67 689 人、"保护伞"犯罪嫌疑人 1385 人，同比于 2018 年分别上升 194.8%、33.2%、295.7%。[3]正是在扫黑除恶专项斗争的不断深入下，一桩桩引起社会强烈反响的陈年积案受到了正义的审判，极大地增强了我国的司法公信力。因为此次专项斗争打击涉黑犯罪力度之大、效果之显著前所未有，下文将详细阐述有关扫黑除恶专项斗争实施三年的成果。

（二）涉黑犯罪的特点分析

1. 涉黑犯罪的组织结构

虽然与境外的"黑手党""山口组"等黑社会组织相比，我国的黑社会性质组织还处于较低级的阶段，但相比于改革开放初期却已经形成了较为成熟的组织架构模式。我国经济前沿阵地——广东省的调研报告中显示，当前黑

---

〔1〕 参见靳高风、朱双洋、林晞楠：《中国犯罪形势分析与预测（2017—2018）》，载《中国人民公安大学学报（社会科学版）》2018 年第 2 期。

〔2〕 参见《全国公安机关扫黑除恶专项斗争取得明显成效》，载中国日报网，http://cn.chinadaily.com.cn/a/201901/28/WS5c4e702aa31010568bdc6dcf.html？from＝singlemessage，最后访问日期：2022 年 6 月 6 日。

〔3〕 参见靳高风、郭一霖、李昂霖：《疫情防控背景下中国犯罪形势变化与趋势——2019—2020 年中国犯罪形势分析与预测》，载《中国人民公安大学学报（社会科学版）》2020 年第 3 期。

社会性质组织架构大多呈现出典型的紧密型架构形式，[1]该形式呈现为等级分明的金字塔结构，存有若干分机构或部门并具有一定的组织条约或规定。

2. 涉黑犯罪的犯罪主体

从犯罪组织成员的文化程度方面来看，学者吕行通过对 70 份刑事判决书中的 508 名被告人的文化程度进行统计分析，以学历进行划分：文盲以及小学教育程度分别为 6 人、115 人，初中教育程度及高中教育程度的人数分别为 219 人与 46 人，中专教育程度及大专教育程度的人数分别为 31 人和 10 人，本科教育程度的人数为 6 人，其余 75 名被告人文化程度信息缺失。[2]由此可见，学历在高中、中专、大专、本科文化程度的涉黑犯罪行为人依次减少，这表明涉黑犯罪的被告人文化程度普遍偏低。

从犯罪组织成员的职业构成、户籍分布及前科情况来看，学者金泽刚等通过对上海 14 份已决判决书的实证分析研究发现，14 起案件当中，无业人员占 62%，本地人占 24%。而通过对犯罪组织成员之前所犯罪行进行调查显示，首次犯罪的人数相对比总人数占比约为 78%，[3]这点与黑社会性质组织成员在社会大众心中所想的劣迹斑斑形象相差甚远。

3. 涉黑犯罪的所涉行业

学者柴艳茹通过对 339 个被取缔的黑社会性质组织进行实证分析发现：在综合被考察的 339 个黑社会性质组织中，包含娱乐场所及餐饮业的数量分别为 88 个与 71 个；涉及集贸市场和道路交通的分别为 47 个与 35 个；牵扯到客运行业的为 24 个；涉及乡镇村霸的案件数量为 35 个；涉及建筑工程行业及旅游业的分别为 17 个和 5 个；涉及赌场的 5 个；涉及学校周边的 5 个；涉及非法开采的 3 个；涉及其他行业的 4 个。实施犯罪所涉及的主要行业领域是娱乐行业、餐饮服务业、交通运输业等行业。[4]

---

〔1〕 参见张翔、李康震：《广东省黑社会性质组织犯罪实证调查研究——基于已判刑的 25 个黑社会性质组织的考察》，载《江西警察学院学报》2018 年第 3 期。

〔2〕 参见吕行：《恶势力犯罪的对策研究——以 70 份随机案例为切入》，载《法制与社会》2020 年第 8 期。

〔3〕 参见金泽刚、李炳南：《上海地区黑社会性质组织犯罪的特征与思考——基于十四个已决案例的实证分析》，载《法治研究》2014 年第 2 期。

〔4〕 参见柴艳茹：《黑社会性质犯罪侦查防范与控制——当前打黑除恶专项斗争面临的难题和对策》，载《政法学刊》2008 年第 4 期。

4. 涉黑犯罪的犯罪手段

从犯罪手段来看，组织者、领导者较少直接参与犯罪，如需操办具体违法犯罪行为，组织领导者会临时雇用社会闲散人员实施威胁、恐吓及其他犯罪行为。而且关于犯罪手段的表现形式，已经从对抗式的公开手段转向了操纵式的隐蔽手段。黑社会性质组织成员大多不再使用激烈的暴力手段，继而采用如跟踪尾随、断水断电、言语恐吓、造势威胁等软暴力行为给被害人施压从而达到非法目的。

5. 涉黑犯罪的所涉罪名

从涉黑犯罪所涉罪名来看，学者王牧的案件实证研究结果显示："故意杀人罪与故意伤害罪分别占比为 3.2% 与 12.7%；抢劫罪与绑架罪分别占比为 9%、3.6%；强奸罪占据 0.8%，爆炸罪占据 0.2%，非法拘禁罪占据 4.8%，盗窃罪占据 3.6%，敲诈勒索罪占据 8.7%，诈骗罪占据 1%，偷渡类犯罪占据 0.5%，贩毒类犯罪占据 2.5%，赌博类犯罪占据 6.1%，走私类犯罪占据 0.2%，寻衅滋事罪占据 3.4%，聚众斗殴罪占据 3.4%，非法持有枪支类犯罪占据 3%，窝藏罪占据 2.8%，妨害公务罪占据 0.2%，行贿罪占据 0.6%，组织领导参加黑社会性质组织类犯罪占据 5.4%，其他类型犯罪占据 24.1%。"[1] 由此可见，涉黑犯罪所涉的罪名十分宽泛。

6. 涉黑犯罪的"保护伞"问题

学者靳高风在对已决案例的实证研究中发现，约有一半的黑社会性质组织有"保护伞"。根据重庆市高级人民法院的统计，仅就 2009 年 6 月至 2010 年 3 月这 9 个月的时间内，市高院所受理的黑社会性质组织案件共计 41 起，其中有 24 名国家工作人员参与。黑社会性质组织中有"保护伞"的案件共计占比总案件数量的 54%。以吉林省对外公布的 37 个典型案例而言，黑社会性质组织中有公权力腐败行为的共计 18 个，与总案件数量对比占比约为 48.6%。另外，75 个涉及"保护伞"的黑社会性质组织中，作为"保护伞"的国家工作人员包含 121 人之多，在这些人员中，从事司法工作的人员有 71 人，占总涉案国家工作人员人数比约为 58.7%。[2]从涉黑犯罪中涉及"保护

---

〔1〕 王牧、张凌、赵国玲主编：《中国有组织犯罪实证研究》，中国检察出版社 2011 年版，第 23 页。

〔2〕 参见靳高风：《当前中国有组织犯罪的现状、特点、类型和发展趋势》，载《中国人民公安大学学报（社会科学版）》2011 年第 5 期。

伞"问题数量的占比来看，"打伞"举措势在必行。

（三）从打黑除恶到扫黑除恶的转变

党的十九大报告中明确指出，如今我国已正式进入崭新的历史时期，人民生活的整体水平不断提升，社会也在不断发展，然而涉黑犯罪作为一种干扰正常社会活动的犯罪行为，不仅干预了广大人民群众的生命权与财产权，而且影响了小康社会的可持续发展。为了治理这一社会毒瘤，党中央于 2006 年展开了"打黑除恶"专项行动，该项行动所收获的成果不言而喻。但为了进一步让乡村振兴战略更加顺利落实，更好保障新时代背景下社会的和谐发展，党中央在 2018 年初发出了《关于开展扫黑除恶专项斗争的通知》（以下简称《通知》），决定在全国范围内掀起新一轮打击涉黑犯罪的高潮。其中一个动词的变化引起了广泛的关注，那就是"扫"字。这个变化表明了党中央对打击涉黑犯罪态度的转变，它强调要在继续严厉打击涉黑犯罪的基础上，针对黑恶势力出现的新情况调整打击措施和应对策略，其影响更为深远。[1]而由"打"到"扫"的转变，出于科学化的思考，主要是为了体现下述三种核心因素：

第一，以全面振兴乡村为国家战略的着力点。党的十九大报告明确提出了乡村振兴战略。农业、农村、农民这"三农"问题始终是关系国计民生的根本性问题。2018 年，党中央的一号文件对农村发展规划了三个目标：到 2020 年，乡村振兴取得重要进展，制度框架和政策体系基本形成；到 2035 年，乡村振兴取得决定性进展，农业农村现代化基本实现；到 2050 年，乡村全面振兴，农业强、农村美、农民富全面实现。2018 年 3 月，李克强总理重申要实施乡村振兴战略，在中央划定的七条振兴路径中，其中之一便是必须创新乡村治理体系，走乡村善治之路。该路径蕴含的深意之一就是要结合当前扫黑除恶行动对乡村恶霸予以肃清，并且严肃查处侵犯农民利益的"微腐败"等乱象。

第二，剥除涉黑犯罪势力的伪装"外衣"。十多年来，我国贯彻落实严厉的反黑政策，涉黑犯罪势力受到了严重的打击，但其并未完全销声匿迹，有些势力为了逃避正义的审判，增强了违法犯罪行为的隐蔽性，还有些势力则使用高科技手段，这都增大了侦查的难度；更有甚者，有些涉黑势力转变了

---

〔1〕　参见康均心：《从打黑除恶到扫黑除恶》，载《河南警察学院学报》2018 年第 3 期。

获利方式、谋利手段，将犯罪手段由"硬暴力"向"软暴力"转变，逐渐在合法的伪装外衣下继续进行违法犯罪活动。因此，在当下，党中央号召开展与时俱进的"扫黑除恶"专项斗争，将更加有效地打击涉黑犯罪，通过剥掉涉黑组织伪装外衣的方式来打击漏网之鱼。

第三，以更高压的姿态扫除黑恶势力。在全面依法治国的大环境下，必须严厉打击涉黑犯罪活动，维护社会稳定与保持法治昌明，这本就是依法治国的应有之义。党中央决定开展的"扫黑除恶"行动针对性极强，重视程度高于以往的"打黑除恶"。这是因为"扫黑除恶"专项斗争是从维护党的执政根基、加强基层政权建设、维护国家长治久安出发的，打击方式是点面结合，由点到面，以面为主，这种方式对于打击涉黑犯罪的效果是显而易见的。[1]

（四）"扫黑除恶"专项斗争及其成果

1. "扫黑除恶"专项斗争的目标

"扫黑除恶"行动的开展期限为期三年，在每个阶段都有着明确的规划部署。第一阶段主要是以2018年的整治作为开端，目的在于构建出完善的惩治方案以及完成扫黑除恶专项斗争的动员部署，在全国范围内掀起打击涉黑团伙的高潮，同时更要增强扫黑除恶专项斗争的整体效能，对涉黑犯罪的突出问题进行有效的控制，从而形成打击涉黑犯罪的浓厚氛围；第二阶段自2019年1月至12月，主要是针对涉黑犯罪中一些尚未攻克的重点、难点问题进行决策部署，并对已经被攻破的涉黑犯罪团伙进行跟踪并将其彻底铲除；第三阶段自2020年1月至12月，该阶段的总体目标是构建出完善且有效的长效机制，通过该项机制限制涉黑势力的发展，以此提升社会大众的安全感、幸福感。

除了有三个阶段性部署之外，扫黑除恶专项斗争还有着整体的目标规划：

（1）严厉清除高层中存在的"黑伞"，扫除基层中存在的"苍蝇"。开展扫黑除恶最终的目的就是消除社会中存在的"毒瘤"，还社会大众一片"蓝天"。涉黑势力的背后往往伴随着"保护伞"，即涉黑势力可能与权力勾结。随着"扫黑除恶"的逐步深入，如果"保护伞"能清除则可以更加有效地打击黑恶势力，让涉黑犯罪分子无处藏匿。根据《通知》文件所提出的内容可

---

〔1〕 参见康均心：《从打黑除恶到扫黑除恶》，载《河南警察学院学报》2018年第3期。

得知，扫黑除恶本质在于清除党内污垢，将黑恶势力彻底铲除，为人民群众提供更加安全的保护能力。

（2）势必彻底清除村霸、乡霸。中纪委在 2017 年初针对村霸问题提出了相应的整治意见，意在严惩生活在基层的村霸以及宗族势力，从而确保基层政权的"纯洁"性。该文件的颁布，为扫黑除恶提供了非常好的指引效果，为促进乡村振兴战略做出了巨大的贡献。

（3）全力扫除职业医闹。各省市在贯彻落实中央《通知》的过程中，都明确规定了对应的具体措施和打击对象。该文件对于应对职业医闹的行为应采取怎样的措施均有明确的规定，意在通过文件建立起打击的标准，从而严厉惩罚黑恶势力所犯下的各种罪行。通过对以往出现的伤医事件进行分析后得知，医患之间关系的不断恶化，是因为执法人员在处理这类事件时没有标准可依，使得处理结果无法让人满意。同时，"踢皮球"事件层出不穷，使得医患冲突不仅没有得到妥善解决，反而矛盾越来越深。在这次开展的"扫黑除恶"行动中，将"医闹"行为直接定义为涉黑行为并进行严厉打击，从根本上保护医护人员自身的生命及财产安全，为营造更好的就医环境、满足患者就医需求打下了坚实的基础。

2."扫黑除恶"专项斗争的特点

在新的社会背景下，第三轮"扫黑除恶"专项斗争被赋予了全新的使命，因此与前两次"打黑除恶"行动相比也有了全新的特点：

（1）国家的重视程度更高。相较于前两次，此次行动是由党中央、国务院专门印发通知，30 多个部门参与的。

（2）打击重点不同。由于宗族恶势力猖獗，权力缺乏监督，一些村干部堕落为村霸横行一方，违反党纪国法，干预群众的获得感与幸福感。针对此种现象，此次"扫黑除恶"专项斗争将重点转向了农村。

（3）高要求的严格执法标准。为了让《通知》内容更好地落实在行动中，最高人民法院、最高人民检察院、公安部、司法部针对与黑恶势力有关的刑事案件联合颁布了《关于办理黑恶势力犯罪案件若干问题的指导意见》等一系列文件，此系列法律文件的出台标志着国家严格依法扫黑除恶的决心。

（4）更大的打击范围。仅从此次行动与前两次行动的名称来看，与前两次称之为"打黑除恶"行动不同的是，由"打"到"扫"的转变意味着党和国家期望将涉黑组织扫除干净。从实际来看，此次"扫黑除恶"专项斗争，除了严厉打击涉黑犯罪组织的"保护伞"外，同样严格处理及惩治了黑恶势力开展的软暴力以及非法放贷讨债的行为。

（5）着眼点不同。马克思主义发展观告诉我们，事物是不断发展的，量变积累到一定的程度时会促成质变。这也说明任何的犯罪行为发展都会经历一段过程，涉黑犯罪也不外乎如此。因此，此次扫黑除恶坚持了早期处理政策，提出了标本兼治与源头控制的方针。

3. "扫黑除恶"专项斗争的成果

关于"扫黑除恶"专项斗争的视频会议在 2018 年年底正式召开。会议中，全国扫黑除恶专项斗争领导小组组长郭声琨对全年"扫黑除恶"取得的成果进行了总结。主要内容为：时至 2018 年 11 月底，经过"扫黑除恶"行动的不断深入开展，国内总计打掉黑恶势力组织 1082 个，缴获的手枪、气枪及冲锋枪等攻击性武器共计有 1600 余支。一审判决涉黑涉恶案件被告人 14 155 名，投案自首的涉黑涉恶违法犯罪人员的数量达到了 1.8 万名。[1]

通过数据分析明显可以看出，"扫黑除恶"整体展现出的效果非常好，较为突出的地方有四点：

（1）社会治安得到很好的治理，群众幸福的呼声热情高涨，至行动开展以来，国内全年的刑事案件数量下降的趋势明显，下降总比为 7.9%左右；持枪案件的数量同样有着明显的下降趋势，下降总比为 38.9%左右；爆炸案件同比上一年的数据，大约减少了 29.1%；杀人案件明显减少 6.3%左右。

（2）群众幸福指数不断增加，对政府的满意度显著提升。自从"扫黑除恶"行动开展之后，我国成为全球治安最好的国家之一。

（3）"扫黑除恶"行动不仅对社会风气起到了非常大的改观作用，更转变了党风与政治风气，各党员一心为党，一心为民，腐败行为明显减少。在此次行动中，处理的"保护伞"案件数量达到了 11 982 起，党纪处分的党员干部总人数为 8300 余人，移交司法机关进行处理的人数有 1893 人。处理基层不合格及不称职的党领导班子成员共计 1.7 万人，取消了 5.3 万名不符合条件的人选资格。[2]

---

〔1〕 参见《扫黑除恶第一年，这份成绩单您满意吗？》，载大河报网，http：//www.dahebao.cn/dahe/appweb/1321370？cid=1321370，最后访问日期：2020 年 6 月 13 日。

〔2〕 参见康均心：《2018 年中国刑法实施报告》，载《湖北警官学院学报》2019 年第 2 期。

（4）市场投资的整体环境得到了明显的提升。一些表面上经营合法商业，背地里却实施涉黑行为的企业得到了惩治，进而整顿了市场整体的风气，为市场良性发展营造了非常好的环境。

2019 年年底，全国扫黑办开展了"百日追逃"行动，成功使大量目标逃犯到案，到案率高达 71.1%。[1]可以说，2019 年"扫黑除恶"工作已经不再停留于"治标"，而是尝试从根本上解决问题，力求做到"打伞破网"。可以说，2019 年的行动不仅继承了 2018 年的成果，也为 2020 年进一步"扫黑除恶"奠定基础。

2020 年作为"扫黑除恶"专项斗争的决胜之年，成果更为显著。截至该年度 4 月底，国内扫黑行动所清除的涉黑组织总数达到了 3120 个，打掉的涉恶组织总数为 9888 个，因刑事犯罪而受到拘留的总人数达到 38 万有余，清除的"保护伞"人数为 67 190 人。[2]时至 2020 年 7 月底，在挂牌督办的 111 起扫黑案件中，已经了结的案件共计有 23 件，仍在审判阶段的案件总数为 41 件，处于审查起诉阶段的案件共计 22 件，尚在侦查阶段的案件共计 25 件，共计抓捕的犯罪嫌疑人总数为 8671 人，在逃人员 46 名中的 18 名现已归案。行动中所冻结、扣押的涉案资金高达 1088 亿余元人民币，打掉"保护伞"3341 人。[3]正是在全国各区域扫黑部门联合行动下才能取得如此令人瞩目的成绩，进而展现出了"扫黑除恶"总决战全面铺开的态势。

## 二、技术侦查在涉黑犯罪案件中的应用

（一）涉黑犯罪的取证特点与难点

1. 涉黑犯罪侦查取证的特点

（1）言词类证据比重较大

言词类证据是涉黑犯罪中最为常见的证据类型，而涉黑犯罪中言词类证

---

〔1〕　参见《扫黑除恶百日追逃行动获重大战果：目标逃犯到案率超 7 成》，载新浪网，http://news.sina.com.cn/c/2019-12-26/doc-iihnzhfz8353506.shtml，最后访问日期：2020 年 7 月 10 日。

〔2〕　参见《全国已打掉涉黑组织 3120 个，涉恶犯罪集团 9888 个》，载人民日报，https://baijiahao.baidu.com/s? id=1667103788187815328&wfr=spider&for=pc，最后访问日期：2020 年 7 月 10 日。

〔3〕　参见《陈一新在全国扫黑办挂牌督办案件第 2 次新闻发布会上指出　聚焦"六度"统筹推进强势发力　坚决打赢大要案攻坚战》，载中华人民共和国公安部网，https://www.mps.gov.cn/n2255079/n5967516/n6203051/n6203341/c7259236/content.html，最后访问日期：2020 年 7 月 10 日。

据数量占比大的主要原因有：其一，涉黑犯罪的人数具备群体性的特征，在涉黑犯罪当中不仅实施具体犯罪行为的组织成员较多，而且可以证明案件事实的证人、与案关联人也很多，这些人所表述的证明材料从证据分类上划分就体现为言词类证据；其二，隐蔽性和层次性成为涉黑犯罪的鲜明行为特征，实物证据很难证明其组织的行为本身，而言词证据却能发挥出关键性作用；其三，涉黑犯罪各个具体犯罪行为之间的关系具有关联性特点，所以很多情况下，要对涉黑犯罪组织进行整体性认定也只能依赖言词证据。[1]

（2）证据分布呈现出分散性特点

因为涉黑犯罪的特点是案件多、犯罪主体多、所涉罪名多、所涉及的时间跨度大、区域范围广，使得在各个主体、罪名、案件等因素之间散落了各个类型的证据，况且由于犯罪行业囊括的类别广，使得证据处于一个流转变化的状态，从而导致整个涉黑犯罪中的证据十分分散。导致此种现象的主要原因如下：

第一，涉黑犯罪涉及罪名较为复杂。正如前文所述，一般的涉黑犯罪能够涉及除危害国家安全类犯罪之外的所有罪名。因此在整个涉黑犯罪的过程中充斥着各类的违法犯罪行为，致使涉黑犯罪组织的所有违法犯罪行为形成了一个统一整体，在每一个具体的案件中又包含了整个涉黑案件的部分犯罪情节。

第二，涉黑犯罪中子罪证据存在非常大的分散性。这主要是由涉黑犯罪违法行为的分离性、层次性、整合性引起的，不同的犯罪行为人在实施具体犯罪时，所实施的具体违法犯罪行为会遗留各式各样的证据，这些子罪证据也是分散的。另一方面来说，当出现具体的犯罪行为时，子罪行为同样涉及各类主体，使得案件证据错综复杂。

第三，涉黑犯罪主体人数众多，既包括组织者、领导者，也包括积极参与者和一般参与者，少则数人，多则百人。具体的组织成员所犯的罪行组成了涉黑犯罪违法行为，所以每一个犯罪行为人身上都分布着各种形式的涉黑犯罪证据。

（3）证据存在形式具有易变性

涉黑犯罪一般是在一定区域或行业内经过长时间的恶性膨胀才形成的。

---

〔1〕 参见蒋和平：《有组织犯罪证据收集及审查认定研究》，西南政法大学 2014 年博士学位论文。

证据的变化一般会经历三个阶段：流动、衰减、灭失。其一，在某一特定空间中，犯罪行为所具备的相似性和重复性反映到证据上就是流动性，例如犯罪行为人之间流转着同一犯罪工具。其二，证据的存续具备一维性的时间特征，主要体现在纵向过程中的证据特性。由于此种犯罪的持续时间较长，这就导致了证据在经过长时间的演进后会出现锐减甚至消失的现象。其三，主体具有动态性特征，涉黑犯罪证据的持有主体往往容易发生变动，而相应的证据往往也会随之发生变化。[1]而一维性与动态性的特征，就在实践当中反映出了证据的衰减与灭失变化。

（4）相互关联的多个证据具有共同证明性

涉黑犯罪所存在的共同证明性指的是该类犯罪的证明往往需要数项证据相互配合，而无法只依赖一项证据作出有效认定。理由在于，该类型犯罪证据往往较为分散，且单个证据证明力有限，而涉黑犯罪的特性又致使该类犯罪中单一的证据难以独立、完整地证明案件的主要事实，因此涉黑犯罪中几乎所有的犯罪行为均需多个证据相互关联的共同证明。[2]

一方面来说，共同证明性是涉黑犯罪中子罪证据的特性。就涉黑犯罪的子罪的证明而言，除了要证明时间、空间等传统事实外，还需要证明其所具有的非法控制特征、组织特征、经济特征、行为特征。所以为了证明涉黑犯罪中的案件事实，往往就需要很多相互印证的证据去加以证明，这就展现出了子罪证据具有共同证明性。

另一方面，共同证明性也是整罪证据的特性。在证明涉黑犯罪的过程中，很多子罪案件的真实性有机结合在一起，从而形成了整案的案件事实。因而涉黑犯罪不同罪名的关联性需要多个证据成体系性共同证明。除了这点以外，组织内部的组织、指挥、决策和执行的分离性形成了涉黑犯罪的另一特性，即组织内部成员只是知道其所需要负责之犯罪行为的相关内容，因此要侦破涉黑犯罪的全案，必须收集能够证明全案的各个证据。况且，反侦查性和隐蔽性是涉黑犯罪行为的特性，导致在侦查取证的过程中彻底查清案件显得特别困难。所以要认定涉黑犯罪，就必须多方收集足量的证据，组成完整而严

---

〔1〕　参见覃珠坚：《试论黑社会性质组织犯罪证据特征》，载《犯罪研究》2001 年第 2 期。

〔2〕　参见张旭、曲晟：《黑社会性质组织犯罪证据调查和收集上的难点与对策》，载《法治研究》2011 年第 11 期。

密的证据体系。[1]

2. 涉黑犯罪案件的侦查难点

（1）涉黑犯罪的组织者、领导者具有较强的反侦查能力

研究结果表明，大量涉黑组织的组织者都是"两劳"释放人员。例如，某省被打掉的 136 个黑社会性质组织中，有犯罪前科的犯罪头目为 74 名，在所有组织者中所占比例为 54.4%，而具有犯罪前科的人员占所有涉黑人员的 36%。[2]另外根据南开大学学者王南玲调查研究某市黑社会性质组织犯罪案件发现，"两劳"释放人员在黑社会性质组织成员中占了 58.23%的比例，且骨干成员大多数都是累犯。[3]学者靳高风研究发现，在某市 11 个黑社会性质组织中的 79 名组织头目和骨干分子当中，竟然高达 78 名有过刑事前科，其中"二进宫""三进宫"和曾被判处 10 年以上有期徒刑的达 47 人，占 59%。[4]这些人员往往都经历过公安机关专业的侦查手段，致使他们往往都具备了一定的反侦查经验，擅长掩盖行为，刻意避免制造证据，并有意识销毁证据。

而且随着组织规模和经营的产业规模不断扩大，涉黑犯罪组织的形态实现了由初级向高级的恶性转变，涉黑组织的领导者逐渐成为各项犯罪活动的幕后指挥者，在犯罪活动中不再事事亲力亲为，"代理人"会帮助其代理事务。[5]因此涉黑组织中的领导者往往与具体犯罪行为之间不再有表象层面上的必然联系，使得公安机关的侦查取证难度增加了。甚至在经济实力增强后，涉黑组织的组织、领导者开始渗透到政治领域，谋求一定的政治身份。[6]这就使得个别人员的抗侦查能力更加强大，并且具备了使用外部力量来抗击侦查行动的能力。

---

[1] 参见蒋和平：《有组织犯罪证据收集及审查认定研究》，西南政法大学 2014 年博士学位论文。

[2] 参见王锡章：《黑社会性质组织犯罪侦查取证问题研究》，中国人民公安大学 2017 年博士学位论文。

[3] 参见王南玲：《天津市黑社会性质有组织犯罪的现状、原因及侦查对策思考》，载《公安大学学报》1997 年第 6 期。

[4] 参见靳高风：《黑社会性质的组织及其犯罪的事实性特征分析——关于 32 个黑社会性质的组织案件的调研报告》，载《中国人民公安大学学报（社会科学版）》2004 年第 6 期。

[5] 参见陈银珠：《我国黑社会性质组织的传统特征和新特征——以山西阳泉关氏兄弟涉黑组织案为样本》，载《北京人民警察学院学报》2011 年第 3 期。

[6] 参见李栋：《黑社会性质组织犯罪发展趋势及侦查方法研究》，载《西部法学评论》2014 年第 2 期。

（2）核心成员之间关系紧密妨碍有效供述的获取

在涉黑犯罪组织发展的初期，多数组织成员之间的关系都十分密切，主要表现为地缘、"狱友"、亲缘等情感关系。如学者王牧在其著作中所作的实证分析结果显示：在涉黑犯罪组织里组织、领导者与核心成员的关系中，同乡关系占总比的 52.7%；亲属关系占比 3.8%；同事关系占比 7.8%；同监关系占比 3.1%；邻里关系占比 0.3%。[1]从数据所呈现的内容反映，涉黑犯罪嫌疑人之间的关系有着显著的裙带特征，即以同乡关系、亲属关系、同事关系、同监关系为纽带。组织、领导者与组织成员之间联系的紧密程度通过这些关系得到了一定程度的加强，衍生出了利益共同体的状态，从而使得组织内部因这种密切的联系而变得异常坚固，可以更加肆无忌惮地对抗公安机关的侦查。再加上组织内部惩罚告密者的规约、规章以及在"义气"等托辞的洗脑下，犯罪嫌疑人对于案情三缄其口，甚至常常寄希望于"关系网""保护伞"会将自己捞出，从而在审讯期间负隅顽抗。涉黑犯罪中的组织、领导者和组织成员之间通过相互勾结的方式掩盖犯罪证据和事实真相。这极大地增加了公安机关在侦查过程中取证的难度，使得一般的侦查措施难以应对涉黑犯罪的侦查。

（3）一般参加者参与犯罪的随机性影响证据的关联性

近年来，一些涉黑犯罪组织逐渐发展到高级阶段，不仅组织、领导者隐藏于幕后使得组织结构逐渐松散，就连组织成员之间的联系也变成了单向沟通，基层组织成员呈现出了临时化的特点，当要一起实施某项具体的犯罪行为时，组织成员们听从领导者的指示，在有"任务"的时候跟随命令随时参与进来，平时则与组织、领导者的关系处于一种"聊胜于无"的状态。根据全国人大常委会法工委的调查研究发现，部分的涉黑犯罪组织只存在组织、领导者与核心成员两个层面的组织架构，当某个时间点内需要雇打手时，涉黑组织可以在极短的时间内在市场上招募足够数量的"临时打手"，在事情完成后聚集者们则各自离去。[2]涉黑组织根据所雇打手出场的时候是不是带有凶器、是否在打斗过程中使用凶器、是否有实质性参与行为等不同的情形，

---

〔1〕　参见王牧、张凌、赵国玲主编：《中国有组织犯罪实证研究》，中国检察出版社 2011 年版，第 14 页。

〔2〕　参见王永茜：《论黑社会性质组织犯罪的"组织特征"》，载《北京理工大学学报（社会科学版）》2019 年第 5 期。

来确定支付金额的大小。这些人之间互相并不认识，有的受雇打手不知道谁是雇主，结束后就逃离犯罪现场，甚至即便将此类"临时人员"抓捕归案，由于其对涉黑犯罪组织的计划、目标等信息全然不知，对于打击涉黑犯罪组织毫无用处，使得传统的侦查行为根本难以应对。

（4）"保护伞"阻碍侦查

从实践的角度看，"保护伞"对涉黑犯罪组织的恶性发展起到了推波助澜的作用。就全国范围内而言，公安干警为涉黑犯罪组织"保驾护航"的案例不在少数，如原某市公安局副局长文某、原 J 省公安厅副厅长许某刚、原 H 省 R 市公安局副局长韩某江等。

"保护伞"对涉黑犯罪组织的保护有多种形式，主要表现在对其消极放任，默许其作恶多端，任由黑恶势力发展壮大。有些相关人员采取祖护包庇的方式，甚至与其互相勾结，为犯罪团伙提供情报，在进行侦查的过程中避重就轻，更有甚者为涉黑犯罪组织伪造虚假的证据，令侦查人员无法还原真实的犯罪事实，或者通过自己的职权让公安机关无法进行调查行动，使得犯罪组织可以逃避其所犯罪行。这些所谓的"保护"，使得公安机关对涉黑犯罪的调查取证困难重重，或是侦查计划被提前告知，或是侦查受到限制，或是关键证据遗失等，使得涉黑犯罪的调查取证和其他普通刑事案件比起来更为艰难。

由于技术侦查措施具有高保密性的特点，往往能够在不惊动"保护伞"的情况下将案件坐实，令涉黑犯罪相关行为人无法逃脱应有的法律制裁，因此采取比一般侦查措施更加行之有效的技术侦查措施确有必要。

从以上四个角度分析涉黑犯罪的侦查难点，可以得出传统侦查方式无法高效搜集涉黑犯罪证据的结论。根据此类案件的特殊性，侦查人员要合理使用技术侦查措施。其一，要灵活运用邮件检查、视频监控、通信监听、秘拍、秘录、轨迹追踪等方式来取证；其二，提供机会以采取控制下交付措施，对符合诱惑侦查条件的嫌疑主体可以通过制造购买机会等方式来获取证据；其三，通过线人侦查来获取证据，通过嫌疑人身边的线人来获取情报；其四，采取卧底侦查，根据案件需要，经严格批准后选派卧底打入涉黑犯罪组织的内部，里外配合彻底打击涉黑犯罪集团。[1]

---

〔1〕 参见张鹏莉：《当前黑社会性质组织犯罪案件的特点及侦查方法》，载《法制博览》2019 年第 17 期。

（二）涉黑犯罪案件常用技术侦查措施应用分析

公安机关和黑社会性质组织的关系可以看作是智力的角斗，所以公安机关应当以涉黑犯罪的特点、组织严密的程度、性质作为考量的基础，并在侦破案件的过程中采用多种可能的方式方法。而涉黑犯罪是一种反社会的行为，涉黑组织自身的实力与整个国家的科技力量相比是微乎其微的。因此，公安机关要凭借自身的优势，在技术上采取多种手段来进行线索和证据的搜集。笔者在考察实践的基础上，针对三类在涉黑犯罪中常用的技术侦查措施进行讨论。

1. 通信监听与涉黑犯罪案件的侦查

随着隐蔽性较强的涉黑犯罪的大量出现，仅仅依靠常规的侦查手段已无法有效地完成侦查任务。而监听具备很多的特性，这使得其成为侦查机关侦查涉黑犯罪的常用措施之一。这项措施的特性主要表现在：其一，扩展性。监听可以扩大侦查范围，主要体现在其可以发现其他牵连案件。其二，全面性。犯罪嫌疑人的日常生活情况可以被全面知悉，将犯罪全貌全部向侦查机关展现出来。其三，安全性。监听避免了侦查人员在收集关键性犯罪证据时陷入危险中。其四，科学性。监听可以客观真实地记录、复制犯罪证据。调查显示，一线侦查人员最常用并且效果最显著的侦查方法就是监听。[1]

监听措施不仅仅是刑侦实践中的"主角"，同样也是警匪类影视作品中的"常客"。例如在影视作品《窃听风云》中，就形象生动地展现了监听作为一项技术侦查措施在打击涉黑犯罪过程中容易产生的一系列问题。故事是围绕着公安机关对黑社会性质组织"华业集团"的侦查展开的，该组织由于涉嫌赌博罪、洗钱罪、毒品犯罪、故意杀人罪等多项罪名而一直被公安机关高度关注。在电影开篇，收到犯罪嫌疑人要洗黑钱这一线索的刑事侦查部门将有关内容告知了技术侦查部门，而老梁、老杨和小祥作为技术侦查干警，乔装打扮潜入"华业集团"旗下的"风华国际"公司进行监听设备安装，之后返回附近的民房监视，并与技术侦查部门的同事分为两组，24小时对"风华国际"的三位高管进行监听。在执行监听任务的过程中，主要有以下情节：其一，由于老杨得了绝症，想为自己的妻儿留下一笔可观的生活费，便与想要暴富的小祥一拍即合，在听得"风华国际"高管企图利用不法资金哄抬股价

---

[1] 参见艾明：《秘密侦查制度研究》，中国检察出版社2006年版，第200页。

这一信息后，不仅没有将该条犯罪线索上报给有关领导，反而将关键录音抹去并销毁文字记录，并于次日股市开市之时买入大量该股票；其二，在任务执行过程中，小祥利用职务便利使用监听设备窃听同在公安机关的刑警同事，只为满足自己的好奇心从而窃听同事的个人私生活；其三，技术侦查部门主任利用地位优势，指示下属在其家中安装监听与监视设备，只为搜集自己妻子"出轨"的证据；其四，老杨与小祥在监听"风华国际"高管洗钱交易的过程中，意外听得他们与杀手通话并获得犯罪嫌疑人雇凶杀人的犯罪线索；其五，由于此次技术监听未能够针对"风华国际"的洗钱犯罪提交任何有用的线索，导致"风华国际"的洗钱行为得以顺利完成，公安机关决定对老杨、小祥、老梁等执行任务的一线干警进行纪律审查时，老杨与小祥窃听了纪律检查部门的内部会议，从而作出了应对措施。以上五点即是该部影视作品所展露的问题，在笔者看来，既存在着技术侦查人员违法监听的行为，也存在着监听证据保管链条完整性的问题，但最为关键及有争议的，便是"另案监听"问题，在故事中老杨与小祥被授权的是对"风华国际"洗钱一案进行技术监听，而在监听过程中偶然听得犯罪嫌疑人与杀手的谈话，得知洗钱罪的嫌疑人做出了唆使他人杀人的行为，究竟该段录音能否作为证据来使用，放在当下是一项极具争议的问题，因此笔者将"另案监听"问题单独拎出，留于下文进行探讨。

尽管监听作为常用高效的一项技术侦查措施，但在实践中也带来了诸多问题：

第一，监听措施的扩大化趋势与保障公民隐私权之间存在着必然的冲突。[1]由于通信监听的秘密性，被监听人员根本无法感知到被监听的事实，而通过先进的技术设备可以较为清晰地了解被监听者的有关信息，况且在实践中，侦查人员不仅监听涉黑犯罪的有关内容，还意图通过监听对象的通话内容来摸清其社交关系网络，从而为分析案情提供充分的线索材料，但这个过程就会对公民的通信隐私权和通信自由权产生侵害。

第二，法律对监听措施的规定过于抽象化。现行《刑事诉讼法》虽然准许在涉黑犯罪侦查中使用监听措施，但是所涉的规定较为抽象且空心化明显，

---

〔1〕 参见张小玲：《毒品犯罪侦查中通讯监听的失谬与规制》，载《山东警察学院学报》2019 年第 1 期。

就监听范围、审批手续、执行监督程序、救济途径、证据运用等方面都缺少明确性规定。

第三，监听所获材料在涉黑犯罪中难以认定。由于在涉黑犯罪当中犯罪分子大多会说"黑话""行话"，这增加了监听材料指证被告人所犯罪行的难度，假设遇到监听材料内容不够清晰、干扰噪音大、被录音人用假声录音、侦查人员操作失误等情况，还将直接影响到该份证据材料的证明力，而且在实践当中，监听材料大多数情况下并不会随案移交到法院，而是通过"情况说明"将录音转化为文字文本，仅在法官认为确有必要的情况下去监听场所听取录音，被告人及其辩护人还无法参与，这就使人对监听材料的真实性产生了很大的疑虑。

2. 卧底侦查与涉黑犯罪案件的侦查

卧底侦查被运用到涉黑犯罪的侦查当中，这是由涉黑犯罪本身的某些特质所决定的，如犯罪行为的隐蔽性、专业性等。完整的犯罪组织结构严谨，具有层级构造，分工明确，又因组织内部有严格的"帮规"，更不易被渗透。为了逃避执法机关的侦查，犯罪组织的领导者一般情况下不会直接接触正在进行犯罪活动的人员，主要是通过中间的分管人员进行逐级联系，传递其犯罪意图和犯罪计划。由于在该类型犯罪中，犯罪行为都是由犯罪组织结构的下层人员去执行的，因此，侦查机关根本无法查获组织、领导者相关的罪证，而只能抓获犯罪组织的下层人员，并不能瓦解犯罪组织本身。[1]卧底警察通过隐瞒其真实身份的方式打入犯罪组织内部，因其具备丰富的侦查经验和专业的搜证能力，在以下方面可以发挥其强大的侦查优势：其一，卧底警察具有主动性，可以在犯罪发生前就帮助制定预案；其二，卧底警察不仅可以确定犯罪组织的头目，还可以提供相当多的犯罪情报，为侦查机关破获涉黑犯罪案件提供行动机会。

然而卧底侦查的危险性与复杂性仅从纸面上是无法真实获悉的，通过观看影视作品中关于卧底探员侦查的故事情节，则更加有利于全面了解卧底侦查。在打黑题材电影《卧虎》中，就很好地展现出了公安机关派遣卧底打入黑社会性质组织时容易产生的一系列问题。故事框架设立在一个黑社会势力十分猖獗的背景下，在当时社会治安倒退，恶性刑事案件频发，社会上活跃

---

〔1〕 参见刘莹：《有组织犯罪侦查研究》，西南政法大学 2010 年博士学位论文。

着不计其数的涉黑涉恶团伙及黑社会性质组织，其中以"老爷"为首的黑社会性质组织称霸一方，通过毒品交易、走私、开设赌场、组织卖淫等行为敛取财富，再通过杀人、伤人等行为对当地形成了控制力。公安机关为了一举端掉这个黑社会性质组织，一次性派遣数百名警校学员打入其组织内部，并选派有多年卧底经验的梁警官为行动总负责人。在该部影视作品中有如下一系列情节：其一，部分卧底警察为了获得黑社会性质组织中核心成员的信任，从而实施了贩毒、故意杀人、绑架等违法犯罪行为。以片中二号男主角为例，由于坚决服从组织"命令"且个人能力优秀，通过不断完成组织上的任务而不断获得晋升，成为黑社会性质组织的核心成员，但未忘记自己的本职工作，在重要关头提供核心情报与证据协助公安机关一举抓获组织的领导者，却仍旧由于犯案众多被判处 5 年有期徒刑。其二，成功打入黑社会性质组织内部的卧底警员为了侦查破案的需要，将仅有极少数人知道的组织核心机密透露给公安机关的侦查人员，以致身份败露被黑社会性质组织的成员杀害。其三，经过训练的女警员在公安机关的安排下，乔装打扮化身为刚毕业的女大学生从而接近黑社会性质组织的核心成员，从中获取有用信息。其四，黑社会性质组织为了查明卧底的真实身份，重金贿赂卧底行动的主要负责成员，进而获取了大量与卧底身份信息有关的资料，导致许多卧底惨遭杀害。从该部影视作品中至少可以发现以下问题：首先是卧底警员对黑社会性质组织成员的犯意引诱问题；其次是卧底警员的身份信息保管问题；再者是卧底警员执行任务时的个人安全问题；而最后则是下文会着重探讨的问题，即卧底警员的行为正当性问题。

在实践当中，卧底侦查存在着诸多困境：其一，案件的适用范围不明确。在发达国家，因为卧底侦查容易侵害他人权利，且侵权行为难以取证，一般都会有较为严格的程序限制。而我国正是由于法律规制上的缺失，使得卧底侦查被随意启动，令卧底侦查措施在适用过程中存在一定的滥用风险。其二，适用程序被行政化。我国《刑事诉讼法》规定公安机关负责人负责审批卧底侦查的申请，因此对于是否采取卧底侦查措施，公安机关的负责人拥有绝对的自由裁量权，中立的第三方无法对其进行制约。其三，实施过程中缺乏有力的监督。卧底侦查作为一种秘密性、强制性、高侵权性的技术侦查措施，发达国家都制定了较为完备的监控机制来对卧底侦查的运行过程实行动态监控。就我国而言，卧底侦查除存在适用中的行政化审批机制之外，在具体实践中并没有有效的监管机制。其四，证据认定困难。由于在涉黑犯罪当中，卧底警察往往是与其他组织成员一同行动，很难做到取证的同时录影、录像，而出于对卧底警察个人人身的保护，也不会让卧底警察在审判时出庭作证，这导致证据的合法性与真实性难以验证。其五，权利救济的机制不够完备。这主要从三个方面体现：首先，审前阶段使用的救济手段不够全面；其次，由于辩护权的缺失导致无法体现救济的效力；最后，程序性的制裁效果不明显，且无法令受侵害人获得必要的赔偿。[1]

3. 线人使用与涉黑犯罪案件的侦查

线人是指一类与侦查人员存在某种特定联系的人员，此种人员能够随时随地获得与犯罪有关的情报信息。受限于涉黑犯罪组织的特性，侦查人员往往不能完全掌握涉黑组织的内部结构和犯罪活动，所以在实际操作中侦查人员往往都会利用线人这个突破口深入涉黑组织的内部，或者根据线人提供的情报来抓捕犯罪嫌疑人，从而能够掌握更多涉黑组织的情报和消息。而线人侦查在涉黑犯罪侦查中的作用，大致有以下几点：

第一，全面提供犯罪组织的情报。线人可以帮助侦查机关及时获取涉黑犯罪组织内部的有关情报，进而更好地获悉组织内部的层级组成和整体发展情况。因此侦查实务中使用线人是侦查涉黑犯罪最有效的方式之一。

第二，帮助公安机关的卧底干警顺利打入组织内部。涉黑犯罪集团内部的组织严密，等级森严，这也促使其具有较强的反侦查能力。例如，涉黑犯罪组织的领导者通常会谨慎周密地对新发展的组织成员进行长期持续的考察。此种情况下，不属于组织内部人员的卧底要想有效潜入犯罪组织核心，往往需要花费较大的时间和精力。所以线人可以"穿针引线"，令卧底干警和犯罪组织之间产生一定的联系。

第三，能够保障控制下交付更加顺利。线人在涉黑犯罪的侦查环节中还有第三种作用，即在非法交易中担当组织、谋划的角色。比如军火买卖和毒品交易等，线人在这些活动中能够进行居中联络，便于侦查人员实施控制下交付。

在影视作品《线人》中，很好地展现出了线人这一角色在生活环境中的真实样貌。电影的男主角是刑事侦查科的高级督察李沧东，他在日常办案中

---

[1]　参见田野：《隐匿身份侦查的制度优化》，载《铁道警察学院学报》2017年第4期。

依靠线人的帮助来破案，而在该作品中有以下情节：其一，为了破获一起黑社会毒品交易案，李沧东命令绰号"废翁"的线人告知其毒品交易的具体时间、地点并承诺待抓捕成功后给其100万元的线人费，怎知由于行动泄密，黑社会头目逃脱，"废翁"只领到10万元的线人费并于当晚被黑社会报复当街砍成残疾；其二，李沧东为了破获一桩要案，认为绰号"小鬼"的人是关键性人物，于是命令手下对其进行24小时监视，并在"小鬼"成功实施违法犯罪行为后将其抓获，以不追诉其违法犯罪为条件迫使其作为警察"线人"；其三，在"小鬼"同意充当警察线人后，李沧东代表警局与其签署线人协议，要求"小鬼"不得实施严重的暴力犯罪行为，有任何情况都需及时上报，并将该份协议呈交主管司法的律政司封存，将来案件审理过程中可作为线人身份的证明文件来使用；其四，"小鬼"为了获得犯罪组织领导者的青睐，不得已实施违法犯罪行为，在即将被警察逮捕之际，李沧东出于对侦破要案的考虑，指示下属放纵了"小鬼"的违法犯罪行为；其五，案件破获后，警局认为"小鬼"的价值非常大，为了迫使"小鬼"继续充当线人，以截留线人费的手段逼迫"小鬼"继续充当线人；其六，绰号"汤米"的黑社会成员为了吞并自己竞争对手的毒品生意，毛遂自荐充当警局的线人并提供关键性情报，使得警局成功破获一起毒品大案，"汤米"一方面成了警局的线人，一方面垄断了当地的毒品市场。从该部影视作品中，至少可以总结出以下问题：首先，警察设计"圈套"迫使犯罪嫌疑人转化为线人是否合理；其次，由于我国线人制度的缺失，线人执行任务过程中的违法犯罪行为该如何界定、线人费用如何能确保如数给予线人、线人的人身安全如何保障等；最后，线人证言的真实性问题。这些都是影视作品中所反映的有关线人侦查的一些现实问题，而在侦查实践当中，线人侦查所带来的问题大致可以分为以下几类：

第一，有关线人侦查的法律还有待完善。我国专门规定线人侦查措施的法律尚属空白，仅在《刑事诉讼法》第153条中有所提及，但关于线人侦查的审批流程、执行过程、取证环节等都未有提及，这对于应对涉黑犯罪常用的侦查措施而言是极不合理的。这种法律上的缺失既不利于权利保障，也不利于规范技术侦查的使用。[1]

第二，线人容易实施违法犯罪行为，"反水"现象突出。在金钱和刑罚减

---

〔1〕 参见饶谋：《毒品犯罪中刑事特情使用法律问题研究》，载《法制与社会》2012年第21期。

免的诱惑下，对于那些本身就实施违法犯罪活动的线人而言，他们很有可能会欺上瞒下，甚至引诱他人犯罪。例如，有些线人倚仗自己的身份实施犯罪却谎称开展线人工作；有些线人表面为公安机关服务，背地里却为其他犯罪组织服务等，以致线人"反水"、蒙骗利用侦查人员的问题较为突出。

第三，与线人侦查相匹配的制度尚未成型。首先，线人的选择、征募、审批等环节都由侦查机关一手包办。这就导致在实践当中，某犯罪分子是不是线人基本由侦查机关说了算，侦查机关甚至可以伪造证据来掩盖其身份。这种缺乏监督与制约的权力行使方式，很难保障其程序的公正性。其次，有关线人的应用缺乏程序性规定。线人在协助侦破涉黑犯罪时缺乏行为规范的机制，而特殊、秘密的工作环境又严重影响了线人的判断力，由此会导致线人在进行侦查活动时萌生引诱型犯罪的心思，更有甚者会出现报复和陷害他人的行为。最后，线人的保护工作有待进一步提高。由于线人保护工作没有做到位而导致线人遭到黑社会性质组织成员打击报复的案例时有发生。这一方面反映了线人侦查在打击涉黑犯罪中应用的日益增多，另一方面也与侦查机关疏于对线人的保护有关。

第四，线人侦查取得证据的真实性核实困难。由于线人侦查的隐秘性与危险性，线人个人的信息都是严格保密的。因此在实践中，线人收集来的证据一般只以情况说明材料的方式随案卷移送检察院，所以检察官、法官缺乏必要的证据信息，再加上庭审过程中线人又不会出庭作证，这导致线人所收集材料的证据能力与证明力难以验证。

### 三、技术侦查措施在涉黑犯罪中的现实困境

#### （一）现有管辖制度切割技术侦查的整体性

在侦查实践中，侦查人员为了查明与涉黑犯罪有关的所有犯罪事实，往往都会对犯罪组织所有成员所涉案件进行调查。或许为了确保指挥上的统一性，或许考虑到保护侦查行为的秘密性，或许出于防止诸如"保护伞"之类的法外因素干扰的考量，案件通常需要提级管辖或异地管辖。尽管主流的刑事诉讼法学教科书认为：刑事诉讼法关于划分人民法院的级别管辖、地域管辖以及专门管辖的原则和标准，应当同样适用于公安机关和检察机关，即公安机关、检察机关各自系统内部在立案侦查上的权限划分要与人民法院的级别管辖、地域管辖和专门管辖相互对应。在侦查实践中，如果公安机关需要

对涉黑犯罪的侦查立案进行指定管辖，需要事先与检察院、法院协商一致，而在公安机关提级管辖立案侦查当中，确实存在被检察机关否决的现象，这都影响到了公安机关采取技术侦查措施的执行效率。

侦查管辖制度的分散，导致现实中一旦出现涉黑犯罪侦查的立案需要进行提级管辖、指定管辖的情形，就要进行较为复杂的协调程序。一些检察机关在答复公安机关是否允许提级、指定管辖之前，往往还需要询问法院的意见。这既影响案件的及时、顺利办理，又不利于保密。而涉黑犯罪当中大多为严重危害社会的犯罪，如走私、毒品、贩卖人口等，案情瞬息万变，公安机关能否及时采取控制下交付、卧底侦查等措施，是能否破获案件的关键性影响因素，因此当前管辖制度很大程度上割裂了技术侦查的整体性，从而影响了侦查的效率。

（二）技术侦查的职能划分不清影响打击涉黑犯罪的整体推进

从实践案例中可以发现，大多数的涉黑犯罪组织都有"保护伞"，正是因为在"保护伞"的包庇下，涉黑犯罪案件相比于一般类型的案件而言，一直属于难以侦破的案件，但从《刑事诉讼法》有关规定及涉黑犯罪的侦查实践来看，在认定某位国家工作人员存在包庇、纵容涉黑犯罪组织的行为之前，公安机关对该名国家工作人员的调查取证不能直接展开，而是需要监察机关控告其存有职务犯罪并展开立案侦查。

在职能管辖上分别由公安机关、监察机关来进行技术侦查，这就导致了明明针对的是同一案件，却存在两个执法机关分别对案件进行技术侦查的现象。从实践来看，尽管很多职务犯罪的线索被公安机关在办理涉黑犯罪案件的过程中知悉，但受限于管辖权问题而无法对国家公职人员展开技术侦查，只能移交有关线索给监察机关，而受到技术侦查措施保密规则的影响，监察机关又缺乏对涉黑犯罪组织的了解，导致调查效率偏低从而无法有效地推进侦查进度。正是因为公安机关对涉黑犯罪的调查进度与监察机关对"保护伞"职务犯罪技术侦查进度脱节，从侦查实践看大多是在公安机关对涉黑犯罪组织的主要犯罪事实基本查清后，监察机关才会立案侦查并提前展开行动。由于公安机关对涉黑犯罪的技术侦查和监察机关对"保护伞"的技术侦查往往不会同步进行，这事实上严重影响了公安机关实施侦查行动，导致为"保护伞"提供了有利的机会，令"保护伞"有机会阻碍公安机关进行涉黑犯罪的侦查活动，甚至出现暴露卧底人员信息的情况，以致公安机关的扫黑干警在工作中屡遭打击报复。

（三）另案监听的正当性问题

侦查人员在获得授权后，执法机关可监控特定人员的通信设备，由于与被监控对象进行对话的另一方身份具有不确定性，因此有可能意外发现本案之外，其他与犯罪行为有关的证据材料。这些被意外发现的证据材料可能是尚未被侦查机关所知悉的其他犯罪行为之证据材料，也可能是法院正在进行审判的案件之证据材料。[1]

一般而言，监听活动主要会涉及的三个主体为：被监听对象、通话的对方以及通话涉及的其他人；按照被监听的内容来分，可以分为属于监听范围的犯罪和不属于监听范围的犯罪。为了更加清楚地表示具体情形，笔者现将被监听对象设为甲，将通话的对方设为乙，将通话涉及的其他人设为丙，并且将允许采用监听措施的犯罪设为 A，将不可采用监听措施的犯罪设为 B。因此，另案监听主要包括三种类型：一是在监听甲涉嫌某一 A 类犯罪时，监听到甲涉嫌其他的 A 类犯罪；二是在监听甲涉嫌某一 A 类犯罪时，发现乙涉嫌某一 B 类犯罪；三是在监听甲与乙谈话时，发现了丙的有关问题。例如，侦查人员在监听甲涉嫌黑社会性质组织类犯罪时，又在监听中发现甲可能与毒品犯罪有关。毫无疑问的是，对前者的监听是获得授权的行为，但监听到的内容却已经超过了原有授权范围。问题的关键是，没有人能提前知道监听活动到底可以获取哪些信息，关于毒品犯罪的信息只是监听人员偶然获得的。那么这样的信息是否具有证据效力是存在疑问的。换言之，即使并非侦查人员有意为之，但由此获取的信息已经超过了原有计划的范围，所获取的这类信息存在着程序性问题。因此，"另案监听"的正当性问题，在技术侦查措施对于涉黑犯罪的应用方面，是当下亟待厘清的一个重要问题。

（四）卧底侦查行为正当性问题

随着犯罪行为日益复杂化，传统侦查模式已难以应对新型犯罪方法，而涉黑犯罪更是因为其案件的特殊性使得侦查难上加难，因此卧底侦查便被广泛应用于涉黑犯罪的侦查当中。然而卧底侦查却是一把"双刃剑"，其作为一种能够有效打击涉黑犯罪的技术侦查措施，在发挥显著功效的同时，由于其对公民隐私权等重要权利造成了严重的侵害，甚至导致诱发犯罪的问题产生，

---

〔1〕 参见王嘉铭：《侦查过程中偶然监听所得材料的证据能力》，载《河北法学》2019 年第 2 期。

理论界与实务界对其看法有着较大的分歧。[1]而笔者认为卧底侦查最为典型的问题就是，卧底警察以侦查活动作为缘由开展相应的违法犯罪活动。

卧底警察在进行卧底侦查任务的时候，为了避免自己的身份暴露或是为了取得犯罪组织的信任，往往会在迫不得已的情况下，实施非法拘禁、贩毒、杀人等犯罪行为。如若只是从表面来看，卧底警察和一般的犯罪分子实施违法犯罪行为有着趋同之处，面对这种现象是否要对其进行惩罚主要参照其是否存在违法性的阻却事由。[2]主张不能排除该行为违法性的观点认为：普适性是法律的基本特征之一，任何情况下都不得违反法律，不得以任何理由实施违反法律的行为而不受到法律的处罚。[3]笔者认为这种观点直接否定了卧底警察的侦查行为，不符合实践需要。关于排除卧底警察的"侦查行为"违法性的观点有两种：其一，卧底警察是国家工作人员，其主要活动是收集犯罪证据，其行为并不具有事实犯罪行为的主观能动性，因此无法满足犯罪的构成条件，所以犯罪罪名不能成立；其二，卧底警察的犯罪行为是侦查过程中依据公安机关的上级命令所实施，这一过程不具有主观能动性，因而不具备违法性。除此之外，有人还尝试通过紧急避险的相关理论来排除卧底侦查行为的违法性，[4]这种理论在一定程度上回应了部分学者的质疑，即基于法益权衡的考量，卧底侦查对无辜第三方合法权益的侵害具有合理性的这一质疑。[5]然而，笔者认为必须要有实际、确切威胁合法权益的情形出现才能采取紧急避险的方式方法，但卧底侦查的涉黑犯罪组织在实施犯罪行动的时候是否存在紧迫的法益侵害是无法预测的，甚至很多时候没有正在受到侵害的危险，因此紧急避险理论能否证明卧底侦查行为的正当性还有待商榷。

综上所述，正是因为我国法律未对卧底侦查进行明文规定，导致卧底侦查的规范缺乏对应的权限范围、程序要件的规定及限制，才使其争议不断。上述理论虽各有依据，但由于未能形成统一的意见，因此卧底侦查的正当性

---

〔1〕 参见刘丽梅：《卧底侦查的价值冲突与法律规制》，载《净月学刊》2013年第1期。

〔2〕 参见蔡杰、严从兵：《论卧底侦查争议问题及其法律规制》，载《现代法学》2003年第3期。

〔3〕 参见史荣华、徐公社：《关于卧底侦查法律规制的思考》，载《中国人民公安大学学报（社会科学版）》2005年第6期。

〔4〕 参见孙付、孟德平：《卧底侦查相关法律问题探讨》，载《江西公安专科学校学报》2001年第3期。

〔5〕 参见蔡杰、严从兵：《论卧底侦查争议问题及其法律规制》，载《现代法学》2003年第3期。

也一直存疑。但在侦查实践中，卧底警察在执行任务时，遇到紧急情况又不得不开展违法犯罪活动，因此不能片面地认定其行为是否可罚，更不能以偏概全认定其不具有违法性，而是应当具体问题具体分析。

但可以明确的是，卧底侦查作为典型的技术侦查措施，其操作规范在实践当中不可能规定得非常具体。因为在进行实际侦查工作的过程中，卧底警察必须根据公安机关的上级指令进行工作，但遇到特殊、紧急的情况，卧底警察又能全权自行决定，这种不加限制的授权行为，会使得卧底警察在实施侦查行为时的权力无法受到有效的约束，从而极易导致权力滥用。这不仅与司法诚信原则相违背，还存在着侵犯公民权利、弱化程序正义的风险。[1]因此应尽快立法明确卧底警察侦查行为的相关问题。

（五）线人证言真实性问题

从涉黑犯罪中线人的行为模式来看，其主要通过隐藏敏感的身份或目的，并以欺骗的手段深入涉黑犯罪组织内部或取得犯罪嫌疑人的信任，再从中获取案件信息以便更好地搜集犯罪线索，最终将线索材料提供给公安机关的侦查人员。相比于"背靠背"的监控型技术，线人侦查主要是采取一种和犯罪嫌疑人"面对面"直接接触的方式来实现侦查目的，[2]因此对于涉黑犯罪这种侦查难度较高的案件类型，线人侦查有着比一般侦查措施更好的侦查效果。位于美国伊利诺伊州的西北大学法学院在 2005 年通过对 1973 年之后发生的 111 例刑事错案进行研究后得出一个结论：由于线人说谎导致法院错判的死刑率竟然高达 45.9%，这两者之间具有非常大的关联性。[3]而在国内，警方的线人和刑事冤案两者是否存在一定的关联性，无法用确定的实证数字去证明，但美国的统计数据却能对我国起到非常好的警示作用。[4]这暗示着线人侦查在实践当中存在着极大的问题，而线人证言的真实性问题则是其中的突出问题，笔者认为造成如此态势的原因如下：

首先，在刑事诉讼中，很多线人是由罪犯或处于被追诉、被控制、被侦

---

〔1〕　参见刘丽梅：《卧底侦查的价值冲突与法律规制》，载《净月学刊》2013 年第 1 期。

〔2〕　参见王彬：《比较法视野下的线人制度研究》，载《河南财经政法大学学报》2014 年第 1 期。

〔3〕　See Warden，R.，"The Snitch System：How Snitch Testimony Sent Randy Steidl and Other Innocent Americans to Death Row"，ACLU，https://www.aclu.org/other/snitch-system-how-snitch-testimony-sent-randy-steidl-and-other-innocent-americans-death-row，最后访问日期：2022 年 10 月 5 日。

〔4〕　参见自正法：《线人侦查的合法性及规制探析》，载《云南警官学院学报》2013 年第 5 期。

查状态的犯罪嫌疑人充任的。这类人员本就因涉嫌犯罪处于侦查人员的掌控之下，在侦查机关发现某位人员具备较好的耳目条件或因侦查工作的需要，便会搜集拟发展为线人之人员的现行或过去犯罪事实为"把柄"，迫使其为侦查机关工作，从而提供有价值的犯罪情报信息。[1]部分侦查人员认为这是他们分内的工作，并未意识到是否侵犯了线人自身的合法权利。然而从法理上来分析，就算该公民以犯罪嫌疑人或者罪犯的身份成了线人，在他们没有参与的犯罪活动中也并没有协助侦查、去收集犯罪证据的责任及义务，即便是某些人员参与到某项犯罪活动中，侦查机关也无权迫使其以线人的身份冒险去帮助侦查人员证明自己所犯的罪行。因此，侦查人员通过利用其违法犯罪的法律责任胁迫对方成为线人，并以此作为免除其罪责的交换条件，这就严重侵犯了犯罪嫌疑人的合法权益，也同样损伤了司法的公信力。

其次，一般情况下公民愿意成为线人都抱有获得特定利益的心理预期，都期望通过成为侦查机关的线人而获得其内心所期盼的利益。然而，在实际操作环节中，侦查机关可能出现的情况有两种，一种是以违法的方式向罪犯作出某种承诺，另一种是事后不予兑现承诺。以违法的方式对罪犯进行利益承诺往往体现在侦查人员不遵守法律的规定，在超越自身权力的范围外对线人进行口头或书面承诺。譬如，答应线人待其完成任务后，可不追究其刑事责任，但是这种承诺已经远远超出侦查机关自身实质性的权力范围。而不予兑现承诺主要有不兑现违法的承诺与不兑现合法的承诺两种情况。不兑现合法的承诺一般是因为侦查机关故意不兑现或在对案件进行处理时不与其他单位积极协调，未能及时提供线人立功的材料、证据，使得人民法院无法考量线人的立功情节，从而使得侦查机关对线人的合法承诺无法兑现。在实务当中，线人的审批只掌握在公安机关内部，法院、检察院并不能事先知晓，并且诉讼案卷里并不会出现线人侦查所收集到的证据，通常仅通过书写情况说明材料移送检察院，检察官、法官对于利用线人的具体情况无从得知，[2]再加上线人不会在法庭上作证，使得线人的材料很难认定，最终导致线人的心理预期落空。

最后，根据线人以往的经历，由于其参与到具体的犯罪活动中，属于事

---

〔1〕 参见蒋鹏飞：《刑事侦查中线人使用的二元法律规制》，载《北方法学》2013 年第 2 期。

〔2〕 参见陈锡章、程生彦：《毒品犯罪案件中证据认定问题研究》，载《法学杂志》2010 年第 9 期。

实犯罪活动的主体，提供的情报极有可能含有虚假成分。而诸多线人向警方提供线索主要是为了以举报的方式获得相应的报酬，他们很难抵挡犯罪团伙给予的利益诱惑，犯罪团伙如若采取威逼利诱必将会对其内心造成一定的冲击，甚至出现"反水"的情形。[1]甚至在涉黑犯罪中，线人凭借与侦查机关的密切联系，为了对竞争对手造成严重的打击，会出现提供虚假情报给侦查机关为组织谋取不法利益的情形。当出现这种情况时，线人基于所处的环境与自身的实际情况，其提供的各项情报很可能失真。

从上述原因可以发现，正是因为侦查机关通过采取不当手段威逼、利诱线人，虚假承诺或不兑现与线人之间达成的协议，以及线人自身的素质与所处环境的影响，致使在实践当中线人证言的真实性大打折扣，这也是我国对涉黑犯罪采取线人侦查时不可回避的一个严峻问题。

（六）涉黑犯罪中技侦证据应用困难

1. 瑕疵证据补正规则在涉黑案件中使用异化

由于涉黑犯罪案件具备复杂性的特征，技术侦查措施在实施的过程中会获取大量与案件有关的信息与材料，而这些与涉黑案件有关的具体"材料"相比于"证据"而言范围更加宽泛。尤其是在监听的实施过程中，这一技术侦查措施在取证时时常会发生与证据可采性有关的问题，如上文中所提及的"另案监听"问题。而侦查人员想要避免监听所得的"信息材料"不被接受的风险，在司法实践中往往会利用瑕疵证据补正规则对技术侦查获取的材料进一步"转化"，这也是多数侦查机关面对有争议的证据材料时常采用的方法，长此以往逐渐成为不受法律规制约束的潜规则。[2]证据"转化"也被认为是在法外运行的规则，这一规则的形成无疑与我国针对技术侦查措施立法的缺陷有着千丝万缕的联系。[3]

2012年《刑事诉讼法》修正之前，采用监听等技术侦查手段来获取证据这一行为普遍存在于涉黑犯罪等特殊案件当中。虽然刑事诉讼法随着时间的推移而逐渐被完善，利用监听、卧底侦查这类技术侦查措施进行案件的取证

---

〔1〕　参见王牧主编：《犯罪学论丛》，中国检察出版社2009年版，第160页。

〔2〕　参见田毅平：《刑事审判中技术侦查证据规范运用研究》，载《西南政法大学学报》2016年第2期。

〔3〕　参见彭俊磊：《技术侦查中大数据取证的法律规制》，载《重庆邮电大学学报（社会科学版）》2018年第5期。

也逐渐走上法治的道路，但由于司法实践长期形成的规则和习惯同立法的严格性产生了一定的冲突，通过技术侦查措施获取证据信息的正向效能逐渐被削弱。我国现行法律当中对于技术侦查措施和该措施取得证据信息规定如下：使用监听等技术侦查措施要严格遵循取证规范，同时要严格按照司法程序执行，没有严重违法操作取得的证据材料方能够被当作法庭审理中的证据，对于存在瑕疵的证据而言需要作出修正或进行充分的解释。

然而司法实践当中，证据转化的运行机制一定程度上与相配套的制度有所偏差，监听、卧底侦查等技术侦查措施所得的证据产生了一种"从三重样态到双轨运行"的异化现象。[1]我国当前实行的法律针对技术侦查措施取得的信息材料的可用性采取了三种方式对待：其一，合法证据能够直接当作诉讼的证据；其二，瑕疵证据应对其进行补充解释；其三，非法证据不可当作证据来使用。这三种在立法层面的处理情形在进入司法实践阶段后则出现了异化，即形成了以"证据转化"为主要手段、以直接适用为辅助方式的"双轨运行"机制，也就给了非法证据进行转化成为可用证据的机会。由此可知，技术侦查所得证据的"证据转化"相当于对非法证据进行"洗白"，对于案件的审判而言可能会严重影响其公平性。尤其在当今通信技术愈发成熟的时代背景下，通过监听手段得到的信息材料具有较强的敏感性和隐私性，因而监听所得证据材料在实际诉讼中的异化情况将愈发显现。技术侦查所得证据材料的直接使用与转化使用两种方式共同存在的情形将变得复杂，司法实践当中的争议焦点将会朝着证据资格的"合法与非法"的判定靠拢。"证据转化"这一不受法律约束的规则仍在涉黑犯罪的侦查当中被广泛运用，其一定程度上反映出当前法律规制的不完善，有时出现为达到调查出犯罪案件真相的目的，而对法律程序不管不顾，偏离既定程序去进行技术侦查的现象，长此以往会形成"轻程序，重实体"的不当观念，难免会造成多方面的危害。

首先，对于犯罪嫌疑人或被告人而言，这类证据的转化一定程度上对其诉讼权利造成影响，辩护方在庭审当中能够对证据取证是否合法、证据来源是否可靠等内容进行质疑或辩论，而采用不合法的技术侦查措施所取得的非法证据进行转化后，辩护方也因此丧失了质证的机会。以网络监控为例，技

---

〔1〕 参见董坤：《实践的隐忧——论特殊侦查中的证据转化》，载《中国人民公安大学学报（社会科学版）》2013 年第 3 期。

术侦查部门采用网络监控这一措施来取得犯罪嫌疑人涉黑犯罪的相关信息，通过同时对所得数据进行对比分析，进而得到一些被调查者从事或参与涉黑犯罪的网络信息和材料，而在实际的技术侦查和司法实践中，可能会对网络监控所获得的证据信息的合法性质疑，而为了降低这一风险，技术侦查部门可能会向被侦查人员说明目前已经掌握其在互联网上留存的与涉黑犯罪案件相关的犯罪信息，借此来实现对犯罪嫌疑人的"不攻自破"，使其相信技术侦查部门已经掌握了其犯罪的确凿证据，进而直接承认自己确实参与了犯罪活动，这一过程便实现了技术侦查所得可能非法的证据向合法证据"口供"的转化。而这些可能非法获取的证据借此实现了看似合理的转化，并且无法有效抗辩。

其次，瑕疵证据补正规则的异化使用也较大程度地影响了侦查的效率。笔者从侦查机关人员处了解到，许多通过技术侦查措施所得的证据转化并不是侦查机关所倾向的，相反，直接提交技术侦查材料的整体效率要比转化高出许多，侦查机关在进行证据转化时往往要投入更多的时间和其他资源，因此说证据转化不仅影响了侦查的效率，同时对于技术侦查部门人员的工作态度也造成不良影响。此外，如若证据转化这一手段得到广泛应用，在进行涉黑犯罪的技术侦查时，技术侦查人员可能会不再严格执行取证规范，这会提高非法取证的现象发生的可能性，如此获取的"非法"证据便更加迫切需要进行向"合法"的转化，长此以往便形成一个恶性的死循环。

最后，瑕疵证据补正规则的异化使用会增大冤案、错案发生的概率。司法实践当中瑕疵证据补正规则的运用主要是为了减少证据不被采信情况的出现，而证据不被采信发生的缘由为取证不当，从这一角度来看，证据转化可看作是对违法技术侦查取证的粉饰，使得对非法证据进行排除的法律规制形同虚设。非法证据被顺利地转化为合法证据，在实际庭审过程中可能会增加冤案、错案发生的概率。[1]

通过对上述问题的分析可知，针对技术侦查所得证据的使用，需要尽可能避免"非法证据"向"合法证据"转化所带来的负面影响，应当对技术侦查所得材料、证据进行严格把控，进一步规范技术侦查取证的法律规制，进而能够在保障人权和打击犯罪之间达成平衡，实现打击犯罪和保障公民合法

---

〔1〕　参见刘军：《技术侦查的法律控制——以权利保障为视角》，载《东方法学》2017年第6期。

权益的双赢。

2. 技术侦查证据庭外核实与以审判为中心刑事诉讼制度改革的冲突

不同于一般传统的侦查措施，技术侦查措施的基本特征有三点：科技性、秘密性、稳定性。这些特征有利于犯罪事实的发现以及犯罪嫌疑人的抓捕。而技术侦查措施在新时代的背景下不仅成为打击涉黑组织的利器，也不可避免地对公民权利构成极大的威胁。[1]从理论上来说，技术侦查和传统常规侦查获得的材料在证据属性上是一致的，由此理应同等对待技术侦查的取证与常规侦查的取证，所以技侦证据需要在法庭上给予充分的举证和质证，并经由控辩双方激烈的辩论后，再由法官来确定该技侦证据是否能采信。然而，正是因为技术侦查措施具有先进的科技性与高度的秘密性，在实践中对于打击和查处涉黑犯罪案件效果显著。假如要求所有的技侦证据必须在法庭上进行调查核实，这的确会使得侦查人员陷入危险或者暴露其所使用的技术侦查措施。参照《刑诉法解释》第 120 条之规定：采取技术侦查措施收集的证据材料，应当经当庭出示、辨认、质证等法庭调查程序查证，当庭调查技术侦查材料可能造成严重后果的，法庭可以采取必要的保护措施。

在《刑诉法解释》第 120 条当中，通过采取技术侦查措施收集的证据材料，必要时审判人员可以在庭外对证据进行核实。而《实施意见》则规定，法庭决定在庭外对技术侦查证据进行核实的，可以召集公诉人、侦查人员和辩护律师到场。在场人员应当履行保密义务。[2]此条款规定较为笼统，笔者主张庭外核实程序应当在竭尽所能都不能确保相关人员的人身安全或可能发生其他严重危害结果的情况下再采用。而据法院工作人员透露，在涉黑犯罪技术侦查所获证据的实际审查环节中，侦查机关都是以递交情况说明来证明技术侦查证据的可采性，如果法官对此有疑问，还必须在两部门沟通同意的基础上，法官才能够去公安机关进行庭外核实，这显然是不符合推进以审判为中心的刑事诉讼制度改革要求的。这正是因为法律并未对庭外核实的具体程序作出规定，导致在实践中演化成为法院方单方面调查的现状。对于庭外核实方式所造成的影响，笔者认为有以下几点：

---

〔1〕 参见田毅平：《刑事审判中技术侦查证据规范运用研究》，载《西南政法大学学报》2016 年第 2 期。

〔2〕 参见王贞会：《技术侦查证据庭外核实程序之完善》，载《河南社会科学》2018 年第 2 期。

第一，庭外核实方式打破了传统法庭的三方基本构造。由于庭外核实属于单方职权行为，这种背景下会令整个核实的过程有着非常浓郁的行政色彩，使得程序缺失程序化、诉讼化的三方构造形态，既使得控辩双方都无法有效地参与，还导致了辩护方不能对技侦证据提出抗辩请求，最终将导致程序本身失去公正性。而且举证质证的缺失使法庭承担了一定证明责任，导致审判与控诉职能趋同，法庭公正难以保障。依照最高法院下发的《实施意见》中的相关规定得知，庭外核实可以召集公诉人、侦查人员、辩护律师到场，其具有一定的三方构造的特点。但是，规定中所使用的表述为"可以"而非"应当"。这实际上是把决定权交给了法庭，换言之，也在一定程度上不利于辩护方参与庭外核实。

第二，庭外核实将违反直接言词原则。《刑事诉讼法》未要求控辩双方在庭外核实时在场，同样，证人、鉴定人等亦无须参与到核实程序中。这种情况显然增强了庭外核实的"神秘感"。简而言之，技侦证据无法按照传统模式举证质证。从《实施意见》的角度而言，该文件中明确规定在进行庭外核实程序时，不论是公诉人、辩护律师还是侦查人员均可参与到核实活动中。然而并未规定到场的有关人员的地位、权利、义务等，使得直接言词原则不能得到有效体现。换言之，庭外核实程序只具有诉讼构造的"表"，而不具备直接言词原则的"里"。

第三，庭外核实可能侵犯被告人的辩护权。我国宪法对辩护权有着非常明确的规定，该项权利是我国公民享有的基本权利，任何人或部门不得干涉。但庭外核实却直接对此项权利造成了侵犯。首先，被告人可能无法参与到庭外核实程序中，这侵害了被告人的程序参与权。其次，技侦证据可能不经过质证便直接被法官认定，这无疑通过侵犯被告人的质证权而对公开质证原则作了限缩。[1]最后，由于《实施意见》未对辩护律师是否有权对技术侦查证据提出异议等问题进行规定，这势必会影响辩护权的行使。

第四，实施庭外核实程序将不利于非法证据排除规则发挥效果。庭外核实程序关闭了对非法证据进行公开审查的大门，证据的合法性完全由法官来决定，是否排除的依据也由证据规则变为了法官的自由心证，这很可能导致规则流于形式。另外对于一些使用了较为特殊的技术手段的案件而言，法官

---

〔1〕　参见郑海：《技术侦查的法律规制》，载《河北法学》2007 年第 7 期。

往往对技术不甚了解而难以独自辨识该证据是否应当排除。

从某种意义上而言，技术侦查措施是一把"双刃剑"。一方面，技术侦查可以有效打击犯罪；另一方面，技术侦查措施的使用则可能会严重侵害权利。为了有效协调二者的矛盾，很多国家和地区都基于比例原则制定了相应的规则。但是，庭外核实与证据裁判的基本原则相背离，使该程序沦为了"问题证据"的避风港，弱化了庭审对证据资格的审查，从而加剧了庭审调查的形式化趋势。[1]

### 四、涉黑犯罪案件技术侦查的改革构想

#### （一）完善涉黑犯罪案件技术侦查的机制体制

正如上文所述，鉴于涉黑犯罪的特殊性，我国技术侦查措施在制度架构上的设计仍有缺陷，例如在实际侦查过程中由于地域、优先、移送、专门管辖等管辖制度设计上的缺陷，公安机关时常受到掣肘而影响效率；又如在打击涉黑犯罪的过程中，"保护伞"的情形时有发生，公安机关与监察机关由于职能上划分的局限性，导致了在实际办案的过程中，公安机关与监察机关行动脱节从而放纵犯罪分子。而案情往往瞬息万变，公安机关能否及时采取措施对能否连根拔起涉黑犯罪组织至关重要，因此笔者认为确有必要改良技术侦查在程序架构方面的缺陷。针对以上两点问题的主要对策如下：

1. 提升涉黑犯罪案件技术侦查的专业化水平

由于涉黑犯罪组织具有组织性、隐蔽性、复杂性、对抗性及非法控制性等特征，该类案件的复杂性决定了需要有专业化、职业化的侦查队伍来予以打击。美国、意大利、日本等国都针对涉黑犯罪组织设立了多层级的专门性机构，并赋予其更大的权力来打击涉黑犯罪。我国可以借鉴域外打击涉黑犯罪在制度设计层面的经验，考虑建设专门打击涉黑犯罪的"大侦查队伍"，通过优化警力资源、机构设置的形式，形成一个精简高效的管理体制，以提升打击涉黑犯罪的战斗力。[2]例如建设一支包含刑侦、经侦、毒侦、海关、技侦等多警种并列的警察队伍来专门承担起针对涉黑犯罪组织的线索获取、情

---

〔1〕 参见李锟：《论刑事法官庭外调查的失范与规范》，载《新疆大学学报（哲学·人文社会科学版）》2018年第5期。

〔2〕 参见毕惜茜、赵旭辉：《公安侦查体制改革的理论与实践》，载《山东警察学院学报》2016年第4期。

报分析、案件侦破、证人保护等任务，以高效打击涉黑犯罪。

2. 强化联合侦查办案机制

在坚持党委领导为前提的原则下，强化以公安机关为代表的黑社会性质组织类犯罪侦查队伍与以监察机关为代表的涉黑职务犯罪侦查队伍的联合侦办机制，打通两机关之间的联系渠道，做到案情信息及时共通共享，打击黑社会性质组织类犯罪与打击"保护伞"措施并举，从而建立相互之间高质量的快速反应机制。如在 2019 年 10 月 20 日国家监察委、最高法、最高检、公安部、司法部联合颁布有关"扫黑除恶"的《关于在扫黑除恶专项斗争中分工负责、互相配合、互相制约　严惩公职人员涉黑涉恶违法犯罪问题的通知》，在该文件中明确提出，对于涉黑组织及涉黑人员的处理，必须要求各部门间通力合作，互相配合，共同研究和解决案件查处过程中遇到的疑难问题，相互及时通报案件进展情况，进一步增强工作整体性、协同性。该文件为探索强化联合侦查涉黑犯罪的办案机制起到了很好的示范作用。

3. 实行"责任核心制"的专门办案制度

通过建立以责任为核心的专门办案制度，落实案件办理终身负责的司法责任制度，这既是司法改革的重要内容，也是公安机关执法改革的核心内容。在实践当中，由于技术侦查具有高度的秘密性，一旦泄密将影响技侦人员的侦查效率，出于对此的考虑，比起案件的侦破，技侦人员往往更关心技侦手段的保密，从而易出现放纵犯罪的情形。因此针对涉黑犯罪案件的侦查队伍，可以考虑实施责任核心制，落实与其相关联人员的遴选考核、职业保障及责任追究等相关制度。这既是要求涉黑犯罪的侦查人员必须对案件高度负责，认真办案而不相互推诿，也是要求对于违法办案人员进行责任追究，从制度层面减少冤假错案的发生。

(二) 加强涉黑犯罪案件技术侦查的程序控制

1. 完善"另案监听"立法

(1) 确立"另案监听"材料的使用原则。打击违法犯罪行为本身也需要代价，如果在监听中发现另一起案件而不予处理，不仅会造成侦查资源的浪费，而且会间接纵容犯罪。因此，为了实现打击犯罪与保障人权的动态平衡，可以考虑设置"另案监听"的原则：一是将"另案监听"中的所有材料作为另案线索来源和获取其他证据的辅助材料；二是如果直接使用他人案件的证据作为此案的证据，则他人案件必须符合重罪原则，即他人案件也必须属于监听的法律授权范围，并应及时上报备案；三是"另案监听"证据的使用应以必要性为前提，如侦查机关尚有其他侦查手段可以用于探明案情，"另案监听"的证据不能作为判决的依据；四是哪怕"另案监听"到轻罪、无罪等有利于犯罪嫌疑人的材料，也应当作为证据。

（2）建立"另案监听"事后救济程序和有效监督机制。侦查机关决定以其他案件的材料作为证据时，虽然避免了重复侦查，争取到了时间上的主动，节省了有限的侦查资源，但终究缺乏明确处理其他案件的授权，可能会引起辩护方对证据合法性的质疑。为弥补另案监听程序的天然缺陷，补救措施主要有两种形式：一种是侦查机关事后向上级机关报告，由上级机关根据情况作出是否准许的决定；另一种是"另案监听"的证据不仅应当符合《刑事诉讼法》第152条的规定，而且应当在审判过程中由法官进行核实，一旦对其真实性、合法性、关联性予以审核认可后，应当赋予其证据资格。[1]

（3）确立"另案监听"中的证据排除规则。在实践中，法院之所以不以监听材料作为定案依据，主要原因是无法核实其真实性。但是，这种排除方法只是在验证了证据的"三个特征"之后的证据排除的一般规则。根据《刑事诉讼法》规定的非法证据排除规则，其内容仅限于采取暴力、胁迫等方式进行非法取证的言词证据，以及物证、书证不符合法定程序，又不能补充、更正，并严重影响司法公正的证据，其中并不包含监听材料。但是，隐私权和通信自由权是宪法规定的公民的基本权利。监听具有高度隐秘性的特点，如果没有严格的程序作为保障，势必严重侵犯被监听对象的宪法权利。因此，它也应成为非法证据排除规则的适用对象。参照《刑事诉讼法》对物证、书证的态度，对事先未允许进行监控的案件，事后又不补救的，应当认定该程序违法，从而依法排除该证据材料对案件的证明效力。

2. 建立卧底侦查的正当性保障

卧底侦查措施的合法性条件必须在一定范围内确立。超越边界，合法性基础将不再存在，控制犯罪行为的行为本身便可能转化为犯罪行为。[2]由于卧底侦查对公民权益的侵犯性非常高，因此在使用该项措施时，必须严格按

---

〔1〕 参见田毅平：《刑事审判中技术侦查证据规范运用研究》，载《西南政法大学学报》2016年第2期。

〔2〕 参见冯卫国：《卧底侦查及其法律规制》，载《江苏警官学院学报》2003年第1期。

照有关原则、程序的规定进行。

（1）卧底侦查应当坚持必要性原则。从某种意义上而言，卧底侦查具备一定的特殊性，合理使用能够展现出意想不到的效果，使用不当则会对法益产生极大的威胁。以刑事侦查采取的方式方法而言，在一些社会破坏性比较小的犯罪行为中使用普通的侦查方式即可得知整个犯罪流程，又或是虽然属于法律规定可以采取卧底侦查措施的犯罪案件，但案情明了、线索清晰，采取卧底侦查措施的意义便比较小了。

（2）采取卧底侦查措施，必须明确其适用范围，遵循其应有的适用标准及授权原则。开展卧底侦查会侵犯公民基本权利，因此在决定派遣任务时，必须经过合法的程序。对此，我国的卧底侦查还是应由公安机关决定，但对于授权人员、机关的级别，应当有所规制。[1]与此同时，检察机关作为监督部门应当在一定的范围内对公安机关予以监督。

（3）以周详的计划为核心，以精心的准备为基础。想要保障卧底侦查顺利开展，前提在于必须有科学实际的侦查方案。其一，以分析评估的方式对整个方案存在的必要性、可靠性等进行细致分析，不可忽略一切细节问题；其二，对于犯罪集团整体的内部情况要有清晰的了解；其三，细化卧底侦查的各项任务，并划分出任务的轻重缓急次序；其四，在侦查人员的遴选上，必须以经验丰富、内心承受力强、有胆识的人员为主；其五，需要规划出相应的应急预案，出现突发事件时可令其在第一时间内得到有效解决；其六，让公安机关的联络员与卧底侦查员两者实现单线对接，联络员实时掌握卧底侦查员的安全问题；其七，当卧底任务结束之后，必须为卧底侦查员制订出安全且可靠的撤离计划。

（4）构建完善的安全保障机制，为卧底警察提供最大的安全保障。由于卧底警察开展侦查任务时，随时可能有暴露的风险，整个过程必须经过严密的计划论证才能有效地保障卧底警察的安全性。卧底警察想要获取更为详细准确的消息，必须与犯罪组织内部人员有着紧密的联系，在此过程中，任何一个环节出现失误均有可能对卧底警察的生命造成威胁。由此可见，卧底警察随时处于危险之中，必须对其安全提起高度重视。

（5）构建完善的非法卧底侦查的责任机制。卧底警察应当对超出法定权

---

〔1〕　参见倪春乐：《浅议卧底侦查的正当性控制》，载《社科纵横》2011年第4期。

限的 "侦查行为" 承担责任，不应因其特殊身份而区别对待。如果卧底警察为了完成侦查任务而超越必要限度实施犯罪行为，就要根据具体案件的发展情况，考虑构成要件的合法性，由公安机关内部作出不予追究的决定或认定其行为违法而移交检察院处理。除此之外，如若卧底警察造成了被害人人身权、财产权等权利的侵犯，被害人还可根据《国家赔偿法》相关内容提出赔偿要求。

3. 完善线人证言真实性的保障机制

线人是一种游走在灰色地带的 "边缘人"。线人所处边缘有两种：一种为执法边缘，另一种为违法犯罪边缘，处于哪一种边缘是由线人自身来决定。在实践中，线人证言的真实性问题一直是亟待解决的难题，必须建立相应的线人证言真实性保障机制。而要想确保线人证言的真实性，笔者认为要从以下两方面切入：

一方面，明确规范线人的奖励机制。从法律制度角度而言，针对线人制定的奖励机制应当要包含线人的报酬、因公负伤得到的补偿金以及特殊情形下享有的特别权利等。首先，线人的报酬与补偿金是奖励机制最基本的内容，因为线人往往自身是犯罪分子，一大部分线人都是在利益的驱使下才舍身犯险去实施犯罪，因此必须要构建一整套完整、明确、合理的奖励机制，才能够充分调动线人的积极性，如若物质奖励过于单薄，线人往往不会全心全意配合侦查人员。其次是特殊情形下享有的特别权利，如线人为了得到某种非常重要的线索，而触犯了法律，笔者看来，这种情况必须因事而定，具体可以考虑在实践中，线人于收集线索之前，与国家有关机关签署一份委托协议，而该协议中明确对线人规定，在遇到不可控或者是被迫情况下，可触犯法律来保护自身安全和获得重要线索。

另一方面，应当保障线人的人身安全。为此，应谨慎要求线人出庭作证。由于我国尚未针对传闻证据构建出完善的规则，况且当下让普通人在法庭上作证都难以贯彻，令作为特殊证人的线人出庭作证显然与实际现状不符。[1]再者，尽管一些发达国家已经构建出完善的传闻证据规则，但是实践中依然不会让线人出庭作证。因此出于庭审的考虑，如需要线人作证，建议采取书

---

〔1〕参见韩旭：《毒品犯罪案件中 "线报" 的运用及其风险防范》，载《广西大学学报（哲学社会科学版）》2016 年第 2 期。

面作证的形式进行。国内学术界的诸多学者表示，某些情况下，应当令警方线人享有拒绝作证的权利，以避免线人的身份暴露，为其本人及其亲属的人身安全带来威胁。具体操作可以考虑允许警方线人以录音、笔录等变通形式提供证言。[1]

（三）健全涉黑案件技侦证据的规则

1. 技侦证据功能的重新定位

技术侦查证据的主要功能应定位于获取侦查线索等派生功能，对于一般刑事案件的追诉，原则上应当限制技术侦查证据的使用，其适用范围应仅限于涉黑犯罪、危害国家安全犯罪等重罪案件。需要指出的是，为了进一步明确重罪案件与一般刑事案件的界限，重罪案件的规定应当细化，[2]如职务犯罪的"重大"数额和"严重后果"的标准等。同时，应明确界定"其他严重犯罪"，避免兜底条款的无限膨胀。

2. 防止涉黑犯罪技术侦查材料使用异化

正如上文所述，在涉黑犯罪技术侦查实施的过程中，出现了所获材料使用异化的现象。当前，改革后的诉讼制度逐渐向以审判为中心推进，在这样的制度背景下，刑事诉讼的每一环节都被要求坚持司法审判的原则，同时以统一刑事诉讼标准为核心。因此，在通过监听等技术侦查措施进行涉黑犯罪侦查时所获取的"信息"应当进一步避免非法取证和非法证据的出现，对此应加强对取证规范要求的严格性，以此来保证技术侦查所取得的证据信息是合规、合法且客观的。对于具体的做法，笔者认为可以从以下几方面切入：

（1）规范技术侦查取证程序。在针对涉黑犯罪案件进行侦查时，"证据"取得的法律规制应当着重关注技术侦查措施实施的程序合法与否，并建立起主动且同步的监督模式，对技术侦查措施实行事前审批、执行监督、事后查验的严格程序。

（2）对证据进行实质性审查。司法实践中，在技术侦查阶段和法庭审判阶段之间还有着审查起诉阶段，而这一阶段在整个刑事诉讼流程中起着至关重要的作用，该阶段对证据的检验不仅能够实现对技术侦查措施取证规范与

---

〔1〕　参见韩旭：《被追诉人取证权研究》，四川大学 2009 年博士学位论文。

〔2〕　参见田毅平：《刑事审判中技术侦查证据规范运用研究》，载《西南政法大学学报》2016 年第 2 期。

否的事后监督，同时还能够有效地减轻后续法庭审判阶段证据资格筛查的工作量。

（3）构建合理的特殊质证制度。在刑事诉讼中，证据规则要确保当事人的质证、询问等权利，因此，在实际的刑事案件审理中应当严格对待法律规制中提到的"必要的时候"这一条件，始终秉持着"全面质证、公开质证"的根本原则，在确保无严重后果的同时实行庭内审查，若会产生无法避免的安全风险而必须进行庭外审核时，仍应当坚持庭审的实质要求，建构公平合理的质证制度，以此来进一步保障被告依法所享有的质证权等合法权益。

（4）适用严格的证据排除规则。对于技术侦查的法律规制而言，对非法证据的排除能够在一定程度上敦促技术侦查部门在法治的轨道上展开工作，进而更有利于达到一种保障公民权利和使用技术侦查权力之间的平衡状态。这对于使技术侦查逐渐走向法治化而言是最根本的保障，同时也是现代制裁理念的根本要求。除此之外，对于涉黑犯罪中技术侦查证据的审查认定，需要进一步加强排除非法证据的严格程度，[1]将"毒树之果"理论应用到实处，综合技术侦查的非法程度，被侦查者权利受侵犯程度，案件对公众、国家安全威胁程度等多方面因素，严格执行证据排除程序，进而将非法证据的排除落到实处。

3. 明确庭外核实的"最后使用"原则

尽管技侦证据具有特殊性，这也不能作为其成为审查例外的正当依据，即技侦证据原则上仍应在法庭上接受审查。庭外核实作为一种非常态的审查措施，必须严格控制和规范。这就要求明确庭外核实证据要坚持"最后使用"原则，即只有在需要"庭外核实"时，才能使用。

首先，在技侦证据审查方法的选择上，应当把"庭外核实"放在最后一位。能够当庭审查的，应当尽可能当庭审查。只有别无选择时，才能"庭外核实"。如果能采用不公开审理的方式，就要尽可能保证技侦证据在法庭上接受审查。

其次，只有在采取"不暴露有关人员身份和技术方法"的保护措施后，仍然可能造成无法避免的严重后果或其他不适合法院审查的情形，才能进行

---

〔1〕 参见彭俊磊：《技术侦查中大数据取证的法律规制》，载《重庆邮电大学学报（社会科学版）》2018年第5期。

"庭外核实"。[1]如果能够采取覆盖、删除技术方法信息和侦查人员信息等保护措施，避免造成严重后果，就应该尽可能采取保护措施，确保法院对技术侦查证据的审查。同时，为保证技术方法的保密性和侦查人员的安全性，如果能够通过其他证据或者对原始证据进行法律转化来达到证明目的，则技侦证据就可以不用于证明。但是，这并不意味着技侦证据的使用受到完全限制，也绝不能退回到"证据转化"的老路。

再次，应当明确技侦证据庭外核实的条件。必要时，可以通过列举式立法，尽可能限制庭外证据核实的范围，使其处于"例外"状态，避免其在制度运行过程中被异化。

最后，应当规定庭外核实程序转化的情形。基于法庭质证在"以审判为中心"的司法改革中的重要作用，在庭外核实的过程中，法官发现不存在危及证人、侦查人员人身安全等严重后果的，应当及时进行程序转化，改为当庭质证模式进行调查核实。[2]

---

〔1〕　参见田毅平：《刑事审判中技术侦查证据规范运用研究》，载《西南政法大学学报》2016年第2期。

〔2〕　参见陈光耀、蓝漪露：《我国新〈刑事诉讼法〉关于技术侦查规定的不足及其完善》，载《山东大学学报（哲学社会科学版）》2012年第6期。